Europäische Erinnerungsorte 1

I0224946

Pim den Boer, Heinz Duchhardt, Georg Kreis,
Wolfgang Schmale (Hrsg.)

Europäische Erinnerungsorte 1

Mythen und Grundbegriffe des europäischen
Selbstverständnisses

Oldenbourg Verlag München 2012

Bibliographische Information der Deutschen Nationalbibliothek

Die Deutsche Nationalbibliothek verzeichnet diese Publikation in der Deutschen
Nationalbibliografie; detaillierte bibliografische Daten sind im Internet
über http://dnb.d-nb.de abrufbar.

© 2012 Oldenbourg Wissenschaftsverlag GmbH, München
Rosenheimer Straße 145, D-81671 München
Internet: oldenbourg-verlag.de

Umschlaggestaltung: hauser lacour
Umschlagbild: Curt Stenvert, Europa-Vision 3000 – Ein Kontinent ohne Grenzen, © VG Bild-Kunst 2011
Satz: le-tex publishing services GmbH, Leipzig
Druck und Bindung: Memminger MedienCentrum, Memmingen

Dieses Papier ist alterungsbeständig nach DIN/ISO 9706

ISBN 978-3-11-048503-5

Inhaltsverzeichnis

Einleitung

Nationale Erinnerungsorte, transnationale, binational-bilaterale („geteilte"), regionale, lokale, epochenspezifische, geistlich-religiöse beherrschen seit Jahren nicht nur die Forschungslandschaft, sondern treffen zugleich auf ein ausgeprägtes Publikumsinteresse. Eine große deutsche Partei überlegt, ein Programm für Sozialdemokratische Erinnerungsorte aufzulegen, die Erinnerungsorte untergegangener Staaten wie der DDR sind untersucht worden, das Konzept wird auch auf koloniale und postkoloniale Kontexte und auf asiatische Gesellschaften ohne kolonialen Hintergrund übertragen, kaum ein Sammelband erscheint mehr ohne einen Abschnitt „Erinnerungsorte" – die lawinenartig anwachsende Erinnerungsforschung ist zu dem Bestseller schlechthin in der für breitere Kreise ausgelegten publizistisch-populärwissenschaftlichen Buchproduktion geworden.

Denn es war und ist eine Lawine, die Pierre Nora Mitte der 1980er Jahre mit seinem dann auf sieben Bände angeschwollenen Werk *Lieux de mémoire* lostrat. Für ihre Dimension war das Zusammentreffen gleich mehrerer *turns* in den Geisteswissenschaften verantwortlich: die generelle Hinwendung zu kulturalistischen Fragestellungen, das neue Gewicht, das die Gedächtnisforschung *in genere* gewann, nicht zuletzt die – schon etwas ältere – Mentalitätsgeschichte, vor allem in ihrer Variante, wie Gesellschaften über ihr eigenes Werden und ihre Signaturen nachdenken.

Während die anderen *turns* in der Geschichtswissenschaft in den letzten Jahrzehnten doch meist nur eine begrenzte Wirkung und Ausstrahlung und oft eine noch mehr begrenzte Halbwertzeit hatten, ist die Erinnerungsforschung – um nur auf sie kurz einzugehen – offensichtlich ein Phänomen, dessen Dauer und Lebendigkeit nicht absehbar ist. Es hat auf der einen Seite etwas damit zu tun, dass die Naturwissenschaften und die Medizin sich seit geraumer Zeit mit dem Vorgang und dem Selektieren des Erinnerns beschäftigen, aber zum anderen auch damit, dass hier ein Forschungsfeld erschlossen wurde, das auf Identitätsbildungen und Mentalitätswandlungen zielt, also auf Phänomene, die jenseits der herkömmlichen, mehr oder weniger subtilen Erforschung historischer Vorgänge liegen. Es mag hinzukommen, dass Erinnerungsforschung in der Regel den mühsamen Weg in die Archive überflüssig macht, weil hier auf andere Quellen als Protokolle, Korrespondenzen oder ungedruckte Memoranden zurückgegriffen werden kann.

Am Institut für Europäische Geschichte ist seit den ausgehenden 1990er Jahren intensiv über eine Fruchtbarmachung des Nora'schen Grundgedankens auch für die europäische Ebene nachgedacht worden – Überlegungen, die im Jahr 2000 zu einer internationalen Konferenz in der Villa Vigoni führten, deren Ergebnisse im *Jahrbuch für Europäische Geschichte* von 2002 dokumentiert wurden. Sie führte zu ersten Bemühungen, eine über die Bordmittel des Mainzer Instituts hinausgehende Basis für ein umfassendes Unternehmen zu schaffen. Anderer Projekte wegen trat das Vorhaben danach eine Zeitlang zurück, um seit 2007 erneut aufgegriffen zu werden und nun einer der Schwerpunkte der Institutspolitik zu werden.

Dabei war es allen Beteiligten von der ersten Stunde an klar, auf welch dünnes Eis man sich begab. Schon das Konzept Noras war ja auf zum Teil sehr grundsätzliche Kritik gestoßen, die sich unter anderem an seiner begrifflichen Unschärfe, seiner Tendenz zur Vereinheitlichung und Kanonisierung und seinen national orientierten mythenbildenden Nebenwirkungen entzündet hatte. Und dann auch noch seine Ausdehnung auf ein europäisches Terrain, was Fragen geradezu provozieren musste: Ist es ein Vorhaben, um dem Europäisierungsprozess eine ex-post-historische Legitimität zu verleihen? Ein Unternehmen, um die von Brüssel immer wieder beklagte unzureichende Identifizierung der Bürger mit der EU zu beheben?

Ein Projekt, das sich in die Brüsseler Bemühungen einordnet, mittels der verschiedenen Rahmenprogramme das Zusammengehörigkeitsgefühl der Europäer zu befördern?

Von alledem ist das vorliegende Referenzwerk weit entfernt – erkennbar nicht zuletzt daran, dass kein einziger Euro der europäischen Rahmenprogramme zu seiner Realisierung geflossen ist. Die größtmögliche wissenschaftliche Freiheit war das *Credo*, unter dem die Verantwortlichen antraten und dem sie sich bis zum Ende verpflichtet fühlten.

Über europäische Gemeinsamkeiten und symbolische Orte, an und in denen sich Europa konstituiert, wird seit den Zeiten nachgedacht, als die Formel „Europa" in den Mittelpunkt von Reflexionen von Intellektuellen und politischer Bestrebungen gerückt ist. Und entscheidend war von der ersten Stunde an das Bedauern, dass es daran in eklatanter Weise mangele. Wolfgang Schmale hat 1997 die Frage aufgeworfen, ob „Europa" – im Sinn des politischen Europa – am Ende an seinem Mythendefizit scheitern werde, aber ähnliche Stimmen lassen sich bis weit in die Geschichte zurückverfolgen. So hat etwa Johann Gottfried Herder in seinem Essay *Über Denkmale der Vorwelt* aus dem Jahr 1792 den Mangel an europäischen Gründungsmythen und kollektiver „Erinnerungsorte" beklagt und geäußert: „Kein Europäisches Band vermag die Völker zu binden, wie z. B. die Indier an ihren Ganga, an ihre heiligen Örter und Pagoden gebunden sind". Die Kleinteiligkeit des Kontinents, das enge Nebeneinander von Kulturen und Gesellschaften sehr unterschiedlicher Art, die Beobachtung, dass ein Charakteristikum dieses Kontinents der Wettbewerb und die Konkurrenz waren, mögen Gründe gewesen sein, die es zu breit akzeptierten symbolischen Orten – wenigstens auf den ersten Blick – nicht kommen ließen.

Der zweite Blick freilich belehrt eines Besseren. Es gibt durchaus so etwas wie Gedächtnisorte mit einer europäischen Relevanz, also symbolische Orte, die für den ganzen Kontinent oder doch große Teile von ihm von Belang waren in dem Sinn, dass man in ihnen etwas Gemeinsam-Verbindendes sah, etwas, das für das Konstrukt einer europäischen Identität als wesentlich angesehen wurde. Allerdings war das fast immer eine Frage der sozialen Stellung, also der Schichtenzugehörigkeit: Dass die Universität etwas spezifisch Europäisches ist, ist in der Regel allenfalls den Absolventen dieser Einrichtung bekannt; dass bestimmte literarische Werke eine europäische Resonanz und eine europäische Ausstrahlung hatten, weiß nur derjenige, der überhaupt eine Beziehung zur Literatur hat.

Denn die Rezeption spielt bei der Konstruktion europäischer Erinnerungsorte eine maßgebliche Rolle. Man kann viele theoretische Entwürfe, die in den zurückliegenden Jahren in Hülle und Fülle das Licht des Tages erblickt haben, gegeneinander stellen und gegeneinander abwägen: am Ende hat bei einem europäischen Zugriff die (europäische) Rezeption den Ausschlag zu geben. Man kann diese Rezeption auch mit gängigeren Schlagworten fassen, etwa dem Transfer oder der kulturellen Interferenz – gemeint ist aber immer das Gleiche: an dem Raum geht kein Weg vorbei, einem tatsächlichen oder imaginierten oder imaginären Raum, in dem Erinnerung aus der Geschichte heraus produziert wird. Und man wird noch einen Schritt weiter gehen können: Symbolische Orte in einem bestimmten Raum konstituieren Bezugspunkte in der Raumvorstellung einer Gemeinschaft. Insofern sagt ein symbolischer Ort in der Raumeinheit Europa auch immer zugleich etwas über das Selbstverständnis Europas und der Europäer aus, und insofern kann ein Referenzwerk zu „Europäischen Erinnerungsorten" dann am Ende wirklich einen Beitrag zu einem spezifischen Zusammengehörigkeitsgefühl der „Europäer" leisten – oder zumindest dazu anregen, darüber weiter nachzudenken, was diesen Kontinent und seine Einzelteile miteinander verbindet.

Die Aktualität diktiert zwar nicht die großen Linien der historischen Forschung, aber es spricht auch nichts dagegen, dass sich Historiker in ihren Fragestellungen von aktuellen

Entwicklungen beeinflussen, vielleicht gar inspirieren lassen. Nach den Kräften zu fragen, die dem Kontinent wenigstens tendenziell ein gewisses – gegenüber anderen Kontinenten distinktes – Maß an Gemeinsamkeit verliehen, ist weder abwegig noch diskriminierend. Die zahlreichen im Verlauf der letzten zwei Dekaden erschienenen „Europäischen Geschichten" oder Europäischen Rechts-, Kultur- oder Sozialgeschichten, mögen sie auch in manchen Fällen noch unbefriedigend bleiben und sich im Additiven erschöpfen, beleuchten das ebenso wie die vielen juristischen Untersuchungen, die auf die Vereinbarkeit von Gemeinschafts- und nationalem Recht abheben. Insofern war auch der Gedanke keineswegs obsolet, nach den symbolischen „Orten" – immer in einem weiten Verständnis gemeint – zu fragen, die in Europa oder doch in weiten Teilen des Kontinents gemeinsam, obschon häufig mit unterschiedlichen Akzentuierungen, erinnert wurden bzw. werden.

Die Thematik liegt insofern seit Längerem sozusagen in der Luft, und es war an der Zeit, frühere Bedenken über Bord zu werfen, die u. a. in der vermeintlichen Inhomogenität des Kontinents und in einer noch nicht ausgereiften Theorie gründeten. Ein Kenner der Materie und einer der Herausgeber der *Deutschen Erinnerungsorte*, Etienne François, hat noch vor kurzem in seinem Beitrag zur Kocka-Festschrift (*Transnationale Geschichte*, 2006) den Bedenken gegen eine Inangriffnahme eines „europäischen" Projekts so viel Gewicht beigemessen, dass bis heute alle Experten die Hände davon gelassen haben.

Am Beginn des ganzen Vorhabens stand – selbstverständlich – die Frage einer präzisen Definition von „Erinnerungsort", auch im Sinn einer möglichen Übertragbarkeit jener Umschreibungen, die Nora und andere geliefert hatten, auf das Vorhaben der „Europäischen Erinnerungsorte". Am Ende erwies sich, dass sie nur höchst bedingt zu nutzen waren. Anders formuliert: Es musste ein eigener Zugang gefunden werden. Es erwies sich zudem im Verlauf dieser Vorüberlegungen, dass eine Umschreibung vonnöten war, die nicht zu abstrakt war und manches verstellte, die aber praktikabel war.

Es bestand rasch Einmütigkeit, dass europäische Erinnerungsorte solche Phänomene sein sollten, denen bereits in der Zeit ihrer Genese das Bewusstsein der Zeitgenossen innewohnte, europäisch dimensioniert zu sein. Die Beteiligten und die Zeitgenossen der Kahlenbergschlacht 1683 wussten genau, dass dies eine europäische Schicksalsstunde gewesen war, und dies ganz unabhängig davon, ob sie in den habsburgischen Erblanden, in Sachsen, in Polen oder in Frankreich zuhause waren. Die Menschen des ausgehenden 18. Jahrhunderts empfanden und erlebten die „Europäizität" der Aufklärung oder des Klassizismus, was ihr Gefühl evozierte oder verstärkte, ein und derselben Kultur und Kulturgemeinschaft anzugehören.

Zweites Kriterium war, dass ein solches Phänomen europäisch vermittelt worden war. Goethes „Faust" war ein literarisches Ereignis, das rasch auch in die anderen europäischen Nationen und Kulturen ausstrahlte, also über Rezensionen, Übersetzungen und sonstige Adaptionen, auch in anderen kulturellen Bereichen, zu einem Gemeingut der intellektuellen Elite Europas wurde. Es mussten also europäische – transnationale – Vermittler und Vermittlungswege gegeben sein, um aus einem mehr oder weniger spektakulären Ereignis einen „europäischen" Erinnerungsort zu machen. Anders als bei den Werken zu nationalen Erinnerungsorten kam dem Moment der Kommunikation und der Rezeption – nun aber im Sinn von europäischer Rezeption verstanden – somit eine Schlüsselstellung zu. Das war auch eine der entscheidenden Vorgaben für die Autoren.

Ein drittes Kriterium war, solche Erinnerungsorte zu finden, die nicht nur für die westliche Hälfte des Kontinents von Belang waren, sondern auch in den östlichen Teil ausstrahlten. Hier galt es, nach wie vor bestehende Einseitigkeiten der historischen Forschung zu korrigieren. Um bei dem eben genannten Beispiel aus dem literarischen Bereich zu bleiben, so wurde bewusst neben Goethe und Shakespeare auch noch ein russischer Schriftsteller ausgewählt, dem eine europäische Ausstrahlung eignete. Oder es wurde mit dem Lemma „Antemurale christianitatis" ein Schlagwort ausgewählt, das vor allem für den ostmitteleuropäisch-süd-osteuropäischen Raum von Relevanz war – und vielleicht noch ist.

Europäische Erinnerungsorte, das wurde aus diesen Vorüberlegungen rasch evident, sind nur als Konstrukte vorstellbar, die einen breiten rezeptionsgeschichtlichen Ansatz mit dem verbinden, was das Wesen dieses Konstrukts ausmacht: ein Punkt im Ablauf der Geschichte, an dem sich positiv oder negativ besetzte Erinnerung breiterer, nicht nur elitärer Schichten kristallin verfestigt und eine Idee von etwas Gemeinsamem – einem gemeinsamen Erbe – entstehen lässt. Das rezeptionsgeschichtliche Potential kann unterschiedlich sein, das Erinnerungs-Potential kann unterschiedlich sein – sich vor diesem Hintergrund für die „überzeugenden" Lemmata zu entscheiden, war die eigentliche Herausforderung.

Aus diesen methodischen Vorüberlegungen erwuchs das Konzept eines dreibändigen Referenzwerks, von einem europäischen Herausgeberkollektiv verantwortet, und wird mit einer Zahl von rd. 140 Essays wohl die verlegerische Grenze eines Buchprojekts streifen. In einem ersten Band werden, in der Regel ausgehend von den meist sehr pauschalen Aussagen in den europäischen Grunddokumenten von der Menschenrechtskonvention von 1950 bis zum Verfassungsvertrag von 2009, jene Kräfte behandelt, die in den Augen der Politiker die Physiognomie Europas ausmachten. Sie wurden systematisiert und in drei thematische Zusammenhänge aufgeteilt, von denen dem des „gemeinsamen Erbes" sicher die zentrale Rolle zukommt. Hier werden die großen geistigen Kräfte behandelt, die Europa zu dem machten, was es heute ist, also etwa die Antike, das Christentum, das Judentum, nicht zu vergessen die arabisch-islamischen Einflüsse, aber auch geistige Bewegungen europäischen Charakters wie der Humanismus und die Aufklärung. In anderen Abschnitten werden die Grundfreiheiten, die Kriegserfahrung und die damit einhergehende Friedenssehnsucht sowie generell der Raum Europa behandelt.

Am „spannendsten" unter der Fragestellung „europäischer" Erinnerungsorte ist der zweite Band, der in seiner Gliederung den ersten dupliziert und dessen abstrakte Lemmata nun mit Fallbeispielen illustriert – Fallbeispiele, bei denen das Moment europäischer Zäsurhaftigkeit, europäischer Ausstrahlung und Kommunikation und europäischen Erinnerns in besonderer Weise gegeben sein sollten. Angesichts der Fülle denkbarer Fallbeispiele musste hier das Moment der repräsentativen Auswahl zum Zuge kommen. Wir wollen das an den im Abschnitt „Kriegserfahrung/Friedenssehnsucht" versammelten Lemmata demonstrieren.

Die Kriege gegen Minderheiten werden anhand der Stichworte „1348" und „Bartholomäusnacht" exemplifiziert, beides Ereignisse von europäischer Relevanz (1348 und die Pest mit der Konsequenz der Flucht der mitteleuropäischen Juden nach Ostmitteleuropa) und Ausstrahlung, im Fall der Bartholomäusnacht zudem ein wahrhaft europäisches Kommunikations- und Medienereignis. Die beiden Stichworte finden ihre Ergänzung in dem Lemma „Auschwitz", in dem die gesamte Shoa als zentrales Ereignis des 20. Jahrhunderts gebündelt wird. Von den Schlachten mit einer gesamteuropäischen Relevanz und einer europäischen Erinnerungsdimension wurden die Kahlenbergschlacht, die Leipziger Völkerschlacht 1813 und Mesolunghi ausgewählt, zudem Verdun und Coventry als zwei Chiffren, die für die neue Dimension des Krieges und für eine weit über die beteiligten Nationen hinausgehende „Betroffenheitskultur" stehen. „Soldatenfriedhöfe" symbolisieren die Instrumentalisierung des Krieges als gewollte – nicht spontan entstandene – Erinnerungsorte. Als große Versuche, den Frieden dauerhaft zu organisieren, wurden der Westfälische Friede, die Pariser Vorortverträge und die KSZE herausgegriffen, Versuche, die einhergingen mit einer intensiven philosophisch-theoretischen Diskussion über den Frieden – hierfür steht Kants „Ewiger Friede". Wie sehr die Kriege des 20. Jahrhunderts auch zu einer Herausforderung für Künstler im weitesten Sinn wurden, wird durch eine Analyse des Erinnerungsort-Charakters von Picassos „Guernica"-Gemälde veranschaulicht.

Schon diese Auflistung mag erkennen lassen, dass auch ganz andere Lemmata hätten ausgewählt werden können – etwa der Wiener Kongress oder die Schlacht von Lepanto, die Kreuzzüge oder Hugo Grotius, Romain Rollands Antikriegsschriften oder die Haager Schiedskonferenzen an der Wende vom 19. zum 20. Jahrhundert. Hier waren Entscheidungen zu treffen, weil das Gesamtspektrum aller Konstrukte von europäischen Erinnerungsorten ohnehin nicht erfasst werden konnte. Insofern – aber dieses Risiko geht jedes Unternehmen dieser Art ein – wird mit Bestimmtheit jeder Rezensent, der das Werk zu besprechen hat, auf Lemmata verweisen, die leider unberücksichtigt geblieben seien.

Das Werk wird abgeschlossen durch einen dritten Band, der dem Themenkreis „Europa und die Welt" gewidmet ist. In ihm geht es freilich nicht primär um die „Exporte" von Europäischem nach Außereuropa – ein Bereich, in dem die Gefahr der Negierung der „schwarzen Seiten" dieses Vorgangs besonders groß sind –, sondern im Sinn des modernen Forschungsansatzes des „entanglement" eher um Phänomene, die in dieser oder jener Form nach Europa „zurückgekehrt" sind. Europa exportierte, um den Ansatz nur in einem Beispiel zu verdeutlichen, im 19. und 20. Jahrhundert nicht nur seine Musik in die anderen Kontinente, sondern erlebt jetzt, wie diese Musik – durch chinesische Musiker, durch japanische Dirigenten, durch interpretatorische Ansätze, die in den jeweiligen fremden Musikkulturen gründen – wieder modifiziert nach Europa zurückkehrt.

Zwischen dem nach vielen Vorüberlegungen und etlichen Workshops mit einem ad-hoc-Beirat – in unterschiedlicher Dauer waren das Pim den Boer (Amsterdam), Heinz Duchhardt (Mainz), Peter Funke (Münster), Andreas Gotzmann (Erfurt), Beatrice Heuser (heute Reading, GB), Georg Kreis (Basel), Jan Kusber (Mainz), Malgorzata Morawiec (Mainz), Elisabeth Oy-Marra (Mainz), Susanne Popp (Augsburg), Wolfgang Schmale (Wien), Bernd Schneidmüller (Heidelberg), Martin Zierold (Gießen) – entworfenen Konzept der ersten beiden Bände und seiner Umsetzung klafft eine Lücke, die sich der Tatsache schuldet, dass trotz eines langen Vorlaufs und etlicher Erinnerungen nicht alle Autoren ihre Manuskripte eingeliefert haben. Die meisten Autoren haben Gründe ins Feld geführt, die einen termingemäßen Abschluss verhinderten. Da die Erfahrung lehrt, dass auch ein längeres Zuwarten die Situation nicht entscheidend verändert, haben die Herausgeber einen Schlussstrich gezogen und die Redaktionsarbeiten für beendet erklärt. Das verlangten auch die Verlagsplanungen und letztlich auch die Fairness gegenüber jenen Autorinnen und Autoren, die pünktlich, viele sogar überpünktlich geliefert hatten.

Unter den nicht gelieferten Manuskripten befinden sich einige, deren Fehlen besonders schmerzlich ist, etwa ein erbetener Beitrag zum Lemma „Souveränität" und ein Beitrag zum *Jus Publicum Europaeum* im ersten Band oder Beiträge zur Donau als einem europäischen Fluss oder zu den Vereinen und der Versammlungsfreiheit im zweiten Band. Diese Lücken sind bedauerlich, aber da es in den „Europäischen Erinnerungsorten" nicht darum geht, einen verbindlichen „Kanon" zu entwerfen und der Konstruktion von Band 2 ohnehin etwas Spielerisches innewohnt, wird man das vertreten können. Es ist jedenfalls – anders als bei den französischen *Lieux de mémoire* Pierre Noras, die sich am Ende auf sieben Bände auswuchsen – nicht daran gedacht, Folgebände nachzuschieben und im Licht des öffentlichen Diskurses die Palette der „Erinnerungsorte" ständig zu erweitern. Die drei Bände unseres Unternehmens präsentieren nicht etwas, was abgeschlossen und in Stein gemeißelt ist, sie wollen vielmehr anregen, über weitere Lemmata nachzudenken, denen die Dignität eines europäischen Erinnerungsorts eignen könnte.

11

Dem Werk liegt ein weiter „Orts"-Begriff zugrunde, weil zwar versucht wird, viele Phänomene und Entwicklungen von einem Punkt her zu verstehen, aber kein Weg daran vorbei führte, auch die Spezifika Europas in seinem eigenen Selbstverständnis im Vergleich zu anderen Kontinenten herauszuarbeiten, die eine gewisse Systematik erfordern und deswegen das Konzept von „Erinnerungsorten" etwas modifizieren. Ein solches Unternehmen, um es zu wiederholen, ist ein Wagnis, und auch die Tatsache, dass ein sehr internationaler Kreis von Mitarbeitern – aus Deutschland, Frankreich und Großbritannien, aus Österreich, Italien, der Schweiz und Griechenland, aus Polen, Tschechien und den Niederlanden, nicht zuletzt aus den USA und Israel – gewonnen wurde, ist kein Garant dafür, dass die öffentliche Resonanz uneingeschränkt positiv ausfällt. Erhofft wird, und dies abseits allen politischen Kalküls, dass das Werk auf seine Weise dazu beiträgt, das Bewusstsein von der relativen kulturellen Einheit des Kontinents zu stärken und davon, dass der Europäisierungsprozess nicht etwas künstlich Aufoktroyiertes ist, sondern ein gewachsenes Konstrukt, das in den gemeinsamen „Erinnerungsorten" gut gegründet ist.

Es ist den Herausgebern ein Bedürfnis, am Ende eines langen Vorbereitungsprozesses Dank auszusprechen: Dem eben genannten ad-hoc-Beirat, den vielen Dutzenden Autoren, die sich in den meisten Fällen an die (terminlichen und umfangmäßigen) Vorgaben gehalten und sich um viel Originalität bemüht haben, den Übersetzerinnen, den Mainzer Mitarbeiterinnen, die die eigentliche Last der Manuskriptvorbereitung trugen, nicht zuletzt dem Oldenbourg Verlag, der von den ersten Gesprächen an das Vorhaben begeistert aufgriff und mit viel Engagement betreute; die Herren Christian Kreuzer und Martin Rethmeier sowie Sabine Walther und Cordula Hubert, die die Last der Endredaktion trugen, sollen hier namentlich erwähnt werden. Wir übergeben die ersten beiden Bände – und in absehbarer Zeit dann auch den dritten – dem Publikum und damit auch der Kritik in der Hoffnung, der historischen Forschung einen Dienst erwiesen und zugleich einen Beitrag zur europäischen Identitätssuche und -pflege geleistet zu haben.

Pim den Boer   Heinz Duchhardt   Georg Kreis   Wolfgang Schmale

1. Mythen

Wolfgang Schmale
Mythos „Europa"

Aphrodite schickte Europa, Tochter des phönizischen Königs Agenor, einen Traum: Asien und der „gegenüberliegende fremde Erdteil" stritten sich in Gestalt von zwei Frauen um Europa. Die den fremden Erdteil darstellende Frau zog Europa „mit der Gewalt ihrer starken Hände zu sich" und „sagte, nach dem Willen des Zeus sei ihr Europa als Ehrengabe bestimmt". Am nächsten Morgen spielte Europa wie immer mit ihren Freundinnen am Meeresgestade, wo Zeus sie entdeckte und sich sofort in sie verliebte. Er verwandelte sich in einen zahm wirkenden Stier, „dessen ambrosischer Duft auch von ferne den süßen Duft der Wiese übertraf". Die Mädchen waren also zutraulich. „Er blieb vor den Füßen der untadligen Europa stehen, leckte ihr den Hals und versetzte das Mädchen in Zauber". Der sich so menschlich-zutraulich verhaltende Stier legte sich hin, wie eine Einladung an die Mädchen, auf ihm zu reiten; Europa setzte sich als erste auf seinen Rücken, da sprang er auf und lief zum Meer. Europa blickte sich etwas erschrocken nach ihren Freundinnen um, aber es war zu spät, schon lief der Stier über das Wasser, Delphine, anderes Meeresgetier, Nereiden, begleiteten das Paar, Tritonen bliesen mit ihren Muscheltrompeten Hochzeitsmusik. Europa war sofort klar, dass sie es mit einem Gott zu tun hatte, und Zeus offenbarte sich ihr. Er kündigte ihr an, dass er sie nach Kreta führe, wo er mit ihr mehrere Söhne [Rhadamanthys, Minos und Sarpedon] zeugen werde, „die alle Herrscher über die Menschen sein werden" (nach Moschos von Syrakus, um 150 v. Chr.).

Wie in Bezug auf die meisten Mythen, verliert sich der Ursprung des Europamythos in den Zeiten. Homer kannte ihn schon, und seitdem wurde er in vielen, weit mehr als hundert Varianten immer wieder erzählt. Am häufigsten erwähnt wird die Version aus Ovids „Metamorphosen", aber sie stellt letztlich nur eine unter vielen dar, selbst wenn sich mittelalterliche Poeten und frühneuzeitliche Künstler am ehesten von Ovid für ihre Darstellungen antiker Mythen anleiten ließen. Die oben zusammengefasste Version des Moschos von Syrakus gehört zu den schönsten antiken Überlieferungen des Mythos, die in vielem genaue Bildvorlagen für die zahllosen ikonographischen Umsetzungen des Mythos beinhalteten. Seit 28 Jahrhunderten gehört der Mythos zu Europa. Es gab Zeiten, in denen er fast in Vergessenheit geraten war, aber eben nur fast. Im Grunde ist auf eine nie wirklich unterbrochene Tradierung zu verweisen, die sowohl die Erzählvarianten wie die bildliche oder gar szenische Umsetzung bis heute betrifft. Schrumpfversionen des Mythos werden gern eingesetzt, um Reden zu Europa zu schmücken. Es ist offensichtlich, dass eine weit verbreitete Kenntnis des Mythos (in seiner Schrumpfversion) als kollektiver Anknüpfungspunkt vorausgesetzt wird.

„Vom Mythos zur Wirklichkeit", so lautete 1962 daher der deutsche Titel einer berühmten Anthologie des Schweizer Publizisten Denis de Rougemont, doch könnte mit ebenso viel Recht vom Mythos als dem Realsten an Europa gesprochen werden. „Mythos Europa" versteht sich mindestens doppeldeutig – einerseits als Verweis auf den Mythos von der Europa und dem Stier, andererseits als allgemeine Charakterisierung Europas überhaupt.

Alle Versuche, Europa zu definieren, enden mit der Feststellung, dass dies entweder kaum möglich sei oder dass die Definition nicht der Willkür entbehre. So sind weder „Europäische Kultur" noch „Kontinent Europa" unangreifbare Definitionen; Europa stellt im Bereich politischer Bestimmungen zudem mehr dar als ‚nur' die Europäische Union (EU), obwohl letztere im Vergleich zum Europa des Europarats oder der Organisation für Sicherheit und Zusammenarbeit in Europa (OSZE) ein verdichtetes und ausgedehntes Zentrum Europas definiert. Mythen besitzen die Eigenschaft des Vieldeutigen und der Vieldeutbarkeit, ihre Ursprünge sind dunkel, Definitionen entziehen sie sich; sie sind wandelbar, anpassbar. Alles das scheint auf Europa zuzutreffen, sobald es auf irgendeine Weise festgehalten werden soll – in einer Definition, in einem Bild, in einer historischen Darstellung, im Begriff der europäischen Identität, der europäischen Kultur. Immer ist es möglich, das Gesagte oder Dargestellte zu dekonstruieren, als Mythos zu entlarven. „Mythos Europa" umgreift das Nichtdefinierbare, das nicht Festhaltbare an Europa.

„Mythos Europa" bedeutet freilich zuerst den antiken Mythos von der Königstochter Europa und Zeus, der sich in einen lieblichen Stier verwandelt. Der reale und oft prosaische Charakter der Europäischen Union verdrängt den antiken Europamythos auffälligerweise nicht, sondern ermuntert eher dazu, sich auf diese ‚hübsche' Geschichte – denn als solche wird sie meistens angesehen – zur Einleitung oder Ausschmückung einer Europarede zu beziehen. Der Europamythos rührt an Emotionen. Das Gefühl, die europäischen Institutionen seien ein wenig gefühl- und seelenlos, ist weit verbreitet; der antike Europamythos verspricht Abhilfe, solange er als Liebesgeschichte und Erklärung für den Namen Europas verstanden wird. Beides lässt sich wiederum leicht als Mythos rund um den Mythos entlarven, denn weder lässt sich belegen, dass der Kontinent seinen Namen infolge der Europa aus dem Mythos erhielt, noch ist die Lesart des Mythos als Liebesgeschichte wissenschaftlich haltbar. Faktisch wird sie vergewaltigt, und nicht ohne Grund bringt Françoise Gange den Mythos – auch chronologisch – mit der Etablierung männlich-hegemonialer sozialer wie politischer Herrschaftsstrukturen in Verbindung. Nach Gange stellt der Europamythos den Gedächtnisspeicher für eben diesen fundamentalen historischen Vorgang dar. Das nun ist weder ‚hübsch' – noch nett in einer Europarede als Aufhänger verwendbar.

Das ändert nichts daran, dass der Mythos aufgrund seines erotischen Gehalts von jeher ein Geschenk an die bildenden Künste war, und so eifrig, wie sich Karikaturisten seit dem 19. Jahrhundert – allen voran der das Genre prägende Honoré Daumier – des Mythos bedienten, um auf europäische Missstände hinzuweisen, muss man sich Sorgen machen, wie sich diese Berufsgruppe den Europa-Themen widmen könnte, verfügte sie nicht über den endlos variierbaren und verstümmelbaren Mythos und könnte sie sich nicht darauf verlassen, dass niemand den wirklichen Gehalt des Mythos wissen möchte.

Die auch heutzutage eifrige Erwähnung des antiken Mythos als rhetorische, bildliche und literarische Figur beruht auf dem Mythos, dass der antike Europamythos eine Liebesgeschichte erzähle, die mit den Ursprüngen Europas zusammenhänge. Nolens volens wird dieser Mythos somit zum Erinnerungsort des Ursprungs Europas; ob das stimmt oder nicht, hat im Grunde keine Bedeutung, weil durch Ursprungsgeschichten eine Gemeinsamkeit, ein gemeinsamer Ursprung belegt wird, der dem Streben nach Einheit und Identität förderlich erscheint.

In der Antike erfüllte der Mythos Europa allerdings kaum diese Funktion, eine Ursprungsgeschichte Europas wurde aus vielerlei Gründen nicht benötigt. Im Vordergrund stand das familiär verstandene Thema von Liebe, Hochzeit, Nachkommenschaft. Im Mittelalter erwies sich wegen des biblischen Ursprungs die Geschichte von Noah und seinen Söhnen viel geeigneter als europäische Ursprungsgeschichte im Vergleich zum Europamythos, der heidnisch und unmoralisch war. Die christliche Anverwandlung des Europamythos in die Geschichte von der Seele (Europa), die von Jesus (Stier) geführt wird, änderte den Charakter der Geschichte. Nicht so im Fall von Noah und seinen Söhnen – Gott teilte die Welt unter den Söhnen Noahs auf; Ham erhielt Afrika, Sem Asien und Jafet Europa, lässt sich die Sache vereinfachen (Gen 1, 10,2: Völkertafel). Es war nicht schwierig, Jafet zum Stammvater der Christen, insbesondere der europäischen Christenheit zu machen. Die Kirchenväter Hieronymus und Ambrosius nahmen sich in der zweiten Hälfte des 4. beziehungsweise im frühen 5. Jahrhundert dieser Aufgabe an, Augustinus führte sie fort. Das ergab eine solide Grundlage für die Nachwelt. Diese Geschichte oder Legende – Mythos wäre als Bezeichnung nicht ganz korrekt – wurde in Mittelalter und Früher Neuzeit unablässig verbreitet. Ernsthafte Versuche, Europa zur Stammmutter Europas zu machen, gab es wenige, auch wenn Boccaccio die Europa in seine Galerie „De claris mulieribus" – Galerie der berühmten Frauen – einreihte und den Namen des Kontinents ausdrücklich von ihr ableitete.

Einen gewissen politischen Reiz übte der Europamythos in der Frühen Neuzeit gleichwohl aus. Er konnte als Metapher etwas ausdrücken, was als klare politische Formulierung viel zu viel Widerstand hervorgerufen hätte. Wie es die eingangs zitierte Version des Mythos bei Moschus von Syrakus besagt, hielt Zeus auf Kreta Hochzeit mit Europa, er nahm sie sich zur Braut. Dieses Bild – Europa zur Braut nehmen – war gut einsetzbar. Im 16. und 17. Jahrhundert war die „europäische Universalmonarchie" ein Thema für die Herrscher. Vertraut ist es den meisten in der Gestalt Kaiser Karls V., aber viele andere nach ihm bis zu dem französischen König Ludwig XIV. und Wilhelm III., der den Titel „König von England, Schottland, Frankreich und Irland" führte, verfolgten diesbezügliche Ideen. Hintergrund der meisten solcher Ideen war die Vorstellung von Europa als Christlicher Republik, die sich aus den Monarchien und Republiken als Gliedern zusammensetzte. Die Christliche Republik war eine vorausgesetzte Einheit Europas; sie verlangte nach einem gekrönten Haupt, ohne dass dies die Abschaffung der vorhandenen Staaten bedeutet hätte. Das Schwert erschien in diesen Zusammenhängen keineswegs als die vorrangige oder einzige Möglichkeit, vielmehr war Heiraten und Erben die sehr viel angesehenere Strategie, die gerne mit dem Haus Österreich – *Tu, felix Austria, nube* – in Verbindung gebracht wird, die aber für alle europäischen Herrscherhäuser die erste Wahl darstellte. Zusätzlich eröffnete sich in bestimmten Fällen die Wahl zum König beziehungsweise Kaiser als Option, was bekanntermaßen zu einer Reihe von Doppelmonarchien mit europäischem Anspruch führte.

„Europa zur Braut nehmen" wurde als Metapher bei Hochzeiten und anderen Festen vorgeführt. Es gibt im 16. und 17. Jahrhundert habsburgische, pfälzische, französische oder oranische Beispiele hierfür. Meistens handelte es sich um Hochzeiten, aber auch Triumphzüge boten Anlass, diese Brautnahme mit szenischen und bildlichen Mitteln auszudrücken. Frauenraub als Weg zur Eheschließung war zwar ungesetzlich, aber sozial unter ganz bestimmten Bedingungen toleriert. Anders ausgedrückt: Für die Zeitgenossen insbesondere des 17. Jahrhunderts stellte die metaphorische Verwendung des Europamythos, in dem eine Frau, wenn auch von einem Gott, geraubt wurde, keine Hürde dar, die allzu starke Verrenkungen erforderlich gemacht hätte. Mit dem Thema Frauenraub zum Zweck der Eheschließung konnte man wunderbar spielen – und hatten nicht die Römer, diese großen Vorbilder, dasselbe getan, als sie die Sabinerinnen raubten, hatte ihnen die Geschichte nicht Recht gegeben? Also, Schwert und Eheschließung zu kombinieren, war eine legitime Vorstellung.

Mit Macht ausgestattete Frauen der Frühen Neuzeit ließen sich mitunter als Europa (mit oder ohne Stier) porträtieren. So hielt es Anna von Österreich – Anne d'Autriche –, die Mutter Ludwigs XIV. Das zumindest kunsthistorisch vielleicht schönste Beispiel hierfür kann in der Europa auf dem Stier von François Boucher gesehen werden, ein Bild, das Madame de Pompadour 1747 porträtiert, deren politischer Einfluss am Hof Ludwigs XV. gut bekannt ist.

Der Rationalismus der Aufklärung, aber noch mehr der sich zum Beherrschenden aufschwingende Nationalismus im 19. und 20. Jahrhundert, ließen derartige Geschichten vom Ursprung der Europäer obsolet werden. Die nationalen Mythen erfüllten die einheits- und identitätsstiftende Funktion, die von einem Mythos erwartet werden konnte, viel besser. Europa war darüber nicht vergessen, aber im Gegensatz zu den Nationen ging es weniger um gemeinsame Ursprünge als um ein Projekt Europa, um ein Zukunftsprojekt. Dass Europa eine Kultur im Singular darstelle und sich darin eine gegebene Einheit begründe, war ein Gemeinplatz. Die Diskussionen drehten sich um ein politisches Europa, das auf der Annahme sich brüderlich zueinander verhaltender Nationen aufbaute und sich im Begriff der „Vereinigten Staaten von Europa" herauskristallisierte. Da war etwas zu schaffen, zu gründen, nichts, was eine Stammvater- oder Stammmuttergeschichte benötigt hätte. Höchstens könnte man die Verklärung des christlichen Mittelalters als hohe Zeit europäischer Einheit, die Novalis 1799 in „Die Christenheit oder Europa" beschwor, als europäischen Mythos bezeichnen, doch waren Wirkung und Verbindlichkeit dieses moderneren Mythos begrenzt. Freilich genoss er als Abendlandmythos Anerkennung, aber der Missbrauch des Abendlandbegriffs durch Faschisten und Nationalsozialisten machte ein Anknüpfen daran nach 1945 nicht leicht. Als genuin christlicher Abendlandmythos hielt er sich in den ersten zwei, drei Nachkriegsjahrzehnten.

Der Europamythos als solcher ging freilich nicht verloren, er blieb ein ständiges Thema von Kunst und Literatur. Politische Wirkung entfaltete er zumeist in der Karikatur, die sich der beiden Hauptfiguren des Mythos bediente und bedient, um Missstände, die Europa als Ganzes betreffen, aufzuzeigen. Die Nationalsozialisten stellten mitunter eine Europa auf dem Stier auf, etwa in Wien im Parlamentsbau griechischen Stils, der in Gauhaus umbenannt worden war, anlässlich der Gründungsveranstaltung des Europäischen Jugendverbandes am 16. September 1942. Dass der Mythos in der osteuropäischen Kunst nach 1945 als Thema aufgegriffen wurde, kann sicherlich als politische Aussage gewertet werden. Franco-Spanien brachte 1966 eine Briefmarke mit dem Europamythos-Motiv heraus, Polen 1979. Sowohl Diktaturen wie Demokratien bedienten sich des Motivs an den Stellen, wo es am ehesten von vielen bemerkt werden konnte: Briefmarken und Münzen. Das griechische Zypern wählte schon vor dem Beitritt zur Europäischen Union für eine seiner Münzen die Europa auf dem Stier als Bild, in der Bewerbung des einzuführenden Euro in der Bundesrepublik spielte der Europamythos wegen seiner emotionalen Anrührung eine Rolle – und so ging und geht es weiter. Mehr als ein emblematisches Bild für eine gefühlte europäische Einheit scheint der Mythos dennoch nicht auszumachen.

An die frühere Funktionsstelle sind andere Mythen getreten, die einen anderen Mythos Europa ergeben. Hierbei handelt es sich um kulturgeschichtliche sowie neue Gründungsmythen. „Kulturgeschichtlich" meint die viel zitierte Einzigartigkeit Europas, die an sich eine lange Tradition besitzt. Seit Europa nicht zuletzt unter der Bezeichnung „Jafet-Land", die gerade im 15. Jahrhundert recht häufig auftrat, mustergültig in den Lauf der Heilsgeschichte eingeordnet worden war, setzte sich die Selbstbewertung als Besonderes in der göttlichen Schöpfung unter verschiedenen Perspektiven fort. Von den frühesten Momenten der Expansion an wurde Europa als überlegene Zivilisation gewertet; dies wuchs sich in der Kulturgeschichtsschreibung seit dem 18. Jahrhundert zu einem unumstößlichen Topos aus, der offenbar bis heute breite Anerkennung findet. Max Weber unternahm mithilfe des Schlüsselbegriffs „okzidentaler Rationalismus" den Versuch, wertungsfrei und faktenbezogen die die europäische von anderen Kulturen essentiell unterscheidenden Merkmale komparatistisch zusammenzustellen, aber dies hinderte andere nicht, diese „Einzigartigkeit" in wertende Hierarchisierungen der Kulturen der Welt einzubauen. Mehr als es bisher bewusst gemacht wurde, bestimmte dieses Selbstverständnis auch die Gründungsgeneration der Europäischen Integration.

Die neuen Gründungsmythen beziehen sich auf die Beantwortung der Frage nach dem Warum der Europäischen Einigung und ihres Erfolgs. Bedeuteten die Vorgängerinstitutionen der jetzigen Europäischen Union vorwiegend eine Antwort auf den Holocaust, wie es manchmal dargestellt wird? In den Texten der 1940er und 1950er Jahre ist davon so nichts zu lesen. Trotz der Fotos, die über die Vernichtungslager veröffentlicht wurden, und der

Nürnberger Prozesse scheint es schwierig gewesen zu sein, den tatsächlichen Umfang des Verbrechens der Judenvernichtung zu ermessen, um es als etwas anderes als nur ein besonders großes Kriegsverbrechen erkennen zu können. Der weit verbreitete Antisemitismus behinderte zudem das Erkennen-Wollen und -Können. Die Gründungsgeneration wollte den Krieg und die Gründe, die zu ihm geführt hatten, hinter sich lassen, sie wollte jede Art von Wiederholung verhindern, und im Übrigen gab es weltpolitische sowie ökonomische Konstellationen, die ein gewisses Maß an Integration schon aus Gründen des Selbsterhalts erzwangen. Der Holocaust – was er wirklich gewesen war – wurde erst ab dem Eichmann-Prozess in Jerusalem 1961/1962 verstanden, und erst danach rückte er zunehmend ins Zentrum des politischen Denkens und Argumentierens. Die europäische Integration war somit anfangs nicht im Wesen eine Reaktion auf den Holocaust.

Je länger die Geschichte der Europäischen Integration andauert, desto mehr scheint sie sich zu einer gewissen Mythenbildung zu eignen. Eine Reihe von Namen kehrt als Gründerväter immer wieder: Schuman, Adenauer, de Gasperi, Monnet und andere. Frauen werden selten genannt, obwohl sie – und so auch Tausende andere – am Integrationsprozess mitwirkten. Die herausgehobene Stellung der Regierungschefs und einiger Minister wird umweglos in eine Gründerväterrolle umgedeutet. An sich widerspricht dies der Rationalität der Gründung europäischer Institutionen, die schon die Zeitgenossen im Rückgriff auf die Theorie des (Neo-)Funktionalismus als rationalen Prozess verstanden.

Die Integrationsgeschichte selber ist ein Erfolg, und es kann nicht verübelt werden, wenn dieser Erfolg historiographisch dargestellt wird. Aber es darf nicht unkritisch werden. Es gab Optionen für mehr Demokratie von Anfang an, als dann tatsächlich umgesetzt wurden; der Kolonialismus spielte bis in die 1960er Jahre und mental darüber hinaus in der EWG/EG ebenso eine Rolle wie Phantasien von einem Europa als Dritter Großmacht neben den USA und der Sowjetunion. Dies wird weniger reflektiert als die negativen Emotionen, die die Europa-Bürokratie hervorrief und hervorruft. Der neue Mythos Europa besagt einen andauernden Fortschritt, der von den Gründervätern angestoßen wurde. Bereits im Dokument über die europäische Identität vom Dezember 1973 (EG-Gipfel in Kopenhagen) wurde die Integrationsgeschichte aufgrund ihres Erfolgs als Bestandteil der europäischen Identität bezeichnet. Die Gegenwartskrise der Europäischen Union, die seit Jahren anhält, lehrt uns, dass dies ein moderner Mythos ist.

Der antike Mythos Europa steht im 29. Jahrhundert seines „Lebens". Er verdankt dies einerseits der Beständigkeit eines emblematischen Bildes – Europa auf dem Stier –, das den Phantasien, je nach Zeitläuften, viel Interpretations- und Ausgestaltungsspielraum überließ, andererseits der Erweiterung um neue Mythen oder mythenfähige Erzählungen zu und über Europa. So schwierig es ist, Europa als Einheit, als ein Etwas im Singular, als eine Identität zu definieren, so sehr sorgt die schiere Beständigkeit des Europamythos – und sei es in seiner häufig emblematischen Verkürzung – für eine gefühlte Zusammengehörigkeit, die kaum besser als durch eine Gefühle ansprechende Erzählung, zumal wenn sie mythisch unbestimmt bleibt, ausgedrückt werden kann. Der Mythos eignet sich jenseits aller Wissenschaft, die in ihm unschöne Seiten entdeckt, als Projektionsfläche von Europagefühlen, als topischer Ort, an dem die Sehnsucht nach Einigkeit und Einheit ein Zuhause hat. Was aber sind Erinnerungsorte anderes als das Zuhause solcher Gefühle, Ideen, Projektionen, Erinnerungen, Erfahrungen, die – und dafür gibt es die unterschiedlichsten Gründe – vor einer allzu rationalistischen Dekonstruktion geschützt werden wollen?

Literaturhinweise

Giovanni Boccaccio, De claris mulieribus – Die großen Frauen. Latein-Deutsch. Stuttgart 1995.

Winfried Bühler, Die Europa des Moschos. Text, Übersetzung und Kommentar. Wiesbaden 1960.

Heinz Duchhardt/Christoph Grimm/Clemens Zintzen, Europa. Mythos – Geschichte – Vision. 3 Beiträge. Mainz 1996.

Françoise Gange, Le mythe d'Europe dans la grande histoire. Du mythe au continent. Paris 2004.

Heinz R. Hanke, Die Entführung der Europa... Die Fabel Ovids in der europäischen Kunst. Berlin 1967.

Almut-Barbara Renger/Roland Alexander Issler (Hrsg.), Europa – Stier und Sternenkranz. Von der Union mit Zeus zum Staatenverbund. Göttingen/Bonn 2009.

Denis de Rougemont, Europa. Vom Mythos zur Wirklichkeit. München 1962 (frz. Originalausgabe Paris 1961).

Siegfried Salzmann (Hrsg.), Mythos Europa. Europa und der Stier im Zeitalter der industriellen Zivilisation. Hamburg 1988.

Wolfgang Schmale, Wolfgang, Europa, Braut der Fürsten: Die politische Relevanz des Europamythos im 17. Jahrhundert, in: Klaus Bussmann/Elke Anna Werner (Hrsg.), Europa im 17. Jahrhundert. Ein politischer Mythos und seine Bilder. Stuttgart 2004, S. 241–267.

Eva Zahn, Europa und der Stier. Würzburg 1983.

Elisabeth Oy-Marra
Der Mythos „Europa" in der Kunst

Wie jede Gemeinschaft, so hat sich auch die Europäische Union auf Bilder besonnen, die den Anspruch erheben, repräsentativ zu sein. Diese Bilder rekurrieren auch heute noch in Europa auf den Mythos vom Raub der Tochter des phönizischen Königs Agenor durch den Göttervater Zeus in Gestalt eines Stiers. Dies jedenfalls lassen jene Bilder vermuten, die für repräsentative Orte und Medien ausgewählt wurden. So schmückt der in der Regel zu einem friedlichen Ritt stilisierte Raub der Europa eine Gedenkmünze der Europäischen Union aus dem Jahr 1995 (Abb. 1). Darüber hinaus wurde das Thema auch für die Bauskulptur vor dem Europäischen Parlament in Straßburg (Abb. 2) und dem Justus Lipsius-Gebäude in Brüssel ausgewählt. Während es sich bei der Skulptur in Straßburg, die von den Künstlern Niklos und Paudelis Sotiriadis geschaffen wurde, um ein Geschenk der Insel Kreta handelt, stammt die Skulpturengruppe in Brüssel von Leon de Pas. Die in diesen öffentlichen Bildern zum Ausdruck kommende Sinnfälligkeit, die für eine repräsentative Verwendung notwendig ist, ist angesichts des grundlegenden Wandels unserer Lebenswelten nicht mehr selbstverständlich. Die viel beschworenen, auf die Antike zurückgehenden Traditionslinien sind brüchig geworden und vielfach alles andere als allgemeinverständlich.

Die Bilder vom Mythos des Raubs der Europa scheinen hier eine Ausnahme zu sein, sie gehören offenbar zu unserem aktiven Bildgedächtnis und lassen sich als Erinnerungsorte verstehen. Wie aber ist das möglich? Handelt es sich hier tatsächlich um ein aktives Bildgedächtnis oder knüpfen die Künstler in Straßburg und Brüssel an eine lange zurückliegende Bildtradition an? Um es gleich vorweg zu schicken: Tatsächlich kennen wir eine Vielzahl von Bildern des Europamythos, deren Beliebtheit bis in die Moderne hinein kaum nachlässt. Reduziert man diese Bilder allein auf ihren Kerngehalt, die Darstellung einer auf einem Stier reitenden Jungfrau, so scheint dieses Motiv zwar unendlich wandelbar zu sein, doch lässt sich auf den ersten Blick die ebenso große Flexibilität, ganz verschiedene Bedeutungen anzunehmen, nicht vermuten. Neben dieser Bildtradition lassen sich in der weiter zurückliegenden Geschichte, vor allem in der Frühen Neuzeit, auch personifizierte Europabilder ausmachen, die aufgrund ihrer Kleidung und Attribute die Überlegenheit des europäischen Kontinents über die übrigen Kontinente spiegelten. Die hierbei gewählte einfache wie eindringliche Darstellung einer gekrönten und zumeist mit vielen anderen Herrschaftsinsignien versehenen Frau hat die Vorstellung eines überlegenen Europa wohl wie keine andere bis heute geprägt, zumal die Personifikation der Europa mit allen Attributen der Religion, der Künste und Wissenschaften ausgestattet wurde. Die Bilder des Mythos und des personifizierten Erdteils haben eines gemeinsam: Sie unterstreichen die Auserwähltheit der Europa, sei es nun durch den Göttervater Jupiter, der sich just in die junge Europa und nicht in eine ihrer Schwestern verliebte, sei es durch die Insignien der Herrschaft, die ihre Vorrangstellung unter den anderen Erdteilen unter Beweis stellen soll.

Wenn ich mit diesem Essay den Versuch unternehme, den Mythos Europa in der Kunst zusammenfassend darzustellen, so wirft dies nicht zuletzt die Frage auf, welche dieser Bilder heute noch als Erinnerungsort im Sinn Pierre Noras verstanden werden können. Hierfür wird eine differenzierte Antwort nötig sein. Dabei soll es nicht um die Frage der künstlerischen Varianz gehen, die erstaunlicherweise sehr hoch ist, sondern um repräsentative künstlerische Lösungen, an denen die wichtigsten Sinnzuschreibungen in der Geschichte aufgezeigt werden können. Der Essay ist in drei Sinnabschnitte gegliedert: Zunächst wird es um das Verständnis des Europamythos vom ausgehenden Mittelalter bis ins 18. Jahrhundert gehen. Seit dem 16. Jahrhundert kommen Darstellungen der Europa als Personifikation des Erdteils hinzu, die überblickshaft in einem kurzen Abschnitt thematisiert werden. In einem dritten Teil sollen schließlich repräsentative Darstellungen des Europamythos in der Moderne und die mit ihm verbundenen Sinngehalte im Vordergrund stehen. Dabei kann jedoch nur auf einige wenige Gemälde und Skulpturen aus der Fülle des Materials eingegangen werden. Im Folgenden wird es vor allem auch um die Frage gehen, ob die europäische Dimension der Bilder sich allein ihrem Sujet verdankt oder ob hier tatsächlich auch so etwas wie ein gemeinsames Verständnis gewährleistet war.

Der Raub der Europa als Hochzeitsallegorie und Fürstenlob

Wie für die meisten antiken Mythen waren Ovids „Metamorphosen" der Text, der gewährleistete, dass der Mythos vom Raub der Europa nicht in Vergessenheit geriet. Ovids Erzählung im Zweiten Buch der „Metamorphosen" (Metamorphosen II, 836–875) berichtet von dem Erfindungsreichtum des Göttervaters Jupiter, der sich aus Liebe zur Tochter des phönizischen Königs in einen Stier verwandelte. Als solcher gewann er das Vertrauen der Königstochter, die sich schließlich auf seinen Rücken setzte und es ihm damit leicht machte, sie rücklings zur Insel Matala auf Kreta zu entführen. Hier wurden sie schließlich ein Paar, das mehrere Kinder zeugte. Die Geschichte handelt also von einer Liebschaft Jupiters, der bekanntlich aufgrund seiner eifersüchtigen Gattin Juno immer wieder zur List der Verwandlung greifen musste, um sich in anderer Gestalt unbeobachtet seinen auserwählten Frauen nähern zu können. Zwar waren die „Metamorphosen" des Ovid nicht die einzige Quelle der Überlieferung des antiken Stoffes, doch sicher die einflussreichste im Hinblick auf die sich formierende Bildtradition. Dies war nicht zuletzt der Beliebtheit der „Metamorphosen" geschuldet, deren gedruckte Ausgaben ab 1484 aufwendig illustriert wurden. Von hier aus wanderten die Bilder vom Raub der Europa schließlich in andere Medien.

Noch bevor zu Beginn des 16. Jahrhunderts südlich wie nördlich der Alpen einzelne Kupferstiche das Motiv verbreiten halfen, tauchte die Geschichte schon auf einem Möbel auf, das uns Auskunft darüber gibt, in welchem sozialen Zusammenhang die Geschichte vom Raub der Europa eingebettet wurde. Es handelt sich um die erhaltene Vorderseite einer dem Sieneser Künstler Francesco di Giorgio Martini zugeschriebene Hochzeitstruhe im Louvre (Abb. 3), auf der das von Ovid erzählte Geschehen dargestellt wird. Hochzeitstruhen waren Brautgeschenke, die zur Aufbewahrung von Kleidern dienten. Da sie zur Aussteuer der Braut beziehungsweise als Geschenk des Bräutigams an seine zukünftige Ehefrau immer für eine Hochzeit hergestellt wurden, nahmen auch die Motive auf das Ereignis Bezug. Im Fall der Tafel aus dem Louvre ist bemerkenswert, mit welchem Detailreichtum hier die Geschichte des Raubs der Europa erzählt wird. Die Erzählung folgt dabei nicht der üblichen Leserichtung von links nach rechts, sondern ist in umgekehrter Richtung aufgebaut. Rechts von der Mittelachse der Tafel sehen wir den weißen Stier auf einer Landzunge inmitten einer großen Schar junger Frauen, die von links herameilen. Ihn, der überaus friedlich und zutraulich am Ufer sitzt, hat eine der jungen Frauen an den Hörnern gepackt und ist in Begriff, sich auf ihn zu setzen. Tatsächlich sehen wir etwas weiter links davon denselben Stier mit der jungen Frau auf seinem Rücken, wie er eine Wasserfläche überquert und dabei von einem Delphin begleitet wird. Am linken Bildrand sind schließlich Europa und Jupiter als Paar zu erkennen. In simultaner Darstellungsweise kann der Betrachter also den Ablauf der Handlung sukzessive nachvollziehen. Dabei werden einige Details, die Ovid erzählt, jedoch fallen gelassen. So fehlt vor allem die eifersüchtige Juno, die Jupiter erst veranlasst hatte, zu seiner List der Verwandlung zu greifen. Auch ist die Anzahl der Begleiterinnen der Europa um ein Vielfaches erhöht. Demgegenüber rückt die Reise der Europa in den Vordergrund, die eine Trennung von ihrer Familie und ihren Freundinnen und von ihrer Heimat bedeutet, deren glücklicher Ausgang schließlich am linken Bildrand hervorgehoben wird. Der Raub der Jungfrau wird auf der Cassonetafel also als eine Episode eines *rite de passage* (Genepp) erzählt, den die junge Braut bei ihrer Heirat vollziehen muss. Die Darstellung vermittelt zugleich den Eindruck eines erstrebenswerten Ereignisses im Leben der jungen Frau, indem der glückliche Ausgang der Episode besonders hervorgehoben wird. Dem Raub selbst wird so jede Dramatik und Gewalt genommen, er wird zu einem Übergang, der die junge unverheiratete Frau von ihrer Familie entfernt und als Braut und Ehefrau in eine neue Familie und einen neuen sozialen Status überführt.

Während diese Darstellung nach allem, was wir über Hochzeitsriten des 15. Jahrhundert wissen, die damalige Praxis zu repräsentieren verstand, lässt sich in der Druckgrafik des frühen 16. Jahrhunderts ein großer Variantenreichtum der Erzählung beobachten. Es handelt sich dabei um Bilderfindungen, die die Bildtradition späterer Jahrhunderte maßgeblich geprägt haben. Direkt im Anschluss an die erste illustrierte Ovidausgabe von 1497 entstanden zu Beginn des 16. Jahrhunderts in Italien zwei Kupferstiche von Benedetto Montagna und dem sogenannten Meister IB mit dem Vogel, zwei bildliche Interpretationen des Mythos, die nicht mehr den Verlauf der gesamten Erzählung berücksichtigen, sondern besondere Momente der Geschichte auswählen. Während Montagna Europa in jenem Moment darstellt, als sie sich vertrauensvoll auf den Rücken des Stieres gesetzt hatte und im Begriff ist, ihn mit einem Blumenkranz zu schmücken (Abb. 4), wählte der Meister IB mit dem Vogel die Entführung der jungen phönizischen Prinzessin aus, die jedoch nicht wider Willen geschieht, sondern als Ritt der Europa auf dem Rücken des Stiers vor Augen geführt wird (Abb. 5). Auch Montagna spielt auf die bevorstehende Reise der Europa an, indem er die Szene am Ufer lokalisiert und im Hintergrund die Insel Kreta aufscheinen lässt. Auch verweist der als Hirte dargestellte Götterbote Merkur auf die eigentliche Identität des Stiers. Der Meister IB mit dem Vogel verzichtet dann ganz auf diese zum Verständnis der Geschichte wichtigen narrativen Versatzstücke und konzentriert sich allein auf den Ritt der Europa auf dem Rücken des Stiers. Auch hier ist die Insel Kreta als Ziel der Reise im Hintergrund dargestellt. Die von Montagna und dem Meister IB mit dem Vogel vorgelegten Bildkonzepte der Geschichte sollten die Bildtradition nachhaltig bestimmen. Beide Bilderfindungen standen für unterschiedliche Verständnisweisen des Mythos. Während die Darstellung des Meisters IB, der Europa in engem körperlichen Kontakt mit dem Stier zeigt, in der Deutungstradition der Europa als Sinnbild der zu ihrem Ursprung zurückkehrenden Seele steht, betont der Bildentwurf Montagnas dagegen die Bedeutung Merkurs, der als Handlanger Jupiters seine Fähigkeit als listiger Dieb und begnadeter Redner in die Waagschale wirft.

Doch kommen wir wieder auf das Verständnis des Mythos als Sinnbild fürstlicher Hochzeiten zurück. Wolfgang Schmale hat diesbezüglich sogar den Begriff des „Allianz-Dispositivs" geprägt, denn tatsächlich wurden Darstellungen des Mythos sehr häufig angesichts fürstlicher Hochzeiten in Auftrag gegeben oder spielten auf solche Verbindungen an, die in der Regel mit großen politischen Hoffnungen verbunden waren. Eins der besten Beispiele hierfür ist die Ausgestaltung des Triumphbogens, der anlässlich des Einzugs der Tochter Maximilians II. und Braut Karls IX. von Frankreich, Elisabeth von Österreich, 1571 in Paris errichtet worden war und von einer Skulptur der Europa mit dem Stier gekrönt wurde. In seinem Bericht der Feierlichkeiten aus dem Jahr 1572 verglich Simon Bouquet das Brautpaar mit der Skulpturengruppe und prophezeite dieser Ehe einen zur Weltherrschaft prädestinierten Thronfolger.

Doch der Raub der Europa konnte auch stärker auf das Lob eines hochrangigen Fürsten abzielen. Entscheidend für diese neue Bedeutung war die enge Verquickung der herausragenden Stellung Jupiters im Olymp, dessen Liebschaft zu Europa schon sehr früh als ein Zeichen seiner Herrschaft und seines Triumphs gelesen wurde. Dies wird insbesondere in den Illustrationen der 1499 in Venedig bei dem berühmten Verleger Aldo Manutio erschienen „Hypnerotomachia Poliphili" deutlich (Abb. 6). In diesem rätselhaften und hoch gelehrten Liebestraum des Poliphilius, dessen Autor anonym blieb und dem eine große Verbreitung im frühneuzeitlichen Europa beschieden war, wird die Entführung der Europa besonders eng mit dem Triumph Jupiters verbunden. Auf den Illustrationen erscheint sie nicht nur als Skulptur auf einem der Triumphwagen des Jupiters, sondern ist auch als Relief auf beiden Seiten dargestellt. Dass gerade diese Liebschaft des olympischen Göttervaters in der frühen Neuzeit als Zeichen seines Triumphs verstanden werden sollte, mag an der Tatsache liegen, dass es sich bei Europa um eine phönizische Prinzessin handelte, die zur Namengeberin des Erdteils werden sollte. Jedenfalls dürften die Holzschnitte des Triumphzugs des Jupiter in der „Hypnerotomachia Poliphili" die Rezeption der Episode entscheidend geprägt haben, indem sie den Aspekt der Hochzeit mit dem Triumph des Gottes überblendeten.

Dieses einseitig auf den Triumph des Fürsten verlagerte Verständnis des Mythos wurde erstmals in einem Gemälde Tizians manifest, das der venezianische Künstler in den Jahren 1559 bis 1562 für den spanischen König Philipp II. malte. Auf den ersten Blick scheint das Gemälde Tizians (Abb.7) in der Tradition des Kupferstichs des Meisters IB zu stehen, denn auch hier sehen wir den Ritt der Europa über das Meer. Doch es wird schnell deutlich, dass der Maler einige Details entschieden verändert hat. So sehen wir zwar im Hintergrund noch das Festland und sein zerklüftetes Ufer, aber es ist nicht mehr mit dem Ziel der Reise des ungleichen Paars, der Insel Kreta, identisch. Das Ziel der Reise ist tatsächlich nicht mehr dargestellt, dafür scheint Europa von der Kraft des Tieres mitgerissen worden zu sein, denn sie sitzt nicht auf seinem Rücken, sondern liegt so, als würde sie in jedem Moment herunter gleiten, würde sie sich nicht gerade noch mit ihrer linken Hand am linken Horn des Stieres festhalten. Auch ihr wehendes Gewand zeigt die hohe Geschwindigkeit an, mit der der Stier sie über das Meer trägt. Zwei Fische begleiten diese bewegte Szene. Auf dem hinteren der beiden reitet ein kleiner Putto, der erstaunt zu den beiden heraufblickt, während am oberen linken Bildrand zwei Amoretten mit ihren Pfeilen und Bögen den Ritt über das Meer in schnellem Flug begleiten.

Tizians großformatiges Gemälde gehört zu einer Gruppe von Gemälden für den spanischen König, die den Liebschaften Jupiters gewidmet sind. Jupiters Liebe zu Europa war das letzte dieser Bilder, die in Abgrenzung von Historiengemälden auch *poesie* genannt wurden, weil sie, ähnlich einer Dichtung, den mythologischen Stoff mit den Mitteln der Malerei poetisch neu fassten. Gleichwohl darf das Gemälde weder als freie Umdichtung des Mythos noch als eine bloße Weiterentwicklung der Bildtradition missverstanden werden. Vielmehr hat die Forschung im Gemälde eine sehr reale Bezugnahme auf die politischen Ambitionen des spanischen Königs nachweisen können, die im Folgenden zusammengefasst werden sollen. Dabei knüpft Tizian an eine Deutungsgeschichte des Mythos an, die den Raub der Europa als Gleichnis für eine gelungene territoriale Expansion eines Fürsten und damit als Zeichen seines Triumphes verstand. Dies lässt sich am Beispiel einer heute verlorenen Tapisserie belegen, die für einen Saal der neueingerichteten Residenz Cosimos I. de' Medici im von Giorgio Vasari zum Zweck der Fürstenresidenz umgestalteten alten Rathaus in Florenz, dem Palazzo Vecchio, bestimmt und auf der die Episode des Raubes der Europa dargestellt war. In den so genannten *Ragionamenti*, die die Ausstattung der verschiedenen Säle erläutern, wird diese Episode eng mit den Erfolgen Cosimos I. in Verbindung gebracht. Ihr Autor, Giorgio Vasari, schlägt zur Erläuterung der Episode den Bogen zu den Feldzügen Cosimos I. und vergleicht den Raub der Europa mit Cosimos Belagerung von Piombino, von wo aus er ins Meer gestochen sei. Nach der Einnahme des Küstenorts Portoferraio auf Elba habe er den Ort in Cosimopoli umbenannt und einen Hafen gegründet. Diese Deutung zeigt, dass die Episode nicht nur im Sinn einer Hochzeit verstanden werden konnte, sondern ebenso als Triumph eines Herrschers über das Meer. Interessant hieran ist nicht zuletzt auch, dass die Einnahme eines Landes mit dem Raub einer Frau gleichgesetzt wird, der politische Triumph also männlich, das bezwungene Meer jedoch weiblich konnotiert wird.

In dieser Deutungstradition muss auch das berühmte Gemälde Tizians gesehen werden, das sich heute im Isabella Stewart Gardener Museum in Boston befindet. In der Forschung ist das Gemälde von verschiedenen Interpreten auf die politischen Erfolge des Königs von Spanien, Philipps II., hin gedeutet worden. Während Hilliard T. Goldfarb (1998) und Karinne Simmoneau (1999) vor allem auf die allgemeinen Parallelen zwischen Philipp II. und Jupiter und seine politischen Herausforderungen und Erfolge abhoben, unterzog Kiyo Hosana das Gemälde 2003 einer genauen Lektüre, die den Zeitraum seiner Entstehung zwischen 1559 und 1562 besonders berücksichtigte. Demzufolge kann davon ausgegangen werden, dass das Gemälde für Philipp II. innerhalb der anderen Liebschaften Jupiters eine Sonderstellung einnimmt und in der Tradition des Triumphzugs Jupiters der „Hypnerotomachia Poliphili" gedeutet werden muss. In der Tat gab es nicht wenig Gelegenheit, die seit seiner Wahl 1556 errungenen Erfolge zu würdigen. So hatte der spanische König seinen ersten Krieg gegen Frankreich in der Schlacht von St. Quentin gewonnen und seinen Einfluss in Italien 1559 durch das Traktat von Cateau-Cambrésis erweitert. Im gleichen Jahr heiratete er in dritter Ehe die Tochter Heinrichs II. von Frankreich, Elisabeth von Valois, und kehrte siegreich aus den Niederlanden zurück. Zudem schickte er eine Flotte nach Tripolis, die dafür sorgen sollte, die Herrschaft über das westliche Mittelmeer gegen die maghrebinischen Staaten und Barbaresken durchzusetzen. Das 1559 begonnene Gemälde kann daher als ein glückliches Zeichen seiner Macht und seiner neuen Ehe verstanden werden. Kiyo Hosono hat zudem zeigen können, dass die prekäre Haltung der Europa auf dem Rücken des Stiers auf einen antiken Cammeo aus der Sammlung des Venezianers Giovanni Grimani zurückzuführen ist, der den Beschützer des Meeres Palemon auf dem Rücken eines Widders zeigt, der über das Meer reitet (Abb. 8). Diesen Cammeo, den Giovanni Grimani nicht nur im Kupferstich vervielfältigen ließ, sondern der auch als Vorlage für die Stuckdekoration in seinem venezianischen Palast diente, muss Tizian gekannt haben.

Der visuelle Bezug des Gemäldes zum Cammeo, der durch die Haltung der Europa von Tizian hergestellt wird, legt den Schluss nahe, dass der Maler auch an die Bedeutung des Cammeos, wie er in der Zeit verstanden wurde, anknüpfen wollte. Tatsächlich galt der Widder nach Paolo Giovio als Sternzeichen Oktavian Augustus, weshalb das Tier von Karl V. und Cosimo I. de' Medici zur *Imprese* gewählt wurde. Darüber hinaus wurde es auch als Zeichen für den Sieg des Kaisers in der Schlacht bei Azio verstanden. Wie aus zeitgenössischen Quellen, wie etwa aus Lodovico Dolces „Trasformazioni" hervorgeht, wurde auch Philipp II. mit Oktavian Augustus gleichgesetzt, so dass sowohl der Widder als auch Palemon, der Beschützergott der Meere, sich eigneten, um das antike Bild auf die Siege und Machtstellung des spanischen Königs beziehen zu können. Die von Tizian gewählte unstabile Haltung der Europa auf dem Rücken des Stiers kam daher nicht von ungefähr, sondern nimmt Bezug auf den antiken Cammeo aus venezianischem Besitz. Die damit herbeigeführte Überblendung des Raubs der Europa mit dem antiken Siegeszeichen machte es möglich, den Adressaten des Bildes nicht nur durch den Vergleich mit dem Göttervater Jupiter zu huldigen, sondern zugleich auch durch den Bezug auf einen antiken Kaiser. Die im Bild des Raubes der Europa verpackte Huldigung Philipps II. steht damit in der Tradition des Herrscherlobs, zielt hier jedoch auf die emphatische Würdigung territorialer Expansion, bei der die geraubte Europa zum Sinnbild des eingenommenen Territoriums wird. Dass diese mit Tizians Gemälde verbundene Bedeutung keine Eintagsfliege gewesen sein kann, lässt die Auftragsgeschichte eines weiteren Raubs der Europa vermuten. Das berühmte Gemälde des Raubs der Europa von dem Bologneser Maler Guido Reni, das sich heute in Schweizer Privatbesitz befindet, folgt zwar nicht der Darstellung Tizians, gleichwohl diente es als huldigendes Gastgeschenk. Es wurde vom Herzog von Guastalla 1636 beim Künstler für den spanischen Statthalter von Mailand, Diego Filipi di Guzman, der zwischen 1635 und 1641 amtierte, bestellt. Offenbar diente es als Inauguralgeschenk, um dem spanischen Herzog zu schmeicheln.

Es würde hier zu weit führen, die zahlreichen anderen Darstellungen des Raubes der Europa in der Kunst des 16. bis 18. Jahrhunderts zu besprechen. Angesichts der Häufigkeit des Sujets, das von den namhaftesten Künstlern von Veronese über Simon Vouet, Jacob Jordaens, Rembrandt bis hin zu Giovan Battista Tiepolo und Francois Boucher gemalt wurde – ganz zu schweigen von seiner Streuung im Kunsthandwerk –, lässt sich von einer gesamteuropäischen Verbreitung sprechen, die seit dem 17. Jahrhundert nicht selten die Schönheit der Europa ins Auge fasst. Wie wir gesehen haben, erklärt sich die Beliebtheit des Sujets an den europäischen Höfen daraus, dass der Mythos ein „Dispositiv" sowohl für die durch Heirat eingegangene Allianzen als auch für das Herrscherlob bereit stellte.

Europabilder des 17. und 18. Jahrhundert: Die Personifikation des Erdteils

Im 17. und 18. Jahrhundert war die Darstellung des Raubes der Europa nicht das einzige Europabild. Vielmehr finden wir Europa vor allem auch als Personifikation des Erdteils wieder, vermittels derer die dem Erdteil zugemessene Bedeutung zum Ausdruck gebracht wurde. Diese auf die Antike zurückgehenden Bilder erfuhren erst seit dem späten 16. Jahrhundert eine neue Konjunktur und traten in der Regel auch nur im Konzert der nunmehr vier bekannten Erdteile auf. Dabei geht die Darstellung der Europa als Personifikation, wie sie in der Kupferstichserie von Adriaen Collaert (Abb. 9) und der „Iconologia" von Cesare Ripa um 1600 entworfen wurden, noch in vielen Punkten auf die gekrönte Darstellung der Roma – oder Italia – antiker Beispiele zurück. Beiden Initialbildern, die in Antwerpen und Rom um 1600 entworfen worden waren und von hier aus eine große Verbreitung fanden, ist eine gekrönte Frauenfigur gemeinsam, die in der Darstellung Adriaen Collaerts ein Zepter und eine Weinrebe in den Händen hält, während diejenige Cesare Ripas ein Tabernakel trägt.

Auf dem Holzschnitt der „Iconologia" sind darüber hinaus noch verschiedene andere Verweise in Form von Gegenständen zu sehen: die päpstliche Mitra und die Kaiserkrone, Gegenstände der Künste und der Musik, Bücher und die Eule der Weisheit, sowie Waffen, Füllhörner und ein Pferd. Europa erweist sich so als gelehrte und kunstsinnige Herrscherin, die aus dem Vollen schöpft, während der Königin Collaerts keine Verweise auf die Künste beigegeben wurden, sondern die Landschaft im rechten Hintergrund als Austragungsort einer Schlacht dient. In den großen Bildzyklen des Escalier des Amassadeurs in Versailles von Charles Le Brun, in Andrea Pozzos Deckenfresko in Sant'Ignazio in Rom, sowie in Tiepolos Fresko im Würzburger Treppenhaus und zahlreichen Kaisersälen süddeutscher Residenzen und Klöster finden sich leicht abgewandelte Europadarstellungen, die sich allen anderen Erdteilen gegenüber durch die Verweise auf die mit ihrer Herrschaft verbundene Zivilisation, Kultur und Künste auszeichnen. Aus ihnen spricht ein scheinbar unerschütterliches Überlegenheitsgefühl der Europäer den anderen Kontinenten gegenüber, das sich alsbald auch auf die Wissenschaften ausweiten sollte. Zwar wird Asien zumeist als der an kostbaren Stoffen und Edelsteinen und Afrika als der an Bodenschätzen reichere Erdteil dargestellt, doch werden die Attribute der Künste und mehr und mehr diejenigen der Wissenschaften allein Europa zugeordnet, die noch dazu als einzige Erdteilpersonifikation im Besitz des rechten Glaubens erscheint. Wie sehr das Selbstbewusstsein Europas auf dem versammelten Wissen der Zeit gründete, zeigt die Personifikation Europas, die Augustin Terwesten für Friedrich III. und Sophie Charlotte von Hohenzollern für das Berliner Stadtschloss 1694 als Teil eines Erdteilzyklus malte (Abb. 10). Unterhalb der in einen roten Mantel gekleideten Personifikation Europas, die auf einem vor zwei Säulen prominent im Bild platzierten Thron sitzt, während sie von einer herbei geflogenen Fama gekrönt wird befinden sich Attribute der Künste und Wissenschaften. Auf den Treppenstufen des Thrones entdeckt der Betrachter nicht nur die schon von Ripa bekannten Musikinstrumente und Notenblätter, hier ist auch der Kopf des antiken Laokoon neben dem Teil eines auf Hochglanz polierten Rüstungspanzers zu sehen. Die linke Hälfte der Treppe ist demgegenüber den Instrumenten der Wissenschaften vorbehalten. So lassen sich rechts neben dem Himmelsglobus verschiedene Messinstrumente und -bücher erkennen. Ihre Herrschaft, so scheint es, verdankt Europa diesem hier exemplarisch versammelten Wissen, denn während sie mit ihrer linken Hand ein kreuzförmiges Zepter schwingt, zeigt sie mit ihrer rechten auf den Himmelsglobus. Ganz ähnlich hatte auch schon in der ersten Hälfte des Jahrhunderts Jan van Kessel d. Ä. und Erasmus Quellinus in ihrem ungewöhnlich kleinformatigen Erdteilzyklus der Münchner Pinakothek auf Kunst und Wissenschaft verwiesen und seine Europa im Sammlungsraum dargestellt (Abb. 11). Dies geschieht jedoch nicht unter Verweis auf Instrumente der Wissenschaften, sondern ganz konkret durch die Verortung der Europapersonifikation in einem kostbar ausgestatteten Raum, in dem nicht nur Statuen und Gemälde die Wände schmücken, sondern Sammlerobjekte Tisch und Boden des Raums fast nahezu ausfüllen. Die Personifikation selbst hat am Tisch links am Fenster Platz genommen, aus dem man einen guten Blick auf die römische Engelsburg hat. Doch nicht nur hierdurch wird auf das Zentrum der Christenheit verwiesen, sondern auch durch die auf einem Kissen ausgestellte Tiara. Ein Porträt des Papstes ist gleich hinter dem Füllhorn zu erkennen, das ein Putto der Europa reicht. Neben schmiedeeisernen Rüstungen, polierten Schilden, zinnernen Kannen sowie einem Himmelglobus stehen verschiedene Gemälde mitten im Raum, die ein Blumenstillleben und Schmetterlinge zeigen. Auf dem kleinsten Gemälde ist die Signatur des Malers zu erkennen, die er aus kleinen Insekten zusammengesetzt hat. Mit den prominent im Raum verteilten Gemälden korrespondieren weitere über dem Kranzgesims der Wände. Mit Ausnahme des prominent über dem Kamin angebrachten Seestücks sind auf den meisten der Gemälde über dem Kranzgesims Insekten zu sehen. Eine Ansammlung geballten botanischen Wissens also, das den Sammlungsraum mit einer Naturalienkammer vergleichbar macht. Ob die Spielutensilien im Vordergrund tatsächlich als Verweis auf die Vergänglichkeit des Lebens zu lesen sind, wie dies in der Literatur zum Gemälde immer wieder behauptet wird, scheint mir eher fragwürdig. Vielmehr ist es wahrscheinlich, dass hierdurch auf die unendlich vielen Kombinationsmöglichkeiten der Natur verwiesen wird, in der der Topos der spielenden Natur, der *natura ludens* zum Ausdruck zu kommt, der für das Naturverständnis der Zeit grundlegend war. Doch ist hier nicht die Natur selbst gemeint, sondern das Wissen über sie, denn die im Bild festgehaltene Schöpfung versammelt die verschiedenen Arten und schafft damit die Voraussetzung, Wissen über sie zu erlangen.

Obgleich die Grundlegung des europäischen Selbstbewusstseins in Künsten und Wissenschaften, wie sie in den im 17. und 18. Jahrhundert immer wieder dargestellten Personifikationen der Europa nachweisbar ist, auch heute in Varianten weiterlebt, kann das von den Bildern selbst nicht behauptet werden. Sie verschwanden recht plötzlich gegen Ende des 18. Jahrhunderts, zu jener Zeit nämlich, als die Akteure, die sich diese Bilder zunutze gemacht hatten, ihre Vormachtstellung verloren bzw. ebenso von der europäischen Bühne abtraten.

Wie Sabine Poeschel zu Recht hervorgehoben hat, erlosch mit der Aufhebung des Jesuiten-ordens 1774, der amerikanischen Unabhängigkeitserklärung 1776 und der Französischen Revolution die Grundlage dieser Bilder, teils weil ihre Auftraggeber wie der Jesuitenorden verboten wurden, teils weil das bis dahin auf der Macht der Kirche, der Wissenschaft und des Handels fußende europäische Selbstbewusstsein aufgrund der amerikanischen Unab-hängigkeitserklärung und der Französischen Revolution eine nachhaltige Verunsicherung erfuhr. Interessanterweise erwies sich das Bild vom Raub der Europa dagegen als wesent-lich anpassungsfähiger. In der Bildtradition dieses Mythos lässt sich kein wirklicher Bruch verzeichnen, entsprechend zahlreich sind auch die Beispiele, in denen sich Künstler des 19. und 20. Jahrhunderts mit diesem Sujet auseinandersetzten. Zu einem Erinnerungsort wur-de der Mythos in der Kunst jedoch vor allem durch seine politische Inanspruchnahme im 20. Jahrhundert.

Auseinandersetzungen mit dem Mythos in der Moderne

Dass der Europamythos in der Kunst zu einer regelrechten Diskursfigur der 1930er Jahre avancierte, lässt sich anhand vieler Beispiele aus dem deutschsprachigen Raum zeigen. Be-sonders augenfällig wird dies in der Karikatur, von der das Bild der Europa mit dem Stier seit der Jahrhundertwende besonders häufig aufgenommen wurde. Bezugnehmend auf den im Juni 1933 tagenden Weltwirtschaftgipfel zeigt das Titelblatt des 14. Heftes der Zeitschrift „Simplicissimus" eine abgemagerte Europa auf einem ratlosen Stier, der inmitten eines Mee-res von Papieren nicht mehr weiter weiß (Abb. 12). 1943 zeigt die gleiche Zeitschrift einen feuerroten Stier mit einer rücklings darauf liegenden jungen Frau, deren Körper mit Ruß überdeckt und blutig geschunden ist (Abb. 13). Als ob das nicht genügen würde, hat sich das Horn des Stiers durch ihre rechte Schulter gebohrt. Der Titel, der das Tier als Sowjets-tier deutet und die Bildunterschrift: „Er möchte Europa auf den Rücken nehmen – aber so!" verdeutlicht, dass die Darstellung als Teil der antisowjetischen Greuelpropaganda der Natio-nalsozialisten angesehen werden muss. Das Motiv der Europa auf dem Stier erfreute sich in den 1930er und 40er Jahren jedoch nicht nur in der Karikatur großer Beliebtheit, sondern wurde gerne auch in dekorativen Zusammenhängen dargestellt. 1937 wurde in Wiesbaden die so genannte Europa-Anlage mit einer monumentalen Steinfigur der Europa mit dem Stier von dem Bildhauer Ludwig Spiegel aus Stuttgart eröffnet. Hier schmückt die Großplastik den Rand eines Wasserbassins (Abb.14). Die grazil auf dem mächtigen Körper des Stiers lagernde Europa blickt sinnend und zuversichtlich in die Ferne. Sie verkörpert den unerschütterlichen Glauben an die nationale und künstlerische Potenz des Dritten Reiches. Ebenfalls 1937 war anlässlich der Feierlichkeiten zum Tag der Deutschen Kunst in München die Skulptur einer Europa auf dem Stier auf einem hohen Podest vor dem Haus der Kunst aufgestellt worden. Viele weitere Gemälde ließen sich hier anführen. Interessanterweise bedienten sich nicht nur nationalsozialistische Künstler dieses Sujets. Auch Künstler wie Paul Klee, Max Beckmann und Max Ernst griffen auf den Mythos zurück. Allerdings verbanden sie damit keine Zu-versicht Europas, sondern im Gegenteil ihre Gefährdung und Zukunftslosigkeit. Die wird besonders deutlich an einem Aquarell Max Beckmanns in Privatbesitz, auf dem er Europa als eine wider Willen geraubte junge Frau darstellt, die über dem Rücken des Tieres herunter hängt und ihr Leid herausschreit, während der Stier triumphierend den Kopf nach oben reckt (Abb.15). Wie eine Trophäe, eine ohnmächtige Beute präsentiert der Stier die Königstochter den Betrachtern. Europa ist hier die unterworfene, geschundene und ihrer Würde beraubte junge Frau, die der Stier herangeschleppt hat.

In der Nachkriegszeit kommt es erst in den 1970er Jahren wieder zu einer intensiven Beschäftigung mit dem Thema. Diese steht zum Teil unter der Maßgabe einer Wiederentdeckung des Mythos in der bildenden Kunst, wie Gottfried Böhm gezeigt hat, zum Teil handelt es sich aber auch um eine konkrete Auseinandersetzung mit dem aufkommenden Europagedanken. So zeigt Timm Ulrich in einer Fotomontage einen Stier, dessen Fell eine Maserung aufweist, die bei näherem Hinsehen als Europakarte kenntlich wird (Abb. 16). Durch diesen kleinen Kunstgriff wird sofort klar, dass hier im Sinn der 1970er Jahre die europäische Wirtschaftsunion gemeint ist. Das stolze Tier wird hier zum Zeichen für eine grenzübergreifende Landwirtschaft. Demgegenüber greift Johannes Grützke in seinem Pastell von 1976 auf die Tradition der Karikatur zurück und zeigt in seinem Beitrag zum Wettbewerb „Wo Weltgeschichte sich manifestiert" des Hauses am Checkpoint Charlie den Stier mit einer frei gestikulierenden Europa auf seinem Rücken, wie er auf dem schmalen Abschluss der Berliner Mauer balanciert (Abb. 17). Hiermit wird nicht so sehr der Wunsch eines wiedervereinigten Deutschland dargestellt, sondern „das labile Gleichgewicht des Schreckens zwischen den beiden Systemen" (Salzmann). Demgegenüber hat der in Wien geborene Curt Stenvert 1987 das Bild eines neuen Europa geschaffen, das durch das bildfüllende Standbild eines Stiers mit seiner Braut charakterisiert wird (Abb. 18). So als sei es aus Glas gemacht, gibt es den Blick auf die Landkarte des Kontinents Europa frei, der sich hinter ihm erstreckt. Europa selbst trägt ein Gewand, das sich aus den Nationalflaggen Europas zusammensetzt. Sie hält einen Rosenkranz empor, der wie die offiziellen Sterne den Staatenbund versinnbildlicht. Dieses Bild eines vereinten und zugleich grenzenlosen Europa kommt unserem heutigen Wunschbild am nächsten und verweist auf das immer noch andauernde positive Verständnis eines geeinten Europas.

Bildteil

Abbildung 1: Europäische Euro-Gedenk-münze 1995.

Abbildung 2: Bauskultpur vor dem Europäischen Parlament in Straßburg. Ullstein Bild/Joker/Steussloff

Abbildung 3: Francesco di Giorgio Martini, Hochzeitstruhe, Louvre.

Abbildung 4: Bendetto da Montagna (Vicenza, um 1481–1558), Der Raub der Europa, Kupferstich. Berlin, Kupferstichkabinett, Inv. 103-24.

Abbildung 5: Meister IB mit dem Vogel (Anfang 16. Jahrhundert), Europa auf dem springenden Stier. Berlin, Kupferstichkabinett, Inv. 93-1879.

Abbildung 6: „Hypnerotochmachia Poli-phili", Venedig 1499, Holschnitt.

ce ligatura alla fiftula tubale, Gli altri dui cũ ueterrimi cornitibici con-
cordi ciafcuno & cum gli inftrumenti delle Equitante nymphe.
Sotto lequale triũphale feiughe era laxide nel meditullo , Nelq̃le gli
rotali radii erano infixi , deliniamento Baluftico ,gracilifcenti fepofa
negli mucronati labii cum uno pomulo alla circunferentia . Elquale
Polo era di finiffimo & ponderofo oro, repudiante el rodicabile erugi-
ne,& lo'incẽdiofo Vulcano,della uirtute & pace exitiale ueneno. Sum-
mamente dagli feftigianti celebrato, cum moderate , & repentine
riuolutiõe intorno faltanti,cum folemniffimi plaufi , cum
gli habiti cincti di fafceole uolitante,Et le fedente fo-
pra gli trahenti centauri . La Sancta cagione,
& diuino myfterio,inuoce cõfone & car-
mini cancionali cum extre
ma exultatione amo-
rofamente lauda
uano.
**
*

Abbildung 7: Tizian, Der Raub der Eu-ropa. Isabella Stewart Gardner Museum, Boston.

Abbildung 8: Palamon auf dem Widder, antiker Cammeo.

Abbildung 9: Adriaen van Collaert, Personifikation der Europa, Kupferstich.

Abbildung 10: Tervesten, Personifikation der Europa, Berlin Charlottenburg.

Abbildung 11: Jan van Kessel, Europa, Alte Pinakothek, München.

Abbildung 12: Europa-Probleme, Farbdruck, Simplicissimus Nr. 14 vom 2. Juli 1933.

Abbildung 13: Der Sowjetstier, Farbdruck, Simplicissimus Nr. 49 vom 8. Dezember 1943.

Abbildung 14: „Europa"-Anlage in Wiesbaden, Postkarte von 1937, Stadtarchiv Wiesbaden, Großplastik: Ludwig Spiegel, 1937.

Abbildung 15: Max Beckmann, „Der Raub der Europa", Aquarell und Bleistift auf Papier, Privatbesitz 133.

Abbildung 16: Tim Ullrich, „Europa auf dem Stier", Fotomontage, Fotoleinwand auf Keilrahmen, 1970/72.

Abbildung 17: Johannes Grützke, „Europa auf dem Stier auf der Mauer balancierend", Pastell auf Packpapier. Entwurf für ein Fresko an der Giebelwand am Grenzübergang Friedrichstraße 44, Checkpoint Charlie, Berlin 1978/79.

Abbildung 18: Curt Stenvert, „Europa-Vision 3000 – Ein Kontinent ohne Grenzen", Öl auf Holz, 1987, Besitz des Künstlers.

39

Literaturhinweise

Benjamin Drechsel, Plakatentwurf mit Karikatur zum Europamythos. Bildanalyse-text zur Abbildung 3 der Ikone „Europa-Mythos", in: Online-Modul Europäisches Politisches Bildgedächtnis. Ikonen und Ikonographien des 20. Jahrhunderts. 2009, URL: http://www.demokratiezentrum.org/themen/europa/europaeisches-bildgedaechtnis/europa-mythos/abb3-plakatentwurf-mit-karikatur-zum-europamythos.html.

Andreas Gormans, Ein eurozentrischer Blick auf die Welt, die Lust an der Malerei und die Macht der Erinnerung: die Erdteilbilder Jan van Kessels in der Alten Pinakothek, in: Das Bild als Autorität: die normierende Kraft des Bildes. Münster 2004, S. 363–400.

Kiyo Hosono, Il „Ratto di Europa" di Tiziano: il significato politico e le fonti figurative, in: Venezia Cinquecento 13 (2003), S. 153–181.

Barbara Mundt (Hrsg.), Die Verführung der Europa. Katalog zur Ausstellung im Kunstge-werbemuseum Berlin. Berlin 1988.

Sabine Poeschel, Studien zur Ikonographie der Erdteile in der Kunst des 16.–18. Jahr-hunderts. München 1985.

Sabine Poeschel, Europa – Herrscherin der Welt? Die Erdteil-Allegorie im 17. Jahrhundert, in: Klaus Bussmann/Elke Anna Werner (Hrsg.), Europa im 17. Jahrhundert. Ein politischer Mythos und seine Bilder. Wiesbaden 2004, S. 269–288.

Almut-Barbara Renger (Hrsg.), Mythos Europa. Texte von Ovid bis Heiner Müller. Leipzig 2003.

Sigried Salzmann (Hrsg.), Mythos Europa. Europa und der Stier im Zeitalter der industri-ellen Revolution, Katalog der Ausstellung. Bremen/Bonn 1988.

Wolfgang Schmale, Europäische Identität und Europaikonografie im 17. Jahrhundert, in: Ders. u. a. (Hrsg.), Studien zur europäischen Identität. Bochum 2004, S. 73–116.

Wolfgang Schmale, Europa, Braut der Fürsten. Die politische Relevanz des Europamy-thos im 17. Jahrhundert, in: Klaus Bussmann/Elke Anna Werner (Hrsg.), Europa im 17. Jahrhundert. Ein politischer Mythos und seine Bilder. Wiesbaden 2004, S. 241 – 169.

Jan Papiór
Der Mythos „Europa" in der europäischen Literatur

Es ist ein Kuriosum der Kulturgeschichte, dass auf der ersten erhaltenen Karte der Kontinente des Hekataios aus Milet die zwei verzeichneten Kontinente, Europa und Asien, auf weibliche Namen aus der griechischen Mythologie zurückgehen. Sie dokumentiert nicht nur die Unkenntnis der geographischen Konturen der Kontinente in dieser Zeit, sondern exemplifiziert auch – obwohl der griechische Logograph und Politiker in seinem Werk „Ges periodos" auf eigene Reiseerfahrungen zurückgriff – das mythologische Bewusstsein der Griechen. Schon in dieser sehr frühen kartographischen Manifestation sind mythologische und realistische Phänomene eng miteinander verknüpft.

Die Problematik der Erfassung des Mythos beginnt mit dem Terminus „Europa" selbst. Nach älteren wissenschaftlichen Annahmen soll das Wort von dem semitischen *erib* abgeleitet worden sein und die Bedeutung Dunkelheit oder Sonnenuntergang tragen (weil die Sonne doch im Westen untergeht). Nach neueren etymologischen Befunden soll das Wort jedoch aus dem Altgriechischen kommen und in seiner Bedeutung auf „Gesichtszüge" und somit auf die Person der legendären Prinzessin Europa bezogen sein. Zugleich wird damit der Konflikt Europa – Asien, der in den Mythos bis heute hineingelesen wird, problematisiert. In den vielen Adaptionen des Mythos wird nämlich schon in den frühesten literarischen Quellen eine Opposition des altgriechischen Gebiets, das mit den Namen „Europa" bezeichnet wurde, und des vorderasiatischen griechischen Territoriums zumindest angedeutet. Beispielsweise wäre hier auf Herodot zu verweisen, der berichtet, dass nach dem Raub einiger Frauen durch die Perser – unter ihnen soll Europa gewesen sein – diese nach Ägypten entführt wurden, „und dies war der Anfang der Feindseligkeiten zwischen beiden" (den Persern und Griechen, die zugleich für die asiatische und europäische Bevölkerung stehen). Diese Feindseligkeit zwischen Europa und Asien (beide Termini verstanden als geographische Einheiten, als Symbole autonomer Staatlichkeit, später auch als kulturprägende Ideen) wird immer wieder in den Mythos und seine kulturgeschichtlichen oder gar politischen Projektionen hineingelesen.

Es ist bemerkenswert, „wie engagiert sich während der letzten 200 Jahre gerade die Schriftsteller in den europäischen Ländern mit der Europa-Idee auseinandergesetzt haben" (Lützeler). Der von Paul Michael Lützeler schon im Titel des Buches verwendete Begriff „Schriftsteller" (der sich im allgemeinen Verständnis auch auf Verfasser fiktionaler Texte bezieht) wäre im engeren Sinn als „Essayisten" zu verstehen, die eher versuchen, eine Brücke zu rationalen oder nichtfiktionalen Erkenntnissen zu schlagen. Lützeler selbst definiert die in der Untersuchung erfassten Texte als solche, „in denen auf bewusst übernationale Weise zu europäischen Fragen in Kultur und Politik Stellung genommen wird". Es wird also gleich in der Einleitung gesagt, dass einerseits keine fiktionalen Texte, aber auch keine nichtfiktionalen berücksichtigt werden, die den Mythos weitertragen, und zum anderen, dass auch vor dem 18. Jahrhundert verfasste Texte unberücksichtigt bleiben. Begründet wird das wenig später damit, dass „in keiner anderen literarischen Gattung [...] die drängenden politischen und kulturellen Fragen Europas so direkt und vielfältig angegangen worden [sind] wie im Essay". Immerhin werden auch in früheren Texten (nichtfiktionalen – zum Beispiel in Zedlers „Großem Universallexikon" – und fiktionalen – zum Beispiel im „Rolandslied") sowie in anderen Kulturdokumenten (Gemälden, Skulpturen, Graphiken, Karikaturen) diese Probleme aufgegriffen. Ihre Erkenntnis und Explanation ist freilich (besonders in fiktionalen und artifiziellen Texten und Dokumenten) schwieriger und problematischer, weil die vermittelten Ideen nicht direkt – wie im Essay – formuliert werden und deswegen im Verlauf einer Interpretation erst aufgedeckt werden müssen.

Indirekt greift Lützeler mit dem Hinweis auf die europäischen Schriftsteller auch die Sprachenvielfalt in Europa auf. Europa ist seit langer Zeit ein „Babelsturm" – wie der polnische Sprachwissenschaftler Witold Mańczak seine Untersuchung der europäischen Sprachenvielfalt überschreibt –, wenn auch seit der römischen Kolonisation des nordalpinen Europa das Lateinische ein allgemeines Kommunikationsmedium war. Durch diese meinungsbildende und kultursprachliche Kommunikationseinheit konnte auch der Mythos von Europa in die unterschiedlichen Kulturen transferiert werden. Für die europäischen Humanisten war diese bewusstseinsbildende Kommunikationseinheit zugleich die Grundlage der Rückbesinnung auf die griechische und insbesondere römische Kulturtradition. Dies findet dann seinen Reflex in der fiktionalen Literatur, denn der griechische Gott Zeus wird in den europäischen Literaturen bedeutend seltener als der römische Jupiter zitiert.

Der entmythologisierte Begriff „Europa" mit seinen Ableitungen kann sich sowohl im Römischen Imperium als auch im Reich der Karolinger – insbesondere im nordalpinen Raum – über Jahrhunderte hinweg nicht lexikalisieren, weil der von ihm getragene Sinn einerseits über andere Termini vermittelt wird und zum anderen ein „europäisches Bewusstsein" im ersten Jahrtausend nach Christi Geburt nur in unbedeutenden Ansätzen festzustellen ist. Das Individuum versteht sich als Mitglied des Römischen Imperiums, des Fränkischen Reichs oder auch der *res publica christiana*, nicht Europas. Erst als der Islam als Idee und politische Potenz mit den Eroberungs- und Siegeszügen der Araber auf dem europäischen Kontinent den Kontakt mit dem Christentum fand, beginnt sich ein Verständnis der sozialen Gemeinschaft zu entwickeln. Nachdem die Araber nach der erfolglosen Belagerung Konstantinopels dann Palästina, Jerusalem, Alexandria, Cartagena und um die Wende vom 7. zum 8. Jahrhundert Gibraltar erreichen und den Staat der Goten auf der Pyrenäenhalbinsel vernichten, werden sie von den Kriegern Karl Martells in der Schlacht bei Tours und Poitiers aufgehalten. In dem ersten frühmittelalterlichen Beleg von einem sich ausbildenden Europabewusstsein benennt Bischof Isidor von Beja die Krieger Karl Martells als *Europeenses*. Damit wird nicht nur auf einen mehrdimensionalen Gegensatz (Europäer/Araber, Christen/Moslems, Einheimische/Fremde, Verteidiger/Angreifer) abgehoben, sondern auch ein wichtiges Integrationsmotiv für die Pippiniden und Karolinger in den Diskurs eingeführt und eine der ersten Europaideen begründet, die in der Opposition Christentum/Heidentum fundiert war. In der Folge werden sich Kirche und Frankenreich (sowie die Folgestaaten) in ständigem Mit- und Gegeneinander für die Vision einer Einheit der Vielheiten im Christentum als Zusammenwirken der *Europeenses* einsetzen, auch wenn die Geburt der Begriffe „Europäer" und „Europa" sehr lange dauerte und sie sich vorerst nicht durchsetzen konnten. Karl Martell hat mit seinen Kriegern in den Auseinandersetzungen mit den Arabern, wie das Jean Chélini formuliert, die *milites Christi*, also die *Europeenses* von der militärischen – aber auch ideologischen – Schwäche der Araber überzeugt und zugleich dem Christentum das Bewusstsein der eigenen Überlegenheit gegeben.

Wie vielschichtig, langwierig und oft auch unterschwellig sich sowohl das Wissen als auch das Bewusstsein von Europa im Verlauf des Kulturprozesses lexikalisierte, wurde in den Beiträgen zu den vier Eurovisionen-Konferenzen dokumentiert. Indirekt wird in dem französischen „La Chanson de Roland" und seiner Übersetzung ins Mittelhochdeutsche des Pfaffen Konrad, dem „Rolandslied", eine literarische Vision dieser sehr frühen Überlegenheit der *milites Christi* vermittelt. Die Krieger Karls des Großen werden hier als *Karlinge* bezeichnet, und das ideologische Programm enthält eine frühe literarische Formulierung der Kreuzzugsidee, an der sich Krieger aus allen Teilen des karolingischen Reichs beteiligen, womit dann auch das Reich geographisch umschrieben wird. Der Zug gegen die Heiden ist die Grundlage des

Kampfes: „Der Kaiser sagte ihnen, dass er entschlossen sei, das Heidentum zu vernichten und das Christentum auszubreiten".

Zwar sind sowohl die *Europeenses* des Bischof Isidor als auch die *Karlinge* des „Rolandlieds" die frühesten „Kreuzritter" des Kontinents, aber die ersten werden aus dem Verständnis einer christlich-universalen Idee so genannt; die zweiten dagegen doch eher aus dem Bewusstsein einer ethnisch verstandenen Hausmachtpolitik so charakterisiert und stehen auch in einem Zugehörigkeitsbezug (später als Lehnsverhältnis bezeichnet) zum Herrscher. Dieses auf den westlichen Teil des Kontinents begrenzte karolingische Reich wird über Jahrhunderte als Europa betrachtet, auch wenn sich dieses Reich schon in den frühesten griechischen Texten bis zum Tanais (Don) ausdehnte und spätestens seit dem Jahre 1000 nicht mehr mit den Grenzen des europäischen Christentums übereinstimmte. Stereotyp, Utopie und Mythos des karolingischen Reiches – als Europa verstanden – beschäftigen bis heute die Ideen- und Kulturgeschichte des Kontinents. Das Bewusstsein von der vielfältigen Einheit des Kontinents und sein Name – der doch auf ein mythologisches Fundament zurückgreift – wird auch durch die Pilgerreisen nach Jerusalem, Rom und Santiago de Compostela, durch Enzyklopädien, Kreuzzüge, Universitäten und viele weitere europäische Phänomene laufend gefestigt.

Der antike Mythos

Die früheste Erwähnung des Mythos der Europa ist in Homers Epos „Ilias" zu finden, wo zugleich nicht nur von Zeus' Liebe zu Europa, sondern auch über Here, Ixion, Danae, Semele, Alkmene, Demeter und Leto berichtet wird. So wird schon in der Frühphase des Mythos auch von einem unbändigen Liebesdrang erzählt, der in späteren literarischen Texten in Buhlerei umgedeutet wird. Der Mythos wird sowohl in lyrische, dramatische (in der Frühen Neuzeit auch in musikalische Werke) als auch prosaische Texte – in sehr differenzierten Profilierungen – aufgenommen.

Neben der „Ilias" ist auf weitere antike Werke, so zum Beispiel auf Palaiphatos' „Unglaubliche Geschichten" oder auf das „Argonautenepos" von Apollonios von Rhodos zu verweisen. In einem dramatischen Text wird der Mythos wahrscheinlich zum ersten Mal von Aischylos in das Fragment „Die Karer oder Europa" und dann von Lukian in den dramatisierten Dialog „Meergöttergespräche" eingeführt. Aber auch in antiken Prosatexten, die das mythologische Denken dieser Zeit spiegeln, wird der Stoff verarbeitet. Hier ist insbesondere auf den griechischen Historiker Herodot zu verweisen, der in seine „Historien" auch den Mythos der Europa aufnimmt. Er stellt seine Geschichte in den Kontext der – heute würde man sagen – Handelsbeziehungen, denn die Griechen kamen nach Persien und boten „ägyptische und assyrische Waren" feil. Nachdem sie sie verkauft hatten, „stürzten sich die Phoiniker nach gegenseitiger Ermunterung" auf die einkaufenden Frauen.

Aber die vielen Texte der griechischen Antike, beispielsweise auch noch die Antipatros von Thessalonikes und Pseudo-Apollonios bis zu den von Rufinos in der „Anthologia Palatina" aufgenommenen Autoren, Palladas, Nonnos, Malalas und Johannes von Damaskus, sowie die Autoren der römischen Antike, zum Beispiel Tertulian und Laktanz, Prudenz, Fulgentius und Isidor von Sevilla, hatten auf die Rezeption des Mythos in der europäischen Kultur im Grunde keinen nachhaltigen Einfluss, obwohl infolge der seit dem 12./13. Jahrhundert im nordalpinen Raum einsetzenden Rezeption antiker Kultur und Texte auch sie mit der Zeit bekannt werden. Ausgenommen sind zwei antike Autoren, nämlich das Werk des Griechen Moschos und des römischen Elegikers Publius Ovidius Naso.

Mit der Rezeption der Texte dieser Autoren wird der Mythos von Europa im Verlauf der Enkulturation und Akkulturation zu einem der Grundphänomene der europäischen Kultur. Der Grieche Moschos erzählt – mythologischer Tradition folgend – nicht nur die Vorgeschichte des Mythos, wie sich zwei Kontinente um die Europa streiten, sondern auch den Ablauf der Ereignisse: „Siehe, da ruhte schlummernd im Obergemach des Palastes / Europeia, die noch jungfräuliche Tochter des Phönix; / Und ihr däucht', als stritten um sie zwei Länder der Erde". Bedeutsam ist, dass Moschos von den „zwei Ländern [Kontinenten] der Erde" – möglicherweise bedingt durch seine *licéntia poetica* – nur „Asia" erwähnt und der zukünftige Kontinent „Europa" immer noch nur als diesem „entgegenstehend" erwähnt wird.

Der Römer Ovid malt in seinen „Oden", den „Verwandlungen" und im „Festkalender Roms" ein ebenso ausführliches Bild des Mythos, das sich aber doch von dem des Moschos in einigen Details unterscheidet. Der griechische Zeus wird Jupiter genannt und damit dokumentiert, dass der griechische Mythos in die römische Mythologie übernommen wurde. Der Stier wird in den „Oden" wörtlich als „listig" bezeichnet, dem die keusche Jungfrau sich anvertraute: „Schamlos war ich einst, daß ich ließ die Heimat, / Schamlos bin ich jetzt, wenn ich den Tod zögre. / Welcher Gott mich hört, lasse wehrlos fallen / Mich unter Löwen". Es wird hier nicht nur eine Verblendung, nicht nur eine ethische (christliche?) Grundlage des Liebesverhältnisses (die Schamlosigkeit) angedeutet, sondern auch ein Antagonismus zwischen Europa und Asien vorbereitet, der auch in späteren Übernahmen in den Mythos hineingelesen wird. Im „Festkalender" verweist Ovid – im Kontext der möglichen Verwandlungen – noch einmal auf die Liebe, die Dummheit (deren Symbol das Rind ist) sowie die Identifikation der Prinzessin Europa (der Sidonierin) mit dem Kontinent Europa: „Jupiter – aus einem Stier wieder verwandelt zum Gott! / Himmelan schwingt sich der Stier. Du aber Sidonierin [Europa], wurdest / Jupiters voll, und nach dir heißt nun ein Drittel der Welt! / Andere haben das Bild, weil die Jungfrau zum Rind sich verwandelt, / Dann zur Göttin das Rind, Pharische Färse genannt".

Ovid bezieht sich mit seiner Formulierung „ein Drittel der Welt" – womit er über Moschos hinausgeht – auf die schon bekannten drei Erdteile: Europa, Asia und Africa (das auf den ersten Karten noch als Libyen bezeichnet wird).

Für die weitere Entwicklung ist wichtig, dass weder das Römische Imperium noch das Christentum, die *res publica christiana*, den antiken und heidnischen Namen der Europa und den für den Kontinent übernommenen Namen des Erdteils im Verlauf des langen Kulturprozesses zu lexikalisieren vermochte. Zwar lässt sich in Ovids Aufnahme des Mythos ein christlicher Ton hineinlesen, aber die eigentliche Übertragung des Mythos in die christliche Gedankenwelt wird von den Texten der Kirchenväter und anderer christlicher Autoren vollzogen.

Der Kontinent Europa

Die Enkulturation und Akkulturation des Begriffs „Europa" – seiner mythologischen, politischen und nicht zuletzt geographischen Bedeutung – begannen in tiefer Vergangenheit und sind durch die griechische Mythologie fundiert. Ein intuitiv und latent sich vollziehender, langfristiger rationaler und kulturfundierender Vorgang ist aber nicht nur denkbar, sondern auch erkennbar, denn man brauchte für die sich verfestigenden geographischen Erkenntnisse Begriffe, mit denen man sie benennen konnte. Dafür eigneten sich Termini der Mythologie ausgezeichnet, obwohl hiermit auch das mythologische Denken übernommen wird. Aber dieser Vorgang verliert sich im Dunkel und Dickicht der Kulturprozesse.

Schon in der frühen vorchristlichen Zeit wird zum Unterschied von den griechischen Inseln ein Teil des kontinentalen Griechenland mit dem Namen Europa bedacht. Es ist nicht auszuschließen, dass dieser Teil des Landes, aus dem die mythologische Prinzessin Europa entführt wurde, mit diesem Namen belegt wurde. Schon Herodot führt in seinen „Historien" aus: „Von Europa aber weiß offenbar niemand etwas Genaues, weder über den Osten noch über den Norden, ob es vom Meer umgeben ist". Dennoch stellt er dann inkonsequenterweise fest und dokumentiert so doch seine Unkenntnis der realen Verhältnisse: „Von seiner Länge wissen wir: Es übertrifft die beiden anderen Erdteile". Im Weiteren ist zu lesen: „Ich kann mir auch nicht zusammenreimen, warum man den Erdteilen, die doch eigentlich ein ganzes Land bilden, drei Namen gegeben hat, und zwar Frauennamen". Nach geographischen Erkenntnissen „wurden die Konturen der drei Erdteile immer profilierter, ihr Größenverhältnis immer mehr der Wirklichkeit angepasst. [...] Die Erkenntnis und Bestimmung von Europa, wie sie hier [u. a. in der Erdbeschreibung des Geographen Marcianus von Herakles im 5. Jahrhundert] am Ende der Antike festgelegt wurde, sollten von Dauer sein, [...] freilich noch mit vielen Leerstellen, im Norden, Nordwesten und Nordosten" (Maier). Ein vom mythologischen Ideengut und Gerüst der Europa befreiter Terminus hat durch die geographischen Erkenntnisse und seine späteren Ergänzungen Konturen angenommen.

Recherchen in literarischen Werken des Mittelalters nach dem geographischen Terminus Europa verlaufen fast ergebnislos, weil die spätrömischen, frühchristlichen und karolingischen Autoren sich mit dem heidnischen Terminus nicht anfreunden konnten. Isidors *Europeenses* ist eine der wenigen Ausnahmen. Die Übertragung dieses Begriffs auf den gesamten Kontinent ist ein langer Kulturprozess, der sich erst seit dem 14. Jahrhundert beschleunigte.

Im europäischen Schrifttum wird Karl der Große zum Begründer der modernen Europa-Idee erkoren, obwohl er in der Krönungsformel des Jahres 800 nur als *Romanum gubernans imperium* bezeichnet und von den Franken *imperator Romanorum* genannt wird. Er selbst fühlte sich in der Traditionslinie der römischen Cäsaren, und seine ethnisch-fränkisch fundierte Hausmachtpolitik – obwohl auch vom Christentum mitgetragen – wird von der Historiographie als *translatio imperii* umschrieben. Eine stattliche Reihe von Völkern und Ländern des Kontinents bleibt freilich von dieser Hausmachtpolitik ausgeschlossen.

Das bis ins 20. Jahrhundert einzige Projekt eines ideellen und kulturpolitischen Konstrukts, das den Kontinent als universalen und integralen, geistigen und politischen, sozialen und gesellschaftlichen Entwurf verstand, geht aus den Diskussionen zwischen Gerbert von Aurillac, der sich als Papst Silvester II. nannte, und Otto III. hervor. Es wird zum ersten Mal die Idee einer Identifizierung der *res publica christiana* mit dem heidnischen und mythologischen Terminus „Europa" (also des europäischen Teils des Imperium Romanum und der östlichen europäischen Länder) formuliert, das mit den Teilreichen Italia, Romania, Germania und Slavia sowie dem Zentrum in Rom im Grunde den gesamten Kontinent erfassen sollte. Aber selbst in diesem Zusammenhang fällt der Name „Europa" noch nicht. In einer zeitgenössischen Beschreibung der Kaiserkrönung Ottos III. wird berichtet, dass dieser nicht nur die Römer, sondern auch „beinahe alle Völker (Proto-Nationen?) Europas" zustimmten.

Dieses Ereignis ist die Geburtsstunde des modernen, alle Völker (Nationen) und Länder des Kontinents integrierenden Europa!

Es ist die Geburtsstunde der eigentlichen Europäisierung Europas! Und zugleich die erste Drehscheibe einer modernen Europaidee.

Nur durch diese universale Idee angeregt, pilgert der junge, 20-jährige Kaiser ans Grab seines Freundes und Märtyrers, des heiligen Adalbert [von Prag] nach Gnesen, das etwa 1500 Kilometer von Rom entfernt ist, und zugleich ist dieser Idee die Krönung des polnischen Herrschers Bolesław und des ungarischen Stephan zu verdanken. Es sei vermerkt: Die erste und über Jahrhunderte die einzige friedliche – ohne expansionistische oder kriegerische Absichten vollzogene – Reise eines Kaisers in den östlichen Teil Europas! Fast zur selben Zeit schaltet der byzantinische Kaiser Konstantin VII. in sein Werk „De thematibus" ein Kapitel „De thematibus Occidens sive Europa" ein, in dem auf den Unterschied zwischen Byzanz und Europa (also zwischen Asien und Europa) hingewiesen wird und auch darauf, dass der Namen Europa nicht auch Byzanz einschließt. Der Vergleich mit Europa wird – nach der Trennung der christlichen Kirche in eine römische und byzantinische im Jahre 1054 – im östlichen Imperium negativ formuliert, indem der Westen „alle barbarischen Völker Europas umfasst, die das Gebiet von der Adria bis zu den Herkulessäulen bewohnen", womit eindeutig auf das karolingische Reich verwiesen wird. Auch der sächsische Mönch und Chronist Widukind von Corvey identifiziert in seinen „Rerum gestarum Saxonicarum" Europa mit dem Kaiserreich Ottos I., also nur mit dem westlichen Teil des Kontinents.

Diese erste wirkliche und beinahe alle Teile und Völker des Kontinents integrierende universale Europa-Idee Silvesters II. und Ottos III. war freilich verfrüht (und blieb sowohl kulturphilosophisch wie politisch eine ins Mythologische abgleitende Utopie); beide Herrscher starben unerwartet bereits in den ersten Jahren des 11. Jahrhunderts. Heinrich II. und seine Nachfolger unternehmen den erfolgreichen Versuch, in einer ständigen Auseinandersetzung mit dem Papsttum das nordalpine Kaiserreich durch eine ethnische (germanisch-fränkisch-deutsche) sowie durch eine in der Hausmacht zentrierte Grundlage zu festigen. Jahrhunderte später nähern sich die Habsburger noch einmal der Möglichkeit, Europa mit anderen Weltteilen unter eine (im Sinn der Hausmacht verstandene) integrierende Herrschaft zu bringen, aber auch diese Versuche scheitern, weil man die schon weitgehend entwickelten protonationalen und nationalen Verhältnisse nicht berücksichtigte.

Alles in allem: Was nach dem Jahr 1002 (dem Todesjahr Ottos III.) und 1003 (dem Todesjahr Silvesters II.) in Europa als dessen integrierende Idee realisiert wurde, waren ethnisch zentrierte Machtkonzeptionen von oben. Die deutschen Könige und Kaiser, der Deutsche Orden, die Habsburger, Napoleon, die Hohenzollern, Hitler, Stalin realisieren Machkonzeptionen, die Europa (oder gar die Welt) bezwingen und als ihr Herrschaftsgebiet in den Rahmen einer ethnischen und/oder politischen Totalität (mit oder ohne ideologische Determinanten) zwingen wollten. Das ganze zweite Jahrtausend hindurch blieb die Einheit der Vielfalten Europas ein Mythos!

Die europäischen Dichter sind seit dem 14. Jahrhundert selbst auf Reisen oder lassen die Protagonisten ihrer Werke durch Europa reisen. Aber dieses Europa wird selten näher beschrieben. Ein markantes Beispiel liefert die – bis heute als Kulturfest gefeierte – Hochzeit des Jahres 1475: Die Tochter des polnischen Königs Kasimir IV., Jadwiga, wird von dem mitregierenden Sohn des Landshuter Herzogs Ludwig, Georg (dem Reichen) geehelicht, wodurch angeblich „das christliche Abendland [...] näher zusammen [rückte]". Ein anderes Beispiel liefert im 19. Jahrhundert der französische Romancier Honoré Balzac, der sich in die polnische Gräfin Ewelina Hańska verliebte, deretwegen er eine etwa 2000 Kilometer lange Reise mit der Kutsche ins verschneite und bitterkalte nordöstliche Europa unternahm. Hiermit liefert er uns ein Gleichnis des griechischen Mythos von Europa im 19. Jahrhundert. Aber zugleich wird hiermit – im allgemeinsten Sinn – auf die Grenzen Europas verwiesen. Für diese globale Erfassung der Kenntnis Europas scheint ein Urteil aus dem „Grünen Heinrich" Gottfried Kellers einschlägig zu sein, der feststellt: Zwar wurde „die Geographie von Europa betrieben, von dessen Bewohnern wir nichts vernahmen [...], und als die Sache umgekehrt wurde, hatten die meisten die entsprechende Kenntnis schon gründlich vergessen oder wußten sie nicht anzuwenden".

Das Wort „Europa" fällt in vielen Texten europäischer Dichter und Schriftsteller, aber sehr oft wird es nur pauschal gedacht. Gehen wir von Johann Gottfried Herder aus, der meint,

„kein Volk in Europa [habe sich selbst] zur Kultur erhoben", womit auf die vielen multikulturellen Verbindungen der Europäer verwiesen wird. Bedeutsam ist auch Hermann Goedsches Vision, der im Roman „Sebastopol" – im Kontext jener „tausendjährigen Erinnerungen" an „Byzanz/Constantinopel/Stambul" – auch „des Jahrhunderte langen Kampfes [...] des Christenreiches gegen die Moslems" gedenkt, „für dessen Hilferuf das kirchenprahlerische Europa kein Ohr hatte". Es sei auf „ganz Europa" von Wilhelm Hauff in der Erzählung „Das Bild des Kaisers" verwiesen, oder das einfache „Europa", wie es von Johann Christoph Gottsched im „Versuch einer Critischen Dichtkust" oder von Joseph Görres verwendet wurde; oder wie Karl Gutzkow in „Die Teutschen Volksbücher" Europas „Staatsleben vereinfachen" möchte. Das sind nur willkürlich gewählte Beispiele der von europäischen Schriftstellern benutzten globalisierenden Sprachform. Es wird aber auch – obwohl bedeutend seltener – von „halb Europa" wie Christian Dietrich Grabbe im Drama „Die Hohenstaufen" gesprochen, oder vom „nördlichen Europa", was Johann C. Chr. Nachtigal in den „Volks-Sagen" bevorzugte; oder auch vom „europäischen Osten", wie es Gustav Freytag in seinen „Erinnerungen" tat.

Seltener wird durch eine nähere Beschreibung oder durch die Erwähnung der Völker oder Länder der Kontinent abgesteckt. Obwohl Herder öfter von den östlichen Ländern spricht, kommt es in seinen Texten nur selten zu einer Auflistung der Länder oder Kulturen, wie zum Beispiel in den „Briefen zur Beförderung der Humanität", in denen die Rede ist vom „Unterschied zwischen alten und neuen Zeiten, d.i. der Griechen und Römer in Vergleich aller neueren europäischen Völker [...]. Wir mögen italienische, spanische, französische, englische, deutsche Dichter [...] lesen: der Unterschied ist unverkennbar". Oder wenn er – weil „er Europa durchreist hat" – den Deutschen „ein langes Register der Ehrennamen" vor Augen führt, das „alle zivilisierte und unzivilisierte Nationen, nah und fern, Italiener, Spanier, Franken, Briten, Dänen, Schweden, selbst Russen, Wenden, Liven Esten und Polen" erfasst. Schon im 17. Jahrhundert lässt Hans Aßmann von Abschatz in einem dialogischen Gedicht das „Glückwünschende Europa" mit den personifizierten Ländern („Portugall, Spanien, Engelland, Schweden, Dännemarck, Polen, Moscau, Deutschland, Welschland, Franckreich") dem ungarischen König zur Hochzeit gratulieren. In Karl Immermanns „Memorabilien" werden im Zusammenhang mit „dem Ursprunge der [...] europäischen Dichtungen" die „höchsten Gestalten der Deutschen, Italiener, Portugiesen, Spanier, Engländer, Franzosen" genannt, womit in einem gewissen Sinn auch auf sein Verständnis der Kulturlandschaft Europa hingewiesen wird.

Die Christianisierung des Europa-Mythos

Christliche Autoren kennen zwar den griechischen Mythos von Europa, aber die Differenz – darauf wurde schon hingewiesen – zwischen antikem und christlichem Gedankengut ist derart ostentativ, dass eine direkte oder auch nur indirekte Übernahme des Mythos unmöglich ist. Dies lässt sich insbesondere an Texten der Autoren feststellen, die unter dem Einfluss des Christentums schreiben. Selbst Autoren wie Isidor von Sevilla, Johannes von Damaskus und insbesondere die christlichen Autoren der karolingischen und nachkarolingischen Zeit, beispielsweise Wolfher von Hildesheim oder der Erzbischof von Salerno Alfanus referieren entweder den Mythos nur, übergehen ihn aber auch völlig oder geben ihm eine grundsätzlich andere Note und lesen in ihn eine christologische Idee hinein.

Laktanz stellt den Mythos und die Sage vom entführenden Stier in Frage und versucht damit einen rationalisierenden Ton anzuschlagen: „Wie also kann der Beweis erbracht werden, dass weder Europa jemals auf einem Stier gesessen hat noch Io in eine Kuh verwandelt worden ist? Dadurch, dass es im Kalender einen festen Tag gibt, an dem die Schiffahrt der Isis gefeiert wird: Das zeigt, dass jene nicht durchs Meer geschwommen, sondern zu Schiff gefahren ist. [...] Die Dichter haben folglich die Geschehnisse selbst nicht erfunden [...], sondern sie haben den Geschehnissen bloß eine gewisse Farbe verliehen". Schon etwa 100 Jahre früher unternimmt Tertulian den Versuch, dem Mythos eine ethische und christliche Note abzugewinnen. Er ist der Meinung, dass „nicht durch Blutschande mit einer Schwester oder durch die Schändung einer Tochter oder Frau eines anderen er [Christus] einen gött-lichen Vater [bekam], mit einem Schuppenkleid oder mit Hörnern oder Gefieder, einen in Gold verwandelten Liebhaber der Danae. Jupiter ist es, von dem ihr diese Menschlichkei-ten berichtet. Aber Gottes Sohn hat keine Mutter, deren Keuschheit verletzt worden wäre". Ob die erwähnte Keuschheit auch auf Ovid zurückgeführt werden kann, soll hier nicht dis-kutiert werden, aber diese antike Form der mythologischen „Menschlichkeiten" wird von den christlichen Schriftstellern abgelehnt. Prudenz wird in der Folge sehr konkret und di-rekt: „Dann besudelte Jupiter, der Bewohner des waldigen Olymps, schlimmer noch als sein Vater, in unzüchtiger Schande die Lakonierinnen". Wolfher von Hildesheim ergibt sich im christlichen Sinn dem Poetischen, indem er dem Mythos entsagt: „Nicht mit prunkendem Wort sind hier des verderblichen, alten / Irrthums Fabeln gereiht, unselige, Jammer erfüllte / Nicht auch erzählen wir hier von dem Mahle des grausen Saturns, / Von dem verschlungenen Stein der Cureten und frevelndem Diebstahl / Nicht von Europa's Lieb' und dem grausamen Vater Agenor".

Der mittelalterliche Geistliche legt die Irrtümer der mythologischen Fabeln beiseite und widmet seinen Text einer „rühmlichen Geschichte", dem „Leben des Bischofs Godehard von Hildesheim", „das jener vortreffliche Bischof Edelstem Streben geweiht" hat. Sehr über-zeugend und schlüssig hat diese Übertragung des Mythos in die christliche Lehre Petrus Berchorius in seinem „Ovidius Moralizatus" (geschrieben 1337–1340, aber erst 1509 veröf-fentlicht) erfasst: „Das erwähnte Mädchen [Europa] bezeichnet die Seele, welche die geistige Tochter des Königs und Gottes ist; Jupiter, der höchste Gott, bezeichnet Gottes Sohn, der, um diese Jungfrau, das heißt die Vernunftseele, nach der er verlangte, besitzen zu können, sich in einen wunderschönen Stier verwandelte, das heißt in einen körperlichen, sterblichen Menschen, indem er Fleisch wurde und persönlich in die Welt kam".

Einen bedeutenden Anteil an der Popularisierung des Mythos haben – neben der Rück- und Neubesinnung auf die antike Kultur, die seit dem 12./13. Jahrhundert auf dem Kontinent (insbesondere im Zusammenhang mit den sich entwickelnden Universitäten) in Gang war – namentlich die zahlreichen Texte, die als „Ovidius Moralizatus" bezeichnet werden können und die im Grunde eine besondere Textgruppe bilden, zugleich aber im breiten Feld der Ovid-Rezeption stehen. Außer dem schon erwähnten Text von Berchorius wären (immer nur als Beispiele verstanden) der anonyme lyrische Text „Ovide moralisé in Versen", Giovanni di Bonsignoris „Ovids Metamorphosen volkssprachlich", Sigmund Feyerabends „Ovids Verwandlungen", Isaac de Benserades „Die Verwandlungen des Ovidii in Rund-Gedichten", Jochachim von Sandrarts „Des verblümten Sinns der Ovidianischen Wandlungs-Gedichte" und viele weitere Übertragungen, Paraphrasen und Neufassungen von Ovids Werken zu erwähnen, mit denen zugleich auch der Europa-Mythos rezipiert wird. Noch im 16. Jahrhundert wird diese Form der Rezeption des antiken Mythos von Piero Valeriano (Johannes Pierus Valerius) im Kapitel „Der Zustand der Seele" seines Buches „Hieroglypica" ins Platonische tradiert: „Die Frau, die auf dem Stier sitzt und fort übers Meer getragen wird, [...] bezeichnet die Seele des Menschen, die der Körper durch die See dieser Welt trägt, während sie selbst das Land, das sie verlassen hat, das heißt Gott, den Urheber und Schöpfer, mit sehnsuchtsvollen Blick ansieht. Das ist jener Platonische Kreislauf der Seele und die Bewegung der Vernunft".

Für all diese Texte – die mit wenigen Ausnahmen im Kontext der christlichen Lehre formuliert wurden – steht exemplarisch das oben zitierte Fragment aus Berchorius' „Ovidius Moralizatus".

Ob die Übertragung des Mythos in die christliche Lehre – die immer im kulturhistorischen Kontext zu lesen ist – als Aspekt seiner Rationalisierung verstanden werden kann, soll an dieser Stelle dahin gestellt bleiben.

Es ist aber eine Grimasse der europäischen Kulturgeschichte und der Europäisierung Europas, dass ein geistlicher Würdenträger, nämlich Enea Silvio Piccolomini, einer der bedeutendsten Protagonisten der neuen Kulturvisionen und eines wirklich universalen Europaverständnisses, der spätere Papst Pius II., dieser Entwicklung einen neuen Impuls verlieh und an der Ausprägung des italienischen und europäischen Humanismus entscheidend beteiligt war. In den Schriften dieser Humanisten wird immer eindringlicher von Europa als Kontinent und von einem geistigen Konstrukt gesprochen, das einige Jahrhunderte später von Immanuel Kant mit den Termini „Denken, Wollen, Fühlen" umschrieben wurde und die – in seiner Auslegung – der „griechischen Wissenschaft, dem römischen Staatsgedanken und dem christlichen Glauben" entsprechen. Enea Silvio setzt in seinen Texten zwar Europa immer noch mit der *res publica christiana* gleich, aber er gebraucht den Begriff wohl als einer der ersten Humanisten in einem neuen Sinn, der einerseits über den mythologischen Kontext und andererseits über die Konzeption der *res publica christiana* – wahrscheinlich ungewollt – hinausgeht. Dieser „neue" Sinn wird durch eine Konfliktsituation – nach dem Verlust Konstantinopels im Jahre 1453 – mitbedingt, denn Pius II. ruft erneut zum Kreuzzug gegen die islamischen Türken auf. In seinen Erwägungen wird die Bedrohung aus der Perspektive der östlichen Länder veranschaulicht, nämlich des Balkan (wo der Konflikt mit den Türken seit längerer Zeit tobte), Ungarns, Polens, Litauens, Livlands und Preußens. Auch über die skandinavischen Länder und die deutschsprachigen Länder wird berichtet. Von den westlichen Ländern werden England, Frankreich und Spanien genannt, aber sehr ausführlich berichtet er über Italien, immer aus der Überzeugung, dass „wir in Europa sind, in unserer Heimat, in unserem Hause, in unserem Wohnhause (oder in unserem Stammsitz)". Die Frage, ob Piccolomini auf die Konzeption der *res publica christiana* Silvesters II. und Ottos III. zurückgreift, muss hier unbeantwortet bleiben. Er berücksichtigt zwar die staatliche Entwicklung in den vergangenen 450 Jahren, aber der kulturpolitische und ideelle Ausgangspunkt seiner Erwägungen scheint eine markante Ähnlichkeit zu haben mit denen der beiden mittelalterlichen Protagonisten. Das Markante an der Vision des Enea Silvio ist einerseits immer noch die Identifizierung der Länder und Völker Europas mit *res publica christiana*; zum anderen aber auch die neue Sinngebung, dass Europa – obzwar immer noch aus dem und im Geist des Christentums – zum modernen europäischen Kultur- und Identifikationsphänomen erhoben wird. Ein Würdenträger der Kirche wird mit den italienischen Humanisten mit seinen und ihren visionären Texten nicht nur den griechischen Mythos rationalisieren und damit den Anfang seines Endes vorbereiten, sondern wird zugleich zur zweiten Drehscheibe der modernen Europaidee.

Auf dem Wege zur Rationalisierung des Mythos

Es ist eine grobe Übertreibung (auch wenn nur als *licéntia poetica* zu verstehen, die ursprünglich eine Nichtbeachtung der Regeln war), wenn Hoffmann von Fallersleben um die Mitte des 19. Jahrhunderts in dem Gedicht „Auch ich bin in Arkadien geboren!" seiner Überzeugung Ausdruck verleiht, dass „nur Europa [...] Geschichte" hat. Denn das europäische

Schrifttum bringt doch seit Jahrhunderten immer wieder Belege, dass auch andere Kontinente ihre Mythen, Sagen und Gedichte, also auch Geschichte haben. Aber der Dichter – indem er eurozentriert denkt und schreibt – manifestiert einen anderen Mythos, nämlich den vom glücklichen Arkadien. In einem ähnlichen Sinn träumt Novalis einige Jahrzehnte früher in „Die Christenheit oder Europa" von der ins Mythologische abgleitenden Utopie der *res publica christiana*, von den „schönen glänzenden Zeiten, wo Europa ein christliches Land war, wo ‚Eine' Christenheit diesen menschlich gestalteten Weltheil bewohnte; ‚Ein' großes gemeinschaftliches Interesse verband die entlegensten Provinzen dieses weiten geistlichen Reichs". Beide Schriftsteller träumen vom Mythos arkadischer, glücklicher Zeiten, die es doch im Grunde niemals gab. Denn die *res publica christiana* (verstanden als Einheit des römischen Christentums) umfasste keineswegs den ganzen Kontinent, zum anderen ist auf die Nonkonformisten zu verweisen, die vielen sogenannten Sekten, die Paulicanern, Bogomilen, Katharer, Albigenser etc. (die letztendlich zur Begründung der Inquisition führen): Auch das „eine große gemeinschaftliche Interesse" war im Kaiserreich (dies belegen die Ereignisse der Jahre 1220, 1231 und insbesondere die „Goldene Bulle" von 1356, und weiterhin die Reformationsbewegungen vom 14. bis 16. Jahrhundert) eher eine Wunschvorstellung denn Realität. Und schließlich wäre zu fragen, was dieses so oft angeführte „Europa" den Schriftstellern, Dichtern und Lyrikern bedeutete. Die Digitalisierung literarischer Werke erlaubt es, dieser Frage problemlos nachzugehen und sowohl die Rezeption des griechischen Mythos als auch seine Rationalisierung zu verfolgen.

Die mythologische Götterwelt hat es den europäischen Dichtern und Lyrikern in den vergangenen 600 Jahren angetan und sie in ihren Bann gezogen. Für die spanische Literatur wären beispielsweise auf Lope de Vegas „De Europa y Júpiter", auf Luis de Góngora y Argote „Al Marqués de Velada, herido de un toro que mató luego a cuchilladas", oder auch auf Pantaleón de Riberas „Fabula de Europa" zu verweisen. Roland A. Ißler vermerkt, dass sich „eine besondere Fülle kreativer Umschreibungen des ‚Raubs der Europa' […] unter Dichtern französischer Herkunft" zeigt. Hier ist auf Pierre de Ronsards Madrigale und Sonette oder auf François Tristan L'Hermites Sonette hinzuweisen. In der deutschen Literatur ist es insbesondere der gewalttätige römische Jupiter (Klopstock spricht in „Hermanns Schlacht" vom „Römer Jupiter"), der dem griechischen Zeus vorgezogen und immer wieder in die Erzählungen und Gedichte einbezogen wird. Schlagend beweist sich das, wenn man die 1946 Fundstellen zu Jupiter mit den nur 762 zu Zeus vergleicht. Es ist bemerkenswert, dass Herder, der sich sehr eingehend mit dem Mythos und der antiken (römischen) Götterwelt auseinandersetzt, sehr oft Jupiter nennt, mit ihm auch andere Götter und Göttinnen, öfters auch Juno, aber äußerst selten mit Europa zusammen. Am frühesten wird Jupiter wahrscheinlich von Burkard Waldis und Gabriel Rollenhagen erwähnt. Rollenhagen verweist im „Froschmeuseler" darauf, „[wie] die Europa unverletzt / Vom Jupiter ward übergesetzt" (nach Kreta). Später wird Jupiter zum Beispiel von Johann M. Moscherosch in der Satire „Gesichte Philanders von Sittewald" als Hurenführer gebrandmarkt. Auch Philipp von Zesen und Daniel C. Lohenstein greifen auf den Mythos zurück. Zesen führt im Drama „Sophonisbe" unter anderem an, dass Ochse und Adler Schiffe gewesen sein sollen, und erwähnt, dass die in der Fabel aufgenommene Buhlerei um Io, Junona, Danae, Leda, Antiope (Europa wird nicht als Person erwähnt) verwerflich war. Weiter wird der griechische Gott von Christoph Martin Wieland und Heinrich von Kleist genannt. In Wielands „Amphitryon" tritt Jupiter als Amphitryon auf, aber ohne Europa. Karl Meisl beschimpft in „Orpheus und Euridice" Jupiter als „alter Dalk" und führt ihn im Personenkatalog mit Juno, aber ohne Europa an. Christian Morgenstern identifiziert im Gedicht „In Phanata's Schloß" Jupiter als Don Juan; Heinrich Heine verweist in „Reisebilder II" mit einem satirischen Blick auf den Ochsenbraten, der angeblich von Jupiter, dem Stier, geliefert wird; Theodor Fontane erwähnt in den „Wanderungen", dass der „Stier von so extraeleganter Schönheit [war], dass er kein anderer als der wohlbekannte glückliche Liebhaber der Jungfrau Europa sein konnte". Schon diese dürftige Auswahl aus den insgesamt nicht allzu zahlreichen Thematisierungen des Jupiter (in den allermeisten Fällen jedoch ohne die Europa) lässt die ungeheure Spannweite der Akkulturation des Mythos erkennen und auch die Tatsache, dass die Dichter in diesen oft andere und neue Sinne und Bedeutungen hineinlesen.

Es kann nicht übersehen werden, dass im Zuge der Rationalisierung des Mythos und der kulturhistorischen Entwicklungen Europas die Schriftsteller und Dichter in der Nachfolge der Romantik – insbesondere der deutschen – eine Europamüdigkeit diagnostizierten und anmeldeten. Ernst Willkomm veröffentlicht 1838 den Roman „Die Europamüden", in dem er prognostizierte, dass die Zahl der „Europamüden [...] sich vermehren [wird] von Monat zu Monat". Auch Karl Immermann lässt in seinem Roman „Münchhausen" den Titelhelden sagen, dass er „vor einigen Jahren europamüde" war. August Heinrich Hoffmann von Fallersleben veröffentlicht in den „Unpolitischen Liedern" das Gedicht „Die Europamüden", und Robert E. Prutz spricht in dem Gedicht „Wär' ich im Bann vor Mekkas Toren" vom „europamüden Dichter". Heinrich Heine thematisiert im „Romanzero" (1851) die „europamüden langen Fortschrittsbeinen" und im vierten Teil der „Reisebilder" seine eigene „Europamüdigkeit"; Joseph von Eichendorff spricht in der „Literaturgeschichte" vom „europamüden Poeten" sowie in „Erlebtes" vom eigenen Gefühl einer „Europamüdigkeit vor Langeweile". Auf den Europa-Mythos greift als einziger Schriftsteller dieser Gruppe Ludwig Eichrodt im Gedicht „Schulerbuben's Wanderlust" zurück: „Wo noch der Europamüde/Mit dem Stier von Uri putscht"; und Felix Dörmann spricht im Gedicht „Im Palmenhaus" aus der Anthologie „Sensationen" im romantischem Sinn von „europamüden Schwärmerseelen". Inwieweit die in Texten deutscher Schriftsteller diagnostizierte Europamüdigkeit ein europäisches Phänomen war, wäre in detaillierten Untersuchungen zu überprüfen.

Es kann nicht überraschen, dass diese Europamüdigkeit einerseits eine Folge der Romantik, andererseits eine Folge der Modernisierung des 19. Jahrhunderts gewesen zu sein scheint, denn früher ist dieses Phänomen nicht festzustellen. Die Rationalisierung des Mythos setzt aber, wie gezeigt, schon in der Antike an (Horaz' „Oden") und wird insbesondere von den humanistischen Autoren des 14. bis 16. Jahrhunderts vorangetrieben. In Konsequenz der humanistischen Besinnung auf die Antike wird die Geschichte der Europa ins Sinnliche überführt, wie zum Beispiel von Giovanni Boccaccio in den „Liebesvisionen", von Angelo Poliziano in seinen „Stanzen", von Pierre de Bonsard in den „Liebsgedichten" oder von Edmund Spencer in „Muiopotmos". Der Tenor der Europäisierung und Rationalisierung des Mythos wird insbesondere von dem deutschen Kartographen Gerhard Mercator in seinem „Atlas oder kosmographische Gedanken" zugespitzt, der wohl als einer der ersten Schriftsteller sie auf die Eigenart der Europäer bezieht und hiermit eine moderne Vision der *Europeenses* des Bischof Isidor prägt und die Idee Enea Silvios säkularisiert: „Der Stier, der nach ihrer [der Schriftsteller und Interpretatoren] Meinung Europa getragen haben soll, verkörpert sicher recht gut die Sitten und Eigenart der Europäer. Seine Kühnheit hat, bei allem trotzigen Übermut, etwas Erhabenes, sein Gehörn läßt ihn schön erscheinen, er ist ganz weiß, hat eine große Kehle und einen fleischigen Hals; so steht er da, Führer und Aufseher der Gestüte; von großer Enthaltsamkeit, zeigt er sich doch, sobald er dem anderen Geschlecht zugeführt wird, überaus leidenschaftlich, um gleich darauf wieder keusch und maßvoll zu sein".

Ob diese Vision Mercators nur auf die Deutschen gemünzt oder auch auf alle Europäer zugeschnitten ist, muss dahingestellt bleiben.

Der Mythos wird in unterschiedlichen literarischen Gattungen, Formen und Stilisierungen von einer Reihe von Dichter, Schriftstellern und Philosophen der Neuzeit aufgenommen.

Beispielsweise sei hingewiesen auf Lope de Vegas Sonett „Von Jupiter und Europa", Giovanni Battista Marinos Idylle „Europa", William Shakespeares Drama „Die lustigen Weiber von Windsor", das Maskenspiel Peter Anthony Motteux' und John Eccles' „Der Raub der Europa durch Jupiter", Antone Louis Le Bruns Tragödie „Europa", Jean-Baptiste Rousseaus Kantate „Europa", Gotthold Ephraim Lessings Gedicht „Europa", oder auch Antonio Salieris und Mattia Verazis *Drama per Musica* „Die wiedererkannte Europa".

Diese Reihe ließe sich für das 19. und 20. Jahrhundert mit Namen wie Heinrich Heine, Friedrich Nietzsche, Walter Jens, Heinrich Böll und Jules Supperville, Massimo Bopentpelli und Roberto Calasso, sowie mit weiteren Namen zeitgenössischer Dichter ergänzen. Es scheint sich jedoch im 18. Jahrhundert eine dritte Drehscheibe zu manifestieren, die eine intensivere Rationalisierung des Mythos durchzusetzen scheint. Der Mythos wird als leerer oder auch nur tragender Stoff genutzt, in den beliebige Inhalte hineingelesen werden können, sei es satirischer (wie in Heines Gedicht „Mythologie"), sei es sozialkritischer Art (wie in Bölls Erzählung „Er kam als Bierfahrer"), oder auch multiperspektivische Ironie (wie in William Butler Yeats Dreizeiler oder Durs Grünbeins Essay). Der Dreizeiler William Butler Yeats vergegenwärtigt in ironischer Komprimierung mythologisches, kulturgeschichtliches und politisches Gedankengut, es kann hier „die Europa" mit „dem Europa" identifiziert werden: „Die große Europa spielte irr / Und nahm als Liebsten einen Stier. / Trallali, trallalla."

Tim Parks stellt in seinem „Europa"-Roman aus dem Jahr 1997 schlicht fest, dass die „Bedeutung Europas bis zur Belanglosigkeit abgeschwächt worden ist", und zu fragen wäre hier, auf welchen Europa-Terminus der Schriftsteller anspielt. Dagegen bietet Durs Grünbeins Essay „Die Verführung zur Freiheit" einen plausiblen Einblick in die Möglichkeitsformen moderner Lesung und Deutung des Mythos: „Der Mythos, wie ihn die Griechen uns überlieferten, die Stiftungslegende unserer territorialen Identität, handelt nicht nur von einer Gewalttat, sondern auch von einem historisch einmaligen Reifeprozess, von Großzügigkeit, Selbstbestimmung und Toleranz. Zeus kompensierte gewissermaßen, was er durch seine unersättliche sexuelle Gier anrichtete, und lieferte damit das Vorbild für jene typische europäische Dynamik [...]. Zugegebenermaßen, es bleibt ein seltsamer Einfall, einen ganzen Kontinent nach einer nackten Frau zu benennen. Er sagt einiges aus über das Subjekt der Geschichte – in der Regel ist es männlich".

Die Berichtigung von Durs Grünbeins Lesart scheint den wunden Punkt der Rezeption des Mythos zu treffen: einerseits manifestiert der Europäisierungsprozess nicht nur eine „territoriale Identität", sondern vor allem auch eine kulturelle und kulturpolitische Identität; zum anderen wird in keiner der mythologischen und literarischen Quellen die griechische Prinzessin Europeia – nach Moschos' Namengebung – als „nackte Frau" gezeigt. Hoffentlich will er damit nicht sagen, dass der Gründungsmythos Europas nackt sei!

Fazit

Die Rationalisierung des europäischen Denkens, die seit der Gründung der ersten Universitäten des Kontinents, seit Roger Bacons Experimenten und René Descartes' Konzeption wissenschaftlicher Untersuchungsmethode sowie insbesondere seit dem 18. Jahrhundert durch die Entwicklung moderner Wissenschaftszweige vorangetrieben wird, musste sich – aus langzeitlicher Perspektive gesehen – auf die Rezeption des Europa-Mythos ungünstig auswirken. Die Geschichte des literarischen Mythos Europa ist die Geschichte seiner Rationalisierung und sollte in diesem Sinn gelesen werden. Zugleich ist sie aber auch die Geschichte seiner Verballhornung! Ob mit den Fortschreibungen des Mythos in ekphrasischen Bildern und Nachdichtungen, in Übersetzungen und multiplen Lesarten, oder auch durch die Auswertung des Stoffs und toten Motivs in beliebigen Literaturformen dieser „verjüngt" werden kann, wie dies Jattie Enklar im Titel eines Beitrags formuliert, soll ebenfalls dahingestellt bleiben – denn diese Verjüngung würde im Endeffekt doch eine produktive Akkulturation und Interkulturalität erfordern.

Im 19. und 20. Jahrhundert wird zwar der Mythos auch in literarische Texte eingeführt, diese können sich aber nicht modellartig aus- und auf weitere Produktionen einwirken. Zwischen der literarischen Überlieferung des Mythos von der Prinzessin Europa, seiner über Jahrhunderte betriebenen Rationalisierung in der frühen Form der Adaption des griechischen Namens auf den kontinentalen Landesteil von Griechenland und seiner – etwa anderthalb Jahrtausende später endgültigen – Übertragung auf die Benennung des Kontinents mit dem Namen Europa, die Problematik der Lexikalisierung des geographischen und kulturpolitischen Sinnträgers Europa: dem Römischen Imperium, dem Fränkischen Reich, der *res publica christiana*, dem Heiligen Römischen Reich Deutscher Nation und den vielen späteren Staaten, die auf einer ethnisch verstandenen Hausmachtpolitik fundiert waren, ist das moderne Europa-Syndrom ortiert. Die Europäisierung Europas wird auf antiken Grundphänomenen, der „griechischen Wissenschaft, dem römischen Staatsgedanken und dem christlichen Glauben" fundiert (wie dies Kant und nach ihm die Neokantianer formulierten), die sich aber im Europäisierungsprozess laufend weiterentwickeln und insbesondere in der wissenschaftlichen und technischen Entwicklung bisher undenkbare Höhen erreichen. Diese Europäisierung wird zugleich von drei wichtigen Zentrierungspunkten getragen: dem christlichen Universalismus von Papst Silvester II. und Otto III.; den humanistischen Versuchen (insbesondere von Papst Pius II.), die *res publica christiana* mit dem Terminus Europa zu identifizieren; und dem über Jahrhunderte fortlaufenden Rationalisierungsprozess des Mythos, der einen ersten Höhepunkt im 18. Jahrhundert erreichte. Akkulturation und Enkulturation gehen in diesem Prozess fortlaufend ineinander über. Sein auffälliges Zeichen ist die Verdrängung des Mythos als Stoff in die moderne Lyrik und das ziemlich voluntaristische Hineinlegen und Herauslesen neuer Bedeutungen.

Zwischen mythologischer Literarisierung (seit der Antike) und satirischer Verballhornung des Mythos von der Prinzessin Europa (ebenfalls seit der Antike) und zugleich der Befragung des geographischen, ideellen und auch politischen Sinnträgers des entmythologisierten und säkularisierten Begriffs „Europa" bewegen sich die gedanklichen und textlichen Verarbeitungen des antiken Stoffes. Es ist nicht zu übersehen, dass der Mythos seit vielen Jahrhunderten – im Verlauf des Demokratisierungs- und Rationalisierungsprozesses – entfunktionalisiert wird. Es kann auch nicht überraschen, wenn im 19. Jahrhundert in der europäischen (insbesondere der westeuropäischen) Literatur das Syndrom der Europamüdigkeit diagnostiziert werden muss. Darüber können auch solche Texte wie Bölls Erzählung „Er kam als Bierfahrer" oder der von Sabine Groenewold herausgegebene Sammelband „Nach Europa" oder auch Jürgen Messerknechts Roman „Europa – Die auf dem Stier" nicht hinwegtäuschen. Europa wird in diesen neuesten Fortschreibungen des Mythos doch eher aus einer indirekten und literarisierten Perspektive gezeigt. Dem wäre freilich zu widersprechen, dass „das Abendland, die Christenheit, ein Kontinent" nur eine „Idee und politische Vision, Prophezeiung, ein Mythos, eine Allegorie" sei, denn „das Abendland, die Christenheit, ein Kontinent" sind kulturpolitische Wirklichkeit.

Nicht zufällig wird von Schriftstellern – wie beispielsweise von Karl May in seinem Drama „Babel und Bibel" – an die Europäer appelliert, herkömmliche Güter (Tugenden, Werte, Symbole) durch eine gemeinschaftliche kulturprojizierende Aktivität in die Zukunft zu transponieren. Malwida von Meysenburg fragt in ihrem in französischer Sprache verfassten „Nachtrag zu den Memoiren einer Idealistin": „Was ist denn jetzt in Europa zu tun?"

Die projektierende kulturpolitische Entwicklung des Kontinents und der Europäisierung Europas, in dessen Kontext und Zusammenhang der Mythos von der Prinzessin Europa immer mitgedacht werden muss und die auf den „Universalismus der Friedensidee" und das „neue Toleranzdenken" zurückgehen (verwiesen sei auf die italienische Philosophie des späten 14. und frühen 15. Jahrhunderts sowie unter anderem auf den Rektor der Krakauer Akademie Paulus Vladimiri und seine Diskussion im Jahr 1415 auf dem Konzil in Konstanz mit dem Deutschen Orden), zwingt Philosophen und Autoren fiktionaler Texte schon bedeutend früher Antworten auf, die – wie die Karl Mays oder (in einer anderen Form) die christlicher Autoren, für die stellvertretend Novalis genannt werden könnte – in Richtung eines Appells tendieren, die Tradition zu bewahren, sich eventuell auf diese neu zu besinnen oder den Mythos im Verlauf der Rationalisierung völlig abzulehnen (wie die europäischen Denker des späten 17. und 18. Jahrhunderts, zum Beispiel Voltaire, Vico, Herder, oder Mill). Ob jedoch die Diagnose Paul Hazards, die „Krise des europäischen Geistes" beginne mit den Jahren 1680/1715, zutreffend ist, muss offen bleiben, weil damit suggeriert wird, dass Europa früher keine Krisen erlebt hätte. Diese Entwicklung verläuft in Richtung einer totalen Ablehnung des „gesamten Lokalpatriotismus", wie diese Entwicklung von Paul Scheerbart genannt wird, denn dieser führt zu Kriegen und in ihm wird die „Ursache aller Übel" und „die Naturwidrigkeit und Unmenschlichkeit" gesehen.

Eine notwendige aktive und dynamische eurozentristische Interkulturalität, die im tiefen Hintergrund zwar auch den griechischen Mythos mitberücksichtigt, aber doch über diesen – im Zuge seiner Rationalisierung – bedeutend hinausgeht, muss hier unberücksichtigt bleiben. Wulf Segebrecht – der Herausgeber des zweiten Eurovisionen-Bands – zwingt diese Idee in die Wendung, „dass die gegenseitige Annäherung der Kulturen sich auch weiterhin im geistigen Leben der Völker vollziehen muss".

Sollte Jattie Enklars These über die „Verjüngung" des Mythos auch diese aktive und dynamische eurozentristische Interkulturalität einschließen, wäre die weitere zukünftige Europäisierung Europas gesichert.

Literaturhinweise

Winfried Bühler, Die Europa des Moschos – Text, Übersetzung und Kommentar. Wiesbaden 1960.

Winfried Bühler, Europa – Ein Überblick über die Zeugnisse des Mythos in der antiken Literatur und Kunst. München 1968.

Peter Delvaux/Jan Papiór (Hrsg.), Eurovisionen – Vorstellungen von Europa in Literatur und Philosophie. Amsterdam 1996.

Jean-Baptiste Duroselle, L'idee d'Europe dans l'histoire. Paris 1965.

Paul Hazard, Krise des europäischen Geistes. Hamburg 1939.

Paul Michael Lützeler, Die Schriftsteller und Europa. Von der Romantik bis zur Gegenwart. München/Zürich 1992.

Jan Papiór (Hrsg.), Eurovisionen III. Europavostellungen im historischen Schrifttum der frühen Neuzeit (16.–18. Jahrhundert). Poznań 2001.

Almut-Barbara Renger (Hrsg.), Mythos Europa. Texte von Ovid bis Heiner Müller. Leipzig 2003.

Siegfried SALZMANN (Hrsg.), Mythos Europa. Europa und der Stier im Zeitalter der industriellen Zivilisation. Hamburg 1988.

Wulf SEGEBRECHT u. a. (Hrsg.), Europa in den europäischen Literaturen der Gegenwart. Frankfurt a.M. 2003.

2. Gemeinsames Erbe

Pim den Boer
Konzept Europa

Europa ist zwar ein alter geografischer Ausdruck, als historisches Konzept ist Europa aber noch jung. Erst zu Beginn des 19. Jahrhunderts, als der Begriff eine grundlegende Rolle in politischen Diskussionen zu spielen begann, wurde er sowohl mit aktueller wie historischer Bedeutung aufgeladen. Seit diesem Moment ist Europa eine Grundterminologie und ein Erinnerungsort.

Europa wurde ein Begriff mit historischer Perspektive, der explizit oder implizit mit zeitgenössischen Ideen und Erwartungen verknüpft war. Dieses Auffüllen von alten Termini mit einer neuen und tieferen Bedeutung stand in direktem Zusammenhang mit den fundamentalen Veränderungen in Folge der traumatischen Episode der Französischen Revolution, die der feudalen Gesellschaft, die wir als Ancien Régime bezeichnen, ein Ende bereitete.

Nach Revolution und Empire gehörte der Feudalismus trotz seines hartnäckigen Fortbestehens in entlegenen Gebieten und zahlreicher Restaurationsversuche größtenteils der Vergangenheit an. Der europäische Raum wurde in zunehmendem Maß von Nationalstaaten bestimmt. Diese politische Modernisierung im nationalen Rahmen fand ihren Ausdruck in der Erneuerung des politischen Vokabulars. In diesem Prozess entstanden neue Begriffe und erhielten alte Konzepte eine neue Bedeutung. Auch der Begriff Europa bekam in diesem Zusammenhang eine viel umfassendere Relevanz. Europa transformierte sich von einem geografischen Ausdruck, der hin und wieder in einer bestimmten historischen Situation eine besondere Bedeutung bekommen konnte, zu einer fundamentalen transnationalen Bezeichnung. Europa wurde ein Konzept, das nicht nur zeitgenössische Meinungen und Erwartungen, sondern auch Erinnerungen umfasste.

Das Entstehen Europas als konzeptioneller Erinnerungsort

Bisher wurde die Konstruktion von Erinnerungsorten in erster Linie auf nationaler Ebene erforscht: die Entstehung Traditionen, die in neuen Monumenten, Gedenkfeiern, Symbolen und Ritualen zum Ausdruck kamen. Der Genese transnationaler Erinnerungsorte ist viel weniger Aufmerksamkeit gewidmet worden.

Natürlich geht jede Konstruktion eines Erinnerungsortes auf nationaler, regionaler, lokaler oder transnationaler Ebene einher mit Konzeptionalisierung. Aber Kernbegriffe können auch selbst einen konzeptionellen Erinnerungsort darstellen.

Die Verwendung von Ausdrücken im eigenen Sprachgebrauch und von konzeptionellen Erinnerungsorten ist nicht angeboren, sondern erlernt. Als Folge unterschiedlicher sozialer Hintergründe, wie zum Beispiel Bildungsniveau oder Alter, entstehen innerhalb des lebenslangen Lernprozesses Unterschiede.

Erinnerungsorte, materiell oder konzeptionell, sind vergänglich. Ohne Pflege verwahrlosen sie oder geraten in Vergessenheit. Sie sind, wie jede Art von Kulturphänomen, nie endgültig und permanent, sondern immer relativ und temporär.

Innerhalb der postrevolutionären, tonangebenden Eliten der europäischen Länder erhielt der Begriff Europa nicht nur eine tiefere Bedeutung, sondern wurde gleichsam mit Emotionen aufgeladen, die in die Vergangenheit projiziert werden konnten. Dabei waren nostalgische Gefühle gegenüber einer Welt, die verloren gegangen war, häufig eng mit dem Wunsch nach Wiederkehr guter alter Zeiten und der Restauration eines feudalen Europa verbunden. Auf der anderen Seite entstand ein Zukunftsentwurf, der die Hoffnung auf ein neues Europa als Verbund junger Nationen ausstrahlte. Wie nie zuvor passten fortan sowohl reaktionäre wie utopische Zukunftsideale in dieses Konzept. Neben dieser neuen Bedeutung und der Emotionalität, die von nun an mit dem Europabegriff verbunden war, blieb der Terminus auch weiterhin als praktisch unentbehrliche geografische Bezeichnung im Gebrauch.

Im 19. Jahrhundert war man sich der Tatsache sehr bewusst, in einer Krisenzeit zu leben. Dabei waren antirevolutionäre Polemiken und Idealisierungen des alten Europa zu Beginn des 19. Jahrhunderts viel zahlreicher als pro-revolutionäre Veröffentlichungen. In der nachfolgenden Zeit verstärkten neue Revolutionen die politischen und historischen Debatten. Erst im Nachhinein lässt sich feststellen, dass der Begriff Europa gerade in der Zeit zu einem Erinnerungsort wurde, in der die feudale Gesellschaft ihr endgültiges Ende fand und die mental-politische Modernisierung bereits angefangen hatte.

Nationenbildung in Europa: vaterländische Erinnerungsorte

Den tiefgreifendsten Wandel erfuhr das politische Denken in Europa seit dem Ende des 18. Jahrhunderts durch den überwältigenden und alles umfassenden Prozess der Nationenbildung. Überall machte man den Einwohnern bewusst, dass sie in erster Linie Staatsbürger waren, deren Identität und Glück sich von ihrem nationalen Bewusstsein herleitete. Die Revolutionskriege waren die Katalysatoren der modernen Nationenbildung. In Folge des revolutionären Prozesses in Frankreich kam es in ganz Europa zu einer Kettenreaktion, die vor allem Großbritannien als gefestigte Weltmacht auf nationaler englischer Grundlage und Preußen als Kern eines zukünftigen deutschen Nationalstaats und aufkommende Weltmacht traf.

Innerhalb der nationalen Identitätspolitik musste das alte Gemeinschaftsgefühl von Dorf, Region oder Stadt Platz machen – oder zumindest an zweiter Stelle treten – für das neue nationale Gemeinschaftsgefühl. Erfolgreich schmolz man uralte Bewusstseinselemente des Eigenen gegenüber dem Fremden, von Dünkel und Xenophobie, von Selbst- und Feindbild zu vaterländischer Selbstverherrlichung und Schreckgespenstern fremder Eindringlinge um. Die Geschichtsbücher, in denen von jeher Helden und Schurken eine zentrale Rolle spielten, waren nun voll von heimischen Helden und Heldinnen, denen Landesverräter und ausländische Feinde gegenüber standen. Selbst Märtyrer, die für ihren Glauben gestorben waren, nationalisierte man, indem man ihr Leiden in einen nationalen Zusammenhang stellte. Dem Geschichtsunterricht kam innerhalb dieser Identitätspolitik eine zentrale Rolle zu. Der Boden Europas wurde so mit neuen nationalen Erinnerungsorten besät.

Europa als historischer Zusammenhang und Fundament

Fast unbemerkt wurde Europa in diesem Prozess der Nationenbildung zum allgemeinen Begriff für eine überwölbende Einheit konkurrierender Nationen. Der Begriff „international" war eine Wortschöpfung, die unentbehrlich wurde. Auf einmal betrachtete man die aktuellen machtpolitischen Rivalitäten der verschiedenen Nationalstaaten aus historischer, europäischer Perspektive und projizierte sie in die Vergangenheit. Diese Nationalisierung der Vergangenheit resultierte in einer völlig anachronistischen Sichtweise, die bis heute den

Geschichtsunterricht dominiert. Dieser Anachronismus führt zu Fehlinterpretationen, da in Zeiten, in denen es noch keine Nationalstaaten gab, Machtverhältnisse nicht durch national-staatliche Gegensätze bestimmt gewesen sein konnten.

Der Wettkampf zwischen den Nationen verstärkte den Europa-Zentrismus. Die Welt außerhalb Europas wurde auf das Territorium europäischer Expansion reduziert. In diesem Prozess wurde das Konzept Europa zum Synonym für Fortschritt. Auf prägnante Weise wurde Europa mit dem erfolgreichen transnationalen Neologismus „Zivilisation" gleichgestellt. Diese Wortschöpfung entwickelte sich im Lauf des 19. Jahrhunderts zu einem Kernbegriff, der in nahezu alle europäischen Sprachen aufgenommen wurde.

Die Bezeichnung Europa bot allen Nationen im europäischen Raum einen retrospektiven Kontext für ihre Meistererzählung von der Entstehung des Vaterlandes nach dem Untergang des Römischen Reichs. Darüber hinaus wurde er unverzichtbar für die Einordnung in einen zeitgenössischen Kontext. Immer häufiger verwandte man den Terminus im Zusammenhang mit idealistischen Zukunftsvisionen über einen Verbund der Nationen. In diesem Kontext erhielt der Begriff Europa die prospektive Bedeutung eines Versprechens von Fortschritt, Zivilisation und Verbrüderung der Nationen.

Während in dieser Phase die Eigen- und Besonderheiten der unterschiedlichen Nationen in allen Tonarten besungen wurden, wurde Europa zum Inbegriff gemeinsamer Traditionen und zum konzeptuellen Erinnerungsort und somit gleichsam zum gemeinschaftlichen Fundament.

Sowohl die Antike als auch das Christentum waren fortan nicht mehr Teil der Weltgeschichte, sondern wurden als charakteristisch für die europäische Vergangenheit eingestuft. Auf unterschiedliche Art und Weise wurden beide zum Fundament Europas stilisiert. Die Antike wurde zur europäischen Vorgeschichte, die als reiche Fundgrube für mentale und künstlerische Inspiration diente. Das Christentum hingegen hielt einen Katechismus an Lebensidealen und einen moralischen Auftrag für jeden Menschen bereit, und die kirchlichen Institutionen stellten gleichsam einen Machtfaktor dar. Die Antike war zwar nur mit einer klassischen Ausbildung zugänglich, besaß aber keine modernen Institutionen und Machtinstrumente. Überall gab es rivalisierende religiöse Institutionen unterschiedlichster Couleur. Glaube und Ideale brachten gleichsam Hoffnung und Angst, Trost und Reue, die auf Seele und Körper Zwang ausüben konnten. In Europa wuchs man überwiegend christlich in Dörfern und Städten auf, in denen die Zahl der Schulen und Kirchen stetig zunahm.

Klassische und christliche Traditionen blieben auch während des Prozesses der Bildung von Nationalstaaten erhalten. Man betonte in dieser Epoche zwar den gemeinschaftlichen europäischen Charakter, lautstarke nationale Formulierungen und Parolen überstimmten diesen aber in der Regel. Die europäische Dimension war häufig nur indirekt, implizit und ideell. So wurde beispielsweise in Wörterbüchern zwar auf die griechische und lateinische Herkunft eines Wortes verwiesen, meistens wurde diese aber lediglich als zufällige etymologische Kuriosität zur Erhellung der Entstehung der Muttersprache präsentiert. Außen vor blieb, dass der nationale Wortschatz einen erheblichen europäischen Begriffsapparat enthält. So ist die Terminologie der Philosophie, der Naturwissenschaften, der Medizin, der Sprach-, Theater-, Literatur-, und Musikwissenschaften, der bildenden Künste und der Architektur ebenso transnational wie die Sprache der Bibel, der Begriffsapparat der katholischen Kirche und das von Politikern und Juristen verwendete Vokabular. Trotz aller nationalen Unterschiede sind die europäischen Begriffskongruenzen evident. Europa hat zwar keine gesprochene Sprache, verfügt aber über einen umfangreichen transnationalen Metathesaurus.

Da Europa zwar Machtstrukturen, aber kein politisches Machtzentrum besaß, gab es auch keinen Bedarf an zentralen europäischen Erinnerungsorten. Auch die militärischen *lieux de mémoire* waren in Struktur und Funktion nicht europäisch, da Europa nur über nationale Armeen verfügte. Dort, wo zentrale politische Institutionen, wie eine europäische Regierung, ein europäisches Parlament, ein oberster Gerichtshof und ein gemeinsames Gesetzbuch fehlen, sucht man auch vergeblich nach europäischen Erinnerungsorten.

Die Antike als europäischer Erinnerungsraum

In der Phase des Aufbaus der verschiedenen Nationalstaaten wurde die Antike zum gemeinsamen europäischen Erinnerungsraum. Nach der wissenschaftlichen Revolution und der Aufklärung hat die Antike jedoch in den Naturwissenschaften und der Philosophie an Autorität eingebüßt. Die Romantik durchbrach das Monopol des klassischen literarischen und künstlerischen Kanons.

Ganz anders dagegen erging es dem klassischen Altertum im Bildungswesen. Die Gründung nationaler Bildungseinrichtungen ging mit der Verstärkung der klassischen Sprachen in Gymnasium und Universität einher. Dies hatte eine ungeheure Verbreitung des Wissens über die Antike in der Ober- und Mittelschicht in den neuen Nationalstaaten zur Folge. Diese klassische Ausbildung stellte ein kulturelles Gepäck dar, das allerdings ausschließlich der Elite zur Verfügung stand. Auf der anderen Seite war der Zugang zu dieser Elite jetzt auch einem breiteren Bildungsbürgertum möglich.

Im Verlauf des 19. Jahrhunderts wurde die Antike zum europäischen Erinnerungsraum, in dem sich eine Vielzahl von Erinnerungsorten befand. Vor allem in der Bildsprache und Fantasie fungierten solche klassische Orte als Vorbilder für die Gestaltung nationaler Erinnerungen. Im neuen nationalen Verbund akzentuierten sich gesellschaftliche Gegensätze in kultureller Hinsicht durch das Vertraut- oder Nicht-Vertrautsein mit den antiken Klassikern. Während die Gymnasien und Universitäten stark auf diese ausgerichtet waren, war die für den niederen Mittelstand und die Arbeiterklasse bestimmte Elementar- oder Volksschule, konfessionell oder nicht, ausschließlich national ausgerichtet. Während das Lesen und Schreiben der Nationalsprache das Kernziel des Volksschulunterrichts war, erhielten die beiden antiken Sprachen (jetzt auch Griechisch) eine dominante Position im Unterricht der höheren Schulen. Eine akademische Ausbildung war ohne eine derartige Schulbildung gar nicht zugänglich. Klassische Bildung galt in allen europäischen Ländern als beste Ausbildungsgrundlage für zukünftige Führungspersonen. Im weiteren Verlauf des 19. Jahrhunderts begann zwar der berufsbildende Unterricht eine immer größere Rolle zu spielen, die Gymnasien behielten aber ihre kulturelle Hegemonie.

Innerhalb der Erlebniswelt der intellektuellen und kulturellen Elite spielte die Antike eine dominante Rolle. Die Gipskopien in den klassischen Skulpturengalerien, ohne die keine Kunstakademie oder wissenschaftliche Einrichtung auskam, dienten in ganz Europa als anschauliche und fühlbare Schule für Ästhetik. Dies spiegelte sich im Baustil wider, künstlerische Formensprache und Ornamente waren deutlich am Schönheitsideal der klassischen Antike orientiert. Vor allem Gebäude, die im Auftrag des Nationalstaats gebaut wurden, wie Regierungsgebäude, Ministerien, Nationalbanken, die Nationalen Akademien für die Wissenschaften und Künste, Nationalmuseen, Theater, Opern und Konzertgebäude entsprachen der klassischen Bildsprache. Gleiches galt auch für die Provinzhauptstädte. Auch hier zierten mythische Figuren, allegorische Gestalten, Philosophen, Dichter, Schriftsteller, Künstler und Wissenschaftler des klassischen Altertums die Giebel und das Interieur neuer Theater- und Konzerthäuser, von Schulen und Universitäten. In allen modernen Nationalstaaten wurde die Erinnerung an die Antike aufrechterhalten. Eine auffallende Ausnahme stellten neugotische Bauten dar, bei denen es oft, aber nicht immer, um religiöse Ausstrahlung ging.

Auch in der Erlebniswelt des gebildeten Individuums spielte der antike Erinnerungsraum eine wichtige Rolle. In Träumen und Fantasien diente die Antike als Refugium künstlerischen und körperlichen Genusses in einer Welt, die von christlich-viktorianischer Moral beherrscht war. So wurden antike Mythen und Schriften zu Erinnerungsorten erotischer Sinnlichkeit und Fantasie, zum Fluchtort vor zeitgenössischen Tabus wie Pornografie, lesbischer Liebe, Homosexualität und Pädophilie. Infolgedessen bürgerten sich bemerkenswerterweise neugriechische Termini ein, um zeitgenössische Tabus auszudrücken.

Indem man sich das klassische Altertum als europäischen Erinnerungsraum aneignete, entstand ein gemeinsames Repertoire an Traditionen. Die Erinnerungsorte des klassischen Altertums wurden als gemeinsames europäisches Erbe betrachtet. Wie viele antike Figuren wurden nicht zu europäischen Geisteshelden und Vorgängern nationaler Protagonisten von Wissenschaft und Kunst!

Die kulturelle Periodisierung der Geschichte bekam ebenfalls einen europäischen Rahmen. Die christlich-biblische Einteilung in die vier *regna* (babylonisch, medisch-persisch, mazedonisch und römisch) war gebräuchlich geblieben, hatte aber durch das Auftreten italienischer Humanisten, die die eigene Zeit als die Renaissance des klassischen Altertums nach der Epoche des finsteren Mittelalters sahen, an Einfluss eingebüßt. Der Begriff Renaissance wurde erst in der zweiten Hälfte des 19. Jahrhunderts zu einer kulturhistorischen Epoche („Die Kultur der Renaissance in Italien", Jacob Burckhardt, 1860). Neben der bisher gebräuchlichen Aufzählung der Königshäuser wurde nun auch die Abfolge Antike – Mittelalter – Renaissance (Neuzeit) angewandt. Innerhalb der nationalen Geschichtsschreibung und in den Schulbüchern wurde die humanistische Dreiteilung zum europäischen Standard.

Gegen Ende des 20. Jahrhunderts wurde diese Periodisierung sogar zum Ausschlusskriterium, ob ein Land zur europäischen Kultur gehörte oder nicht. So wurde in Debatten über den Beitritt zur Europäischen Union behauptet, dass Länder ohne eine vergleichbare Abfolge kultureller Epochen (so wie die Türkei oder Russland) nicht als europäisch betrachtet werden könnten. Bis zu diesem Zeitpunkt galt ausschließlich das Gedankengut der Aufklärung, das die Basis der politischen Modernisierung darstellt, als Kriterium.

Nach der Revolution: vier mental-politische europäische Erinnerungsorte

Eine Erklärung für den Erfolg des Konzepts Europa als Erinnerungsort ist dessen konzeptionelle Plastizität. Die unterschiedlichsten postrevolutionären transnationalen Strömungen versuchten sich die europäische Geschichte im politischen Denken und Fühlen zu Eigen zu machen. Da diese politischen Debatten zunehmend mit historischen Argumenten geführt wurden, begann man den Begriff Europa mit den verschiedensten historischen Perspektiven aufzuladen, die gleichsam zu mental-politischen Erinnerungsorten wurden.

Im Zuge der intensiven Debatte, die nach der Revolution geführt wurde, entstanden vier Europakonzepte, die die großen Unterschiede innerhalb der politischen Positionen widerspiegelten. Die häufige historische Verwendung des Begriffs macht das Bedürfnis nach einer retrospektiven europäischen Dimension deutlich, die das, was sich abgespielt hat, verständlich machen konnte. Neben der retrospektiven Dimension waren mit diesen neuen europäischen Erinnerungsorten auch Zukunftsideale verbunden. Im Zuge des Verarbeitungsprozesses von Verlust und Sinngebung entwickelte man gleichsam transnationale Gegenbegriffe.

Als Erstes entstand, direkt nach Ausbruch der Französischen Revolution, eine politisch-reaktionäre Konzeptionalisierung von Europa. Es war die Stimme der Konterrevolution, die Europa zum Erinnerungsort der alten Ordnung machte. Dieses europäische Gefühl fasste Edmund Burke treffend in die Worte: „in the whole form and fashion of life no citizen of Europe could be altogether an exile in any part of it […] he never felt himself quite abroad" („Genius and character of the French Revolution as it regards other nations", 1796). Auf dem Wiener Kongress von 1815, mit dem die Periode der Revolutionen und der imperialen Ambitionen Napoleons zu Ende ging, herrschte derselbe Tenor. Dort wurde festgelegt, dass zukünftig auch Russland ein fester Bestandteil Europas sein sollte. Man betrachtete das Russische Reich selbst als Retter des alten Europa. Die slawische Volksart und die griechische Orthodoxie wurden als wesentliche europäische Komponenten inkorporiert. In dieser reaktionären Konzeptualisierung war Europa ein antirevolutionärer *lieu de mémoire*. Der Gegenbegriff des feudalen Europa war natürlich die Revolution in ihrer Gesamtheit.

Die zweite Konzeptualisierung stand zwar in Beziehung zur ersten, war aber stärker christlich-messianistisch als politisch-reaktionär inspiriert. Europa als Erinnerungsort des Christentums ist mit dessen postrevolutionärem Wiederaufleben verbunden. In dieser Konzeptualisierung war Europa bereits im Mittelalter eine universelle christliche Glaubensgemeinschaft. Im Hier und Jetzt kämpfte man, strotzend von Kampfesgeist und voller Vertrauen in die Zukunft, innerhalb der lateinischen Christenheit für die Wiederherstellung der universellen Rolle des Papsttums über die nationalen Grenzen hinweg. Stärker als zuvor war religiöse Inspiration mit sozialer Tätigkeit verbunden. Mit dem Wiederaufbau des konfessionellen Unterrichts und der christlichen Armen- und Krankenfürsorge gewann die Kirche an gesellschaftlichem Einfluss. Darüber hinaus wurde die religiöse Konzeptualisierung durch mystische Gefühle und die dazugehörigen mystischen Erinnerungsorte getragen.

Erfolgreiche Publikationen machten die christliche Vergangenheit der *Europa Christiana* zur Inspirationsquelle. „Es waren schöne glänzende Zeiten, wo Europa ein christliches Land war", schrieb Novalis in seiner einflussreichen Schrift „Christenheit oder Europa" (1799). Nicht nur innerhalb der Elite, sondern auch in der breiten Bevölkerung entstand ein bisher ungekanntes religiöses Bedürfnis, das in einer massenhaften Marienverehrung in europäischen Wallfahrtsorten zum Ausdruck kam. Die Faszination für das mittelalterliche Christentum war dabei mehr als nur eine politische Mentalität. Im Kampf gegen revolutionären Vandalismus – gerade in dem Land mit der vehementesten anti-christlichen Bewegung – stellte Chateaubriands „Le génie du christianisme" (1802) einen Wendepunkt dar. Die Neubewertung der mittelalterlichen Literatur, bildenden Kunst und Architektur war eine Revolution der Geschmacksprinzipien und Schönheitsideale. Obwohl in Europa weiterhin der Neoklassizismus dominierte, wurde auch der neugotische Stil weiter entwickelt. Dem christlichen Europa, das auch eine ökumenische Dimension besaß, standen zwei Gegenbegriffe gegenüber: Unglaube als interne Bedrohung und das Osmanische Reich als externer Feind. Europa wurde so zum Erinnerungsort des Kampfes gegen Atheismus und türkischen Islam.

Die dritte Konzeptualisierung war mit dem Aufkommen des Liberalismus verbunden. Europa erhielt die Bedeutung einer Domäne der Freiheit. Diese liberale Sichtweise der europäischen Vergangenheit entwickelte François Guizot in seiner einflussreichen „Histoire de la civilisation en Europe" (1828). Diese luzide sozio-politische Analyse der europäischen Geschichte vom Fall des Römischen Reichs bis zur Französischen Revolution erhielt den Status einer Kodifikation liberalen Gedankenguts und wurde in zahlreiche Sprachen übersetzt. Europa wurde zum Synonym für Zivilisation und Fortschritt. Wachsender Reichtum war die logische Folge eines kontinuierlichen Aufschwungs der Freiheit in Europa. Die europäische

Zivilisation stand für Modernität und Diversität. Der Gegenbegriff war ewiger Stillstand. Eine unbewegliche Gesellschaft war die Folge der verschiedensten Formen von Tyrannei. In Ägypten, Indien, sogar im alten Griechenland, fehlte es, laut Guizot, an Freiheit und dominierte stattdessen Gleichförmigkeit. In Europa existierten dagegen unterschiedliche Prinzipien gesellschaftlicher Organisation nebeneinander: weltliche und geistliche Macht, Theokratie – Monarchie – Aristokratie – Demokratie, alle unterschiedlichen sozialen Klassen. Als Folge der Freiheit gab es in Europa Diversität. Sogar innerhalb des Christentums herrschte dort keine Einheit, sondern Vielfalt. Wohl blieb Guizot als Protestant überzeugt von der christlichen Wahrheit und göttlichen Vorsehung: Die europäische Zivilisation folgte Gottes Wegen. In dieser prägnanten liberalen historischen Sinngebung Europas als Erinnerungsort von Zivilisation, Fortschritt und Diversität hatte die Einführung des Christentums den fundamentalen Bruch mit der alten Vergangenheit verursacht. Diese liberale Konzeption blieb also religiös und war (noch) nicht atheistisch. Demokratie wurde als große Gefahr für die Freiheit betrachtet.

Die Konzeptualisierung Europas in demokratischer Perspektive verbreitete sich erst in den 1840er Jahren. Dies hing mit einem wachsenden Republikanismus zusammen. Bis zu diesem Zeitpunkt gehörte Demokratie zwar zum klassischen politischen Vokabular, besaß aber seit jeher einen schlechten Ruf. Jahrhundertelang war Demokratie nicht mit Europa in Verbindung gebracht worden. Ein scharfer Beobachter wie Tocqueville stellte in den 1830er Jahren fest, dass es Demokratie zwar in Amerika, nicht aber in Europa gebe („De la démocratie en Amérique", 1832). Für viele Liberale war Demokratie ein Schreckbild, für Tocqueville war sie nicht Ideal, sondern unvermeidliche Zukunft. Tocqueville analysierte nicht nur die Gegenwart, er bewies auch einen vorausschauenden Blick auf die Zukunft.

Unter dem Einfluss zeitgenössischer radikaler Reformbewegungen begann man in den 1840er Jahren in Europa, die eigene demokratische Vergangenheit des alten Athen neu zu bewerten. Im britischen Radikalismus legte der in liberaler Politik erfahrene Londoner Bankier Georg Grote in seiner „History of Greece" (1846) erstmals eine unterfütterte positive Bewertung der athenischen Demokratie vor. Während griechische Skulpturen beinahe ein halbes Jahrhundert früher nach Großbritannien verschleppt und später im British Museum als Erinnerungsort europäischer Kunst ausgestellt worden waren, wurde die athenische Demokratie erst im Vorfeld der Revolution von 1848 zum europäischen Erinnerungsort.

Um 1848: Die Französische Revolution als europäischer Erinnerungsort

Als Folge großer sozialer Spannungen entstand um 1848 eine Reihe von Revolutionen. In ganz Europa wurde der revolutionäre Elan durch die Idealisierung „des Volkes" angetrieben. Man bezog nun auch die untersten Bevölkerungsschichten in die nationale Identitätspolitik mit ein. In der Geschichtsschreibung über die Französische Revolution stellte man voll romantischem Idealismus das Volk als treibende Kraft nationaler Geschichte in die erste Reihe. Dieser revolutionäre Nationalismus hatte eine universelle Botschaft. Frankreich als das Land mit der blutigsten revolutionären Tradition bekam eine geradezu messianische Rolle in der Emanzipation der Völker zugeschrieben.

Um 1848 war die Französische Revolution innerhalb aller sozialen Bewegungen in Europa zum gemeinsamen Erinnerungsort geworden. Während die kurzlebigen und blutig unterdrückten Revolutionen von 1848/49 schnell in Vergessenheit gerieten, blieb diejenige von 1789 der revolutionäre *lieu de mémoire* schlechthin. Zugleich war sie aber auch der umstrittenste Erinnerungsort. Die positive Erinnerung wurde von einem ganzen Spektrum reaktionärer, konservativer, liberaler und progressiver Autoren heftig bekämpft. In Zeiten massiver sozialer Spannungen wurde die Französische Revolution zum universellen Evangelium, das eine zukünftige soziale und gerechte Gesellschaft verkündete.

Diese Zukunftsperspektive enthielt überaus kräftigen gesellschaftlichen Sprengstoff für alle Nationalstaaten. Nach der niederschmetternden Niederlage Frankreichs gegen Preußen und dem Zusammenbruch des zweiten bonapartistischen Kaiserreichs kam es 1870/71 zur Explosion im belagerten Paris. Wiederum, wie schon 1848, wurde deutlich, wie sehr die Erinnerung an die Französische Revolution die revolutionäre Aktion bestimmte. Obwohl man später jährlich der blutigen Unterdrückung der *Communards* gedachte und dann auch die Russische Revolution noch eine gewichtige Rolle spielte, blieb die Französische Revolution, auch nach der Gründung der Sowjetunion (1922), der revolutionäre Erinnerungsort *par excellence*.

Als Erinnerungsort wurde sie allerdings, unter anderem als Folge der traumatischen Erfahrungen blutiger Repressionen, in zwei Teile gespalten. Zwei antagonistische Erinnerungsorte begannen sich abzuzeichnen: derjenige einer politischen Revolution der Bourgeoisie (1789) mit neuer französischer Flagge und derjenige einer sozialen Revolution des Proletariats (1792) mit der internationalen roten Flagge.

Diese retrospektive Zweiteilung war selbstverständlich konform den aktuellen Parteiprogrammen und Zukunftsidealen. Paris wurde zum europäischen Laboratorium des sozialen Bürgerkriegs. An zahlreichen Orten Europas wurde deutlich, wie stark die in der Regel verbotene und sich daher im Untergrund befindende rote Erinnerung weiterlebte. Die gesellschaftliche Unzufriedenheit und das soziale Ressentiment waren weit verbreitete und stark verwurzelte europäische Phänomene. Zahllose revolutionäre Bewegungen manifestierten nicht nur heftigen Widerstand, sondern ebenso sehr wachsendes soziales Selbstbewusstsein. Die europäische Dimension wurde dabei eindringlich im *Kommunistischen Manifest* (1848) in Worte gefasst. Lauthals verkündete man die sozioökonomische Revolution. Ohne Zweifel spürte die europäische Bourgeoisie die Angst vor Verlust. Der soziale Hass war stark ausgeprägt, die Meinungsverschiedenheiten waren unverkennbar. Sozialrevolutionäre Bewegungen forderten die Abschaffung von Privatbesitz und widersetzten sich mit allen Mitteln politisch-radikalen Bewegungen, die sich für Demokratie und allgemeines Wahlrecht einsetzen.

Von 1850 bis 1918: Zuwachs nationaler Erinnerungsorte

Ab der zweiten Hälfte des 19. Jahrhunderts intensivierte sich die Politik der Schaffung nationaler Identitäten in Europa. Militärische Erfolge krönten den Prozess der nationalen Vereinigung Italiens und Deutschlands. Moderne Formen autoritärer Herrschaft propagierten einen kampfeslustigen Nationalismus. Das Machtverhältnis untereinander wurde von nun an in Westeuropa ausschließlich als nationaler Gegensatz gesehen. In Osteuropa blieben das multiethnische Habsburgerreich, die russische und osmanische Herrschaft vorläufig intakt. Innere Gegensätze wurden aber durch das Aufkommen von Bewegungen voller nationaler Ideale verstärkt, die aktiv nationale Identitätspolitik betrieben.

Von den vier mental-politischen europäischen Erinnerungsorten hatte sich der erste, der des alten Europa, mit dem Ziel der Wiederherstellung des Ancien Régime völlig verschlissen.

Der zweite, der christliche Erinnerungsort, schien durch die revolutionären Konvulsionen angetastet, gewann aber letztendlich seine Streitlust und seinen Bekehrungseifer zurück.

Der Kirche wurde zwar vorgeworfen, sich für die Beibehaltung der bestehenden Ordnung zu entscheiden, sie konnte aber trotzdem die Masse des Volkes an sich binden. Diejenigen, die dachten, dass Religion endgültig ausgespielt hätte, hatten sich verschätzt. Das mittelalterliche Christentum wurde wie nie zuvor als Erinnerungsort des Kampfes um die erneute Christianisierung Europas kultiviert. Bei allen Rückschlägen, wie der Belagerung des Papstes und der Einnahme Roms im Jahr 1870, boten die Höhepunkte der kirchlichen Vergangenheit Trost und Inspiration. Als das Papsttum schließlich den Verlust seiner weltlichen Macht akzeptierte, führte dies zu einer nachhaltigen Konzentration auf Glaubensdinge und die religiöse Praxis. Hierdurch konnten die religiöse Identität gestärkt und der konfessionelle Schulunterricht verbessert werden. Um 1900 hatte das Papsttum in Europa einen Großteil seines Einflusses wiedergewonnen. Der Glanz der christlichen Vergangenheit diente mehr denn je als Inspiration für die Zukunft.

Der dritte, liberale Erinnerungsort blieb herausragend. Die Machtentfaltung der Nationalstaaten und die Rivalitäten zwischen ihnen betrachtete man als europäisches Phänomen. Der Liberalismus blühte auf europäischem Boden. Der Kampf um die Freiheit war in der Vergangenheit in Europa geführt worden, und von dort sollten sich auch Fortschritt und Zivilisation verbreiten. Das europäische Überlegenheitsbewusstsein war in dieser Periode maßlos, und die koloniale Expansion kannte keine Grenzen. Die Forderung nach Erweiterung des Stimmrechts passte in die nationale Identitätspolitik und stieß dann auch in autoritären Regimen auf weniger starken Widerstand, als man erwarten könnte. Die radikale demokratische Dimension wurde zum Teil in bürgerliche, nationalpolitische Traditionen integriert, innerhalb derer die Französische Revolution von 1789 den europäischen Erinnerungsort darstellte. Die soziale Frage als Folge der ungebremsten Industrialisierung blieb eine tickende Zeitbombe. Der gesellschaftliche Widerstand gegen soziale Missstände und Ausbeutung nahm zu. Durch den Aufbau eines Polizeiapparats konnten die Nationalstaaten sich zwar effektiver gegenüber gewalttätigen Gruppierungen jeder Art durchsetzen, es wurde aber ebenfalls deutlich, dass sich soziale Konflikte jeden Augenblick wieder zu neuen sozialen Aufständen oder Bürgerkriegen ausweiten konnten.

Die romantische Vorstellung vom Volk und der Revolution kam völlig aus der Mode. Die wissenschaftliche Erforschung der Vergangenheit trat an die Stelle einer utopischen Version der Vergangenheit. Innerhalb dieser mechanistischen Konzeptualisierung gab es feste gesellschaftliche Gesetze und blieb kein Platz für die Verherrlichung von Opfern oder eine Romantisierung des Klassenkampfs. Jetzt ging man davon aus, dass die Vergangenheit durch eiserne Gesetze determiniert wurde. In der Retrospektive wurde die proletarische Revolution des Jahres 1792 zwar *der* rote europäische Erinnerungsort, sie bot aber weder Inspiration für den aktuellen sozialen Kampf noch hatte sie Bedeutung für die Zukunft. Stattdessen zog man jetzt wirtschaftshistorische Fakten zur Formulierung der Beziehung zwischen Kapital und Arbeit heran.

Diese mechanistische Konzeptualisierung führte zu einem frappanten Kontrast im Vergleich zu anderen europäischen Erinnerungsorten. Wo im historischen Kampf um Glauben, Freiheit und Demokratie die Opfer als Märtyrer verherrlicht wurden, blieb für die Opfer des Klassenkampfs lediglich Mitleid. Seit den frühesten Anfängen nahm im Christentum das Märtyrertum einen zentralen Platz ein. Seit dem 19. Jahrhundert verehrte man die Helden, die in der Vergangenheit für Freiheit und Vaterland gefallen waren. Für die Opfer des jahrhundertealten Klassenkampfs errichtete dagegen niemand vergleichbare Monumente.

Soziale und nationale Identitätspolitik

Das wachsende Selbstbewusstsein der europäischen Arbeiterbewegung kam in einem selbstsicheren, antibürgerlichen und antikapitalistischen Vokabular zum Ausdruck. Die kommunistische Terminologie, die den „Klassenkampf" und die „Diktatur des Proletariats" propagierte, fand schnell weite Verbreitung. Darüber hinaus machten sich die Kommunisten die Vergangenheit mit Hilfe historisch-materialistischer Theorien und Periodisierungen zu Eigen. Diese historische Perspektive besaß unverkennbar Überzeugungskraft. Auch die europäische Dimension war deutlich, wie beispielsweise aus dem Vorwort der russischen Übersetzung des „Kommunistischen Manifests" (1883) hervorging, in dem Amerika als Ventil der sozialen Spannungen in Europa und Russland als das Bollwerk europäischer Repression bezeichnet wurde.

Da der Staat als Handlanger der Bourgeoisie betrachtet wurde, stieß die nationale Identitätspolitik auf zunehmenden Widerstand. Innerhalb der linken Bewegungen entstanden hitzige Diskussionen um die Frage, ob das nationale politische System beibehalten werden sollte oder nicht. In diesem Zusammenhang wurde die Vorreiterrolle der deutschen Arbeiterbewegung ausschlaggebend. Der Rechtsphilosoph Ferdinand Lassalle hatte bereits vor der nationalen Einigung Deutschlands klar formuliert, dass die Arbeiterklasse als Erstes die politische Macht von der Bourgeoisie erobern müsse („Über den besondern Zusammenhang der gegenwärtige Geschichtsperiode mit der Idee des Arbeiterstandes", 1862). Als erfahrener Jurist, der selbst mehrmals im Gefängnis gesessen hatte, wurde Lassalle zum kritischen Beobachter des Aufbaus der preußischen Staatsmacht mit Armee, Polizei, Gerichtsbarkeit und Gefängnissen. Sein oberstes Ziel war es, durch die Abschaffung des Zensus- und die Einführung des allgemeinen Wahlrechts die politische Macht zu übernehmen. Dabei war es seiner Meinung nach vollkommen unwichtig, ob es sich bei der zukünftigen Staatsform um eine Monarchie oder eine Republik handelte. Dieses Einfügen der deutschen Sozialdemokratischen Partei in die nationale Struktur wurde, trotz heftigen Streits mit marxistischen und anarchistischen Gruppierungen, zum großen Vorbild für andere Länder.

Für die nationale Identitätspolitik stellte die Idee des Klassenkampfs eine große Gefahr dar. Die Arbeiterbewegung in den industrialisierten Gebieten propagierte das moderne Klassenbewusstsein mit Erfolg. Die soziale Identitätspolitik fungierte als Spaltmaterial der nationalen Idee. Die nationale Identität konnte lediglich von außen, durch Feinde, bedroht werden. Der französisch-deutsche Krieg (1870/71) galvanisierte nationale Gefühle und blockierte jede soziale Solidarität. Das Abbröckeln des internationalen Klassenbewusstseins war selbst innerhalb des harten Kerns der internationalen Arbeiterorganisation sichtbar.

Zwischenstaatliche Kriege waren ungemein destruktiv für jede Form sozialer Identitätspolitik. Der Prozess nationaler Staatenbildung gewann vollständig die Oberhand. In allen europäischen Staaten wurde der Aufbau einer nationalen Armee beschleunigt. Dort, wo es an nationaler Einheit fehlte – wie im Habsburgerreich –, war die verstärkte Armee eine der wenigen Kräfte, die den multiethnischen Komplex zusammen zu halten schienen. Der Rüstungswettlauf sollte schließlich in den Ersten Weltkrieg einmünden.

Durch den Erfolg der nationalen Identitätspolitik wurde nicht nur die soziale, sondern auch die religiöse Identitätsfindung, bewusst oder unbewusst, im nationalen Rahmen erfahren. In dieser Perspektive befanden sich das Papsttum und die internationale Arbeiterbewegung in einer vergleichbaren Position, da beide lediglich durch ihre Integration in die nationalen Machtstrukturen ihren prägenden Einfluss auf die Identitätsfindung behalten konnten. Je mehr politische Autorität die Nationalstaaten errangen, desto inniger verband sich die soziale oder religiöse Identität mit nationalem Selbstbewusstsein.

Europa war innerhalb des sozialdemokratischen Denkens zwar der selbstverständliche Handlungsraum, stellte aber keinen Grundbegriff dar, mit dessen Hilfe Erinnerungen geordnet oder Erwartungen eine Richtung gegeben werden konnten.

Der europäische Krieg als nationaler Erinnerungsort

Zeitgenossen bezeichneten den Ersten Weltkrieg als den europäischen Krieg. Seitdem ist der Begriff Europa mit diesem Krieg verbunden, und alle gemeinsamen europäischen Erinnerungsorte verloren für den Moment ihre aktuelle und zukünftige Bedeutung. Der Erste Weltkrieg führte zu einer massiven Intensivierung nationaler Identitätspolitik. Die Kriegspropaganda sorgte für einen Klimax nationaler Identität und gleichzeitig für ein exzessives Feindbild. Europa war nur noch der Name der militärischen Arena.

Nach Kriegsende errichtete man nationale Militärfriedhöfe für die Millionen gefallenen Soldaten. In den 1920er Jahren baute man zahlreiche nationale Monumente, die der Erinnerung an die Gefallenen, aber vor allem als *Memoria* der Überlebenden und der kommenden Generationen dienen sollten. Die öffentliche Erinnerung an den europäischen Krieg war ausschließlich national strukturiert. Selbst das Grab des Unbekannten Soldaten ist *de facto* ein nationales Monument.

1919–1945: Zenit nationaler Identitätspolitik

Die Friedensverhandlungen nach dem Krieg wurden im Zenit nationaler Identitätspolitik geführt. Auch die weiträumigen osteuropäischen Gebiete, in denen die politische Macht seit jeher in den multinationalen Reichen des österreichischen Kaisers, des Zars oder Sultans lag, wurden nun in nationalen Kontexten neu geordnet. Die neuen Grenzen, die gemäß dem Nationalitätsprinzip gezogen wurden, spiegelten im Wesentlichen die neuen Machtverhältnisse wider. Nicht nur das deutsche Kaiserreich, sondern alle multinationalen Reiche wurden als monströse alte Formen kriegssüchtiger und autokratischer Herrscher betrachtet. Im Gegensatz zu diesen Reichen des Bösen wurden die Nationalstaaten als Inkarnationen eines friedlichen und demokratischen Zusammenlebens bejubelt. Nationale Souveränität wurde sakrosankt. Das Problem der Minderheiten, das man als Folge der Nationenbildung notwendigerweise schuf, wurde entweder negiert oder unterschätzt.

Um den internationalen Beziehungen einen Rahmen zu geben, gründete man den Völkerbund. Dieser hatte die langfristige Friedenssicherung zum Ziel und sollte die Abrüstung fördern. Zukünftig sollten Konflikte zwischen den Nationalstaaten durch Verhandeln gelöst werden. Inzwischen hatte die Russische Revolution zur Gründung der Sowjetunion geführt (1922). Als kommunistischer Heilsstaat auf Erden übte sie große Anziehungskraft auf progressive Intellektuelle und weite Teile der Arbeiterschaft aus. Die Sowjetunion wurde zur Alternative zum kapitalistischen Nationalstaat. Zum ersten Mal in der Geschichte konnte man gegenüber nationaler Identitätspolitik auf ein bestehendes Arbeiterparadies verweisen. Die kommunistische Propaganda verzeichnete trotz heftigen Widerstands große Erfolge. Die Französische Revolution wurde weiterhin als internationaler Erinnerungsort kultiviert, aber die soziale Identitätspropaganda fand im nationalen Rahmen statt.

Man betrachtet die Nationenbildung im europäischen Zusammenhang. Der Begriff „Neues Europa" wurde für die neue Ordnung der Nationalstaaten verwendet. Sofort nach 1918 blockierte die französisch-deutsche Feindschaft das europäische Denken. Aber die Aufnahme Deutschlands in den Völkerbund (1926) stellte nach Jahren aufgeladener Verhandlungen über Wiedergutmachungen einen ersten Durchbruch dar. Die verbesserten internationalen Beziehungen sorgten für mehr Freiraum für Gedankenspiele im Hinblick auf eine mögliche europäische Zusammenarbeit.

Der Begriff Europa wurde von einigen wenigen Visionären mit einer zukünftigen politischen Organisation verbunden. Die französische Regierung schrieb selbst ein Memorandum (1929/30), das einen Vorschlag zur Gründung einer Europäischen Union mit dem Ziel einer Zusammenarbeit der europäischen Staaten enthielt. Der Plan wurde nicht verwirklicht, aber er war ein deutliches Zeichen dafür, dass man erkannt hatte, dass regionale Zusammenarbeit in einer größer werdenden Welt notwendig geworden war. Die Machtübernahme Hitlers beendete jedoch den Versuch einer französisch-deutschen Kooperation abrupt. Erst nach dem deutschen Sieg und der Besetzung des größten Teils Frankreichs im Juni 1940 kam eine vollkommen andere, verbrecherische Form französisch-deutscher „Kollaboration" zustande.

Die auf der Rasse gründende Identitätspolitik, die den Nationalsozialismus kennzeichnete, wurde auch in anderen von Deutschland besetzten Staaten umgesetzt und hatte unvorstellbare Folgen. Die Ausgrenzung, Verfolgung, Deportation und Ermordung von sechs Millionen Juden der unterschiedlichen Nationalitäten sollte übrigens erst viel später einen prominenten Platz im europäischen Gedächtnis erhalten. In den ersten Jahrzehnten nach dem Zweiten Weltkrieg richtete sich die Aufmerksamkeit in erster Linie auf die für die Befreiung gefallenen Kämpfer und erst später auf die unschuldigen Opfer. Zu diesem Zeitpunkt wurde die Judenverfolgung innerhalb der nationalen Identitätspolitik der europäischen Länder zu einem prominenten Erinnerungsort.

Europäische Kultur als Erinnerungsort

In der Zwischenkriegszeit wurde der Europabegriff eher retrospektiv als prospektiv verwendet. Nach den Kriegserfahrungen war nur noch wenig vom liberalen Fortschrittsoptimismus des 19. Jahrhunderts übrig geblieben. Schwarzseherei verband sich direkt mit Europa und dem Westen. „Der Untergang des Abendlandes" (1918) von Oswald Spengler gab hier den Ton an. Der Europabegriff wurde mehr denn je als historische Bezeichnung verwendet und war erfüllt von Wehmut über das, was verloren gegangen war. Europäische Kultur wurde zum Kernbegriff und Erinnerungsort mit schwarzer Zukunftsperspektive. Berühmte kulturhistorische und kulturphilosophische Arbeiten hegten die Vergangenheit und umschrieben die eigene, antiliberale Epoche als die des uneuropäischen, modernen, „amerikanischen" Massenmenschen und der kommunistischen und faschistischen Massenhysterie (zum Beispiel „Der Aufstand der Massen" des spanischen Kulturphilosophen Ortega y Gasset).

In den 1930er Jahren verschwand alle Hoffnung auf eine gemeinsame europäische Zukunft. Die Wirtschaftskrise trug dazu bei, dass der Ton in den zwischenstaatlichen Beziehungen grimmig und nationalistisch wurde. Das gewalttätige nationalsozialistische Regime bestimmte durch seine beispiellose aggressive Außenpolitik den Lauf der Ereignisse. Unter diesen Umständen zeugte Pessimismus von einem vorausschauenden Blick. „In den Schatten von Morgen" (1935) hieß der Bestseller des niederländischen Kulturhistorikers Johan Huizinga, in dem er eine Diagnose des „geistigen Leidens unserer Zeit" stellte.

Im Faschismus und Kommunismus war wenig Platz für das historische Europa. In diesen totalitären Ideologien, die große Anziehungskraft besaßen, war nationale Identitätspolitik mit Rassismus oder Klassenkampf verschmolzen. Das überlegene Identitätsbewusstsein des neuen Menschen war arisch oder proletarisch. Wehe denjenigen, die als Mitglieder einer minderwertigen Rasse oder als Feind der Arbeiterklasse gebrandmarkt wurden! Der Totalitarismus empfand Europa als Ballast der Vergangenheit. Europa war ein Begriff ohne Zukunft.

Im Gegensatz dazu deutete man Europa in liberal-intellektuellen Kreisen als gemeinsame historische Kultur. Diese retrospektive Konzeptualisierung europäischer Kultur schlug sich vielfältig in wehmütigen Betrachtungen nieder. So entwickelte die „europäische Kultur" sich zum allumfassenden konzeptuellen Erinnerungsort von Humanismus, Toleranz und aufgeklärtem Kosmopolitismus eines Erasmus, Voltaire und Goethe. Höhepunkte der Poesie und Literatur, des Theaters, der Musik, der Architektur und Kunst der Antike, des Mittelalters, der Renaissance und Aufklärung stellten jeder für sich wiederum eine Reihe spezifischer europäischer Erinnerungsorte dar.

Der Ehrlichkeit halber muss man sagen, dass in diesen liberalen Kreisen der kulturhistorische Europabegriff auch zur Kritik an der aktuellen Politik verwendet wurde. Organisationen, die sich der Wachsamkeit gegenüber dem Hypernationalismus und Militarismus verschrieben hatten, plädierten im Namen der europäischen intellektuellen Tradition für Zusammenarbeit und gegen das Säen von Hass. Vor diesem Hintergrund organisierte man 1933 in Paris eine hochrangige Konferenz über die Vergangenheit und Zukunft des europäischen Geistes. Bei dieser Gelegenheit verfasste man sogar einen „Discours à la nation européenne", der deutliche Verweise auf Fichtes berühmte „Reden an die Deutsche Nation" enthielt, die aus einer Zeit stammten, als die Einheit Deutschlands noch ferne Zukunftsmusik war.

Aber diese gut gemeinten europäischen Intellektuellentreffen erwiesen sich als vergeblich. Die nationalistische Propaganda lief auf vollen Touren, und in Europa sollte es wieder zu einem Inferno kommen, diesmal nicht nur am Boden, sondern auch im Luftraum.

Nach 1945: Stunde Null für Europa

Am Ende des Zweiten Weltkriegs gewannen die prospektiven Dimensionen des Europabegriffs wieder an Bedeutung. Wie nach jedem Krieg, begann der Wiederaufbau mit dem Aufräumen der Trümmer. Bei der Verarbeitung der Verluste und Hassgefühle dominierte der Wunsch nach „Nie mehr Krieg". Ungewöhnlich war, dass sich der übliche Wunsch nach Frieden diesmal nicht nur in Form eines idealistischen Pazifismus, sondern auch in pragmatischen Plänen ausdrückte, in denen der Begriff Europa dominierte.

Zur Benennung der Formen der Zusammenarbeit, die nach dem Krieg entstanden, ob es nun um Kohle und Stahl, Verteidigung, Handel, Landwirtschaft oder Recht ging: Stets wurde der Begriff Europa verwendet. Sowohl bei denen, die ein ambitioniertes föderatives Ideal anstrebten, als auch bei denen, die eher praktische Ziele verfolgten, war die Bezeichnung Europa immer auf die – nähere oder fernere – Zukunft gerichtet. Im aktuellen Handlungsraum gewann Europa eine wichtige Bedeutung und Zukunftsperspektive. Das Konzept Europa hatte in dieser Verwendungsatmosphäre seine retrospektive Dimension verloren.

Dies steht in Kontrast zur Verarbeitung der postrevolutionären Traumata des 19. Jahrhunderts. Am Ende der Phase revolutionärer Kriege eignete man sich im Rahmen nationaler Identitätspolitik gerade die europäische Vergangenheit in Form von Erinnerungsorten an und stritt sich heftig unter Verwendung historischer Argumente. Im Zuge der Verarbeitung des Zweiten Weltkriegs scheint beinahe stillschweigend Abschied von der europäischen Vergangenheit genommen worden zu sein. Wenn zurückgeschaut wurde, dann eigentlich nur, um zu zeigen, was tödlich falsch gelaufen war. Die Vergangenheit wurde zum abschreckenden Beispiel.

Bemerkenswert war, dass bei der Verwendung des Begriffs Europa zur Beschreibung der gegenwärtigen Situation ganz selbstverständlich Großbritannien und die Sowjetunion ausgeschlossen wurden. Begriffe wie „Europäische Integration" oder „Europäische Gemeinschaft" reservierte man für französisch-deutsche Formen von Zusammenarbeit, bei denen die Benelux-Länder und Italien sich anschließen konnten. England war ausschließlich in Richtung des Commonwealth orientiert, Osteuropa befand sich unter russischem Einfluss, Nordeuropa beteiligte sich nicht an den Plänen für eine europäische Zusammenarbeit, und aus Südeuropa zeigte lediglich Italien Interesse.

Der Wiederaufbau Westeuropas fand im vertrauten nationalen Verbund statt. Die Grundlage, auf der das Bildungswesen reformiert und die Kulturpolitik erweitert wurde, war national. Die nationale Identitätspolitik war das Fundament des Erinnerungsraums, und nationale Erinnerungsorte prägten sich ein. Westdeutschland war die Ausnahme, die die Regel bestätigt. Die Nachkriegsgeneration wuchs hier mit der Schuldlast der Kriegsverbrechen der Elterngeneration auf. Die deutsche Identitätspolitik war schuldbewusst, das Dritte Reich war ein bleibendes Trauma. Selbstverständlich löste man sich vollständig von der nationalsozialistischen, auf der Rasse gegründeten Identitätspolitik. In anderen westeuropäischen Ländern stand die Erinnerung an den Krieg vollkommen im Zeichen der Befreiung des Vaterlands und des Widerstands gegen die fremde Unterdrückung. Trotz der vielen Formen von Kollaboration, die es während des Krieges gegeben hatte, war in der Erinnerungskultur kein Platz für Schuldgefühle. Gedenkfeiern waren national und der Krieg wurde zum nationalen Erinnerungsort *par excellence*, in dem andere Opfer als die, die für die nationale Sache gefallen waren, vorläufig keinen Platz hatten. Die nationale Identitätspolitik blieb, befreit von extremistischen Äußerungen, dieselbe.

Den Begriff ‚Stunde Null' verwendete man in anderen Ländern nicht für die eigene Vergangenheit, wohl aber für die europäische Geschichte. Für retrospektive europäische Interessen war im Allgemeinen wenig Platz. Zu festlichen Anlässen gehörten vereinzelt Betrachtungen über die europäische Kultur, aber generell richtete sich die Aufmerksamkeit auf erhabene europäische Zukunftsideale und die bereits erreichten Erfolge in der europäischen Zusammenarbeit. Die kleine Gruppe europäisch orientierter Personen war international effektiv, besaß national aber wenig Einfluss. Den Platz, den Europa zum Beispiel im nationalen Schulunterricht einnahm, war gering. In den 1960er Jahren entwickelte sich bei einer neuen Generation der Glaube an die gesellschaftliche Utopie. Auch dies hatte eine Abkehr von der Geschichte zur Folge. Im Zusammenhang mit dem Wunsch nach einer ehrlichen Verteilung von Macht und Einkommen spielte nationale Identitätspolitik nur eine geringe Rolle. Die fortschreitende europäische Zusammenarbeit, die Gründung eines Europäischen Marktes und die ständige Ausweitung Europäischen Rechts führten nicht zu einer Steigerung des Interesses an Europa in Gegenwart oder Vergangenheit. Im Schulunterricht legte man den Schwerpunkt auf Gesellschaftslehre anstatt auf Geschichte. Dort stand nicht Europa, sondern die Globalisierung im Vordergrund.

Die Dekolonialisierung, die sich überraschend schnell vollzog, führte in erster Linie zu einer Orientierung auf das Zuhause in Europa ohne die Gebiete in Übersee. Darüber hinaus sorgten koloniale Schuldgefühle im Lauf der Zeit für eine Abkehr von der Vergangenheit, die als falsch eingeschätzt wurde. Auch der Kontext des Kalten Krieges und die Teilung Europas in einen amerikanischen und einen russischen Einflussbereich trugen zum allgemeinen historischen Desinteresse bei.

Seit dem Ende der 1980er Jahre nahm das Tempo der wirtschaftlichen Integration zu. Mit Erfolg lancierte man das „Europa ohne Grenzen". Der Zusammenbruch der kommunistischen Regime in Osteuropa machte die Wiedervereinigung Deutschlands möglich. Man einigte sich auf eine Europäische Währungsunion und die Einführung des Euro. Der freie Personenverkehr wurde festgelegt. Mit dem Vertrag von Maastricht (1991) wurde die Europäische Union offiziell gegründet. Diese tief greifende und schnelle Europäisierung führte aber zu einer starken nationalistischen Reaktion in den 1990er Jahren. Darüber hinaus sorgte der massive Zustrom von Migranten aus nicht-europäischen Gebieten ebenfalls für einen Umschwung der öffentlichen Meinung in den europäischen Ländern. Man empfand die nationale Identität als bedroht, und als Gegenmittel verschrieb man mehr nationalen Geschichtsunterricht. Die nationale Identitätspolitik, die bereits in den Hintergrund getreten war, stand wieder hoch im Kurs.

Europäisierung ohne europäische Identitätspolitik

Trotz aller Euroskepsis und Opposition ist die europäische Zusammenarbeit fester und breiter als jemals zuvor in den europäischen Institutionen, der Wirtschaft, der Finanzwelt und der Gesetzgebung verankert. Das Arbeitsgebiet europäischer Beamter ist, ohne dass dies zu großen Bedenken geführt hätte, signifikant größer geworden, und die nationalen Regierungen haben scheinbar mühelos eine Vielzahl von Zuständigkeiten an Brüssel abgetreten. Europäisches Recht und der Euro spielen in juridischen und finanziellen Kreisen eine zentrale Rolle. Obwohl das Europäische Parlament qua eigenes Recht gewählt wird, fühlen sich die Bürger auf europäischem Niveau allerdings nicht vertreten. Von einem Bewusstsein davon, dass man nicht nur ein Staatsbürger, sondern auch ein Bürger Europas ist, ist bisher wenig zu erkennen.

Der Begriff Europa wird gegenwärtig in erster Linie mit aktueller Politik in Verbindung gebracht. In dieser Hinsicht sorgt er für gemischte Gefühle. Wenn der Europabegriff als Zukunftsperspektive verwendet wird, dann ist dies gewöhnlich eher mit negativen als mit positiven Gefühlen verbunden. Ein Europa, das zum megalomanen Superstaat werden könnte, jagt vielen Angst ein. In jedem Fall ist deutlich, dass die Bürger der Mitgliedsstaaten den Europabegriff eher mit Eingriffen von Außen verbinden und neben ihrem nationalen Selbstbewusstsein über keinerlei europäisches Bewusstsein verfügen.

Die Erklärung hierfür ist, dass in der politischen Mentalität die Vergangenheit Europas keine Rolle mehr spielt. Anders ausgedrückt: Dem Begriff Europa ist seine retrospektive Bedeutung entzogen worden. Solange im Europabegriff lediglich Platz ist für flüchtige Aktualität und wenig rosige Zukunftsaussichten und es an einer fest verankerten historischen Perspektive fehlt, wird jede Form europäischen Selbstbewusstseins ein Hirngespinst bleiben.

Bei allen beeindruckenden kommerziellen, wirtschaftlichen, monetären und juristischen Erfolgen der Europäisierung fehlt bis heute jegliche europäische Identitätspolitik und ihre Verankerung in europäischen Erinnerungsorten. Die europäische Zusammenarbeit kann zwar in wirtschaftlicher Hinsicht für die Rettung des Nationalstaats verantwortlich sein, die Nationalstaaten haben es aber bis heute versäumt, Europa auch innerhalb ihrer nationalen Identitätspolitik einen Platz einzuräumen. Stattdessen stellt auch im gegenwärtigen Boom nationaler Geschichte und nationaler Erinnerungsorte die europäische Geschichte keinen Referenzrahmen dar.

Auf eine europäische Identitätspolitik muss also gewartet werden, doch sie sollte nicht losgelöst eingeführt werden. Vielmehr sollte sie in die nationale Identitätspolitik eingebunden sein: Man ist sowohl Staatsbürger wie europäischer Bürger. Nationales Selbstbewusstsein ist Teil der europäischen Identität, und diese ist wiederum Teil eines Weltbürgertums. In der Rückschau muss Europa sowohl mit dem Prozess der Nationenbildung als auch mit anderen Formen von Gemeinschaftsbewusstsein in der Vergangenheit verbunden werden.

Die Konzeptualisierung und Erarbeitung einer europäischen Dimension der Vergangenheit setzt eine historische Betrachtung und Interpretation voraus. Im Hinblick auf eine neue

Terminologie ist Vorsicht geboten. Es geht hier nicht um neue europäische Etiketten. Gerade die historische Konzeptualisierung, das heißt, die Konzepte, mit Hilfe derer Zeitgenossen ihre Erfahrungen in der Vergangenheit geordnet und ausgedrückt haben, sind essenziell für das historische Bewusstsein.

Letztlich ist jede Form von Identitätsbewusstsein Kind der sich ändernden Zeiten. In diesem Augenblick ist europäische Selbsterkenntnis aktuell – in Zukunft wird dies die noch größere Perspektive des Weltbürgers sein.

Eine echte historische Spurensuche in der Vergangenheit kann den Begriff Europa wieder mit einer retrospektiven Dimension aufladen. Die zahlreichen monumentalen nationalen Erinnerungsorte können eine europäische Perspektive erhalten. Auf diese Weise wird Europa wieder zum konzeptuellen Erinnerungsort, wie früher, nur anders.

Übersetzung: Uta Protz

Miroslav Hroch
Zwischen nationaler und europäischer Identität

Wenn man vor 100 Jahren von einer Vereinigung Europas träumte, stand nicht eindeutig fest, wie man den Gegenspieler, die Alternative zu Europa, bestimmen sollte: War es der Staat oder die Nation? Heute, nachdem fast alle europäischen Staaten Nationalstaaten geworden sind, haben wir es mit einem Spannungsfeld zwischen Europa und Nation zu tun. Oft wird deswegen der Nationalismus als Gegner oder Alternative zu Europa gesehen. In der sogenannten konstruktivistischen Sicht ist die Nation ja eine Schöpfung des Nationalismus.

Dies kann allerdings eine irreführende Sicht werden, insbesondere dann, wenn man den Nationalismus im breiten, vagen („neutralen") Sinn des Wortes versteht. Denn durch die Abschaffung oder Überwindung des Nationalismus – so lehrt die tagtägliche Praxis – wird die Nation als soziale Großgruppe gleichberechtigter Staatsbürger weder überwunden noch aufgehoben. Im politischen Vokabular lebt weiterhin die Vorstellung von (realen oder virtuellen) nationalen Interessen, und täglich erlebt man, dass in der Bevölkerung die nationale Identität als die dominierende gilt. Damit soll gesagt werden, dass die Tatsache, dass man zu einer Nation gehört und dies als ein Positivum empfindet, nicht mit dem Etikett „Nationalismus" versehen werden kann und soll.

Die folgenden Überlegungen gehen davon aus, dass für die Analyse der Beziehungen zwischen Europa und Nation der Terminus „Identität" im Sinn einer Gruppenidentität eindeutig besser passt und deshalb weiterhin benutzt wird. Es handelt sich hier um eine Spannung zwischen zwei Identitäten, die sich allerdings nicht ausschließen, sondern miteinander vereinbar sind. Die reiche Literatur zum Thema nationale vs. europäische Identität ist kaum überschaubar. In diesem Essay wird das Thema auf die Bedeutung der *historischen Dimension* eingegrenzt. Es soll geprüft werden, inwiefern die Untersuchung der Vergangenheit beider Entitäten und die Reflexion dieser Vergangenheit zum besseren Verständnis der heutigen nationalen und europäischen Identität und eventuell auch ihrer Zukunft beitragen könnte.

Von den beiden ist die nationale Identität viel älter und auch tiefer sozial verwurzelt als die europäische. Schon bei dieser banalen Feststellung ergibt sich die erste Frage: Welche Lehre kann aus der kausalen Untersuchung der in der Vergangenheit gelungenen Formierung nationaler Identitäten für die Ansätze zur europäischen Identität gezogen werden? In der modernen Geschichte jeder Nation findet sich eine Periode der Verbreitung nationaler Identitäten: eine Zeit also, in der man sich zielstrebig bemühte, die nationale Identität den breiten Schichten der Bevölkerung annehmbar zu machen und die Nation zum allgemein anerkannten Wert zu erheben. Dies gilt nicht nur für die nationalen Bewegungen, sondern auch für die alten, aus der Frühen Neuzeit stammenden Staatsnationen.

Diese neu angebotene und zugleich mit dem Terminus „Nation" neu definierte Identität war keineswegs eine reine Konstruktion beziehungsweise nur Wunschtraum der Intellektuellen, sondern hatte organische Wurzeln. Sie entstand unter den Umständen der Suche nach neuen Werten und Beziehungen unter den Bedingungen der Identitätskrise infolge des ansetzenden Zerfalls des Ancien Régime. Dabei wirkte sowohl die sich durchsetzende Idee der bürgerlichen Gleichheit mit als auch das aufgeklärte Ideal des Patriotismus mit seiner Verantwortung gegenüber dem Vaterland und die Vorstellung, dass man durch die Arbeit für die Nation nicht nur dieser Nation, sondern zugleich auch der Menschheit, der Humanität nutzt. Die Verpflichtung, der eigenen Nation zu dienen, bedeutete also, dass die nationale Identität von Anfang an eine erzieherische beziehungsweise ethische Sendung besaß, zugleich aber auch eine disziplinierende Wirkung ausübte.

Das war jedoch nur die subjektive Seite des Prozesses. Seine objektive (das heißt von den Wünschen der Menschen unabhängige) Seite bestand darin, dass es ethnische, administrative, historische, wirtschaftliche und manchmal sogar geographische Bedingungen gab, durch welche die nationale Gemeinschaft potenziell geprägt war und auf die sich die neue nationale Identität stützen konnte.

Im Fall der alten Staatsnationen wie Frankreich oder England war der staatliche Rahmen eine selbstverständliche Grundlage für die Vorstellung einer nationalen Gemeinschaft auf der Basis nationaler Identität gleichberechtigter Bürger. Im Fall der nationalen Bewegungen brauchte man für die Ausbreitung, beziehungsweise Aufnahme einer neuen Identität eine intensive nationale Agitation, denn die Nation in spe konnte nur dann zur realen sozialen Gruppierung werden, wenn diese Agitation erfolgreich war.

Diese ausführliche Schilderung war notwendig, um deutlich zu machen, dass der sich in der Gegenwart formierenden europäischen Identität viele dieser Vorbedingungen der nationalen Identität fehlen. Europa ist zwar geographisch ziemlich gut abgegrenzt und auch wirtschaftlich zusammengewachsen, aber seine Bevölkerung bildete in der Vergangenheit weder eine ethnische noch eine administrative Gemeinschaft. Der Hinweis auf das gemeinsame christliche Erbe findet in der säkularisierten Gesellschaft vorläufig nur ein schwaches Echo. Auch besitzt Europa bei weitem nicht jenen starken moralischen Imperativ, und auch der humanistische Impetus der europäischen Identität, sofern es ihn überhaupt gibt, wirkt unter ganz anderen Koordinaten, als das zur Zeit der aufkommenden nationalen Identität der Fall war. Die europäische Identität kennt demzufolge – im Unterschied zur nationalen – keine tiefen historischen Wurzeln und besitzt (vorläufig?) nur ein schwaches emotionales Potential.

Nationale Identität als Modell für die europäische?

Versuchen wir jetzt, einige jener Faktoren und Bedingungen, die für den Erfolg der nationalen Identität im 19. Jahrhundert entscheidend waren, eingehend mit der heutigen Lage der europäischen Identität zu vergleichen.

Erstens: Jede nationale Identität war von Anfang an durch die *Abgrenzung gegenüber den „anderen"* gekennzeichnet. Diese waren in meisten Regionen ziemlich einfach zu erkennen, und je mehr diese Abgrenzung durch vermeintliche oder tatsächliche Feindschaft und das Gefühl der Bedrohung potenziert wurde, desto stärker bildete sich die nationale Identität. Wer sind aber die für die Identität so wichtigen „anderen" für das heutige Europa? Bis zum Fall des Eisernen Vorhangs wirkten der Sowjetblock beziehungsweise die UdSSR ziemlich effektiv als eine Gefahr, durch welche die Einheit und Solidarität Europas (als „Abendland" verstanden) verstärkt wurde. Dies wirkt aber immer weniger fort oder gar nicht mehr. Die USA als den „anderen" wahrzunehmen, verstieße gegen die Prinzipien der politischen Korrektheit, und so bleibt nur die Welt des Islam. Die Parallele zum 19. Jahrhundert kann auch im wirtschaftlichen Bereich erkannt werden: Wenn der Hinweis auf gemeinsame wirtschaftliche Interessen für das Wohl der Nation (natürlich handelte es sich nur um einen kleinen Teil der Nation – die Unternehmer) als eine Begründung der nationalen Identität beziehungsweise Solidarität galt, werden ähnliche Argumente auch heute für den Zusammenhalt Europas benutzt.

Zweitens: Die sich vertiefende *soziale Kommunikation* gehörte zu den wichtigsten Faktoren erfolgreicher nationaler Agitation, das heißt der Verbreitung nationaler Identitäten. Zu ihren Bedingungen gehörte ein gewisses Niveau sowohl der Schulbildung als auch der Marktbeziehungen und allgemeiner gesehen der sozialen Mobilität. In dieser Hinsicht scheint die europäische Identität dank der Entfaltung der Massenmedien ideale Bedingungen zu haben. Es ist allerdings zu fragen, wie weit der Umfang der für die europäische Identität relevanten Informationen reicht, die durch diese Medien vermittelt werden. Und auch, inwiefern die Bevölkerung einzelner Länder für die Aufnahme dieser neuen Informationen vorbereitet ist.

Drittens: Die Formierung moderner Nationen war durch *soziale Emanzipation* der bisher untertänigen Bevölkerung ermöglicht. Sie entstand als ein Teil dieser Emanzipation von feudalen Bindungen und Privilegien, ein Teil des Prozesses auf dem Weg vom Untertan zum Bürger, von der Welt der Privilegien zur Welt der – in der Nation verwirklichten – bürgerlichen Gleichheit. Auch hier suchte man mit guten Gründen Argumente für die Nation als „Wert an sich". Nationale Identität war zugleich ein Ausdruck der sozialen Befreiung und der politischen Gleichberechtigung. Diese Prozesse sind im heutigen Europa bis auf kleine Ausnahmen nicht mehr aktuell, die Lösungen der sozialen beziehungsweise politischen Emanzipation leben daher weiterhin im öffentlichen Raum als verbale Instrumente der europäischen Agitation, deren Wirksamkeit in der Rolle einer Grundlage der europäischen Identität erst überprüft werden müsste.

Viertens: Die *ethnischen Wurzeln* der Nation sind manchmal in Frage gestellt worden, aber diese Skepsis gilt nur für einige wenige Fälle, eher Ausnahmen, während die Mehrzahl der europäischen Nationen ihre Identität neben anderem durch die Gemeinsamkeit der Sprache definiert. Auch heute legitimiert erst die Kenntnis der Nationalsprache die Mitgliedschaft zu einer Nation und oft sogar auch das Staatsbürgertum. Es ist für unsere Zusammenhänge nicht wichtig, dass die Bedeutung der Sprache zum Beispiel für die französische Identität anders begründet war als für die deutsche und wieder anders für die tschechische Identität. Immer deutlicher wurde die moderne Nation als eine Gemeinschaft verstanden (und praktiziert), deren Mitglieder untereinander dank der sprachlichen Homogenität besser kommunizieren als mit Mitgliedern anderer Gemeinschaften. Die Sprache und die damit verbundene Kultur ist sowohl in Frankreich als auch in Mittel- und später auch in Osteuropa zum emotional gefärbten Symbol der nationalen Identität geworden – und bis heute ist viel davon geblieben.

Fünftens: Ganz im Gegensatz dazu entwickelt sich die europäische Identität als eine Alternative zu nationalen Gemeinschaften, also an den ethnischen Bindungen vorbei, und sie hat keine Möglichkeit, das *emotionale Potential der Sprache* zu nutzen. Die transnationale Kommunikation im europäischen Raum ist durch Sprachenkenntnisse limitiert und wird bestenfalls durch die englische *lingua franca* vermittelt. Sie besitzt – im Unterschied zur jeweiligen Muttersprache – allerdings kein emotionales Potenzial und kann also nicht eine integrierende soziale Funktion erfüllen und als ein Bindeglied dienen. Die Losung einer „Einheit in Vielfalt" klingt zwar dem europhilen Ohr sehr sympathisch, beabsichtigt jedoch nicht, die Realität der sprachlich bestimmten Gemeinschaften und Kulturen abzuschaffen.

Sechstens: Die nationale Identität im Europa des 19. Jahrhunderts war immer eine *historische*. Das entsprach auch dem historizistischen Charakter der damaligen Gesellschaft. Die Mitglieder der Staatsnationen haben es als eine Selbstverständlichkeit betrachtet, dass sie eine ältere Geschichte besaßen, aber auch jede nationale Bewegung hat schon während der Phase der nationalen Agitation ihre nationale Geschichte konstruiert, um sich selbst als lebensfähig zu legitimieren. Europa besitzt zwar, analogisch wie die Nation, sehr viele Gemeinsamkeiten in seiner politischen und kulturellen Geschichte, aber es besteht der begründete Verdacht, dass diese Gemeinsamkeiten im Geschichtsbewusstsein seiner Völker kaum Resonanz finden. Auch das unterscheidet die europäische von der nationalen Situation, wo gemeinsame Herkunft und gemeinsame Geschichte, beziehungsweise die Vorstellung einer solchen, von Anfang an identitätsstiftend wirken.

Gemeinsames Geschichtsbild als Bedingung für die europäische Identität?

Damit komme ich zum zentralen Problem dieser Überlegungen: Welche Rolle spielt die Vergangenheit als eine der wichtigsten Grundlagen der gegenwärtigen Identitäten, sowohl der europäischen als auch die der einzelnen Nationen? Dabei wird die *Rolle der Geschichte* für die Formierung moderner Nationen als Ausgangspunkt untersucht. Man sollte zwei Perspektiven unterscheiden, obwohl sie miteinander verknüpft waren. Die Perspektive „von oben" beobachtet vor allem die Absichten und Resultate der patriotischen Bemühungen, ein nationales Geschichtsbild zu schaffen und zu anzubieten. Die Perspektive „von unten" fragt und untersucht, inwiefern die vorgelegten historischen Konzepte in das Geschichtsbewusstsein der Bevölkerung eindrangen um dort akzeptiert oder reflektiert wurden.

Zuerst also die Perspektive „von oben" – jene der Intellektuellen und insbesondere der Historiker. Warum war das Konstrukt der nationalen Geschichte so wichtig für jede sich etablierende Nation Europas? Die Nation war im 19. Jahrhundert, wie wir wissen, personalisiert. Die personalisierte Nation hatte nicht nur ihre territorialen Ausmaße, einen „Körper", sondern auch eine „Seele" beziehungsweise eine Idee, und zu dieser gehörte das Gedächtnis der vergangenen Zeiten der Nation – seien es glorreiche Episoden oder Perioden des gemeinsamen Leidens. Als Modell dienten wohl die Konstrukte der Nationalgeschichte der westeuropäischen Staatsnationen, für deren Mitglieder die Geschichte als Grundlage der nationalen Stereotype und als Quelle des nationalen Stolzes wirkte. Die alte Staatlichkeit oder wenigstens ein gemeinsames Schicksal, gemeinsame Herkunft, allgemein anerkannte Stereotype und Helden – das alles war als Argument für die Begründung der nationalen Existenz allgemein anerkannt.

Es ist sicher kein Zufall, dass an der Schwelle der Formierung moderner Nationen fast immer wenigstens eine großzügig angelegte Synthese der nationalen Geschichte entstand, die früher oder später zur Grundlage der nationalen „Meistererzählung" wurde. Dies gilt sowohl für die etablierten Staatsnationen wie auch für die Nationen ohne Staat. Durch den Beweis uralter gemeinsamer Vergangenheit sollte zugleich – im Sinn des damals allgemein akzeptierten Perennialismus – das frühere „Leben" der Nation und daher ihre Existenzberechtigung belegt werden. Zugleich sollten selbst die Mitglieder der modernen Nation verstehen, dass sie zu einer Gemeinschaft gehörten, welche quasi „ewig" ist und ihnen damit auch eine gewisse Teilnahme an der „Unsterblichkeit" anbietet. In heutigen Termini ausgedrückt, bedeutete dieses Geschichtsverständnis, dass eine gemeinsame Geschichte (oder eines Bewusstseins solcher Geschichte) den Grundstein, ja eine Conditio sine qua non nationaler Identität bildete.

Wirkt dieses Konzept integrierend auch für die europäische Identität? Obwohl heute die strikt perennialistische Auffassung meist abgelehnt wird, ist auch die europäische Identität ohne eine historische Dimension kaum denkbar. Manche Autoren betonen, dass es ohne gemeinsame Geschichte keine europäische Identität geben wird. Leider gibt es aber bisher keine solche gesamteuropäische Geschichte, das heißt keine überall und allgemein akzeptierte europäische „Meistererzählung". Die Frage, ob eine solche überhaupt konstruiert werden kann, beziehungsweise welche Wege zu einer wahrhaft europäischen Geschichte führen könnten, soll vorläufig offen bleiben.

Bisher bewegten sich unsere Überlegungen auf der Ebene der nationalen Eliten und ihrer Visionen und Absichten. Kein Konzept nationaler Geschichte (und natürlich auch kein Projekt nationaler Identität) konnte jedoch verwirklicht werden, sofern es keine gesellschaftliche Wirkung erreichte. In anderen Worten, erst durch die Perspektive „von unten" kann die

Wirkung der Geschichte als einer identitätsstiftenden Macht interpretiert werden. Aus der Geschichte des 19. Jahrhunderts wissen wir, dass das nationale Geschichtsbild im Geschichtsbewusstsein der Massen rasch verankert wurde – natürlich in popularisierter, vereinfachter, oft vielleicht auch verzerrter Form. Die Instrumente, die Formen dieser Popularisierung sind in den letzten Jahrzehnten intensiv untersucht worden: Schulerziehung, Belletristik, Periodika, historische Malerei, national aktualisierte Jubiläen, Festtage etc. Wir haben natürlich heute keine Möglichkeit, durch soziologische Umfragen die tatsächliche Wirkung dieser Instrumente zu beurteilen und sind auf eine indirekte Methode angewiesen: Durch die Kenntnis der formierenden Faktoren versucht man, die historischen Vorstellungen der damaligen Bevölkerung zu rekonstruieren.

Dabei wird oft vergessen, dass man dabei noch innerhalb dessen, was ich vorläufig ohne exakte Definition Geschichtsbewusstsein nenne, differenzieren muss. Zwar kamen einerseits die Informationen, Einschätzungen, Empfehlungen von der obrigkeitlichen Seite (Staat, Kirche, Schule), aber sie trafen keinesfalls auf eine Tabula rasa, sondern sie fanden nur dann aufmerksame Zuhörer, wenn die Adressaten imstande waren, diese Informationen zu verstehen, zu verarbeiten, einzuordnen. Auch die *invented tradition* konnte nur dann erfolgreich wirken, wenn sie imstande war, auf gewisse vergangenheitsbezogene Vorkenntnisse und Emotionen anzuknüpfen beziehungsweise diese zu aktualisieren. Diese historische Erfahrung sollte auch bei der Beurteilung der Spannung zwischen nationaler und europäischer Identität in der Gegenwart angewandt werden.

Erst nachdem die Perspektive von oben und von unten diskutiert wurden, kann der weitere Fragenkomplex erschlossen werden: Wie lebt die Vergangenheit in der Gedankenwelt der Gegenwart?

Erinnerungsorte oder Geschichtsbewusstsein?

Manche Erkenntnisse hat für die Beantwortung dieser Frage die jüngste Erforschung der *nationalen Erinnerungsorte* gebracht. In ihnen wird die überlebende Vergangenheit auf gewisse Knoten beziehungsweise Scheidewege konzentriert, die quasi stellvertretend für die breiteren sozialen Zusammenhänge und Prozesse stehen. Dadurch wird die „überlebende" Geschichte übersichtlicher, die Fragen können gezielt gestellt werden. Andererseits bleiben Zweifel, ob dieser sehr modisch gewordene Ansatz ein komplexes Bild aller Formen und Schichten der Vergangenheit im individuellen und kollektiven Gedächtnis erfasst. Ich vermute sogar, dass er es nicht erfassen kann – und vielleicht ist manchmal auch eine Absicht dabei. Obwohl sich nämlich die Bestimmung der Erinnerungsorte als deskriptiv deklariert, handelt es sich immer um eine mehr oder weniger subjektive, ja willkürliche Auswahl, die allzu oft auf eine normative beziehungsweise instrumentalisierte Konservierung des Geschichtsbilds zielt, insbesondere wenn man die gegenwärtigen Orte ins Auge fasst. Denn je mehr man die ausgewählten Erinnerungsorte „popularisiert", desto mehr wird – auch unter den gebildeten Zeitgenossen – die Vorstellung verbreitet, dass gerade diese und nicht andere Gestalten, Perioden, Umwandlungen der Geschichte relevant sind. Dadurch entsteht die Gefahr taxonomischer Erfassung jener Elemente aus der Vergangenheit, die zur Erinnerung gehören.

Zu Missverständnissen und Missdeutungen trägt auch der Umstand bei, dass die klare Unterscheidungslinie fehlt – zwischen dem, was die Erinnerungsorte für die Menschen in der Vergangenheit bedeuteten, welche Rolle sie spielten, und dem, was sie für die heutige Gesellschaft bedeuten. Allerdings, schon die Beschreibung der alten Erinnerungsorte bedeutet zugleich ihre Revitalisierung für die Gegenwart. Die Gefahren der Manipulierung sind dabei nicht zu übersehen. Jene Segmente der Vergangenheit, welche der Autor als Instrument einer politischen, kulturellen, religiösen Formierung seiner Gegenwart für richtig hält, werden als Orte der Erinnerung vorgestellt, und dadurch wird ihre Präsenz im kollektiven Geschichtsbewusstsein der Zeitgenossen verfestigt, während diejenigen Segmente, die dem ideologischen Konzept nicht entsprechen, in die Kategorie der Orte der Erinnerung nicht eingereiht und dadurch zur Vergessenheit verurteilt werden. Selbst die Tatsache, dass sich die Erforschung der Erinnerungsorte meistens im nationalen Raum und viel weniger im europäischen bewegt, ist symptomatisch.

Methodisch handelt es sich eigentlich um keine neue kulturelle beziehungsweise politische Aktualisierung: Die Menschen im Osten haben noch in guter Erinnerung jene Zeiten, wo man analogische selektive Orientierung in der Geschichte autoritär betrieb, natürlich in anderen Termini und unter anderer politischen Etikette. Es handelte sich um die Traditionen beziehungsweise fortschrittlichen Traditionen, die als tragende Säulen des Geschichtsbilds sakralisiert wurden. Der wesentliche Unterschied besteht natürlich darin, dass die heutigen Erinnerungsorte (noch) nicht staatlich vorgeschrieben sein können. Eine gewisse politisch bildende, erzieherische Absicht ist allerdings auch heute nicht übersehbar. Letzten Endes geschieht das meistens mit bester Absicht (Erziehung zur Toleranz, zu Bürgerpflichten, zum Europagedanken usw.), der nichts vorzuwerfen ist.

Es gibt eine allgemein angenommene Ansicht, dass die Vergangenheit nach jeder sozialen oder politischen Veränderung immer „neu geschrieben", das heißt neu begriffen und interpretiert wird, wozu auch die Revision der Erinnerungsorte gehört. Wenn wir aber die Rolle der Vergangenheit in unserer Zeit vielseitig und möglichst ausgeglichen untersuchen möchten, sollten wir unsere Begrifflichkeit ausweiten und auf den Monopolanspruch des Terminus „Erinnerungsort" verzichten.

Die Suche nach Erinnerungsorten ähnelt nämlich einer Suche nach Rosinen im Teig der uferlosen Masse der Informationen, Kenntnisse, Vorstellungen, die aus der Vergangenheit und über sie in den Köpfen der Zeitgenossen bewahrt sind – manchmal bewusst, öfter jedoch unbewusst. Diese spontan entstehende, unbewältigte und unstrukturierte Zusammenballung, die sich natürlich permanent verändert, bezeichne ich als *Geschichtsbewusstsein*. In der spezifischen Anhäufung der Informationen, Einschätzungen und ihrer Kombination besitzt jedes Individuum sein spezifisches Geschichtsbewusstsein, aber einige (oder viele?) dieser individuell vorhandenen Informationen und Schätzungen sind sich ähnlich, können als ein kollektives Gedächtnis konstruiert werden und bilden so einen spezifischen Teil des Geschichtsbewusstseins. Dieses wird manchmal artikuliert und verbalisiert, öfter aber bleibt es eine unreflektierte Grundlage für latente spätere Erinnerungen.

Das auf diese Weise charakterisierte Geschichtsbewusstsein polarisiert sich – metaphorisch gesagt – zwischen zwei ungleich frequentierten Extrempositionen, die gewissermaßen dem oben genannten Dualismus zwischen der Perspektive von oben und von unten entsprechen. Auf einer Seite befinden sich die kritisch überprüften Erkenntnisse der Wissenschaft, die allerdings – quantitativ gemessen – nur einen ganz geringen Anteil am Gesamtvolumen haben, auf der anderen Seite begegnen wir Mythen, die zwar konkrete Ereignisse und Personen vermitteln, aber weder zeitlich noch sachlich fest gebunden werden müssen. Zugleich enthalten sie oft positive oder negative Einschätzungen und Urteile in Stereotypen („groß", „gut", „böse") – vor allem in Bezug auf die Geschichte der eigenen Nation und ihrer unmittelbaren Nachbarschaft. Zwischen dem wissenschaftlichen und mythologischen Pol oszillieren die meisten Komponenten des Geschichtsbewusstseins.

Vielleicht sollte man sich die innere Gestaltung des Geschichtsbewusstseins eher als eine Pyramide vorstellen, mit der schmalen Spitze der kritischen Wissenschaft und der immer breiteren Basis der immer ungenaueren und vageren Kenntnisse und Vorstellungen. Die tagtägliche Praxis im Umgang mit „normalen" Mitbürgern und die soziologischen Umfragen deuten an, dass wir vielleicht noch eine Unteretage des Geschichtsbewusstseins, eine tiefer vergrabene Schicht in der gegenwärtigen Widerspiegelung der Vergangenheit, konstruieren beziehungsweise voraussetzen sollten. Sie könnte man als „Geschichtsunbewusstsein" oder Geschichtslosigkeit bezeichnen. Natürlich gibt es keine totale Geschichtslosigkeit im vollem Sinn des Wortes, denn jeder Mensch – wenigstens seit dem Ende des Mittelalters – weiß, dass es eine Vergangenheit gab, er hat das Gefühl des Vergangenen, ohne es jedoch wahrzunehmen oder verbalisieren. Vielleicht könnte man den Terminus „historisches Unterbewusstsein" benutzen? Damit wird die elementare Vorstellung gemeint, dass es alte Zeiten gab, also eine Vergangenheit, die aber keine konkrete chronologisch ausgedrückte Tiefe hat – und wenn sie Aufmerksamkeit erweckt, dann als eine in historische Kostüme gekleidete Fiktion. Natürlich werden immer und überall durch diese Schicht des Unbewussten gewisse sowohl sachlich richtige wie auch mythologische Elemente des Geschichtsbewusstseins konserviert.

Wege zur Konstruktion europäischer Erinnerungsorte

Welche Bedeutung hat diese komplizierte Unterscheidung für das hier behandelte Problem nationaler und europäischer Identität? Die Ebene des Unbewussten ist insbesondere relevant für die heutige postmoderne Situation der immer stärkeren Orientierung auf „permanente Gegenwart" und der sich vertiefenden Skepsis gegenüber den „Lehren" aus der Geschichte. Schon aus diesem Grund sollte man bei den Überlegungen zur Beziehung zwischen Geschichte und Identität sorgfältig die unterschiedlichen Ebenen des Geschichtsbewusstseins berücksichtigen.

Wenn man die Ansicht akzeptiert, dass die Wahrnehmung gemeinsamer Schicksale identitätsstiftend wirkt, dann sollten wir in Betracht ziehen, dass es keine feste Regel gibt, wie eine solche Wahrnehmung entsteht. Man kann nicht damit rechnen, dass eine wissenschaftlich korrekte und vielleicht auch spannend erzählte Geschichte – sei es der Nation oder Europas – automatisch die entsprechende Identität stärken oder gar initiieren wird. Denn um als interessant und überzeugend wahrgenommen zu werden, muss jede Geschichte auf gewisse Koordinaten in der Gedankenwelt der Bürger rekurrieren. Je stärker dieses Bewusstsein sich in dem Underground des „Geschichtslosen" bewegt, desto schwieriger wird die Rolle des Historikers und seiner manchmal komplizierten, nuancierten Sicht. Und desto leichter dann die Rolle eines Erzählers der Fiktion, die sich an den attraktiven emotionalen und nebulösen Vorurteilen und Stereotypen orientiert. Aber auch ein Mythenerzähler kann mit keinem Erfolg dort rechnen, wo seine Erzählung auf keine Vorkenntnisse – auch wenn sie sehr mythologisch gefärbt wären – anzuknüpfen vermag. An dieser Stelle, in dieser Situation bekommt die Erforschung der Erinnerungsorte eine bedeutende Funktion: Sie testet das Gelände des „Geschichtslosen", um festzustellen, wo es noch gewisse Relikte des Geschichtsbewusstseins gibt, an die man anknüpfen könnte.

Unter dieser Perspektive soll jetzt die Rolle der Geschichte (beziehungsweise des Geschichtsbewusstseins) bei der Formierung beziehungsweise Intensivierung nationaler und europäischer Identität hinterfragt werden. Es ist kein Zufall, dass die gegenwärtige Konjunktur der Erinnerungsorte überwiegend auf die nationale Geschichte orientiert ist. Kann man das als ein Zeichen verstehen, dass die Geschichtswissenschaft auch heute den Dienst an der nationalen Identität über jenen an der europäischen stellt? Die Erzählungen nationaler Geschichte können natürlich viel leichter verstanden und eventuell auch akzeptiert werden, weil das Geschichtsbewusstsein des Einzelnen fast völlig auf die eigene Nationalgeschichte fixiert ist. Gilt dies auch für die Sphäre des Unbewussten?

Hier sollte man auf den Unterschied zwischen dem Historismus, der das Bewusstsein des 19. Jahrhunderts prägte, und dem heute immer stärkeren Zerfall der Vergangenheit, beziehungsweise Verfall deren Wahrnehmung abheben. Die nationale Identität, die quasi organisch mit dem Historismus verbunden war, ist vielleicht geschwächt, überlebt jedoch bis zum heutigen Tag als die zentrale Identität der allermeisten Europäer. Dies trifft sowohl für die historisch Gebildeten, deren Geschichtsbewusstsein sich dem wissenschaftlichen Pol nähert, als auch – und wahrscheinlich sogar viel mehr – für diejenigen zu, deren Beziehung zur Vergangenheit sich unter der Schwelle der Bewussten bewegt und die sich in ihrer Geschichtslosigkeit mit ziemlich einfachen nationalen Deutungen der Vergangenheit begnügen und durch sie national, ja unter Umständen auch nationalistisch mobilisierbar sind.

Die europäische Identität kann im Unterschied zur nationalen auf eine Kontinuität mit dem 19. Jahrhundert kaum verweisen. Damals war sie eine marginale, eher durch geographische als durch kulturelle oder politische Koordinaten bestimmte Identität. Daten aus der europäischen Geschichte waren nur in der Nähe des wissenschaftlichen Pols im Geschichtsbewusstsein vertreten – also sozial auf das Bewusstsein der Eliten begrenzt. Es gab nur ganz wenige Erinnerungsorte, die als „europäisch" bezeichnet werden konnten, die jedoch meistens nicht im europäischen, sondern im nationalen Kontext erinnert waren: das Erbe des antiken Rom, die Kreuzzüge, die Entdeckung Amerikas, die Aufklärung, Napoleon, die Konstitutionalisierung. Auch hier also meistens (vielleicht mit Ausnahme der Entdeckungsreisen) Themen und Ereignisse, die nur unter den Gebildeten als europäische thematisiert werden.

Obwohl wir keine systematische Untersuchung durchführen können, ist mit höchster Wahrscheinlichkeit anzunehmen, dass Informationen zur europäischen, besser: zur nicht-nationalen Geschichte, selbst am mythologischen Pol des Geschichtsbewusstseins so gut wie völlig fehlten. Als im 20. Jahrhundert Versuche einer Europäisierung des Geschichtsbewusstseins starteten, konnten sie auf keine Vorkenntnisse der breiten Schichten der Bevölkerung in den meisten europäischen Regionen – und vor allem in den alten Staatsnationen – anknüpfen. Die europäische Identität hatte keine Chance, sich auf ein gesamteuropäisch orientiertes Geschichtsbewusstsein zu stützen. Und mehr noch: Jedes Geschichtsbild setzte eine territoriale Perspektive voraus. Während die nationalen Geschichten sich an einer *mental map* des eigenen Territoriums stützten, ist eine europäische *mental map* kaum vorhanden. Bestenfalls ist es eine in Großregionen (Ost, West, Mittel, Nord etc.) zerstückelte Vorstellung des europäischen Territoriums. Die klare geographische Vorstellung des Abendlandes ist hier wohl die einzige Ausnahme.

Stellen wir uns jedoch vor, wir wollten im Interesse der Vertiefung und Verinnerlichung der europäischen Identität auch ein *europäisches Geschichtsbewusstsein* aufbauen. Es wäre zu überlegen, worauf sich unter den heutigen Bedingungen das Bewusstsein gemeinsamer Geschichte, die europäische Identität, stützen sollte – mit anderen Worten: Wo sollten die europäischen Erinnerungsorte lokalisiert werden?

Wenn man davon ausgeht, dass ohne gewisse Grundkenntnisse kein europäisches Geschichtsbewusstsein entstehen kann, dann stellt sich die Frage, welche Möglichkeiten für die Implementierung der Kenntnisse europäischer Geschichte zur Verfügung stehen. Und da begegnen wir schon der ersten Schwierigkeit: Europa besteht aus einzelnen Nationen und deshalb sollte – sofern wir uns nicht auf die Geschichte der internationalen Beziehungen begrenzen wollen – eine Datenbasis europäischer Geschichte historische Ereignisse aller europäischer Staaten umfassen.

Das Faktensammeln zu jeder einzelnen Nationalgeschichte wird natürlich wiederholt Angaben gleicher Kategorie erbringen, und kein Einzelner kann ein solches Volumen der Informationen bewältigen. Es muss also strukturiert und selektiert werden.

Die Lage des Geschichtsbewusstseins ist dabei nicht überall gleich, denn die traditionelle Abschottung des Westens gegenüber dem Osten führte dazu, dass dort die Kenntnisse des „Ostens" (manchmal inklusive Deutschland) und der Geschichte der dort lebenden Nationen sehr begrenzt sind. Andererseits sind im sogenannten Osten die Kenntnisse der (west)europäischen Geschichte durchschnittlich wesentlich umfangreicher, weil die europäische Geschichte traditionell schon im Gymnasium gepflegt wurde und auch heute noch wird. Mit einer gewissen Übertreibung könnte man behaupten, dass die europäische Geschichte im „Unterbewusstsein" der heutigen „Osteuropäer" stärker präsent ist als im Westen und dass deswegen die historischen Bedingungen für die Aneignung einer europäischen Identität in Mittel- und Osteuropa günstiger sind. Dies ist jedoch eine vage Vermutung gleich aus zwei Gründen: Einerseits war Europa im Geschichtsbild des Osteuropäers als ein Gegenspieler gegen die eigene Nationalgeschichte vertreten. Natürlich hängt dies damit zusammen, dass für die Länder Westeuropas das Gebiet östlich des Rheins bis in das 18. Jahrhundert hinein nur von marginaler Bedeutung gewesen ist und infolgedessen auch im Geschichtsbewusstsein nur wenige Bezugspunkte zum Westen vorhanden sind, insbesondere wenn man sich auf die politische Geschichte begrenzt.

Andererseits ist für die Westeuropäer das Europabild und dementsprechend auch die europäische Identität durch das traditionelle Konzept des Abendlandes geprägt, dem im Osten – abgesehen von der Mitteleuropa-Ideologie – nichts entspricht. Für eine abendländisch-europäische Identität der Gebildeten liefert das Geschichtsbewusstsein in den zum Abendland gezählten Ländern vielleicht eine ausreichende Grundlage. Die historische Basis der europäischen Identität wie auch diese selbst ist also entlang der West-Ost-Achse stark unausgeglichen und wird wohl so auch noch eine lange Zeit bleiben.

Nichtsdestoweniger lohnt es sich, ein idealtypisches Konstrukt einer europäischen Geschichte zu skizzieren, die als ein wirksames Instrument einer ausgeglichenen europäischen Identität von Nutzen sein könnte. Nach welchen Kriterien sollte die Faktenauswahl für ein solches Konstrukt vorgenommen werden?

Utopisches Projekt eines europäischen Geschichtsbuches

Zwei Prinzipien dürfen wohl am Anfang der Überlegungen zum *europäischen Geschichtsbuch* stehen. Die Auswahl der Kriterien sollte erstens jene banale psychologische Beobachtung in Betracht ziehen, dass man sich nämlich mit einer so breiten und abstrakten Gemeinschaft, wie es Europa ist, nur dann identifizieren kann, wenn man in ihrer Geschichte ein deutlich erkennbares Stück von sich selbst findet. Das bedeutet, dass sich die Faktenauswahl weder nach dem Prinzip der Machtverhältnisse (Geschichte Europas als ein Konzert der Großmächte) noch nach dem Prinzip des Fortschrittsträgers (Geschichte Europas als Geschichte der am höchsten entwickelten, „zivilisierten" Nationen) richten kann. Die Lösung darf jedoch keinesfalls auf ein mechanisches Aneinanderreihen der einzelnen Nationalgeschichten hinauslaufen

Zweitens muss man bei der Datenauswahl die oben skizzierte Pyramide der inneren Schichtung des Geschichtsbewusstseins berücksichtigen und fragen, ob die Zusammenhänge und Prozesse, die der Historiker für wichtig hält, in den Augen der nicht spezialisierten Bürger als verständlich, interessant, relevant erscheinen werden. Diese Akzeptanzbereitschaft hängt wieder davon ab, inwiefern das neu konstruierte europäische Geschichtsbild als kompatibel mit dem jeweiligen nationalen Geschichtsbild wahrgenommen wird. Konkret heißt das, dass die im nationalen Geschichtsbewusstsein bestehenden Werte und Stereotypen nicht verletzt werden sollten.

Es sollte nicht schwer fallen, diese beiden Grundsätze zu respektieren. Schwieriger ist es zu bestimmen, welche konkreten historischen Prozesse und Ereignisse unter dieser Prämisse zielführend ausgewählt werden sollen. Es gibt nämlich mehrere Alternativen, von denen einige schon getestet wurden.

Die Variante der europäischen Geschichte als einer Geschichte der internationalen Beziehungen ist schon öfter bearbeitet worden, wobei vor allem der erste der genannten Grundsätze – die Vertretung aller Nationen – fast immer unbeachtet blieb –, und das war wohl auch nicht anders möglich. Denn die meisten der heutigen Nationen waren bestenfalls Objekte, nicht aber Subjekte der internationalen Politik. Die einzige, wenigstens indirekte Einwirkung auf die europäische Identität besteht in der Warnung: Das Europa der ewigen blutigen Kriege muss überwunden werden. Als Gegensatz dazu werden der Friedensgedanke und die Toleranz als eine positive europäische Tradition hervorgehoben.

Solche didaktische Orientierung an europäischen Werten und ihrer Präsenz in einzelnen Regionen Europas ist durchaus legitim, vorausgesetzt es gelingt, einen Konsens darüber zu finden, was zu diesen Werten gehört. Bei dieser Suche liegt nämlich die Gefahr des unhistorischen Moralisierens: Die Gegenwartswerte würden dann in die Vergangenheit projiziert und als Richtlinien bei der Be- und Verurteilung historischer Handlungen angewandt. Dieser Gefahr könnte man vielleicht dadurch entgegenwirken, dass man nicht die abstrakten Werte, sondern die Traditionen (christliche, römische, reformatorische, tolerante etc.) und ihre Ausbreitung und Transformierung in unterschiedlichen Regionen Europas als zentrales Thema wählt.

Man findet auch Geschichten Europas, die konzipiert wurden als eine Parallele zur konstruktivistischen Auffassung der Nation als eines Produkts des nationalen Idee, des Nationalismus. Analog der Nationalgeschichte als einer Geschichte der nationalen Idee wurden interessante und materialreiche Versuche unternommen, die Geschichte Europas als eine Geschichte der europäischen Idee zu schildern. Der Mythos „Europa" soll als Träger der Identität wirken. Um zu einer wirksamen Basis der europäischen Identität zu werden, dürfte jedoch diese Spielart der Europageschichten nicht auf den westlichen Teil Europas beschränkt werden, sondern konsequent die Entfaltung der europäischen Idee in allen Ländern Europas berücksichtigen. Nur dann könnte nämlich eine gewisse Verknüpfung des gesamteuropäischen Horizonts mit der nationalen Identität erreicht werden.

Abschließend sei noch auf eine andere Variante der europäischen Geschichte in Vorschlag gebracht, die durch ihre Koppelung mit den Nationalgeschichten einen Rückhalt der europäischen Identität anbieten könnte.

Dieses Konzept geht davon aus, dass unter die identitätsstiftenden Daten der europäischen Geschichte vor allem solche Faktoren, Elemente, Prozesse gezählt werden sollen, die für unseren Kontinent spezifisch sind, die also außerhalb Europas eine differente Rolle spielten oder kaum zu finden sind. Als Beispiele nenne ich das Erbe des römischen Rechts, die städtische Selbstverwaltung, Renaissance und Humanismus, ständische Vertretungen, die Revolution, kapitalistische Unternehmerformen, Industrialisierung, Menschenrechte, Konstitutionalismus. Die Bearbeitung sollte dann nicht nur diese Prozesse „an sich" darstellen, sondern vor allem ihrer Akzeptanz in den einzelnen nationalen Gemeinschaften nachgehen. Dadurch könnte das interessierte Mitglied jeder europäischen Nation nicht nur die grundlegenden, konstitutiven Prozesse europäischer Geschichte kennen lernen, sondern auch den Weg zur Europäisierung seiner Nation verfolgen und die historischen Analogien mit Europa den eigenen nationalen Besonderheiten gegenüberstellen. In einem solchen Vorgang wären historischer Vergleich und Kulturtransfer zu einem effektiven Instrument historischer Erkenntnis miteinander verbunden. Obgleich diese Vision einfach klingt, wäre ihre Realisierung außerordentlich schwierig, da sie eine breite und sensible Auswahl von Daten aus der Geschichte aller europäischen Nationen voraussetzt – dies wäre nur durch engagierte Teamarbeit zu erreichen.

Eine vielleicht realistische Variante dieser Vision wäre ihre Begrenzung auf die historische Untersuchung der sich vertiefenden und intensivierenden wirtschaftlichen Verflechtung europäischer Märkte und Länder, angefangen mit dem mittelalterlichen Fernhandel und der Kolonisation über die Formierung des regelmäßigen Warenaustauschs in der frühen Neuzeit bis zur Ausbildung des europäischen und Weltmarkts. Es bleibt allerdings zu fragen, wie stark eine solche Geschichte identitätsstiftend wirken könnte.

Zugehörigkeitsbewusstsein durch Imagination?

Als Ausgangspunkt der Zusammenfassung sollten wir die Beziehung der nationalen und der europäischen Identität durch zwei weitere Koordinaten beleuchten. Das ist zunächst das Bewusstsein der Zugehörigkeit (engl. *belonging*). Verglichen mit der nationalen Identität drückt die Zugehörigkeit eine schwächere Variante der Einbindung des Einzelnen in die Gemeinschaft aus, weil sie weder mit emotionaler Belastung noch mit dem Imperativ des Dienstes beziehungsweise noch mit der Illusion der Ewigen Nation verbunden ist. Vielleicht könnte man drei Stufen der Intensität in den Beziehungen zwischen dem Individuum und der Großgruppe „Nation" konstruieren: die einfache „wertneutrale" Zugehörigkeit als erste Stufe, dann die emotional gefärbte Identifizierung mit der Nation und schließlich der Nationalismus als eine auf sich selbst bezogene, unkritische Liebe zur eigenen Nation, verbunden mit ihrer Überbewertung und eventuell auch mit aggressivem Verhalten gegenüber anderen Nationen. Die Übergänge zwischen den einzelnen Stufen sind fließend.

Diese Konstruktion ist nicht so eindeutig im Fall der europäischen Identität, die in mancher Hinsicht eher als eine bloße Zugehörigkeit scheint. Ob dies ein Dauerzustand ist oder ein Übergangsstadium auf dem Weg zur emotional belasteten und an Pflichten orientierten europäischen Identität, soll offen gelassen werden. Jedenfalls kann es für die nächste Zukunft als unwahrscheinlich gelten, dass eine auf Europa bezogene Variante des Nationalismus entstehen wird.

Die zweite Koordinate ist Benedikt Andersons Konzept der *imagined community*, also einer Gemeinschaft, deren Mitglieder fähig sind, sich vorzustellen, dass es diese Gemeinschaft gibt, obwohl sie sich untereinander nicht kennen und nie begegnen. Während dies für die moderne Nation annehmbar ist, ist zu fragen, ob dies auch für Europa gilt. Sich Europa vorzustellen, scheint in unserer Zeit der obligatorischen Schulpflicht und der Medienherrschaft nicht schwer zu sein. Dies ist aber nicht ganz korrekt, weil im Schulbild Europas die einzelnen Nationalstaaten die Grundsteine bilden. Effektiv für die Kenntnis Europas ist jedoch die Reisewut der Europäer. Abgesehen von reinen Strandpilgern ist für die reisenden Individuen Europa vor allem eine Anhäufung von Museumsbesuchen (auch die alten Paläste und alte Straßen sind eine Art Museum). Der Konsum der europäischen Kulturwerte benötigt vor der Folie der modernen Kommunikationsmittel nicht einmal mehr das Reisen, sondern vollzieht sich in der virtuellen Welt der Digitalisierung.

Es besteht kein Zweifel, dass sich auf der theoretischen Ebene die nationale und europäische Identität gegenseitig ergänzen und manchmal sogar bereichern könnten. Auf der praktischen Ebene jedoch kann eine gewisse Spannung zwischen ihnen dort in Konflikte einmünden, wo die nationale Identität in ihre höhere Stufe gelangen würde, die ich als Nationalismus bezeichnet habe. Denn der aggressive und egoistische Nationalismus ist mit der europäischen Identität nicht kompatibel.

Bei aller Anerkennung der Kompatibilität beider Identitäten handelt es sich nicht um Konstrukte gleicher Art, und deswegen sollten abschließend die Unterschiede ihrer Dimensionen charakterisiert werden. Was den beiden gemeinsam ist, ist ihre kulturelle Dimension – also eine aus gemeinsamen Wurzeln und in starker wechselseitiger Wirkung wachsendes Erbe. Im Unterschied zur nationalen kann jedoch die europäische kulturelle Dimension nicht auf der sprachlichen Gemeinsamkeit bauen. Daher sind die primordialistischen Bindungen bei der nationalen Identität wesentlich stärker als bei der europäischen. Die Betonung der gemeinsamen Geschichte bleibt im europäischen Fall immer noch auf der Ebene der verbalen Postulate und unverwirklichten Träume und wartet – vielleicht vergeblich – auf eine Realisierung. Dem nationalen kollektiven Gedächtnis entspricht vorläufig kein europäisches, oder besser gesagt: Das europäische Gedächtnis ist zeitlich sehr kurz und umfasst nur die Nachkriegszeit, wird also auf den Ausbau der Europäischen Union reduziert. Die territoriale Dimension beider Identitäten steht sich andererseits ziemlich nahe, wenigstens unter den Gebildeten Europas. Die psychologische Dimension der europäischen Identität – im Sinn der emotionalen Bindungen und gegenseitiger Solidaritätsbereitschaft – lebt, ebenso wie die Vorstellung gemeinsamer Geschichte, immer noch eher verbal, weniger als Realität. Es bleibt also die gemeinsame Wirtschaft und die politische Dimension der Identität, deren Bedeutung für die europäische Identität viel stärker ist als für die nationale.

Die Dimensionen der europäischen Identität sind also bei weitem nicht so vielfältig und nicht so wirksam wie jene der nationalen. Daher sind die beiden Identitäten zwar kompatibel, sie schließen sich also nicht aus, aber die eine kann durch die andere nicht ersetzt werden. Schon aus diesem Grund ist jede Befürchtung, dass sich die Nationen in einer einheitlichen „Nation Europa" auflösen könnten, irreal und klingt eher wie ein demagogisches Argument der Gegner jeder Intensivierung der europäischen Identität beziehungsweise Integration.

Literaturhinweise

Aleida Assmann, Der lange Schatten der Vergangenheit. Erinnerungsorte und Geschichtspolitik. München 2006.

Hugo Dyserinck/Karl Ulrich Syndram (Hrsg.), Europa und das nationale Selbstverständnis. Bonn 1988.

Paul Dukes, Paths to a New Europe. From Premodern to Postmodern Times. Basingstoke u. a. 2004.

Csaba Lévai (Hrsg.), Europe and the World in European Historiography. Pisa 2006.

Winfried Eberhardt Lübke/Christian Lübke (Hrsg.), Die Vielfalt Europas. Identitäten und Räume. Leipzig 2009.

Mikael Malmborg/Bo Strath (Hrsg.), The Meaning of Europe. Variety and Contention within and among Nations. Oxford 2002.

Gérard Namer, Halbwachs et la mémoire sociale. Paris 2000.

Hannes Siegrist/Rolf Petri (Hrsg.), Probleme und Perspektiven der Europa-Historiographie, in: Comparativ 14, H. 3 (2004).

Bo STRATH (Hrsg.), Europe and the Other and Europe as the Other. Brüssel 2000.

Rudolf VON THADDEN/Steffen KAUDELKA/Thomas SERRIER (Hrsg.), Europa der Zugehörig-keiten. Göttingen 2007.

Alexander Demandt
Das Erbe der Antike

Fragt man „Was verdankt Europa der Antike?", so lautet die kürzeste und treffendste Antwort: „sich selbst". Die Kultur- und Geistesgeschichte des mittelalterlichen und neuzeitlichen Europa fußt auf antiker Tradition: auf griechischer Rationalität, römischer Staatskunst und jüdisch-christlichem Glauben. Die antiken Wurzeln sind in den europäischen Grundsatzdokumenten vielfach betont worden, daher sollte es lohnen, sie näher zu betrachten. Denn Europa verdankt sich selbst der Antike, und zwar in mehrfacher Hinsicht.

Begriff „Europa"

Zunächst einmal verdankt Europa seinen Namen der Antike, genauer: der griechischen Antike. Und das in doppeltem Sinn, denn das Wort „Europa" hat einerseits eine mythologische, andererseits eine geographische Bedeutung. Diese beiden Bedeutungen haben ursprünglich nichts miteinander zu tun.

Den mythologischen Ursprung des Wortes erzählt die Europa-Metamorphose Ovids (II, 864ff.). Zeus verwandelt sich in einen weißen Jungstier – als Stier erscheint ja der orientalische Baal –, besucht die blumenpflückende Tochter des phönizischen Königs Agenor aus Sidon, trägt sie durchs Meer nach Kreta und naht sich ihr in menschlicher Gestalt. Den Ort, wo das Beilager stattfand, hat man zur Zeit des Plinius bei Gortyn gezeigt: eine Quelle, bei der eine angeblich immergrüne Platane von ausnehmender Schönheit stand. Europa gebiert dem Zeus drei Söhne, die späteren Totenrichter Minos, Rhadamanthys und Sarpedon. Dieser Mythos lässt sich zurückverfolgen bis ins frühe 5. Jahrhundert v. Chr. Dass man die Prinzessin Europa in Kreta für eine historische Figur hielt, erweist der spätere Brauch, ihre Gebeine bei einer bestimmten Prozession mitzuführen. Bemerkenswert ist zudem die Tatsache, dass „Europa" schon seit Hesiod im 7. Jahrhundert auch als Name oder Beiname von Meeresgöttinnen erscheint.

Als geographischer Begriff findet sich das Wort „Europa" zuerst in dem Homer zugeschriebenen „Apollonhymnos" (III, 251; 291) gleichfalls aus dem 7. Jahrhundert v. Chr. Gemeint ist damit nicht der ganze Erdteil, sondern lediglich Mittelgriechenland im Unterschied zur Peloponnes und zu den Inseln. Bei Herodot (VI, 43; VII, 8) bezeichnet „Europa" Thrakien, denn die Perser ziehen bei ihm „durch Europa nach Hellas". Der Landschaftsname „Europa" war im engeren Sinn mit Nordgriechenland verbunden und hat sich erst danach auf den ganzen Kontinent ausgeweitet. Ähnlich haben sich auch die Namen für Asien (ausgehend von Kleinasien) und Afrika (ausgehend von Karthago) entwickelt. Die Gegenüberstellung von Europa und Asien begegnet uns zuerst um 500 v. Chr. bei Hekataios von Milet. Antike Autoren nennen Europa das „Land der Finsternis", im Gegensatz zu Asien, dem Land des Sonnenaufgangs; dasselbe meinen die Namen Okzident und Orient.

Wenn das Wort „Europa" mit semitisch *ereb* für „abendlich, dunkel" zusammenhängt, wäre eine Verbindung mit der semitischen Prinzessin Europa denkbar, aber wie bleibt offen. Horaz (Carmina III, 27) hielt die Stierbraut jedenfalls für die Namenspatronin des Erdteils. Möglicherweise führt der Name „Europa" über Griechenland nach Asien zurück.

Begriff „Kultur"

Wenn wir uns mit der Bedeutung der Antike für Europa befassen, dann geht es nicht um ein geographisches, sondern um ein historisches Problem. Dann trennen wir nicht räumlich zwischen Asien und Europa, sondern zeitlich zwischen der griechisch-römischen Antike und der mittelalterlich-neuzeitlichen Kultur. Und auch von ihr lässt sich behaupten, dass sie sich ganz wesentlich der Antike verdankt. Das beginnt ja schon mit dem Wort „Kultur". Lateinisch *cultura* kommt von *colere*, anbauen, pflegen. *Colonus* ist der Siedler, *agricola* der Landwirt. Der Begriff *cultura* steht im Gegensatz zum Begriff *natura* und beruht auf der Überzeugung, dass die Natur durch den Menschen verbessert werden könne, verbessert werden müsse, um eine menschenwürdige, lebenswerte Umwelt abzugeben. Dies gilt vorab für die Arbeit des Bauern, der Tiere zähmt und Pflanzen züchtet und den Boden veredelt. Nicht minder gilt es für die Natur des Menschen, die nicht genommen werden kann, wie sie nun einmal ist, sondern von ihren wilden Trieben befreit und zu ihren höheren Fähigkeiten herangebildet werden muss. Cicero spricht in seinen „Tusculanen" (I, 13) von *cultura animi*, die durch *doctrina* geleistet wird. Der Mensch bedarf der Belehrung wie der Acker der Saat, damit sein Geist und seine Arbeit Früchte bringen. *Cultura animi* ist mithin ein Vorgang und eine Aufgabe, deren Ziel die *humanitas* ist, ein Begriff, den wir ebenfalls Cicero verdanken. Das griechische Äquivalent für *humanitas* ist *philanthropia*, Menschenliebe, für *cultura* ist es *paideusis*, abgeleitet von *pais* (Kind). Dies verweist darauf, dass der Mensch seine Fähigkeiten und sein Sozialverhalten in einem Erziehungsprozess entwickelt.

Betrachten wir den Kulturbegriff im erweiterten, umfassenden Sinn für alles, was Menschen gestalten, so gibt es gleichsam einen Erziehungsprozess der Völkergeschichte. Er beginnt mit den Errungenschaften der vorderasiatischen Hochkulturen im Umfeld von Babylon und Memphis, greift über auf die Griechen, gelangt zu den Römern und von diesen über die Alpen, über den Rhein, über die Donau. Kulturgeschichte ist ein Lernprozess. Es gibt Erzieher und Erzogene, Lehrer und Schüler. So wie Athen die Schule von Hellas war, so war die Antike die Schule Europas.

Entlehnungen

Die Kulturvermittlung von der Antike nach Europa hat sich auf zwei Wegen vollzogen. Der erste Weg ist die direkte Übernahme antiken Kulturguts durch Kontakte mit den Römern und die kontinuierliche Weitergabe dieser Güter. Der zweite Weg ist der wiederholte bewusste Rückgriff auf antikes Kultur- und Geistesgut in einer Folge von Renaissancen und humanistischen Bewegungen über große Zeiträume hinweg, mithin ein diskontinuierlicher Vorgang. Die Kulturübernahme aus dem Süden beginnt in urgeschichtlicher Zeit und intensivierte sich in der Periode des direkten Kontaktes der Römer mit den Germanen.

Die Herkunft von circa 600 deutschen Lehnwörtern aus dem Lateinischen, zahlreiche Bodenfunde und literarische Nachrichten verraten die Bereiche, in denen die Germanen von den Römern als den Schülern der Griechen gelernt haben, gewissermaßen die Schulfächer. An erster Stelle ist hier die Technik zu nennen. Das Wort selbst ist griechisch und bedeutet „Kunst" im weitesten Sinn. Interessant für die Germanen war insbesondere die Kriegs- und Waffentechnik, denn als begehrte Söldner – der bekannteste ist Arminius – waren die Germanen so gelehrig, dass die Römer ihnen in der Spätantike nicht mehr gewachsen waren. Neben der verbesserten Metallverarbeitung übernahmen die Germanen den ihnen zuvor fremden Steinbau – die Hünengräber sind vorgermanisch –, denken wir nur an die Lehnwörter Ziegel (*tegula*), Kalk (*calx*), Mörtel (*mortarium*), Söller (*solarium*), Mauer (*murus*), Zement (*caementum*), Keller (*cellarium*), Turm (*turris*), Pforte (*porta*), Fenster (*fenestra*) und Kanal (*canalis*). Als man im 19. Jahrhundert die Stadt Trier kanalisierte, ergaben die Erdarbeiten, dass die Stadt 1500 Jahre zuvor bereits einmal kanalisiert gewesen war.

Nachdem die Germanen Jahrhunderte lang in Dörfern aus Holzhäusern gelebt hatten und zur Verwunderung der antiken Autoren das Leben in Städten verschmähten, änderte sich dies langsam im Frühmittelalter. Die römischen Städte waren zwar sehr geschrumpft, aber nicht völlig verlassen, weil dort die Kirchen standen. So wurden die Gründungen der Caesaren die Basis der europäischen Stadtkultur. Zuvor hatten die Griechen auch außerhalb von Hellas an der europäischen Mittelmeerküste zahlreiche Städte gegründet, so Marseille und Nizza, Neapel und Tarent, Messina und Syrakus.

Römischen Ursprungs sind neben dem Steinbau zahlreiche Elemente der Landwirtschaft. Sie sind in unserem Wortschatz vertreten mit einer Vielzahl von Obst- und Gemüsenamen, beginnend mit Pflanze (*planta*) und Frucht (*fructus*) zu Kohl (*caulis*), Rettich (*radix*), Kirsche (*cerasus*), Birne (*pirum*) Pflaume (*prunum*), Pfirsich (*persica*), Spargel (*asparagus*), Zwiebel (*cepa*) etc. Auch einzelne Verben wurden übernommen: pflücken (*piluccare*), pfropfen (*propagare*) und impfen (*imputare*). Römischen Ursprungs ist die Königin der Blumen, die Rose (*rosa*), aber auch die Lilie (*lilia*) und das Veilchen (*viola*). Nahezu komplett aus dem Lateinischen stammt das Winzervokabular vom Wein selbst (*vinum*) über Winzer (*vinitor*), Most (*mustum*), Kelch (*calix*), Kelter (*calcatura*), Presse (*pressa*) bis zu Pech (*pix*) und Essig (*acetum*). Die Germanen tranken zuvor nur das von den Römern verabscheute Bier.

Ein großer Teil des Hausgeräts, das in den Volkskunde-Museen solch urdeutsche Aura ausstrahlt, verrät durch seine Bezeichnung seinen südlichen Ursprung: Kiste (*cista*), Kessel (*catillus*), Pfanne (*panna*), Schüssel (*scutella*), Becher (*bicarium*), Tisch (*discus*), Sack (*saccus*), Büchse (*pyxis*), Korb (*corbis*), Tafel (*tabula*), Küche (*coquina*) und Spiegel (*speculum*). Römischer Herkunft ist zudem die älteste Maschine, die wassergetriebene Mühle (*mola*). Früheste Beispiele bieten Klostermühlen in Burgund.

Römisch geprägt sind weiterhin Handel und Verkehr: Straße (*strata*), Meile (*milia*), Markt (*mercatus*), kaufen (*caupo*), Pfund (*pondo*), Unze (*uncia*), Speicher (*spica*), Barke (*barca*), Anker (*ancyra*), Kette (*catena*), Pferd (*paraveredus*), Esel (*asinus*) und Maultier (*mulus*). Römisch ist das Postwesen mit Brief (*breve*), Siegel (*sigillum*), Station (*statio*) und Post (*postis*). Epochale Bedeutung hatte die Übernahme des Geldwesens, nachdem schon Tacitus (Germania 5) berichtet, dass die Germanen römische Silbermünzen akzeptierten. Die Prägung von Münzen (*moneta*) nach byzantinischem Vorbild kam im Merowingerreich allerdings nur langsam in Gang.

Römischen Ursprungs sind viele unserer Zeitbegriffe: so die Jahreszählung *Anno Domini* nach Christi Geburt, der julianische Kalender, 1582 durch Papst Gregor IX. berichtigt, die Namen der zwölf Monate und der sieben Wochentage, die im 4. Jahrhundert germanisiert wurden. Zugrunde lagen die Markttage im Rheinland. Römisch ist die Tageseinteilung in zweimal zwölf Stunden, die Tagesgrenze „Mitternacht" anstelle des Sonnenuntergangs – denken wir an den Heiligen Abend, der zum 25. Dezember zählte – sowie die Unterteilung der Stunde in Minuten und Sekunden. Unser Wort „Uhr" kommt von lateinisch *hora*. Praktische Bedeutung hatte die Uhrzeit zuerst für die Stundengebete der Mönche.

Römisch ist auch das Feiern von Jubiläen. Die Tausendjahrfeier Roms wurde 248 mit großem Pomp begangen, eine Zweitausendjahrfeier gab es nicht. Erst in der Renaissance wurde die Idee wieder lebendig, nachdem Papst Bonifaz VIII. mit dem „Heiligen Jahr" 1300 große Pilgerscharen nach Rom gezogen hatte.

Das Christentum ist eine Schriftreligion. Mit der Christianisierung der Germanen durch lateinisch sprechende Missionare verbindet sich der Übergang zur Schriftlichkeit. Das Wort „schreiben" kommt von *scribere*, „dichten" von *dictare*, „Tinte" von *tincta*, „Tafel" von *tabula*, „Papier" von *papyrus*, „Kapitel" von *capitulum*, „Text" von *textus* und „Schule" von *schola*. „Literatur" von *littera* sollte man wieder mit zwei t schreiben. Um 200 v. Chr. entstand die Weihinschrift auf dem Negau-Helm, das älteste germanische Schriftzeugnis in einem nordetruskischen Alphabet. Aus diesem entwickelten wahrscheinlich die Markomannen die Runen, die sich seit dem 1. Jahrhundert n. Chr. bei den Nordgermanen finden. Tacitus (Germania 10) erwähnt ein Orakel, bei dem Zeichen (*notae*) auf Holzstäbe gemalt wurden, vermutlich liegt hier der Ursprung der Wörter „Buchstabe" und „Buch". Runen wurden auf Bretter geritzt oder geschrieben, wie Venantius Fortunatus (VII, 18, 19) aus dem Gallien des 6. Jahrhunderts bezeugt: „barbara fraxineis pingatur rhuna tabellis" (Die barbarische Rune wird auf Eschenbrettchen gemalt).

Mit dem Alphabet wurde die Sprache übernommen. Geschrieben wurde ganz überwiegend Latein. Bis zum Jahre 1691 wurden im deutschen Reich mehr lateinische als deutsche Bücher gedruckt. Latein war die europäische Gelehrten- und Juristensprache. Der Westfälische Friede von 1648 ist lateinisch abgefasst. So wie die Schriftlichkeit überhaupt, sind auch die literarischen Gattungen der deutschen Literatur römisch-griechischer Herkunft: Epos, Lyrik, Epigramm, Roman, Aphorismus und Historie. Dasselbe gilt für die Künste, namentlich die schönste der Musenkünste, die Musik, für ihr Vokabular, ihre Tonarten und ihre wichtigsten Instrumente, allen voran die in Alexandria erfundene Orgel, die über Byzanz und England nach Europa kam. Seit Karl dem Großen erklingt sie im Gottesdienst. Griechischen Ursprungs, durch Rom vermittelt, ist das europäische Theater – wie schon der Name verrät. Auch Tragödie, Komödie und Drama, sowie Akt, Szene und Rolle, sogar Person – *persona* sind antike Theaterbegriffe. *Persona* bedeutet Maske, durch die hindurch gesprochen wird (*personare*).

Die für die germanische Geistesbildung wichtigste Institution war die Kirche. Die Bedeutung des Christentums für alle Lebensbereiche des europäischen Mittelalters kann man gar nicht überschätzen. Der neue Glaube kam aus Palästina über Griechenland nach Rom, verbreitete sich in der Spätantike bis England und Irland und gelangte von dort nach Mitteleuropa. Bonifatius kam aus Wessex. Die Missionare haben der deutschen Sprache die lateinischen und griechischen Ausdrücke für den Gottesdienst vermittelt: Kirche (*kyriake*), Münster (*monasterium*), Abt (*abbas*), Mönch (*monachus*), Nonne (*nonna*), Kreuz (*crux*), Kelch (*calix*), Altar (*altare*), Probst (*praepositus*), Bischof (*episcopus*), Küster (*custos*), Opfer (*offerenda*), Messe (*missa*), Priester (*presbyter*), Pilger (*peregrinus*), Kloster (*claustrum*), segnen (*signare*), feiern (*feriare*) und verdammen (*damnare*). Die hohen Kirchenfeste gehen auf Constantin den Großen zurück. Den Ostertermin bestimmte er 325 auf dem Konzil von Nicaea, das Weihnachtsfest feierte er am Hof seit 333 in Konstantinopel.

Der religiöse Einfluss des Südens auf Mitteleuropa ist schon vorchristlich. Jener Alamannenkönig, der als Geisel der Römer in Gallien sich in einen ägyptischen Mysterienkult einweihen ließ und daraufhin seinen Sohn Agenarich in Serapion umbenannte (Ammianus XVI, 12, 25), ist sicher kein Einzelfall. Die religionsgeschichtlichen Nachrichten der taciteischen „Germania" zeigen Einflüsse von mediterranen Kulten im Norden.

Das Geistesleben des frühen Mittelalters pulsierte in den katholischen Klöstern, die zu Aberhunderten in Europa entstanden. Anders als die orthodoxen Monasterien waren sie Zentren der Gelehrsamkeit und des mittelalterlichen Buchwesens; hier wurden die antiken Texte gesammelt, bewahrt und kopiert, und diese Abschriften bilden die Grundlage für die Folge humanistischer Rückgriffe.

Renaissancen

Neben und nach der andauernden Tradition römischer, großenteils ursprünglich griechischer Errungenschaften gab es die wiederholten Rückgriffe, Rückbesinnungen auf das klassische Kultur- und Geistesgut. Es stand einerseits in den erhaltenen Monumenten und Kunstwerken den Erben Roms vor Augen und lag andererseits in den Texten der griechischen und römischen Autoren bereit. Die schon in der römischen Kaiserzeit mehrfach bezeugte Bewunderung der nördlichen Barbaren für die Erzeugnisse der antiken Kultur verdichtete sich in bestimmten Perioden und führte zu umfangreichen Rezeptionen griechisch-römischer Überlieferungen. Die von Italien ausgegangene Renaissance der Humanisten seit dem 14. Jahrhundert ist die bedeutendste, aber keinesfalls einzige Bewegung dieser Art. Vorausgegangen waren die karolingische, die ottonische und die staufische Renaissance; es folgte die Antikenbegeisterung des Barock, der Aufklärung, des Klassizismus und des Neuhumanismus.

Antike Einflüsse zeigen sich auf nahezu allen Lebensgebieten. Augenfällig bis heute ist dies im Bereich der Bildung. Der Gedanke einer Hochschule geht zurück auf die Akademie Platons in Athen und auf das Museion in Alexandria, wo Forschung um des reinen Wissens willen betrieben wurde. Methodische Kritik ist eine griechische Erfindung, wie schon das Wort selbst nahelegt. Die Römer vermittelten die griechische Wissenschaft an die europäischen Universitäten. Vorlesungen und Prüfungen wurden bis ins späte 17. Jahrhundert lateinisch gehalten. Goethe wurde 1771 mit einer lateinischen Dissertation promoviert und disputierte am 6. August in Straßburg auf Lateinisch. Im Deutschen wie in vielen europäischen Sprachen ist die akademische Terminologie überwiegend spätantik: Universität, Schule, Gymnasium, Student, Stipendium, Professor, Doktor, Magister, Seminar, Examen, Prädikat, Rektor und Dekan, Quästur und Immatrikulation, Mensa, Kolleg, Exkursion, Katheder, Kanzler, Assistent, Dozent, Sekretärin, Aula und Auditorium.

Unsere Wissenschaften selbst tragen Namen aus dem Griechischen und Lateinischen: Theologie, Jurisprudenz, Medizin, Philosophie, Logik, Ethik, Ästhetik, Philologie, Historie, Physik, Biologie, Astronomie, Geographie, Mathematik usw. Sachbegriffe wie Text, Dokument, Apparat; Methodenbegriffe wie Methode selbst, wie Theorie, Evidenz, Experiment, Kritik und Argument verraten ihren Ursprung in der griechisch-römischen Wissenschaft, auf der die europäische aufbaut. Die Atomtheorie wurde von Demokrit entwickelt, das heliozentrische Planetensystem von Aristarch erkannt, der Umfang der Erdkugel von Eratosthenes berechnet. Was wäre die Medizin ohne Hippokrates, die Geographie ohne Strabon, die Philosophie ohne Platon, die Mathematik ohne Pythagoras und Euklid? Bis in die jüngste Zeit liefern die alten Sprachen die Benennung technischer Neuerungen, teilweise auf dem Umweg über das Englische, denken wir nur an den Computer, abgeleitet von lateinisch *computare* – rechnen. Daneben wimmelt die Alltagssprache von Latinismen und römisch vermittelten Gräzismen, denken wir an *pro* und *contra*, an *plus* und *minus*, an *makro* und *mikro*, an *ex* und *extra*, an *prima*, *super* und *optimal*, an Zusammensetzungen mit *inter*, *trans*, *tele*, *hyper*, *maxi*, *mini* und *bio*.

Ebenso bestimmend wie in den Wissenschaften ist das antike Erbe im Rechtswesen durch das römische Recht. Als den Pisanern bei der Eroberung von Amalfi 1135 das letzte erhaltene Exemplar der Pandekten Justinians in die Hände fiel, war die Basis für die Wiederbelebung des klassischen römischen Rechts gegeben. Ausgehend von den Juristen im kaiserlichen Bologna, setzt dann die Rezeption des römischen Rechts ein, das die Jurisprudenz Europas geprägt hat. Der Grund für die Übernahme ergibt sich aus dem Vergleich. Mommsen nennt es das „wunderbare, zugleich nationale und universelle, zugleich concrete und abstracte Recht des Altertums, das in Schlichtheit, Fülle und Feinheit schwerlich übertroffen werden kann". Wie die Künstler von den antiken Statuen, die Dichter von den antiken Texten gefesselt wurden, so die „neuerwachende Intelligenz der gegenwärtigen Culturperiode" durch die „Herrlichkeit und den Reichthum des römischen Rechtes".

So wie die europäische Rechtskultur geht das moderne Kriegswesen auf wiederentdeckte antike Vorbilder zurück. Das Kriegsbuch Graf Johanns VII. von Nassau-Siegen zeigt, wie die Oranier im späten 16. Jahrhundert die römischen Kriegsschriftsteller, insbesondere Vegetius, studiert und im Achtzigjährigen Krieg gegen die Spanier ihr „Landrettungswerk" geschaffen haben, das gegen Rittertum und Landsknechtswesen die im Mittelalter verloren gegangene allgemeine Wehrpflicht und den Volkskrieg erneuerte und die bürgerliche Kriegswissenschaft begründete. Noch Friedrich der Große und Hindenburg haben Schlachten nach antiken Mustern angelegt.

Die Griechen haben in ihren Gymnasien die Leibesübung erfunden und in einer wachsenden Zahl von Disziplinen Sportwettbewerbe durchgeführt. Berühmt waren die Panathenäen, die isthmischen und die nemëischen Agone und, allen voran, die Olympischen Spiele zu Ehren des Zeus. Nachdem sie 394 n. Chr. von dem christlichen Kaiser Theodosius verboten worden waren, griff Baron Pierre de Coubertin den Gedanken 1500 Jahre später wieder auf. Seit 1896 erfreuen sich die Olympiaden einer wachsenden Beliebtheit.

Staatsleben

Besonderes Interesse verdienen die antiken Einflüsse auf das Staatsleben des nachantiken Europa. Das Wort „Politik" und nahezu alle politischen Begriffe sind antik. Karl der Große und Barbarossa wollten nicht deutsche, sondern römische Kaiser sein. Otto von Freising hat die Kaiser durchnumeriert, Heinrich V. war der 92. Imperator seit Augustus. Die Staufer haben einige Gesetze ins Corpus Iuris Civilis aufnehmen lassen und sich damit in die Nachfolge Justinians gestellt. In der Neuzeit haben alle großen politischen Bewegungen antike Wurzeln. Das gilt für den Nationalismus, den Absolutismus, den Republikanismus, den Caesarismus alias Bonapartismus, den Sozialismus alias Kommunismus, den Faschismus alias Nationalsozialismus und unsere liberale Demokratie.

Der neuzeitliche Nationalismus stemmt sich gegen die mittelalterlichen Universalmächte mit dem Papst als oberstem geistlichen, dem Kaiser als oberstem weltlichen Herrn. Insofern beide in römischer Tradition standen, sollte man meinen, dass der Nationalismus aus der Antike nicht herzuleiten sei. Das aber trügt. Zwei Denkfiguren spielen hier eine Rolle. Es ist zum ersten die Beschlagnahme antiken Ruhms für die eigenen Vorfahren. Der Stolz auf die jeweilige Nation wird dadurch erhöht, dass man meint, sie stamme von antiken Völkern ab oder habe zu antiken Taten Erhebliches beigesteuert. Das geschah bereits im Mittelalter. Die Franken wurden von Pseudo-Fredegar etymologisch mit den Phrygern verbunden und als Nachkommen der Trojaner zu Stammesverwandten der Römer gemacht. Noch Johannes Aventinus (gest. 1534) glaubte das. Die Sachsen leitete Widukind von Corvey von den Makedonen her und machte sie so zu Genossen Alexanders des Großen. Der „Sachsenspiegel" des Eike von Reppichau, ursprünglich lateinisch geschrieben, zeigt den toten Makedonen, dessen Mannen auf die Schiffe gehen, nach Deutschland fahren und sich hier in Sachsen verwandeln. Die Briten führten sich auf Brutus zurück und glaubten an die im Nekrologium zum Zeremonienbuch von Constantinus Porphyrogenitus festgehaltene Sage, Constantin stamme aus Britannien. Auf diese Weise wurde die Antike dem Nationalismus nutzbar gemacht.

Die zweite Form der nationalistischen Selbstaufwertung liegt in der Anknüpfung an die Widerstandskämpfer gegen das Imperium Romanum. Muster für Deutschland ist die Gestalt des Arminius. Sofern die Römer selbst ihre Hochachtung, zumindest ihren Respekt vor den Germanen immer wieder zum Ausdruck gebracht haben, konnte man antiken Autoren nationale Argumente abgewinnen. Als die Türken 1453 Konstantinopel erobert hatten, hat der italienische Humanist Aeneas Silvius Piccolomini, der spätere Papst Pius II., auf dem Frankfurter Fürstentag den Deutschen das Bild entgegengehalten, das Tacitus von ihnen entworfen hat, um sie zum Kampf gegen die Türken als die gemeinsamen Feinde der Christenheit anzuspornen. Die deutschen Humanisten haben dies rasch aufgegriffen und daraus gar einen Vorrang vor den Italienern abgeleitet. Konrad Celtis, Jacob Wimpheling und Ulrich von Hutten bekannten sich zu den Germanen als den stolzen Überwindern einer dekadenten Zivilisation.

Wie Arminius wurden dann auch andere Gegner Roms zu Heroen des Nationalismus stilisiert, viele erhielten im 19. Jahrhundert Denkmäler. Man feierte Ambiorix als Freiheitshelden in Belgien, Vercingetorix in Frankreich, Decebalus in Rumänien, Viriathus in Portugal, Boudicca in England, Jugurtha in Tunesien, Bar Kochba in Israel und die Helden von Numantia in Spanien. Das Imperium Romanum diente als Gegenbild des Nationalismus. Die Nation entstand aus dem Protest gegen das Imperium.

Während der neuzeitliche Nationalismus somit aus dem Widerspruch gegen den römischen Imperialismus erwachsen ist, hat der Absolutismus das Vorbild des imperialen Rom beschworen. Der Begriff „Absolutismus" beruht auf dem Satz: „princeps legibus solutus". Er geht zurück auf die römischen Juristen der Zeit um 200 n. Chr.

So gewiss das mittelalterlich-deutsche Kaisertum der Idee nach römischem Ursprung ist, so gewiss lässt es sich noch nicht als absolutistisch bezeichnen. Zum einen konnte der Papst als das Haupt der Kirche jetzt einen sündigen oder missliebigen Kaiser aus der Gemeinschaft der Gläubigen ausschließen und damit dessen Untertanen von der Treuepflicht entbinden. Zum anderen standen die Fürsten zum König in einem Gefolgschaftsverhältnis, das nach germanischem Recht auch dem Gefolgsherrn gewisse Bindungen auferlegte. Eine Weisungsbefugnis, wie sie der römische Kaiser gegen seine Statthalter besaß, hatte der deutsche Kaiser gegenüber den Fürsten nicht. Die christliche und die germanische Komponente im mittelalterlichen Kaisertum verbieten, es absolutistisch zu nennen.

Im neuzeitlichen Absolutismus emanzipierte sich die Staatsgewalt weitgehend aus den mittelalterlichen Bindungen. Insofern verkörpert der Absolutismus Modernität in der Entwicklung der Staatlichkeit. Das feudale Privilegienwesen, jenes Dickicht von orts-, berufs- und familienbezogenen Sonderrechten, wurde beschnitten und durch einen ständisch gegliederten Staatsbürgerverband ersetzt, der sich dem Willen der Krone unterzuordnen hatte. Die personale Gefolgschaft verwandelte sich in eine institutionelle Untertänigkeit. Die Rechte der Ständevertretung wurden durch die Souveränität der Krone eingeschränkt. Die Monarchen hielten an ihrem traditionellen Gottesgnadentum zwar fest, aber die rationale Begründung ihrer Macht lieferte die *raison d'état*, die Staatsraison.

Die beiden bedeutendsten Vertreter des Absolutismus, Ludwig XIV. in Frankreich und Friedrich der Große in Preußen, knüpften an Traditionen des römischen Kaisertums an. Während bei Ludwig XIV. die autokratische Selbstdarstellung eines Domitian auflebt, verkörpert Friedrich der Große das stoische Herrschertum eines Marc Aurel. Friedrich hat sich mit seinem aufgeklärten Absolutismus an den römischen Stoikern orientiert. Ohne sie ist Friedrichs religiöse Toleranz nicht zu verstehen. Seine Überzeugung, der erste Diener seines Staates zu sein, in dem zwar nichts durch das Volk, aber alles für das Volk geschieht, enthält denselben Widerspruch, den Friedrichs Sympathie für die republikanisch denkenden Römer zeigt. Friedrich verglich Deutschland gegenüber Frankreich mit Griechenland gegenüber Makedonien im 4. Jahrhundert v. Chr., er rühmte die geistige und politische Freiheit der Griechen und Römer. Die gelungene Verbindung zwischen absolutistischer Form und republikanischem Geist ist Friedrich von den englischen und französischen Aufklärern, ja selbst von einem der amerikanischen Verfassungsväter bescheinigt worden. John Adams meinte 1787, Friedrich hätte die Parlamentsmehrheit grundsätzlich auf seiner Seite gehabt, hätte es in Preußen ein Parlament gegeben.

Der neuzeitliche Republikanismus beginnt nach dem Vorspiel des Arnold von Brescia im 12. Jahrhundert mit Cola di Rienzo. Geboren 1313 als Sohn eines Schankwirts in Rom, fasste ihn früh eine Begeisterung für die römische Geschichte. Dabei stieß er 1346 auf die Bronzetafel mit der Lex de imperio Vespasiani. Ihr entnahm er, dass die Kaisergewalt vom Senat an den Imperator verliehen worden war. Der Kaiser war nicht kraft Erbrecht oder von Gottes Gnaden oder durch päpstliche Krönung Herrscher, sondern Beauftragter des Volkes. Daraus leitete Rienzo ab, das römische Volk sei selbst die Quelle des Rechts. Rienzo ließ sich 1347 zum „Tribun der Freiheit, des Friedens und der Gerechtigkeit" erheben und betrieb die Einigung Italiens unter republikanischen Vorzeichen. Gegen die klerikalen und feudalen Mächte, gegen Papst, Kaiser und Adel suchte er den Geist der antiken Res publica zu erneuern. Gegen das Prinzip des Gottesgnadentums stellte er die Idee der Volkssouveränität.

Der radikale Republikanismus stimmt mit dem Absolutismus darin überein, dass die Staatsgewalt ungeteilt und unverantwortlich sein müsse, aber nicht beim Fürsten, sondern wie einst in der griechischen Polis beim Volk liege. Er fand seinen wichtigsten Theoretiker in Jean-Jacques Rousseau. Er erneuerte in seiner 1762 erschienenen Schrift „Du Contrat Social" die Lehre der Sophisten vom Gesellschaftsvertrag. Er wird aus einer an Platon orientierten idealen Entwicklungsgeschichte des Staates abgeleitet. Das Vorbild Rousseaus war die römische Republik. Der Staat dieses „freiesten und mächtigsten Volkes der Erde" wird als Testfall durchexerziert (IV, 4ff.), dabei erscheint allerdings nicht das Geflecht der republikanischen Kontrollmechanismen, sondern das Prinzip der (angeblich) ungeteilten Volkssouveränität als das Wesentliche. Das Christentum habe dann einen dauernden Loyalitätskonflikt gebracht, das Imperium in eine Despotie verwandelt und sie schließlich untergraben. Auf dem Boden der christlichen Demut sei kein Staat zu fundieren; das, was Heinrich IV. zum Eintritt in die katholische Kirche bewog, müsste jeden anständigen Menschen zum Austritt bestimmen (IV, 8).

Erheblichen Einfluss hatte Rousseau auf die Französische Revolution, zumal auf ihren radikalen Flügel. Auch der griff über die christliche Zeit auf die Antike zurück und trieb mit den Staatsdenkern und Freiheitshelden des Altertums einen regelrechten Kult. In der Malerei dominierten römische Themen, wie Brutus und Cato Minor; dieselben Stoffe erschienen auf der Bühne. Robespierre und Babœuf, Desmoulins und Danton begriffen sich als Volkstribunen, als Tyrannenmörder und schwärmten für die antiken Größen.

Die Begeisterung für die Antike erfasste auch Napoleon, den Vollstrecker der Revolution. Altrömische Begriffe wie Konsulat, Plebiszit, Tribunal, Präfektur und Empire treten wieder auf, der Kunststil ist klassizistisches „Empire". Napoleons Staatsmodell war die plebiszitäre Diktatur, der Caesarismus. Er träumte von der Wiederherstellung des Römischen Kaiserreichs und wollte nach dem Sieg über Russland Rom zur zweiten Hauptstadt erheben.

Den französischen Antikenkult traf der Spott von Karl Marx. Im „Achtzehnten Brumaire" verhöhnte er 1852 das „wieder auferstandene Römertum – die Brutusse, Gracchusse, Publicolas, die Tribunen, die Senatoren und Caesar selbst". Für Marx war das Altertum eine längst vergangene, überwundene Gesellschaftsformation. Dennoch wusste er, dass auch seine eigene Lehre antike Wurzeln besaß. Dies gilt zunächst für die philosophischen Grundlagen, für Dialektik, Materialismus und Atheismus. Marx bezog seine Auffassung der Dialektik von Hegel, und dieser fußt auf Heraklit. Seine Doktorarbeit widmete Marx den antiken Materialisten Demokrit und Epikur. Daneben schätzte Marx insbesondere Aristoteles, dem er seine Lehre von der Wertform verdankte. Aber auch das griechische Menschenbild schien Marx vorbildlich. „Die Griechen werden ewig unsere Lehrer bleiben", meinte er (MEGA I 1, 140). Die antike Sklaverei habe wenigstens einem edlen Zweck gedient, der Entfaltung der Individualität des Politen, während die gegenwärtige Maschinensklaverei bloß die schmutzigen Profite der Kapitalisten abwerfe. Marx bewunderte den Sklavenführer Spartakus, den Namenspatron der Revolutionäre 1919.

Die antike Sklaverei war nach dem Ende der Römerzeit im christlichen Mitteleuropa so gut wie verschwunden. Aber zeitgleich mit der Antikenbegeisterung der Renaissance trat sie wieder in Erscheinung, zuerst in Portugal. Kolumbus bot Königin Isabella Sklaven aus Westindien an, die bei Hof indes abgelehnt wurden. Die Haltung änderte sich mit dem Patent Kaiser Karls V. zum Sklavenimport aus Afrika. Die amerikanische Negersklaverei, basierend auf der christlichen Seefahrt, namentlich der Spanier, Portugiesen, Holländer und Briten, wurde im 16. Jahrhundert gerechtfertigt durch Verweise auf biblische und griechische Autoritäten. Gemäß der Genesis (1. Mose 9, 25) verfluchte Noah seinen Sohn Ham, der die Blöße seines betrunkenen Vaters aufgedeckt hatte, zu ewiger Knechtschaft. Damit legitimierten die antiken Juden die Versklavung der afrikanischen Hamiten, aber auch der palästinensischen Kanaanäer und derjenigen, die zu solchen erklärt wurden. In Anlehnung an Platon (Politeia 431aff.) behauptete Aristoteles (Politik 1254b, 20), die orientalischen Barbaren seien „Sklaven von Natur" und daher hellenischer Herren bedürftig. Gegen den so gerechtfertigten Menschenhandel protestierten zuerst evangelikale Gemeinden Nordamerikas, ehe im frühen 19. Jahrhundert die meisten europäischen Regierungen aus humanitärem Geist die Sklaverei untersagten.

Die bonapartistische Antikenrezeption setzte sich fort in den faschistischen Bewegungen. Schon der Begriff „Fascismo" und sein Symbol entstammen der Antike. Mussolini führte die *fasces*, die sechs Ruten mit den eingebundenen Beilen, die von den Liktoren den römischen Magistraten vorangetragen wurden, wieder durch Rom, allerdings ohne die Beile herauszunehmen, wie es das römische Recht forderte. Der Duce hat mit seiner Abkehr von Marx zunehmend altrömische Ideale aufgegriffen. „Rom, das Zauberwort, das zweitausend Jahre Geschichte füllt", sagte er 1920 in Triest. „Das brillante Vorbild der fernen, römischen Vergangenheit begeistert den Faschisten zum Siege". Immer soll Mussolini eine Büste Caesars vor sich gehabt haben; den 21. April, Roms Geburtstag, hat er jährlich gefeiert. 1936 mit der Eroberung Abessiniens erklärte er das Imperium für wiederhergestellt. Die Restauration der römischen Ruinen, der neorömische Baustil, die gigantische 2000-Jahr-Feier für Augustus 1937 – all das bezeugt, welchen Einfluss altrömische Reminiszenzen auf das politische Denken Mussolinis besaßen.

Die antiken Komponenten im Nationalsozialismus zeigen Widersprüche. Generell eignete sich die Antike für die Hitlerbewegung als Vorbild aus zwei Gründen. Der erste liegt in dem Wunsch nach Monumentalität und Klarheit. Der zweite betrifft die Suche nach dem Säkularen, Vorchristlichen. Beide Momente ließen sich bei Griechen und Römern finden und gegen die Welt ausspielen, die man überwunden zu haben meinte. Die Vorliebe für die Germanen verkörpert das romantische Element, die Neigung zu den Griechen dagegen die klassizistische Strömung im Nationalsozialismus. Hitler hielt von den Griechen mehr als von den Germanen, er nannte sie „Maori aus Holstein" (Tischgespräche 4 II, 1942).

Gemäß der Rassenlehre Gobineaus entsprang nicht nur das Germanentum, sondern ebenso die griechische und römische Kultur dem indogermanischen Erbgut. Hitler verehrte das griechische Schönheitsideal in der Skulptur und der Architektur und bewunderte die römische Staatskunst: „Römische Geschichte, in ganz großen Linien richtig aufgefaßt, ist und bleibt die beste Lehrmeisterin nicht nur für heute, sondern wohl für alle Zeiten". Der

Führer empfahl den Schülern, tüchtig Latein zu lernen. Er hatte sich als Knabe – so wie Friedrich Engels und Richard Wagner – für Rienzo begeistert.

Die behandelten Denker waren sich einig darin, dass der Staat auf dem Willen des Volkes beruhen solle und dass dieser Wille unteilbar und unverantwortlich sei. Das Privatleben sei dem Staatsinteresse unterzuordnen. Dieser populistischen Radikalität steht eine gemäßigte, liberaldemokratische Strömung gegenüber, die zwar gleichfalls das Prinzip der Volkssouveränität verficht, aber größten Wert darauf legt, dass die Macht geteilt und überwacht werde. Hier ist nicht das Volk, nicht der Staat, sondern der Mensch das Maß.

Für die Geschichte dieses Stranges im neuzeitlichen Staatsdenken müssen wir wieder ins 16. Jahrhundert zurückkehren, zunächst nach Frankreich und in den französischen Sprachraum. Johann Calvin setzte in seiner Genfer Verfassung von 1535 dem absolutistischen Gottesgnadentum der Herzöge von Savoyen einen biblisch begründeten Republikanismus entgegen. Die Staatsgewalt sei zu kontrollieren. Calvin weist diese Funktion den Ständeversammlungen zu und zieht als Parallelen die römischen Volkstribunen und die spartanischen Ephoren heran. Insofern forderte Calvin eine Gewaltenteilung.

Eben dieses Problem behandelte Montesquieu in seinem Werk „De l'Esprit des Lois" (1748). Die drei reinen Herrschaftsformen der Demokratie, Aristokratie und der Monarchie werden unter dem Gesichtspunkt der Gewaltenregelung verglichen. Montesquieu unterscheidet in Anlehnung an Platons „Nomoi" eine legislative und eine exekutive Gewalt, letztere unterteilt in außenpolitisch-militärische und innenpolitisch-rechtsprechende Gewalt. Die Trennung dieser drei Gewalten entscheide über die politische Freiheit, die in einem Staat herrsche. Da, wo sie in einer Hand vereinigt seien – wie im Sultanat –, gebe es keine politische Freiheit (De l'Esprit des Lois XI, 6).

Montesquieu bestreitet, dass eine Demokratie, wo der Volkswille unbeschränkt herrsche, ein freier Staat sei, er glaubt, jede Macht ohne Zügel ende im Missbrauch. Darum lobt er die *gouvernements modérés* (De l'Esprit des Lois XI, 4), die gemäßigten, gemischten Verfassungen wie die römische Republik oder die germanische Stammesordnung, die Tacitus in der „Germania" beschrieben hat. Daraus leitete Montesquieu die von ihm besonders geschätzte Verfassung Englands her. Die Freiheit wurzelte in den germanischen Wäldern.

In England selbst hat die antike Literatur über die germanischen und britannischen Vorfahren demokratische Strömungen begünstigt. Als Vater des modernen Konstitutionalismus gilt John Locke mit seinen beiden Schriften von 1690 über die Regierung. Darin begründet er die Forderung, dass der König unter, nicht über dem Gesetz stehe, mit dem Prinzip der Volkssouveränität. Antike Autoritäten werden in diesem Werk kaum beschworen. Aber Locke betrachtete die Politik als Teil der Ethik, und deren Leseliste eröffnete er mit Aristoteles, dem *archphilosopher*, gefolgt von Ciceros „De officiis" und dem Neuen Testament. Die Bedeutung der Antike für die amerikanische Demokratie sei nur durch das Wort von Thomas Paine von 1792 beleuchtet: „What Athens was in miniature, America will be in magnitude".

Stärker noch als die innere ist die äußere Politik Englands antiken Vorbildern gefolgt. Der bis in den Ersten Weltkrieg ohne abwertenden Sinn gebrauchte Begriff des Imperialismus verband die englische Herrschaft mit dem Imperium Romanum. Der letzte große Vertreter der britischen Weltmachtsträume war Winston Churchill. „What enterprise", fragte er, „is more noble and more profitable than the reclamation from barbarism of fertile regions and large populations, to give peace to warring tribes, to administer justice, where all was violence?" In seiner Selbstbiographie nennt Churchill seine Devise „parcere subjectis et debellare superbos", jene Aufforderung Vergils (Aeneis VI, 853) an die Römer, die Welt ihrer politischen Ordnung zu unterwerfen. Churchill stellte bedauernd fest, dass die Römer ihm die besten seiner Ideen vorweggenommen hätten. Die *pax Britannica* war eine moderne *pax Romana*.

Der Einfluss der Antike auf liberaldemokratische Strömungen war in Deutschland schwächer als bei seinen westlichen Nachbarn. Was die Griechen einem Winckelmann für die Kunst, einem Goethe für die Literatur, einem Humboldt für die Bildung bedeutet haben, blieb ohne politische Folgen. Der deutsche Philhellenismus war mit dem monarchischen Gedanken so wohl vereinbar, dass der preußische Bauherr des Brandenburger Tores, das den Propyläen der Akropolis nachempfunden ist, einen Kant der Zensur unterwerfen, dass die wittelsbachischen Erbauer der Propyläen in München den ersten griechischen König stellen konnten.

Dennoch gibt es auch in Deutschland einen politischen Humanismus. Der früheste Anwalt des demokratischen Gedankens in Deutschland war Samuel von Pufendorf. In seinem Hauptwerk „De iure naturae et gentium" (1688) wird das Naturrecht ciceronischer Prägung zur Grundlage politischer Ordnung gemacht. Ganz in antikem Sinn wird der Staat von unten her konstruiert. So heißt es, die Demokratie sei die älteste, erhabenste und angenehmste Verfassung der Menschheit. Es entspreche der Natur und der Vernunft, den Staat auf regelmäßig zu berufende Volksversammlungen zu gründen, wo die gemeinsamen Fragen mit Mehrheit entschieden und die Magistrate gewählt würden. Pufendorf stützt seine Theorie auf Cicero und Philon von Alexandria, jenen kosmopolitischen hellenisierten Juden, der platonische, stoische und biblische Ideen verschmolz und eine demokratisch-republikanische Weltregierung verfocht. Pufendorf hat namentlich auf Locke gewirkt, der ihm seine wichtigsten Anregungen verdankt.

Der Dichter der Freiheit in der deutschen Aufklärung war Schiller. 1790 veröffentlichte er seine Schrift über „Die Gesetzgebung des Lykurgus und Solon". Darin stellte er die militaristische Zwangsverfassung Spartas der bürgerlichen Freiheitsverfassung Athens gegenüber. Während in Sparta der Einzelne dem Ganzen geopfert, der kulturelle Fortschritt im „traurigen Egoismus" des Staats erstickt worden sei, blühte Athen in der Demokratie Solons auf. Die Souveränität des Volkes sicherte den Geist der Freiheit. „Das edelste Vorrecht der menschlichen Natur ist, sich selbst zu bestimmen". Schiller sieht einen Vorzug der antiken Staaten darin, dass sie „den Bürger nie von dem Menschen trennen, wie wir", ihm die politische Verantwortung nicht abnehmen und die Selbstbildung durch die und in der Öffentlichkeit erstreben. Das „Grundprincipium, worauf alle Staaten ruhen müssen", sei: „sich selbst die Gesetze geben". In diesem Sinn erklärte Kant 1795 im ersten Definitivartikel zum „Ewigen Frieden": „Die bürgerliche Verfassung in jedem Staat soll republikanisch sein".

Schiller meinte, das „schwerste Problem, das die kommenden Jahrhunderte erst auflösen sollen", sei, die glückliche Mitte zu finden zwischen der Neigung der Masse unten zur Anarchie und der Tendenz der wenigen oben zur Despotie. Es ist das Grundproblem des Ausgleichs zwischen Freiheit und Ordnung, das Polybios und Cicero zu lösen suchten, indem die Gewalten geteilt, gemischt und ausgewogen würden. Die deutschen Verfassungen von 1848, 1919 und 1949 haben das Prinzip der Gewaltentrennung übernommen und Schillers Forderung zu erfüllen versucht.

Wenn die Antike die Schule Europas ist, so gab es in ihr, wie in jeder anderen Schule, gute und schlechte Lehrer, bessere und schlechtere Schüler. Es ist nicht das Amt des Historikers, *ex cathedra* Zensuren zu verteilen. Ebenso wenig kann der Historiker entscheiden, ob die Schule der Alten noch immer benötigt wird. Die Frage „Was würde aus Europa ohne die Antike?" richtet sich an den Pädagogen. Der Historiker stellt einfach fest, dass sie alle bei den Alten in die Lehre gegangen sind: die Denker des Mittelalters und die der Neuzeit, die Absolutisten und die Demokraten, die Imperialisten und die Faschisten, die Kommunisten und die Liberalen. Wenn das Vokabular des Staatslebens der meisten europäischen Sprachen durch die klassische Tradition geprägt ist, wenn sich heute die Mehrzahl aller Staaten nach römischem Vorbild als Republik bezeichnet und nach griechischem Muster als Demokratie versteht, so zeigt dies, dass die politische Kultur der Neuzeit, trotz aller Unterschiede im einzelnen, dem Altertum entwachsen ist.

Literaturhinweise

Alexander DEMANDT, Klassik als Klischee. Hitler und die Antike, in: Historische Zeitschrift 274 (2002), S. 281ff.

Alexander DEMANDT, Was wäre Europa ohne die Antike?, in: DERS., Sieben Siegel. Essays zur Kulturgeschichte. Köln 2005, S. 19ff.

Otto IMMISCH, Das Nachleben der Antike. Leipzig 1919.

Paul KOSCHAKER Europa und das römische Recht. München 1966.

Walther LUDWIG (Hrsg.), Die Antike in der europäischen Gegenwart. Göttingen 1993.

Horst RÜDIGER, Die Wiederentdeckung der antiken Literatur im Zeitalter der Renaissance, in: Herbert HUNGER u. a., Die Textüberlieferung der antiken Literatur und der Bibel. Zürich 1961.

Geatano SALVEMINI, Mussolini diplomatico. Bari 1952.

Wolfgang SCHULLER (Hrsg.), Antike in der Moderne. Konstanz 1985.

Waren TREADGOLD (Hrsg.), Renaissances Before the Renaissance. Stanford 1984.

Georg VOIGT, Die Wiederbelebung des classischen Altertums oder Das erste Jahrhundert des Humanismus, 2 Bde. Berlin ²1880–1881.

Nikolaus Lobkowicz
Das Christentum

Die Diskussion über den endgültigen Wortlaut der Verfassung für Europa wird seit einigen Jahren von einer Auseinandersetzung darüber begleitet, ob und in welcher Weise sich Europa zur Tatsache bekennen darf oder gar soll, dass der Glaube der Christen Wesentliches zum Selbstverständnis und damit zur Identität dieses Kontinents (der streng genommen gar kein Kontinent ist) beigetragen hat. Niemand bestreitet, dass Europa anders, als es heute der Fall ist, aussehen und von seinen Bewohnern verstanden würde, wenn es das Christentum nie gegeben hätte; dennoch ist wahrscheinlich, dass die Verfassung für Europa nur einen Hinweis auf ein „religiöses", in der französischen Fassung sogar nur auf ein vages „geistiges Erbe" (*patrimoine spirituel*) enthalten wird.

Dies erinnert unter anderem daran, wie multikulturell nicht nur Deutschland, sondern nahezu ganz Europa seit dem Zweiten Weltkrieg geworden ist. In seiner berühmten Züricher Rede bezeichnete 1946 Winston Churchill Europa als „die Quelle des christlichen Glaubens und der christlichen Ethik". Konrad Adenauer beschwor 1949 in seiner ersten Regierungserklärung einen „Geist christlich-abendländischer Kultur". Der französische Ministerpräsident Robert Schuman, der gelegentlich als der „Vater Europas" bezeichnet wird, schrieb ein paar Jahre später, Europa würde *christlich* sein oder *nicht* sein". Bundespräsident Theodor Heuss erklärte 1956 in einer seiner „Reden an die Jugend", das Wesen des Abendlandes beruhe auf den „drei Hügeln: Akropolis, Kapitol und Golgatha", wobei er offenbar stillschweigend voraussetzte, dass es vornehmlich das Christentum war, das uns die überlebenswerten Traditionen Athens und des noch heidnischen Rom bewahrt hat.

Dass heute kaum ein Politiker mehr so etwas öffentlich sagen würde, hat mehrere Gründe. Erstens entsprachen solche Wendungen der Wahrnehmung, aber auch der politischen Situation der Nachkriegsjahre. Man war – in Deutschland und Österreich nicht zufällig schuldbewusst – darüber erschüttert, wie ein verbrecherisches Regime fast ganz Europa erobern und den verheerendsten Krieg, den Europa je erlebt hat, auslösen konnte. Zumal in Deutschland waren die ersten zehn bis fünfzehn Jahre nach dem Zweiten Weltkrieg für nicht wenige eine Zeit der Besinnung auf oft weit zurückliegende Traditionen. Zugleich wollte man sich aber von jenem Teil Europas abgrenzen, der von der Sowjetunion erobert worden war und in dem sich schon bald abzeichnete, dass die dort herrschende Ideologie militant atheistisch sein würde. Es ist kein Zufall, dass in dieser Zeit das Reich Karls des Großen, das im Osten nie über die Elbe hinausgekommen war, als die Gründung Europas gefeiert wurde; die Geschichte des erstmals 1950 verliehenen Aachener Karlspreises erinnert daran. Es dauerte vier Jahrzehnte, bis der Preis erstmals auch nur an *Mittel*europäer – 1990 an den ungarischen Außenminister Gulya Horn und im Jahr darauf an Václav Havel – vergeben wurde.

Zweitens waren die Jahrzehnte nach dem Weltkrieg aber auch eine Zeit der Besinnung auf die Vielfalt von Einflüssen, die Europa und seine Kultur mitgeprägt hatten. Historiker waren mit den wesentlichen Zügen der meisten dieser Erbschaften spätestens seit den letzten Jahrzehnten des 19. Jahrhunderts wohlvertraut; nun begannen die Ergebnisse ihrer Studien über die Gelehrtenstuben hinaus zu wirken. Die Kultur des christlichen Europa, so wurde man sich bewusst, hatte sich nie gegenüber anderen Kulturen abgeschottet, man war im Gegenteil immer schon begierig darauf, andere Kulturen kennenzulernen, und wurde von ihnen stets auch mit beeinflusst. Dies war insbesondere im lateinischen Westen der Fall, weil er an einer Art Minderwertigkeitskomplex hinsichtlich seiner Herkunft litt. Die östliche, seit dem 4. Jahrhundert von Konstantinopel aus regierte Christenheit sprach griechisch und konnte sich so problemlos auf ein Erbe beziehen, das aufgrund der immer selteneren Griechischkenntnisse im Westen schon bald nur in wenigen Übersetzungen zugänglich war; später war für den Islam seine heilige Schrift, der Koran, buchstäblich vom Himmel gefallen, weswegen ihn das heidnische Erbe mit wenigen Ausnahmen nur insofern interessierte, als es wissenschaftliche, technologische und insofern wirtschaftliche Entwicklungen förderte. Im lateinischen Westen dagegen hatte sich aufgrund der Völkerwanderung und dem Untergang des alten Reiches Barbarei ausgebreitet; man war geradezu darauf angewiesen, andere Kulturen zu entdecken. Europa zeichnet, wie Rémi Brague dargestellt hat, eine „exzentrische Identität" aus; es war immer wieder gezwungen, sich unter Bezugnahme auf andere Kulturen gleichsam neu zu erfinden. Auch war Europa lange Zeit der einzige Kulturkreis der Welt, in dem man – schon im Mittelalter – darüber nachdachte, wie er wohl in den Augen eines anderen Kulturkreises aussehen würde.

Der letztlich entscheidende Grund für die Vagheit der Formulierung der Verfassung für Europa dürfte freilich das französische Bekenntnis zum Laizismus sein. Spätestens seit 1905 versteht sich Frankreich, das nach dem Zweiten Weltkrieg bei den Bemühungen um die Vereinigung Europas die treibende Kraft war, nicht nur als demokratische und soziale, sondern auch als laizistische Republik. Obwohl der Ursprung dieser Vorstellung die Entscheidung einer zum Atheismus neigenden sozialistischen Regierung war, der Katholischen Kirche jeden weiteren Einfluss auf das Staatswesen zu verweigern, haben nach 1945 auch katholische Staatspräsidenten wie Charles de Gaulle oder Jacques Chirac diesen Grundsatz nie in Frage gestellt. Er verbietet dem Staat nicht nur jegliche Unterstützung, sondern auch die bloße Anerkennung einer Religion. Hätte Frankreich bei der Diskussion über die Verfassung für Europa einen deutlicheren Hinweis auf die christlichen Wurzeln zugestimmt, hätte es sich innenpolitisch dem Vorwurf ausgesetzt, seine inzwischen hundertjährige Verfassungs- und Rechtsgeschichte in Frage zu stellen. Zudem ist selten von Mitgliedern des Europäischen Parlaments zu hören, denen die Betonung der christlichen Wurzeln Europas wirklich am Herzen liegt; nicht zufällig meinen manche nichtchristliche Beobachter, etwa der in den Vereinigten Staaten lehrende israelische Völkerrechtler Joseph H. H. Weiler, Europa hasse sich und insbesondere seine komplizierte christliche Vergangenheit.

Trennung von Kirche und Staat: Frankreich, die Vereinigten Staaten – und die Türkei

Zuweilen wird der französische Laizismus mit dem Hinweis erklärt, auch die älteste neuzeitliche Demokratie, die Vereinigten Staaten von Amerika, hätten von Anfang an auf einer strikten Trennung von Staat und Kirche bestanden. Sieht man von gewissen Folgeerscheinungen ab, ist dieser Vergleich jedoch irreführend. Der französische Laizismus zielte auf eine Entmachtung vor allem der Katholischen Kirche ab und hatte deshalb – jedenfalls bis zum Ende des Ersten Weltkrieges – schwierige Folgen für Frankreichs Christen. In den Vereinigten Staaten dagegen wurde die Trennung von Staat und Kirche vor allem als Schutz religiöser Gemeinschaften vor staatlicher Bevormundung verstanden. Die amerikanischen Gründerväter waren über den Atlantik in eine „neue Welt" gezogen, weil sie als religiöse Dissidenten in England verfolgt wurden. Deshalb legten sie großen Wert darauf, dass dem Staat keinerlei Rechte zuerkannt wurden, Religiöses wie auch immer zu kontrollieren. Um diesen Unterschied zu sehen, lohnt es, die jedem amerikanischen Sekundarschüler bekannte Grundrechterklärung von Virginia vom Juni 1776 mit der (zum Teil von ihr beeinflussten) französischen Erklärung der Menschen- und Bürgerrechte vom August 1789 zu vergleichen:

In Frankreich ging es um eine Befreiung von einem – vermeintlichen oder wirklichen – geschichtlichen Ballast; die amerikanische Trennung von Staat und Kirche dagegen war und ist bis heute eher eine Selbstverständigung darüber, warum die Vorfahren Europa hinter sich gelassen hatten. Bis Mitte des 20. Jahrhunderts wurde eine Sitzungsperiode des US-Kongresses stets mit einem Gebet eröffnet, und noch heute pflegt ein amerikanischer Präsident seine an das Volk gerichteten Fernsehansprachen mit den Worten „May God bless you" zu beenden. Dieser Unterschied zwischen den Vereinigten Staaten und dem nachrevolutionären Frankreich fiel schon Alexis de Tocqueville auf, als er in den 30er Jahren des 19. Jahrhunderts quer durch Amerika reiste: Gerade weil es völlig vom Staat unabhängig war, blühte Religiöses, oft in verwirrender Vielfalt, auf.

Unter den europäischen und europanahen Staaten bekennt sich in der Verfassung neben Frankreich nur noch die Türkei ausdrücklich zum Laizismus. Ursprünglich, nach dem Ersten Weltkrieg, ging es dabei um eine Art „Europäisierung" dieses Landes. Da der türkische Laizismus jedoch nicht wie in Frankreich unmissverständlich mit dem Grundsatz der Religionsfreiheit gekoppelt war, wurde daraus bald ein Instrument, nicht muslimische Minderheiten zu benachteiligen. Die Türkei ist der einzige europanahe Staat, der bis heute den Anspruch erhebt, Religionen, selbst den Islam, in deren öffentlichen Wirksamkeit kontrollieren zu dürfen. Aus dem, was in Frankreich *laïcité* genannt wird, ist in diesem Land ein Recht des Staates geworden, Religionen zu überwachen; bis heute neigt der türkische Staat dazu, dieses Recht zur Benachteiligung vermeintlich separatistischer Tendenzen zu missbrauchen.

Die Christianisierung Europas – ein komplizierter Prozess

Es dauerte fast vierzehn Jahrhunderte, bis alle Herrscher der europäischen Völker endgültig zum Christentum übergetreten waren und damit das ganze heutige Europa zu einem christlichen Kontinent geworden war (eines der letzten Völker waren die Litauer; Island und die skandinavischen Länder wurden schon kurz nach dem Jahr 1000 christlich). Der entscheidende erste Schritt dieses Vorgangs war die Erhebung des Christentums zur Staatsreligion des spätantiken Römischen Reiches durch Theodosius I. im Jahre 380. Noch 70 Jahre zuvor breitete sich das Christentum zwar innerhalb und auch jenseits der Grenzen des Römerreiches aus; aber höchstens 10 bis 15 Prozent der Bewohner des Reiches hatten sich für eine Taufe entschieden, deren Vorbereitungszeit damals bis zu drei Jahren dauern konnte. In diesen ersten Jahrhunderten unserer Zeitrechnung wurden die Christen gelegentlich geduldet, oft aber von den verschiedenen Behörden blutig verfolgt, weil sie sich nicht an die religiösen Traditionen Roms hielten. Erst 311 wurde der christliche Glaube zu einer im Reich der Römer offiziell erlaubten Religion, und erst unter Konstantin dem Großen wurden die Christen vom Kaiser unmissverständlich bevorzugt. Die Tatsache, dass der Kaiser damals in Konstantinopel residierte, der wichtigste Bischof des Westens jedoch in Rom geblieben war, führte nach und nach dazu, dass sich das Christentum von zwei Zentren aus ausbreitete. Zwar achtete die östliche Christenheit die geistige Autorität des Nachfolgers Petri und anerkannte Rom die weltliche Autorität des Kaisers in Byzanz. Aber da im antiken Rom seit Kaiser Augustus der Herrscher die oberste Autorität in sakralen Fragen gewesen war, blieb die Abgrenzung zwischen „geistig" und „weltlich" mehrere Jahrhunderte lang unscharf. Ein Beispiel ist die Missionstätigkeit der Slawenapostel Kyrill und Methodius im 9. Jahrhundert: Sie waren vom byzantinischen Kaiser entsandt worden, anerkannten aber zugleich die Autorität des Papstes; unter anderem feierten sie die Liturgie problemlos einmal nach dem byzantinischen, das andere Mal nach dem römischen Vorbild. Dennoch bestanden schon damals die Konflikte, die 1054 endgültig dazu führten, dass es zwei einander in Frage stellende Gestalten des Christentums gab: die byzantinische und die römische. Methodius wurde sogar eine Zeit lang von westlichen Bischöfen in Ellwangen gefangen gehalten; nach seinem Tod wurden seine Mitarbeiter, darunter mehrere Priester, als Sklaven verkauft und mussten später in Venedig freigekauft werden.

Rund 300 Jahre bevor sich die beiden Christenheiten endgültig getrennt hatten, begann der Siegeszug des Islam. Dies betraf insbesondere Nordafrika, das bis dahin Teil des Römischen Reiches und damit ab 380 ein Bereich des christlichen Weltkreises gewesen war. Nicht nur beispielsweise die Kirchenväter Cyprian und Augustinus, sondern auch drei der frühen Bischöfe von Rom kamen aus diesem Teil der Welt, waren wohl Berber oder Mauren. Es ist eine zwar kaum zu beantwortende, aber dennoch herausfordernde Frage, wie wir heute Europa verstehen würden, hätten die islamischen Heere nur Länder in Asien erobert. Vermutlich würden Geographen Europa nicht anders als heute abgrenzen; aber kulturell wäre Nordafrika nicht weniger „Europa" als zum Beispiel England oder gar Island. Zwar verfolgte der Islam die Christen nicht, aber wo er längere Zeit siegreich war, verlosch das Christentum. Als kulturell gestaltende Kraft überlebte das Christentum nur in Regionen, in die die islamischen Armeen erst nach dem Fall Konstantinopels im Jahre 1453 vordrangen (Südosteuropa). Ab dem 8. Jahrhundert gehörten zum Einflussbereich des Islam nicht nur ganz Nordafrika, sondern für längere Zeit auch fast ganz Spanien und zeitweise sogar das südliche Frankreich sowie alle größeren Mittelmeerinseln. Wäre es Armeen christlicher Herrscher nicht gelungen, diese Gebiete in oft jahrhundertelangen Auseinandersetzungen zurückzuerobern, wäre dort das Christentum ebenso wie in Nahen Osten zum Glauben einer Minderheit ohne großen kulturellen Einfluss geworden.

Ebenso vor wie nach der Konstantinischen Wende bildete die Christenheit freilich nahezu nie eine ungebrochene Einheit. Immer gab es Spaltungen und Häresien, im Mittelalter sogar schlichtweg nichtchristliche, aber sich an das Christentum anlehnende dualistische Neureligionen wie jene der Paulikianer und der Bogomilen, wobei die Frage, für wen welche Glaubensgestalt als häretisch galt, oft eine Frage der Machtkonstellation, also der Überzeugungen des Herrschers war. Manche Häresien starben bald ab, andere tauchten im Lauf der Jahrhunderte immer wieder, meist in gewandelter Gestalt, auf, viele wurden – zumal im Mittelalter – brutal verfolgt. Ab etwa dem 15. Jahrhundert gelang es der Römischen Kirche immer seltener, auch nur allein im Westen die Einheit durchzusetzen. Es begann die Zeit der Abspaltungen, die sich meist als „Reformation", also „Verbesserung" vorstellten und fast immer das – letztlich unerreichbare – Ziel verfolgten, zum „ursprünglichen Christentum" zurückzufinden (Lambert). Fast jede dieser Spaltungen zog nach einiger Zeit weitere Spaltung nach sich, bis – zumal seit dem späten 18. Jahrhundert – die Zahl der (oft aus Nordamerika zurückwirkenden) „Kirchen" fast unübersichtlich wurde und nicht selten die Christlichkeit jeweils neuer Konfessionsformen umstritten war, es oft bis heute geblieben ist (Unitarier, Mormonen, Zeugen Jehovas und Ähnliche). Erst ab der zweiten Hälfte des 20. Jahrhunderts begannen Christen – diesmal weltweit – sich ernsthaft darum zu bemühen, zur verlorenen Einheit zurückzufinden.

Wege der Christianisierung: die Konstantinische Wende

Die historische Bedeutung der Konstantinischen Wende und der einige Jahrzehnte später erfolgten Erhebung des Christentums zur Staatsreligion des Römischen Reiches bestand vornehmlich darin, dass sich das Imperium Romanum – es reichte damals von England und

Frankreich über Süddeutschland bis Israel und Ägypten, von Nordafrika und Spanien bis fast zum Kaspischen Meer – zum einzigen missionarischen Monotheismus seiner Zeit bekannte (der jüdische Monotheismus war nie missionarisch). Der Gott der Christen, so sah es schon Konstantin, duldete neben sich keine anderen Götter; deshalb war die Erhebung des Christentums zur Staatsreligion auch ein – freilich nicht sofort wirksames – Todesurteil für die vielen Gestalten des europäischen Polytheismus. Überdies musste sichergestellt werden, dass der einzige wahre Gott in der richtigen Weise verehrt wird; deshalb wurde es zur Aufgabe der römischen Kaiser und später aller Herrscher, die vermeintlich richtige Gestalt des christlichen Kultes sicherzustellen. Ketzer und Schismatiker gefährdeten zusammen mit der vom Völkerapostel Paulus mehrmals beschworenen Einheit der Christen auch die Einheit des Reiches; im großen Ganzen wurden sie – auch später, etwa im Mittelalter – heftiger gemaßregelt als Juden und Heiden. Es war Konstantin, der 325 eine Versammlung aller christlichen Bischöfe (es nahmen 318 teil) und damit das erste Konzil seit der Zeit der Apostel einberief, und bis ins 9. Jahrhundert wurden sämtliche die ganze Christenheit betreffenden Konzile von dem in Byzanz residierenden Kaiser einberufen. Für das sich als Universalreich verstehende Römische Reich wurde Religionspolitik zu Christianisierungspolitik, ebenso innerhalb wie jenseits des Reiches (Girardet). Damit hat Konstantin der Große die Grundlage für das byzantinische Reich und das abendländische Mittelalter gelegt. Auch war er es, der die ersten christlichen Kirchen erbauen ließ; bis dahin standen Christen höchstens weltliche Versammlungsräume zur Verfügung oder sie feierten ihre Liturgie in Katakomben.

Die von Konstantin eingeleitete Wende wurde zu einer Art Grundmuster späterer Entwicklungen. In den meisten Fällen vollzog sich die Christianisierung der europäischen Völker in zwei – oft gleichzeitig verlaufenden – Schritten: der Bekehrung des jeweiligen Herrschers und der Missionstätigkeit teils einzelner Missionare, teils religiöser Gemeinschaften. Fast überall in Europa gab es schon vor der Bekehrung eines Volkes einzelne Christen, gelegentlich sogar klösterliche Niederlassungen. Aber der erste entscheidende Schritt war meist die Taufe des Herrschers, denn dieser galt – wie schon im Reich der Römer – als der oberste Zuständige für sakrale Handlungen und Entscheidungen. Zuweilen hatte sich der Herrscher ganz persönlich von der Wahrheit des Christentums überzeugen lassen (ein Beispiel ist der heilige Wenzel, der Nationalheilige der Tschechen); gelegentlich entschied er sich einfach für den „stärkeren" Gott; oft folgte er bloß politischen Erwägungen und ließ sich selbst sowie seine Vertrauten ohne genauere Kenntnisse des christlichen Glaubens taufen. In den meisten Fällen waren erst seine Nachfolger subjektiv überzeugte und auch nur einigermaßen informierte Christen. Doch was immer der persönliche Anlass der Bekehrung eines Herrschers war, begann damit die Christianisierung seines Volkes. Die zuweilen gewaltsame, oft aber durchaus friedlich verlaufende Christianisierung wurde zur fast unvermeidlichen Begleiterscheinung (und oft zur Begründung) ebenso von politisch-militärischen Eroberungen wie auch zum Beispiel der Verehelichung von Töchtern christlicher Herrscher mit noch nicht getauften heidnischen Fürsten. Im Mittelalter entstanden dann sogar kämpferische Ordensgemeinschaften, bei denen kaum mehr zu unterscheiden war, ob sie neue Gebiete einfach nur erobern oder aus Treue zur Kirche christianisieren wollten. Ein klassisches Beispiel ist der Deutsche Orden: Ursprünglich eine Gemeinschaft zur Verteidigung des Heiligen Landes, regierte er einige Jahrhunderte lang von Pommern über Nordpolen bis Estland. Freilich gab es auch Christianisierungswege, bei denen Herrscher keine nennenswerte Rolle spielten; ein bekanntes Beispiel ist der heilige Patrick, wahrscheinlich Sohn eines in England stationierten römischen Offiziers, der Irland missionierte, wo daraufhin die spezifische Gestalt des keltischen Christentums entstand.

Die Entscheidung eines Herrschers für den christlichen Glauben wäre freilich weiter unwirksam geblieben, hätte er sich nicht mit christlichen Beratern umgeben und vor allem Ordensgemeinschaften und Kleriker eingeladen, die dem Volk vorlebten und erklärten, von was sie überzeugt sein und wie sie sich künftig verhalten sollten; erst jetzt begann die eigentliche Missionstätigkeit. Es entstanden vornehmlich in Städten Bischofssitze, und Ordensgemeinschaften, im Westen zunächst vor allem die Benediktiner, errichteten Klöster, deren Mönche ihr Leben nach genauen Regeln gestalteten. Mit der wichtigste Beitrag dieser Stätten war das Zeugnis, das sie für den christlichen Glauben ablegten; die Mönche versammelten sich mehrmals täglich zu einem bis in alle Einzelheiten geregelten Gebet, waren aber zugleich Ratgeber der Bevölkerung auch in ganz praktischen Fragen. Nach den Märtyrern der Frühzeit wurden vor allem Mönche, zuweilen aber auch Bischöfe und gelegentlich Herrscher, zu Vorbildern christlichen Lebens (einer der ersten als Heiliger verehrten Nicht-Märtyrer war Martinus, Bischof von Tours, † 397); nach ihrem Tode wurden ihre Gräber und Reliquien zu Objekten besonderer Verehrung und zu Anlässen von Gebeten um Hilfe in Situationen der Not. Die Heiligen waren bei Gott versammelt und setzten sich bei Ihm für jene ein, die sie um ihren Beistand anflehten. Erst die Reformation wandte sich gegen die in der Katholischen und den orthodoxen Kirchen bis heute selbstverständliche Tradition, Heilige um Hilfe zu bitten; allein Christus sei der wahre „Mittler" (was von Katholiken und Orthodoxen genau genommen nie verneint wurde), und im Übrigen komme Heiligenverehrung in der Bibel nicht vor.

Spaltung der Christenheit im Westen

Nachdem es seit der Mitte des 11. Jahrhunderts zwei einander ablehnende Christenheiten gegeben hatte, eine westliche und eine östliche, kam es im 16. Jahrhundert, weniger als 100 Jahre nachdem das vormalige Zentrum des oströmischen Reiches endgültig von den Osmanen erobert worden war, zu einer bis heute weiterwirkenden Spaltung der westlichen Christenheit. Es ist üblich, sie unter dem Begriff „Reformation" zusammenzufassen. Während das Schisma zwischen der Ost- und der Westkirche vornehmlich durch eine jahrhundertelange zunehmende Entfremdung aufgrund kultureller Unterschiede und der immer schwierigeren Kontakte zwischen Konstantinopel und Rom verursacht worden war, scheint die Ursache der Spaltung der westlichen Christenheit durch die Reformation eher ein Unbehagen darüber gewesen zu sein, wie die Lehre und Praxis der westlichen Kirche sich im Laufe des Mittelalters entwickelt, sich, wie die Reformatoren meinten, von der ursprünglichen Botschaft des Evangeliums entfernt hatten. Weder Luther noch Calvin noch Zwingli hatten von vornherein die Absicht, eine eigene, von Rom getrennte Kirche aufzubauen. Zu einer Spaltung kam es erst, nachdem die zuständigen Autoritäten der römischen Kirche Äußerungen der Reformatoren als mit der Lehre der Kirche schlichtweg unvereinbar erklärt und die Reformatoren mitsamt ihren Anhängern exkommuniziert hatten. Danach freilich neigten die Reformatoren ihrerseits dazu, die römische Kirche nicht bloß abzulehnen, sondern geradezu als Vorbereitung oder gar als das Werk des Antichristen selbst darzustellen. Dies bedeutete nicht, dass – wie heute gelegentlich nahegelegt wird – die Reformatoren den Weg und die Entfaltung der Kirche seit Karl dem Großen oder gar seit der Konstantinischen Wende grundsätzlich abgelehnt hätten; sie versuchten nachdrücklich, gerade die Herrscher ihrer Zeit für ihre „Rückkehr zum Ursprung" zu gewinnen. So hat zum Beispiel keiner der Reformatoren die Christologie und die Trinitätslehre der frühen Konzile in Frage gestellt und auch keine Einwände gegen frühe westliche Entwicklungen des Glaubensbekenntnisses erhoben (etwa das „Filioque" des lateinischen „Credo", das ein Vorwand für die Trennung der Ost- von der Westkirche gewesen war). Da sie sich jedoch vornehmlich auf den Wortlaut der Bibel beriefen, neigten die Reformatoren nach ihrer Verurteilung Schritt für Schritt dazu, vieles in Frage zu stellen, wovon sie in der Heiligen Schrift nichts zu entdecken vermochten. Rom dagegen berief sich – in der Überzeugung, dass die Wanderung der Kirche durch die Geschichte zumindest langfristig vom Heiligen Geist betreut wird – auch auf Traditionen und betonte, dass doch schon die Heilige Schrift selbst die Zusammenfassung einer Tradition und nicht – wie etwa nach dem Glauben der Muslime der Koran – ein Wort für Wort-Diktat Gottes war.

Dass die Kirche *semper reformanda*, also stets neu und dem Auftrag Christi immer näherkommend zu gestalten sei, ist eine alte Vorstellung der Christenheit; man begegnet ihr schon bei den lateinischen Kirchenvätern, etwa Tertullian. Luther gebrauchte den Ausdruck *reformatio* selten und als Bezeichnung seines eigenen Anliegens eigentlich nur dann, wenn es um die Abschaffung offensichtlicher Missstände (Ablasshandel) ging; zu einer üblichen Bezeichnung der Spaltung der westlichen Christenheit wurde der Ausdruck erst rund 100 Jahre nach dem Vorgang selbst. In der Zwischenzeit hatten sich jedoch die Fronten – nicht zuletzt aufgrund des Dreißigjährigen Krieges, der zugleich ein Krieg um die Hegemonie der europäischen Mächte und ein Religionskrieg war – so sehr verhärtet, dass auch nur der Wunsch nach der verlorenen Einheit kaum mehr aufkam. Europa war nun in Regionen aufgeteilt, deren jeweiligen Herrschern das Recht zustand, darüber zu entscheiden, welche Konfession Staatsreligion war und welche anderen Bekenntnisse unter welchen Bedingungen geduldet werden durften. Insbesondere das heutige Deutschland war von da an bis zu den Eroberungen Napoleons in Dutzende von Kleinstaaten mit je verschiedenen Bekenntnissen zersplittert. Zuweilen hatte dieser Zustand fast komische Folgen; so nannte man in katholischen Regionen des Allgäus eine bekannte süddeutsche Teigware noch 1950 „Ketzerspätzle", weil sie in der evangelischen Stadt Memmingen eine gängige Speise waren (in der katholischen, nur 20 Kilometer entfernten Stadt Leutkirch waren „Spätzle" rund, nicht länglich). Im Grunde hat erst die Integration der aus „dem Osten" Vertriebenen nach dem Zweiten Weltkrieg bewirkt, dass man heute in Deutschland kaum noch von ausschließlich katholischen bzw. evangelischen Regionen sprechen kann.

Während eine baldige Überwindung des Schismas zwischen den Kirchen des Ostens und des Westens heute – sieht man von der Russischen Kirche ab, die auf der Anerkennung der Eigenständigkeit eines Territoriums besteht – durchaus denkbar erscheint, dürfte die Überwindung des Abendländischen Schismas in absehbarer Zeit wohl kaum zu erreichen sein. Im 16. Jahrhundert hätte, wäre es nicht zu Exkommunikationen gekommen, das Abendländische Schisma durch gewissenhafte Dialoge, wie sie erst heute stattfinden, beendet werden können; die insbesondere im 17. Jahrhundert durch den Westfälischen Friedensvertrag bestätigte Konfessionalisierung erweist sich dagegen, so scheint es, als dauerhaft, zumal es auf evangelischer Seite kein Instanz gibt, die auch nur annähernd ermächtigt wäre, für alle zu sprechen. Das katholisch-anglikanische Schisma, dessen Ursache streng genommen alleine die Scheidungsfreudigkeit Heinrichs VIII. war, scheint sich ebenfalls seinem Ende zu nähern, wobei freilich durch die bei Anglikanern zugelassene Berufung einerseits von weiblichen, andererseits von bekennend homosexuellen Bischöfen neue unerwartete Schwierigkeiten entstanden sein dürften. Nicht wenige anglikanische, aber auch manche evangelische Gläubige beobachten mit Bestürzung, wie ein halbes Jahrtausend nach der Reformation ihre Glaubensgemeinschaften plötzlich meinen, nicht mehr Grundsätze hochhalten zu müssen, die seit der Predigt des Völkerapostels bis zur Mitte des 20. Jahrhunderts nahezu allen Christen selbstverständlich waren.

Christliche Wurzeln

Obwohl über 70 % der rund 730 Millionen Europäer sich noch heute als Christen verstehen, fällt es derzeit schwer, Europa als einen christlichen Kontinent zu bezeichnen. Zwar gibt es überall in Europa Kirchengebäude und christliche Traditionen, wähnen sich bestimmte politische Parteien „christlich", gilt der Sonntag, für Christen ein Tag des Gedächtnisses der Auferstehung Jesu, als arbeitsfreier Tag, essen am Freitag und Aschermittwoch viele Europäer Fisch, sind Museen voll mit Bildern und Statuen, die an christliche Motive erinnern, schätzt man Konzertaufführungen von Messen namhafter Komponisten, feiern auch viele Nicht-Christen Festtage wie Weihnachten und Ostern, gibt es in allen europäischen Sprachen Wendungen, die dem Alten oder Neuen Testament entnommen sind. Aber ungeachtet deutlicher regionaler Unterschiede kann man wohl nicht behaupten, die Kultur des heutigen Europa sei in nennenswertem Umfang bewusst vom Glauben der Christen geprägt. Jedenfalls erlebt ein Europäer die Allgegenwärtigkeit des Christlichen heute eher in den Kleinstädten Nord- und Südamerikas oder in wenigen, scheinbar unterentwickelten christlichen Regionen Asiens, etwa in Georgien, als zuhause.

Dennoch ist unleugbar, dass fast ganz Europa in der Zeit zwischen dem Ende des ersten Jahrtausends und der europäischen Besiedlung bis dahin unbekannter Weltteile *der* und in gewissem Sinn *der einzige* christliche Weltteil war. Zwar hatten christliche Gemeinden Nordafrikas (in Äthiopien und im Süden von Ägypten) und des westlichen Asien (in Armenien und Georgien) den Ansturm des Islams überlebt, aber sie waren meist von der europäischen Kultur isoliert; auch waren für kurze Zeiten christliche Gemeinden in Indien, China und im 8. Jahrhundert sogar in Tibet entstanden (Hamilton). Doch nirgends außer in Europa (zu dem man in diesem Fall auch Russland zählen muss, dessen Christianisierung mit der Taufe des Kiewer Großfürsten Wladimir im 9. Jahrhundert einsetzte) wurde das Christentum zur einer kulturprägenden Gestalt. Zu dieser Prägung haben auch die liturgischen Sprachen beigetragen: Alle Gebildeten Westeuropas beherrschten Latein, die liturgische Sprache der westlichen Kirche; die meisten Gebildeten des südöstlichen Europas waren mit der Sprache Konstantinopels, dem Griechischen, vertraut, das – unter anderem aufgrund der Übersetzungstätigkeit der erwähnten Slawenapostel – später außer in Griechenland in den meisten Ländern Südosteuropas durch eine Variante des Slawischen ersetzt wurde. Noch gegen Ende des 18. Jahrhunderts war Latein die Unterrichtssprache fast aller west- und nordeuropäischen Universitäten, selbst an der ältesten russischen Hochschule, der Mohyla-Akademie in Kiew, fanden noch im 17. Jahrhundert wesentliche Teile des Unterrichts in lateinischer Sprache statt.

Wie soll man nun die christlichen Wurzeln Europas fassen? Welche seiner charakteristischen Vorstellungen verdankt das Europa von heute dem Christentum? Die Frage ist unter anderem deshalb nicht einfach zu beantworten, weil einerseits erhebliche Bestandteile der europäischen Kultur, etwa die Hervorhebung von Menschenrechten, zu Selbstverständlichkeiten einer sich abzeichnenden Weltkultur geworden sind, und andererseits unter Gelehrten umstritten ist, welche Errungenschaften dieser Weltkultur sich in welcher Weise dem Christentum verdanken. Jedenfalls sind viele kulturelle Phänomene, die christliche Wurzeln haben, heute nicht mehr spezifisch europäisch, sondern ebenso charakteristisch für alle Weltteile, deren meisten Bewohner europäischer Herkunft sind.

Der eine Gott und sein Geschöpf, der Mensch

Das Christentum, das seinerseits nie die Glaubensgeschichte Israels als seine Vor- und Vorbereitungsgeschichte vergaß, verehrt einen Gott, dem alles seine Existenz verdankt. Er ist *der* und der *einzige* Schöpfer, ein (drei)personales Wesen, von allen seinen Geschöpfen radikal verschieden und dennoch in seiner Weisheit und Macht bei allen seinen Geschöpfen und in deren gesamter Geschichte anwesend. Da das Sein aller Wirklichkeiten eine Teilhabe am Sein Dessen ist, der sich Moses mit den Worten „Ich bin der Er Ist" vorstellt, ist alles, wenn auch nicht alles in derselben Weise, Gottes Abbild. In besonderer Weise gilt dies für den Menschen, um dessen willen Gott das Universum erschaffen hat, weil er ein Gegenüber haben wollte, das sein befristetes irdisches Leben aus Liebe zu Ihm gestaltet. Der Mensch ist ein Abbild Gottes in besonders hervorragender Weise: Er ist nicht nur das einzige „vernünftige" Lebewesen, sondern ist auch mit der Freiheit ausgestattet, sich innerhalb seiner Lebensfrist für oder gegen seinen Schöpfer zu entscheiden. Nachdem der Mensch sich in vielfacher Weise gegen seinen Schöpfer aufgelehnt hatte (Stolz als Ursünde), hat der dreipersonale Schöpfer und Herr des Universums in seiner Güte den – jüdischen Propheten noch unvorstellbaren – Weg gewählt, selbst Mensch zu werden und sich für das ewige Heil grundsätzlich *aller* Menschen zu opfern. Der am dritten Tage nach seiner Kreuzigung auferstandene Jude Jesus war und ist menschgewordener Gott, genauer: die zweite Person der göttlichen Dreifaltigkeit, und dennoch zugleich im Vollsinn des Wortes Mensch. Oder anders: ein Mensch wie jeder von uns, nur ohne die Zerstörungen der Ursünde, dessen Jünger nach seiner Auferstehung begriffen, dass er zugleich göttlicher Herkunft ist, ja Jener, „in dem alles erschaffen wurde" (Kol 1,16). Eine der Konsequenzen dieser Gottesvorstellung ist die Möglichkeit des Atheismus, der im christlichen Europa erstmals im 17. Jahrhundert historisch greifbar wird. Ein Mitglied einer polytheistischen Kultur mag – wie es bei einigen Denkern der griechischen und lateinischen Antike der Fall war – die Göttervorstellung seiner Zeitgenossen lächerlich finden, aber er wird nie kategorisch vertreten, es gebe nichts jenseits der wie auch immer empirisch erfahrbaren Weltwirklichkeit. Hätte es nicht den christlichen Monotheismus gegeben, gäbe es auch keine – gar militante – Atheisten.

In den Augen Gottes haben alle Menschen grundsätzlich dieselbe Würde und denselben Wert. Der Unterschied zwischen Mann und Frau, Sklaven und Herren, Kultivierten und scheinbar Kulturlosen zählt letztlich nicht. Zwar mögen Man und Frau vom Schöpfer bestimmte unverwechselbare Aufgaben haben, mag es faktisch Herren und Sklaven, Herrscher und Untertanen, Gebildete und Primitive, verehrte Heilige und von allen verabscheute Großverbrecher geben, aber jedes Menschenwesen, selbst das noch ungeborene Kind und der scheinbar bloß noch dahinvegetierende Sterbende besitzt in Gottes Augen und aufgrund Seiner Gnade eine Würde, die ihm grundsätzlich ermöglicht, ewige Seligkeit im Himmel zu erreichen. Nicht Gott verstößt den reuelosen Sünder, sondern er selbst hat sich, sollte er sich endgültig von Gott getrennt in der Hölle wiederfinden, gegen Ihn entschieden. Wer dies nicht getan hat – und wer weiß schon, was die letzten Entscheidungen eines sterbenden Unmenschen, etwa Hitlers oder Stalins, waren –, mag im Jenseits einer schmerzhaften Läuterung bedürfen, aber Gott wird ihn als einen der Seinen aufnehmen. Dass es über Einzelheiten dieser „letzten Dinge" unter Christen verschiedener Konfessionen schwerwiegende Meinungsverschiedenheiten gibt, kann hier nicht weiter dargestellt werden.

Es ist unschwer zu sehen, welche kulturumwälzende Kraft diese Glaubensvorstellungen hatten und bis heute latent haben. Sie sind die letzten, eigentlichen Wurzeln aller Vorstellungen von Menschenrechten (die im Mittelalter als Pflichten gegenüber anderen artikuliert wurden) und der Würde jedes, auch des verunstaltetsten und niederträchtigsten Menschen.

Sollen solche Vorstellungen mehr als bloße Wunschforderungen oder letztlich kulturabhängige und insofern am Ende nicht zu begründende Postulate sein, müssen sie ihre Wurzeln in der Seins- beziehungsweise – christlich gesprochen – in der Schöpfungsordnung haben. Auch Kants kategorischer Imperativ (eine der Formulierungen: „Handle nur nach derjenigen Maxime, von der Du wollen kannst, dass sie allgemeines Gesetz würde") hilft da nicht viel weiter, da ich in einer privilegierten Situation sehr wohl etwas wollen kann, das mich nach menschlichem Ermessen nie betreffen wird; es ist eine – überdies nicht unproblematische – ethische, nicht eine ontologische oder gar logisch zwingende Maxime. Nur wenn ich befürchten muss, dass meine rücksichtslosen Handlungen spätestens nach meinem Tod unvermeidliche Folgen haben werden, sind Menschenrechte wirklich wirksam verankert. Nicht wenige, etwa Marx und die Marxisten, neigten stets dazu, sie als einen Vorwand der Ausbeuter lächerlich zu machen. Es ist kein Zufall, dass die ersten Verfechter dessen, was wir heute allgemeine Menschenrechte nennen, spätmittelalterliche Theologen wie Francesco de Vitoria waren, die gegen die Ausbeutung und Misshandlung der Ureinwohner des eben entdeckten amerikanischen Kontinents protestierten; der (evangelische, aber um ökumenische Versöhnung bemühte) Begründer des Völkerrechts Hugo Grotius nennt ihn im 17. Jahrhundert ausdrücklich als einen seiner Vorgänger. Es gehört zu den tragischen Entwicklungen des 19. Jahrhunderts, dass vor allem Katholiken unter dem Eindruck der Exzesse der Französischen Revolution die Vorstellung von Menschenrechten als „zügellose Freiheitslehren" ablehnten; sie begriffen nicht, was im 20. Jahrhundert der Theologe Hans Urs von Balthasar als eine Verleugnung beim vermeintlichen Gegner auftauchender und deshalb übersehener Splitter christlicher Überzeugungen beschrieben hat. Noch 1948 zögerte die Katholische Kirche, die „Allgemeine Erklärung der Menschenrechte" der Vereinten Nationen zu unterzeichnen. Andererseits ist freilich zu beobachten, dass heute fast jede Gruppe, die ihr Anliegen durchsetzen will, sich auf Menschenrechte beruft; auch, dass es Universitätsgelehrte gibt, die die Meinung vertreten, höherentwickelte Affen hätten Rechte, die einem unheilbar bewusstlosen Kranken nicht mehr zustehen. Es gibt heute nahezu nichts mehr, wofür sich nicht der eine oder andere leidenschaftlich einsetzt; Meinungsfreiheit hat eben auch ihren kulturellen Preis.

Weitere Blüten christlicher Wurzeln

Blickt man genauer – und unvoreingenommen – hin, ist die Zahl der Überzeugungen und Phänomene, die noch heute von den jüdisch-christlichen Wurzeln der europäischen Kultur zeugen, sehr viel größer, als man zunächst meinen würde; man muss nur eine Zeit lang in Weltgegenden verbracht haben, die vom Christentum kaum beeinflusst worden sind, um sie deutlich zu sehen. In ganz Europa ist die Einehe eine Selbstverständlichkeit; überall in Europa ist Fürsorge für mittel- oder wehrlose Nächste üblich, seien es Organisationen, die sich um Kranke oder Arme bemühen, oder Institutionen, die sich selbstlos für wie auch immer Benachteiligte einsetzen. Nahezu alle von uns sind überzeugt, dass unser Lebensweg von der Geburt bis zum Tod etwas Einmaliges und deshalb unwiederholbar zu Verantwortendes ist, und selbst jene erstaunlich vielen, die heute an Reinkarnation glauben (auch Christen!), sind in Europa überzeugt, dass sie als andere Menschen, nicht, wie der Hindu erwartet, als Küchenschaben oder Krokodil weiterleben werden (Zander). Das Christentum hat für breite Schichten der europäischen Bevölkerung völkerüberschreitende ethische Standards gesetzt, selbst wenn heute deren christlichen Ursprünge meist kaum noch wahrgenommen werden.

Schwieriger zu beantworten ist die Frage, inwiefern auch allein von Europa ausgehende, heute weltweit anzutreffende Haltungen und Denkweisen, wie zum Beispiel die Naturwissenschaften, letztlich christliche Wurzeln haben. Eines der Kennzeichen der jüdisch-christlichen Wirklichkeitsanschauung war ein radikal unmythologisches Verständnis der Natur, mit dem nur wenige heidnische Denker etwas anfangen konnten. Mit Recht ist darauf hingewiesen worden, dass die Christianisierung Europas auch eine „erste Aufklärung" bewirkt hat, die im 17./18. Jahrhundert von der eigentlichen Aufklärung fortgesetzt und radikalisiert wurde (d'Arcais/Ratzinger). So wurde etwa Astrologie schon in der frühen Christenheit, sehr deutlich beispielsweise von Augustinus, als ein dem Christentum grundsätzlich fremder Aberglaube abgelehnt.

Es ist nicht Aufgabe dieses Beitrages, nach Erklärungen dafür zu suchen, warum seit dem Beginn der Neuzeit die kulturprägende Kraft des Glaubens der Christen in Europa nachgelassen hat. Die Ursachen dieser Entwicklung sind vielfältig und komplex. *Eine* Ursache ist jedoch zweifellos die langfristige Auswirkung der Konstantinischen Wende: Altar und Thron hatten sich so sehr so lange verquickt, dass mit dem Sturz der Throne auch das Christentum in Frage gestellt wurde. Die Christen mussten und müssen immer noch mühselig lernen, dass ihr Bekenntnis eine je ganz persönliche Entscheidung ist, die – so sehr deren kulturelle Ausstrahlung wünschenswert wäre – nicht durch Kultur ersetzt werden kann. Weil Europa der christliche Kontinent war, haben sie zu lange übersehen, was Jesus ihnen vorausgesagt hatte: Sie würden von „der Welt" nicht ernst genommen, ja verfolgt werden. 1821 meinte Hegel, da „die Gegenwart ihre Barbarei und die Wahrheit ihr Jenseits abgestreift" habe, sei für Europa der Glaube der Christen, der dies maßgeblich mitbewirkt hatte, eigentlich gar nicht mehr wichtig; er war rechtspolitische Wirklichkeit, „objektiver Geist" geworden. Die blutgetränkte Geschichte Europas im 20. Jahrhundert hat uns schmerzhaft daran erinnert, dass diese Bestandsaufnahme des großen deutschen Gnostikers, von deren Richtigkeit man im Grunde noch 1900 europaweit überzeugt war, in keiner Weise zutrifft. Auch ein vereintes Europa wird uns auf Dauer nicht vor der Möglichkeit der Rückkehr (möglicherweise hoch-, aber falschgebildeter) Barbaren und den sich im Zeitalter der Massenmedien so leicht ausbreitenden Selbsttäuschungen des Diesseits bewahren.

Literaturhinweise

Rémi BRAGUE, Europa. Eine exzentrische Identität. Frankfurt a.M. u. a. 1993.

Norbert BROX u. a. (Hrsg.), Geschichte des Christentums: Religion, Politik, Kultur. 14 Bde., Freiburg i. Br. u. a. 1991–2004.

Norman DAVIES, Europe. A History. Oxford u. a. 1996.

Paolo Flores D'ARCAIS/Josef RATZINGER, Gibt es Gott? Wahrheit, Glaube, Atheismus. Berlin 2006.

Klaus Martin GIRARDET, Die Konstantinische Wende. Voraussetzungen und geistige Grundlagen der Religionspolitik Konstantins des Großen. Darmstadt 2006.

Malcom LAMBERT, Häresie im Mittelalter. Von den Katharern bis zu den Hussiten. Darmstadt 2001.

Alasdair MACINTYRE, Der Verlust der Tugend: Zur moralischen Krise der Gegenwart, Frankfurt a.M. u. a. 1987.

Lutz E. PADBERG, Christianisierung im Mittelalter. Darmstadt/Stuttgart 2006.

Alexander RANDA, Das Weltreich. Wagnis und Auftrag Europas im 16. und 17. Jahrhundert. Olten u. a. 1962.

Joseph H. H. WEILER, Ein christliches Europa. Erkundungsgänge. Salzburg 2004.

Moshe Zimmermann
Judentum

Seit dem 11. September 2001 zeichnet sich in Europa eine (vermeintliche) Rückbesinnung auf das jüdisch-christliche Erbe und die jüdisch-christliche Kultur des Kontinents ab. Die Spitzen der deutschen Politik sprachen 2010 gar von einer christlich-jüdisch geprägten Kultur des Abendlandes beziehungsweise Europas oder Deutschlands. Angesichts der historischen Konfrontation mit schweren Folgen zwischen dem Christentum als Religion der Mehrheit in Europa und der jüdischen Minderheit seit dem Ende des Altertums bis zum Zweiten Weltkrieg überrascht eine derartige Äußerung auch noch zusätzlich im Hinblick auf zwei weitere Aspekte: Betrachtet man zum einen die europäische Tradition des Mittelalters, so stößt man eher auf die jüdisch-muslimische Kultur als Fundament eines vermeintlich gemeinsamen europäischen Erbes, das heißt als Vermittlerin zwischen der hellenistischen Tradition der Antike und dem modernen Europa. Zum anderen aber waren es gerade die Antisemiten in Europa, die stets behaupteten, dass Juden in Europa „Fremdkörper" seien und aus Europa entfernt werden müssten, und die zusammen mit manchem christlichen Theologen nichts von den jüdischen Wurzeln des Christentums wissen wollten und sogar verlangten, die christliche Tradition von jüdischen Elementen zu befreien. In dem vom Dritten Reich angestrebten Neuen Europa sollte es keinen Platz für Juden geben, weshalb man sich – so das Protokoll der Wannsee-Konferenz vom 20. Januar 1942 – die „Endlösung der Judenfrage in Europa", also die Vernichtung des Judentums, meinte zum Ziel setzen zu müssen. Dem kam man bis 1945 erschreckend nahe. Die damit einhergehende Konsequenz einer Ausmerzung der jüdischen Kompositionselemente europäischer Kultur im gemeinsamen Erbe wurde jedoch nicht nur vom nationalsozialistischen Deutschland, sondern auch von kommunistischen Systemen in Osteuropa lange nach dem Untergang des Dritten Reiches verfolgt. Die erwähnte „Rückbesinnung" konnte also, wenn überhaupt, erst nach 1990 und dem endgültigen Fall des Eisernen Vorhangs in ganz Europa einsetzen.

Die historischen Wurzeln

Betrachtet man Europa als geographischen Raum und Rahmen mit jüdischer Präsenz, so sieht man, dass bereits im Altertum die jüdischen Gemeinden der hellenistisch-römischen Welt mit unterschiedlichen Reaktionen ihrer Umwelt konfrontiert waren. Antiken Quellen zufolge blickten Griechen und Römer auf das Judentum als Religion und Kultur mit Skepsis, zuweilen aber auch mit intellektueller Neugier und Faszination. Politisch wurden jüdischen Gemeinden nach der Eingliederung Judäas als Vasallenstaat in das Römische Reich global manche Privilegien eingeräumt, so dass es in der religiös toleranten Welt der griechisch-römischen Antike zu gewalttätigen Auseinandersetzungen zwischen Juden und Nichtjuden nur auf dem Hintergrund sozialer Spannungen in den jeweiligen lokalen Bevölkerungen, zu Ausweisungen von Juden aus Rom aufgrund politischer Erlasse, wie zum Beispiel Verstößen gegen das Verbot politisch-kultischer Vereine allgemein, oder später im Kontext des Herrscherkults kam. Hier aber waren Juden nicht mehr als andere ethnische Gruppen, nicht mehr als Griechen und Römer, betroffen.

Geht man dagegen von Europa als Kulturbegriff in politischem Kontext aus, so ergaben sich die Möglichkeiten gegenseitiger Befruchtung und gleichzeitig religiös-kultureller Konflikte zwischen Juden und anderen Europäern frühestens durch die Christianisierung des Kontinents mit Beginn des Mittelalters. Paradoxerweise zeigt sich, dass die gegenseitigen Beziehungen zwischen Juden und Judentum einerseits und Europa und europäischer Kultur andererseits seit dem 7. Jahrhundert eher über die muslimische als über die christliche Religion und Kultur verlief. In der kollektiven jüdisch-europäischen Erinnerung steht der Begriff des Goldenen Zeitalters für das Leben von Juden im muslimischen Spanien in der Zeit zwischen dem 10. und 13. Jahrhundert, also in der Epoche vor dem Abschluss der christlichen Reconquista der iberischen Halbinsel. Jüdische Gelehrte wie Salomon Ibn Gabirol (1021–1058) und Moses Maimonides (1135–1204), um nur zwei herausragende Beispiele zu nennen, illustrieren zu Beginn des zweiten Jahrtausends die Rolle von Juden als Brücke des christlichen Europa zu Kultur und Wissenschaft der antiken Welt, zu Aristotelismus und Neo-Platonismus. Diese Mittlerfunktion aber beruhte vor allem auf der Integration von Juden in eine muslimische Umwelt, in der gerade das wissenschaftlich-philosophische Erbe der Antike bewahrt worden war. Die jüdisch-christliche Tradition Europas ist daher im Grunde das späte Ergebnis einer Kooperation der drei großen monotheistischen Religionsgemeinschaften als Grundelemente europäischer Zivilisation in der ersten Hälfte der üblicherweise als Mittelalter bezeichneten Epoche. Die Ringparabel in Lessings „Nathan" ist Ausdruck dieser Wahrnehmung im Zeitalter der Aufklärung.

Darüber hinaus waren Juden in Europa vor allem im Mittelmeerraum bis in das 10. Jahrhundert hinein so stark von ihrer europäischen Umgebung geprägt, dass sie für die jüdische Geschichte praktisch verloren gingen. Zwar berichten christliche Quellen über die Anwesenheit von Juden und die diversen Beziehungen zu ihnen. Doch die Kontakte dieser Juden zu den eigentlichen Zentren jüdischen Lebens im Land Israel und vor allem in Babylonien, wo sich seit der Zeit der Amoräer, also seit dem 3. Jahrhundert, mündliche Thora und Halacha entwickelten, schienen abgerissen zu sein. Ganz gleich ob man die These vertritt, die sich auf Juden beziehende europäische Gesetzgebung dieser Zeit sei nur eine Kompilation früherer Gesetze ohne praktische Relevanz gewesen (Michael Toch), oder die neue These akzeptiert, nach der es doch eine beträchtliche Zahl von Juden in Europa gegeben habe, die aber biblische, nicht rabbinische Juden waren, das heißt den Kontakt zu Juden der Halacha im Orient verloren hatten (Doron Mendels und Ariyeh Edrei) – für einen Dialog zwischen Juden und Christen als Grundlage einer europäischen Tradition blieb diese Epoche eher ein „schwarzes Loch". Juden waren zum bloßen Ort der Erinnerung an den Unterschied zwischen einem angeblich wahren Judentum, wie es in Christentum und christlicher Kirche Gestalt angenommen hatte, und einem vermeintlich falschen Judentum geworden.

Erst im 9. und 10. Jahrhundert gewannen jüdische Gemeinden, die *Sephardim* in Spanien und die *Aschkenasim* in Deutschland, und hier vor allem in den Rheinlanden, an Profil und wurden zum Fundament eines europäischen Judentums. Seitdem entwickelten sich in Europa zwei jüdische Zentren, die mit den bisherigen Mittelpunkten jüdischen Lebens im Orient in Konkurrenz treten und sie schließlich in den Schatten stellten. Allerdings gerieten beide Zentren sehr bald in das Spannungsfeld des Konflikts zwischen Judentum und Christentum. So führten in Aschkenas die Kreuzzüge seit dem Ende des 11. Jahrhunderts zu Pogromen gegen die lokale jüdische Bevölkerung und leiteten eine Politik der Verfolgung und Vertreibung ein, während es auf der iberischen Halbinsel nach der Reconquista zwischen dem 14. und 16. Jahrhundert zur vollständigen Vertreibung der jüdischen Bevölkerung kam. Was sich aber bis zur Gegenwart in der Erinnerung an das europäische Judentum verankern konnte, war die Spaltung zwischen *Aschkenasim* und *Sephardim* sowohl in religiöser als auch in allgemein kultureller Hinsicht. Sogar die „Judenexperten" des Dritten Reiches kannten diese Dichotomie und fragten nach ihrer Bedeutung aus der Perspektive der „Rassenkunde".

Mit Beginn der Neuzeit konnten sich die aschkenasischen Gemeinden allmählich zum dominanten Element des europäischen Judentums entwickeln. Sie wurden spätestens im 17. Jahrhundert auch demographisch zum stärksten Kontingent der jüdischen Gesellschaft weltweit. Die sephardische Bevölkerung, von der iberischen Halbinsel hauptsächlich in die Gebiete des Osmanischen Reichs vertrieben, und die im Vorderen Orient lebenden Juden verloren erheblich an demographischem und kulturellem Gewicht für das gesamte Judentum. Das religiös-kulturell führende Judentum war nun im Großen und Ganzen das mittlerweile durch und durch europäisch geprägte aschkenasische Judentum. Der Prozess der Verlagerung des demographischen Schwerpunkts des aschkenasischen Judentums in den Osten Europas – also nach Polen, Litauen und Russland – und die damit verbundene demographische Entwicklung vor Ort, die Ost- und Mitteleuropa zum größten Zentrum des Judentums machte, sind in der Historiographie allerdings heftig umstrittene Themen (Shlomo Sand).

Spricht man vom Judentum als europäischem Phänomen, so bezieht sich dieser Begriff vorwiegend auf die Zeit zwischen dem 17. und der Mitte des 20. Jahrhunderts, wobei die vorangehende Epoche als Vorgeschichte einer Verortung des Judentums in Europa und im europäischen Gedächtnis gilt. Dabei scheinen Historiker der „Europäischen Idee" zum einen ohnehin darin übereinzustimmen, dass das Konzept europäischer Einheit überhaupt erst irgendwann zwischen dem 14. und 18. Jahrhundert entstand, und zwar zu einem Zeitpunkt, als diese Idee erstmals historische, kulturelle und politische Bedeutung erhielt. Zum anderen aber geht es hier um die Zeit, in der die absolute Mehrheit der Juden in Europa lebte – etwa 90 Prozent der Juden weltweit wenigstens bis 1881, als die Massenauswanderung nach Amerika und die zionistisch motivierte Auswanderung nach Palästina einsetzte, und immerhin noch 70 Prozent bis 1939, bevor das Dritte Reich mit der systematischen Ausrottung des europäischen Judentums begann.

Über den europäischen Charakter des Judentums entschied nicht nur die demographisch-lokale Komponente. Auch die wichtigsten Impulse für die Entwicklung des Judentums als Religion und Kultur kamen in der Neuzeit aus Europa beziehungsweise gelangten zunächst in Europa zum Ausdruck, obwohl die Dichte der jüdischen Bevölkerung über den Kontinent hinweg unterschiedlich verteilt war – etwa ein Prozent der Bevölkerung in Deutschland, etwa 10 Prozent in Polen. Gerade in Polen entstand dann im 18. Jahrhundert der Chassidismus, eine neue Form jüdischer Religiosität, die eigentlich die pietistischen Tendenzen der Umwelt reflektierte und zu einer regelrechten Massenbewegung im dortigen Judentum wurde. Im letzten Drittel des 18. Jahrhunderts begann zudem parallel zur allgemeinen Entwicklung und als Teil dieser Entwicklung die *Haskala*, die jüdische Aufklärung, das jüdische Selbstverständnis zu beeinflussen – zunächst in Mittel- und Westeuropa, dann aber auch zunehmend in Osteuropa (Shmuel Feiner). Die bekannteste Gestalt in diesem Zusammenhang, die eine zentrale Rolle sowohl in der europäischen Aufklärung als auch in der jüdischen *Haskala* spielte, war wohl Moses Mendelssohn. Mendelssohn ging – etwa in seinem Werk „Jerusalem" – nicht nur davon aus, dass das Christentum auf dem Judentum beruht und das Verschwinden des Judentums zwangsläufig den Zusammenbruch des Christentums herbeiführen muss, sondern meinte auch, dass eine Trennung von Staat und Kirche es Juden ermögliche, bei Beibehaltung der eigenen Religion an Sitten und Gebräuchen sowie der Verfassung ihres jeweiligen Heimatlandes teilzunehmen.

Eng verbunden mit der *Haskala* waren die Veränderungen der jüdischen Religion in der sogenannten Reformbewegung und dem in ihrem Zuge entstehenden liberalen Judentum. Diese Bewegung war von Anfang an eine mitteleuropäische und blieb es, bis sie mit der Auswanderung nach Amerika auch jenseits des Ozeans Fuß fassen konnte und zur wichtigsten Strömung im amerikanischen Judentum wurde. Aber auch die sich in der Neo-Orthodoxie sammelnden Gegner des Reformjudentums betrachteten sich als eine in der modernen europäischen Kultur verankerte Richtung. Dass Juden in der Vergangenheit abseits der europäischen Zivilisation geblieben waren, hänge nicht mit der jüdischen Religion zusammen, so Rabbiner Samson Raphael Hirsch in seiner Schrift „Die Religion im Bunde mit dem Fortschritt" (1854), sondern mit dem von außen auferlegten Zwang des Lebens im Ghetto. Jüdische Orthodoxie, so Hirsch, verlange *Thora*, also jüdische Religionslehre, verbunden mit einer Anpassung an die Sitten und Gebräuche der Umgebung (*Derech Eretz*). So wurde auch der kombinierte Titel des Rabbiner-Doktors zum Symbol der Verankerung des orthodoxen und liberalen Judentums gleichermaßen in der europäischen Kultur der Moderne.

Das europäische Judentum wurde im Laufe des Prozesses der Anpassung an oder der Inklusion in die europäischen Gesellschaften auch in politischer Hinsicht zum Lackmustest für die Modernisierung Europas. Während Toleranz, Gleichberechtigung, Emanzipation und Integration zu Grundprinzipien europäischer Gesellschaften wurden, war keine Gruppe, auch nicht unterprivilegierte Klassen wie Bauern und Arbeiter oder die Gruppe der Frauen, intensiver und nachhaltiger als die jüdische Bevölkerung eine Herausforderung und Bestandsprobe für die praktische Implementierung dieser Grundsätze. Erst als das Prinzip der Toleranz nicht nur intern zwischen den christlichen Kirchen, sondern auch gegenüber Juden Anwendung fand, erhielt es europaweit eine universelle Bedeutung. Und erst nachdem infolge der Französischen Revolution und zwei Jahre nach der Proklamation der Menschenrechte Juden als Staatsbürger anerkannt worden waren, hatte das Prinzip der politischen Gleichberechtigung seine Bewährung bestanden und war allgemein gültig geworden. Der nächste unvermeidbare Schritt war nun die Anerkennung der Gleichberechtigung von Unterschichten, Frauen und Bewohnern der europäischen Übersee-Kolonien. Die Judenemanzipation war somit Bestandteil oder gar Auftakt für die Emanzipation anderer benachteiligter Gesellschaftsgruppen – Sklaven, Leibeigene oder Frauen. Es kann also nicht verwundern, dass der Liberalismus als politische Denkrichtung so oft von Juden propagiert wurde und ihnen entscheidend zum gesellschaftlichen Auszug aus dem Ghetto verhalf. Alle genannten Grundprinzipien assoziierten sich im kollektiven europäischen Gedächtnis mit „Juden" und „Judentum". Dies wiederum führte allerdings dazu, dass auch die Vertreter der Intoleranz, der Anti-Emanzipation, des Anti-Liberalismus, der Angst vor der Moderne ihre Angriffe auf Juden konzentrieren konnten.

Im internen europäischen Diskurs der Neuzeit standen Juden nicht nur im politischen Bereich, sondern auch in Wirtschaft und Gesellschaft stellvertretend für die zentralen Entwicklungen. Die fortschreitende, mit der Industrialisierung einhergehende Urbanisierung und der Aufstieg des Bürgertums in den europäischen Gesellschaften, die sich entwickelnde Marktwirtschaft sowie die Ideologisierung der Arbeiterschaft als Produkt des Kapitalismus wurde mit der Anwesenheit von Juden oder dem Einfluss des Judentums in Zusammenhang gebracht. Obwohl Juden anteilmäßig eine kleine Gruppe waren und sachlich betrachtet der Einfluss anderer Gesellschaftsgruppen in diesen Prozessen wesentlich größer war, spielten die genannten Assoziationen positiv oder negativ bewertet in der kollektiven Wahrnehmung und Erinnerung eine entscheidende Rolle. Als Speerspitze des „Projekts der Moderne" (Shulamit Volkov) gelten Juden bis heute.

Bis zum Zweiten Weltkrieg spielte dabei jedoch in der kollektiven Erinnerung von Juden und Nichtjuden gleichermaßen der Unterschied zwischen Ost- und Westjuden eine wichtige Rolle. Seit der *Haskala* setzte man in stereotyper Vorstellung „Ostjuden", also Juden aus Osteuropa, meist mit Rückschrittlichkeit und Unmoderne gleich und sah in ihnen die Verkörperung vieler dem Judentum zugewiesener stereotyp-negativer Merkmale wie Schnorrerei, Spitzfindigkeit und Unehrlichkeit. Das Image des „Ostjuden" wurde zu einem Argument in der Diskussion um den „wahren Charakter" des Judentums und um die Frage der Zugehörigkeit von Juden zum europäischen Wesen. „Der Ostjude" als Ort der Erinnerung spielte dabei nicht nur innerhalb der europäisch-jüdischen Gesellschaft eine prominente Rolle, sondern auch im Antisemitismus, bis hin zum Antisemitismus des Dritten Reich, einerseits, und im palästinozentrischen Zionismus andererseits. Im Zionismus allerdings versuchte man das Ostjudentum unter umgekehrten positiven Vorzeichen zu rezipieren – als Vertreterin eines authentischen, bewussten, nicht-assimilierten und stolzen Judentums. Auch dieses Image konnte sich langfristig sowohl bei Juden als auch bei Nichtjuden verankern.

Der „Beitrag"

Die exponierte Präsenz von Juden im Europa der Neuzeit war eng mit einer Diskussion um den „Beitrag" der Juden zur europäischen Kultur verbunden. Heinrich Heine dachte 1825, sich nur mit Hilfe der Taufe das „Entre Billet zur europäischen Kultur" verschaffen zu können. Viele Juden sind Heine gefolgt, während andere im Prozess der Säkularisierung und fortschreitenden Gleichberechtigung in weiten Teilen Europas dasselbe Ziel auch ohne die Konversion erreichen wollten.

Die jüdische Bevölkerung war im Vergleich zur nichtjüdischen in ganz Europa auch vor der Industrialisierung eine überwiegend urbane Gesellschaft und konnte im Lauf der Industrialisierung und des Aufstiegs des Bürgertums in Europa dies als relativen Vorteil ausbauen. Juden waren in Gymnasien und Universitäten, jedenfalls dort, wo das Gesetz es nicht verhinderte, überproportional vertreten. Dadurch wurde die Grundlage für einen massiven Eintritt in die europäische Gesellschaft durch Wissenschaft und Kultur und gleichermaßen für den Beitrag zum europäischen Kulturleben gelegt. Da Judentum nicht mehr mit einer religiösen Orthodoxie identisch war, lag die Essenz des „jüdischen Beitrags" in den letzten Jahrhunderten außerhalb der orthodoxen Praxis, also innerhalb der reformierten jüdischen Religion, in der Beteiligung an den Wissenschaften, im kulturellen und materiellen Fortschritt sowie in dem allgemeinen Bemühen, die soziale Frage zu lösen, im Nationalismus und im Internationalismus. Heinrich Graetz, der wohl wichtigste jüdische Historiker des 19. Jahrhunderts, formulierte diesen Umstand mit Bezug auf „das Judentum" im herkömmlichen Sinn mit den Worten: „Es ist eine Tatsache, dass unter den aufgeklärten Juden der Europäismus den gesamten Horizont einnimmt, das Judentum erscheint nur in einer versteckten Ecke".

Meist apologetisch als Argument gegen den Vorwurf der Fremdheit formuliert, aber auch als genuiner Ausdruck der Zugehörigkeit zum Europäertum verstanden, versuchten Juden und Vertreter der „jüdischen Sache" diesen „Beitrag" konkreter, auch anschaulicher zusammenzufassen: Ganz prominent hervorgehoben wurde der Beitrag zur Wissenschaft und Kultur: Nobelpreisträger galten dafür als absoluter Beweis – Albert Einstein und Max Born in der Physik, Richard Willstätter und Max Perutz in der Chemie, Paul Ehrlich und Hans Krebs in der Medizin, Paul Heyse und Henri Bergson in der Literatur – um nur einige Beispiele zu nennen. Hinzu kamen Erfinder wie Otto Lilienthal in der Luftfahrt oder Siegfried Marcus im Automobilwesen („Marcuswagen"). Besonders verwiesen wurde auch auf die Rolle von Juden in Musik, Literatur, Theater und Film: Moses Mendelssohns Enkel Felix Mendelssohn-Bartholdy, obwohl er Christ war, Franz Kafka, Ferenc Molnár, Max Reinhardt, Eugène Ionesco, Ernst Lubitsch und viele andere mehr. Und man nannte in diesem Zusammenhang Juden, die die europäische Mentalität und Kultur revolutioniert hatten, wie Karl Marx, auch er als Christ aufgewachsen, oder Siegmund Freud. Doch die Betonung der prominenten Stellung von Juden in der europäischen Wissenschaft, Kultur und Politik führte häufig im Gegenzug zu einer negativen Bewertung und Verankerung eben dieses Beitrags im kollektiven Gedächtnis: Für Antisemiten handelte es sich um den ultimativen Beweis für eine „Verjudung" der europäischen Gesellschaft und ihrer Kultur. „La France Juive" nannte Eduard Drumont seine programmatische Schrift (1886), und Wilhlem Marr publizierte (1879) eine entsprechende Schrift unter dem Titel „Sieg des Judenthums über das Germanenthum". Positiv oder negativ wurde das jüdische Profil in der europäischen Kultur thematisiert und problematisiert und schließlich in die kollektive Erinnerung eingeprägt.

Spricht man vom jüdischen Erbe Europas, taucht unwillkürlich ein grundsätzliches Problem auf: Das Judentum selbst wandelte sich während seiner nahezu zweitausendjährigen Präsenz in Europa ebenso vollständig wie die nichtjüdische Gesellschaft. Das Tempo der Verwandlung beschleunigte sich vor allem in den letzten drei Jahrhunderten extrem. Solange die Religion die Zugehörigkeit des Individuums zum Kollektiv bestimmte, war das Judentum in Europa der Gegensatz des Christentums, des christlichen Wesens. Auch im kollektiven Bewusstsein bildeten Juden den Gegenpol zum Christentum, dessen Anwesenheit man meist duldete und bisweilen sogar theologisch legitimierte. Doch mit der Säkularisierung der europäischen Gesellschaften und dem Aufkommen der modernen Kollektive – von Nationen und Klassen – entwickelten sich neue Definitionen von Judentum. Ob Juden eine Nation in der Nation, ein Staat im Staate, seien, diese Frage beschäftigte und beschäftigt noch immer die europäischen Gesellschaften. Nur wenn Juden keine Nation und kein Staat im Staate sind oder es nicht sein wollen, sind Integration und Gleichberechtigung zu gewährleisten, sagten die Befürworter der Gleichberechtigung bereits in der ersten Stunde der Französischen Revolution. Somit wurden Juden aufgefordert, über die Zugehörigkeit zu einer der europäischen Nationen zu Mitgliedern der europäischen Gesellschaft zu werden und hier ihren „Beitrag" zu leisten. Zur Integration von Juden in die europäischen Gesellschaften ging es seit Ende des 18. Jahrhunderts mehr und mehr über die Loyalität gegenüber der jeweiligen Nation, in deren Mitte man lebte. Wie weit man als gläubiger Jude sich darauf einlassen wollte, zeigt zum Beispiel die Aussage des Reformrabbiners Samuel Holdheim (1806–1860), es gehe für Juden prinzipiell der Vaterlandsgenosse vor dem Glaubensgenossen.

Die Entwicklung des Nationalismus in Europa bot jedoch seit Beginn des 19. Jahrhunderts dem Judentum die theoretische und praktisch auch wahrgenommene Möglichkeit, sich als eigene Nation zu bestimmen. Dies hätte die Beziehung zwischen Juden und Europäern auf eine alt-neue Basis stellen und nicht automatisch zum Konflikt zwischen Europäertum und Judentum führen müssen: Die Autonomismus genannte, von dem Historiker Simon Dubnow (1860–1941) repräsentierte Form des jüdischen Nationalismus betonte den kulturellen Charakter dieses Nationalgefühls, hielt die territoriale Konzentration oder den Judenstaat für überflüssig und schlug die Fortsetzung der Existenz der unterschiedlichen jüdischen Diasporen *in* Europa – unter jüdisch-nationaler Gesinnung – vor. Da jedoch immer wieder und insbesondere gegen Ende des 19. Jahrhunderts der jüdischen Bevölkerung der Vorwurf gemacht wurde, ein Staat im Staat – und zwar im Nationalstaat – zu sein, fühlte sich ein Teil der Juden dazu verleitet, nicht nur die jüdische Nation zu erfinden und so den Spieß umzudrehen, sondern auch den Auszug aus Europa zu postulieren und die Gründung eines Judenstaats in Palästina anzustreben. Der jüdische Nationalismus, der sich so als Reaktion auf die Nationalbewegungen in Europa präsentierte und zur Loslösung des Judentums vom europäischen Standort seiner Kultur hat führen müssen, war also ebenso wie der Autonomismus ein europäisches Phänomen, das zur großen Herausforderung für ein Europa der Nationen wurde. Während der europäische Nationalismus zum zentralen Ort der jüdischen Erinnerung wurde, verwandelte sich das Judentum auch für die modernere Tradition des europäischen Nationalismus zum Ort der Erinnerung.

Rassismus, Antisemitismus, Holocaust

Die fortschreitende Emanzipation der jüdischen Bevölkerung in Europa im 19. und 20. Jahrhundert, verknüpft mit der Trennung von Staat und Kirche als Folge des Prozesses der Säkularisierung, hätte eigentlich die historische „Judenfrage" entproblematisieren und privatisieren sollen. Dass das Aufkommen der europäischen Nationalismen schließlich nicht zur Integration von Juden auf der neuen Grundlage der Zugehörigkeit zu einer der europäischen Nationen und somit zur vollständigen Inklusion oder Assimilation führte, lag im Wesentlichen daran, dass aus Sicht der immer stärker werdenden ethnozentrischen Haltung der europäischen Nationen Juden nicht nur kollektiv, sondern auch individuell Fremde blieben und sogar als innere Feinde betrachtet werden konnten. Diese Haltung gegenüber Juden wurde zum Ort der Erinnerung im gegenwärtigen Europa, nicht zuletzt weil hier das Fundament für die Auseinandersetzung Europas mit der Frage der Assimilation und Integration auch von Angehörigen nichteuropäischer und nichtchristlicher Herkunft seit dem Zweiten Weltkrieg liegt.

Das Neue an der im 19. Jahrhundert aufkommenden europäischen Judenfeindschaft war die Abneigung gegenüber Juden als „Rasse" – oder „Mischvolk" – statt als Religionsgemeinschaft. Der Begriff Antisemitismus war 1879 geprägt worden, um die Trennlinie zwischen Juden und Nichtjuden neu zu ziehen und auf der Grundlage einer angeblich naturwissenschaftlich fundierten Behauptung, die Menschheit sei nach Rassen aufgeteilt und sogar hierarchisch sortiert, zu definieren. Auf der Suche nach dem geeigneten Begriff, der die Rassenunterschiede berücksichtigen und die alten Begriffe wie Judenfeinde, „Judenfresser" oder Antijudaismus ersetzen sollte, überlegte man sich auch die Varianten der Asiaten oder Orientalen gegen Europäer, bevor man sich auf das Schlagwort des Antisemitismus einigte. Somit wurde dieser Begriff zum Ort der europäischen Erinnerung in Verbindung mit dem anderen Ort namens Judentum.

Der neue, sich Antisemitismus nennende Judenhass war ein Versuch, Juden und Juden allein, und zwar definiert nach Herkunft, nicht nach Religion, die Zugehörigkeit zum Europäertum abzusprechen. Noch vor dem Ende des 19. Jahrhunderts fanden zu diesem Zweck sogar internationale Antisemiten-Kongresse statt. Nach Meinung der Antisemiten schadeten Asiaten, Orientalen oder eben Semiten – und damit meinte man ausschließlich Juden – den europäischen Völkern und „entarteten" beziehungsweise „verjudeten" die europäische Kultur. Für den europäischen Rassismus in seinen verschiedenen Ausprägungen waren demnach Juden die Herausforderung schlechthin. „Die Juden sind unser Unglück", war daher die erfolgreiche Parole des antisemitischen Professors Heinrich von Treitschke. Aus Sicht der Antisemiten waren Juden die wahren Feinde, ganz gleich ob man ihnen das Etikett des Kommunismus oder der Plutokratie anheftete. Wie die fingierten „Protokolle der Weisen von Zion" beweisen sollten, ging es um eine Weltverschwörung „der Juden" gegen Nichtjuden. Und weil dieser Feind, dieser Weltverschwörer, als todbringend galt, suchte man schließlich nach der tödlichsten, der ultimativen Antwort. Für die Rassenpolitik des Dritten Reiches war die Neuordnung Europas identisch mit Antikommunismus und Antiliberalismus, weil Kommunismus und Liberalismus eben Chiffren für Judentum waren. Juden mussten für Himmlers Vision von Europa also verschwinden, weil nur so angeblich dem Liberalismus, dem Sozialismus und der Verseuchung der Rasse das Wasser abgegraben werden konnte.

Es war kein Zufall, dass auf die Erfindung des Antisemitismus die Erfindung der Juden als Nation folgte und in der weiteren Folge ein Exemplar des europäischen Nationalismus, der Zionismus, in den Nahen Osten exportiert wurde. Die in Basel gegründete und in ganz Europa Kongresse abhaltende zionistische Bewegung bot die Auswanderung von Juden nach

Palästina als Teil der Lösung der Judenfrage an. Für Araber im Nahen Osten waren daher die seit 1882 nach Palästina einwandernden Juden an erster Stelle keine Semiten – eine für Nichteuropäer ohnehin eher unbekannte Bezeichnung –, sondern schlicht Europäer, Träger einer europäischen Ideologie oder Opfer einer internen europäischen Auseinandersetzung. Der Versuch von Zionisten wie Martin Buber zu behaupten, „der Jude ist Orientale geblieben", sogar mit einer „asiatischen Innerlichkeit", wurde nur von europäischen Antisemiten mit Interesse als Beweis der Fremdheit von Juden in Europa aufgenommen, nicht aber von den arabischen Bewohnern Palästinas als Grundlage für eine Zugehörigkeit von Juden zu diesem geographischen Raum rezipiert. Das Interesse der Europäer am arabisch-israelischen Konflikt seit 1948 beruht tatsächlich auf der Erkenntnis, dass der Konflikt letztlich europäische Wurzeln hat, die weit bis in die Zeit vor dem Holocaust zurückreichen.

Mit dem Judentum besonders identifiziert wird allerdings ein spezieller Ort der europäischen Erinnerung, nämlich Auschwitz, das stellvertretend für den Holocaust, die Shoah, steht. In der Shoah trafen alle historischen Elemente der Aversion gegen die jüdisch-christliche Kultur zusammen – gegen Juden als Religionsgemeinschaft, gegen Juden als soziale Gruppe und gegen Juden als Ethnie, Nation oder Rasse. Vom Wirtschaftsboykott gegen jüdische Geschäfte (1933) über die Nürnberger Rassengesetze (1935) und die Pogrome der „Reichskristallnacht" (1938) bis hin zur Gettoisierung (ab 1939) und schließlich zur „Endlösung" der Wannsee-Konferenz (1942) mit Deportation und industrieller Massentötung der europäischen Juden als Ziel zeichnen sich die Meilensteine dieser europäischen Erinnerung ab. Traumatisiert wurden dadurch nicht nur die jüdischen Gemeinschaften innerhalb und außerhalb Europas, sondern nachhaltig auch die europäischen Gesellschaften und Kulturen. Und da dieses Trauma sich mit der Zeit intensivieren und globalisieren konnte, erhielt dieser Erinnerungsort für Europa und Europäer außerordentlich scharfe Konturen und hinterließ in allen Bereichen tiefste Spuren.

Eine Auseinandersetzung gerade mit dieser Komponente der Erinnerung erfolgte bisweilen über einen gezielten Versuch der christlich-jüdischen Verständigung. Sowohl die evangelischen Kirchen (Stuttgarter Schuldbekenntnis 1945) als auch der römische Katholizismus (Nostra Aetate 1965) versuchten seit Ende des Zweiten Weltkriegs eine Annäherung an das Judentum einzuleiten, die dazu beitragen sollte, auch in einer säkularisierten Welt die Wiederholung des nationalsozialistischen Experiments zu verhindern. Die europäischen Nationalstaaten der Nachkriegszeit ihrerseits waren zudem bestrebt, das Thema „Juden" zu entpolitisieren und den Antisemitismus überhaupt zu überwinden, selbst wenn hier die Systeme in Ost- und Westeuropa sehr unterschiedlich vorgingen. Der Antisemitismus wurde vor allem wegen der historischen Erfahrung des Holocaust zum Maßstab für die Gefahr von Rassismus schlechthin, der nach dem Krieg andere Menschen zu seinem Gegenstand machte – Farbige, Asylbewerber, Gastarbeiter und viele andere.

Die Überwindung der Mauer

Das Judentum als europäischer Erinnerungsort hat nach dem Zweiten Weltkrieg seine Funktion nicht nur deswegen radikal geändert, weil nur weniger als die Hälfte der europäischen Juden der Vorkriegszeit am Leben geblieben war. Mit dem Kalten Krieg, der Teilung Europas und der wachsenden Identifizierung von Europa mit der Europäischen Gemeinschaft, also mit Westeuropa, war die Kontinuität der jüdischen Tradition als eine gesamteuropäische zudem zerbrochen. Zwischen 1945 und 1990 war das europäische Judentum nahezu ausschließlich Erinnerung, keine lebendige und agierende Gemeinschaft: Juden im kommunistischen Osteuropa durften ihre jüdische Identität ohnehin nur bedingt zum Ausdruck bringen; und in Westeuropa war die jüdische Bevölkerung so gering, oder, wie in Frankreich, ihrer Herkunft nach nicht europäisch, dass auch lebende Juden kaum mehr für ihr Judentum tun konnten, als sich an die Zeiten vor dem Holocaust und den Holocaust selbst zu erinnern und so ihrer Umwelt als Aufhänger für den Erinnerungsort des Judentums in Europa zu dienen. Weil das aktuelle Judentum bzw. israelische Personen in Europa mehr Erinnerung als Gegenwart waren, konnte man die jüdische Gesellschaft in Israel zum Repräsentanten des europäischen Judentums stilisieren (zum Beispiel der Schrifsteller Amos Oz oder der Friedensaktivist Uri Avineri) und Israel, mehr als das Judentum in Europa, als europäischen Erinnerungsort betrachten.

So gesehen war der Fall der Berliner Mauer der symbolische Auftakt zu einer Wiederkehr der alten Rolle des Judentums im europäischen Rahmen und in der europäischen Erinnerungskultur. Im Vergleich zu den elf Millionen europäischen Juden, die im Protokoll der Wannsee-Konferenz erfasst worden waren, ist die gegenwärtige Zahl der jüdischen Bevölkerung von etwa 1,5 Millionen sehr gering. Dies ist ein Zeugnis für den Erfolg der antisemitischen Agenda der Vergangenheit in Europa. Und doch – im Vergleich zu der Zeit vor dem Fall des Eisernen Vorhangs wird diese jüdische Präsenz durch ein neues jüdisches Bewusstsein gekennzeichnet, das sich vom Erfolg des emanzipatorischen Experiments in Amerika und des selbstemanzipatorischen Experiments in Israel nährt. Die jüdischen Gemeinden und die selbstbewusste jüdische Präsenz mitten in den europäischen Gesellschaften und ihren Kulturen ermöglichen einen Dialog zwischen europäischen Juden und Nichtjuden, auf der Basis ihrer Religion und ihrer Kulturtradition gleichermaßen, einen Dialog zwischen Vergangenheit und Erinnerung, aber auch darüber hinaus. Dieser Dialog steht mindestens ansatzweise und dann zunehmend deutlich seit dem 11. September 2001 im Zeichen des Mythos von den jüdisch-christlichen Wurzeln des Europäertums und der westlichen Kultur. Wenn im zionistischen Staat, der ursprünglich entweder ein Vorposten Europas im Nahen Osten oder ein Zufluchtsort vor dem Europäertum sein sollte, der europäische Pass und damit die doppelte Staatsbürgerschaft bei Nachkommen von deutschen, englischen, polnischen, ungarischen und rumänischen Einwanderern – also Menschen mit Wurzeln in West- oder Osteuropa – zunehmend an Popularität und Legitimität gewinnt, dann wird deutlich, dass Europa nach 1945 und auch nach 1990 nicht unbedingt nur als negativer Erinnerungsort wahrgenommen wird.

Literaturhinweise

Friedrich BATTENBERG, Das europäische Zeitalter der Juden. Zur Entwicklung einer Minderheit in der nichtjüdischen Umwelt Europas, Darmstadt 1990.

Haim Hillel BEN-SASSON, Geschichte des jüdischen Volkes, 3 Bde. München 1978–1980.

Y. Michal BODEMANN, Global Diaspora? European Jewish Consciousness, in: Klaus EDER/ Willfried SPOHN (Hrsg.), Collective memory and European identity. Ashgate 2005, S. 49–66.

Dan DINER, Gegenläufige Gedächtnisse. Über Geltung und Wirkung des Holocaust. Göttingen 2008.

Simon DUBNOW, Weltgeschichte des jüdischen Volkes. Berlin 1925–1929.

Shmuel FEINER, Haskala – jüdische Aufklärung: Geschichte einer kulturellen Revolution. Hildesheim 2007.

Victor KARADY, Gewalterfahrung und Utopie: Juden in der europäischen Moderne. Frankfurt a.M. 1999.

Doron MENDELS/Arye EDREI, Zweierlei Diaspora. Zur Spaltung der Antiken jüdischen Welt. Göttingen 2010.

Diana PINTO, A New Jewish Identity for post-1989 Europe. London 1996.

Shlomo SAND, Die Erfindung des jüdischen Volkes. Berlin 2010.

Michael TOCH, Michael, Die Juden im mittelalterlichen Reich. München 1998.

Shulamit VOLKOV, Das jüdische Projekt der Moderne. München 2001.

Moshe ZIMMERMANN, Die deutschen Juden 1914–1945. München 1997.

Stephan Conermann
Islam

Mythen und Grundbegriffe des europäischen Selbstverständnisses

Europa hat ein sehr langes, durchaus vielschichtiges und wechselhaftes Verhältnis zum Islam. Der Islam hat sich fest in das kollektive Bewusstsein der Europäer eingeschrieben und trägt heute wie früher ganz entscheidend zur Identitätsbildung und der damit verbundenen Ausgrenzung von als fremd empfundenen Elementen bei. Es ist sicher gerechtfertigt, vom „Islam" als einem europäischen Erinnerungsort zu sprechen, zumal die Kategorie „Erinnerungsort" trotz zahlreicher Bemühungen, sie analytisch zu schärfen, letzten Endes notorisch unscharf geblieben ist. Man kann darunter „alle kulturellen Phänomene (ob material oder mental), die auf kollektiver Ebene bewusst oder unbewusst in Zusammenhang mit Vergangenheit oder nationaler Identität gebracht werden" (Erll), verstehen. Da es bei der Darstellung von Erinnerungsorten um die Herausbildung und Tradierung von Vergangenheitsversionen geht, erscheint es sinnvoll, nicht allein die Gegenwart zu betrachten, sondern in historischer Tiefe die Ambivalenz der europäischen Islamrezeption auszuloten. Viele Klischees, Topoi, Vorurteile und Ressentiments, die heute in den europäischen Gesellschaften gegenüber muslimischen Minderheiten spürbar sind, sind nur durch einen Blick in die Geschichte wirklich nachzuvollziehen. Insofern ziehen sich die folgenden Ausführungen vom Aufkommen des Islam im 7. Jahrhundert, den Kreuzzügen, dem Mongolensturm und den Belagerungen Wiens über die Entdeckung Amerikas und des Seewegs nach Indien hin bis zu Aufklärung, Imperialismus und Globalisierung. Dabei folgen die ersten Abschnitte der Argumentation, die der Oxforder Historiker Sir Richard William Southern bereits vor 50 Jahren in einem hellsichtigen und äußerst empfehlenswerten Buch vorgebracht hat.

Das Zeitalter der Ignoranz und des ersten Kontakts (vom 7. zum 12. Jahrhundert)

Vor 1100 wussten europäische Autoren nichts, aber auch gar nichts über den Islam als Religion. Für sie stellte sich der Islam nur als eine große Zahl von Feinden dar, die das Christentum aus jeder erdenklichen Richtung bedrohten. Sie hatten keinerlei Interesse, die primitiven Götzenanbeter der Nordmänner, Slawen oder Magyaren von den monotheistischen Muslimen zu unterscheiden, wie ihnen auch eine Trennung der Anhänger von Mani (gest. 276/7) von denjenigen Mohammeds gleich war. Ohnehin gibt es keinen Grund zu der Annahme, dass in Nordeuropa irgendjemand zu dieser Zeit den Namen des Propheten gehört hatte.

Nach der unerwartet raschen und erfolgreichen Etablierung des Islam im 7. und 8. Jahrhundert fühlte man sich in Europa überaus unwohl. Die Gefahr, der man sich ausgesetzt sah, war nur schwer einzuschätzen und darüber hinaus in ihrer Größe nicht klar umrissen. Diese nicht zu kalkulierende Bedrohung wurde dadurch noch verstärkt, dass man die Sache selbst überhaupt nicht richtig verstand. Die Vergangenheit lieferte keine passenden Erklärungsmuster. Für eine Zeit, die ihr Anschauungsmaterial zur Deutung gegenwärtiger Prozesse früheren Epochen zu entnehmen pflegte, war dieser Umstand zutiefst unbefriedigend. Den intellektuellen Positionen der Muslime entsprachen am ehesten diejenigen der Juden. Sie teilten jedenfalls eine Reihe der von den Anhängern Mohammeds gegen das Christentum vorgebrachten Einwände. Allerdings verfügten die christlichen Denker den Juden gegenüber über eine Masse an Texten, die sehr gute Antworten boten. Darüber hinaus konnte die wirtschaftliche und soziale Unterlegenheit der Juden dazu verleiten, ihnen mit einer gewissen Verachtung zu begegnen. Nichts ist einfacher, als Argumente von gesellschaftlich Benachteiligten beiseite zu fegen. Der Islam entzog sich aber durch seinen ungeheuren Erfolg einer solchen Behandlung. Jedem kleineren Schwächeln folgte eine Ära erstaunlichen Aufschwungs und für die Europäer bedrohlichen Wachstums. Der Islam widerstand jedem Eroberungsversuch, ließ sich nicht missionieren und zog sich auch nicht aus einmal besetzten Gebieten zurück. Um die Sache noch unerträglicher für die Christen zu machen, nahm er auch noch eine sehr verwirrende intellektuelle Position ein. Gleichzeitig einen Gott als den allmächtigen Schöpfer des Universums anzuerkennen und die Trinitätslehre, die Inkarnationslehre und Jesu Göttlichkeit abzulehnen, war eine philosophische Haltung, die man aus der Antike kannte. Was aber sollte man mit einer Religion anfangen, die die Göttlichkeit Gottes nicht akzeptierte und die zwar das Alte und das Neue Testament als (etwas verfälschte) Offenbarungen ansah, aber letzte Autorität nur einem merkwürdigen Buch zuschrieb, das ganz offensichtlich ein Gemisch verschiedener christlicher Lehren und fremder Zusätze enthielt? Eine Schrift, die einerseits die philosophisch vertretbare Doktrin einer jenseitigen Bestrafung und Belohnung vorsah, andererseits jedoch die Philosophen durch ihre Vorstellung vor den Kopf stieß, dass sexuelle Freuden den Kern des paradiesischen Lebens ausmachten. Natürlich formten sich diese Erkenntnisse in den Köpfen Europas nur im Lauf einiger Generationen, doch danach blieben sie im kollektiven Bewusstsein fest verankert. Immer wieder gab es Leute, die den Islam einfach als absurdes Produkt einer teuflischen Einbildung abtun wollten. Sicher hätte dies auch weithin Anerkennung gefunden, wenn diese Religion sich nicht als so unglaublich standhaft und politisch erfolgreich gezeigt hätte. Keine Spur eines Niedergangs war zu sehen, kein Anzeichen von Schwäche. Hinzu kam sogar noch die Tatsache, dass die Muslime es geschafft hatten, das gesamte griechische Schrifttum ins Arabische zu übersetzen und die Ideen und Vorstellungen der Antike weiterzuentwickeln. Das islamische natur- und geisteswissenschaftliche wie auch das theologische Gedankengebäude baute auf Werken von Männern wie Alfarabi, Avicenna und Averroes auf, die man in Europa alsbald zutiefst verehrte. Innerhalb von 400 Jahren durchlief der Islam eine bemerkenswerte Phase intellektueller Reife – ein Prozess, für den die Europäer sehr viel länger brauchten. Als die antike Welt auseinanderbrach, wurde der Islam zum Haupterben der griechischen Wissenschaften und Philosophie, wohingegen das barbarische Europa auf der römischen Literatur, einschließlich der Kirchenväter, sitzen blieb.

Die ersten zaghaften Versuche, den Islam zu interpretieren, haben jedoch großen Einfluss auf die späteren Deutungen gehabt. Zusammenfassend kann man mit Southern sagen, dass die neue Religion in drei große Traditionszusammenhänge eingebettet wurde: (1) In die Bibel. Trotz ihrer allgemeinen Ignoranz verfügten die lateinischen Autoren immerhin über gewisse Hinweise, wo und wie sie die von ihnen als „Sarazenen" bezeichneten Muslime im allgemeinen Weltenlauf verorten sollten. Andeutungen fanden sich nämlich in der Bibel. Die Rolle der Bibel beschränkte sich allerdings darauf, die fernen Ursprünge der Sarazenen im Alten Testament auszumachen. (2) In die Apokalypse. Die Vorstellung, dass die Herrschaft des Islam die in der Bibel erwähnte Vorbereitung für das endzeitliche Auftauchen des Antichristen sein könnte, erfreute sich ebenfalls einer gewisse Popularität. (3) In Legenden wie der vom ritterlichen Saladin, die vor allem zur Zeit der Kreuzzüge entstanden.

Das Verhältnis zwischen Christentum und Islam änderte sich abrupt mit dem Ersten Kreuzzug (1096–1099). Dieses Ereignis brachte erstaunlicherweise keine Vermehrung des Wissens, sondern verengte sogar in gewisser Hinsicht die Sicht auf den Islam. Die Kreuzfahrer, die 1096 in das Heilige Land aufgebrochen waren, verstanden – wie auch ihre Nachfolger – bemerkenswert wenig von den östlichen Kulturen und Gesellschaften. Die großen Anfangserfolge sorgten dafür, dass sich die prägenden Reaktionen auf die Situation und die Menschen vor Ort allein aus einem Triumphgefühl und abgrundtiefer Verachtung zusammensetzten. Allerdings erfuhr man nun zum ersten Mal Konkreteres über den Propheten und die Religion der Muslime, wobei das Bild, das sich in den ersten 40 Jahren des 12. Jahrhunderts in Europa formte, in Umkehr der Verhältnisse aus einem Gefühl der Überlegenheit und des Sieges heraus entstand. Das Ergebnis waren allgemein verbreitete legendenhafte Vorstellungen von Mohammed und von den religiösen Praktiken der Muslime, die sich mit großer Hartnäckigkeit in den Köpfen der Europäer halten sollten.

Eine kurze Phase der Vernunft und Hoffnung (13. Jahrhundert)

Mit Gelehrten wie beispielsweise Petrus Alphonsi und Otto von Freising entstand zu Beginn des 12. Jahrhunderts in Europa so etwas wie eine unabhängige Beschäftigung mit dem Islam, wobei diese Männer sogar eine scheue Anerkennung der Religion ihrer Feinde durchblicken ließen. Ein wirklich großer Schritt für eine substantiellere Auseinandersetzung bot dann die von Petrus Venerabilis, dem Abt von Cluny, in Auftrag gegebene Übersetzung des Korans. Im Juli 1143 legte der englische Gelehrte Robert von Ketton seine Übertragung des Werks ins Lateinische vor. In der zweiten Hälfte des 12. Jahrhunderts überflutete Europa eine Welle von Häresien. Gleichzeitig verschlechterte sich die Lage der Kreuzzügler im Heiligen Land. Insofern ist es kein Wunder, dass selbst Petrus Venerabilis den Islam als eine christliche Häresie ansah.

Das Ereignis, das die Wahrnehmung des Islam und der islamischen Welt nachhaltig erschüttern sollte, kam aus einer ganz unerwarteten Richtung: Zu Beginn des 13. Jahrhunderts tauchten aus den zentralasiatischen Weiten die Mongolen auf, überfielen die halbe Welt und stießen schließlich bis zur Adria vor. Das Erscheinen der mongolischen Reiter erweiterte fundamental den geografischen Horizont der Europäer. Vor allem durch die Berichte der Franziskaner Johannes de Plano Carpini und Wilhelm von Rubruk erfuhr man viel Neues über Gegenden, in die bis dahin noch nie jemand aus Europa vorgedrungen war. Bis dahin hatte eigentlich niemand vermutet, dass hinter den islamischen Ländern noch etwas oder jemand existierte.

Obgleich es die Europäer sehr erschreckte, dass die Horden nicht den rechten Glauben hatten, fand man eine gewisse Beruhigung in dem Umstand, dass es zumindest keine Muslime waren. Und so erfolgreich sie auch militärisch sein mochten, intellektuell hatten sie, so die Meinung der Christen, nichts zu bieten. Letztlich brachte dieser erste Kontakt zwischen Europa und Asien zwei Resultate: Zum einen stellte man plötzlich fest, dass es zwischen Muslimen und Christen doch im Verhältnis zu den Mongolen eine Reihe grundlegender Übereinstimmungen im Glauben gab. Zum anderen erfuhr man von der Existenz einer großen Zahl orientalischer Christen, von denen man bis dahin nichts gehört hatte. Schnell kam die Vorstellung und Hoffnung auf, man würde dereinst mit Hilfe und im Bündnis mit einer großen christlichen Armee aus dem Osten, angeführt von dem Priesterkönig Johannes, den Islam besiegen können.

Eine wichtige Persönlichkeit stellt in diesem Zusammenhang der englische Philosoph Roger Bacon dar. Es gibt vor allem einen großen Unterschied zwischen Bacon und den anderen Autoren, der erwähnenswert ist: Die meisten christlichen Gelehrten haben dem Islam eine ausschließlich negative Funktion in der Geschichte zugebilligt. Seine Anhänger, die von der wahren Religion abgefallen waren, stellten Vorboten des Endzeitalters vor dem Auftauchen des Antichristen dar. Bacon hingegen sah in dem Islam eine positive Erscheinung, die bei der Entwicklung hin zu einer philosophischen Einheit zwischen den Religionen eine zentrale Rolle spielen werde. Er verzichtete vollkommen auf die Bibel zur Erklärung der Rolle, die der Islam auf der Welt einnahm. Vielmehr stützte er sich ausschließlich auf muslimische Philosophen und auf die Aussagen europäischer Reisender. Natürlich waren sie sehr viel unzuverlässigere Führer, als er glaubte. Auch wusste Bacon alles in allem nicht allzu viel und auch nicht immer die richtigen Dinge, doch versuchte er zu Erkenntnissen zu gelangen und diese zu ordnen und zu kategorisieren. Sein Optimismus deckte sich mit dem der franziskanischen Missionare. Der Islam schien schwach und insgesamt doch nicht so weit verbreitet wie gedacht. Sein historisches Werk war vollbracht, er erwartete in Demut sein Ende. Was die Mongolen anbelangt, so hatten sie ein halbes Jahrhundert hindurch Europa Angst und Schrecken eingejagt. Jetzt schien ihr Platz klar zu sein: sie waren diejenigen, die die Christenheit vom Islam erlösen sollten. Aus dieser Perspektive waren die 30 Jahre zwischen 1260 und 1290 für Europa sicher die hoffnungsvollste Zeit des Mittelalters. Niemand hat dies klarer gesehen als der katalanische Philosoph und Theologe Raimundus Lull und der Florentiner Reisende Ricoldo da Monte di Croce.

Visionäre Momente (vom 14. zum 16. Jahrhundert)

Diese Hoffnungen erwiesen sich jedoch alsbald als trügerisch. Mit dem Fall von Akko 1291 und der Islamisierung der mongolischen Teilreiche im 14. Jahrhundert wurde deutlich, dass der Islam nicht zugrunde gehen würde. Spürbar änderte sich daraufhin die Haltung zum und das Interesse am Islam. Man beschloss während des Konzils von Vienne (1311/12), bei dem es vornehmlich um Templer, Mendikanten und Beginen ging, die Einrichtung von Lehrstühlen für Arabisch, Hebräisch und Syrisch in Paris, Oxford, Bologna, Avignon und Salamanca. Zur Mitte des 14. Jahrhunderts sehen wir zum ersten Mal einen wirklich Bruch zwischen Tradition und Innovation. Die kurz aufeinander erfolgten Verurteilungen der Ansichten von Marsilius von Padua, Wilhelm von Ockham, Meister Eckhart und von Dante Alighieris „Monarchia Libri Tres" sind deutliche Anzeichen eines Neuformung des europäischen Denkens in dieser Zeit. In der folgenden Epoche der Irrungen und Wirrungen war nur wenig Raum für eine konstruktive Auseinandersetzung mit dem Islam und die Bestimmung seiner Rolle in der Heilsgeschichte. Noch geringer war das Bedürfnis, etwas von ihm zu lernen. Auf die positive und freundschaftliche Aufnahme der Schwesterreligion im 13. Jahrhundert folgte eine Phase des Misstrauens und der Feindseligkeit. Indifferenz und Fantasie waren wieder Tor und Tür geöffnet.

Die elaborierte Verdammung der Muslime und ihres Glaubens ging einher mit einer massiven realen Bedrohung: Am Ende des 14. Jahrhunderts beherrschten die Osmanen mit Ausnahme von Bosnien und Albanien den gesamten Balkan. 1453 wurde Konstantinopel erobert – ein Schock für ganz Europa! Die Türken erreichten kurz darauf die Adria und standen vor der Einnahme Ungarns. 1460 gelangten sie zum ersten Außenposten der lateinischen Christenheit. Die Reaktion war eine Mischung aus Angst und Hoffnung. Man griff auf den alten Kreuzzugsgeist zurück. Gleichzeitig setzte sich nun eine Reihe bedeutender Gelehrter erneut mit dem Glauben des Feindes visionär, aber auch widersprüchlich auseinander. John von Segovia, Nikolaus von Kues oder Enea Silvio Piccolomini, der spätere Papst Pius II., verfassten wegweisende Schriften über den Islam. Ihre Visionen waren unterschiedlich und in mancherlei Hinsicht auch irreführend, doch auch umfassender, deutlicher und konstruktiver als alle vorangegangenen Deutungen und in vielem auch besser als die Erklärungen der beiden kommenden Jahrhunderte. Diese Männer brachten großartige Konzepte hervor, dem Islam innerhalb der Weltgeschichte einen von der Vorsehung bestimmten Platz zuzuweisen. Dabei appellierten sie eher an die praktische Vernunft und den gemeinen Menschenverstand als an wenig fundierte und haltlose Vermutungen.

Das Vordringen der Osmanen zog sich über das gesamte 16. Jahrhundert hin. Auf den Fall von Belgrad 1521 und die Einnahme von Rhodos ein Jahr später folgten 1526 die Schlacht von Mohács, die den Verlust der ungarischen Eigenständigkeit nach sich zog, und 1529 die erste Belagerung Wiens. Eine sehr typische Reaktion auf die allgemeine Situation findet sich bei Martin Luther. Der Reformator griff in die Debatte um den muslimischen Glauben ein, indem er der Öffentlichkeit eine Übersetzung des anti-islamischen Traktats „Confutatio Alchoran" aus der Feder des bereits erwähnten Ricoldo da Monte di Croce aus dem 13. Jahrhunderts vorlegte und mit einem Vor- und einem Nachwort versah. Luther Polemik steht letzten Endes für die damalige Verzweiflung, weder eine intellektuelle noch eine politische Lösung für das Problem „Islam" gefunden zu haben.

Sind wir bis hierhin der Darstellung von Southern gefolgt, so hat sich mit der Wahrnehmung des Islam zur Lutherzeit anhand von zeitgenössischen Predigten, Traktaten, „neuen Zeitungen", Liedern, Gesandtschafts- und Reiseberichten sowie polemischen und historiografischen Texten sehr kompetent der Göttinger Kirchenhistoriker Thomas Kaufmann befasst. Kaufmann kommt letztlich zu dem Schluss, dass eine eindeutige und einhellig negative Beurteilung der „türkischen Religion" vorherrschte, wobei die sprachlichen Mittel, die konzeptionellen Muster und die argumentativen Operationen eine große Bandbreite aufweisen. Generell nahm man den Islam wahr (1) in der Tradition der Häresienkataloge, also als christliche Ketzereien; (2) wie das Judentum als eigene, vom Christentum unterschiedliche Religion; oder man ließ es (3) offen, ob man es mit einer Häresie oder einem heidnischen Ritus zu tun hatte.

Als ein vom Teufel entstellter Abkömmling der eigenen Religion konnte, so Kaufmann, der Islam nach den Vorgaben der europäischen christlichen Tradition eingeordnet und kritisiert werden: Die Türken kannten weder Beichte und Absolution noch Ermahnung und Besserung. Da sie nichts von der Erbsünde wüssten, fehle auch dem Beschneidungsritus jede sakramentale Qualität als Heilmittel. Die härtesten Urteile über die türkische Religion hingen natürlich damit zusammen, dass die Muslime Mohammed als Siegel aller vorangegangenen Propheten ansahen und die von ihm verkündete Offenbarung alle anderen aufhob bzw. in letzter Instanz korrigierte. Darin mussten die Christen eine radikale und unerträgliche Abwertung ihres eigenen Glaubens sehen.

Angesichts der realen Bedrohung herrschte bei den christlichen Autoren die Tendenz vor, den Islam als monolithische Einheit zu beschreiben, „die ihre Mitglieder durch verbindliche doktrinale Merkmale, zeremoniale Praktiken und repressive Gehorsamsstrukturen zu einer Kult- und Glaubensgemeinschaft zusammenschweißte. [...] Die Unbekehrbarkeit hänge auch mit der Rohheit, ja Bestialität der Türken zusammen; statt mit Vernunftgründen und Argumenten verteidigten sie ihre secta nur mit Schwert und Waffengewalt" (Kaufmann).

Dieses „Wissen" über den Glauben der Osmanen verbreitete sich mittels einer Massenpublizistik rasch und in Form von Predigten auch weit über das gebildete Publikum hinaus. Mithilfe der vermeintlichen Kenntnisse über die türkische Religion konnte man sich sehr gut gegen den Feind abgrenzen und vor allem eine eigene Gruppenidentität formen, die dazu diente, mentale und auch militärische Kräfte für den Kampf gegen die Türken zu mobilisieren. Neben der wichtigen „Integrationsfunktion der antitürkischen Selbstentwürfe Europas lieferte das auf den Türken bezogene kulturelle ‚Wissen' Motive, um die innerchristlichen Antagonismen zu bearbeiten und polemisch zuzuspitzen" (Kaufmann). Und weiter: „Im Zuge der ideologischen Generalmobilmachung für die Türkenkriege des 16. Jahrhunderts zeichnete sich eine Tendenz zur Totalisierung des Konfliktes ab; in jeder Hinsicht, in Bezug auf die politische Kultur, das Ethos, die Religion, in Bezug also auf alles, was Europa wert und wichtig war, sah es sich in eine unausweichliche, nurmehr militärisch zu lösende Fundamentalkonfrontation mit dem Erbfeind, dem Türken, gestellt. Nach dem Untergang von Byzanz war ‚der Türke' der wichtigste Faktor zur Bildung einer europäischen Abgrenzungsmentalität".

Eine Wende in der Wahrnehmung des Islam brachte schließlich aber nicht die geistige Auseinandersetzung mit der Religion des Feindes, sondern die Entdeckung Amerikas und des Seewegs nach Indien am Ende des 15. Jahrhunderts.

Das Zeitalter der Aufklärung

Die beiden genannten Ereignisse erweiterten noch einmal das europäische Weltbild in bis dahin unvorstellbarem Maß. Die islamische Welt wurde im Lauf des 17. Jahrhunderts in ihrer Größe und Stärke erheblich relativiert; andere Völker und Welten schoben sich vor die Wahrnehmung des einstigen alleinigen außereuropäischen Feindes. Der Islam stellte plötzlich nicht mehr eine existenzielle Bedrohung dar, zumal man sich gerade in diesem Säkulum innerhalb der eigenen Grenzen in entsetzlichen Religionskriegen zerfleischte.

Die Aufklärung brachte neben vielen anderen Dingen eine Veränderung des Blicks auf den Islam mit sich. Ihr lag unter anderem der Impetus zugrunde, Wissen anzuhäufen, um es dann im eigenen Sinn zu interpretieren. Das damit angestrebte Deutungsmonopol führte unweigerlich zur intellektuellen und später zur politischen Vereinnahmung der nicht-europäischen Gesellschaften. Am Ende des 18. Jahrhunderts war die außereuropäische Welt für die aufklärerischen Gelehrten noch weitgehend ‚unlesbar'. Gerade deshalb galt es, diesen – wie Jörg Fisch es bezeichnet hat – „märchenhaft" scheinenden Orient mit Hilfe weitergehender Kenntnisse zu ‚entzaubern'. Auf der Grundlage dieses neuen Wissens wurden dann die nichteuropäischen Kulturen den Kategorien okzidentaler Weltdeutung untergeordnet. Zu dieser Zeit entzog sich aber die außereuropäische Welt noch einer vollkommenen intellektuellen Beherrschung. Denn erst die Entschlüsselung der kulturellen Codes des Fremden machte diesen machtpolitisch verfügbar und lieferte die Voraussetzung zu seiner vollständigen Vereinnahmung und Eroberung im Zeitalter des Imperialismus. In der zweiten Hälfte des 19. Jahrhunderts hat man dann die Idee von Europas kultureller Überlegenheit so häufig wiederholt, dass diese Vorstellung zu einem Gemeinplatz wurde.

Das 18. Jahrhundert ist uns, wie Jürgen Osterhammel es formuliert hat, in mancher Hinsicht fremd. Zwischen ihm und uns liegt, so Osterhammel, kein stetiger Fortschritt im angemessenen Begreifen oder Repräsentieren außereuropäischer Zivilisationen, sondern eine lange Phase der Verdunklung des nichtokzidentalen Rests der Welt. Eurozentrismus, Nationalismus, Rassismus, Imperialismus und Orientalismus vernebeln die Sicht auf die islamischen Länder und auf den Islam selbst. Die sogenannten Wilden und Barbaren der außereuropäischen Regionen wurden besucht, beschrieben und kommentiert, weil die „Wissenschaft vom Menschen", die den Aufklärern in Frankreich, Schottland, England, Deutschland und Italien vorschwebte, über Europa hinausdrängte. Asien war sozusagen keine exotische Zutat mehr, sondern ein selbstverständliches und zentrales Feld von europäischer Welterfahrung. Man reiste viel, allerdings nicht mehr, um am Wegesrand Kuriositäten aufsammeln zu können, sondern man folgte einem wissenschaftlichen Impetus. Das gleiche

Interesse, das vorher der Antike entgegengebracht worden war, richtet sich nun vornehmlich auf den Orient. Es kam zu einer wahren „renaissance orientale", einer (Wieder-)Entdeckung Asiens, insbesondere des alten Iran und Indiens. Andererseits gab es genug aufklärerische Gelehrte, die den ‚Wilden' als eine Folie ihrer eigenen Begierden und Wünsche benutzten. Diesem weithin bekannten ‚edlen Wilden' stand allerdings stets der ‚barbarische Wilde gegenüber', der als unzivilisiert galt und kulturell noch im Vorfeld der Geschichte verhaftet war.

Keiner hat die Zeit vor der Besetzung Ägyptens (1798–1801) durch Napoleon besser analysiert als Jürgen Osterhammel in seiner 1998 publizierten Studie „Die Entzauberung Asiens. Europa und die asiatischen Reiche im 18. Jahrhundert". Das Zeitalter der Aufklärung stellt für ihn die Zeit des „diskursiven Übergangs" dar, der den „Aufstieg und Triumph eines europäischen Sonderbewußtseins" markierte. Er fasst die Epoche folgendermaßen zusammen: „Für eine kurze Zeit wurden Araber, Inder, Perser oder Chinesen zu entfernten Nachbarn, mit denen sich trotz offensichtlicher Kommunikationsschwierigkeiten ein durch ethnologische Rücksichten kaum verzerrter Dialog führen ließ. Spätestens der im 19. Jahrhundert aufkommende Rassismus, gleichsam der finstere Zwilling einfühlsamer Romantik, machte diese Chance zunichte."

Interessanterweise trat die Beschäftigung mit dem Islam als Religion während der Aufklärung in den Hintergrund.

Das 19. Jahrhundert: Ent-Islamisierung und Orientalisierung

Der Orient war bereits im 18. Jahrhundert in der europäischen Elitenkultur angesagt. Denken wir nur an die Chinoiserien des Rokoko, an die Architektur, Malerei und Musik *alla turca* (Stichwort: Mozarts „Entführung aus dem Serail" oder Händels „Tamerlano"), an Schauautomaten, türkische Gärten, persische Kostüme oder an die Tulipomania und die weit verbreitete Turquerie. Hinzu kam der romantische Poesie-Orient. „Der Orient wurde für viele Autoren der zweiten Hälfte des 19. Jahrhunderts zu einem imaginären Ort, an dem all das möglich war, was es in Europa nicht (mehr) gab" (Pflitsch). In der Malerei dominierten als Motive das türkische Bad, der Harem, der Sklavenmarkt und überhaupt der sonndurchflutete, farbenprächtige Orient. Repräsentativ für die populäre Literatur war Karl May mit seiner besserwisserisch-herablassenden Haltung. Diese Romantisierung daheim ging mit der Eroberung des realen Orients vor Ort einher: 1830 Algier, 1857 Afghanistan, 1858 Indien, 1860 Marokko, 1881 Tunesien und 1882 Ägypten. Das einst gefürchtete Osmanische Reich degradierte man zum „kranken Mann am Bosporus".

In der kollektiven Erinnerung Europas stellte sich im 19. Jahrhundert der Islam gerne so dar, als ob ihm genau diejenigen Qualitäten abgingen, die Europa nach vorne getrieben hatten: wenn Europa nun für Freiheit, Rationalität, Fortschritt und Unternehmertum stand, so wurden die Muslime mit Begriffen wie Unterwürfigkeit, Aberglaube, Stagnation, Irrationalität und Trägheit in Verbindung gebracht. Man glaubte, eben diese Charakterzüge in den muslimischen Gesellschaften und insbesondere im Osmanischen Reich erkennen zu können. Während Europa sich in einem furiosen Aufstieg auf dem Weg zur Weltbeherrschung befände, könne die Geschichte der Türken seit dem ausgehenden 16. Jahrhundert als eine Geschichte des fortschreitenden Niedergangs verstanden werden. Seit den glorreichen Tagen eines Süleyman des Prächtigen im 16. Jahrhundert sei es mit den Osmanen und ihrer Religion stetig bergab gegangen. Heute befänden sich der türkische Staat und seine Gesellschaft im Zustand eines politischen, militärischen, kulturellen und moralischen Verfalls. Hinter diesem konkreten Beispiel stand die allgemeine Vorstellung von der islamischen Welt als einer im Abstieg befindliche Zivilisation, die sich fundamental und grundsätzlich von Europa und seiner Kultur unterscheide. Dieses Narrativ wurde im 19. Jahrhundert zur europäischen Metaerzählung. Wenn die Europäer formulieren wollten, wer sie waren, woher sie kamen und wie sie seit dem 16. Jahrhundert zu solch einem Ansehen und zu so einer Machtposition kommen konnten, griffen sie in der Regel auf diese Geschichte zurück. Diese Geschichtskonstruktion deckte sich zum Teil mit den Ideen der Aufklärung, die die Historie der Menschheit als eine Entwicklung von dunklen mittelalterlichen Zeiten, in denen Ignoranz und Unterdrückung herrschten, hin zu einem strahlenden modernen Zeitalter der Vernunft und der Freiheit festschrieb.

Diese negative Sichtweise auf die Osmanen ging mit zwei anderen Strömungen einher. Zum einen wurde die islamische Welt zum exotischen Orient, der als das gänzlich „Andere" jenseits seines degenerierten Zustands eine starke Faszinationskraft auf die Europäer ausübte. Eine nicht unbeträchtliche Zahl an Übersetzungen orientalischer Werke stand dem gebildeten Leser zur Verfügung. „1001 Nacht" war nur eines davon. Zum anderen begann eine intensive wissenschaftliche Auseinandersetzung mit dem muslimischen Kulturerbe. Am Ende des 18. Jahrhunderts fingen vor allem britische und französische Gelehrte an, Sanskrit zu lernen, wobei die aktive Kenntnis dieser Sprache heiliger Texte in Indien noch über eine lebendige Tradition verfügte. Hinzu kamen Übertragungen aus der klassischen persischen Literatur und in den 1820er Jahren dann die Entzifferung der Hieroglyphen durch Jean-François Champollion. 1795 wurde Silvestre de Sacy an die „École spéciale des Langues orientales" nach Paris berufen, und 1821 gründete man die „Société Asiatique de Paris".

Wie sich schon am Ende der Aufklärungszeit abzeichnete, stand bei der Beschäftigung mit dem Orient allerdings immer weniger der Islam als Gegenstand auf der Tagesordnung. Die muslimische Welt wurde geradezu ent-islamisiert und im Gegenzug „orientalisiert". Dabei versteht man unter einem „orientalistischen Diskurs" im Sinn von Edward Said: „ein interessengestütztes Konstrukt, das in monologisierender Form die essentielle Andersartigkeit, oft sogar die Minderwertigkeit des Fremdkulturellen bekräftigt und daraus häufig politische Herrschaftsansprüche, mindestens aber die kulturelle Hegemonie des Westens ableitet" (Osterhammel). Der orientalistische Diskurs macht sich – Edward Said zufolge – die geordnete Welt zum Untertan und somit verfügbar. Er hält sich allein an Regeln, die er sich selbst aufgestellt und gegebenenfalls auch selbst modifiziert hat. Auch wenn dies nicht immer so direkt wie im Imperialismus erkennbar ist, zielt der orientalistische Diskurs in letzter Konsequenz auf Herrschaftsausübung und Machtetablierung ab. Er ist, so Said weiter, letzten Endes eine Erscheinung des 19. Jahrhunderts. Hatte die Auseinandersetzung mit dem Orient im 17. und 18. Jahrhundert hin und wieder noch dialogischen Charakter, mündete sie schließlich in einen Monolog Europas über einen von ihm selbst konstruierten Gegenstand.

Im 19. Jahrhundert stand das europäische Orientbild hauptsächlich auf drei Säulen: Zunächst war da die utilitaristische und imperialistische Haltung Europas, die von der Verachtung für andere Kulturen geprägt war; dann existierte ein romantischer Exotismus, beherrscht von der Verzauberung durch einen magischen Orient, der durch seine wachsende Armut noch an Charme gewann; und schließlich die spezialisierte Gelehrsamkeit, die sich vor allem in Form einer historisch-kritischen Philologie manifestierte. Trotz des äußeren Scheins ergänzten sich diese drei Tendenzen eher, als dass sie sich widersprachen. Gemeinsam war allen Strömungen der Gedanke, es gebe verschiedene Kulturen, die sich alle in einem eigenen Gebiet entwickelten und ein ureigenes Wesen besitzen. Die Verwandtschaft der Sprachen legte die Verwandtschaft der Seelen der Völker („Volksgeist"), ihres tiefsten Wesens nahe, von dem man wiederum annahm, es erkläre alle gesellschaftlichen Phänomene, die in der Geschichte eines Volkes zu erkennen sind.

Im Lauf des 19. Jahrhunderts entwickelte man in Europa auch ein neues, nunmehr modernes, abstraktes und universal aufgefasstes Verständnis von „Religion". Jürgen Osterhammel hat in seinem grundlegenden Werk zur Verwandlung der Welt im 19. Jahrhundert auf die Entstehung der Vorstellung von „Weltreligionen" in Europa hingewiesen:

„Eine große Vielzahl religiöser Orientierungen wurde im neuen Diskurs der Religionswissenschaft zu Makro-Kategorien wie ‚Buddhismus' oder ‚Hinduismus' verdichtet. Diese ‚Weltreligionen', zu denen auch Christentum, Islam, Judentum und nicht selten der Konfuzianismus gezählt wurden, ermöglichten eine übersichtliche Kartographie des Religiösen, seine Zurechnung zu ‚Zivilisationen' und deren Abbildungen auf Weltkarten der ‚Großen Religionen'. Unklare Verhältnisse wurden oft mit dem Etikett ‚Naturreligionen' versehen. Die Fachleute nahmen das Grobraster der Weltreligionen zur Grundlage fein ausgearbeiteter Klassifikationen, sei es von konfessionellen Richtungen, sei es von soziologischen Religionstypen. Hinter dem Konzept der ‚Weltreligionen' verbarg sich eine fundamentale Annahme, wie sie bis heute das europäische Bild vor allem des Islam bestimmt: Alle Nichteuropäer befänden sich fest im Griff der Religion, ‚orientalische' und ‚primitive' Gesellschaften ließen sich am besten über Religion definieren und verstehen. Nur den aufgeklärten Europäern sei es gelungen, den Denkzwang des Religiösen zu durchbrechen und sogar ihre eigene Religion, das Christentum, relativierend ‚von außen' zu betrachten".

Die These hat, so Osterhammel weiter, zu einer nachhaltigen Entmaterialisierung, Enthistorisierung und Entpolitisierung des Blicks auch auf die islamischen Gesellschaften beigetragen. Klischeehafte Gleichsetzungen suggerieren bis heute eine Beschränkung religiöser Modernisierung auf den Westen, der in der Eigenwahrnehmung als einzige Zivilisation der Erde Religion zur Privatsache erklärt habe und sein Selbstbild auf eine säkulare „Modernität" gründe.

Der Orientale, der im Mittelalter zwar ein furchtbarer Feind gewesen war, aber auf derselben Stufe gestanden hatte, der für das 18. Jahrhundert und die aus ihm hervorgegangene Ideologie der Französischen Revolution unter seiner Verkleidung vor allem ein Mensch gewesen war, wurde nun zu einem besonderen Wesen, eingemauert in seine Besonderheit, zu deren Lob man sich gerne herabließ. So entstand die Vorstellung vom *homo islamicus*, die auch heute noch weit davon entfernt ist, erschüttert zu werden. Dieser *homo islamicus* war, so der europäische Diskurs, ein von dem Europäer vollkommen verschiedenes Wesen. Die Europäer nahmen sich selbst in zunehmender Weise als Angehörige einer eigenen und einzigartigen Zivilisation wahr, die sich essenziell von allen anderen Kulturen unterschied. Diese Position untermauerte man mit der Meinung, dass als Schlüsselkategorien der Menschheit letzten Endes nicht Staaten oder Nationen dienten, sondern Zivilisationen, die alle ihr ganz bestimmtes Wesen mit ganz eigenen Wertvorstellungen besaßen. Das Individuum hatte keine Chance, sich der Prägung durch die übergeordnete Einheit zu entziehen. Die Geschichte der Menschen stellte sich als Geschichte des Aufstiegs und des Niedergangs von Zivilisationen dar. Die islamische Zivilisation sei jung und voller Elan im 7. Jahrhundert emporgestiegen und habe während der Abbasidenzeit vom 8. bis zum 10. Jahrhundert ihre Blüte und ihr „Goldenes Zeitalter" erlebt, bevor sie dann ihre Dynamik, ihre kulturelle Kreativität und ihre Fähigkeit, sich neue Dinge gewinnbringend anzueignen, verloren habe. Die Osmanen stellten dann so etwas wie ein letzter Seufzer vor dem Ende dar, verbunden mit einer letzten territorialen Anstrengung vor dem dann rasch einsetzenden Verfall. Auch der Islam als Religion wurde zunehmend starr, inflexibel, tyrannisch, intolerant und gegenüber äußeren Einflüssen hermetisch abgeschlossen. Er erwies sich aus diesem Grund auch als unfähig, neue Ideen und technisches Wissen aus Europa zu übernehmen. Als Europa nach vorne preschte, verharrte die muslimische Welt in sozialer und kultureller Erstarrung und stagnierte in Form eines grausamen Despotismus. Den Islam als eine kohärente und ganz eigene Zivilisation mit einer einheitlichen Kultur anzusehen, führte auch bei vielen Orientalisten zu der Meinung, dass die vorherrschenden Ideen und Institutionen aller muslimischer Gesellschaften, ebenso wie die Interaktionen und Handlungsweisen aller Muslime an allen Orten und zu allen Zeiten, letztlich ein Ausdruck der unveränderbaren Essenz des Islam seien, eine Artikulation seiner ureigensten Werte und Konzepte. Um die islamischen Gesellschaften am besten verstehen zu können, müsse man nur die normativen Texte der klassischen Zeit lesen und studieren.

Am Ende des 19. Jahrhunderts kam noch ein Moment hinzu: Im Zuge einer Deutung bzw. Missdeutung der von Charles Darwin formulierten Evolutionstheorie entwickelten einige Männer bei gleichzeitigem imperialistischen Hochgefühl die Theorie, dass die kulturelle und politische Überlegenheit Europas nicht allein auf höhere Werte und Institutionen zurückzuführen sei, sondern auf angeborene biologische Eigenschaften der weißen Rasse. Die europäische Herrschaft über die islamischen Länder sei daher notwendig, um diesen Zivilisation und Fortschritt zu bringen (*mission civilisatrice* und *The White Man's Burden*). Dabei stellte man den muslimischen Staaten ein idealisiertes Modell der europäischen Geschichte und Gesellschaft gegenüber: Europäische Freiheit versus orientalische Unterwürfigkeit, europäische Rechtstaatlichkeit versus orientalische Willkür, europäische Moderne versus orientalische Tradition, europäische Eigentumsvorstellungen versus orientalische Gesetzlosigkeit. Angesichts der mentalen und sozialen Mängel der Muslime, die zudem noch durch ihre verkrustete und repressive Religion zu leiden hätten, sei es für die Orientalen ein wahrer Segen, dass sie in Form indirekter oder direkter kolonialer Herrschaft unter die Vormundschaft der Europäer gekommen seien.

Das kurze 20. Jahrhundert (1914–1989)

Der Erste Weltkrieg erschütterte in manchen Bereichen das Selbstvertrauen der europäischen Zivilisation und ihren Glauben an einen unbegrenzten Fortschritt. Der europäische Ethnozentrismus wurde zunehmend hinterfragt. Der arabische Aufstand im Osten, die kemalistische Machtübernahme in der Türkei, die Bewegung, welche die allochthonen Nationen des alten Russischen Reiches erfasste, die Aufstände in Indien, Indonesien und anderswo, die persische Revolution 1905–1911 machten deutlich, dass die europäische Hegemonie in Frage gestellt werden konnte. Gleichzeitig blieben im kollektiven Bewusstsein Europas Topoi und Bilder des Orients wie etwa die Vorstellungen einer latenten und schlecht kaschierten Wildheit oder des nationalistisch entfesselten Fanatismus, der sich der zivilisatorischen Energie Europas entgegenstemmte. Nationalistische muslimische Intellektuelle, ob sie nun Reformisten oder Revolutionäre sozialistischer oder nichtsozialistischer Prägung waren, wurden verunglimpft als Nachahmer Europas, die infolge abstrakter und schlecht verstandener Ideen dabei seien, das eigene Erbe zu vernichten. Die islamische Modernisierung galt als ein unechtes Element, als ein Verrat an der Eigenart. Angesichts der Konflikte zwischen kommunistischen, faschistischen und liberalen Systemen, zweier Weltkriege und einer intensiven und blutigen Phase der unter nationalen Vorzeichen geführten Entkolonialisierung, die sich bis in die 1970er Jahre hinzog, rückte die europäische Auseinandersetzung mit dem Islam als Religion in weite Ferne. Erst im Zuge des Sechs-Tage-Krieges (1967), der iranischen Revolution und dem sowjetischen Einmarsch in Afghanistan (beide 1979) kam es in vielen muslimisch geprägten Ländern zu einer massiven Re-Islamisierung.

Auch der erste wirkliche Versuch eines gleichberechtigten Religionsgesprächs begann erst nach 1945 im Zuge des Kalten Krieges. Im gemeinsamen Kampf gegen den atheistischen Kommunismus suchte man bis in die 1990er Jahre nach Gemeinsamkeiten beider Konfessionen. Allerdings muss die Grundlage für ein ernsthaftes interreligiöses Gespräch die Anerkennung und Respektierung grundlegender theologischer Unterschiede sein. Obgleich den Muslimen lange Zeit durchaus nicht dialogisch zumute war, da sie sich letzten Endes der abschließenden und lange Zeit politisch siegreichen Form des Monotheismus zugehörig wussten, ist es in letzter Zeit zu bedeutsamen Annäherungen von muslimischer Seite gekommen. Ein wirklicher Dialog auf Augenhöhe hat freilich erst im Zuge der Auseinandersetzung um die Anschläge vom 11. September begonnen. Allerdings sind damit auch zahlreiche Probleme in den Mittelpunkt gerückt, die vorher eher am Rande betrachtet wurden. Es geht nämlich nun nicht mehr ausschließlich um dogmatische Fragen, sondern hauptsächlich um das überaus komplexe und nicht triviale Zusammenleben zwischen Muslimen und Nicht-Muslimen in europäischen Gesellschaften.

Vor dem Hintergrund der Einwanderung bzw. des Zuzugs einer großen Zahl von Muslimen nach Europa im Zuge von Arbeitsmigration, Entkolonialisierung und verheerenden Kriegen scheint vor allem der Terroranschlag auf die Zwillingstürme des World Trade Center intensive Abgrenzungsstrategien der europäischen Gesellschaften gegenüber ihren muslimischen Minderheiten und damit auch gegenüber dem Islam als Religion eingesetzt zu haben. Plötzlich stellten sich Fragen nach einer erfolgreichen Integration der Andersgläubigen, den Möglichkeiten eines multikulturellen Miteinanders und dem Kern der eigenen kulturellen Identität von Neuem. Angesichts des europäischen Einigungsprozesses machten sich viele daran, auch eine europäische Identität entlang einer vermeintlichen jüdisch-christlich-antiken Leitkultur zu konstruieren, die die 15-20 Millionen Angehörigen des muslimischen Glaubens in der Europäischen Union letzten Endes ausschloss. Der Islam stellte schnell einen negativ besetzten europäischen Erinnerungsort dar. Dabei griff und greift man auf sehr viele Argumentationsmuster zurück, die, wie zu zeigen war, seit der ersten Begegnung mit der monotheistischen Schwesterreligion durch die Geschichte geistern. Leider sind solche Diskurse bisweilen sehr wirkmächtig und führen nicht selten zu fatalen Ausgrenzungsprozessen.

Literaturhinweise

Astrid ERLL, Kollektives Gedächtnis und Erinnerungskulturen. Eine Einführung. Stuttgart u. a. 2005.

Jörg FISCH, Der märchenhafte Orient. Die Umwertung einer Tradition von Marco Polo bis Macauley, in: Saeculum 35 (1984), S. 246–266.

Thomas KAUFMANN, "Türckenbüchlein". Zur christlichen Wahrnehmung „türkischer Religion" in Spätmittelalter und Reformation. Göttingen 2008.

Thomas KAUFMANN, Aspekte der Wahrnehmung der „türkischen Religion" bei christlichen Autoren des 15. und 16. Jahrhunderts, in: Dietrich KLEIN/Birte PLATOW (Hrsg.), Wahrnehmung des Islam zwischen Reformation und Aufklärung. München 2008, S. 9–25.

Zachary LOCKMAN, Contending Visions of the Middle East. The History and Politics of Orientalism. Cambridge ²2010.

Jürgen OSTERHAMMEL, Die Verwandlung der Welt. Eine Geschichte des 19. Jahrhunderts. München 2009.

Jürgen OSTERHAMMEL, Die Entzauberung Asiens. Europa und die asiatischen Reiche im 18. Jahrhundert. München ²2010.

Andreas Pflitsch, Mythos Orient. Eine Entdeckungsreise, Freiburg u. a. 2003.

Maxime Rodinson, Die Faszination des Islam. München [2]1991.

Raymond Schwab, The Oriental Renaissance: Europe's Rediscovery of India and the East 1680–1880. New York u. a. 1984.

Richard W. Southern, Western Views of Islam in the Middle Ages. Cambridge, Mass. 1962.

Markus Völkel
Humanismus

Der kürzeste Weg zu einem Erinnerungsort für den europäischen Humanismus führt heute nach Auschwitz. Jeder andere Ort Europas liegt zu ihm in Äquidistanz. Das sibirische Kolyma und der sowjetische Gulag scheinen dagegen in einem anderen Resonanzraum zu liegen. Auschwitz dominiert die Geometrie des Kontinents. Es gibt Handbücher für Auschwitz, die sich wie alte humanistische Reiseanleitungen (Apodemiken) des 16. Jahrhunderts lesen lassen. Bekannte Beispiele sind Imre Kertész' „Roman eines Schicksallosen" (1975) oder Primo Levis „Ist das ein Mensch?" (1947/1958). Ihre Berichte über das Konzentrationslager sind Berichte aus einer Akademie, wie es zuvor noch keine gegeben hat. Auch was nach dem „Abschlussexamen" auf ihrem „Diplom" steht, nämlich „Überlebender", ist einzigartig. Diesen Vergleich zynisch oder die Metapher abwegig zu nennen, verbietet die Erinnerung der Entronnen selbst. Levi etwa wurde in Auschwitz „eingeschrieben" und trug seine Matrikel als Tätowierung immer mit sich. Der ersten Selektion an der Rampe folgte die Erziehung (*Paideia*) zu einer bisher unbekannten Form von Menschlichkeit überhaupt, das heißt zur Akzeptanz des Totalverlusts der Humanität, um überhaupt überleben zu können. Nachdem er die „politische Ökonomie" des Lagers begriffen hatte, trat Levi, begleitet von den Marschrhythmen des KZ-Orchesters, nach einem Examen in die naturwissenschaftliche Klasse, in das „Kommando Chemie" ein. Auf dem Weg zur Essenbaracke grub er buchstäblich den Gesang des brennenden Odysseus (Dante, „Göttliche Komödie", Inferno, XXVI) aus seinem Gedächtnis aus. Mitten in Auschwitz erscheint ihm die humanistische Urszene: Er versuchte seinem Freund, den „so menschlichen, so notwendigen und doch unerwarteten Anachronismus dieses Verses" zu erklären (Ist das ein Mensch?, Kapitel 11). Die Akademie von Auschwitz schloss ihre Tore am 18. Januar 1945. Ihre chemische Klasse hatte in den vier Jahren ihres Bestehens ein recht typisches Ergebnis erzielt: nicht ein einziges Kilo synthetischen Gummis!

Seitdem Auschwitz in den siebziger und achtziger Jahren den Charakter singulärer Monumentalität erhalten hat, leidet der Diskurs des Humanismus – weltweit, nicht nur europäisch – an sich selbst. Die Integration dieses Ereignisses in eine menschliche Fortschrittsgeschichte bleibt ein Tabu. Die festgehaltene Singularität hingegen fällt in den Horizont des „total Anderen" (*absolute otherness*) und droht, den Zeugen und die Bezeugbarkeit von Geschichte unheilbar zu beschädigen. Der Kern des Ereignisses, so lautet die mutlose These von Giorgio Agamben, sei im Zeugen zugangslos verschlossen, aber damit sei auch die Substanz der menschlichen Geschichte allen Handelnden wie Beschreibenden endgültig verloren. Weil Auschwitz die Hierarchie der Geschichten sprengt, kann es auch als einzige der großen Meistererzählungen nicht verabschiedet werden.

In die Naturgeschichte des Menschen hat sich sein Handlungsvermögen als Konstrukteur seiner selbst eingeschrieben. Nach Auschwitz steht deshalb das menschliche Genom als nächster absoluter Erinnerungsort auf der Agenda. In seiner Menschengeschichte dagegen ist der Selbstverlust unheilbar eingetreten, die Konkurrenz des Religiösen bereits beängstigend. Die Devise der Zeit heißt somit nach Auschwitz „Anti-Humanismus" in fast schon überflüssig vielen Varianten. Ob es sich um Claude-Levi Strauss' strukturalistische Zwangsanstalt, um Foucaults Diskurslabyrinth, um Luhmanns „Kommunikation, die mit sich selbst kommuniziert" oder um Sloterdijks „Menschenpark" handelt: Es ist gerade der funktionale Erkenntnishorizont, der die Traditionen des vormaligen Humanismus auslöscht. Dass dies möglich wurde, beruht aber auf der Kernschmelze der am Humanismus beteiligten Begriffe, wie sie sich in Auschwitz ereignet hat. Philologie, Bildung, Humanität und die verschiedenen Varianten der Metaphysik, mit denen sich der Mensch, wie Heidegger meinte, in Selbstvergessenheit identifiziert hatte, versperren seither als grotesk entstellter Torso den Weg des *humanistic discourse*. Überraschenderweise erleichtert dieser Zustand die Frage nach dem historischen Humanismus durchaus, insofern die leidige Peripherie dieses Phänomens, seine zahlreichen teleologischen Ismen, als nunmehr definitiv entwertet, schlackenlos entsorgt werden kann. Dann bleiben sogar Erinnerungsorte übrig, allein in wenig freundlicher Landschaft.

Das Europa der Verträge

Ein Blick in das europäische Vertragswerk zeigt, dass die Gründungsväter und ihre Enkel mit Begriff wie Konzept des Humanismus bislang sparsam umgegangen sind. Die deutschsprachige Fassung des bis 2009 geltenden Konsolidierten Vertrags zur Gründung der Union unterschlägt ihn vollständig, während die Präambel der französischen Version sich immerhin an den „héritages culturels, religieux et humanistes de l'Europe" inspiriert. Als im Gefolge des Plans einer neuen europäischen Verfassung, der 2009 in den Vertrag von Lissabon mündete, erneut eine Grundwertediskussion geführt wurde, da fand auch der Humanismus als neuer, „zweiter Erwägungsgrund" Eingang in die deutsche Präambel: "Schöpfend aus dem kulturellen, religiösen und humanistischen Erbe Europas, aus dem sich die unverletzlichen und unveräußerlichen Rechte des Menschen sowie Freiheit, Demokratie, Gleichheit und Rechtsstaatlichkeit als universelle Werte entwickelt haben". Ein genetisches Alleinstellungsmerkmal für die Wertelandschaft Europas wurde damit nicht eingeräumt, aber immerhin schloss die Verfassung hier zu anderen europäischen Institutionen auf, für die der Humanismus von Anbeginn an zu den argumentativen Gemeinplätzen für die künftige Europäische Union zählte. Nicht wenige Stellungnahmen des Europarats, etwa zur Sprachenpolitik, sprechen von „objectifs humanistes", ja von einer „éducation humaniste", die in einer vielsprachigen Kultur wurzelten. Es ging aber bisher, und es geht noch heute, über die Kräfte der europäischen Institutionen und ihrer Eliten hinaus, den Humanismus ihrer Gründungsdokumente näher zu spezifizieren. Es bleibt stets bei einem Grundwert unter anderen, der sich in beliebiger Form mit anderen kombinieren lässt. Hier gleicht der europäische Sprachgebrauch in seiner Unbestimmtheit dem der ehemaligen DDR, die den Humanismus in ihrer Verfassung von 1968/74 wie folgt verankerte: „Die Deutsche Demokratische Republik fördert und schützt die sozialistische Kultur, die dem Frieden, dem Humanismus und der Entwicklung der sozialistischen Gesellschaft dient" (§ 18, 1). Tauschte man „sozialistisch" gegen „europäisch", der Passus könnte sofort Eingang in den Lissabon-Vertrag finden. Einzig und allein die Diskussion um die Europäische Charta nach 2002, das heißt um einen möglichen Gottesbezug in der Präambel, schuf – unfreiwillig – größere Klarheit. Katholische Länder wie Polen, die das Überleben ihrer nationalen Identität durchaus religiös deuten, forderten die Nennung Gottes in der Europäischen Charta, während sich das laizistische Frankreich dem strikt und erfolgreich widersetzte. Kirche und Christentum erscheinen im modernen Frankreich unwiderrufbar eingebunden in ein pluralistisches Ursachengeflecht, also nicht berechtigt, den Kontinent, wie befürchtet, zu definieren: „Das Christentum ist ein Faktor des Humanismus und der Zivilisation gewesen. Es war auch ein Faktor der Gewalt. Die Religionskriege sind Kriege zwischen christlichen Gegnern gewesen. Die Säkularisierung des Staates und die Trennung von Religion und Staat sind eine notwendige Schutzmaßnahme gegen diese Gewalt gewesen" (Berten). Humanismus erscheint hier in doppelter Gestalt: zum einen als Agent der

Fortschritts, zum anderen als vom Christentum emanzipierte Formation: Der Humanismus weist das Christentum in seine Schranken. Nur, war ihm das in die Wiege gelegt, und hat dieser Humanismus überhaupt etwas mit seiner strikt epochalen Ausformung zu tun? Um diese Fragen zu beantworten, muss man durch das ebenso begriffsschöpferische wie begriffsverwirrende 19. Jahrhundert zurückwandern und nach dem humanistischen Kern suchen, mit dem dieses Jahrhundert so willkürlich umgegangen ist.

19. Jahrhundert: Findung und Erfindung des Humanismus

Sich in die Begriffsgeschichte des Humanismus zu vertiefen, heißt, sich mit Paradoxien anfreunden zu müssen. Ermöglicht haben das Konzept „Humanismus" erst die im Historismus des 19. Jahrhunderts endenden Strömungen von Aufklärung, Klassizismus und Romantik. Sie erklärten den Zeitraum von 1350 bis 1600 zu einer Epoche. Voraussetzung dafür war freilich ihr eigener Übergang, sehr unsanft, über eine zweite Epochenschwelle, die Französische Revolution. Erst hinter der doppelten Epochenschwelle wurden zwei Begriffe ausformulierbar, die der Epoche, die sie bezeichnen sollen, explizit nicht angehören: Renaissance und Humanismus. Karlheinz Stierle hat gezeigt, wie das Konzept der Renaissance im Frankreich der Restauration das Idealbild des säkular-expansiven Menschen geschichtsphilosophisch legitimiert. Renaissance ist, so Jules Michelet in seiner „Histoire de France" (1854): „La découverte du monde, la découverte de l'homme". Zwar italienischen Ursprungs, ist es erst Frankreich, als Willensnation das vorweggenommene *Telos* der gesamten Weltgeschichte, das der Renaissance universalhistorischen Sinn gibt. In dieser Figur ist bereits einer der großen Sündenfälle des 19. Jahrhunderts vollzogen. Die anthropologischen Universalien der Geschichte sind zu wertvoll, als dass man sie den anderen Nationen einfach überlassen könnte. Beim Humanismus wird sich die Figur wiederholen.

Der Begriffsumfang von Humanismus ist kleiner als der von Renaissance. Jacob Burckhardt, der Michelets Grundthese schwungvoll umsetzte, beweist das im Titel seiner „Kultur der Renaissance in Italien" (1859). Humanismus bezeichnet hier keine der berühmten Kapitelüberschriften, sondern figuriert nur als Hauptaspekt von Abschnitt III „Die Wiedererweckung des Altertums". An Burckhardt bestätigt sich die paradoxe Struktur des Kontextes für Humanismus im Historismus. Humanismus vermag zwar nicht die Totalität der Renaissance zu repräsentieren, aber sie – insofern das Altertum ein Text ist und Philologie der Weg – wiederzuerwecken; insofern ist der Humanismus die Methode der Renaissance. In diesem Sinn kann Humanismus für das 19. Jahrhundert auch ein Eigenleben vor oder neben der Renaissance gewinnen. Hierfür steht der deutschsprachige Bereich. Bereits die späte Aufklärung führte einen heftigen Streit über das Schulsystem der Zukunft. Sollte man den Philanthropen folgen, die der Schule nur praktisch-technisch-soziale Zwecke setzen wollten, oder sollte man, wovon Friedrich Immanuel Niethammer, ein bayerischer Schulreformer und Freund Schillers, Fichtes und Hegels überzeugt war, eine humanistische Schule anstreben? „Humanismus, dem Philanthropismus entgegengestellt, verteidigt die spirituelle Natur des Menschen in seiner Autonomie, ihre Unabhängigkeit von der materiellen Welt". Dieser Schultyp sollte eine exklusive altsprachliche Grundlage haben und die klassischen antiken Texte in der ästhetischen Auslegung Schillers und Goethes als Königsweg zu Herders Humanitätsideal beschreiten. Niethammers Wendung zum Humanismus war bereits in doppelter Form eine historische: erstens als expliziter Bezug zu den älteren *studia humanitatis* oder *humaniora* der Epoche von 1350 bis 1600, deren Tradition aber als noch weiterlaufend gesehen wurde, und zweitens als Appell an die *humanitas*, den durch Bildung domestizierten

Menschen, wie sie bereits von Cicero (De officiis III, vi, 32) als Selbstverwirklichung der rationalen Essenz des Menschen gedacht worden war. Cicero hatte dabei die Barbaren, das heißt alle, die nicht im *Orbis romanus* lebten, kategorisch ausgeschlossen. Somit war dem pädagogischen Humanismus des 19. Jahrhunderts von Anfang an ein exklusiver Zug zu eigen, sozial wie national.

Im zersplitterten Deutschland von 1800 diente der pädagogische Humanismus zunächst als unverfängliches Instrument zur Erlangung kultureller und nationaler Identität. Stand am Anfang noch, wie bei Wilhelm von Humboldt, das „Studium und [die] Vergleichung aller Nationen und aller Zeiten", so verengte sich der Fokus der Nachahmung schnell auf das klassische Griechenland. Dieses Griechenland war freilich seit Winckelmann selbst ein zunehmend deutsches Konstrukt, so dass der Neuhumanismus als „Tyranny of Greece over Germany" (Butler) in eine Art Selbstidealisierung umschlug, die auf ein Nachahmungsverbot von Moderne für die Deutschen hinauslief. Die Französische Revolution und die transatlantische parlamentarische Demokratie wurden zum Tabu, zu humanismusfernen Geschichtsformationen erklärt. Dass besonders die römisch-republikanische Version von Humanismus schwierige soziale Transformationsprozesse, ja weltweite Imperien absichern konnte, wurde in der deutschen pädagogischen Provinz übersehen. Dabei musste der deutsche Versuch, sich im Bereich der Nachahmung der Antike in einer *splendid isolation* einzurichten, schon deshalb misslingen, weil Revolution und Kaiserreich die Frage nach der richtigen Antike bereits als Machtfrage gestellt hatten. So konnte der Neuhumanismus in Deutschland die mimetische Konkurrenz mit Frankreich um die europäische Vorrangstellung nicht aussetzen und das restaurative Frankreich die deutsche Lesart der römischen Republik nicht akzeptieren. Der Caesar in Theodor Mommsens „Römischer Geschichte" hatte für Frankreich alle circeronische *humanitas* eingebüßt und sah nur noch wie eine Apologie Bismarcks aus.

Ungeachtet dieser in seinen Folgen erst für das 20. Jahrhundert sichtbaren Verdeckung der Mimesis der Macht durch den Humanismus des 19. Jahrhunderts, als heuristisches Instrument war seine anfängliche Konzentration auf die *studia humanitatis* und die Philologie als wissenschaftliche wie philosophische Matrix dauerhaft erfolgreich. Die moderne Humanismusforschung eines Paul Oskar Kristeller (1905–1999) und Eugenio Garin (1909–2004) nimmt hier ihren Anfang.

Wofür das 19. Jahrhundert in vollem Umfang Verantwortung trägt, ist die wuchernde Peripheriebildung beim Gebrauch des Begriffs „Humanismus". Die gesamte säkulare und emanzipative Anthropologie, wie sie die Aufklärung hinterlassen hatte, wurde in den Rang eines Paradigmas erhoben, das heißt zum Maßstab, dem die europäischen Geschichtsepochen mehr oder weniger gut entsprachen. Zwei Formen der Eigentlichkeit kamen dabei zum Vorschein: eine eigentliche Epoche des Humanismus in historischer Perspektive und die eigentliche vollständige Realisierung des Humanen in der Zukunft. Unter dem Aspekt der Zukunft hat bisher stets die Rücksichtslosigkeit in Bezug auf die nachweisbare historische Gestalt des philologisch-rhetorischen Humanismus überwogen: Schön, dass es ihn gegeben hatte, aber warum sich der unbequemen Einsicht stellen, dass sein Potential nicht nur viel kleiner ausfiel, sondern auch noch anders orientiert war als der maßlose Humanismus der Gegenwart, für den er somit als Kronzeuge möglicherweise sogar ausfallen muss.

Der historische Humanismus ist ein rhetorisch-philologischer Humanismus

Ursprünge werden vor allem deshalb festgeschrieben, um Zukunft voraussagen zu können. Der europäische ‚Humanismus' ist dafür ein schlagendes Beispiel. Noch bis etwa 1990 wies er eine eindeutige Genealogie auf: Francesco Petrarca (1304–1374) begründete ihn – autonom als italienische Erfindung – und gab ihm seine spezifische Gestalt als erstens Wiederentdeckung der antiken Literatur, zweitens als deren kritisch-philologische Aneignung – in der Form eines Dialogs mit dem Alter Ego „Antike" – mit einem nunmehr drittens auf Immanenz verpflichteten Christentum. Als Kern des Gesamtphänomens erschien die Hinwendung zur Beredsamkeit als Gemeinschaft – geistlich wie weltlich – stiftende Praxis. In dieser Beschreibung werden notwendige Bedingungen genannt, der volle Umfang des Entstehungskontextes freilich ausgeklammert. Dieser Humanismus steht in Distanz zum antiken Heidentum, zur Entwicklung der neuzeitlichen Naturwissenschaft, aber auch zur theologischen Scholastik und zur modernen Machtpolitik. Verschiebt man dagegen den Entstehungskontext von Petrarca zurück ins 12. Jahrhundert, dann ergibt sich eine andere Entwicklungslogik für den Humanismus.

Den Anfang machen die politische Zersplitterung Oberitaliens im 12. Jahrhundert und der Aufstieg unabhängiger Stadtkommunen. In ihrem Gebiet dominiert damals der französische literarische Einfluss, volkssprachlich, aber auch lateinisch beim Gebrauch und der Kommentierung der antiken Autoren. Erst in der Reaktion auf diese französische Dominanz finden die italienischen Literaten zum Humanismus: nach 1250 zuerst zu lateinischen Lyrik, nach 1300 zögernd zu einer nachahmenden Prosa und endlich, nach langem Zögern um 1400, aufbauend auf 100 Jahren Übersetzung klassischer Autoren ins Toskanische, zur rhetorisch-politischen Ciceronachahmung in Florenz.

Dieses genetische Modell des Humanismus zeigt ihn als Bewegung, die sich – kontextabhängig – ein literarisches Genre nach dem anderen erobert und sich dabei mehr als Methode, beruhend auf kritischer Imitation, denn als festes Ensemble von Inhalten erweist. So verstanden öffnet sich der Humanismus zur Säkularisation, zur Naturwissenschaft und zu modernen Politik. Seine Technik, Texte zu dekonstruieren, kann dann auch gegen die Offenbarung, und zwar für empirische Beobachtung und für die Erfahrbarkeit neuer moralischer Werte, fruchtbar gemacht werden können. Das ändert freilich nichts daran, dass der rhetorisch-philologische Humanismus bis weit ins 17. Jahrhundert den Horizont einer ursprungsbezogenen, überzeitlichen und geschriebenen Totaloffenbarung allen Wissens festhält. Seine oft gerühmten progressiven Seiten sind ohne diese konservative Schließung, beispielsweise eine ansehnliche magische Strömung, nicht möglich.

Technisch kann der rhetorisch-philologische Humanismus einen beeindruckenden Leistungskatalog vorweisen. Zwischen 1300 und 1525 wurden allein in Italien 766 Übersetzungen von 127 griechischen Autoren angefertigt und bis 1600 auch gedruckt. Der neue Markt für die griechische Literatur entfaltete eine Sogwirkung, die die Rettung und den Transfer vieler byzantinischer Manuskripte überhaupt erst ermöglicht hat. Die Renaissance des Griechentums pluralisierte die europäische Philosophie, denn sie führte nicht nur Plato als neuen Hauptautor ein, sondern entsandte zugleich mit ihm auch noch das neuentdeckte „Corpus hermeticum" und die mit diesem verwandte jüdische Kabbala in den Diskursraum.

Überhaupt gehört es zu den persönlichen Verdiensten der Humanisten, als Korrektoren die gesamte klassische Literatur zum Druck aufbereitet zu haben. Dabei haben sie nicht nur die beiden alten Sprachen gepflegt und noch um das Hebräische ergänzt, sie haben auch einen großen Teil der klassischen Literatur in die Volkssprachen übertragen und, umgekehrt, viele bedeutende neuzeitliche Werke der Volgareliteratur ins Lateinische übersetzt. Obwohl ihr privilegiertes Idiom das Latein war, verdankt sich doch der Aufstieg der Nationalsprachen im 16. und 17. Jahrhundert zum guten Teil ihren praktischen wie theoretischen Bemühungen. Hier bereitete der Humanismus dem religiösen Schrifttum der Reformation, vor allem in Nord- und Zentralosteuropa, den Weg.

Zur Bilanz des Humanismus gehört weiterhin die Etablierung der ersten Lehrstühle und Kollegs ausschließlich für Literatur, innerhalb wie außerhalb der Universitäten. Dass diese Etablierung nur halb gelang, hat nicht nur mit dem erbitterten Widerstand der scholastischen Theologie zu tun, sondern auch mit dem Unwillen der Humanisten, ihre sprachliche Kompetenz in die metaphysischen und logischen Begründungsmuster für Wissen systematisch einzubringen. Sie erhoben zwar einen hohen Wahrheitsanspruch: Wort und Sache, *res et verba* sollten kongruent sein, aber sie bevorzugten den praktischen Vollzug dieser Gleichung. Giambattista Vicos (1668–1744) „Scienza Nuova" von 1725 nahm diese Herausforderung zwar kreativ an, kam aber zu spät, um den Humanismus als Interpreten sprachlicher, das heißt nichtquantifizierbarer Evidenz noch gegenüber den neuen Naturwissenschaften ins Recht setzen zu können. Zuvor aber hatte der Humanismus, etwa bei Andreas Vesalius, noch die empiristische Neuinterpretation kanonischer Texte in der Medizin angetrieben. Die Rechtswissenschaft aber wurde durch den Ansatz der Humanisten geradezu gespalten. Sie wollten einen unverderbten Text des Corpus Juris, sie wollten die vorjustinianischen und sogar die byzantinischen Rechtsquellen edieren, die elenden mittelalterlichen Glossatoren und Kommentatoren zum Teufel jagen und sogar eine völlig neue Systematik des Rechts durchsetzen. In Frankreich gelang dies im *Mos gallicus*; anderswo, etwa im Heiligen Römischen Reich, dominierten die Anhänger der älteren systematisch kommentierenden Schule, des *Mos italicus*.

Zum Ausgleich für die fortbestehende Randstellung der Humanisten in der Artistenfakultät der alteuropäischen Universität setzte sich ihr revidiertes humanistisches Lehrprogramm in den neuen Sekundarschulen durch. Der Preis für diesen Erfolg war, dass die dynamischen Komponenten der humanistischen Textarbeit wie Kritik, Interpretation und Vergleich auf der Basis eines zunehmend auch interkulturellen Textkorpus aus dem Gymnasium der Jesuiten und Melanchthons ausgeklammert wurden und dort stattdessen die Schemata der für die Alltagspraxis relevanten antiken Textproduktion dominierten, gebunden an konfessionelle Morallehre.

Dabei zeigte sich der rhetorisch-philologische Humanismus, durfte er denn unmittelbar praktisch werden, sogar den größten Brüchen im damaligen Weltbild gewachsen. Die Einordnung Amerikas und der neuentdeckten Teile Asiens und Afrikas in ein neues geographisches Weltbild gelang den Humanisten überraschend schnell. Länger dauerte die Synthese bei den Sprachen und Sitten der unbekannten Völker, aber auch hier sorgte der Humanismus als Methode des Übersetzens bald für ein tieferes Verständnis, das rasch über den biblisch-antiken Rahmen einer Suche nach den verlorenen Stämmen Israels hinausführte. Grammatiken von Indianersprachen mit Latein als Paradigma erscheinen heute als Inbegriff eines frevelhaften Eurozentrismus. Allein, es sei erlaubt, die Gegenfrage zu stellen: Hätte man 1520 in Mexiko bereits die Sapir-Whorf-Hypothese von der sprachlichen Relativität der Weltsicht praktizieren und Fremdgrammatiken strukturalistisch generieren sollen? Von den vielen Zwischenschritten, die zu diesem Ergebnis führten, haben die Humanisten die ersten getan. Ihnen gebührt Dank, nicht Verachtung. Sie beruht nämlich meistens auf der Unkenntnis ihrer Sprachtheorie, die explizit auf Historizität, Gemeinschaftlichkeit und Zusammenhang (Kohärenz) der Begriffe beruht, de facto also vollständig auf Fremdverstehen ausgelegt ist.

Die Diffusion des Humanismus

Als Modell, mit dem man heute die Ausbreitung des Humanismus erklärt, wird meistens die „Diffusion", eine abgemilderte Form des Kulturtransfers, bemüht. Wohin italienische Humanisten auch zogen, wohin humanistische Inhalte auch gelangten, stets fand eine komplexe Integration in die fremden Kontexte statt. Zwar orientierte sich der Humanismus lange Zeit ausschließlich an Rom, einem „uneuropäischen antiken Großreich", und quer zum kleinteiligen Europa liegenden Mythen, wie etwa der Trojanersage, aber das Bedürfnis, ihn zu nationalisieren, scheint doch unabweisbar zu sein. Jede gestandene europäische Nation musste ihre humanistische Phase durchlaufen haben, sonst entsprach sie weder der eigenen Werteskala noch war sie im kontinentalen Konzert satisfaktionsfähig. Am Aufbau nationaler Chauvinismen, so darf man mit Fug und Recht sagen, waren die Humanisten führend beteiligt. Sie dürfen aber zu ihrer Entschuldigung vorbringen, dass sie die Mittel zur Destruktion nationaler Mythen stets auch mitgeliefert haben.

Keine frühmoderne Nation war damit einverstanden, dass man ihr den Humanismus einfach eingepflanzt habe. Man kann fast eine Hierarchie der Abwehr des italienischen Überlegenheitsgestus aufstellen. Spanien und Frankreich reklamierten energisch eine Protorenaissance, beanspruchten also ein humanistisches Erstgeburtsrecht. Im Heiligen Römischen Reich Deutscher Nation herrschte im 15. Jahrhundert eine heftige Anti-Rom-Stimmung: Warum also nicht gleich für die Deutschen einen Kulturtransfer (*translatio studiorum*) direkt von den Griechen konstruieren? Andere *nationes* wie England/Schottland und Polen/Litauen und Ungarn reagierten besonnener. Sie kombinierten ihre eigenen Erinnerungskulturen mit importierten humanistischen Ausdrucksformen. Im Fall des ungarischen Königs Mathias Corvinus (1443/1458–1490) konnte dies bis zu imperialer Großreichspropaganda führen.

Damit die historische Formation „Humanismus" klare Konturen behält, muss man sie auf ihre soziale Trägergruppe beziehen. Hier handelt es sich, vom Beginn in den italienischen Kommunen des 13. Jahrhunderts bis zu seinem Auslaufen in der europäischen Gelehrtenrepublik des frühen 18. Jahrhunderts, stets um eine überschaubare, zahlenmäßig kleine Gruppe. Für unmittelbare Kommunikation war sie bereits zu groß, aber doch klein genug, dass alle wichtigen Mitglieder miteinander schriftlich Kontakt halten konnten. Die Humanisten erfanden den antiken Brief neu, und als die briefliche Kommunikation den Zenit ihrer Bedeutung nach 1730 überschritten hatte, ging auch ihre Epoche zu Ende.

Humanist im strikten Sinn ist der *humanista*, der auf die Eleganz des Lateins zielende Lehrer der *studia humaniora*, der in der Artistenfakultät Grammatik, Rhetorik, Geschichte, Poesie, aber auch Moralphilosophie lehren soll. Kaufleute, Diplomaten und vor allem Kleriker konnten über Kenntnisse und Techniken in den Humaniora verfügen, doch definierten sie dadurch nicht ihre soziale Persona. Dies war nur einer verschwindend kleinen Elite vorbehalten. Gleichwohl gestatteten es Buchdruck, internationaler Fernhandel und Diplomatie sowie die aufkommende Post, dass humanistische Inhalte auch von Nichthumanisten transferiert werden konnten. Weil der Humanismus nur graduell von einem speziellen Milieu abhängig war (Republik, Monarchie, Aristokratie), gelang es ihm auch, verschiedene Umwelten zu Transferleistungen anzuregen. Schon den Florentiner republikanischen Humanisten des frühen 15. Jahrhunderts steht als fast gleichrangiger Gegner die Phalanx der Mailänder Humanisten gegenüber, die sich ohne Gewissensbisse der Patronage der Visconti-Tyrannen erfreuen.

Im 16. Jahrhundert hatte sich der Humanismus als Lehr- und Interpretationsmuster für antike Literatur und anerkannter Produzent zeitgenössischer, lateinischer wie volkssprachlicher Literatur zwar europaweit durchgesetzt, aber seine Trägerschicht war doch klein verglichen mit der Geistlichkeit oder mit der juristisch gebildeten Beamtenschaft des 17. Jahrhunderts. Zentren des europäischen Humanismus waren zunächst Städte wie Verona und Padua, dann seit 1400 kontinuierlich Florenz, seit 1450 Neapel und erst ab 1500 Venedig. Um 1500 finden sich kleine Gruppen von Humanisten in den ober- wie niederdeutschen Reichsstädten und in der dichten niederländischen Städtelandschaft. Rom, Paris, London und Krakau wiesen damals bedeutende Humanistenzirkel auf. Freilich traf der Sacco di Roma 1527 die Römer hart, und für London und Paris lässt sich sagen, dass die Bildungsmilieus der scholastischen Sorbonne oder der Common-Law-Inns stets größer gewesen sind als ihre humanistische Konkurrenz. Um 1600 sind in Prag, Leiden und Löwen neue humanistische Zentren zu erkennen. Im Jahre 1590 zählte der Jesuitenorden bereits 6000 Mitglieder. Nur die wenigsten davon waren Humanisten im strikten Sinn, aber jeder Jesuit durchlief den so intensiven wie restriktiven Literaturunterricht in lateinischer Sprache, und nicht wenige Patres erarbeiteten sich ihre eigenen Klassikeditionen für die Lehre.

Äußere und innere Grenzen des Humanismus

Im europäischen Osten fielen die Grenzen des Humanismus mit den Grenzen der Jesuitenprovinzen und den letzten Vorposten des Protestantismus und Antitrinitariertums zusammen. Lemberg und Wilna gehörten zum humanistischen Kosmos, Moskau nicht. Auf der Balkanhalbinsel kostete der Vormarsch des Osmanischen Reichs den Humanismus 1526 die wertvolle Provinz Ungarn; das südliche Dalmatien schützte Venedig in seinem von Korfu bis Zypern reichenden „Stato del Mare". Hier hüteten Italiener und orthodoxe Mönche – voller Eifersucht aufeinander – die Reste der byzantinischen Tradition. Granada, 1492 erobert, erhielt 1526, nach der Vernichtung seines reichen arabischen Manuskriptbestandes, eine Universität. Im Lehrplan der Missionsorden konnten humanistische Bildungselemente bereits im 16. Jahrhundert nach Mexico City, nach Lima und Manila gelangen. Garcilao de la Vega (1539–1616), ein Inkanachkomme, konnte in der alten Königsstadt Cuzco eine gediegene humanistische Spracherziehung genießen. Eine kurze Zeitspanne sah es so aus, als könnte der Humanismus das Weltreich Philipps II. auch innerlich erobern. Dies stellte sich als Täuschung heraus, wie überhaupt die internen Grenzen des Humanismus ihn beschränkter aussehen lassen, als man dies gewohnt ist.

Parallel zur humanistischen Gelehrtenrepublik dehnte sich im 16. Jahrhundert die intellektuelle Diaspora der aus Spanien und Portugal vertriebenen Juden (*Sephardim*) aus. Mit ihr teilte man beim Alten Testament, der Kabbala und beim Hebräischen gemeinsame Interessen, aber in der Hauptsache musste man sich fremd bleiben, wie dies Friedrich Niewöhner kategorisch festgestellt hat: „Das Judentum als Religion betrachtet ist seinem Wesen nach antihuman, antihumanistisch und unhumanitär […]. Keiner der Denker der spanisch-jüdischen Periode war an irgendeiner Art Universalismus, Humanismus oder Menschheit interessiert". Die Verführungskraft des Humanismus gegenüber dem Judentum blieb bescheiden.

Auch innerhalb der europäischen Gesellschaft blieben die Humanisten eine Minderheit, teilweise selbstgewollt. Als Individuen gaben sie zwar bewusst die spätmittelalterlich klerikale Lebensform auf, gründeten Gelehrtenfamilien und akkumulierten ihr Wissen als symbolisches Kapital. Ihr Sozialmodell entwickelte freilich nur eine begrenzte Anziehungskraft. Das protestantische Pfarrhaus und die sehr effektiven Arbeitsgruppen in den katholischen Orden haben die humanistische Familie kulturell überschrieben. Das Spezifische der humanistischen Lebensweise, Intellektualität gepaart mit Spontaneität und lustbetonter Sozialität mit antiautoritären Anklängen, war zu empfindlich, um im Zeitalter der Konfessionalisierung, der staatlichen Akademien und der Marktorientierung des Intellektuellen zu überleben. Die gelungene Lebensform des freien Humanisten stellt ein Paradoxon dar. Ihm ging es dort am besten, wo eine sonst rücksichtslose und wirtschaftlich potente Autorität ihm zugestand, mit den Mächtigen primär ästhetisch zu kommunizieren. Das war eine prekäre Situation, die man bei den intellektuellen Leistungseliten des 16. und 17. Jahrhunderts aber nur selten antrifft und die auch ihren Nachfahren, den französischen *Philosophes*, nicht gut bekommen ist.

Auch im Bildungs- und Wissenssystem der Frühen Neuzeit stieß der rhetorisch-philologische Humanismus schnell an seine Grenzen. Seiner reinen Lehre gemäß hätte die Lektüre der richtigen Texte den Schüler moralisch entscheidend bessern sollen. Stattdessen, so warfen ihm Anthony Grafton und Lisa Jardine vor, habe er die Machteliten mit pädagogischen Feigenblättern versehen und sei an der selbstgestellten Aufgabe gescheitert, freie Menschen zu erziehen. Dagegen hat man eingewandt, den Humanisten sei es durchaus gelungen, „die Führer zu führen". Ihnen sei der erstmalige Einbezug des Adels in das Bildungssystem zuzuschreiben, und ohne sie wäre die Sozialdisziplinierung der mittleren Stände nicht möglich gewesen.

Eine unüberschreitbare Grenze stellte dann das rhetorisch orientierte Literatursystem selbst dar. Die Zahl der lebensweltlich relevanten antiken Texte war von Anbeginn begrenzt. Expansion, etwa in den Bereich der früh- und mittelbyzantinischen Literatur, blieb die Sache weniger Spezialisten. Die Kenntnis der Alten Meister sollte durch ihre Nachahmung gefestigt werden, aber es gab bald neue Formen, wie den psychologischen Roman, die Nachahmung ausschlossen. In dem großen Streit am Ende des 17. Jahrhunderts, welche Literatur die bessere sei (*Querelle des Anciens et Modernes*), die zeitgenössische oder die antik orientierte, erlitten die Humanisten das gleiche Schicksal, das sie ihren mittelalterlichen Vorgängern bereitet hatten. Das Literatursystem vollzog einen Bruch, fror das Altertum zur Klassik ein und stellte die Tradition als nicht mehr fortsetzbar dar. Bald war die lateinische Gebrauchsliteratur der Humanisten unlesbar geworden, ihre Literatur hingegen setzte die undankbare Aufklärung als gegenüber dem klassischen Urbild minderwertig zurück. Was von der Produktion des 15. bis 17. Jahrhunderts in der Frühen Neuzeit noch Wert hatte, war in der Volkssprache geschrieben und hatte so unklassisch wie Rabelais, Cervantes, Shakespeare und Montaigne zu sein.

Während sich die Humanisten schließlich in der konfessionell dynamisierten Universität in glänzender Weise bei den trivialen Künsten behaupteten, entglitt ihnen das angrenzende technische Quadrivium unwiederbringlich. Arithmetik, Geometrie, Musiktheorie und Astronomie wurden als autonome Fächer, nicht als integrierte experimentelle Wissenschaft gelehrt. Neuheiten wie die Kartographie, Navigationskunde, Festungs- und Wasserbau wurden vom Lehrplan verbannt, was naturgemäß zum Auszug der Naturforscher aus der Artistenfakultät führte. Die Techniker, Instrumentenbauer oder Chirurgen hatte man erst gar nicht zugelassen.

Der Humanismus – ein europäischer Erinnerungsort?

Die gelehrte Epoche zwischen 1400 und 1700 erweckt unter den heutigen Europäern weder Nostalgie noch Empathie. Zwar setzte die Aufklärung den Humanisten noch imposante Denkmäler: so 1688 in Daniel Morhofs (1639–1691) „Polyhistor" als systematischer Überblick oder 1697 mit Pierre Bayles (1647–1706) „Dictionnaire historique et critique" in polemischer Absicht. Als intellektuelles Paradigma war der gelehrte Humanismus ein Auslaufmodell. Träten Spitzenhumanisten wie Nebrija, Budé, Scaliger oder Cardano uns heute entgegen, ihre extremen Charaktere würden wenig Sympathie erregen. Vor allem ihr unbarmherziges Insistieren auf fremdsprachlicher Hochleistung in Gymnasium und Universität würde sie geradezu als inhuman erscheinen lassen. Damit stellt sich als Problem: Wie soll eine so elitäre Gruppe Erinnerungsorte in einer egalitären Massengesellschaft besetzen? Die Vermutung liegt nahe, dass man sich solchen *Lieux de Mémoire* wie ein Archäologe wird nähern müssen, denn ihr Profil ist im europäischen Fühl- und Denkhaushalt schon recht abgegriffen.

Erasmus von Rotterdam (1466/69–1563), liberal und übernational orientiert, wäre eine geeignete Figur, auf die sich jeder Europäer einlassen könnte. In der ersten Europaratsausstellung „L'Europe humaniste" in Brüssel 1954/55, spielte er in der Tat die Rolle des Hausheiligen. Es gibt einen Erasmus-Preis, den der Prinz von Oranien jährlich vergibt. Seit mehr als 20 Jahren sorgt ein Erasmus-Programm für die Mobilität von Dozenten und Studenten in Europa. Voltaire steht für deutsch-französischen, Kopernikus für den deutsch-polnischen Schüleraustausch. Europa hat also säkulare Schutzheilige, die aber für nichts mehr als die allgemeinsten Orientierungsbegriffe einer weltanschaulich laxen Europäischen Union stehen dürfen. Ein ausdrückliches Förderprogramm zur Humanismusforschung ist der Brüsseler Kommission nie in den Sinn gekommen. In der offiziellen Terminologie der Kommission wäre dies eine vollständig „subsidiäre Aufgabe". Man bedient sich des Humanismus, indem man ihn als nachwachsende Ressource voraussetzt.

Wo also erinnert man sich heute noch der Humanisten in ihrer rhetorisch-philologischen Ausrichtung? Im humanistischen Gymnasium, wo es noch existiert, und im altphilologischen Seminar. *Humanista* hießen in den gehobenen Kollegien sowohl Lehrer als auch Schüler der höheren Klassen. Die Philologenverbände sind keine humanistischen Sodalitäten, aber sie pflegen wenigstens die sprachlichen Basiskompetenzen des Humanismus. Universitäten wie Leiden, Basel oder Leuven, die dieser Epoche besonders viel übernationales Prestige verdanken, haben jeweils eigene Erinnerungskulturen des Humanismus ausgeprägt. An ihrer Spitze steht das 1921 in Hamburg gegründete und seit 1933 in London ansässige Warburg Institute. So überschneiden sich also in Europa historische Orte des Humanismus mit Forschungsstätten, die sich seiner Erforschung widmen.

Diese Übersicht über die in der akademischen Gemeinschaft verankerten Erinnerungsorte wäre aber unvollständig, bliebe der eigentliche *Lieu de Mémoire* des Humanismus in den heutigen Diskursen unerwähnt. Das Konzept „Bürgerhumanismus", entwickelt von dem deutschen Bibliothekar Hans Baron (1900–1988) als Prototyp eines partizipativen Republikanismus, beruft sich auf die Verteidigung von Florenz gegen die Visconti durch seinen Kanzler Leonardo Bruni. Im Anschluss daran rekonstruierten John G. Pocock und Quentin Skinner den „Machiavellian Moment", die Geburt der republikanischen Freiheit in einer wehrhaften Stadtgemeinde, die sich wesentlich in Sprechakten vollzieht, in verbalen Selbstkonstitutionen. Die Erforschung der europäischen parlamentarischen Rhetorik, wie sie seit 2007 in einer internationalen Arbeitsgruppe vorangetrieben wird (International Commission for the History of Representative and Parliamentary Institutions), beruht letztlich auf der Genese des Politischen in der öffentlichen Rede, reaktiviert also einen vehement humanistischen Diskurs.

Es mag sein, dass die Gedächtnislandschaft des historischen Humanismus dürftig ausfällt und nur wie ein verschwommener Hintergrund für europäische Gemeinsamkeit wahrgenommen werden kann. Diesem Zustand widerspricht die Einsicht, dass der rhetorisch-philologische Humanismus zwar nicht mehr zum europäischen Bildungsideal taugt, dass er aber im Mark der politischen Selbstreflektion überlebt hat. Hier wirkt er weiter, ganz im Sinn seiner Erfinder als Ferment und Antrieb zum ständigen Umbau Europas.

Literaturhinweise

Giorgio AGAMBEN, Was von Auschwitz bleibt. Frankfurt a.M. 2003.

Hans BARON, The Crisis of the Early Italian Renaissance. Princeton 1955.

Ignace BERTEN, Europe, Constitution européenne et religions, in: La Revue théologique de Louvain (décembre 2004), S. 474–494.

Vito R. GIUSTINIANI, Homo, Humanus, and the Meanings of „Humanism", in: Journal of the History of Ideas 46 (1985), S. 167–195.

Anthony GRAFTON/Lisa JARDINE, From Humanism to the Humanities. Education and the Liberal Arts in Fifteenth- and Sixteenth-Century Europe. London 1986.

Martin HEIDEGGER, Über den Humanismus (1946). Frankfurt a.M. 2000.

Friedrich Immanuel NIETHAMMER, Der Streit des Humanismus und Philanthropismus in der Theorie des Erziehungsunterrichts unserer Zeit. Jena 1808.

Friedrich NIEWÖHNER, Anmerkungen zum Begriff eines „Jüdischen Humanismus", in: Archiv für Begriffsgeschichte 34 (1990), S. 214–224.

John G. POCOCK, The Machiavellian Moment. Florentine Political Thought and the Atlantic Republican Tradition. Princeton 1975.

Ronald G. WITT, In the Footsteps of the Ancients. The Origins of Humanism from Lovato to Bruni. Leiden 2000.

Jean Mondot
Aufklärung

Die Aufklärungsgeschichte ist weitgehend nationalspezifisch gewesen. Aufklärung selbst ist keine synchrone Erscheinung der europäischen Begriffsgeschichte. In Frankreich spricht man von der *Philosophie des Lumières* oder einfach nur von der Philosophie, als könne sie nur eine aufgeklärte sein. Die Engländer werden erst später zur substantivierten Form *Enlightenment* finden. Es gibt aber auch konfessionsbedingte Formen der Aufklärung wie zum Beispiel protestantische oder katholische oder jüdische Aufklärung (*Haskala*). Bei allen unleugbaren Unterschieden entspricht jedoch das Zeitalter der Aufklärung der Verbreitung von gleichlautenden Ideen und Werten und der fortschreitenden Homogenisierung des philosophischen Diskurses in Europa. Eine neue Öffentlichkeit hat sich konstituiert, deren Zentren sich nach Westen und nach Norden leicht verschoben haben. Aufklärung weist aber nicht nur auf das mehr oder weniger langsame Aufkommen einer kohärenten Philosophie hin. Sie ist eine Philosophie mit sozialpolitischen Inhalten. Zu ihrer Geschichte gehören daher auch die politischen Umsetzungsversuche bis hin zur Französischen Revolution. Von Aufklärung reden heißt also auch von den politischen Taten und Maßnahmen reden, die von ihr inspiriert wurden.

Hat es einen philosophischen oder geistigen Urknall gegeben, der am Anfang der europäischen Aufklärung gestanden hat? Wahrscheinlich nicht. Eine dramatische Krise des europäischen Geistes (oder Bewusstseins: Paul Hazard)? Wohl kaum. Dafür ein progressives Umdenken, das sich allmählich über ganz Europa verbreitet hat. Am Ende des von ihr geprägten Zeitalters steht eine Reihe von Begriffen und Errungenschaften philosophischer und politischer Art, die aus der modernen Zeit nicht wegzudenken sind, die wahren Bestandteile der Moderne.

Europäische Aufklärung: Phase 1

Holland und England

Das England Newtons und das Holland Baruch de Spinozas und vormals Descartes' sind für die Entstehung der Aufklärung entscheidend gewesen. Holland, wo sich René Descartes von 1630 bis 1640 aufhielt, eignete sich wegen der Bedeutung seiner Universitäten (Leiden, Amsterdam) und seiner Gelehrten (Christiaan Huygens, Antoni van Leeuwenhoek) ganz besonders für philosophische Konfrontationen. Sein damaliges geistiges Klima, der politische Kontext, aber auch der wirtschaftliche Aufschwung, ganz besonders auf dem Gebiet des Buch- und Zeitungsdrucks, waren zumindest eine Zeitlang der geistigen Auseinandersetzung sehr förderlich. Der erste Satz von Descartes' „Discours de la méthode" (1637) verkündete:„Der gesunde Menschenverstand ist das, was in der Welt am besten verteilt ist". Jeder Mensch, selbst ein unstudierter, verfüge also über dieses geistige Unterscheidungsvermögen. Man brauche nur die richtige Methode anzuwenden, um zur Wahrheit zu gelangen. Man müsse nach Klarheit streben und in der Lage sein zu analysieren. Grundregel: „niemals eine Sache für wahr anzunehmen, ohne sie als solche genau zu kennen; das heißt sorgfältig alle Übereilung und Vorurteile zu vermeiden und nichts in mein Wissen aufzunehmen, als was sich so klar und deutlich darbot, dass ich keinen Anlass hatte, es in Zweifel zu ziehen". Diese entschlossene Selbstbehauptung des eigenen Denkens, die jede Autorität ablehnte außer der der Evidenz, die somit die Tradition gleichsam verabschiedete und nur den eigenen Kriterien zutraute, wirkte wie ein Donnerschlag, der lang nachhallte. „Selbstdenken" wird mehr als 100 Jahre später ein Wahlspruch der Aufklärung sein.

Die Philosophie Spinozas kann voll dem Gedankengut der Aufklärung zugeordnet werden, weil sie sich auf eine bisher unbekannt radikale Weise mit erkenntnistheoretischen, religiösen und politischen Problemen befasste. Spinozismus wurde häufig von seinen Gegnern dem Atheismus gleichgestellt. Als Spinozist bezeichnet zu werden, war daher eine gefährliche Diffamierung, auf die soziale Ausgrenzung und beruflicher Tod stehen konnten. Spinozas Ideen verbreiteten sich deshalb durch die Untergrundliteratur und durch geheime Kanäle. Erst in der zweiten Hälfte des 18. Jahrhunderts konnte man es wagen, sich öffentlich zum Spinozismus zu bekennen, aber selbst dann war es keineswegs unverfänglich, wie der sogenannte Pantheismusstreit im Berlin der 1780er Jahre beweist. Aber die Inhalte der spinozistischen Philosophie gingen trotz aller Zensurmaßnahmen gleichsam gespensterhaft in Europa um, zumindest in der ersten Hälfte des 18. Jahrhunderts – eine Zeit des Zwischen-den-Zeilen-Schreibens und -Lesens. Zudem halfen die Geheimgesellschaften unterschiedlicher Orientierung und Observanzen bei der Verbreitung von unorthodoxen Lehren. Ab 1717 verbreitete sich die in London entstandene Freimaurerei über ganz Europa, wo sie zu den neuen Geselligkeitsformen zählte.

Pierre Bayle, der sich ebenfalls in den Niederlanden aufhielt, schrieb eine Abhandlung „Commentaire philosophique sur ces paroles de Jésus-Christ: ‚Contrains-les d'entrer'" (1687/88), die für die Festlegung der Begriffe und den Verlauf der Frontlinien in der Toleranzdebatte wohl entscheidend gewesen ist. Er vertrat eine bedingungslose Auffassung von Toleranz. Die Konfessionswahl war Sache des Gewissens und deshalb vom Staat oder von irgendeiner öffentlichen Autorität nicht vorzuschreiben. Er glaubte übrigens, was noch skandalöser war, dass auch Atheisten sich moralisch verhalten könnten. Bayles Hauptwerk, das dem Programm der Aufklärung gleichsam vorgriff, war sein „Dictionnaire historique et critique" (1697). Der Titel wies auf zwei Grundwerte der Aufklärung hin: die historische Herleitung und das kritische Urteil. Das Unternehmen war charakteristisch für das neue philosophische Programm: nicht nörgeln oder einfach ablehnen wollte man, sondern untersuchen, um dann in aller Klarheit, im Licht des Verstandes über die Dinge urteilen zu können. Kritik, und zwar allseitige Kritik, war nun an der Tagesordnung der neuen Philosophie und blieb es lange. 100 Jahre später (1781) stellte Immanuel Kant im Vorwort der „Kritik der reinen Vernunft" fest: „Unser Zeitalter ist das eigentliche Zeitalter der Kritik, der sich alles unterwerfen muss".

John Locke war zwischen 1682 und 1689 im holländischen Exil. Er hat ebenfalls die Toleranz in seinen „Letters concerning toleration" (1690–1692) theoretisiert und in dem „Essay concerning human understanding" (1690) eine neue Erkenntnistheorie geformt, die sich gegen die Lehre der „eingeborenen" Ideen wandte und eine Theorie entwickelte, nach der der Verstand des Menschen unmittelbar nach seiner Geburt noch leer wie ein „unbeschriebenes Blatt" sei, auf dem im Laufe des Lebens *sensation* und *reflection* der äußeren und inneren Welt eingeprägt würden. Die Theorien des späteren Sensualismus sind *in nuce* in diesem Modell enthalten. Es macht aus dem Menschen ein gestaltbares Wesen, was wiederum die Bedeutung der Pädagogik für dieses Jahrhundert begründete. Locke interessiert aber auch wegen seiner politischen Theorien. Seine 1690 verfassten „Two treatises of Governement" bezweckten, die neue englische monarchische Regierungsform zu rechtfertigen. Die Theorie des Vertrags, die Thomas Hobbes schon bemüht hatte, um die absolute Herrschaft zu rechtfertigen, wird von Locke gleichfalls benutzt, aber diesmal müssen sich Nach- und Vorteile des Vertrags für Herrscher und Beherrschte ausgleichen. Der Naturzustand bei Locke hat nicht den Dschungelcharakter des Hobbesschen.

Aus England kam vor Locke Isaac Newtons wichtiger Anstoß zum Umdenken in Europa. Seine Entdeckung der universellen Gravitation ließ verstehen, dass der Apfel fällt, aber nicht der Mond – aus ein und demselben Grund. Ein neues wissenschaftliches Zeitalter begann. In seinem Werk „Philosophiae naturalis principia mathematica" (1686) stellte Newton die Mathematik in den Dienst der Physik. Das Ganze bedeutete eine sensationelle Änderung des Weltverständnisses, die Durchdringung des Kosmos durch ein mathematisch-physisches Gesetz. Erstmals gab es eine neue Sicht auf die Welt. Die Resonanz des Werkes war dementsprechend.

Zudem kamen kurz vor der Jahrhundertwende auch religiöse „Neuerungen" aus England: John Tolands Schrift „Christianity not mysterious" (1696), die vom irischen Parlament verboten und gar vom Henker verbrannt wurde, war Gegenstand einer jahrelangen Polemik. Die Tradition des Theismus und Deismus wurde aber fortgeführt. Einige Jahre später (1713) bot Anthony Colins' Buch „A discourse of freethinking" ein Plädoyer für Freidenker. Matthew Tindal mit „Christianity as old as the creation" setzte etwas später diese Freidenkerlinie fort.

John Toland steuert 1714 eine bahnbrechende Abhandlung zur Judenfrage bei: „Reasons for naturalizing the jews". Zum ersten Mal wurde von einem nichtjüdischen Autor für die Gleichberechtigung der Juden plädiert. Zum ersten Mal wurden die sozialen und konfessionellen Vorurteile, die zu den Diskriminierungen und Verfolgungen der Juden geführt hatten, systematisch widerlegt. Am Anfang des Jahrhunderts wurden so schon die sozial-politischen Konsequenzen aus der Lockerung beziehungsweise Widerlegung der religiösen Dogmen gezogen. An der Judenemanzipation würde sich in der Folge der Fortschritt der Meinungen in Europa messen lassen.

Nach der Aufhebung der Zensurgesetze 1695 nach der *Glorious Revolution* und vor allem durch die frei ausgetragenen Meinungsverschiedenheiten der Parteien im Parlament entstand eine bisher unbekannte Pressefreiheit auf politischem wie auch auf religiösem Gebiet. Englische Dissidenten mussten nun nicht mehr auf den Kontinent ausweichen. Ein neuer Typ des Schriftstellers entstand: der Journalist. Zu ihnen zählten Daniel Defoe, Joseph Addison und Richard Steele, deren Zeitschriften „The Tatler" und „The Spectator" im kontinentalen Europa zahlreiche Nachahmer fanden. Die Pressefreiheit ist die politische Errungenschaft des Jahrhunderts und überhaupt der Aufklärung. Sie wird im Laufe des Jahrhunderts europaweit beansprucht und theoretisiert, um schließlich ihren Niederschlag in den Staatsverfassungen zu finden. Aber das politische Gewicht und die politische Brisanz einer freien Presse wurden schon in der ersten Hälfte des Jahrhunderts in England vorexerziert.

Die Ideengeschichte und die Aufklärung bekamen aber von England noch weitere wichtige und leicht widersprüchliche Signale. Zu ihnen zählt die Affekttheorie eines Anthony Shaftesbury. Die Bedeutung der Gefühle, der Emotionen, wurde von ihm hervorgehoben. Sie sollten die Grundlagen der Moral sein, nicht ein trockenes rationalistisches System. Selbstverständlich scheinen diese Werte einer rationalistischen Anthropologie zu widersprechen, aber Shaftesburys Gedanken führten schließlich zu einer Bereicherung dieser Anthropologie. Die *Moral-Sense*-Philosophie der schottischen Aufklärung konnte darauf aufbauen.

Die Werte der Aufklärung wurden noch unmittelbarer von Alexander Pope in seinen Lehrgedichten vermittelt. Sein berühmtestes, „An Essay of Man" (1733/34), resümierte das ganze Programm der Aufklärung in einem Vers: „The proper study of mankind is man". Darin widerspiegeln sich der Pragmatismus der englischen Aufklärung und die resolute Beschränkung auf die Diesseitigkeit. Pope glaubt an eine Gesamtharmonie, in der die kleinen Übel des Menschen aufgehen. Der Mensch kann und darf glücklich werden – Glück als solches war eine neue Idee in Europa. Außerdem könne der Mensch nun von dem Licht der Wissenschaft, das Newton der Menschheit gebracht hat, profitieren: „let Newton be and all was light". Die Bezeichnung *enlightenment* ist eine späte historiographische Erfindung, aber die Lichtmetaphorik war schon zeitgenössisch präsent.

Die offenen, toleranten Gesellschaften der beiden Seemächte England und Holland, die durch den Welthandel und nicht durch territoriale Expansion Macht und Reichtum errungen hatten, gaben also schon seit Ende des 17. Jahrhunderts die kräftigsten Impulse. Sie wurden nicht nur reich und mächtig, sondern auch kultiviert, und standen mit ihren Akademien und Universitäten wissenschaftlich an der Spitze Europas. Sie vermittelten eine neue Form der Herrschaft und des wirtschaftlichen Erfolgs und bildeten damit eine Herausforderung für territoriale Großmächte – an erster Stelle für Frankreich.

Frankreich

Durch seine politische Regierungsform, die autoritär oder absolut genannte Monarchie, hatte Frankreich die Wirren der Mitte des 17. Jahrhunderts relativ gut überstanden, die einige seiner Nachbarn eine Zeit lang geschwächt haben. Ludwig XIV., der „Sonnenkönig", ist von einer Künstlergeneration umgeben gewesen, die für den Glanz der Monarchie viel geleistet hat. Aber am Ende des 17. Jahrhunderts hatte der alternde König mit seinen permanenten Expansionskriegen die Staatsfinanzen so stark strapaziert, dass ihm nun ein größerer Handlungsraum fehlte. Außerdem hatte Frankreich mit der Widerrufung des religiös toleranten Edikts von Nantes 1685 Elemente seiner Bevölkerung verloren, die wirtschaftlich und geistig nicht unwesentlich zu seiner Dynamik beitrugen: Die Hugenotten, die sich in ganz Europa niedergelassen hatten, bildeten nun einen feindlich gesinnten Ring um die französische Monarchie. In Frankreich selbst hat eine nonkonformistische, „oppositionelle" Strömung ein zwar diskretes bis klandestines, aber beharrliches Dasein geführt. Der Jansenismus hat sich trotz Verfolgungen und Schikanen aller Arten als resistent erwiesen. Geistliche Gestalten wie Fénelon haben eine sanftere Form des Christentums gepredigt.

Andererseits haben Geister wie Bernard de Fontenelle in seinen „Entretiens sur la pluralité des mondes" (1686) Skepsis und Gleichmut salonfähig gemacht. Nach dem Tod Ludwigs XIV. 1715 eröffnete die *Régence* eine neue geistige Ära. Auf die dumpfen, bigotten letzten Regierungsjahre des greisen Königs folgte nun in vielen Bereichen (Ideen, Politik, Wirtschaft, Poetik etc.) ein eher experimentierfreudiges Jahrzehnt. Neue (Spinozismus) und alte (Epikurismus) ketzerische Ideen wurden, beispielsweise in der Société du Temple (1721), die den alten skeptischen Anakreontiker Guillaume de Chaulieu und den jungen Voltaire zu ihren Mitgliedern zählte, debattiert und durch anonyme Untergrundliteratur weitergeführt. Voltaire ließ zunächst als brillanter Theaterautor von sich hören. Eines seiner ersten Stücke, „Oedipe" (1718), konnte einen europaweiten Triumph feiern. Aber als „Philosoph" wurde er erst durch seine im Jahre 1734 erschienenen „Englischen Briefe", später in „Philosophische Briefe" umbenannt, berühmt. Vorher hatte ein anderer großer Geist des Jahrhunderts, Charles de Montesquieu, sein erstes Meisterwerk „Die Persischen Briefe" (1721) veröffentlicht. Aus dem Blickwinkel seiner persischen „Berichterstatter" sezierte er Unstimmigkeiten und Absurditäten der damaligen französischen Gesellschaft. Der ihr vorgehaltene Spiegel ließ bisher übersehene Fehler, Defizite, ja Lächerlichkeiten erkennen. Die dritte wichtige Persönlichkeit der großen Quadriga der *Lumières* heißt Denis Diderot, mit seinem Unternehmen der „Encyclopédie", die vier Jahre nach Montesquieus „L'Esprit des Lois" (1748) erschien. „L'Esprit des Lois" enthält eine gründliche Analyse des Rechts, der Verbindung der Sitten und der Gesetze, und vor allem eine tiefsinnige vergleichende Untersuchung der politischen Systeme. Mitten in diesem sachlich-wissenschaftlichen Buch gibt es aber einige Seiten, die sich durch Ton und Gegenstand unterscheiden. Gemeint sind zum einen die mit kühler Ironie formulierte Verurteilung der Rassendiskriminierung, zum anderen das resolute Plädoyer für die Beendigung der Judenverfolgungen.

Der deutschsprachige Raum

Auch die deutschen Staaten wurden von der Modernisierungs- oder Erneuerungswelle erfasst. Sie führten eine staatspolitisch komplexe Existenz in den Grenzen des vom Westfälischen Frieden und dem dort festgeschriebenen Partikularismus geprägten Heiligen Römischen Reichs. Innerhalb des Reichs hatten die Habsburger immer noch das Sagen. Zwar wurde 1701 Brandenburg-Preußen zum Rang eines Königreichs erhoben, aber auf kultureller Ebene war seine Präsenz noch verhalten, selbst wenn Berlin durch die hugenottische Vernetzung Anschluss an die westeuropäische Entwicklung gewann und durch die Gründung einer Akademie auf Initiative der von Gottfried Wilhelm Leibniz beratenen Königin Sophie Charlotte bekannte Wissenschaftler anziehen konnte. Leibniz, letzter „Universalgelehrter", vermochte durch seine weitverzweigte Korrespondenz Deutschland mit Europas gelehrter Welt zu verbinden. Im deutschen Sprachraum ohne Macht- und Geisteskonzentration in einer zentralen Hauptstadt, spielten die Universitäten vor allem im protestantischen Teil Deutschlands eine für die Belebung der geistigen Landschaft überragende Rolle. Dazu wird Berlin, obgleich noch ohne Universität, gezählt werden müssen. Außerdem war 1696 eine moderne Universität im pietistischen Halle gegründet worden, wo der Philosoph Christian Thomasius lehrte. Er ist für die Entstehung der Aufklärung in Deutschland eine Schlüsselfigur. In Leipzig hatte er das Signal zur geistigen Erneuerung gegeben. Im Wintersemester 1687 hielt er eine Vorlesung in deutscher Sprache über das Thema: „Welcher Gestalt man den Franzosen in gemeinem Leben und Wandel nachahmen solle?" Die angestrebte Erneuerung war zugleich technisch-modischer wie wissenschaftlich-philosophischer Art. In Halle vertrat und lehrte Thomasius Hauptideen der Aufklärung wie Toleranz und Vorurteilsbekämpfung. Sein Modernisierungswille äußerte sich in der Gründung einer ersten deutschsprachigen Gelehrtenzeitschrift („Die Monatsgespräche").

Im Jahre 1707 trat der Philosoph Christian Wolff in Halle mit einer neuen Philosophie an. Er verfolgte die Idee, ein philosophisches System mit mathematischer Logik wie eine exakte Wissenschaft aufzubauen. Seine Werke kennzeichnen sich durch methodische Ordnung und klare Formulierung. 1721 kam es zum Bruch mit den Pietisten. Wolff hatte in einem Vortrag über die Moral der Chinesen behauptet, auch Heiden könnten tugendhaft sein. Dies bestritten die Pietisten, die schließlich seine Ausweisung forderten und sie 1723 durchsetzten. Erst nach Friedrichs II. Thronbesteigung durfte er 1740 nach Halle zurückkehren. Wolffs Philosophie verbreitete sich nichtsdestoweniger in ganz Deutschland.

Leipzig stellte durch seine wirtschaftliche Potenz und seine bekannte Universität sicherlich ein wichtigeres kulturelles und geistiges Zentrum dar als Halle. Der dort heimische Philosoph und Professor Johann Christoph Gottsched trug ebenfalls entscheidend zum Erfolg der Aufklärung in Deutschland bei. Er war vor allem deshalb für die Rolle der Aufklärung im deutschsprachigen Raum wichtig, weil er sich des kulturellen Gefälles zwischen Deutschland und Westeuropa bewusst gewesen ist. Wie Thomasius hat er sich dem Problem des französischen Modells gestellt. Er hat es allerdings auf die Entwicklung des Theaters fokussiert. Er wollte diese öffentlich wirksame Kunstform auf das Niveau des französischen Theaters heben. Aber mit seinem reformierten Theater wollte er neue aufgeklärte Inhalte propagieren. Das Theater war ihm ein unersetzliches Mittel der öffentlichen Erziehung, wirkungsvoller als selbst die Kirche, wie seine Rede „Die Schauspiele und besonders die Tragödien sind aus einer wohlbestellten Republik nicht zu verbannen" aus dem Jahr 1729 zeigt. Im „Sterbenden Cato" wurden die republikanischen Argumente mitreißend vorgeführt sowie die Werte der Toleranz in den „Parisischen Bluthochzeiten", die die französischen Religionskriege des 16. Jahrhunderts und die Bartholomäusnacht zum Thema hatten. Neuere Forschungen haben einen Freidenkerkreis in Gottscheds unmittelbarer Umgebung ausgemacht. Er hat sehr früh das Werk Fontenelles übersetzt beziehungsweise übersetzen lassen, auch das „Historisch-Kritische Wörterbuch" Pierre Bayles sowie etwas später das Buch „De l'Esprit" von Claude Adrien Helvétius. Nicht dass er den Skeptizismus des einen (Bayle) und den Materialismus des anderen (Helvétius) teilte – mit diesen Übersetzungen verschaffte er aber dem deutschen Publikum einen Zugang zu religiös und politisch höchst umstrittenen Autoren, die eine radikalere Auffassung der Aufklärung vertraten. Zeitschriften wie „Die vernünftigen Tadlerinnen" (1725/26) und „Der Biedermann" (1727-1729) nach dem Vorbild der moralischen Wochenschriften in England hat er ebenfalls gegründet.

In Deutschland änderte sich übrigens ungefähr um die Jahrhundertmitte, also nach Friedrichs Thronbesteigung 1740, die allgemeine öffentliche Stimmung. Berlin gewann an Zentralität einerseits durch die Bedeutung, die Preußen durch Friedrichs Politik gewann, andererseits durch das Emporkommen von drei Autoren, die schnell die Aufmerksamkeit des deutschen Publikums auf sich lenkten, das sogenannte Berliner Kleeblatt: Friedrich Nicolai, Gotthold Ephraim Lessing und Moses Mendelssohn.

Europäische Aufklärung: Phase 2

England

Eine Schlüsselfigur für die zweite Phase der Aufklärung in der zweiten Hälfte des 18. Jahrhunderts war David Hume. Er lehnte jede Metaphysik ab und baute seine Philosophie auf dem gesunden Menschenverstand auf. Seine Philosophie sollte sowohl den Erfordernissen der Fachphilosophie genügen als auch denen einer praktischen Philosophie. Er wollte sie auf die Moral und die Politik anwenden können und bekämpfte durch seine Skepsis den Aberglauben. Skepsis ist übrigens das große Motiv auch seiner Erkenntnisphilosophie, und bekanntlich ist es dieses skeptische Denken, das Kant aus seinem dogmatischen Schlaf erweckt hat.

Humes Religionskritik ist ein Kennzeichen für die zweite Phase der Aufklärung. Sie war zwar nicht neu, aber die an der Religion geübte Kritik hatte sich bis zur Jahrhundertmitte radikalisiert. In seiner Schrift „The natural history of religion; of the passions; of tragedy; of the standard of taste" (1757) analysierte Hume die Religionen als ein geschichtliches Phänomen. Der Vergleich der sukzessive und an vielen Orten entstandenen Religionen führte zum Relativismus und zuletzt zur Skepsis.

Hume, der sich lange Zeit in Frankreich aufgehalten hat, hat die kontinentale Philosophie, nicht nur die Kants, stark beeinflusst. Aber sein Einfluss ist noch deutlicher in Schottland spürbar, und die sogenannte schottische Aufklärung hat sich mit seiner Philosophie sehr intensiv auseinandergesetzt. Seinem Freund Adam Smith verdankt man die Begründung des Liberalismus in seinem Werk „Inquiry into the nature and causes of the wealth of nations" (1776). Aber auch die anderen Autoren der schottischen Aufklärung, die *Moral-Sense*-Autoren Francis Hutcheson, Adam Ferguson und John Millar, haben viel von ihm gelernt.

Die amerikanische Unabhängigkeitserklärung von 1776 brachte staatsphilosophisch etwas völlig Neues hervor. Bisher waren vergleichbarer Aufstände in Europa gegen die Obrigkeit meist blutig niedergeschlagen worden. Doch diesmal scheiterten die Niederwerfungsversuche. Die Kolonisten, die *insurgents*, siegten und beschlossen etwas Unerhörtes: eine republikanische Verfassung für einen Flächenstaat – die zeitgenössischen staatsphilosophischen Lehren sahen nur urbane Formen der Republik vor. Andere Elemente der neuen Verfassung wie Pressefreiheit, Toleranz und Glück, die aus den Ideen der Aufklärung stammten, hatten jedoch auch vorher schon teilweise Eingang in die Verfassungen einzelner Staaten der Union gefunden. Gleichzeitig wirkte die amerikanische Revolution auf Europa zurück: Amerikanische Autoren wie Benjamin Franklin, Thomas Paine und Thomas Jefferson beteiligten sich auch an den europäischen Debatten, und Elemente der amerikanischen Verfassung fanden sich in den Zielen der Französische Revolution wieder.

Im letzten Jahrzehnt des 18. Jahrhunderts lieferte eine englische Schriftstellerin, Mary Wollstonecraft, einen wichtigen Beitrag zu der von der Aufklärung initiierten Emanzipationsbewegung. In „The vindication of the rights of women" (1792) forderte sie die Emanzipation der Frauen, ihre Befreiung von dem gesellschaftlichen Druck, unter dem sie litten. Der deutsche Autor Theodor Gottlieb von Hippel hatte unter demTitel „Über die bürgerliche Verbesserung der Weiber" (1792) eine Abhandlung zum selben Thema veröffentlicht. Über diese sozial-rechtliche Unterdrückung hatten sich übrigens Frauen wie Emilie Du Châtelet, Voltaires Lebensgefährtin, und Madame d'Epinay in Frankreich schon vorher bitter beklagt.

Der deutsche Sprachraum

Seit der Thronbesteigung Friedrichs II. 1740 rückte Brandenburg-Preußen mit Berlin in den Brennpunkt der europäischen Staaten. Grund dafür waren unter anderem die außergewöhnliche Persönlichkeit des Königs und seine hohen geistigen Ansprüche, führte er doch mit dem „Geistesfürsten" seiner Zeit, Voltaire, einen intensiven Briefwechsel. Voltaires dreijähriger Aufenthalt in Berlin-Potsdam (1750–1753) hat die Aufmerksamkeit der europäischen Öffentlichkeit auf den Berliner Hof und Herrscher gelenkt. Auch die Berliner Akademie erhielt durch die Rekrutierung ausländischer Wissenschaftler einen nachhaltigen Glanz. Pierre-Louis de Maupertuis (1688–1759) wurde sogar Präsident der Institution. Um den runden Tisch von Sanssouci versammelten sich „Philosophen" wie Jean-Baptiste d'Argens oder Julien La Mettrie, deren unorthodoxe Gedanken für viele skandalös waren. Durch diese Berufung von unkonventionellen Denkern hatte Preußen trotz der Entfernung von den großen intellektuellen Zentren Westeuropas Teil an der geistigen Entwicklung der Zeit. In Berlin gab es aber neben dem Hof mit den *enfants terribles* des Königs das schon erwähnte Trio der deutschen Aufklärung, Lessing, Mendelssohn, Nicolai.

Aus bürgerlichen Verhältnissen stammend, aber mit ungeheurer geistiger Dynamik begabt, vertraten die drei eine andere Spielart der *hommes de lettres*. Ihre Schriften, ihre Streitlust sicherten ihnen im gesamten deutschen Sprachraum beachtliche Aufmerksamkeit. Auch die Herausgabe von erfolgreichen literarischen Zeitschriften hatte Anteil an dieser Zentrumsfunktion Berlins, das nun zum Umschlagplatz literarischer Nachrichten wurde. Nicolais Rezensionsorgan „Allgemeine Deutsche Bibliothek" wurde ab 1765 bis zum Anfang des folgenden Jahrhunderts das Zentralorgan des kultivierten, also aufgeklärten Publikums. Lessings dezidierte Abwendung vom französischen Theatermodell schlug sich seit Februar 1759 in der Zeitschrift „Briefe die neueste Literatur betreffend" nieder.

Das Novum bei Mendelssohn war, dass ein jüdischer Autor von sich reden machte. Lessing nahm 1749 in seinem Theaterstück „Die Juden" das Thema der Judenemanzipation auf. Dem

Aufklärungsprogramm gemäß nahm er – zum ersten Mal auf einer europäischen Bühne – das antijüdische Vorurteil aufs Korn und demonstrierte dessen Absurdität mit den Mitteln der Komödie. Allerdings endet die Komödie nicht mit dem gewohnten Happyend – der edle Jude heiratet die vorurteilslose junge Dame nicht, zu stark sind die Vorurteile der Welt um sie herum. Dieser Einakter löste eine vehemente Polemik zwischen Mendelssohn und dem Göttinger Professor Johann David Michaelis aus. Ungefähr 30 Jahre später, 1779, kam Lessing in seinem letzten großen Stück „Nathan der Weise" auf die jüdische Problematik zurück, diesmal aber im Kontext der drei monotheistischen Religionen. Anhand der Ringparabel entfaltete er seine Auffassung der besseren Religion. Sie konnte für ihn nur eine Religion der tätigen Liebe sein. Der Jude Nathan als Hauptfigur des Stücks überragt alle anderen Gestalten an Klugheit und an Menschlichkeit. Er ist die humanste Figur der europäischen Aufklärung. Zu fast demselben Zeitpunkt veröffentlichte auf Mendelssohns Anregung der preußische Beamte Christian Wilhelm Dohm die politische Konsequenz des Stücks: „Von der bürgerlichen Verbesserung der Juden". In dieser Abhandlung findet man den charakteristischen Satz: „Der Jude ist noch mehr Mensch als Jude".

Interessant ist aber, ob und wie diese neuen Ansichten in der politischen Realität umgesetzt wurden. Vorreiter waren hier ausgerechnet die Habsburger: Ein „bewundernswürdiger Monarch", Joseph II., „schreitet zu Werk" (so Mendelssohn). Am Anfang seiner Alleinherrschaft (1781) traf dieser Maßnahmen, die Konsequenzen aus der Lektüre von Dohms Schrift zogen und die die Diskriminierungen der Juden weitgehend abbauten, selbst wenn er nicht den Schritt zur definitiven Gleichberechtigung vollzog. Dies wagte aber die französische Assemblée nationale im September 1790. Verfechter des Vorschlags waren der Abt Grégoire und Gabriel Victor Mirabeau. Mirabeau hatte sich 1786 in Berlin die Ideen Mendelssohns und Dohms angeeignet. Somit resultiert die Gleichberechtigung der Juden gleichsam aus der produktiven Zusammenarbeit preußischer und französischer Aufklärung und kann letztendlich als Akt der europäischen Aufklärung bewertet werden.

Eine originelle Erscheinung, die die deutsche Aufklärung als Teil der europäischen einschreibt, ist die kurze Geschichte (1776–1785) der bayerischen Illuminaten. Sie spielt sich in dem Teil Deutschlands ab, in dem sich die katholische Spielart der Aufklärung nur mit Mühe etablierte. Hier verbinden sich ebenfalls Ideen und Taten, ganz besonders die der französischen Philosophen, der „Materialisten" wie Paul-Henri d'Holbach, Helvétius, La Mettrie. Die jungen Mitglieder dieses 1776 in Ingolstadt von Adam Weishaupt gegründeten Ordens der Illuminaten sollten allmählich zur höchsten Stufe des Rationalismus gebracht werden. Aber es ging Weishaupt nicht nur um eine gedanklich-philosophische Entwicklung, sondern er erwartete pragmatisch-politische Konsequenzen. In seiner „Anrede an die neu aufzunehmenden Illuminatos Dirigentes" vom Jahr 1782 gab er seinen Zuhörern zu verstehen, dass die Gruppe von tugendhaften Menschen, die sie bilden sollten, in der Lage sein würde, die Monarchien zu stürzen bzw. ohne Gewalt verschwinden zu lassen. Lehne man die Gunst und die Ehren der Monarchen ab, so verlören sie jede Macht über ihre Untertanen. Es gebe einen natürlichen Autonomieprozess: „Könige sind Väter: väterliche Gewalt geht mit der Unvermögenheit des Kindes zu ende. [...] jeder volljährige kann sich selbst vorstehen: wenn die ganze Nation volljährig ist, so fällt der Grund ihrer Vormundschaft hinweg, [...] allgemeine Aufklärung und Sicherheit machen Fürsten und Staaten entbehrlich. Oder wozu braucht man sie sodann?" Zwei Jahre nach Erscheinen dieser Schrift, auf die Frage nach der Definition der Aufklärung, antwortete Kant in der „Berlinischen Monatsschrift" mit dem berühmt gewordenen Satz: „Aufklärung ist der Ausgang des Menschen aus der selbstverschuldeten Unmündigkeit". Im Jahr 1785 wurde der Illuminaten-Orden in Bayern verboten.

Ein anderes Element, das durch den Anspruch des aufgeklärten Menschen auf Selbstdenken permanent eingefordert wird, ist die Pressefreiheit. Sie war in England vorexerziert worden und wurde auch von den deutschen Autoren als unverzichtbare Voraussetzung der Aufklärung betrachtet. Kant sprach das sehr deutlich aus: „Also kann man wohl sagen, dass diejenige äußere Gewalt, welche die Freiheit, seine Gedanken öffentlich mitzuteilen, den Menschen entreißt, ihnen auch die Freiheit zu denken nehme". Friedrich Schiller macht 1787 aus dieser Forderung den Höhepunkt seines Dramas „Don Carlos": „Ein Federzug von dieser Hand und neu erschaffen ist die Welt. Sire! Geben Sie Gedankenfreiheit!" Gedankenfreiheit, Meinungsfreiheit, Pressefreiheit – die Aufklärer wussten, dass diese Freiheit kein schmückendes Beiwerk war, sondern die Regierungsform beeinflusste. Die Französische Revolution sollte dann diese Freiheit in die Erklärung der Menschenrechte einschreiben.

In allen Staaten des Heiligen Römischen Reiches begann sich das Modernisierungsprogramm der Aufklärung mehr oder weniger zu verwirklichen. Die Verselbständigung einer immer kritischeren Öffentlichkeit durch die Vermehrung der Zeitschriften und durch den Ton auf der Bühne zwang die Regenten zu Reformen.

Die sichtbarsten und deutlichsten Reformen im deutschen Sprachraum und über ihn hinaus wurden von Joseph II. durchgeführt: Toleranzgesetz gegenüber anderen Konfessionen, Toleranzgesetz gegenüber den Juden, erweiterte Pressefreiheit, Abschaffung der Todesstrafe in den meisten Fällen, Einschränkung der Macht der katholischen Kirche durch Säkularisierung von Klöstern und Erweiterung der Kontrollhoheit des Staats über die hohen Kirchenämter, Entwicklung des Erziehungssystems und der Schulen. Joseph II. sprach selbst von Aufklärung, um Reformmaßnahmen zu begründen.

Ein absoluter Herrscher blieb Joseph II. dabei dennoch. Praktizierte er also Aufgeklärten Absolutismus? Das Konzept ist ein Paradox oder eine Illusion. Ein Paradox, wenn nicht ein Oxymoron, weil Aufklärung Kritik beinhaltet oder gar voraussetzt, was Absolutismus am wenigsten erträgt. Es ist also eine Illusion, zu glauben, ein Aufgeklärter Absolutismus könne sich über längere Zeit behaupten. Entweder hört die Aufklärung auf, das zu sein, was ihr Wesen ausmacht, oder der Herrscher verzichtet auf seinen Machtanspruch. So zerbrach auch der Josephinismus mit dem Ende von Josephs Regierungszeit am Widerstand der alten Eliten.

Frankreich

Der geistig-politische Elan vom Beginn der zweiten Phase der Aufklärung lässt sich leicht an der literarisch-philosophischen Produktion Frankreichs ablesen. 1750 ist das Jahr der ersten Rede Rousseaus über den Einfluss der Wissenschaften, 1751 das Jahr der Enzyklopädie und 1755 das Erscheinungsjahr der zweiten Rede Rousseaus über die Ungleichheit unter den Menschen. Jean-Jacques Rousseau, das letzte Mitglied der oben erwähnten Quadriga, ist eine Persönlichkeit, die sich nicht leicht in den Rahmen der Aufklärung einordnen lässt. Er lag mit Voltaire im Streit, vor allem, weil er den von Voltaire geschätzten Luxus ablehnte und das Theater als unmoralisch verurteilte, was wiederum Voltaire unerträglich fand. Aber er hat auf grundsätzliche soziale Übel hingewiesen und dadurch die soziale Gleichheitsfrage gestellt. Zwei Bücher vor allem haben die europäische Öffentlichkeit erschüttert (außer seinem Roman „Julie ou la nouvelle Héloïse"): „Emile ou de l'éducation" und „Le contrat social" (1762). Das erste beschäftigte sich mit Pädagogik, aber auch mit Religion, das zweite mit sozial-politischen Problemen. Die Anekdote, nach welcher die spannende Lektüre Kant von seinem alltäglichen Spaziergang abgehalten haben soll, beweist einmal mehr, wie durchlässig die geistigen Grenzen waren, bestätigt die Existenz einer europäischen Öffentlichkeit.

Neben Rousseaus Reden markiert ein anderes Ereignis die 1750er Jahre, und zwar die Veröffentlichung der ersten „Encyclopédie"-Bände unter der Leitung Diderots und Jean-Baptiste D'Alemberts. Das Unternehmen beruhte zunächst auf einer Verlegerinitiative: Man wollte die 1728 erschienene englische „Cyclopaedia" Ephraim Chambers' ins Französische übersetzen. Schließlich beschloss man jedoch, ein eigenes Werk zu schaffen, das unter dem Titel: „Lʼencyclopédie ou dictionnaire raisonné des sciences des arts et des métiers par une société de gens de lettres" erschien. Die „Encyclopédie" erhob den Anspruch, die Totalität des damaligen Wissens zu umfassen, nicht nur des theoretischen oder des rein wissenschaftlichen, sondern auch des praktischen und technischen. In seinem Vorwort bietet DʼAlembert einen strukturierten Gesamtüberblick über die Wissenschaften – ein Moment der Besinnung auf das schon Geleistete, des Nachdenkens über den Stand der damaligen Wissenschaften, also zugleich Bilanz und Perspektive. Rund 200 *hommes de lettres* sind an dem Unternehmen beteiligt worden. Durch die Beteiligung Samuel Formeys sollten sogar Elemente des Zedler-Lexikons ihren Weg in die „Encyclopédie" finden. Sie ist insofern ein Kompendium europäischen Wissens gewesen und wurde auch ein europäischer Erfolg.

Das war keine Selbstverständlichkeit – die Publikation entfachte einen regelrechten politisch-philosophischen Kampf. Die letzten der 35 Bände wurden erst in den 1760er Jahren veröffentlicht. Die „Encyclopédie" bleibt eine wissenschaftlich-geistige, unternehmerische und politische Leistung, eine Glanztat der Aufklärung. Die geistige Revolution des Jahrhunderts stand nun auf Bibliotheksregalen, sicht- und greifbar. Dieses kollektive Unternehmen war der prometheische Akt des Jahrhunderts. Das 18. Jahrhundert wird fortan das Jahrhundert der „Encyclopédie" sein.

Auch Voltaire war in der zweiten Phase der Aufklärung weiterhin aktiv. 1759 beschäftigte er die französische und europäische Literaturszene mit seinem Roman „Candide". Darin spottete er nicht nur über den Leibnizschen Optimismus, sondern auch über Sitten und Unsitten der europäischen Gesellschaften und über deren Vorurteile. Im wichtigen „Essai sur les mœurs et lʼesprit des nations" (1756), in dem er eine moderne Auffassung der Geschichte und der Philosophie der Geschichte vertrat, machte er die historische Dimension zu einer Komponente der Aufklärungsphilosophie.

Anfang der 1760er Jahre kam es in Frankreich zu einem öffentlichen Skandal, der in ganz Europa Widerhall fand: die sogenannte Affäre Calas. Ein protestantischer Tuchhändler aus Toulouse, Jean Calas, wurde zum Tod verurteilt, weil er seinen Sohn, der zum Katholizismus übertreten wollte, ermordet hätte. Die Umstände der Verurteilung und die Verurteilung selbst offenbarten die Rückständigkeit und Barbarei des französischen Justizapparats und des geltenden Strafrechts sowie den Fanatismus einiger religiöser Orden in Toulouse. Voltaire erfuhr vom jüngeren Sohn Calasʼ selbst, was geschehen war, und konnte sich davon überzeugen, dass es ein Justizskandal und Justizmord war, denn der Sohn hatte Selbstmord begangen. Daraufhin appellierte Voltaire an die Öffentlichkeit. Er publizierte, was man damals streng geheim hielt, die „Pièces originales concernant la mort du sieurs Calas", die die himmelschreiende Parteilichkeit des Gerichts offenbarten. Damit gewann er den Kampf um die öffentliche Meinung. Der König verfügte die Rehabilitierung Calasʼ. Ein Schriftsteller hatte kraft seiner moralischen Kompetenz in eine öffentliche Angelegenheit eingegriffen und gewonnen. Abt Raynal sagte einige Jahre später: „Der Schriftsteller ist geborener Advokat der Menschheit", und der süddeutsche Publizist Wilhelm Ludwig Wekhrlin erinnerte sich daran, als er in den 1780er Jahren selbst in einen Hexenprozess der Stadt Glarus intervenierte. Goethe bestätigte Jahre später in „Dichtung und Wahrheit": „Voltaire hat durch den Schutz, den er der Familie Calas angedeihen ließ, großes Aufsehen erregt und sich ehrwürdig gemacht". Ein neuer Typus von *homme de lettres* war somit entstanden, ein Intellektueller, wie man ihn Ende des 19. Jahrhunderts nennen würde. Er ist ohne Zweifel ein Kind der Aufklärung, die auch die Instanz der öffentlichen Meinung hervorbrachte, auch wenn sie noch lange nicht so genannt werden würde: permanent abrufbar, allen Autoritäten überlegen.

Voltaire ist der europäische Autor *par excellence* gewesen, „das Wunder seiner Zeit" (wie

Goethe mit leichter Ironie sagte). Sein Bekanntheitsgrad erreichte in den 1770er Jahren seinen Höhepunkt.

Voltaire war aber nicht der radikalste Schriftsteller seiner Zeit. Autoren wie Helvétius und vor allem d'Holbach haben ihrerseits Vorstöße in Richtung Materialismus und Atheismus gewagt, mit denen Voltaire nicht einverstanden war. Aber ihre Ideen fanden Resonanz, und im letzten Drittel des Jahrhunderts waren ihre Thesen europaweit bekannt bzw. in manchen Kreisen gefürchtet. Der Ton änderte sich überall. Die Kritik an der Autorität im Allgemeinen und ganz besonders an den Fürsten wurde lauter und immer aggressiver. Raynals Werk „Die philosophische Geschichte des Handels und der Niederlassungen der Europäer in den beiden Indien" (1771–1781), an der unter anderen Diderot eifrig mitschrieb, lässt die Radikalisierung des Tons sehr gut spüren. Sogar im Theater hatte die sozial-politische Frechheit Erfolg, beispielsweise in „Figaros Hochzeit" (1784) von Antoine de Beaumarchais. Eine Revolution des Tons, der An- und Einsichten war vor 1789 eingetreten.

Zum Ende des 18. Jahrhunderts gab es drei Ereignisse außerhalb der gelehrten Diskussion, die den Zeitgenossen bestätigten, dass eine neue Epoche angebrochen sei. Die Aufklärung am Ende des Jahrhunderts war nicht außer Atem, erschöpft oder verspätet. Die „Fortschritte" des menschlichen Geistes häuften sich. Man wurde nie müde, sie aufzulisten, wie Nicolas de Condorcet in seinem „Esquisse d'un tableau historique des progrès de l'esprit humain" (1793).

Das erste Ereignis ist der Aufstieg der Luftballons der Gebrüder Montgolfier (1783). Diese sichtbare und erfolgreiche Anwendung technischen Wissens erfüllte Zuschauer und Zeitgenossen mit fasziniertem Stolz. Es war die Allegorie des Jahrhunderts der Aufklärung.

Das zweite wichtige Ereignis war die chemische „Revolution" von Antoine de Lavoisier. Von ihr ging die Erneuerung der ganzen Chemie aus. Der Göttinger Physiker und Moralist Georg Christoph Lichtenberg hat sie entsprechend begrüßt.

Als drittes ist die Französische Revolution zu nennen. Sie ist ohne Zweifel in ihren Anfängen die Fortsetzung der Aufklärung mit anderen Mitteln. Ideen und Träume der *philosophes* wurden in die Tat umgesetzt. Beispiele gibt es genug: die Erklärung der Menschenrechte, die konsequente Abschaffung der konfessionellen Diskriminierungen, die Abschaffung der Sklaverei in den Kolonien. Der Revolutionär Jacques-Pierre Brissot sagte 1791: „unsere Revolution ist nicht die Frucht eines Aufstandes, sie ist das Werk eines halben Jahrhunderts der Aufklärung". Dabei ist es freilich nicht geblieben, weil sie durch Druck der neu geschaffenen politischen Zustände eine Eigendynamik entwickelte, die von den Zielen der *Lumières* wegführte. Das war absolutes Neuland. Aber dieses „politische Experiment" (Lichtenberg) erregte die „Teilnehmung" (Kant) der Europäer.

Der Norden, Osten und Süden Europas

Außerhalb der dynamischen Zentren Westeuropas haben andere Länder und Staaten ebenfalls eine Periode der Aufklärung erlebt, manchmal aber mit einem zeitlichen Abstand.

Reformen sind unternommen worden, Schriften veröffentlicht, die von der Verbreitung und Aufnahme der Aufklärungsideen zeugten. Gelehrte haben das Gedankengut der Aufklärung vermittelt und vermehrt. Cesare Beccarias „Dei delitti e delle pene" (1764) hat entscheidende Anstöße zur längst fälligen Justizreform in ganz Europa gegeben. Auch haben Gelehrte wie die Brüder Verri einen fruchtbaren Dialog mit europäischen Gelehrten unterhalten. Die von ihnen herausgegebene Zeitschrift „Il Caffè" (1764–1766) wurde zum wahren Organ der Aufklärung in Mailand. In Neapel war zehn Jahre früher ein Lehrstuhl für den Wirtschaftswissenschaftler Antonio Genovesi errichtet worden. Der Ökonom Abt Galiani veröffentlichte 1770 nach einem langen Aufenthalt in Paris seinen „Dialogue sur les bleds", den Voltaire hoch lobte.

In Spanien ist die Übernahme der Aufklärungsideen relativ spät eingetreten, weil die Kontrolle der Kirche und der Inquisition dies lange verhindert hatte. Aber unter König Karl III. wurden aufgeklärte Minister wie Pedro de Aranda, Pablo de Olavide, José de Floridablanca berufen und wichtige Reformen durchgeführt, während Schriftsteller wie Gaspar Melchor de Jovellanos und Benito Jerónimo Feijoo die Ideen der Aufklärung verbreiten konnten. In Portugal war die Situation etwas anders, weil die Regierung des Ministers Pombal eine autoritäre Politik der Modernisierung verfolgte, die der Meinungsfreiheit wenig Platz einräumte.

Im Norden und Osten Europas verlief die Entwicklung anders. Obwohl auch hier überall Gelehrte aufklärerische Ideen vertraten, schlugen sie sich kaum in der politischen Praxis nieder.

Dänemark erlebte zwar eine Zeit der radikalen Reformpolitik, die aber mit einem Staatsstreich gegen den aufgeklärten Minister Johann Friedrich Struensee, der 1772 zum Tod verurteilt wurde, dramatisch endete.

In Schweden führte König Gustav III. nach dem Staatsstreich von 1773 ein autoritäres Regiment. Er war fasziniert vom französischen Lebensstil, weniger von den französischen Philosophen.

Russland stellt ebenfalls einen schwierigen Fall dar. Katharina II. kaufte zwar Diderots Bibliothek, lud ihn sogar 1773 nach St. Petersburg ein, aber trotz einiger Maßnahmen wie dem Toleranzedikt von 1773 oder dem progressiven, aber nicht abgeschlossenen Abbau der Leibeigenschaft behielt sie die russische Öffentlichkeit unter Kontrolle. Der aufgeklärte Schriftsteller Alexander Radischtschew bekam dies am eigenen Leib zu spüren, als er wegen seiner kritischen „Reise von Petersburg nach Moskau" (1790) zunächst zum Tode verurteilt wurde, was später in eine zehnjährige Verbannung umgewandelt wurde.

Was wurde aus der Aufklärung nach der Aufklärung? Deutsch-französische Differenzen

Die politische Umsetzung der Aufklärungsideale durch die Französische Revolution hat zu Konsequenzen geführt, die nicht alle den Erwartungen der Aufklärer entsprachen.

So haben sich schematisch in Europa zwei gegensätzliche Einstellungen zur Revolution und zu den Aufklärungsidealen herausgebildet.

Im deutschen Sprachraum wuchs eine größtenteils durch die Enttäuschung über die Französische Revolution bewirkte politisch-philosophische Kritik der Aufklärung (fassbar etwa an Schillers „Briefen über die ästhetische Erziehung des Menschen"), die auch die philosophischen und ästhetischen Grundsätze der Aufklärung in Frage stellte. Die Romantik, deren Prämissen von den Gebrüdern Schlegel und von Novalis in der Zeitschrift „Athenäum" bereits in den Jahren 1798/99 definiert wurden, verband sich mit der „nationalen" Reaktion gegen Napoleon und wurde gewissermaßen Bestandteil des neuen deutschen Nationalgefühls. Die Aufklärung verschwand jedoch nicht völlig vom geistigen Horizont, sondern fand im Vormärz erneut Anhänger. Aber der Vormärz endete mit dem Scheitern von 1848, das die Ideale der Aufklärung mit sich ins ideologische Abseits riss. Die dann unter Bismarcks Führung erfolgte Einigung Deutschlands hatte wenig mit den Ideen der Aufklärung zu tun. Außerdem hatte sich vorher in Deutschland eine geistige Wende vollzogen, die für die Aufklärung nicht viel übrig hatte. „Im 19. Jahrhundert und sogar bis in die Mitte des 20. Jahrhunderts bleibt die Aufklärung in Deutschland gründlich vergessen und wird, soweit überhaupt noch bekannt, sogar immer wieder verdammt" (Schneiders). Der Höhepunkt der Gegnerschaft wurde am Vorabend des Ersten Weltkriegs mit den sogenannten „Ideen von 1914" erreicht, deren Verfasser die Aufklärung als Import englischer und französischer Geistesgeschichte denunzierten. Während der Weimarer Republik und auch vorher hat es jedoch eine Aufklärungsforschung gegeben, die der Bedeutung der Aufklärung für die deutsche Geistesgeschichte gerecht wurde. Ernst Cassirers „Philosophie der Aufklärung" erschien aber im November 1932, kurz bevor er ins Exil gehen musste.

Erst nach der menschlichen, politischen und geistigen Katastrophe des Dritten Reiches gab es eine Rückbesinnung auf die Aufklärung. Sie erfolgte in der DDR relativ früh. Die Forschung beschäftigte sich dort schneller unter dem Einfluss von Remigranten (Werner Krauss) mit der Aufklärung, ihren Werken und Autoren. Die Bundesrepublik folgte etwas später.

Die Neubeschäftigung mit der Aufklärung begann unter einem allerdings paradoxen Zeichen. Theodor Adornos und Max Horkheimers „Dialektik der Aufklärung", zwischen 1942 und 1944 im amerikanischen Exil geschrieben, 1947 in Amsterdam, aber erst 1969 in Deutschland erschienen, weckte nämlich ein neues, aber ambivalentes Interesse für die Aufklärung. Ratio und Emanzipation wären nicht mehr die Zwillingsschwestern, als die die Aufklärer sie proklamiert hatten, denn daraus sei der Totalitarismus entstanden. Dieser einseitige Befund vergaß, dass die Kritik Bestandteil der Aufklärung war, die eben auch Selbstkritik sein konnte. Kritik und Selbstkritik sind aber mit Totalitarismus unvereinbar.

Aber die Aufklärung fasste im Lauf der 1960er/Anfang der 1970er Jahre festeren Fuß in der universitären Forschung. In der DDR hat die Forschung vergessene Vertreter einer „radikalen" Aufklärung (wieder) ans Licht gebracht, die nach der Französischen Revolution als Jakobiner diffamiert worden waren, als deren Nachfahren die DDR sich jedoch gern gesehen hätte. Diese deutschen Jakobiner wurden Gegenstand eines langen Streits unter Historikern aus Ost und West. Dies kam allerdings Friedrich Hölderlin zugute, dessen revolutionsfreundliche Gedichte von einseitig nationalistischer Interpretation verdeckt geblieben waren. Ebenso wurden Kants Sympathien für die Französische Revolution wiederentdeckt. Und Jürgen Habermas verwies auf seine Auffassung einer positiven Öffentlichkeit, die mit einer allgemeinen Vernunft gleichzusetzen war. Seine optimistische Auffassung einer rationellen Kommunikation konnte sich auf Kant berufen.

Die Aufklärungsforschung in der BRD entwickelte sich in den 1970er Jahren nun rasch. Inzwischen ist die Aufklärung unverzichtbarer Teil der deutschen Geschichte geworden.

Ganz anders stellt sich die Rezeption der Aufklärung in Frankreich dar. Die *Lumières* und die Revolution haben in der nationalen Geschichte einen ganz anderen Stellenwert. In Frankreich hat man sich am Anfang des 19. Jahrhunderts die Frage gestellt, ob nicht die Philosophen und die *Philosophie des Lumières* für die Wirren und gar Gräuel der Revolution verantwortlich seien. Entferntes Echo dieser Debatte ist das absurde Liedchen des jungen Gavroche in Victor Hugos „Les Miserables": „Je suis tombé par terre, c'est la faute à Voltaire, le nez dans le ruisseau, c'est la faute à Rousseau!" Aber die beiden Autoren waren unübersehbar Figuren des literarischen Pantheon Frankreichs, so wie Montesquieu und Diderot. Und die Französische Revolution hatte sich zwar blutige Exzesse zuschulden kommen lassen, doch dieser Phase war eine gemäßigte vorangegangen. Während des ganzen 19. Jahrhunderts hielt die Debatte über das Erbe des 18. Jahrhunderts und der Revolution an. Die *Lumières* verschwanden nicht nur nicht vom Horizont, sie blieben im Mittelpunkt der literarisch-politischen Diskussion.

Und als die Dritte Republik Ende der 1870er Jahre ihrer politischen Zukunft sicher wurde, beschlossen die Republikaner, sie in der Tradition der *Lumières* zu verankern. Diderot, Voltaire, Montesquieu, Rousseau wurden zu ihren Gründungsvätern erklärt und entsprechend zelebriert. Gymnasien und Straßen wurden nach ihnen benannt. Der Bezug zur Revolution wurde ebenso klar vermittelt. Der 14. Juli wurde Nationalfeiertag und die „Marseillaise" Nationalhymne. Wichtiger noch, die *Philosophes des Lumières* wurden in die Schul-Lehrpläne aufgenommen.

Ein weiterer Beweis für die Verankerung der *Philosophie des Lumières* in der kollektiven Identität Frankreichs ist ihre Situation während der düsteren Jahre der nationalsozialistischen Besatzung nach der Niederlage von 1940. Weder die Vichy-Behörde noch die deutschen Besatzer konnten die weitere Herausgabe von Werken der Quadriga der *Lumières* verhindern oder verbieten.

Nach dem Zweiten Weltkrieg wurde die Forschung zum 18. Jahrhundert erneut sehr dynamisch. Zwar konzentrierte man sich unter dem Einfluss der marxistischen Interpretation eine Zeitlang auf den materialistischen Flügel der *Lumières*, aber ohne dass die übrigen Felder vernachlässigt wurden. In letzter Zeit erlebten die *Lumières* in Frankreich eine Art von öffentlichem Wiederaufleben. Essays, Sonderhefte von Zeitschriften, Ausstellungen wurden ihnen gewidmet.

Wortschatz und Errungenschaften der Aufklärung

Die Verbreitung der Aufklärung in Europa mit dem jeweils unterschiedlichen Rhythmus war sicher am Ende des 18. Jahrhunderts nicht vollendet – die Verbreitung der Aufklärungsideen oder die Verwirklichung einiger dieser Ideen bedeutet ja nicht, dass das Aufklärungsprogramm beendet ist. Wie Kant in seinem berühmten Artikel von 1784 schrieb: es war ein Zeitalter der Aufklärung, aber kein aufgeklärtes Zeitalter. Aber ein gemeinsamer Diskurs hatte sich bereits konstituiert, mit einem gemeinsamen transnationalen Wortschatz. Es hat in der Geschichte Europas Momente des Ausblendens oder der frontalen Ablehnung dieses Vokabulars gegeben, denn es ist in seinem Kern performativ und programmatisch, will in die Tat umgesetzt werden. Auf Diesseitigkeit, Irdisches, Praxis hat sich die europäische Aufklärung konzentriert: „Wir wollen hier auf Erden schon / das Himmelreich errichten", dichtete Heinrich Heine später. Deshalb sind viele Begriffe im Grunde auch Errungenschaften politisch-philosophischer Art. Kämpfe und Ausdauer sind notwendig gewesen, um sie in der Kultur und der politischen Realität Europas festzuschreiben. Mit ihnen hat sich aber Europa immer mehr identifiziert.

Kritik. Toleranz. Meinungsfreiheit. Pressefreiheit. Öffentlichkeit. Menschenrechte. Menschenwürde. Rechtsgleichheit. Chancengleichheit. Glück. Republik. Kosmopolitismus. Weltbürgertum. Universalismus. Brüderlichkeit.

Ihr immenses Realisierungspotential sichert ihnen noch eine lange Zukunft, in Europa und in der Welt.

Literaturhinweise

Ernst CASSIRER, Die Philosophie der Aufklärung. Tübingen 1932.

Michel DELON (Hrsg.), Dictionnaire européen des Lumières. Paris 1997.

Paul HAZARD, La crise de la conscience européenne 1690–1715. Paris 1935.

Jonathan ISRAEL, A Revolution of the Mind, Radical enlightenment and the intellectual origins of modern democracy. Princeton 2010.

Jean MONDOT (Hrsg.), Les Lumières et leur combat. Berlin 2004.

Horst MÖLLER, Vernunft und Kritik. Deutsche Aufklärung im 16. und 17. Jahrhundert. Frankfurt a.M. 1986.

Roy PORTER, Enlightenment: Britain and the Creation of the Modern World. London 2000.

Daniel ROCHE/Vincenzo FERRONE, Le monde des Lumières. Paris 1999.

Werner SCHNEIDERS, Das Zeitalter der Aufklärung. München 1997.

3. Grundfreiheiten

Eike Wolgast
Menschenrechte

Menschenrechte gehören seit mehr als zwei Jahrhunderten zur Identität der Europäer. Die Bezeichnungen variieren: Menschenrechte – Bürgerrechte – Grundrechte – Grundfreiheiten; dabei ist die Verbindung „Menschen- und Bürgerrechte" durch den programmatischen Text von 1789 geschaffen worden: Déclaration des droits de l'homme et du citoyen. Menschenrechte besitzen einen universalen Erstreckungsbereich, Bürgerrechte einen national-territorialstaatlichen. Die Bezeichnung „Grundrechte/Grundfreiheiten" wird für Rechte beider Erstreckungsbereiche verwendet. Die Wurzeln der Menschenrechte lassen sich im antiken und jüdischen-christlichen Ethos sowie in der naturrechtlichen Diskussion der Frühen Neuzeit aufspüren. Voraussetzung für die Formulierung von Rechten, die dem Menschen als solchem zukommen, war die „Entwicklung des Individuums" (Jacob Burckhardt) als eigenständiger und selbstverantwortlicher Persönlichkeit.

Die Charta der Grundrechte der Europäischen Union von 2000

Die Charta der Grundrechte der Europäischen Union vom 18. Dezember 2000, die in die gescheiterte EU-Verfassung (2004) und von da in den Vertrag von Lissabon (13. Dezember 2007) übernommen wurde, enthält die umfassendste und detaillierteste Zusammenstellung von Rechten des Individuums, die je in der Geschichte der Menschen- und Bürgerrechte vorgenommen worden ist. Geordnet nach sieben Kapiteln, werden in 54 Artikeln Rechte formuliert, die den Einwohnern der Mitgliedsstaaten als Unionsbürgern zustehen. Die Präambel geht von vier „unteilbaren und universalen Werten" aus: Würde des Menschen, Freiheit, Gleichheit, Solidarität. Als Basis der Charta dienen die „Grundsätze der Demokratie und der Rechtsstaatlichkeit". Wie im Grundgesetz der Bundesrepublik Deutschland wird in Artikel 1 der Charta als Fundamentalrecht festgelegt: „Die Würde des Menschen ist unantastbar. Sie ist zu achten und zu schützen". Der Menschenwürde, die nicht weiter definiert ist, werden im ersten Kapitel das Recht auf Leben (mit Verbot der Todesstrafe), auf körperliche und geistige Unversehrtheit, das Verbot der Folter und unmenschlicher oder erniedrigender Strafe oder Behandlung sowie das Verbot von Sklaverei und Zwangsarbeit zugeordnet. Kapitel 2 enthält die den EU-Bürgern zustehenden Freiheiten: Recht auf Freiheit und Sicherheit, Achtung des Privat- und Familienlebens sowie der Wohnung, Schutz personenbezogener Daten, Recht auf Ehe und Gründung einer Familie, Gedanken-, Gewissens-, Religions- und Kultusfreiheit einschließlich des Rechts auf Wehrdienstverweigerung aus Gewissensgründen, Freiheit der Meinungsäußerung und Informationsfreiheit, Versammlungs- und Vereinigungsfreiheit, Freiheit von Kunst und Forschung, Recht auf Bildung und dabei Zugang zur beruflichen Aus- und Fortbildung, Berufsfreiheit und Recht zu arbeiten (nicht: Recht auf Arbeit), unternehmerische Freiheit, Garantie des Eigentums außer bei Inanspruchnahme für das Wohl der Allgemeinheit gegen angemessene Entschädigung, Asylrecht, Schutz vor Abschiebung, Ausweisung oder Auslieferung an einen Staat, in dem das Risiko der Todesstrafe, der Folter oder einer anderen unmenschlichen oder erniedrigenden Strafe oder Behandlung besteht. Kapitel 3 legt die Gleichheit vor dem Gesetz fest sowie die Nichtdiskriminierung mit einer sehr detaillierten, 17 Inklusionsbestandteile umfassenden Aufzählung, die von Geschlecht und Rasse über genetische Merkmale und

Vermögen bis zu Alter und sexueller Ausrichtung reicht. Zur Gleichheit gehören ferner die Achtung der Vielfalt von Kulturen, Religionen und Sprachen, Gleichheit von Mann und Frau, Rechte des Kindes, älterer Menschen und Menschen mit Behinderung. Noch diffuser sind die im vierten Kapitel über Solidarität aufgeführten Rechte gestaltet: Rechtzeitige Unterrichtung und Anhörung der Arbeitnehmerinnen und Arbeitnehmer oder ihrer Vertreter in Unternehmen, Recht auf Kollektivtarifverträge, Recht auf Zugang zu einem Arbeitsvermittlungsdienst, Schutz bei ungerechtfertigter Entlassung, Recht auf gesunde, sichere und würdige Arbeitsbedingungen sowie auf Begrenzung der Höchstarbeitszeit, Verbot der Kinderarbeit und Schutz der Jugendlichen am Arbeitsplatz, rechtlicher, wirtschaftlicher und sozialer Schutz der Familie, Recht auf Zugang zu den Leistungen der sozialen Sicherheit und auf soziale Unterstützung, Recht auf Zugang zu Gesundheitsfürsorge, ärztlicher Versorgung und Dienstleistungen von allgemeinem wirtschaftlichen Interesse, hohes Umweltschutzniveau und Verbesserung der Umweltqualität sowie hohes Verbraucherschutzniveau.

Kapitel 5 enthält die Bürgerrechte: Aktives und passives Wahlrecht bei den Wahlen zum Europäischen Parlament sowie bei den Kommunalwahlen desjenigen Landes, in dem die Unionsbürger ihren ständigen Wohnsitz haben, Recht auf eine gute Verwaltung, auf Zugang zu den Dokumenten des Europäischen Parlaments, des Rates und der Kommission, Recht auf Anrufung des Bürgerbeauftragten der Union, Recht auf Petitionen an das Europäische Parlament, auf Freizügigkeit und Aufenthaltsfreiheit im Hoheitsgebiet der Mitgliedsstaaten, auf diplomatischen und konsularischen Schutz durch die Vertretung jedes Mitgliedsstaates in einem Drittland. Im sechsten Kapitel werden justizielle Rechte formuliert, insbesondere das Recht auf ein unabhängiges, unparteiisches Gericht, auf Unschuldsvermutung und auf Verteidigung sowie das Recht, nur auf Grund gesetzlich festgelegter Straftatbestände verurteilt zu werden, und zwar nur einmal für dieselbe Tat. Gleichwohl soll nicht ausgeschlossen werden, dass jemand „wegen einer Handlung oder Unterlassung verurteilt oder bestraft wird, die zur Zeit ihrer Begehung nach den allgemeinen, von der Gesamtheit der Nationen anerkannten Grundsätzen strafbar war" – in der Europäischen Konvention zum Schutz der Menschenrechte von 1950 hatte es vorsichtiger geheißen: „nach den von den zivilisierten Völkern anerkannten Rechtsgrundsätzen".

Die Charta der Grundrechte ist vom Willen zur Allumfassendheit geprägt. Dies führt mitunter zu einer Anhäufung von Beliebigkeiten, die mit eigentlichen Grundrechten nicht mehr viel zu tun haben. Sehr häufig – besonders im Solidaritätskapitel – stehen die proklamierten Rechte zudem unter dem Vorbehalt des Gemeinschaftsrechts der EU und der einzelstaatlichen Rechtsvorschriften und Gepflogenheiten. Gelegentlich kann der Eindruck entstehen, es gehe in der Charta weniger um die Formulierung von Grundrechten als um die Formulierung von Regeln politischer Korrektheit und die Befriedigung von Lobbyinteressen. Dennoch lässt sich auch in der so wortreichen und detailfreudigen Charta noch der Kernbestand der Menschenrechte von 1789 erkennen.

Die französische Erklärung von 1789

Erstmals waren im England des 17. Jahrhunderts während der Auseinandersetzungen zwischen den absolutistischen Tendenzen des Königtums und der Verteidigung bürgerlicher Freiheiten Rechte formuliert worden. Als Fazit der Auseinandersetzungen definierte John Locke Ende des 17. Jahrhunderts die wegweisende Rechte- und Wertetrias für das Individuum: Leben, Freiheit, Eigentum (*life, liberty, property*). Die Siedler in den nordamerikanischen Kolonien nahmen die auf dieser Trias beruhenden englischen Freiheitsrechte mit in ihre neue

Heimat. Im Zuge der Unabhängigkeitsbewegung formulierten die Einzelstaaten Rechtekataloge für ihre Bürger, die Unabhängigkeitserklärung der USA setzte 1774 als neue Rechte- und Wertetrias fest: Leben, Freiheit, Streben nach Glück (*life, liberty, pursuit of happiness*).

Die europäische Memoria identifizierte Menschenrechte allerdings nicht so sehr mit den angelsächsischen Freiheitsrechten als vielmehr mit der Erklärung der Menschen- und Bürgerrechte, die die französische Nationalversammlung am 26. August 1789 verabschiedete. Die Erklärung von 1789 wurde für Europa zur Initialzündung und ist bis in die Gegenwart das immerwährende Beispiel geblieben, noch heute hat der Text seine Funktion als dogmatisch-politische Leitnorm in der universalen Diskussion der Menschenrechte nicht verloren. Die Erklärung proklamierte die „natürlichen, unveräußerlichen und geheiligten Rechte des Menschen" in 17 Artikeln – nicht in der Erwartung, damit eine erschöpfende Zusammenstellung formuliert zu haben, sondern mit dem Willen, die Diskussion zunächst mit einem konstitutiven Text abzuschließen und das Weitere der Verfassung vorzubehalten.

Der erste Artikel der Déclaration hat in besonderer Weise die Geschichte der Menschenrechte geprägt. Als Schlüsselsatz des ganzen Textes und der Menschenrechtsdoktrin überhaupt wurde lapidar erklärt: „Die Menschen werden frei und gleich an Rechten geboren und bleiben es". Allerdings wurde die Gleichheit relativiert durch den erläuternden Zusatz, dass durchaus gesellschaftliche Unterschiede bestehen, die sich aber nur durch den gemeinsamen Nutzen begründen dürfen – Ungleichheit muss also rational erklärbar sein und lässt sich nicht wie in der bisherigen Gesellschaftsordnung durch Privilegien oder Tradition rechtfertigen. Der zweite Artikel konkretisierte die „natürlichen und unantastbaren Rechte" als Freiheit, Eigentum, Sicherheit, Widerstand gegen Unterdrückung. Weitere Artikel bestimmten die Freiheit nach der Richtschnur der Goldenen Regel, alles tun zu dürfen, was einem anderen nicht schadet. Die Grenzen hierfür legt das Gesetz als Ausdruck des Gemeinwillens fest.

Zur Gleichheit gehörte Rechtsgleichheit und Chancengleichheit bei der Zulassung zu allen öffentlichen Ämtern – ein wahrhaft revolutionäres Postulat in der alteuropäischen Gesellschaft, die durchgängig auf Privilegien aufgebaut war. Justizregelungen erläuterten die Rechtsgleichheit: Verhaftung und Anklage ist lediglich in den vom Gesetz bestimmten Fällen und in vorgeschriebenen Formen erlaubt. Nur Strafen, die unbedingt erforderlich sind, dürfen verhängt werden, der Bestrafung muss ein gesetzlich festgelegter Tatbestand zugrunde liegen und niemand darf für dieselbe Tat zweimal bestraft werden – gemäß den alten römischen Rechtssätzen: „Nulla poena sine lege; ne bis in idem". Die Erklärung sicherte die Meinungsfreiheit, die ihre Schranken nur in der öffentlichen Ordnung findet, sowie das Eigentum. Über die Feststellung von Individualrechten ging die Erklärung hinaus mit der Proklamation der Souveränität der Nation und der Bestimmung, dass die Garantie der Menschen- und Bürgerrechte sowie die Gewaltenteilung unverzichtbare Bestandteile einer Verfassung, die diesen Namen verdient, sein müssten.

Die Erklärung der Menschen- und Bürgerrechte von 1789 stand an der Spitze der französischen Verfassung von 1791. In die Verfassung selbst wurden zusätzlich als Natur- und Bürgerrechte – eine neue Begriffskombination – aufgenommen: Kultusfreiheit, Versammlungsfreiheit, Petitionsrecht. Die Justizregelungen wurden 1791 genauer gefasst: Verhaftungen nur auf Grund eines Haftbefehls, Vorführung vor den Richter innerhalb von 24 Stunden zur Prüfung des Haftgrundes – Bestimmungen, die für die europäische Rechtsordnung richtungweisend wurden.

Die Erklärung der Menschen- und Bürgerrechte von 1789 fand lebhaften Widerhall in Europa. Goethe fasste die ursprüngliche Begeisterung für die Leitwerte in seinem Epos „Hermann und Dorothea" (1796) in die Verse: „Denn wer leugnet es wohl, daß hoch sich das Herz ihm erhoben,/ Ihm die freiere Brust mit reineren Pulsen geschlagen,/ Als sich der erste Glanz der neuen Sonne heran hob,/ Als man hörte vom Rechte der Menschen, das allen gemein sei,/ Von der begeisternden Freiheit und von der löblichen Gleichheit". Einen entschiedenen Gegner fanden die Menschen- und Bürgerrechte dagegen in Edmund Burke, der bereits 1790 seine „Reflections on the Revolution in France" publizierte. Den Verfassern der Menschenrechtserklärung warf Burke abstraktes Denken und praktische Unzulänglichkeit vor.

In der Folgezeit erhielten auch die von den Revolutionsheeren und den Armeen Napoleons besetzten Länder Verfassungen mit Menschen- und Bürgerrechten: Italien, die Schweiz und die Niederlande. In Deutschland wurden vor allem die Bewohner der unmittelbar an Frankreich angeschlossenen linksrheinischen Gebiete und der Napoleonidenstaaten Nutznießer der Menschen- und Bürgerrechte.

Das 19. Jahrhundert

Wie prägend die Erklärung von 1789 und ihre Nachfolgetexte auf Europa wirkten, zeigte sich nach dem Zusammenbruch des napoleonischen Imperiums. 25 Jahre nach der erstmaligen Proklamation von Menschen- und Bürgerrechten war es weitgehend selbstverständlich geworden, dass ein Staat eine Verfassung haben sollte und dass in dieser den Untertanen Rechte auf der Basis von Freiheit, Gleichheit und Eigentum garantiert wurden, so eingeschränkt ihre Geltung, insbesondere beim Gleichheitsprinzip, auch sein mochte. Als Vorbild diente häufig die Charte constitutionelle des restaurierten Bourbonenkönigtums von 1814, die die Errungenschaften der Revolution weithin beibehielt, wenngleich nicht mehr als Naturrecht, sondern als positive Setzung des Herrschers: „Öffentliches Recht der Franzosen".

Neue Menschen- und Bürgerrechte wurden in der Restaurationszeit nicht kodifiziert. Die bereits seit 1789 begonnene Nationalisierung der Menschenrechte setzte sich fort, indem die Inanspruchnahme der Rechte durchweg an die Staatsbürgerschaft gebunden war und auf universale Proklamationen verzichtet wurde. Eine Weiterentwicklung der Menschen- und Bürgerrechte erfolgte erst in der Verfassung, die sich das neugegründete Königreich Belgien 1831 gab. Sie orientierte sich in ihrem Rechtekatalog an den klassischen Grundwerten Freiheit, Gleichheit, Eigentum und Sicherheit, gewährleistete aber als neues Grundrecht Vereinigungsfreiheit. Neu war auch die Garantie des Briefgeheimnisses. Erstmals wurde zudem 1831 die Freiheit der Lehre als Freiheit des Unterrichts unter die Grundrechte aufgenommen – sie war damals allerdings vor allem als Schutz der katholischen Privatschulen gegenüber staatlichen Ansprüchen gedacht. Zum ersten Mal in der Geschichte der Menschen- und Bürgerrechte wurde die unbeschränkte Religions- und Kultusfreiheit mit der Zusicherung verbunden, dass niemand gezwungen werden dürfe, an Handlungen und Zeremonien eines Kultes teilzunehmen oder dessen Feiertage zu beachten.

Eine neue Qualität gewann die Diskussion über Menschenrechte 1848/49 im Kontext der europäischen Revolutionen. Erstmals mussten sich die Verfassungsgeber mit den Problemen beschäftigen, die sich aus der Industrialisierung und der sozialen Frage ergaben. Seit 1789 hatten mit Freiheit, Gleichheit und Eigentum durchgängig Abwehrrechte des liberalen Bürgertums gegen den Staat die Debatte bestimmt, jetzt besetzten die Interessen des Vierten Standes die öffentliche Aufmerksamkeit: Recht auf Arbeit und soziale Rechte oder wenigstens soziale Fürsorge. Damit folgte auf die erste Generation der bürgerlichen und politischen Schutzrechte vor dem Staat die zweite Generation der Menschenrechte mit sozialen, wirtschaftlichen und kulturellen Rechten, und zwar als Anspruchsrechte an den Staat. Nach der Pariser Februarrevolution verpflichtete sich die Provisorische Regierung in einem von dem sozialistischen Theoretiker Louis Blanc formulierten Dekret, Arbeit für alle Bürger zu garantieren. Die Verfassung vom 4. November 1848 war dagegen weit konservativer ausgerichtet. Neben die Trias „Freiheit – Gleichheit – Brüderlichkeit" trat eine Quadriga: „Familie – Arbeit – Eigentum – öffentliche Ordnung". Auf die soziale Frage reagierte die Verfassung mit der Formulierung „Freiheit der Arbeit und des Gewerbes", was erheblich weniger war als eine Garantie des Rechtes auf Arbeit. Die Linke hatte zwar dieses Postulat aufgestellt, die liberale Mehrheit lehnte es jedoch als Verletzung des Gleichheitsgrundsatzes und als Bevorzugung einer Klasse ab; außerdem konnte nach ihrer Argumentation der Staat kein Recht mit Verfassungsrang festlegen, das er schon aus finanziellen Gründen nicht einzulösen imstande sei. Nicht der Staat, sondern die Gesellschaft wurde in der Verfassung für die Beseitigung der sozialen Probleme in die Pflicht genommen: Kostenloser Unterricht an Elementarschulen, Berufsausbildung, Gleichheit der Beziehungen zwischen Unternehmern und Arbeitern, Vorsorge- und Krediteinrichtungen, öffentliche Arbeit für Arbeitslose, Unterstützung von Waisenkindern, vermögenslosen Kranken und Alten, denen ihre Familien nicht zur Hilfe kommen kann.

In Deutschland legte der Verfassungsausschuss der Frankfurter Nationalversammlung im Juli 1848 die Grundrechte des deutschen Volkes vor – sie wurden nach eingehender Debatte als Abschnitt VI in die Reichsverfassung vom 28. März 1849 eingefügt, aber schon Ende Dezember 1848 gesondert publiziert und in Kraft gesetzt. Allgemeine Menschenrechte enthielten die Grundrechte des deutschen Volkes nicht, da der Jurist Georg Beseler als Berichterstatter des Ausschusses „das Aussprechen allgemeiner Sätze, die entweder bedeutungslos sind oder Missverständnisse herbeiführen", ablehnte. Die Grundrechte gingen einzelstaatlichem Recht vor – die Verfassung schuf den deutschen Reichsbürger, der auf die Rechte Anspruch hatte, unabhängig davon, in welchem Einzelstaat er lebte. Als neues Recht wurde die Wissenschaftsfreiheit eingeführt: „Die Wissenschaft und ihre Lehre ist frei" – ein intellektueller Befreiungsschlag gegen die bisher vorherrschende staatliche Bevormundung und Reglementierung und maßstabsetzend für die deutsche und europäische Tradition. Neu waren auch die Abschaffung der Todesstrafe und der Schutz ethnischer Minderheiten. Über Rechte der zweiten Generation, insbesondere das Recht auf Arbeit, wurde in der Nationalversammlung zwar lebhaft diskutiert, ohne dass sich jedoch eine Mehrheit für sie ergab. Nur der unentgeltliche Unterricht in der Volks- und unteren Gewerbeschule fand Aufnahme unter die Grundrechte. Zum ersten Mal in der Geschichte der Menschenrechte wurde auch versucht, den Rechten den nötigen äußeren Schutz zu gewährleisten, indem das Reichsheer, zusammengesetzt aus den Kontingenten der Einzelstaaten, für die Reichsverfassung in die Pflicht genommen wurde – die Treue gegen das Reichsoberhaupt und die Reichsverfassung erschienen im Fahneneid vor der Loyalität gegenüber dem einzelstaatlichen Monarchen.

In einem anonym erschienenen Kommentar zu den Grundrechten des deutschen Volkes feierte Theodor Mommsen 1849 „diese Urkunde, die Magna Charta der deutschen Nation, den Freiheitsbrief für alle kommenden Geschlechter". Mit dem Scheitern der Revolution verlor auch die Paulskirchenverfassung ihre Geltung, der restaurierte Deutsche Bund erklärte 1851 „die sog. Grundrechte des deutschen Volkes [...] in allen Bundesstaaten" für aufgehoben.

Die zweite Hälfte des 19. Jahrhunderts brachte keine qualitative Weiterentwicklung der Menschen- und Bürgerrechte. Geographisch erfuhren sie dagegen eine Ausweitung über den europäischen Kulturkreis hinaus, indem der Kernbestand der Grundrechte in die Verfassungen des Osmanischen Reiches (1876), Japans (1879), Persiens (1906) und Chinas (1908/1912) aufgenommen wurde. Eigene Traditionen des asiatischen Kulturkreises wurden dabei nicht berücksichtigt – das westliche Muster besaß absolute Prägekraft.

Ausbreitung und Verneinung in der ersten Hälfte des 20. Jahrhunderts

Die Revolutionen von 1917/18 und die Umgestaltung der politischen Landkarte Ostmitteleuropas führten zu weiteren Kodifikationen der Menschen- und Bürgerrechte. Die Gemengelage von Ethnien und Nationalitäten in den meisten der neu entstehenden Staaten hatte einen international garantierten Minderheitenschutz zur Folge, der sich sowohl als Kollektiv- als auch als Individualrecht ausprägte. Die in der Weimarer Reichsverfassung festgelegten Grundrechte, die über die Rechte von 1848 deutlich hinausgingen, waren ein großartiges Freiheits- und Rechtsangebot an die Deutschen, das von diesen wegen ihres durch die Kriegsniederlage verletzten Nationalstolzes und in der vom Klassenkampfgedanken bestimmten Befangenheit viel zu wenig wahrgenommen und gewürdigt worden ist. Die Verfassungsväter gaben die das 19. Jahrhundert allein bestimmende liberal-individualistische Optik auf und berücksichtigten daneben gleichberechtigt den Einzelnen in der Gemeinschaft; außerdem wurden erstmals in ausgedehntem Maß Rechte der zweiten Generation formuliert. Nicht alle Grundrechte von 1919 waren gleichverbindlich – es gab Rechte, die unmittelbar geltende Gesetzeskraft besaßen; solche, die Richtlinien für die künftige Gesetzgebung vorzeichneten; schließlich programmatische Ankündigungsrechte.

Erstmals in der Geschichte der Menschen- und Bürgerrechte erstreckte sich das Gleichheitspostulat ausdrücklich auf beide Geschlechter – eine Modernisierung, die die Entwicklung der Menschenrechte in ganz Europa entscheidend vorantrieb. Allerdings galt die Gleichheit nur „grundsätzlich", was Diskriminierungen weiterhin nicht ausschloss. Neu waren auch die Bestimmungen über den Schutz von Ehe und Familie. Ebenso wurde erstmals der Schutz der Mutterschaft zugesichert, zudem sollten unehelichen und ehelichen Kindern die gleichen Entwicklungsmöglichkeiten gegeben werden. Der Jugendschutz erstreckte sich auf Schutz vor Ausbeutung sowie vor sittlicher, geistiger oder körperlicher Verwahrlosung.

Im Abschnitt über Bildung und Schule bekannte sich die Republik zur Kulturstaatsaufgabe – ein ganz neues Betätigungsfeld. Die Garantie der Freiheit von Wissenschaft und ihrer Lehre wurde erstmals in der Geschichte der Menschen- und Bürgerrechte auf die Kunst ausgedehnt. Statt des bisherigen Bildungs- und Unterrichtszwangs wurde jetzt die Pflicht zum Schulbesuch eingeführt, die bis zum 18. Lebensjahr galt. In Volks- und Berufsschulen waren Unterricht und Lernmaterialien unentgeltlich; Begabte, aber materiell Bedürftige sollten beim Besuch mittlerer und höherer Schulen staatlich unterstützt werden. Ein völliges Novum im Rechtekatalog war die Aufnahme des Kultur- und Naturschutzes, der sich auf „Denkmäler der Kunst, der Geschichte und der Natur sowie der Landschaft" erstreckte.

Eine neue Wirtschaftsverfassung sollte „die Grundsätze der Gerechtigkeit mit dem Ziel der Gewährleistung eines menschenwürdigen Daseins für alle" verwirklichen. Das Privateigentum blieb zwar garantiert, wurde aber mit einer umfassenden Sozialpflichtigkeit zugunsten des „Gemeinen Besten" versehen. Auch die Sozialisierungsmöglichkeit für Bodenschätze und Unternehmen gehört in diesen Zusammenhang. Ein Recht auf Arbeit enthielt die Verfassung nicht, sondern lediglich die Feststellung, dass jeder Deutsche die Möglichkeit haben solle, durch Arbeit seinen Lebensunterhalt zu verdienen. Den ursprünglichen Universalcharakter der Menschenrechte wieder aufgreifend, verpflichtete sich das Deutsche Reich, für eine internationale Arbeiterschutzgesetzgebung einzutreten, die „für die gesamte arbeitende Klasse der Menschheit ein allgemeines Mindestmaß der sozialen Rechte erstrebt".

Kein anderer Staat hat nach dem Ersten Weltkrieg die Menschen- und Bürgerrechte so umfassend modernisiert und weiter entwickelt wie die erste deutsche Republik. Selbst das Grundgesetz von 1949 wagte sich nicht so weit vor, sondern beschränkte sich auf die unmittelbar umsetzbaren traditionellen Rechte der ersten Generation. Die Parteien in der Republik Österreich konnten sich nach 1918 auf überhaupt keine Zusammenstellung der Grundrechte einigen, während die Staaten Mittelost- und Südosteuropas zumeist nur die traditionellen Rechte übernahmen. Die Realität der Minderheiten widerspiegelnd, gewährte die Tschechoslowakei 1920 erstmals in der Geschichte der Menschen- und Bürgerrechte ihren Bürgern Leben und Freiheit, „ohne Rücksicht darauf, welcher Abstammung, Nationalität, Sprache, Rasse oder Religion sie sind" – ein erster Ansatz zu den nach dem Zweiten Weltkrieg immer weiter ausgebauten Inklusionsformeln im Gleichheitspostulat. Polen folgte dem Prager Vorbild 1921, während die litauische Verfassung (1922) sich mit „Abstammung, Religion oder Nationalität" als Differenzierungskriterien begnügte. Da sich die Tschechoslowakei nach dem Vorbild der Dritten Französischen Republik als laizistischer Staat verstand, wurde die Freiheit der Forschung nicht nur, wie traditionell, auf ihre Lehre erstreckt, sondern ausdrücklich auch auf die Publikation ihrer Ergebnisse; der öffentliche Unterricht war so zu erteilen, „dass er den Ergebnissen der wissenschaftlichen Forschung nicht widerspricht".

Gegen die Menschen- und Bürgerrechte wurden von den kollektivistisch-totalitären Ideologien der ersten Jahrhunderthälfte Gegenentwürfe formuliert und in die Praxis umgesetzt. Sowohl der Marxismus-Leninismus als auch der Faschismus und der Nationalsozialismus bestritten die Existenz allgemeingültiger vorstaatlicher Rechte, die dem Individuum unabhängig von Klassen-, Volks- oder Rassenzugehörigkeit zukamen. Folgerichtig setzten sie in ihren Herrschaftsgebieten die Menschen- und Bürgerrechte außer Kraft. Der dritte Gesamtrussische Sowjetkongress verabschiedete im Januar 1918 eine von Lenin vorbereitete „Deklaration der Rechte des werktätigen und ausgebeuteten Volkes", die die Rechte einer einzigen Sozialgruppe vorbehielt, und zwar als Kollektivum, nicht den Individuen dieser Gruppe. Das private Eigentumsrecht wurde vollständig beseitigt, Eigentum zum Ausschlussgrund für die Zuerkennung von Rechten gemacht. In der sowjetischen Verfassung von 1919 fehlten Artikel über persönliche Freiheit, Eigentum, Sicherheit oder Unverletzlichkeit der Wohnung, ebenso die Wissenschafts- und Lehrfreiheit. An die Stelle der Gleichheit trat prinzipielle und gewollte Ungleichheit. Die sogenannte Stalinsche Verfassung von 1936 lenkte bei der Formulierung der Grundrechte zwar wieder in die traditionellen Bahnen zurück, proklamierte jedoch vor allem Rechte der zweiten Generation, beginnend mit dem Recht auf Arbeit. Dem Muster von 1936 folgten die sowjetischen Satellitenstaaten nach dem Zweiten Weltkrieg.

In Italien wie in Deutschland blieben die Verfassungen – der Statuto Albertino von 1848 und die Reichsverfassung von 1919 – zwar formell in Kraft, wurden aber im Grundrechtsteil völlig ausgehöhlt. Mussolini definierte 1932 den Faschismus als „antiindividualistische Idee […]. Er ist für die einzige Freiheit, die ernst genommen werden kann, für die Freiheit des Staates und des Einzelwesens im Staate. Daher liegt für den Faschismus alles im Staat beschlossen, und es gibt für ihn nichts Menschliches oder Geistiges, noch weniger besitzt dies irgendeinen Wert außerhalb des Staates". In Deutschland setzte die sogenannte Reichstagsbrandnotverordnung vom 28. Februar 1933 alle wichtigen Bürgerrechte der Weimarer Verfassung auf unbeschränkte Zeit außer Kraft. Goebbels erklärte im April 1933 anlässlich des Boykotts jüdischer Geschäfte und Einrichtungen, dass der Nationalsozialismus „die Weltanschauung des Liberalismus und die Anbetung der Einzelperson" durch Gemeinschaftssinn ersetzen wolle. „Damit wird das Jahr 1789 aus der Geschichte gestrichen". Der Staatsantisemitismus verneinte erst die Gleichheit, indem er die Emanzipation von 1869 rückgängig machte, dann die Freiheit und schließlich das Recht auf Leben der deutschen und europäischen Juden. Damit war die absolute Gegenposition zur Erklärung der Rechte des Menschen und des Bürgers von 1789 erreicht.

Internationalisierung und Universalisierung in der zweiten Jahrhunderthälfte

Die Menschen- und Bürgerrechte sind in der zweiten Hälfte des 20. Jahrhunderts durch eine Internationalisierung und Universalisierung gekennzeichnet. Dies gilt in zwei Hinsichten: Die Menschenrechte werden für alle Staaten verbindlich, unabhängig von ihrer Herrschaftsform und ihrer geographischen Lage; die Menschenrechte gelten unterschiedslos für jeden Einzelnen – die Diskriminierungsverbote und Inklusionsformeln werden bis in die Gegenwart hinein immer detailreicher ausgestaltet, um alle denkbaren Möglichkeiten, jemandem die Trägerschaft der Rechte zu verweigern, auszuschließen.

Erst nach dem Zweiten Weltkrieg wurde die Menschenwürde in das Menschenrechtssystem eingeführt, nun aber als Fundamental- und Großbegriff und als normierende Norm, wenn sich auch kein juristisch klar zu bestimmender Sachverhalt damit verbinden ließ. Es blieb daher bei der philosophischen Definition, die nach der Erfahrung mit der totalitären Herrschaft gültiger als je zuvor war: „Der Mensch kann von keinem Menschen [...] bloß als Mittel, sondern muß jederzeit zugleich als Zweck gebraucht werden und darin besteht eben seine Würde (die Persönlichkeit), dadurch er sich über alle andere Weltwesen, die nicht Menschen sind und doch gebraucht werden können, mithin über alle Sachen erhebt" (Kant). Während die Charta der Vereinten Nationen vom 25. Juni 1945 wie schon die Völkerbundsatzung von 1919 auf eine Erklärung der Menschenrechte verzichtete, bekräftigte sie doch in ihrer Präambel „den Glauben an die Grundrechte des Menschen" – dabei wurden „die Würde und der Wert der menschlichen Persönlichkeit" sowie die Gleichberechtigung von Mann und Frau und aller Nationen genannt. Die Menschenrechte und Grundfreiheiten – eine neue Zusammenstellung – sollten für alle „ohne Unterschied der Rasse, des Geschlechts, der Sprache oder der Religion" gelten. In den Friedensverträgen mit den ehemaligen deutschen Verbündeten (Bulgarien, Finnland, Italien, Rumänien, Ungarn) 1947 sowie im Staatsvertrag mit Österreich 1955 verpflichteten die Alliierten die Besiegten darauf, allen ihren Einwohnern Grundfreiheiten zu garantieren – ausdrücklich festgelegt wurden in diesem Zusammenhang Meinungsfreiheit, Presse- und Publikationsfreiheit, Religionsfreiheit und Versammlungsfreiheit. Erstmals in der Geschichte der Menschenrechte war damit ein, wenn auch bescheidener Katalog von Menschen- und Bürgerrechten völkerrechtlich verbindlich gemacht worden. Der Großbegriff Menschenwürde blieb allerdings ausgespart.

Die Allgemeine Erklärung der Menschenrechte (AEMR), die am 10. Dezember 1948 von der UN-Vollversammlung verabschiedet wurde, stellte die erste internationale Vereinbarung in der Geschichte der Menschen- und Bürgerrechte dar – allerdings war sie rechtlich unverbindlich und lediglich eine Bemühenszusage der Unterzeichnerstaaten zugunsten des „zu erreichenden gemeinsamen Ideals". In 30 Artikeln wurden die Werte und Normen des europäischen Kulturkreises für die Mitgliedsstaaten der Vereinten Nationen verbindlich gemacht, ohne dass sich damals und in den Folgejahren Widerspruch dagegen erhoben hätte. Von der prägnanten Kürze der Erklärung von 1789 war die AEMR weit entfernt. Artikel 1 wiederholte den ersten Satz von 1789, erweiterte ihn aber dadurch, dass alle Menschen nicht nur frei und gleich an Rechten, sondern auch an Würde geboren sind. In diesem Zusammenhang wurde weiter ausgeführt: „Sie sind mit Vernunft und Gewissen begabt und sollen einander im Geiste der Brüderlichkeit begegnen". Die dem Menschen nach der AEMR zustehenden Rechte lassen sich in vier Gruppen gliedern. Die Gruppe der persönlichen Rechte umfasste Leben, Freiheit und Sicherheit der Person; eine Art Weltbürgerrecht ließ sich aus der Feststellung ableiten, dass jedermann das Recht habe, überall als rechtsfähig anerkannt zu werden. In der Gruppe der bürgerlichen Rechte wurde die Position des Einzelnen im Gemeinschaftszusammenhang bestimmt. Neu waren in diesem Kontext die Rechte auf Schutz vor Angriffen auf Ehre und Ansehen, auf Freizügigkeit innerhalb des Staatsgebiets, auf Auswanderung und Rückkehr. Das Asylrecht war insofern bedingungsweise gefasst, als jedermann Asyl beantragen konnte, ohne aber einen Rechtsanspruch auf Gewährung zu haben. Als neues Grundrecht wurde das Recht auf eine Staatsangehörigkeit proklamiert; sie durfte niemandem willkürlich entzogen werden, und jedermann durfte seine Staatsangehörigkeit wechseln. Auch die Bestimmungen über die Ehe erschienen erstmal in einem Menschenrechtskatalog: Jedermann hatte das Recht, im – nicht weiter definierten – heiratsfähigen Alter eine Ehe einzugehen und eine Familie zu gründen. Die Eheschließung setzte das freie Einvernehmen der Partner voraus, Mann und Frau waren in der Ehe und bei ihrer Auflösung gleichberechtigt.

Die Gruppe der politischen Rechte enthielt die klassischen Sachverhalte, die aber durch Zusätze modernisiert wurden. So war die Religionsfreiheit durch die Freiheit, Religion oder Weltanschauung zu wechseln, erweitert, die Vereinigungsfreiheit durch das Recht, nicht zwangsweise Mitglied einer Vereinigung werden zu müssen. Auf die Rechte der ersten Generation folgte im vierten Bereich der AEMR die zweite Generation der Menschenrechte mit ökonomischen, sozialen und kulturellen Rechten, deren Formulierung sich von der politischen Wirklichkeit nach 1945 teilweise weit entfernte. Die wichtigste Festlegung in dieser Gruppe bestand im Recht auf Arbeit, ferner auf freie Berufswahl, auf angemessene und befriedigende Arbeitsbedingungen sowie auf Schutz gegen Arbeitslosigkeit. Die Entlohnung musste dem Arbeitenden und seiner Familie eine „der menschlichen Würde angemessene Existenz" sichern. Die sozialen Anspruchsrechte waren auch sonst umfassend beschrieben: Angemessener Lebensstandard, ausreichende Ernährung, Bekleidung und Wohnung, ferner medizinische Versorgung und erforderliche Sozialleistungen, Sicherung bei Arbeitslosigkeit, Krankheit, Invalidität, Alter oder unverschuldetem Verlust der Subsistenzmittel. Jedermann hatte das Recht auf Bildung – mit kostenlosem Elementarschulbesuch als Minimum. Die Bildungsziele waren – wie vieles in der AEMR – vor dem Hintergrund der letzten Jahrzehnte universal formuliert: volle Entfaltung der Persönlichkeit; Stärkung der Achtung vor den Menschenrechten und Grundfreiheiten; Verständnis, Toleranz und Freundschaft zwischen allen Völkern sowie allen rassischen und religiösen Gruppen; Unterstützung der Aktivitäten der Vereinten Nationen zur Aufrechterhaltung des Friedens. Alle hatten das Recht, am kulturellen Leben der Gemeinschaft teilzunehmen, sich an den Künsten zu erfreuen und am Fortschritt der Wissenschaft zu partizipieren. Von den klassischen Menschen- und Bürgerrechten fehlte dagegen die Freiheit von Wissenschaft, Lehre und Kunst.

Die Vereinten Nationen haben die vor allem appellativ angelegte AEMR niemals in eine rechtsverbindliche Charta umgewandelt, sondern sie 1966 durch zwei internationale Konventionen erweitert, zum Teil aber auch eingeschränkt: die Internationale Konvention über bürgerliche und politische Rechte (Zivilpakt, mit den Rechten der ersten Generation) und die Internationale Konvention über wirtschaftliche, soziale und kulturelle Rechte (Sozialpakt, mit den Rechten der zweiten Generation). Zahlreiche weitere Konventionen und Resolutionen der UNO zu Menschenrechtsthemen sind der AEMR und den Pakten von 1966 gefolgt. Lange umstritten war bei den Neukodifikationen die dritte Generation der Menschenrechte, die insofern einen Bruch mit der menschenrechtlichen Tradition darstellten, als sich der Träger von Rechten änderte: ein Kollektivum statt des Individuums. Die dritte Generation umfasst Gruppen- und Solidarrechte, vor allem das Recht auf Entwicklung, daneben das Recht auf Frieden, auf eine lebenswerte Umwelt, auf umfassende Solidarität und Partizipation. Das Recht auf Entwicklung, 1986 von der UN-Vollversammlung gegen die Stimmen der wichtigsten westlichen Staaten festgestellt, stand der Deklaration zufolge Individuen und Völkern gleichermaßen zu – der Begriff „Staat" wurde aus dem Entwurf gestrichen. Strittig blieb zwischen westlichen und Entwicklungsländern, ob soziale Bedürfnisse oder ökonomische Interessen von Kollektiven überhaupt Menschenrechtsqualität besitzen könnten. Nach langen Auseinandersetzungen wurde schließlich auf der 2. Weltkonferenz über Menschenrechte 1993 in Wien ein Verbalkompromiss gefunden: „Alle Menschenrechte sind allgemeingültig, unteilbar, bedingen einander und bilden einen Sinnzusammenhang." Damit war den Rechten der dritten Generation indirekt dieselbe Dignität zuerkannt wie den klassischen Menschen- und Bürgerrechten der ersten und den sozial-kulturellen Rechten der zweiten Generation. Im historischen Rückbezug werden die Rechte der dritten Generation häufig mit dem dritten Glied der Trias „Freiheit – Gleichheit – Brüderlichkeit", jetzt Solidarität genannt, identifiziert. In ihrer sogenannten Millenniumserklärung bekannte sich die Vollversammlung der Vereinten Nationen im Jahre 2000 erneut zu ihrer Verantwortung, „weltweit die Grundsätze der Menschenwürde, der Gleichberechtigung und der Billigkeit zu wahren"; als weitere Primärwerte kamen Toleranz und Achtung vor der Natur hinzu.

Nach dem Muster der AEMR verabschiedeten die im Europarat zusammengeschlossenen Staaten 1950 eine Konvention zum Schutz der Menschenrechte und Grundfreiheiten. Sie war weit weniger umfangreich als die AEMR, dafür waren aber die in ihr zugesagten Rechte nicht nur unverbindliche Erklärungen, sondern einklagbar. Die Europäische Konvention vermied abstrakte Formulierungen, selbst der Begriff „Menschenwürde" wurde nicht aufgenommen, weil er keinen justiziablen Gegenstand definierte. Neue Rechte waren in der Konvention nicht enthalten, bei vielen Rechten wurde zudem der Vorbehalt einzelstaatlicher Beschränkung angebracht. Nach dem Vorbild der UNO legten Zusatzprotokolle und Konventionen des Europarats weitere Grundrechte fest.

Wie die europäischen Staaten verabschiedeten die Staaten des amerikanischen Doppelkontinents Menschenrechtserklärungen, erstmals 1948, ergänzt im Pakt von San José 1969. Im Gegensatz zur Europäischen nahm die Amerikanische Konvention die Menschenwürde in die Rechte auf. Neu war zudem das Verbot der Kriegspropaganda und jeder Begünstigung eines „national, rassistisch oder religiös motivierten Hasses" sowie das Verbot, zur Gewalt gegen Gruppen und Personen wegen ihrer Rasse, Hautfarbe, Religion, Sprache oder nationalen Abstammung aufzufordern.

Menschenrechte außerhalb des westlichen Kulturkreises

Die im Prozess der Entkolonialisierung nach dem Zweiten Weltkrieg entstehenden Staaten Afrikas und Asiens folgten in den Rechtekatalogen ihrer Verfassungen dem westlicheuropäischen Muster. Erst der allmähliche Gewinn größeren Selbstbewusstseins führte zur Besinnung auf autochthone Traditionen und Werte, und in demselben Umfang, in dem sich die Staats- und Kultureliten ihrer eigenen Identität und Authentizität bewusst wurden, erfolgte die Denunziation der universalen Menschenrechte als Fortsetzung des Kolonialismus mit anderen Mitteln. Gleichwohl lehnt kein afrikanischer oder asiatischer Staat die Idee der Menschenrechte offiziell ab – schon der Beitritt zur UNO schloss mit der Anerkennung von deren Charta das Bekenntnis zu den Menschenrechten ein.

Dagegen wird vor allem von den intellektuellen Eliten eine Neudefinition der Menschenrechte auf der Basis eigener ethnischer Wertvorstellungen diskutiert. „In Afrika zu leben, bedeutet, auf das individuelle, besondere, wettbewerbsmäßige, egoistische, aggressive, erobernde Sein zu verzichten, um mit den Anderen zu sein und zu leben, in Frieden und Harmonie mit den Lebenden und den Toten, mit der natürlichen Umwelt und den Geistern, die sie bevölkern oder beleben" (Mbaya). Das Individuum kommt in diesem Weltbild nur in der Gemeinschaft zur Evidenz – ein Gedanke, der dem tradierten Verständnis der Menschenrechte fremd ist. In Rechtsformeln ist diese afrikanische Lebens- und Weltsicht bisher noch nicht umgesetzt worden. In der Banjul-Charta der Rechte der Menschen und Völker, die die Organisation der Afrikanischen Einheit 1981 verabschiedete, wurden als „Rechte der Völker" lediglich die Rechte der dritten Generation formuliert.

Am Ende des 20. Jahrhunderts ist in Singapur das Konzept der sogenannten Asiatischen Werte als deutlicher Kontrapunkt zu den europäisch orientierten Menschenrechten entwickelt worden. Modernisierten Normen des Konfuzianismus folgend, formulieren die Asiatischen Werte den Vorrang der Gemeinschaft vor dem Individuum, die Höchstwertung der Familie als Vorratshaus der Gesellschaft für Weisheit und Erfahrung, den Vorrang von Konsens vor Streit sowie die Harmonie zwischen Rassen und Religionen.

Unübersehbar ist die Diskrepanz zwischen der islamischen Weltsicht und den Menschenrechten, wie sie in der AEMR und anderen internationalen Kodifikationen enthalten sind. Die Versuche, durch Verbalkonsens die Widersprüche aufzulösen, haben letztlich zu nichts geführt. Vor allem beim Gleichheitsprinzip und bei der Religionsfreiheit sowie bei der Freiheit der Meinungsäußerung klaffen die Vorstellungen auseinander. Mit dem wachsenden Fundamentalismus des politischen Islam hat sich die Entfremdung von den universalen Menschenrechten laufend verstärkt. Gleichwohl haben die Religionsdoktrinen in den Verfassungen von Staaten islamischer Prägung einen sehr unterschiedlich intensiven Niederschlag gefunden – als Gegenpole können die Verfassung der Republik Indonesien (1945) und die Verfassung der Islamischen Republik Iran (1979) gesehen werden.

Ausblick

Angesichts der kontinuierlichen Erweiterung des Bestandes an Menschenrechten von der ersten bis zur dritten Generation stellt sich zunehmend das Problem einer Hierarchisierung. Eine Prioritätensetzung innerhalb des Menschenrechtssystems ist an sich schwer vorstellbar, da die Rechte von ihrer Unteilbarkeit leben. Dennoch gerät etwa das Recht auf Freiheit gegenwärtig häufig in Spannung zum Recht auf Sicherheit, etwa gegen terroristische Anschläge, und damit in die Gefahr einer Erosion des Freiheitspostulats. Das Recht auf Leben und die Menschenwürde werden durch die Fortschritte der biomedizinischen und biotechnologischen Forschung in ganz neuer Weise herausgefordert. Angesichts der Massenmigrationen wird das Asylrecht zum Problem. Die Tendenz, neue Ansprüche in den Rang von Menschenrechten zu erheben oder bestehende Rechte den Postulaten politischer Korrektheit anzupassen, schwächt den Fundamentalcharakter der Menschen- und Bürgerrechte. Die Frage nach den Pflichten als Gegenleistung des Einzelnen, die seit 1789 die Menschenrechtsdebatte begleitet, ist trotz gutgemeinter Ansätze bis heute nicht befriedigend beantwortet, geschweige, dass sie zu einem international akzeptierten Pflichtenkatalog geführt hätte.

Die größte Herausforderung an den europäischen Erinnerungsort Menschenrechte stellt jedoch die Weitergeltung des Universalanspruchs von Rechten dar, die ganz vom Individuum aus konzipiert und auf es hin gerichtet sind. In der Memoria der Europäer haben die abendländischen Menschen- und Bürgerrechte seit 1789 einen herausragenden Platz. Ob es weiterhin gelingt, diesen europäischen Erinnerungsort zu universalisieren, oder wie sich in einer Welt multikultureller Wertesysteme gegebenenfalls neue Verbindungen von Rechten aus verschiedenen Kulturkreisen vorstellen lassen, bleibt offen.

Literaturhinweise

Blandine BARRET-KRIEGEL, Les droits de l'homme et le droit naturel. Paris 1989.

Heiner BIELEFELDT, Philosophie der Menschenrechte. Grundlagen eines weltweiten Freiheitsethos. Darmstadt 1998.

H. Victor CONDÉ, A Handbook of International Human Rights Terminology. Lincoln/London ²2004.

Margarete GRANDNER u. a. (Hrsg.), Grund- und Menschenrechte. Historische Perspektiven – Aktuelle Problematiken. Wien/München 2002.

Fritz HARTUNG u. a. (Hrsg.), Die Entwicklung der Menschen- und Bürgerrechte von 1776 bis zur Gegenwart. Göttingen/Zürich ⁶1998.

Christoph MENKE/Arnd POLLMANN, Philosophie der Menschenrechte zur Einführung. Hamburg 2007.

Menschenrechte. Dokumente und Deklarationen, hrsg. von der Bundeszentrale für politische Bildung. Bonn ⁴2004.

Gerhard OESTREICH, Geschichte der Menschenrechte und Grundfreiheiten im Umriss. Berlin ²1978.

Wolfgang SCHMALE, Archäologie der Grund- und Menschenrechte in der Frühen Neuzeit. Ein deutsch-französisches Paradigma. München 1997.

Eike WOLGAST, Geschichte der Menschen- und Bürgerrechte. Stuttgart 2009.

Johannes W. Pichler und Otto Fraydenegg-Monzello

Rechtsstaatlichkeit

Zur gegenwärtigen Befindlichkeit der Rechtsstaatlichkeit

Das Rechtsstaatlichkeitsprinzip, auch Legalitätsprinzip genannt, zählt zur kleinen Handvoll der erstrangigen Verfassungswerte. In kürzester Kürze meint dieses Rechtsstaatlichkeitsprinzip, dass jegliches Regierungshandeln *nur aufgrund von Gesetzen* stattfinden dürfe. Die Gerichte sind berufen, darüber zu wachen.

Die Versuche des christlichen Naturrechts der Neuzeit, schon bei Grotius, dieses Prinzip durchzusetzen, stehen dem Anspruch des nachmittelalterlichen Fürstenstaats entgegen, *legibus solutus* zu sein. Die Idee der Fesselung der Macht konnte also nicht leicht umgesetzt werden. Es ist den Regierungen immer wieder gelungen, die Einflüsterungen Machiavellis weiterzukolportieren und zu behaupten, dass das Regierungshandeln anlassbezogen, an der Notwendigkeit, *necessitas*, orientiert sein müsse und daher *geschmeidig* (heißt heute *flexibel*) auf die Verderbtheit der Menschen hin einzurichten sei und nicht entlang von vorher vereinbarten Gesellschaftsverträgen definiert oder gar eingeschränkt werden könne. Weil die Menschen nun einmal schlecht und der Mensch des Menschen herzinnigster Feind sei, vermeinte Thomas Hobbes, könne eine Gesellschaft nicht ohne das Feuer, Gift und Galle speiende Ungeheuer aus der Apokalypse, Leviathan, auskommen, das das Brandtsche Narrenschiff mit eiserner Faust halbwegs auf Kurs hält.

Verständlich also, dass ein Prinzip von dieser Dimension nur mit Herzblut (und Blut) erkämpft worden sein kann. Und doch wird es mittlerweile schon wieder von gar nicht so wenigen als eine jener Wohltaten empfunden, die sich zur Plage gewandelt habe. Kaum eine/r, die oder der in der *scientific community* ernst genommen werden will, findet aber den Mut, aus diesem Wahrnehmungswandel Konsequenzen abzuleiten oder gar darüber zu schreiben.

Nur Theodor Tomandl, der disziplinären Provenienz nach an sich Sozial- und Arbeitsrechtler, hat das Risiko in Kauf genommen. In seinem unaufgeregten, aber dennoch in der Verfassungsrechtsdisziplin geradezu *laut* totgeschwiegenen Buch „Rechtsstaat Österreich?" beschreibt er die Konsequenzen, die man aus dem keineswegs nur von ihm so wahrgenommenen Paradigmenwechsel ziehen könnte: Er fragt, ob man die Bindung des Exekutivhandelns nicht doch wieder lockern könne und die wesentlich abgeschwächtere Vorgabe einführen sollte, dass sich das Regierungshandeln „im Rahmen der Gesetze" bewegen dürfe.

Der Rechtshistoriker in seinem funktionalistisch-analytischen Ansatz ist leicht geneigt, Tomandl zur Seite zu springen. Der *Zweck* im Recht ist es doch, der Wesen und Wert einer Norm ausmacht. Dieser Zweck war am Übergang von der Düsternis des Hochabsolutismus in die Morgenröte der Aufklärung zweifellos die Bändigung des Bändigers, Leviathans. Nicht der Mensch war des Menschen stärkste Bedrohung, sondern der Staat. Mit dieser Feststellung kann man aber mit Fug fragen: Was ist von diesem Bedrohungsbild geblieben? In Europa?

Nun verhält es sich neuerdings schon wieder so, dass die Menschen Ohnmachtsgefühle gegenüber den Regierungen anmelden, diese zur Inkarnation des Bösen erklären und sie (meist ohne historisches Wissen und Bewusstsein) ausschließlich auf der Seite der glücklichen Habenden wähnen – mit der Konsequenz, dass sie nicht mehr zur Wahl gehen. Sie wollen nicht wahrhaben, dass sie sich selbst im Kreis drehen, wenn sie sich unter Berufung auf eben dieses Ohnmachtsgefühl davon entbinden wollen, durch ihre politische Mitbestimmung zu verhindern, möglicherweise eines Tages tatsächlich *ohn-mächtig* aufzuwachen. Mehr noch: Die Ohnmächtigkeits-Koketterie geht soweit, dass ein Drittel der Wählerschaft anmeldet, sich einen starken Mann zu wünschen, ein Drittel sagt, dass ihm Demokratie gleichgültig sei, und nur mehr ein Drittel bekundet sich tief und fest auf Demokratie eingeschworen. Sehr weit, so scheint es, ist es mit der angeblichen unbändigen, weil der *humana conditio* entspringenden Sehnsucht nach Selbstbestimmung dann doch nicht her.

Aber von diesen Phänomenen der *post-democracy* einmal abgesehen, muss man doch unvermindert laut und deutlich nach dem Kontext und dem Schauplatz des Rechtsstaatlichkeitsprinzips, zumindest im Europa des einen Rechts, fragen: Sind Regierungen noch immer oder schon wieder eine Bedrohung für die Bürgerschaft und die Bürgerrechte? Die, die sich bei dieser Frage noch versteigen, Ja zu sagen, müssen sich dann die nächste Frage gefallen lassen: Wenn es so wäre, gibt es denn keine Hilfe für die Bürger? Dies kann nur noch ein wahrhaft Untergangsgestimmter bejahen, denn die höchsten Gerichte erweisen sich den Regierungen, wiederum zumindest im Europa des einen Rechts, als wenig gefällig, allen voran der Europäische Gerichtshof für Menschenrechte. Nicht zuletzt deshalb hört man von der hinter vorgehaltener Hand geäußerten Drohung von Staaten, sich aus der Konvention zum Schutz der Menschenrechte verabschieden zu wollen, wenn die Richter/innen so ungeniert weitermachten in ihrer Praxis, die Staaten ständig zu verurteilen.

Wollte man also die Bindung *ex ante* lockern, indem man dem Regierungshandeln gleitende Beweglichkeitsspielräume „im Rahmen der Gesetze" gewährte, dann könnte sich daraus *ex post* ein steigender Berichtigungs- und Kontrollbedarf über die erst recht vermehrt erforderlich werdende Anrufung der Gerichte ergeben. Wer vielleicht ohnehin schon den Grundverdacht hegt, dass Richter in ihrer Rechtsschöpfung auch eine Form von Politik machten, wird diesem Modell wenig abgewinnen können.

Also, noch einmal gefragt: Darf man das Rechtsstaatsprinzip schon wieder lockern?

Die herrschende Lehre sagt klar nein, und sie hat bekanntlich immer Recht, andernfalls wäre sie ja nicht herrschend. Aber was bewirkt herrschende Lehre mit ihrer Rechthaberei? Sie bewirkt damit die Legitimation jener Gesetzesflut, über die sich dieselbe herrschende Lehre dann auch wieder beklagt. Denn tatsächlich ist das Rechtsstaatlichkeitsprinzip kausal für die Gesetzesflut, denn wie sonst sollte eine Regierung in diesem Rahmen handeln? Das ist zwar im hehren Bild von der Gewaltenteilung so nicht gemeint gewesen, ist aber die Realität: In allen westlichen Demokratien bestellen sich Regierungen, was sie zur Legalitätsbedeckung ihres beabsichtigten Handelns brauchen. Obwohl die Parlamente das Recht hätten, die Themenvorgaben zu treffen, wurzeln knapp 100 % der Gesetze in Regierungsvorlagen. In den Parlamenten geschieht zwar viel demokratischer Diskurs über derlei Wunschzettel von Regierungen. Im Ergebnis geschieht aber letztlich in der Regel das, was die Regierung wollte, weil es ja die gewählte Mehrheit im Parlament ist, die die Regierung trägt.

Es ist also der Zustand der Gewaltenteilung, die wiederum die Grundvoraussetzung des formalen Rechtsstaatsprinzips ist, der über Sinnhaftigkeit eines starr-strengen oder beweglicheren Konzepts des Regierungshandelns entscheidet. Der heutige Zustand der Gewaltenteilung zwischen Legislative und Exekutive ist jedenfalls so, wie Montesquieu ihn nicht gemeint hat. Rechtssoziologisch besehen muss man sagen, dass die Gewaltenteilung zwischen Regierung und Gesetzgebung lediglich durch die Existenz von Oppositionen hergestellt ist. Was aber als funktionstüchtig behauptet werden kann – von Nominierungseinflüssen einmal abgesehen –, ist die Gewaltenteilung zwischen dem gewaltenvereinten Regierungsparlament und der Gerichtsbarkeit.

Geht man aber von einer völlig unabhängigen, selbstbewussten und sauberen (Höchst-)Gerichtsbarkeit aus, dann kann man sich auch der Frage nach dem Ausstattungsgeschick des Rechtsstaatsprinzips ein drittes Mal nähern:

Darf man das Rechtsstaatsprinzip schon wieder lockern?

Unter der eben gehobenen Prämisse dürfte man mit Ja antworten. Man müsste nur eben zur Kenntnis nehmen, dass den Gerichten dann ein deutlich gestiegenes gesellschaftliches Gewicht zukäme. Diese Verschiebung erscheint demokratiepolitisch durchaus gerechtfertigt: Trotz eines nicht ganz zu vernachlässigenden Misstrauens gegenüber den Gerichten bringen Befragte den Gerichten ein signifikant höheres Vertrauen entgegen als den beiden anderen Gewalten Regierung und Parlament.

Das Rechtsstaatlichkeitsprinzip ist also ein bewegliches und stets aus der Zeit heraus neu interpretationsbedürftiges Herz- und Kernstück unserer Verfassungs- und Menschenrechtsgesellschaften. Nun soll seinem Werdegang nachgegangen werden.

Zum Begriff „Rechtsstaatlichkeit"

Dieser dem deutschen Sprachgebrauch eigene Begriff – der im Englischen, allerdings bei etwas anderer Konstruktion, mit *Rule of Law* wiedergegeben wird – wird als staatsrechtlicher Strukturbegriff verstanden, der zum einen Legitimität der Herrschafts- und Regierungsgewalt vermitteln mag, zum anderen aber vor allem auf eine eingrenzende Gestaltung des Staatswesens und der Regierungsmacht einwirken kann und soll. Wenngleich der Terminus erst an der Wende vom 18. zum 19. Jahrhundert auftritt, sind Überlegungen zu Beschränkungen einer möglichen Allgewalt des Staates und Forderungen an die oder gegenüber der jeweiligen Staatsmacht schon seit der Antike gemeineuropäisches Gedankengut, insbesondere im Sinn einer Bindung an überrechtliche Schranken, wie Gerechtigkeit, göttliches Recht, Naturrecht, Vernunftrecht, und sie erleben, wie eingangs schon gesagt, eine aktuelle Neuauflage im christlichen Naturrecht der Neuzeit.

Obzwar der Wesenskern des Begriffes vorrangig auf die Grenzen des rechtlichen Handelns von staatlichen Gewalten orientiert erscheint, beinhaltet er ebenso den „überrechtlichen" Auftrag an den Staat, Mittel und Wege zur Verfügung zu stellen, die einer Sicherstellung und Gewährleistung der damit und untereinander eng verflochtenen Grundansprüche des einzelnen Normunterworfenen „auf Menschenwürde, Freiheit, Gerechtigkeit und Rechtssicherheit" (Klaus Stern) gegenüber dem staatlichen Wirken, aber auch gegenüber den anderen Mitmenschen ermöglichen, ja garantieren sollen.

Im Segment der Rechtsdurchsetzungsgewährleistung erfasst der deutschsprachige Begriff inhaltlich jene Forderungen, die Albert Venn Dicey für das angelsächsischen Recht in seinem *Rule of Law* (1881) benannte, also die rechtliche Sicherstellung einer verfahrensgarantierten gerichtlichen Überprüfbarkeit staatlicher Verfügungen im Sinn einer Fortsetzung des mittelalterlichen Rechtsbewahrungsstaats. Der französischen Rechtssprache fehlte überhaupt eine entsprechende Wort- und Begriffsbildung. In den vergangenen Jahrzehnten übernahmen europäische Lehren den Rechtsstaatsbegriff, so etwa *Etat de droit, stato di diretto, estado de derecho, estdo dou direito*, ebenso wurde das Prinzip nach der Wende 1989/90 in den neu formierten osteuropäischen Demokratien rezipiert. Der formelle Rechtsstaatlichkeitsbegriff (Bindung an die Verfassung, Gesetzesbindung von Gericht und Verwaltung, Gerichtsschutz sowie Gewaltenteilung) wurde durch den Ausbau des Grundrechtsschutzes und materiellrechtlicher Gerechtigkeitsanforderungen ergänzt.

Diese grund(rechts)legenden Forderungen an Recht und Staat sind nun ihrerseits „unbestimmte Rechtsbegriffe", die in dia- und synchroner Betrachtung höchst differente Auslegungen erfahren haben und doch in ihrer Verwobenheit deutliche Spuren und Grenzen für den „Rechtsstaat" zeichnen, wie nunmehr auch im Vertrag von Lissabon für die Europäische Union festgelegt ist.

Dem juristischen Denken entsprechend stehen vorerst die Begriffe „formeller" und „materieller" Rechtsstaat am Ausgangspunkt, worunter bei ersterem – vornehmlich aufgrund der Forderungen des Liberalismus des 19. Jahrhunderts – auf die Kriterien Gewaltenteilung, Vorrang der Verfassung vor anderen staatlichen Rechtsnormen, Unabhängigkeit der Gerichtsbarkeit, Bindung der Verwaltung, aber auch der Gerichte, an das Gesetz (gesetzliche Vorgaben für Entscheidungen), adäquate Rechtsschutzeinrichtungen gegen staatliche Akte (Verfahren, Entscheidungskompetenzen) abgestellt wird. Keineswegs dürfen diese „Schlagworte" nur formalistisch betrachtet werden, jedes einzelne birgt in sich „materielle", der Einzelperson zustehende Garantien, deren Erfüllung nicht in einer bloßen Auflistung innerhalb einer staatsgrundlegenden Norm gelegen sein kann. Vielmehr ergeben sich aus der Kombination mit dem „materiellen" Rechtsstaatsbegriff konkrete Forderungen an die Ausgestaltungen und Grenzen staatlichen Wirkens. Ziel des Rechtsstaats im materiellen Sinn muss die Herbeiführung eines tatsächlich inhaltlich gerechten Rechtszustands sein („gerechter Rechtsstaat"), dem als Konträrbegriff nicht der „Polizei- und Verwaltungsstaat" des 18. und 19. Jahrhunderts gegenübersteht, sondern die „Unrechtsstaatlichkeit" der totalitären Regime im 20. Jahrhundert.

Die moderne Staatslehre verknüpft häufig den materiellen Rechtsstaatlichkeitsgedanken mit dem „sozialen Rechtsstaat", dem nicht nur die Befugnis, sondern auch die Pflicht zu aktiver Sozialgestaltung bis hin zu einer (begrenzten) (Um-)Gestaltung der Eigentumsordnung aufgetragen ist. Auch hier steht der „bürgerliche Rechtsstaat" des 19. Jahrhunderts abseits, dem nur die Wahrung der Freiheits- und Eigentumssicherheit des Individuums, der Gefahrabwehr, die Ausgrenzung bzw. Nichtintervention des Staates in „bürgerliches" Handeln zugedacht war. Vor allem die letztgenannte (liberale) Forderung an den „Rechtsstaat" bietet wesentliche Angriffsflächen hinsichtlich Entwicklung, Ausgestaltung und Abwicklung einer „freien Marktwirtschaft" und konträren staatlichen Interventionen durch – vornehmlich hoheitliche, also gesetzliche Wirtschaftsgestaltung, was wiederum dem „sozialem Rechtsstaat" entgegenkommt.

Zur Geschichte des Rechtsstaatsgedankens

Die frühliberalen Staatsrechtler des 19. Jahrhunderts Robert v. Mohl, Carl Theodor Welcker, Johann Christoph v. Aretin sahen im „Rechtsstaat" eine Staatsgattung im Sinn eines Vernunftstaates, die auf das „allgemeine Beste" gerichtet, letztlich die *res publica* von „übersinnlichen Tendenzen", Religion und Sittlichkeit (Böckenförde) trennen und auf Sicherung der persönlichen Freiheit und der individuellen Selbstentfaltung gerichtet sein soll.

Dieses weitestgehend vernunftorientierte Rechts- und Gesetzesverständnis und die damit eng verwobene Staatsrechtslehre scheinen die Frage der „Rechtsstaatlichkeit" auf die letzten zwei Jahrhunderte einzuengen. Sie beruht aber auf der „spezifisch europäischen Verschmelzung antiker Philosophie und Rechtslehre mit jüdisch-christlicher Religion" (J. Brand) und ist mit einer reichen Ideen- und Institutionengeschichte ausgestattet, die vornehmlich an Frieden, Sicherheit, Schutz, Ausgleich durch Recht und geordnete Verfahren festzumachen sind.

Archaischen Gesellschaften galt Recht immer als transzendental gesetzte oder orientierte Handlungs- oder Unterlassungsnormen: Man denke hier an die mosaische Gesetzgebung des Dekalogs am Berg Sinai, die sakralen Elemente der Todesstrafe oder auch an die bedingte Selbstverfluchung durch die Eidesleistung. Religiöse Texte betonen die Setzung des Rechts – und meist auch die Herrschaft – durch Gott (z. B. Ps. 22,29; 89,32; 99,4; vgl. Livius, „Ab urbe condita" I, 6-8), die daraus ableitbaren Gerechtigkeitsgedanken, die Vollziehung des göttlichen Rechts durch die Herrscher (Sprüche Salomos; Ps. 58,2; 72) oder erflehen das Eingreifen zur (Wieder-)Herstellung des Rechts (Ps. 58; 82). Die Verletzung der göttlich gebotenen Friedensordnung verlangt sogar von den Göttern selbst „Schadensersatz".

In Verknüpfung mit dem – nicht theozentrierten – griechischen und römischen staatsphilosophischen Denken leitete das Christentum die „übernatürliche" Bindung des Rechts in das Mittelalter und die Neuzeit über, nicht nur in Hinblick auf eine Bindung der Gesetzgebung, sondern durchaus auch als Herrschaftslegitimierung (vgl. etwa Matthäus 22, 15-22; Paulus, Römerbrief 13, 1-7; Augustinus). Dies setzt sich fort in der Zwei-Gewalten-Lehre und fand seinen geradezu klassischen Ausdruck in der Zweischwerterlehre des Sachsenspiegels.

Es ist hier nicht der Ort, auf die Legitimierungsbegründungen der jeweiligen Herrschaftsordnungen einzugehen, doch muss für das Mittelalter ganz generell auf die Papst-, Kaiser- und Königsurkunden und die darin enthaltene Formulierung *divina favente clementia* (durch göttliche Milde = Gnade = Berufung) verwiesen werden, die das Gottesgnadentum bis ins 19., ja 20. Jahrhundert begründete.

Auch die im Hochmittelalter entwickelte Ordo-Idee sieht den Menschen als ein Wesen eines Sozialgefüges innerhalb der von Gott gestifteten ewigen Ordnung. Bracton etwa betont die Gebundenheit des Königs an das Recht, aber auch seine Unterworfenheit unter die Allmacht Gottes. Analoges wurde selbst dem Papst gegenüber zum Ausdruck gebracht.

Die der Bevölkerung bewusste tiefe Verankerung des Gottesbezugs eines „gerechten Rechts" erweist sich etwa in den Begehren der Bauern in den Bauernkriegen des 16. Jahrhunderts um Schutz und Schirm durch Erhaltung des „guten alten Rechtes". Gerade darin schwingt aber auch die – höchst aktuelle – Frage einer „gerechten" (Steuer-)Belastung des Einzelnen mit, auf die hier aber nicht weiter eingegangen werden kann.

Das mittelalterliche und frühneuzeitliche Recht erscheint insofern stark dem Vertragsgedanken verhaftet, als Leistung und Gegenleistung nicht nur auf „bürgerliche" Handlungen bezogen wurde, sondern besonders im – vielfach staatsordnenden – Lehnwesen auf gegenseitige Bindung des Herrschers und der Untertanen im beidseitigen Treueversprechen. Analoge Elemente des Versprechens sind im Genossenschaftswesen (Eidgenossenschaft, Reichs- und Landfrieden) fixiert, wie überhaupt genossenschaftlich organisierte Strukturen (Reichstage, Landtage, Städte usw.) immer ein Element der Beschränkung der „Staatsgewalt" beinhalten, nicht selten auch mit entsprechendem Bezug auf jenseitige Sanktionen für ungerechte Herrschaft.

Nicht zuletzt belegen die Gerechtigkeitsdarstellungen in spätmittelalterlichen und frühneuzeitlichen Gerichtsräumlichkeiten sowie die bis heute verankerte Aufstellung von religiösen Symbolen bei Vereidigungen, etwa von Zeugen, den transzendentalen Rechtsbezug.

Das nicht gottesbezogene „Recht" als staatsbezogene Erscheinung, ja Erfordernis, steht in den Überlegungen der antiken Autoren (Plato, Aristoteles, Cicero u. a. m.) als Ansatzpunkt für Gedanken zum Staat immer im Zusammenhang mit übernatürlicher Gerechtigkeit. Schon aus Vernunftgründen sollten deswegen nicht Menschen, sondern Gesetze herrschen, womit dem Gedanken des „Rechten und Richtigen" für den Einzelfall die generelle Norm übergeordnet wird, ohne deswegen den Billigkeitsgedanken aus dem „Gesetz" auszuschließen (*ius et aequitas*).

Essentiell erscheint hierbei die Verbindlichkeit der Gesetze für die Allgemeinheit: Ergibt sie sich bei theozentrierten Rechtsvorstellungen aus dem göttlichen Ratschluss, bei genossenschaftlichen Strukturen aus der Gemeindeeigenschaft, so beruht dies bei vernunftorientiertem Rechtsdenken vor allem auf bewussten Rechtssetzungsakten berufener Gesetzgeber, wie dies etwa aus der Entstehung der Zwölf Tafeln am Forum Romanum (CIC, Dig. I,2,2,4) bekannt ist. Aber schon aus der Einleitung zum „Codex Hammurabi" (um 1760 v. Chr.) ergibt sich die Pflicht der Befolgung des „bestimmten" Rechts, ebenso aus den Schriften Platos, Aristoteles' oder Ciceros. Justinian betont, ja diktiert in Dig. I,4,1, pr. die „Gesetzeskraft" des kaiserlichen Befehls, die spätantiken/byzantinischen und mittelalterlichen Autoren (z. B. Cassiodor) führen diesen Gedanken weiter bis in den „Fürstenspiegel", so wie auch Hinkmar von Reims unter Bezugnahme auf Augustinus und die fränkischen Königskapitulare die Allgemeinverbindlichkeit hervorhebt – dies allerdings auch mit dem Hinweis auf die Legitimierung durch die „Zustimmung der Getreuen".

Das bereits in der Antike bekannte Naturrecht erfährt im Zeitalter des „Vernunftrechts" seine weitestgehend profane Ausgestaltung, die zwar weiterhin auch die Problematik der Herrschaftslegitimierung z. B. im Gesellschaftsvertrag (John Locke, Jean-Jacques Rousseau) anspricht, als Wesenskern aber die menschliche Vernunft zum Gradmesser für einen gerechten Staat und seine Gesetze konstituiert. Als Grundforderung aller naturrechtlichen Überlegungen findet sich immer das „Recht der Freiheit", worunter aber keineswegs immer die persönliche Freiheit aller verstanden wurde, erst recht nicht im Sinn einer Gleichheit. Dies hinderte das antik-römische Rechtsleben und das Nachleben aber nicht, in verschiedenen, ungleichen Rechtsebenen zu denken, etwa in Form der Trennung von *ius civile* und *ius gentium*, Sklaverei oder Leibeigenschaft.

Gerade die Naturrechtslehren des 17. und 18. Jahrhunderts, die den rechtsstaatlichen Freiheitsgedanken vor allem als Begrenzung der Allgewalt des fürstlichen Wohlfahrtsstaats verstanden wissen wollten, führten aber insofern auch zu einer Verengung des persönlichen Freiraums, als nunmehr genauere Regelungen erforderlich erschienen, die in den vielfachen Kodifikationsbestrebungen (ALR, ABGB, Code civil usw.) Ausdruck fanden. Ihnen lag durchaus auch ein wohlfahrtsstaatliches Denken zugrunde, wenn auch nicht im Sinn eines modernen Sozialrechtsstaats.

Kants Forderung, der Staat solle den „Zustand der größten Übereinstimmung mit Rechtsprinzipien" (Metaphysik § 49) anstreben, insbesondere Freiheit durch „Freiheitsgesetze" sicherstellen, weist in die Richtung „formeller Rechtsstaatlichkeit" und zielt nicht mehr auf die aristotelischen Vorstellungen von materieller Gerechtigkeit, sozialem Ausgleich oder „gutem Leben".

Der „bürgerliche" (meist liberal orientierte) Rechtsstaatsgedanke erfuhr gerade im nicht nationalstaatlich organisierten Deutschland der ersten Hälfte des 19. Jahrhunderts zunehmende Bedeutung. Der Versuch einer Synthese in einem „gemeinen deutschen Staatsrecht" gewann großen Einfluss auf die 1848/49er Verfassungsbemühungen, wenngleich eine tatsächliche Umsetzung (noch) nicht gelang.

So waren denn auch gerade die rechtsstaatlichen Verfassungsbestimmungen in der zweiten Hälfte des 19. Jahrhunderts stark formalisiert und idealtypisch auf Schaffung von Konstitution, Gesetzmäßigkeit der Exekutive und absichernde Gewährleistungen der Freiheitsrechte gerichtet, während als Staatspflicht vornehmlich, wenn auch nicht ausschließlich, die Erhaltung des äußeren und inneren Friedens – möglichst eingeschränkt auf Sicherheit für die Einzelperson – angesehen wurde. Vereinfacht gesagt stand vorwiegend die Verfassungsgestaltung im Mittelpunkt vieler Rechtsstaatskonzeptionen, insbesondere die Frage der Einschränkung der monarchischen Macht durch die Mitbestimmung des Volkes (in sehr unterschiedlichen Ausformungen) in legislativen Bereichen, zum anderen die Beschränkung der Vollzugsgewalt u. a. durch Grund- und Freiheitsrechte sowie vor allem durch rechtliche Bindung der Verwaltung.

Die Judikative war – zumindest in großen Zügen – bereits in Zeiten des absolutistischen Wohlfahrtsstaats an die Gesetze gebunden worden, wenngleich Fragen der Justizverweigerung und der weiteren Ausgestaltung der Verfahrensrechte auf der Tagesordnung blieben.

Die Bindung der Gerichte an das „Gesetz" findet sich bereits in der römischen Republik, wenn auch vornehmlich auf das Rückwirkungsverbot des *nulla-poena-sine-lege*- bzw. *nullum-crimen-sine-lege*-Grundsatzes bezogen, der auch in die mittelalterliche Jurisprudenz übernommen wurde und in die *Constitutio Criminalis Carolina* (1532) Eingang fand. Auf diesen Grundsatz berief sich auch Thomas Wentworth, 1. Earl of Strafford (1593–1641), in seiner Verteidigungsrede wegen angeblichen Hochverrats. Erst durch den Wandel des Gesetzes- bzw. Rechtsbegriffs vom (gewohnheitsrechtlichen) Weistum zum (schriftlich) fixierten Gesetzestext, durch die von der Aufklärung/dem Naturrecht erweiterte Frage nach dem Zweck des Staates und der damit verbundenen Freiheitsidee sowie als Reaktion auf richterliche Willkür gewann dieser Grundsatz neuerlich Bedeutung. Nicht zuletzt war es aber auch der Durchsetzungswille des absoluten (aufgeklärten) Herrschers, der der strengen Rechtsbindung Bahn brach: So wollte Joseph II. in seinem *Allgemeinen Gesetzbuch über Verbrechen und derselben Bestrafung* (1787) bereits in der Einleitung „alle Willkühr bei der Verwaltung [...] der strafenden Gerechtigkeit" ausgeschlossen wissen, womit sowohl der gesetzlichen Festlegung der Straftat als auch der Strafart unter Ausschluss der Analogie im modernen rechtsstaatlichen Sinn entsprochen wurde. Auch das „Allgemeine Landrecht für Preußen" (1794) kennt entsprechende Bestimmungen, einschließlich des Rückwirkungsverbots. Letztlich setzte sich in der 2. Hälfte des 19. Jahrhunderts im Zuge der Konstitutionsbestrebungen und in Verfestigung der Freiheitssicherung der Einzelperson die strenge richterliche Bindung an das Gesetz im Sinn des (strafrechtlichen) Legalitätsprinzips durch, wie etwa das Reichsstrafgesetzbuch von 1871 belegt. Die Weimarer Verfassung 1919 übernahm dieses Prinzip in Art. 116, wobei die Formulierung „Strafbarkeit" – und nicht „Strafe" – die Gesamtheit des Grundsatzes ausdrücken sollte. Das Unrechtsregime des NS-Staates rückte von der richterlichen Gesetzesbindung, dem Rückwirkungsverbot und dem Bestimmtheitsgebot stärker ab, wie anhand der „Führer-Erlasse" deutlich wird. Für jedes moderne Verfassungs- und Strafrechtssystem sind die Grundsätze alleine schon auf Grund der judiziellen Menschenrechte (wirksamer gerichtlicher Rechtsschutz, Verfahren vor einem unabhängigen und unparteiischen Gericht mit gesetzlichen Richtern, Anspruch auf rechtliches Gehör, keine Strafe ohne vorheriges Gesetz und Unschuldsvermutung) selbstverständlich.

Hinsichtlich der gesetzlichen Bindung der Verwaltung kam es gerade auch insoweit zu einer Annäherung an die angelsächsische Rechtsvorstellung, als die richterliche Kontrolle der Einhaltung der Verfassung und die Gesetzmäßigkeit der Verwaltung angestrebt und teilweise verwirklicht wurde.

Die Zwischenkriegszeit des 20. Jahrhunderts vermochte – aus heutiger Sicht – nicht die (formalen) Lücken des Rechtsstaats des 19. Jahrhunderts zu füllen, obwohl etwa die Weimarer Verfassung durch die sozialen Grundrechte keineswegs nur eine staatsabwehrende Haltung vorsah, sondern die Einsicht in sich trug, „dass Recht nur durch staatliche Macht zu schaffen und zu bewahren sei" (Ernst Rudolf Huber), allerdings letztlich gerade bei der Ausgestaltung eines sozialen Rechtsstaats an den mangelnden finanziellen Gestaltungsmöglichkeiten scheiterte.

Die starke Betonung des formellen Rechtsstaatlichkeitsgedankens ermöglichte – aus juristischer Sicht – die scheinbar rechtmäßige Überführung mehrerer demokratisch gestalteter Gemeinwesen in totalitäre Systeme, wie etwa in Italien, Deutschland und Österreich. Nicht zu Unrecht wurde weniger die „vorgebliche Inhaltsleere des Rechtsstaates" dafür verantwortlich gemacht, sondern die „zu geringe Verklammerung des Inhalts mit förmlichen Sicherungsinstituten", die letztlich die „Verkehrung des Rechtsstaates" in den „Unrechtsstaat" zuließ (Stern).

Aus diesen Erfahrungen heraus suchten die mitteleuropäischen Verfassungsgesetzgeber formelle und materielle Aspekte zu verbinden, so etwa in einer verstärkten Bindung des Gesetzgebers an die Verfassung, speziell durch Ausbau der Verfassungsgerichtsbarkeit, und eine Verinhaltlichung der Grundrechte, denen sowohl der Staatsabwehranspruch, die (innere) Sicherheitswahrung wie auch soziale Sicherung (z. B. Bildung) zugewiesen sind.

Als Leitlinie im modernen Staatsdenken gilt die „Radbruchsche Formel", wonach zwar schon jedem positiven Gesetz ein Wert, nämlich Rechtssicherheit, zukomme, da dies besser sei als gar kein Gesetz, doch müssten hinzu noch Zweckmäßigkeit und Gerechtigkeit treten.

Der Konflikt zwischen der Gerechtigkeit und der Rechtssicherheit dürfte dahin zu lösen sein, dass das positive, durch Satzung und Macht gesicherte Recht auch dann Vorrang hat, wenn es inhaltlich ungerecht und unzweckmäßig ist, es sei denn, dass der Widerspruch des positiven Gesetzes zur Gerechtigkeit ein so unerträgliches Maß erreicht, dass das Gesetz als ‚unrichtiges Recht' der Gerechtigkeit zu weichen hat.

Der Rechtsbegriff in der Entwicklung

Recht als verbindliche Verhaltenssteuerungsnorm, die dem Individuum eine Selbstentfaltungsmöglichkeit innerhalb einer Gesellschaft einräumt, verstand bereits die Antike in einem die Gesamtheit der Rechtsordnung umfassenden Begriff, weshalb nicht ausschließlich auf die Bereiche des (heutigen) öffentlichen Rechts abgestellt werden kann, sondern auch die Gebiete des Strafrechts und des Zivilrechts wesenhaft in die Verfassungsgebundenheit einbezogen werden müssen. Elementare Rechtsgrundsätze wie „Treu und Glauben", *neminem laedere* (unzulässige Rechtsausübung) oder *suum cuique* (jedem das Seine; Cicero) deuten Beziehungen von subjektiven Ansprüchen an die generelle, abstrakt verfasste oder zu verstehende Norm an, die grundsätzlich sowohl materiell- und formellrechtliche Aspekte wie auch die Ableitbarkeit eines individuellen, fallbezogenen Erkenntnisses einzubeziehen hat, ohne deswegen eine völlige Gleichförmigkeit herbeizuführen. Der individuellen Gestaltungsfreiheit in politischen Belangen (Mitbestimmungs-/Mitgestaltungsrechte und Eigentums-/Erwerbsfreiheit mögen als Stichworte genügen) stehen diesbezüglich aber auch grundlegenden Gemeinschaftpflichten (Friedensgebot, Beitrag zu den Gemeinschaftsleistungen) gegenüber. In eine verfassungs- bzw. staatsrechtliche Richtung derartiger Gemeinpflichten weist auch der Bundesbrief der Schweizer Eidgenossenschaft von 1291.

Recht als ordnende und gestaltende Grundlage des menschlichen Zusammenlebens erfordert zu seiner Umsetzung somit sowohl formale wie materielle Elemente, einen Regelungsmechanismus zwischen objektiven Normen und individuellen Ansprüchen und einen entsprechend abgesicherten Umsetzungsvorgang.

Gehorsamsbefehl versus Widerstandsrecht

Wie aber lassen sich die Berechtigung, ja die Verpflichtung, gegen eine (vermutete) Tyrannei aufzutreten, und die „rechtliche" Absicherung eines „aufständischen" Verhaltens begründen?

Voranzustellen ist die Frage, ob alle Menschen dem Gesetz unterworfen sind, was anhand der bekannten Ulpian-Formel *princeps legibus solutus est* (der Herrscher ist vom Gesetz ausgenommen) erörtert werden kann. Zwar beruht die mittelalterliche und vor allem frühneuzeitliche (weite) Auslegung ursprünglich auf einem Missverständnis der antiken *dispensio*, doch haben bereits die antiken Principes/Imperatoren damit die Bindung des Herrschers an das Gesetz relativiert. Nach der Wiederentdeckung der römischen Jurisprudenz (um 1100) interpretierten die Glossatoren eine freiwillige Unterwerfung des Herrschers unter das Gesetz im Sinn eines Ausdrucks der *lex regia* als grundlegende Norm. Die scholastischen Auslegungen (etwa Thomas v. Aquin) führten über den Weg der Trennung von *regimen regale* und *regimen politicum* bzw. von vornehmlich monarchistisch legitimierten oder organisierten Machtbefugnissen zur Unterscheidung einer gemäßigten von einer „entarteten" Herrschaft. Die weitere Verfassungsentwicklung in Kontinentaleuropa ging in Richtung des monarchischen Prinzips, das im Heiligen Römischen Reich soweit führte, „dass jeder Herzog, Graf oder Freiherr im Bereich seiner Jurisdiktion und seines Territoriums Princeps genannt werden könne" (Wyduckel). Gerade aus dieser Konstellation heraus ergaben sich die zahlreichen Fälle des *legibus solutus*.

Grundlegender bleibt aber die Problematik des „Rechts", ja der Pflicht, sich gegen eine „Tyrannis" (im modernen Sinn) aufzulehnen. Wer jemals die vermutlich um 550/560 n. Chr. verfasste „Geheimgeschichte" des Prokopios v. Caesarea über die Regierung des von den Rechtshistorikern ob seines *Corpus iuris civilis* (533/534) hochgerühmten Kaisers Justinian I. gelesen hat, erfasst sofort die Problematik: Ab wann, auf Grund welcher Fakten, mit welcher Begründung kann, ja muss von einer „Tyrannis" gesprochen werden? Und: Kann, darf und muss daraus ein Widerstandsrecht abgeleitet werden?

Sieht man von religiös motivierten, meist durch Verweise auf Verstöße gegen die göttliche Ordnung untermauerten Tyranniserklärungen im Sinn unrechter Herrschaft ab (man denke nur an die Absetzungsdekrete der Päpste gegen manche Kaiser des Heiligen Römischen Reichs), so bauen alle entsprechenden Überlegungen auf zwei Elementen auf: Ein grundlegendes Herrschaftsrecht des Volkes (Volkssouveränität, allerdings noch nicht im Rousseauschen Verständnis, sondern als ständisch strukturierte *universitas populi*) und ein – etwa durch die Huldigungen begründeter – Herrschaftsvertrag zwischen Volk und Herrschenden im Sinn einer gegenseitigen Verpflichtung zu Schutz bzw. Gehorsam. Nicht zuletzt liegt dies auch im gegenseitigen Treueversprechen etwa zwischen Lehnsmann und Lehnsherr begründet. Aus dieser Sicht gestand man in erster Linie den Ständen als Repräsentanten eines Landes ein Widerstandsrecht zu, wohl auch, da sie als Kollegien die faktisch einzige innenpolitische Gegenkraft zum Regenten darstellten, wie dies am deutlichsten in der *Magna Charta* (1215) und den *Bill of Rights* (1689) zum Ausdruck kommt.

Hinzu tritt insbesondere bei den calvinistischen Monarchie-Gegnern der Gedanke einer förderaltheologischen Grundlegung (1 Samuel, Kap. 9–11) der Subjektion des Volkes. Verstößt ein Herrschender gegen die Kontraktspflichten – und damit auch gegen göttliches Recht –, so haben die Repräsentanten des Volks *in corpore* das Recht und die Pflicht zum Widerstand, der von der Mahnung über Umkehraufforderungen bis zum Tyrannenmord reichen kann. Demgegenüber vertrat Luther lediglich ein passives Widerstandsrecht gegen den ungerechten Herrscher.

Die von Thomas Jefferson formulierte amerikanische Unabhängigkeitserklärung vom 4. Juli 1776 emendiert im zweiten Teil all jene Verstöße des englischen Königs bzw. seiner Regierung, die im Sinn der naturrechtlichen Auffassungen des Gesellschaftsvertrags die Loslösung vom Monarchen rechtfertigen, nicht ohne – im Sinn der theologisch motivierten Monomarchen – auf vorangegangene Bitten und Mahnungen zu verweisen. Dagegen blieb das Widerstandsrecht in Kontinentaleuropa auch im 19. Jahrhundert umstritten; gerade im Hinblick auf die einsetzende Verfassungsentwicklung und des staatsrechtlichen Positivismus trat diese Frage in den Hintergrund. Erst das Versagen der rechtsstaatlichen Einrichtungen, wie etwa der Verfassungsgerichtshöfe, gegenüber den totalitären Regimen und deren Entwicklung zu „Unrechtsstaaten" führte nach dem Zweiten Weltkrieg zur ausführlichen Diskussion und zur Festschreibung des Widerstandsrechts in Art. 20 Abs 4 Grundgesetz gegen einen (umfassenden) Angriff auf die Grundordnung des Staates. Dies leitet über zu den Fragen des Terrorismus und der Befreiungstheologie, die an die Grenzen des Rechtsstaatsgedankens führen, der eine der Säulen des modernen europäischen Verfassungsdenkens bleiben wird und muss.

Auch in der EU zählt die Rechtsstaatlichkeit zu den Prinzipien der Verfassungsstruktur, jeweils signiert durch die politischen, sozialen, wirtschaftlichen und kulturellen Umstände. Als Trägerin von Hoheitsgewalt bedarf sie bzw. ihre Organe selbst bei einem weniger formellen Rechtsstaatlichkeitsdenken der Gewaltenteilung, der Bindung an die Rechtsnormen (u. a. Grundrechte) und des Rechtsschutzes durch unabhängige Gerichte (insbes. den Europäischen Gerichtshof) einschließlich der damit verbundenen und grundsätzlich garantierten Rechtssicherheit.

Literatur

Jürgen BRAND/Hans HATTENHAUER, Der Europäische Rechtsstaat. 200 Zeugnisse seiner Geschichte. Heidelberg 1994.

Philip KUNIG, Das Rechtsstaatsprinzip. Überlegungen zu seiner Bedeutung für das Verfassungsrecht der Bundesrepublik Deutschland. Tübingen 1986.

René MARCIC, Vom Gesetzesstaat zum Richterstaat. Recht als Maß der Macht. Gedanken über den demokratischen Rechts- und Sozialstaat. Wien 1957.

Christian MÖLLERS, Die drei Gewalten. Legitimation der Gewaltengliederung in Verfassungsstaat, Europäischer Integration und Internationalisierung. Weilerswist 2008.

Eberhard SCHMIDT-ASSMANN, Der Rechtsstaat, in: Josef ISENSEE/Paul KIRCHHOF (Hrsg.), Handbuch des Staatsrechts der Bundesrepublik Deutschland, 2 Bde. Heidelberg [3]2004, S. 542–612.

Katherina SOBOTA, Das Prinzip Rechtsstaat. Verfassungs- und verwaltungsrechtliche Aspekte. Tübingen 1997.

Brian Z. TAMANAHA, On the Rule of Law. Cambridge [3]2005.

Mehdi TOHIDIPUR (Hrsg.), Der bürgerliche Rechtsstaat, 2 Bde. Frankfurt 1978.

Theodor TOMANDL, Rechtsstaat Österreich: Illusion oder Realität, Wien 1997.

Alfred WEBER, Europäische Verfassungsvergleichung, München 2009.

Dietmar Herz und Julie Boekhoff
Gewaltenteilung

Gewaltenteilung als ein Ordnungsprinzip des Zusammenwirkens staatlicher Institutionen ist „wenig eindeutig und selten in reiner Form zu finden"; mehr noch: die Geschichte dieses Prinzips ist „bis heute die Geschichte ihres stetigen Wandels" (Kilian). Konsequent verwirklicht ist Gewaltenteilung nur in der amerikanischen Verfassung. Viele Verfassungen (zuförderst der demokratisch orientierten Staaten) nehmen jedoch zumindest Elemente oder Varianten dieses Prinzips in ihre Staatsorganisation auf. An der grundlegenden Bedeutung des Prinzips wird kaum gezweifelt: „Der Gewaltenteilungsgedanke ist aus Erfahrung gewonnene, in strukturelle Formen gegossene Klugheit" (Hochschild).

Im Allgemeinen versteht man unter Gewaltenteilung die Dreiteilung der Staatsgewalt in gesetzgebende, ausführende und rechtsprechende Gewalt: Legislative, Exekutive und Judikative. Dieses relativ einfache Organisationsprinzip ist Konsequenz pragmatischer Staatskunst und Ergebnis eines über lange Zeit tradierten politischen Denkens: „Gewaltenteilung ist ebenso Aufgabe wie Lösung, ebenso Staatskonstruktion wie ein zu dieser hinführendes Prinzip, ebenso anthropologische Einsicht wie anthropologische Orientierung" (Hochschild).

Daraus folgt zweierlei: Es obliegt der Gewaltenteilung, das Zusammenwirken der Institutionen im Staat zu organisieren. Eine solche Organisation dient der Stabilität der politischen Ordnung – und mithin der Entfaltungsmöglichkeit des einzelnen Staatsbürgers. Eine durch Gewaltenteilung strukturierte politische Ordnung sichert die Freiheit, begründet effektive Handlungsverantwortlichkeiten und festigt die Rechtsordnung. Mittels rechtlicher und politisch-psychologischer Mittel soll sie ein politisches Gleichgewicht und einen Zwang zur möglichst effektiven Kooperation der Staatsgewalten herstellen. Zusammenfassend: Ihr Auftrag ist, durch eine funktionsgerechte Organstruktur ein Funktionieren der staatlichen Organe zu gewährleisten.

Gewaltenteilung ermöglicht – zumindest im Prinzip – „das Ausschalten der Möglichkeit des Machtmissbrauchs durch objektive Grenzsetzungen" (Hochschild). Dies hat drei Bedeutungen: Als Staatskonstruktion bedeutet Gewaltenteilung eine Trennung und gleichzeitig eine Balance der drei Gewalten, die Gewaltanhäufung und Gewaltanmaßung verhindern soll. Als Strukturprinzip soll Gewaltenteilung die bürgerlichen Freiheiten (Leben, freie Entfaltung der Persönlichkeit, Eigentum) sichern und garantieren. Als anthropologische Einsicht und Orientierung beruht Gewaltenteilung auf der Beobachtung, dass der Mensch (und die von ihm geprägten Institutionen) nach Sicherheit und deswegen nach (Sicherheit ermöglichender) Macht strebt.

Gewaltenteilung, als Prinzip der Staatsorganisation steht – die politischen und gesellschaftlichen Entwicklungen der letzten Jahrzehnte reflektierend – heute vor neuen Herausforderungen: der des Nationalstaats, der europäischen und der globalen Ebene. Diese Veränderungen bedingen und verstärken einander.

Die Theorie der Gewaltenteilung war Teil der politischen Aufklärung und sollte zur Entwicklung eines „bestmöglichen Staates" beitragen; auch war die Idee einer Teilung der Gewalten Reaktion auf Machtkonzentration und Willkür im Absolutismus. Zu ihren Vordenkern gehören – *avant la lettre* – Aristoteles, in der Neuzeit Locke und Montesquieu und die amerikanischen *Federalist Papers*; auf der Gegenseite argumentieren aus unterschiedlichen Perspektiven Rousseau und Hobbes gegen eine Trennung (oder „Mischung") der Gewalten.

Begriffsgeschichte

In seiner „Politik" geht Aristoteles von der (anthropologischen) Grundannahme aus, dass der Mensch ein politisches, mit Sprache und Vernunft begabtes Wesen ist, das erst im Zusammenleben mit anderen Menschen glücklich werden kann. Der Mensch lebt, dieser Bestimmung folgend, in der *polis*. Die *polis* ist eine freie und gleiche Gemeinschaft von Staatsbürgern.

Die *polis* hat Voraussetzungen – sie ist nicht „perfekt" und bedarf daher der stetigen Reformation. Aristoteles nimmt die bestehenden, sozialen, wirtschaftlichen und politischen Verhältnisse als Basis für eine Verbesserung; er akzeptiert aber die Heterogenität der *polis* und folgert daraus sehr pragmatisch die Notwendigkeit einer Einschränkung der Macht durch Verfassung und Gesetze. Ideale Staatsformen schließt er als nicht zu verwirklichen aus. Immerhin notiert er ihre Bedingungen: „Dass diejenige Staatsverfassung notwendig die beste ist, deren Einrichtung zufolge jedweder ohne Ausnahme sich wohl befindet und glücklich lebt, liegt auf der Hand" (Politik, VII, 2).

Aristoteles nennt drei „gute" (gerechte, das heißt auf das Gemeinwohl zielende) Staatsformen: Politie, Monarchie und Aristokratie. Die in seinen Augen beste, zu verwirklichende und zugleich stabile Staatsform ist die Politie, die gute Herrschaft der Vielen, an der Arme und Reiche in gleichem Maß beteiligt sind. Sie stellt eine „Mischverfassung" zwischen Aristokratie/Oligarchie und Demokratie dar. Aus der Aristokratie/Oligarchie übernimmt die Politie die gewählten Beamten und aus der Demokratie die nur geringe Schranke für die Zulassung zur Wahl. Die Zusammensetzung von Institutionen aus verschiedenen Verfassungsformen soll die Stabilität des Staats garantieren und die Interessen der verschiedenen Gruppen institutionell ausgleichen. Die aristotelische Mischverfassung ist eine frühe Form der Gewaltenteilung durch „Mischung" verschiedener Staatsformen (und ihrer Institutionen).

Der englische Staatstheoretiker und Philosoph Thomas Hobbes kritisiert in „Leviathan" (1651) dieses Konzept des Aristoteles. Hobbes lehnt die Idee einer „Mischverfassung" ab. In seinen Augen begünstigt eine solche Verfassung den Machtkampf der Individuen. Dieser Machtkampf – letztlich ein Bürgerkrieg – führt zu der schlimmsten Lage des Menschen. Lakonisch und mit intellektueller Konsequenz beschreibt der Philosoph diesen Kriegszustand, den der Verzicht auf *eine* Macht mit sich bringt: „Daraus ergibt sich klar, dass die Menschen während der Zeit, in der sie ohne eine allgemeine, sie alle im Zaum haltende Macht leben, sich in einem Zustand befinden, der Krieg genannt wird, und zwar in einem Krieg eines jeden gegen jeden. […] In einer solchen Lage […] herrscht, was das Schlimmste von allem ist, beständige Furcht und Gefahr eines gewaltsamen Todes" (Leviathan I, 13).

Hobbes, der vor dem Ausbruch des englischen Bürgerkriegs nach Frankreich ins Exil ging und erst 1651 zurückkehrte, war, diesem Verständnis folgend, Verfechter einer alleinigen staatlichen Souveränität (mithin nur einer Gewalt). Jede Teilung der Macht war ihm suspekt – sie führte seiner Auffassung zufolge notwendigerweise zu Auseinandersetzungen, Konflikten und schließlich zum Krieg. Diesen aber gilt es unter allen Umständen zu vermeiden. Die Ursache für diesen Zusammenhang liegt in der Natur des Menschen. Hobbes zeichnet das Bild des Menschen als einer nach mechanischen Prinzipien funktionierenden Maschine. Getrieben von Verlangen und Furcht, strebt der Mensch nach Macht zur Erhaltung seines Lebens und zur Verwirklichung seiner Bedürfnisse. Ohne eine staatliche Ordnung ist der dann anzunehmende Naturzustand ein furchtbarer Krieg aller gegen alle um Sicherheit, Besitz und Ansehen, der nur durch eine Machtkonzentration beendet werden kann. Jede Teilung der Macht hingegen arbeitet dem Naturzustand entgegen.

Im Gegensatz zu Aristoteles nahm Hobbes an, dass das Gemeinwesen nicht von Natur aus besteht, sondern künstlich geschaffen werden muss. In Hobbes' Denken konnte nur die Übertragung aller Gewalt auf einen souveränen Herrscher den Kriegszustand beenden. Erst die Übertragung der Gewalt auf den Herrscher begründet den Staat. Damit verzichtet der Einzelne auf sein „Recht auf alles", das er im Naturzustand hat. Die Vernunft des Menschen fordert einen solchen Verzicht und ermöglicht so den Übergang von der natürlichen zur staatlichen Ordnung.

Hobbes, der sich der Verfassungsentwicklung und dem zeitgenössischen politischen Denken in England entgegenstellte, die ein Machtgleichgewicht zwischen König und Parlament (*King in Parliament*) anstrebten, war mithin ein Gegner der Gewaltenteilung. Hart formulierte er: „Getrennte Macht zerstört sich selbst" (Leviathan II, 29).

Dieser Auffassung Hobbes' wurde vielfach widersprochen. Aber auch wenn man seine Auffassung zurückweist: Die Teilung der Macht (der Gewalten) und gleichzeitige Aufrechterhaltung des innerstaatlichen Friedens ist zumindest eine schwierige Aufgabe. Die Aufgabe von Staatstheoretikern und Staatspraktikern sei daher, so erörtert zum Beispiel Garrath Williams, das Problem zu klären, wie Gewalt am besten zwischen der Regierung und dem Volk aufgeteilt und trotzdem eine friedliche Lösung moralischer und politischer Probleme garantiert werden kann.

In der Tat, von der absoluten, ungeteilten Macht gehen Gefahren aus. Einer der Väter des politisch-philosophischen Liberalismus, John Locke, greift Hobbes' These (und die damit verbundenen Konzepte) 1690 in seinen „Two treatises on Government" noch einmal auf und präsentiert eine neue Lösung. Wie Hobbes geht er von seiner eigenen politischen Erfahrung aus: Während der Restauration der Monarchie in England nach 1660 ist die Sicherung des Friedens und die Vorherrschaft der Vernunft über den Glauben oberstes Gebot. Gleichzeitig muss die zur Willkür neigende Alleinherrschaft des Herrschers, die ebenfalls den Frieden bedroht, beschränkt werden. Vor dem Hintergrund der Konflikte um das Recht des Königs auf Alleinherrschaft beschäftigt sich Locke mit der Beschränkung der Macht des Königs durch das Parlament und der Schaffung eines Raums für Eigentum und Bekenntnisfreiheit, der staatlichen Eingriffen weitgehend entzogen ist.

Lockes anthropologische Grundannahme ist (als Ausgangspunkt) ein Naturzustand der vollkommenen Gleichheit und Freiheit, in der freie Entfaltung, Eigentum, Gleichheit und Unverletzlichkeit der Person als höchste Rechtsgüter gelten. Daraus entwickelt er die Prinzipien einer diese Rechte schützenden politischen Ordnung.

In Lockes Staatsaufbau gibt es eine Teilung in zwei Gewalten: die Exekutive und die ihr zugeordnete Föderative, die Entscheidungen über Bündnisse und Krieg und Frieden trifft. Der die Gewaltenteilung schaffende Gesellschaftsvertrag beendet den Naturzustand, im Staat existieren sodann zusätzlich die Legislative und die Prärogative, die ohne Gesetzesgrundlage für das öffentliche Wohl handelt. Auch Lockes Verfassungsverständnis ist begründet in einer Reihe von anthropologischen Grundannahmen: der Mensch verfolgt in erster Linie seine Eigeninteressen, er kann irrational handeln und ist letztlich ein unsoziales Wesen. Locke ordnet das Gemeinwohl den Interessen der Individuen unter. Im Grunde existieren nur Individuen, der staatliche Zustand ist ein Artefakt. In der dadurch konstituierten politischen Welt herrscht ein Beziehungsgeflecht zwischen Rechten und Pflichten. Die Voraussetzung für eine legitime Regierung ist die Zustimmung der Regierten und der Schutz von Leben, Freiheit und Eigentum durch die Regierung. Die Selbstverwirklichung obliegt der Arbeit des Individuums, die faktischen Ungleichheiten verstärken den Machtkampf.

Die von Locke vorgenommene Gewaltenteilung sieht bereits eine Legislative/Judikative und eine Exekutive zur Garantie der Freiheit vor, aber noch keine Eigenständigkeit der Jurisdiktion. Für Locke ist Gewaltenteilung funktionsbedingt: eine Gewalt existiert nur separat, wenn sie auch eine Funktion hat.

Mit Charles de Montesquieu ändert sich Mitte des 18. Jahrhunderts zwar die Terminologie, aber nicht die Konzeption. Montesquieu entwickelt in „De l'Esprit des Lois" 1748 die klassische Dreiteilung der Staatsgewalten: Lockes Föderative heißt jetzt Exekutive und aus Lockes Exekutive wird die Judikative. Bei Montesquieu wirkt der Mensch zweifach negativ auf die Institutionen ein: durch seine zwiespältige Natur in der Gemeinschaft und als ein seine Macht missbrauchender Einzelner. Zwei Instrumente sollen das verhindern: Erziehung zur Tugendhaftigkeit und die institutionellen Mechanismen der Machtbeschränkung in Form der drei Gewalten: „Alles wäre verloren, wenn ein und derselbe Mann beziehungsweise die gleiche Körperschaft entweder Mächtige oder der Adel oder das Volk folgende drei Machtvollkommenheiten ausübte: Gesetze erlassen, öffentliche Beschlüsse in die Tat umsetzen, Verbrechen und private Streitfälle aburteilen".

Damit keine Macht die Oberhand gewinnt, entwickelt Montesquieu die klassische Dreiteilung der Staatsgewalten und ihre Verteilung auf drei voneinander unabhängige Machtträger, um das Gefüge der Machtverteilung auszubalancieren: Die Verteilung der Gewalten und ein Verbot der Gewaltenanhäufung soll Machtmissbrauch verhindern. Die Teilung der Gewalten ist bei Montesquieu die Bedingung für das Bestehen der politischen Freiheit, sie darf als oberster Maßstab niemals aufgegeben werden. Ihre gegenseitige Beschränkung und Kontrolle ist, Montesquieu folgend, bis heute ein Prinzip des Verfassungsstaats: „Die gesetzgebende Gewalt bedarf der Beschränkung durch die vollziehende Gewalt, weil ihre Macht potentiell unbegrenzt ist, während die vollziehende Gewalt, auf die Gesetzesanwendung beschränkt, nicht durch weitere Interventionen seitens der gesetzgebenden beeinträchtigt werden sollte" (Möllers).

Das kontrollierende Organ ist bei Montesquieu die Legislative mit ihren zwei Kammern, da eine Judikative im Sinn einer staatlichen Macht bei ihm nicht vorkommt. Das Gewaltenteilungsprinzip wird gewahrt durch eine Inkompatibilität der Ämter und genaue Kompetenzzuweisungen. Dieses System hat Montesquieu seinen Vorstellungen über die englische Verfassung (keineswegs aber der dortigen Verfassungsrealität) nachgebildet. Die zwei Kammern umfassende Legislative mit weiten Kompetenzen wird durch das reziproke Vetorecht der Exekutive kontrolliert. Die Verfassung ist die Summe aller Gesetze auf Grundlage der menschlichen Vernunft. Die Gemeinschaft behält die Souveränität und kann die Macht von der Regierung „zurückholen", wenn diese illegitim handelt.

Der französisch-schweizerische Philosoph und gedanklicher Wegbereiter der französischen Revolution Jean-Jacques Rousseau bezog sich in seinen Überlegungen Mitte des 18. Jahrhunderts auf Aristoteles und zeichnete im Gegensatz zu Hobbes und Locke ein positives Bild vom Menschen im Naturzustand. Er vertritt die Meinung, dass der Mensch durch Erziehung in die Lage versetzt werden könne, das Gemeinwohl zu erkennen und den Machtkampf der Menschen untereinander zu beenden.

Rousseaus „Vom Gesellschaftsvertrag oder Grundsätze des Staatsrechts" erschien 1762 und wurde sofort verboten. Rousseaus anthropologische Grundannahme ist, dass der Mensch von Natur aus ungesellig und nur außerhalb der Gesellschaft „gut" sei. Sein einziger Trieb, die *Selbstliebe*, ähnlich der eines wilden Tieres, wird in der Gesellschaft zur *Eigenliebe*: Er will der „erste" sein. Rousseau argumentiert jedoch, dass der vernunftbedingt handelnde Mensch sich, von Selbstliebe angetrieben, und mit einem fundamentalen Interesse an seiner Freiheit, unter das Joch des Allgemeinwillens begeben kann. Bei Rousseau mutiert das Individuum so mittels Gesellschaftsvertrag und seiner Gesetze zu einem Bürger, der seine Interessen mit denen der Gemeinschaft in Einklang bringen kann. Das Volk bildet die Summe dieser Bürger und verkörpert den Allgemeinwillen, die *volonté générale*. Die Selbstverwirklichung findet nach Maßgabe der *volonté générale* statt.

Im Mittelpunkt der Staatskonstruktion steht die Souveränität des Volkes. Das Volk ist die einzige legislative Gewalt. Eine stabile Ordnung kann nur bestehen, wenn Herrscher und Beherrschte identisch sind. Als Folge der unveränderlichen menschlichen Natur – Vernunftbegabung gepaart mit interessengebundenem Handeln und gleichzeitiger Fähigkeit zur Irrationalität – sieht Rousseau in der Erziehung des Menschen zur Tugend, das heißt zur Akzeptanz der Ordnung, die Lösung des Problems der Zusammenführung von Repräsentation und Divergenz mit Identität. Die Grundlage seines Gesellschaftsvertrages ist daher die (objektive) *volonté générale*. Der Gesellschaftsvertrag ist absolut und auf das Wohl des ganzen Volkes gerichtet, der Staat ist befugt, Gesetze zu erlassen; zunächst ist jedoch ein unabhängiger Gesetzgeber notwendig, damit die *volonté générale* richtig und objektiv ausgelegt wird.

Im Gegensatz zu Rousseau und an Locke und Montesquieu anknüpfend, beschreiben und kommentieren die amerikanischen „Federalist Papers" von 1787/88 eine konkrete Verfassung, die eine politische Identität ihrer Bürger begründet. Nachdem in der amerikanischen Unabhängigkeitserklärung von 1776 die Prinzipien der Gewaltenteilung als konkretes politisches Programm verkündet waren, werden sie in der (zweiten) amerikanischen Verfassung von 1787 erstmals umgesetzt. Die Vereinigten Staaten von Amerika sind bis heute das einzige große demokratische Land mit einer strikten Gewaltenteilung. Die Politiker Alexander Hamilton, James Madison und John Jay, die unter dem Pseudonym „Publius" 1787/88 eine Serie von 85 Artikeln zur Verteidigung der neuen Verfassung für verschiedene New Yorker Zeitungen verfassten (eben die „Federalist Papers"), wollten die Bevölkerung des Bundesstaates New York von der neu entworfenen Verfassung überzeugen und die Versammlung des Staates zu ihrer Ratifizierung bewegen. Dabei entstand die konsequente Darstellung und genaue Begründung einer strikten Gewaltenteilung.

Der bekannteste Artikel, der das Prinzip der Gewaltenteilung noch einmal umfassend erläutert, wurde von James Madison geschrieben. Wie Hobbes und Aristoteles ging der spätere Präsident von der anthropologischen Grundannahme aus, dass der Mensch nicht von sich aus das Richtige tut. Dies gilt insbesondere auch für die Elite, die um Macht und Einfluss kämpft. Madisons Sicht auf das menschliche Wesen war „realistisch": „Wenn die Menschen Engel wären, so bräuchten sie keine Regierung. Wenn Engel die Menschen regierten, dann bedürfte es weder innerer noch äußerer Kontrollen der Regierenden. Entwirft man jedoch ein Regierungssystem von Menschen über Menschen, dann besteht die große Schwierigkeit darin: man muss zuerst die Regierung befähigen, die Regierten zu beherrschen und sie dann zwingen, die Schranken der eigenen Macht zu beachten. Die Abhängigkeit vom Volk ist zweifellos das beste Mittel, die Regierung zu kontrollieren, aber die Menschheit hat aus Erfahrung gelernt, dass zusätzliche Vorkehrungen nötig sind" (Federalist Papers, 51. Artikel).

Dieser doppelten Herausforderung der Regierung begegnet Madison, indem er in seiner politischen Theorie verschiedene Elemente der Theorieen von Aristoteles, Hobbes und Lockes zusammenführt und darüber hinaus neue Ideen einer politischen Philosophie entwickelt: Ausgehend von der Analyse menschlichen Verhaltens in politischen Auseinandersetzungen, entwickelte er ein System von Machtbeschränkungen zur Regelung des Machtkampfes, eine Struktur von *checks and balances*. In Anlehnung an Aristoteles' Annahme, dass der Mensch von Überlegungen und Leidenschaften bestimmt und unmöglich perfekt sein kann, akzeptiert Madison die menschlichen Interessen und Leidenschaften (*passions*) und die daraus entstehenden Interessengruppen (*factions*) und bezieht sie in sein System ein. Er erkennt die Heterogenität und Individualität an und gliedert diese Divergenz als unüberwindbaren Interessenkonflikt in seine Lösung ein. Den künstlichen, politischen Konsens muss er über einen Regelungsmechanismus herstellen, der die Regelung des Machtkampfes der Interessengruppen und Individuen, die Kontrolle der Regierung und die Kontrolle des Volkes beinhalten muss. Durch die Verschränkung sollen Freiräume gesichert und das Zusammenleben geregelt werden. Derart in ein erträgliches Spannungsverhältnis gebracht, entsteht ein System, das den Staat und seine Bürger gleichermaßen im Machtstreben beschränkt und trotzdem Selbstentfaltungsmöglichkeiten eröffnet.

Die Autoren der „Federalist Papers" entwickeln ihre Theorie in Anlehnung an Locke, dessen Naturrechte in der Unabhängigkeitserklärung als „Life, Liberty and the Pursuit of Happiness" adaptiert wurden, und Montesquieu, dessen Vorstellungen sie weiter entwickeln.

In einer republikanischen Regierungsform mit einem föderativen System und dem Prinzip der Repräsentation bringen die Autoren der „Federalist Papers" mit ihrer Struktur der *checks and balances* die divergierenden Interessen in Einklang, verhindern Machtmissbrauch durch Machteinschränkung und erhöhen die Effizienz und Wirksamkeit der Regierung. Durch Zuständigkeitsbeschränkungen und -abgrenzungen entwickeln die einzelnen Zweige Expertenwissen und Stolz für ihre Rolle. Ihre gegenseitige Kontrolle stabilisiert die politische Ordnung.

Die USA sind das einzige bedeutende Land mit einer solchen strikten Gewaltenteilung. Die Verfassung ist dabei als Synthese einer theoretischen und praktischen Verfassungsentwicklung gedacht. (James Madison ließ sich von seinem Freund Thomas Jefferson, damals Gesandter der USA in Frankreich, alle verfügbaren Verfassungstexte aus Europa schicken, um sie für die amerikanische Verfassung zu analysieren.) Die Autoren der „Federalist Papers" distanzieren sich sowohl von Hobbes als auch von Rousseau und finden einen dritten Weg: Er akzeptiert die menschliche Eigenschaft, nach Macht zu streben, allerdings regelt er den Kampf um die Macht. Wenn genug Machtzentren vorhanden sind, dann entsteht ein Gleichgewicht: Das gleichzeitige Machtstreben aller Machtzentren stabilisiert das System. Die um die Macht kämpfenden (Interessen-)Gruppen (*factions*) halten sich so gegenseitig unter Kontrolle, das System der *checks and balances* tritt in Kraft. Die Verfassung schafft so den Rahmen für die permanente Auseinandersetzung der verschiedenen *factions*.

Die Machtbeschränkung von Personen oder Gruppen durch einen geregelten Wettbewerb der Parteiungen ist ein grundlegendes Prinzip der amerikanischen Politik. Mit der amerikanischen Verfassung wurde die klassische Montesquieusche Gewaltenteilung weiterentwickelt und im Konzept der *checks and balances* zu seiner stärksten Entfaltung gebracht. Die drei Gewalten werden zur Erhaltung der Freiheit strikt voneinander getrennt.

Die amerikanische Verfassung verwirklichte als erste das Prinzip der Gewaltenteilung. Sie wirkte nicht nur auf England zurück, sondern nach 1945/49 auch auf Deutschland, Italien und weitere Staaten. Sie ist die wichtigste, erste und erfolgreiche republikanische Verfassung, die bis heute kaum verändert wurde.

Gewaltenteilung in Frankreich

In Frankreich wurde Montesquieus Theorie missverstanden: Man interpretierte seine Theorie als Forderung nach völliger Unabhängigkeit der Gewalten. Die USA hatten durch die Weiterentwicklung der starren Gewaltenteilung zum System der *checks and balances* einen Weg gefunden, der das System in einzigartiger Weise funktionstüchtig machte. Währenddessen wurde in der französischen Menschen- und Bürgerrechtserklärung von 1789 und den französischen Verfassungen von 1791 bis 1795 zuerst eine starre Form des Gewaltenteilungsprinzips (1791) und dann dessen Ablehnung verwendet, bevor die Direktorialverfassung 1795 zur Gewaltenteilung zurückkehrte.

Frankreich legte die Grundlage für den modernen (europäischen) Staat mit dem Sturz des Ancien Régime. Obwohl Montesquieus Grundsatz der Gewaltentrennung und Rousseaus *volonté générale* und *contrat social* in den 15 Verfassungen zwischen 1793 und heute nicht konsequent umgesetzt wurden, sind sie im französischen Verfassungsdenken verankert. Selbst die Restauration der Monarchie nach 1814 ging nicht mehr hinter die mit der Revolution erreichten Prinzipien der grundsätzlichen Gewaltenteilung, eines zentralisierten Verwaltungssystems und des Grundrechtekonsenses zurück. Seit 1789 ist die französische Nation der alleinige Souverän: Die revolutionäre Selbstermächtigung des Dritten Standes zur verfassungsgebenden Nationalversammlung eröffnete den Weg zu der von Rousseau beschriebenen Volkssouveränität.

Das derzeitige französische politische System beruht auf der Verfassung vom 4. Oktober 1958 (mit der Änderung vom 6. November 1962), die gleichzeitig den Beginn der Fünften Republik markiert. Artikel 1 definiert Frankreich als eine unteilbare, laizistische, demokratische und soziale Republik mit dem Grundsatz „Freiheit, Gleichheit, Brüderlichkeit". In Frankreich herrscht – im Unterschied zu den USA – keine klassische Gewaltenteilung zwischen Exekutive und Legislative, sondern Handlungseinheit und Gewaltenfusion zwischen Regierung und parlamentarischer Mehrheit. Die Kontrolle der Institutionen hat sich in Frankreich in die Legislative verschoben: Gewaltenteilung besteht zwischen der Regierungsmehrheit und der Opposition, die die parlamentarische Kontrollfunktion wahrnimmt.

Die Wirklichkeit der Gewalten(ver)teilung in Frankreich beschreiben die Franzosen selbst als legale, zeitlich begrenzte „Diktatur" des Präsidenten. Der Präsident wird direkt vom Volk gewählt, braucht sich nicht vor dem Parlament zu verantworten, kann die Nationalversammlung auflösen und ohne das Parlament Gesetze per Volksentscheid initiieren. Er ist Vorsitzender der Regierung, deren Kopf (den Premierminister) er selbst ernennt. Gemeinsam mit der Regierung bildet der Präsident die doppelköpfige Exekutive. Die Regierung kann weitgehend ohne das Parlament regieren, allerdings ist sie in wichtigen Politikfeldern auf die Zusammenarbeit mit dem Parlament angewiesen, denn in bestimmten Bereichen ist eine Zustimmung der Legislative verfassungsrechtlich notwendig. So wird der Premierminister aus der Mitte der parlamentarischen Mehrheit ernannt – auch wenn es sich dabei um ein anderes politisches Lager als das des Präsidenten handelt –, denn er kann vom Parlament durch ein Misstrauensvotum gestürzt werden. So kann es zu einer erzwungenen Zusammenarbeit zwischen dem Präsidenten und einer ihm politisch entgegenstehenden Mehrheit des Parlaments (*cohabitation*) kommen. Eine solche Form der „Gewaltenteilung" ist nur durch Neuwahlen aufzulösen.

Das aus zwei Kammern bestehende französische Parlament kontrolliert die Regierung und verabschiedet Gesetze. Die Initiative für Gesetze kann vom Premierminister oder einer der beiden Kammern ausgehen. Die gesetzgeberischen Kompetenzen der Nationalversammlung bestehen allerdings nur in von der Verfassung genau vorgegebenen Bereichen. Sie kann den Senat bei Uneinigkeit überstimmen. Dafür hat der Senat ein Vetorecht bei Verfassungsänderungen.

Auch die Judikative ist – mit Ausnahme der obersten Instanz der ordentlichen Gerichtsbarkeit (Cour de cassation) – nicht vollkommen unabhängig: Der Präsident hat den Vorsitz im „Obersten Rat für den Richterstand und die Staatsanwaltschaft". Der Conseil supérieur de la magistrature, 1946 zur Gewährleistung der Unabhängigkeit des Richterstandes geschaffen, wirkt bei der Ernennung von Richtern mit.

Gemäß Artikel 66 der Verfassung von 1958 ist die Judikative die „Hüterin der persönlichen Freiheit". Ihre heutige Form geht zurück auf die Französische Revolution: Sie setzt sich zusammen aus den Verwaltungsgerichten und den ordentlichen Gerichten. Ihre eingeschränkte Gewalt verdankt sie der Tatsache, dass sich das historisch ererbte Misstrauen der Revolution gegen keine andere Gewalt so sehr richtete wie gegen die Gerichte. Die Bedeutung der Gewaltenteilung ist in der französischen Verfassungslehre ein viel diskutiertes Thema. Bis heute wendet sich die republikanische Tradition gegen die gerichtliche Kontrolle der Staatsgewalt. Das spiegelt sich auch in den Organen der Judikative wider: So kennt das französische Verfassungsrecht bis heute kein Verfassungsgericht. Erst langsam entwickelt Frankreich eine von Parlament und Regierung unabhängige Normenkontrolle. Der in der Fünften Republik eingerichtete Verfassungsrat ist kein mächtiges Organ der Verfassungskontrolle wie das deutsche Bundesverfassungsgericht. Dies zeigen seine Zusammensetzung, seine Kompetenzen und Anrufungsmöglichkeiten. Der Staatspräsident hat auch auf den Verfassungsrat Einfluss: Er ernennt nicht nur dessen Präsidenten, sondern auch drei seiner neun Mitglieder.

Obwohl der Verfassungsrat eigentlich die Kontrollfunktion innerhalb des politischen Systems übernehmen sollte – als Rechtsprechungsorgan obliegt ihm die Kontrolle der Verfassungsmäßigkeit der Gesetze und die Überprüfung der Wahlen –, fungierte er zuerst nur als „exklusives unabhängiges Beratungsorgan" (Möllers). Ursprünglich konnte der Rat Gesetze nur vor ihrer Einführung auf ihre Verfassungsmäßigkeit prüfen, inzwischen hat er sein Selbstverständnis weiterentwickelt und ist gerichtsähnlicher geworden – ein erster Schritt war 1971 die Anerkennung der Grundrechtsbindung. Bis 1974 konnten außerdem nur der Staatspräsident, der Premierminister und die Präsidenten der beiden Kammern den Rat anrufen, erst seither stand dieser Weg auch einer Gruppe von mindestens 60 Abgeordneten und Senatoren offen. Damit hat die parlamentarische Opposition ein wirksames Instrument zur Kontrolle des Handelns der Regierung erhalten: sie kann alle Gesetze vor ihrer Unterzeichnung vom Verfassungsrat überprüfen lassen.

Erst im Zuge der bedeutendsten Verfassungsreform seit Beginn der Fünften Republik, die am 1. März 2009 in Kraft getreten ist, hat der Rat die Möglichkeit, auf Antrag auch nach Abschluss des Gesetzgebungsverfahrens zu intervenieren. Allerdings kann er nur bei Gesetzen angerufen werden, die vom Parlament verabschiedet wurden, und nicht bei Referenden: Die Volkssouveränität steht über juristischen Überlegungen. Mit der Reform wurde außerdem das Recht des Präsidenten, drei der neun Verfassungsratsmitglieder zu benennen, eingeschränkt.

Eine der ältesten französischen Institutionen ist der 1799 unter dem Konsulat geschaffene Staatsrat (Conseil d'État), der das Erbe des Conseil du Roi des Ancien Régime antrat. Als oberstes Verwaltungsgericht ist der Staatsrat gleichzeitig Beratungsorgan der Regierung und der Ministerien. Er prüft die Gesetzesvorlagen der Regierung, die im Ministerrat erst nach seiner Stellungnahme beschlossen werden können. Allerdings ist diese nicht verbindlich. Als höchste Instanz der Verwaltungsgerichtsbarkeit ist der Staatsrat auch Schutzorgan der Bürger vor Übergriffen der Verwaltung. Seine 192 Mitglieder werden durch Dekret nach Beschlussfassung im Ministerrat ernannt. Den Vorsitz führt kraft Amtes der Premierminister. Die Mitglieder im Staatsrat wechseln regelmäßig zwischen dem Rat und hohen Verwaltungsämtern hin und her.

Gewaltenteilung in England

Die Gewaltenteilung in England basiert auf dem Modell von John Locke. In Gegensatz zu den anderen westlichen Demokratien in Kontinentaleuropa verfügt England nicht über eine in einem einzelnen Dokument kodifizierte Verfassung. Das englische Verfassungsrecht ist seit dem 17. Jahrhundert in einem langen, kontinuierlichen Prozess entstanden. Dabei wurden institutionelle Praktiken zu Traditionen und übernahmen die Funktion geschriebener Verfassungstexte. In England sind Verfassungsrecht und Verfassungsgeschichte deshalb ganz anders miteinander verbunden als auf dem Kontinent. Während die staatlichen Strukturen in Kontinentaleuropa und den USA erst nach Maßgabe der Verfassungen entstanden sind, erkämpft sich Großbritanniens Parlament fortwährend immer mehr Rechte.

Die englischen Verfassungsprinzipien setzen sich aus verschiedenen Quellen zusammen. Dazu zählen das Gewohnheitsrecht (*common law*), einzelne Gesetzesakte wie der „Habeas Corpus Act" von 1679, historische Verfassungsdokumente wie die „Magna Charta" von 1215 und die „Bill of Rights" von 1689, vom Parlament verabschiedete Gesetze und Verordnungen (*statute law*), vom Gericht erlassene Entscheidungen (*case law*), parlamentarische Verfahrensweisen und Gewohnheiten sowie verfassungspolitische Verfahrens- und Verhaltensregeln (*constitutional conventions*), die aus der Notwendigkeit entstanden, das Funktionieren des politischen Entscheidungsprozesses und der Verfassung zu gewährleisten.

Das *common law* umfasst die ungeschriebenen Verfahrensstandards, die sich aus allgemeinen Rechtsgrundsätzen ableiten. Nach ihm überprüfen im Einzelfall in England Gerichte die bürgerlichen Freiheiten und das Verhältnis von Exekutive und Bürger.

Die wichtigste Rechtsquelle ist das *statute law*. Vom Parlament verabschiedete Gesetze haben Vorrang vor allen anderen Rechtsquellen und unterliegen auch nicht der Kontrolle eines Gerichts: Auch das (überkommene) englische Verfassungsverständnis schließt ein Verfassungsgericht aus. Das Kabinett und das Oberste Gericht (bis 2009) sind Ausschüsse des Parlaments. So fanden sich (bis 2009) die drei Gewalten Exekutive, Legislative und Judikative im Palace of Westminister zusammen.

Das leitende Organisationsprinzip des klassischen englischen Verfassungsrechts ist also nicht die Gewaltenteilung, sondern die (geteilte) Souveränität des *King in Parliament*, die seit der Glorious Revolution von 1689 grundsätzlich nicht mehr in Frage gestellt wurde. Um die Souveränität ausüben zu können, müssen sich die beiden Häuser des Parlaments mit der Krone vereinen, die seit 1708 immer den Beschlüssen der Häuser zugestimmt hat. Die Rolle des Königs, des theoretischen Inhabers der exekutiven, legislativen und judikativen Gewalt, ist seitdem de facto zeremoniell: Seine Macht wurde durch Gewohnheitsrecht und öffentliche Meinung eingeschränkt. Damit hat das Parlament in der Realität die höchste legislative Gewalt und die Souveränität. Zusammen mit der Gewaltenteilung und dem *rule of law*, dem Grundsatz, dass alle staatliche Gewalt durch Gesetze statt willkürliche Machtausübung gebunden ist, bildet die Parlamentssouveränität die Basis der britischen Verfassung.

In England gilt das an Locke angelehnte (vorstaatliche) Verständnis von Freiheit. Eigentum und körperliche Unversehrtheit werden als naturgegeben betrachtet und unterliegen nicht dem staatlichen Zugriff, sondern darüber wird von den Gerichten als Beauftragten gesellschaftlicher Selbstbestimmung entschieden. Trotz Locke ist die Gewaltenteilung aber kein zentrales Thema im englischen Verfassungsrecht geworden.

Im Oberhaus, dessen Hauptaufgabe die Überprüfung der vom Unterhaus erlassenen Gesetze ist, sitzen seit der Reform 1999 nicht mehr ausschließlich Adelige, sondern auch 92 auf Zeit gewählte *peers*, zwei Erzbischöfe sowie die 24 Bischöfe der *Church of England* und 26 *Law Lords*. Bis zum „Constitutional Reform Act" von 2005 bildeten zwölf dieser *Law Lords* das oberste Berufungsgericht in Zivilsachen. Das Parlament war Gesetzgeber und Richter in Doppelfunktion.

Bis 2005 ähnelte diese Konzeption ohne Verfassungsgerichtsbarkeit derjenigen Frankreichs, aber begründet in einer anderen Tradition: in Frankreich steht die demokratische Wertigkeit der Gesetze über deren Verfassungsmäßigkeit, während in Großbritannien die souveräne Würde der gemeinsam entscheidenden Organe Priorität hat. Mit dem „Constitutional Reform Act" nahm England weitgehende Reformen in Angriff. Nicht nur das

Parlament, sondern auch die Judikative reformierte sich. In Folge des „Reform Act" erhielt England am 1. Oktober 2009 ein eigenständiges oberstes Gericht, den Supreme Court of the United Kingdom, als letzte Instanz der zivilen Rechtsprechung. Damit wurde dem Oberhaus nach über 600 Jahren seine rechtsprechende Funktion entzogen. Lord Phillips, der Präsident des neuen Gerichts, sagte bei seiner Vereidigung: „This is the last step in the separation of powers in this country. We have come to it fairly gently and gradually, but we have come to the point where the judges are completely separated from the legislature and executive".

Die englische Verfassungsentwicklung ist in Bewegung – es wird sich zeigen, wohin sie geht.

Gewaltenteilung in Polen

Polen kann auf eine lange Verfassungsgeschichte zurückblicken. Seit dem 14. Jahrhundert wurde die Macht des Königs immer weiter zugunsten des Adels eingeschränkt. Am 3. Mai 1791 wurde die polnische Verfassung als erste neuzeitliche Verfassung Europas verabschiedet. Sie ist weit weniger bekannt als die französische(n) Verfassung(en), was zwei Umständen geschuldet ist: Zum einen proklamierte sie zwar die Souveränität des Volkes, schrieb in Wirklichkeit aber die Macht des Adels fest. Zum anderen hatte sie nicht lange Bestand: nur zwei Jahre später wurde der polnische Staat zum zweiten Mal geteilt und aufgelöst.

Seit 1493 war Polen eine Adelsrepublik mit einem Zweikammerparlament. Der König wurde zum Repräsentanten der polnischen Republik, der Adel zum Souverän, und die Kirche durfte sich nicht mehr in die weltlichen Belange (vor allem die Gerichtsbarkeit) einmischen. Im 16. Jahrhundert kannte Polen bereits eine Form der Gewaltenteilung – eine Adelsdemokratie mit wahlmonarchischer Spitze. Wie in England hatte sich das Konzept des „Königs im Parlament" durchgesetzt: Das Parlament hatte die alleinige Gesetzesinitiative, die Rechtsprechung oblag einem ständigen, vom König unabhängigen Gericht, dem Krontribunal. Die „Pacta Conventa" schrieben 1573 darüber hinaus noch die grundlegende Rechtsordnung, Wahlkönigtum und Verbot des Eingriffs in die adelige Religionsfreiheit, fest. Bis 1791 musste jeder Anwärter auf den polnischen Thron die „Pacta" unterzeichnen.

Im Zuge der Aufklärung diskutierten auch die Polen das amerikanische, französische und englische Verfassungsmodell und die Schriften von Montesquieu und Rousseau. In Polen galt insbesondere das englische System als Vorbild für ein ausbalanciertes Kräfteverhältnis.

Das Ergebnis der Überlegungen war am 3. Mai 1791 die erste moderne Verfassung Europas. Sie führte Mehrheitsentscheidungen ein, ersetzte die Wahl- durch eine Erbmonarchie und änderte das Kräfteverhältnis zugunsten der Krone. Sie machte den römisch-katholischen Glauben zur Nationalreligion, garantierte aber Glaubens- und Religionsfreiheit und etablierte das Prinzip der Gewaltenteilung, wobei sie dem Sejm, dem Parlament aus Abgeordnetenhaus und Senat, den Vorrang gegenüber König, Staatsrat und den Gerichten gab. Sie wies demokratische Züge auf, wurde aber durch die Teilung Polens bedeutungslos.

Polen gewann seine Unabhängigkeit nach dem Ersten Weltkrieg zurück und gab sich am 17. März 1921 eine parlamentarische Verfassung. Im Zentrum des Zweikammersystems stand nun die untere Kammer des Parlaments. Die Verfassung wurde als „Sejmokratie" kritisiert, weil in ihr das Parlament stark war und kein ausgewogenes Kräfteverhältnis zwischen den Gewalten bestand. Auch diese Verfassung bestand nur wenige Jahre. Nach dem Zweiten Weltkrieg wurden Polens Ansätze einer demokratischen Verfassung 1952 von der Sowjetunion niedergeschlagen. Die Volksrepublik Polen erhielt eine oktroyierte, stalinistisch geprägte

Verfassung nach sowjetischem Vorbild: Der Senat wurde abgeschafft und das Einkammerparlament Sejm ein Akklamationsorgan der Kommunistischen Partei.

Die Einführung eines Ombudsmannes für Bürgerrechte 1987 markierte den Beginn der staatlichen Anerkennung unabhängiger individueller Rechte. Am 17. Oktober 1997 trat die neue, bis heute gültige Verfassung in Kraft. Sie folgt der parlamentarischen Tradition der März-Verfassung von 1921 und erfüllt die Strukturprinzipien einer modernen demokratischen Verfassung: sie konstituiert eine parlamentarische Demokratie mit sozialen Grundsätzen, einen Pluralismus der Parteien- und Interessenverbände und fordert eine soziale Marktwirtschaft; sie führt Rechtsstaatsprinzip, Volkssouveränität und Gewaltenteilung ein und garantiert – in Anlehnung an die Europäische Menschenrechtskonvention – die Wahrung aller Rechte in einem demokratischem Rechtsstaat.

Im gegenwärtigen parlamentarisch-präsidentiellen Mischsystem dominieren Parlament und Regierung. Die Kompetenzen zwischen Parlament, Regierung und Staatspräsident sind klar geregelt, ein Verfassungsgericht überwacht die Einhaltung der Verfassung und anderer Gesetze. Die beiden legislativen Organe Unterhaus (Sejm) und Oberhaus (Senat) verfügen als stärkstes Kontrollinstrument über die Möglichkeit eines Misstrauensvotums gegen den Premierminister. Der Sejm ist für die Gesetzgebung zuständig und führt die Aufsicht über die beiden anderen Gewalten. Der Senat kann Gesetzesvorlagen des Sejms kritisieren und Änderungen vorschlagen. Wie bereits in früheren Verfassungen ist der Senat auch heute noch dem Sejm in Bezug auf die Gesetzgebung untergeordnet, er kann nur als Einheit eigene Gesetzesinitiativen vorlegen und ist bei Wahlen wie auch bei der Bestellung des Ombudsmannes für Bürgerrechte beteiligt.

Die polnische Regierung besteht aus dem Ministerrat mit dem Premierminister an der Spitze. Er kann auch eigene Gesetzesentwürfe einbringen. Der Premierminister führt den Ministerrat und überwacht die kommunale Selbstverwaltung.

Seit 1997 ist der direkt gewählte Staatspräsident oberster Repräsentant und Kopf der exekutiven Gewalt in Polen. Er verfügt über ein – in der Praxis durchaus wirkungsvolles – Vetorecht und kann durch Anrufung des Verfassungsgerichts Einfluss auf die Gesetzgebung nehmen. Gleichzeitig garantiert er die kontinuierliche Handlungsfähigkeit der Staatsgewalt: Er kann das Parlament vorzeitig auflösen und einen Volksentscheid anordnen – wie etwa die Abstimmung über den EU-Beitritt (7./8. Juni 2003).

Unter der Leitung des Obersten Gerichts ist mit dem Staatsgerichtshof und dem Verfassungsgericht in Polen eine unabhängige Rechtsprechung gewährleistet. Das Oberste Gericht beaufsichtigt die ordentlichen Gerichte, die Militär- und Verwaltungsgerichte sowie die Appellationsgerichte und ist außerdem Berufungsgericht für Gerichte erster und zweiter Instanz. Seine Richter werden vom Präsidenten auf unbefristete Zeit ernannt. Der Staatsgerichtshof überprüft das Handeln der Politiker: vor ihm können Minister zur Verantwortung gezogen werden. Der Sejm legt seine Zusammensetzung jeweils für die gesamte Wahlperiode fest; den Vorsitz führt von Amts wegen der erste Präsident des Obersten Gerichts.

Das Verfassungsgericht überprüft, ob die staatlichen Organe verfassungsgemäß handeln und ist auch zuständig für Kompetenzstreitigkeiten und Verfassungsklagen, die jeder Bürger einreichen kann. Seine 15 unabhängigen Richter werden ebenfalls vom Sejm für neun Jahre gewählt und sollen die Rechtssicherheit garantieren.

Gewaltenteilung am Beginn des 21. Jahrhunderts

Nach der Erfahrung des Nationalsozialismus wurde Gewaltenteilung im Verfassungsdenken der Nachkriegszeit eine politische Forderung zur Ablösung des politischen und
verfassungsrechtlichen Grundsatzes der einheitlichen Staatsgewalt. Damit waren drei
Grundbedeutungen verbunden: die Forderung nach organisatorischer Trennung der
einzelnen Teile der Staatsorganisation, das Gebot der wechselseitigen Kontrolle und Ausba-
lancierung aller Ämter und Organe und schließlich die Zuordnung bestimmter Aufgaben
und Funktionen, die andere Gewalten nicht wahrnehmen dürfen.

Die moderne politische Trias der Gewaltenteilung umfasst die Legislative, die Exekutive
und die Judikative, die zur gegenseitigen Kontrolle und Machtbegrenzung und zur effektiven
Organisation des Staates allerdings miteinander verzahnt sind.

In parlamentarischen Regierungssystemen wird die Verschränkung dadurch deutlich,
dass die Exekutive an der Gesetzgebung beteiligt ist und die Mehrheit der Legislative die Regierung unterstützt. Trotz einer funktionalen Trennung findet eine gegenseitige Kooperation
statt, weswegen oft der Begriff „Gewaltengliederung" (Möllers) verwendet wird.

Gewaltenteilung in Deutschland?

Deutschland hat seit der Reichsverfassung von 1871 das Prinzip der Gewaltenteilung als
Teilung/Trennung der Organe übernommen. Das politische System der Bundesrepublik
Deutschland weist jedoch nur grundlegende Elemente der Gewaltenteilung auf. Zur Si-
cherung der Freiheitsrechte entwickelte das Grundgesetz (GG) ein zusätzliches – zentrales
– Element der politischen Ordnung: Die Festschreibung der Grundrechte zu Beginn des
Grundgesetzes als unveränderlicher Rechtekatalog macht die Verfassung stärker wert-
orientiert und weniger anfällig für Gefährdungen als die amerikanische republikanische
Verfassung, die sich als letzte Möglichkeit selbst abschaffen kann. Als Garantie unveräußer-
licher Grundrechte und als institutionelle Sicherung rechtsstaatlicher Verbindlichkeit ist die
Gewaltenteilung als Organisations- und Verfassungsprinzip jedoch im Grundgesetz verankert. Dabei wird sie als Grundprinzip politischer Herrschaftsgestaltung nicht starr, sondern
in erster Linie zur Verhinderung von Machtansammlung angewendet. Dazu gehören auch
die Entwicklung der föderativen Teilungslehre und die Betonung der Unabhängigkeit der
Justiz für die rechtsstaatliche Ordnung.

Die Teilung der drei Gewalten, die der deutsche Rechtsphilosoph und Verfassungsju-
rist Hasso Hofmann als „Herzstück freiheitssichernder Rechtsstaatlichkeit" charakterisiert,
wurde bereits 1948 in der Beratung zum Herrenchiemseer Verfassungsentwurf betont: „Die
Freiheit der Person ist nur in einem Staat voll und dauerhaft gewährleistet, der auf dem Prinzip der Teilung und des Gleichgewichts der Gewalten aufgebaut ist".

Im Grundgesetz findet die Gewaltenteilung Eingang in Artikel 20 Absatz 2: „Alle Staatsgewalt geht vom Volke aus. Sie wird vom Volke in Wahlen und Abstimmungen und durch
besondere Organe der Gesetzgebung, der vollziehenden Gewalt und der Rechtsprechung
ausgeübt". Zuerst wird das Volk als konstitutiver Begründer der Staatsgewalt und Souverän
genannt; es nimmt seine Gesamtgewalt durch Wahlen und Abstimmungen vor. Die Staatsgewalt wird in drei Organe aufgetrennt.

Die Legislative teilt sich in Deutschland mit Bundestag und Bundesrat in ein Zweikam-
mersystem (ähnlich den Vorstellungen Montesquieus). Der Bundestag ist als einziges Verfas-

sungsorgan durch Volkswahl unmittelbar demokratisch legitimiert. Der Bundesrat ist keine „echte" zweite Kammer, da seine Mitwirkungsrechte nur abgestufter Art sind. Die Exekutive ist mit der Bundesregierung die am schwächsten konturierte der drei Gewalten. Ihre Zuständigkeit wird subtrahiert für alle Aufgaben, die weder Gesetzgebung noch Rechtsprechung zugeordnet werden. Die Judikative wird dagegen in Artikel 92 des Grundgesetzes klar den Richtern anvertraut und durch das Bundesverfassungsgericht und die Bundes- und Ländergerichte ausgeübt.

Das Grundgesetz sieht kein streng gewaltenteiliges System vor, sondern erlaubt als wichtigste Abweichung Querverbindungen im parlamentarischen System. Die einzelnen deutschen Staatsorgane sind vielfach miteinander verschränkt und verzahnt. Im Unterschied zum Präsidialsystem in Frankreich und den USA ist zum Beispiel der deutsche Bundeskanzler als zentrale Figur der Exekutive (in der Regel) gleichzeitig Mitglied des legislativen Organs. Die Gewaltenverschränkung zeigt sich auch in der Wahl des Bundeskanzlers durch den Bundestag. Als Ausgleich existiert dafür eine institutionelle Gewaltenteilung in Form von Opposition und Regierungskoalition, die den „Antagonismus von Parlament und Regierung in den Binnenraum des Bundestages" transplantiert (Wittreck). Des Weiteren erfährt die Verschränkung auch Kontrolle durch das konstruktive Misstrauensvotum des Bundestags gegenüber dem Bundeskanzler (Art. 67 GG).

Die enge personelle Verzahnung von Legislative und Exekutive im deutschen politischen System wird kritisch und als Abkehr von der traditionellen Gewaltenteilungsterminologie gesehen.

Die Exekutive hat in Deutschland eine Mittelstellung inne. Sie steht zentral zwischen den beiden anderen Gewalten und füllt so die Lücke zwischen den beiden Polen Gesetzgebung und gerichtliche Fallentscheidung. Ihre Aufgabe ist die Vermittlung zwischen den beiden Formen der Selbstbestimmung – demokratischer und individueller – und damit verbunden eine Konkretisierung der Grenze und Beziehung zwischen der politisch gestaltenden Regierung und der gesetzesgebundenen Verwaltung.

Von Fall zu Fall wird kritisiert, dass der Exekutive teilweise (zum Teil problematische) Möglichkeiten zur Einflussnahme in die Rechtsprechung eingeräumt würden, in denen eine latente Bedrohung der richterlichen Unabhängigkeit oder Gewaltenteilung gesehen wird. Die aktuelle Debatte beschäftigt sich zunehmend mit der Frage der Selbstverwaltung der „Dritten Gewalt". Festzuhalten ist, dass die in Art. 94 Abs. 2 GG betonte starke Stellung des Bundesverfassungsgerichts das Teilungsprinzip bricht, vom Gericht bisher allerdings kaum benutzt worden ist.

Das Bundesverfassungsgericht hat mit der Bestimmung der Gewaltenteilung als „tragendes Organisationsprinzip" des Grundgesetzes vier Funktionen verbunden: Mäßigung, Rationalisierung, Kontrolle und Schutz. Diese vier Funktionen sollen die Staatsgewalt einschränken und gleichzeitig eine größere Effizienz durch optimale Aufgabenverteilung gewährleisten.

Zur weiteren Sicherung und Umsetzung dieser Funktionen wird die Staatsgewalt auf Bund und Länder weiter verteilt. Dieser vertikalen Gewaltenteilung – „Exekutivföderalismus" (Wittreck) – folgt eine weitere Ausweitung des Prinzips auf zusätzliche Aspekte: Die politische Wissenschaft unterscheidet sechs Ebenen der Gewaltenteilung: klassisch horizontal, vertikal/föderativ, temporal, konstitutionell, dezisiv und sozial.

Für die bundesdeutsche Diskussion um die Gewaltenteilung ist es charakteristisch, dass die traditionelle Trias um weitere Gewalten und Subgewalten erweitert wird. Dazu zählen die Medien als „vierte Gewalt" und Wirtschaft, Gewerkschaften, Interessenverbände und NGOs als „fünfte Gewalt". Argumentiert wird, dass die Medien durch ständiges Beobachten und Aufdecken von Rechtsbrüchen einen (möglichen) Machtmissbrauch kontrollieren oder sogar verhindern können. Die Gegenargumentation betont, dass es sich in Wirklichkeit bei der Arbeit der Medien um den Gebrauch von Individualrechten und nicht um die Ausübung von Staatsgewalt handele. Zusammenfassend: „Es ist dann wenig ergiebig, sondern allenfalls denkfaul, jede neue Form öffentlicher Organisation als ‚vierte Gewalt‘ zu charakterisieren und das Ende einer Idee der Gewaltenteilung auszurufen, die so niemals irgendjemand vertreten hat" (Möllers).

Zu den Klassikern der Gewaltenteilungsdiskussion zählt dagegen die Frage nach den Auswirkungen des Parteienstaats und des „Jurisdiktionsstaats" auf die Gewaltenteilung. Dahinter verbirgt sich die Frage, inwieweit die Parteien eine nach 1945/49 ausbalancierte Machtverteilung verhindern und eine allmächtige Rechtsprechung zu einer lückenlosen Verrechtlichung des (öffentlichen) Lebens führt.

Zunehmend umstritten ist auch die Auslegung von Art. 20 Abs. 2 GG, mithin die Frage, inwiefern das Gewaltenteilungsprinzip Teil des Rechtsstaatsprinzips oder ein der Verfassung übergeordnetes Grundprinzip darstellt. Die vorherrschende Ansicht vertritt die letztere Auffassung und sieht in Art. 20 Abs. 2 GG die Statuierung eines Prinzips der Gewaltentrennung, zu dem die Detailvorschriften des Grundgesetzes in einem Regel-Ausnahme-Verhältnis stehen. Eine neuere Auffassung versucht den Streit durch einen Mittelweg zu lösen; sie interpretiert das Gewaltenteilungsprinzip als Gewaltengliederung, die als legitimationstheoretisch fundierte Fortführung der überlieferten Gewaltenteilungsidee zu verstehen ist, in Form einer organisatorischen Ausprägung des Demokratieprinzips und der Rechtsstaatlichkeit.

Gewaltenteilung in Europa?

„Die Entwicklung der europäischen Integration wirft für eine Analyse am Maßstab der Gewaltengliederung besondere Schwierigkeiten auf. [...] Denn zum einen spielen die Organe und die von ihnen wahrgenommenen Funktionen in unterschiedlichen Phasen der Integration unterschiedliche Rollen. Zum anderen ist nach wie vor auch empirisch umstritten, welche tatsächliche Bedeutung die verschiedenen Organe für die Integration tatsächlich haben" (Möllers).

Aus der Gemeinschaft der sechs Gründerstaaten Deutschland, Frankreich, Italien, Belgien, Luxemburg und den Niederlanden ist inzwischen ein Zusammenschluss von 27 Mitgliedsstaaten geworden, die sich seit dem Vertrag von Maastricht 1992 „Europäische Union" nennen. Spätestens mit der Gründung der Union wurden die Zuständigkeiten auf den nichtwirtschaftlichen Politikbereich ausgedehnt und in mehreren Reformverträgen, zuletzt im Vertrag von Lissabon, wurden supranationale Kompetenzen erweitert, die gemeinsamen Institutionen schrittweise demokratisiert und ein europaweiter „Raum der Freiheit, Sicherheit und des Rechts" geschaffen. Die Mitgliedstaaten arbeiten heute nicht nur in wirtschaftlichen Fragen zusammen, sondern in Fragen der Innen- und Justizpolitik und betreiben eine gemeinsame (intergouvernemental ausgerichtete) Außen- und Sicherheitspolitik.

Die Europäische Union ist ein Konstrukt eigener Art ohne Vorbilder und Parallelen. Sie ist mehr als eine internationale Organisation, aber auch kein Staat, da ihr das entscheidende der drei Merkmale der klassischen Definition fehlt: zwar könnte man der Union ein Staatsgebiet und ein Staatsvolk – die Union besitzt das Institut der Unionsbürgerschaft – zuordnen, aber beim Kriterium Staatsgewalt fehlt den Unionsorganen die Zwangsgewalt. Die EU bedient sich zur Durchsetzung ihrer Rechtsordnung der Exekutive ihrer Mitgliedstaaten, sie hat keine eigene Polizei und kein Militär. Ihr fehlt das Schwert des Leviathan.

Die Europäische Union ist eine neue, eigene Form des europäischen Gemeinwesens, ein Integrationsverbund, der sich im Gegensatz zu einem hoheitlich handelnden Staat durch komplexe Verhandlungsprozesse regelt. Die Union verfügt über eine Vielzahl kooperativer Formen des Regierens und erweist sich so als „Verhandlungsdemokratie". Das Gewaltmonopol liegt bei den Mitgliedsstaaten, die Union ist eine Normenhierarchie, keine Machthierarchie. Ihre Souveränität teilt sie mit den Mitgliedstaaten in einer horizontalen intergouvernementalen Kooperation. Die supranationalen Organe der Union und ihre Verfassung sind durch komplizierte Verhandlungsprozesse vertikal organisiert. Nach den Grundverträgen verfügt sie über eine Mischregierung aus parlamentarischer Demokratie und Exekutivföderalismus mit intragouvernementalen und supranationalen Elementen.

Als supranationaler Zusammenschluss souveräner Staaten, als Staatenbund, der über eigene Souveränitätsrechte verfügt, aber keine Kompetenzkompetenz hat, kann die Union Zuständigkeiten innerhalb ihres Systems nicht selbst gestalten. Diese Kompetenz liegt bei den Mitgliedsstaaten, die nach dem Prinzip der begrenzten Einzelermächtigung jedoch einige ihrer Hoheitsrechte der EU übertragen haben. Als Staatenverbund ist die Union „im globalen Maßstab eine regionale Föderation", die die Möglichkeiten föderativen Souveränitätsgewinns durch integrierte Staatlichkeit im global-regionalen Maßstab demonstriert (Zöpel).

Die Frage ihrer Legitimierung ist ein Problem der Union, das in der ungewissen Beziehung zwischen den nationalen Demokratien und einem eigenem europäischen egalitären Legitimationsverfahren begründet liegt. Gleichzeitig ist sie mit einem Paradoxon konfrontiert: „Je mehr eine überstaatliche Organisation von ihren Mitgliedsstaaten kontrolliert wird, desto besser ist sie legitimiert, aber desto unklarer ist ihr eigentlicher Zweck" (Möllers). Demokratisch legitimiert ist die EU „durch die Rückkoppelung des Handelns der europäischen Organe an die Staatsvölker der Mitgliedstaaten und deren Parlamente" (Kirchhof). Eine intergouvernementale Legitimation erfährt sie im Europäischen Rat und im Rat der EU. Das Europäische Parlament verkörpert die föderale Legitimation und Europäische Kommission als europaspezifische Organisationsform die supranationale Legitimation.

Der grundsätzliche Vorwurf an die Europäische Union ist, dass sie sich immer noch an ihrem ursprünglichen Schwerpunkt – einer Wirtschaftsgemeinschaft mit globalem Markt und ökonomischer Effizienz – orientiere. Die Mitgliedsstaaten garantierten ihren Bürgern bürgerliche und grundrechtliche Freiheiten, während die EU den Unionsbürgern nur Marktfreiheiten gewähre.

Ob sich in den Organen der EU die Idee der Gewaltenteilung wiederfinden lässt, ist umstritten. Dagegen spricht, dass die EU-Verträge nicht zwischen den drei Gewalten unterscheiden und diese auch nicht erwähnen. Der Europäische Gerichtshof wendet in seiner Rechtsprechung aber Gewaltentrennung und -balance nach dem Prinzip des institutionellen Gleichgewichts an.

Eine Verteilung der Gewalten mit den typischen Zügen eines föderalen Systems – zweiteilige Legislative mit Bürger- und Staatenkammer – könnte sich allerdings über Zeit entwickeln: Die Legislative wäre der Rat der EU in Brüssel, die in Fachressorts aufgeteilte Versammlung der Minister der einzelnen Mitgliedstaaten, gemeinsam mit dem Europäischen Parlament in Straßburg, das alle fünf Jahre direkt gewählt wird und die Unionsbürger bei der Rechtsetzung der EU mit vollen legislativen Mitspracherechten repräsentiert.

Die Europäische Kommission in Brüssel wäre die Exekutive. Exekutive Funktionen hat aber auch der Europäische Rat. Die regelmäßigen Gipfeltreffen der Staats- und Regierungschefs legen als übergeordnete Zusatzexekutive allgemeine Richtlinien der EU-Politik fest und spielen eine Rolle bei der Besetzung verschiedener Ämter. Die Judikative setzt sich zusammen aus dem Gerichtshof der EU in Luxemburg, dem politisch unabhängigen EuGH, sowie den europäischen und nationalen Gerichten.

In der Praxis tauchen bei dieser Gewaltenverteilung oft Probleme auf. Die Mitgliedsstaaten sehen die föderale Rolle des Europäischen Gerichtshofs kritisch. In ihren Augen nimmt der Europäische Gerichtshof oft Aufgaben wahr, die sie zwar als anmaßend empfinden, die jedoch nicht die Legitimationslogik föderaler Gebilde überschreiten.

Bei der legislativen Rechtserzeugung stößt sich die Kritik an Legitimation und Stellung des Europaparlaments, am fehlenden Initiativrecht beider Kammern und an der Zusammensetzung und der internen Organisation des Rats. Argumentiert wird, dass der Rat als legislatives Organ öffentlich tagen und allgemeinzuständig sein muss. Ein konkreter Verbesserungsvorschlag ist, die Europaminister als alleinige Vertreter in den Rat zu senden. Das EU-Parlament und der Rat stellten keine Legislative dar, weil bei ihnen keine Möglichkeit zu offenen Entscheidungsverfahren und freier Gestaltung in Verträgen gegeben sei.

Kompliziert ist das Verhältnis von Europäischem Rat und Kommission als Teile der Regierung der EU: Der Rat kann zwar politische Impulse geben, aber die Regierungsfunktion wird von der Kommission wahrgenommen. Nur sie hat das Initiativmonopol für die europäische Gesetzgebung und vertritt die Union in vielen Zusammenhängen nach außen. Die Kommission führt die Aufsicht über die Mitgliedsstaaten bei der Umsetzung des Gemeinschaftsrechts und erlässt Durchführungsregeln. Sie verfügt über viele regierungsähnliche Befugnisse, aber nicht über das politische Gewicht einer Regierung. Sie wird nach außen nicht als ausreichend legitimierter Akteur wahrgenommen.

Der Kern der Legitimationsproblematik der EU liegt bei ihren Bürgern. Dem europäischen Einigungswerks fehlt (zunehmend) die gesellschaftliche Akzeptanz: die Wahlbeteiligung ist seit der Einführung der Direktwahlen 1979 stetig gesunken. Neben einem Mangel an Zusammengehörigkeitsgefühl und der „gefühlten" Entfernung zu einem Europa in Form „undurchsichtiger" europäischer Institutionen ist dafür ein Gefühl der Machtlosigkeit verantwortlich: Nur 30 Prozent der EU-Bürger sind der Ansicht, dass ihre Stimme in Europa zählt.

De facto gibt es in der Union gegenwärtig keine klare Gewaltenteilung mit getrennten Organen, besonders keine „echte" Gewaltenteilung zwischen Exekutive und Legislative. Das Europaparlament hat weniger Einfluss auf die europäische Gesetzgebung als die nationalen Parlamente, und nur die Kommission besitzt das Recht, neue Richtlinien und Verordnungen vorzuschlagen. Nationale Minister arbeiten auf der europäischen Ebene als Gesetzgeber, während das vom Wähler unmittelbar legitimierte Europaparlament bei vielen Entscheidungen nur eingeschränkt beteiligt ist. Wo Entscheidungen ohne die Zustimmung des Parlaments als Repräsentativorgans möglich sind, entsteht mithin eine „Legitimationslücke".

Das Problem der spezifischen Ausgestaltung der Gewaltenbalance zwischen der Union und ihren Mitgliedsstaaten ist bisher ungelöst. Gefordert ist die Entwicklung einer Balance und einer Zuordnung der Gewalten in der EU, in der die mitgliedstaatlichen und die gemeinschaftlichen Rechtsordnungen nicht unbeteiligt nebeneinander stehen, sondern sich aktiv miteinander verzahnen. Gewaltenteilung in der Union ist, so diese Auffassung, die Grundlage einer Kooperation, und „Europäische Kooperation heißt vor allem Zusammenarbeit in Bewahrung bewährter und in Überwindung revisibler Kulturunterschiede" (Kirchhof). Ausgangsbedingung muss die Existenz der Demokratie um der Freiheit willen und der EU um der Mitgliedsstaaten willen sein. So wie die Legitimation der Demokratie mit der Freiheit wächst, wird die Legitimation der EU mit der Fundierung „europaoffener" Staaten in einem System des Ausgleichs und der Zusammenarbeit wachsen: „Insoweit bietet Europa die Chance, das klassische Rechtsideal der Gewaltenbalance neu zu entdecken" (Kirchhof).

Also „steht die Europäische Union gerade als Rechtsgemeinschaft vor einer noch nicht bestandenen Bewährungsprobe", und es „wird zu beobachten sein, inwieweit sich das Handeln der europäischen Organe verstärkt in den nationalen Parlamenten rückkoppeln und legitimieren lässt, inwieweit die in die Zukunft drängende Europäische Gemeinschaft eigene Organe der Verstetigung und Kontinuitätsgewähr [...] entwickelt, inwieweit auch die Gewaltenteilung zwischen europäischer Rechtsetzung und mitgliedstaatlichem Rechtsvollzug, europäischem Finanzbedarf und mitgliedstaatlichen Finanzierungsgrundlagen eine neue Ausgewogenheit von Stetigkeit und Zukunftsgestaltung organisiert" (Kirchhof).

Die wichtigste identitätsbildende Gemeinsamkeit der Europäischen Union ist nach wie vor die Sozial- und Wirtschaftsordnung, das seit 1945 entstandene soziale Wertesystem. Ihr Ziel der Friedenssicherung auf dem europäischen Kontinent (der Integration) hat sie längst erreicht.

Gewaltenteilung – eine Bestandaufnahme

Während für die Europäische Union gegenwärtig eine echte Gewaltenteilung verneint wird, dreht sich im Hinblick auf Deutschland die Debatte immer noch um einen Prinzipienstreit und die grundsätzliche Frage, ob Deutschland das quasi der Verfassung vorangehende Prinzip der Gewaltenteilung in Gestalt funktioneller, institutioneller und personeller Querverbindungen zwischen den drei Gewalten durchbricht oder ob es ein eigenes Modell der Gewaltenverschränkung entwickelt hat.

Neben dieser grundsätzlichen Frage ist der Hauptkritikpunkt die angenommene Unterwanderung der Gewaltengliederung durch die politischen Parteien. Der Vorwurf ist, dass in heutigen Staaten oft die Gewaltenteilung nur im Verfassungstext verwirklicht sei, diese aber in der Verfassungswirklichkeit zunehmend durch die Parteiendemokratie ausgehöhlt würde. Es drohe ein Parteienstaat, mit von den Parteien bestimmter Ministerialbürokratie und Ämterpatronage in der Justiz.

Die politischen Parteien durchdringen die staatlichen Organe, und zusammen mit der fortschreitenden Europäisierung – auch der des Grundgesetzes – führt dies zu einer klaren Verlagerung der Macht in Richtung Exekutive und Ökonomisierung der Staatsgewalt.

Andere konstatieren im Hinblick auf die Judikative einen selbst verschuldeten Bedeutungsverlust. Bis heute sei die Justiz in Deutschland von der Exekutive fremdbestimmt. Ähnlich argumentiert der Deutsche Richterbund im Jahr 2007 in der Debatte um eine Selbstverwaltung der Dritten Gewalt.

Zukunft der Gewaltenteilung?

Zur Stabilität der politischen Ordnung beim Zusammenwirken staatlicher Institutionen und damit zur Sicherung der Freiheiten, Rechte und Entfaltungsmöglichkeiten der einzelnen Staatsbürger gibt es zur Gewaltenteilung bisher keine Alternativen. Andererseits: „Wie würde er [Montesquieu] heute die Mehrebenensphäre staatlicher wie über- und nichtstaatlicher Gewalt einschätzen? Würde er zur Stärkung des Nationalstaats raten oder eher zum Gegenteil?" (Kilian). Das Fazit ist ernüchternd: „Erschien jedoch die Gewaltenteilung als letzter Rettungsanker des Individuums gegen den ungebremsten Leviathan – so ist heute eben diese Leviathan eine bedrohte Spezies" (Kilian).

Der Prozess der Ökonomisierung und der damit verbundenen Privatisierung hoheitlicher Aufgaben und Aufgabenträger hat die Legislative geschwächt und die Exekutive gestärkt. Diese Stärkung der Exekutive erfolgte gerade auch im Zuge des internationalen Terrorismus.

Der Machteinfluss staatlicher Gewalten nimmt derzeit in Breite und Tiefe ab. Immer mehr staatliche Kompetenzen werden auf internationale Ebenen, in Europa vor allem die der EU, verlagert. Aus der internationalen Sphäre wirken kaum noch demokratisch legitimierte Machtgruppen auf die nationalstaatliche Ebene ein. Der Staat als Nationalstaat könnte dabei bald in einer gehoben-autonomen europäischen Verwaltungsprovinz aufgehen.

Ob es eine Rückkehr des Nationalstaats oder eine Weiterentwicklung zum Regionalstaat Europa geben wird, ist offen. Letzteres wäre im Hinblick auf die neuen Herausforderungen und Probleme sinnvoll und wünschenswert. Ein Regionalstaat Europa muss die Nationalstaaten ja nicht zwangsweise völlig verdrängen, sondern hat die Möglichkeit, sie in sich aufzunehmen und seine Identität solchermaßen doppelt zu begründen: als europäisch und national. Notwendig und in Zukunft unerlässlich wird ein starkes Gegengewicht gegenüber transnationalen Unternehmen sein, das ein stabiles akzeptiertes Europa durchaus bieten könnte.

Das Ziel Montesquieus und Lockes war die Verhinderung einer Personalunion von Gesetzgeber und Regierung. Für dieses Ziel gibt es heute in den modernen Verfassungsstaaten keine einheitliche Lösung mehr. Dies gilt auch für Deutschland: „Versteht man Art. 20 Abs. 2 S. 2 GG […] richtig als arbeitsteilige Funktionszuordnung, liest ‚Gewaltenteilung‘ also als ‚Gewaltengliederung‘, so ist das grundgesetzliche Modell flexibel genug, um sich diesen Herausforderungen anzupassen und genau das Gleichgewicht wiederzufinden, das der Sicherung individueller Freiheit wie der sachgerechten Erfüllung staatlicher Aufgaben gleichermaßen dient" (Wittreck).

Literaturhinweise

Walter BAGEHOT, The English Constitution. London [7]1983.

Hans FENSKE, Artikel „Gewaltenteilung", in: Otto BRUNNER/Werner CONZE/Reinhart KOSELLECK (Hrsg.), Geschichtliche Grundbegriffe. Historisches Wörterbuch zur politisch-sozialen Sprache in Deutschland, Bd. 2. Stuttgart [3]1992, S. 923–958.

Dietmar HERZ, Die wohlerwogene Republik. Das konstitutionelle Denken des politisch-philosophischen Liberalismus. Paderborn u. a. 1999.

Udo HOCHSCHILD, Gewaltenteilung als Verfassungsprinzip. Berlin 2010.

Michael KILIAN, Der demokratische Staat im Zeitalter von Privatisierung, Europäisierung und Globalisierung – Gewaltenteilung zweihundertfünfzig Jahre nach Montesquieu, in: Eckart KLEIN (Hrsg.), Gewaltenteilung und Menschenrechte. Kolloquium 11.–12. November 2005. Potsdam/Berlin 2006, S. 37–72.

Paul KIRCHHOF, Gewaltenbalance zwischen europäischen und mitgliedstaatlichen Organen, in: Josef ISENSEE (Hrsg.), Gewaltenteilung heute. Symposium aus Anlass der Vollendung des 65. Lebensjahres von Fritz Ossenbühl. Heidelberg 2000, S. 99–122.

Christoph MÖLLERS, Die drei Gewalten. Legitimation der Gewaltengliederung in Verfassungsstaat, Europäischer Integration und Internationalisierung. Weilerswist 2008.

Garrath WILLIAMS, Hobbes: Moral and Political Philosophy, in: Internet Encyclopedia of Philosophy (IEP), www.iep.utm.edu/hobmoral.

Fabian WITTRECK, Gewaltenteilung – Gewaltenverschränkung – Gewaltengliederung. Die Ausdifferenzierung unter dem deutschen Grundgesetz, in: Fundamentos. Cuadernos monográficos de Teoría del Estado, Derecho Público e Historia Constitucional 5 (2009), S. 337–397.

Christoph ZÖPEL, Gewaltenteilung im politischen System der Weltgesellschaft, in: Sabine VON SCHORLEMER (Hrsg.), „Wir, die Völker (…)" – Strukturwandel in der Weltorganisation. Frankfurt a.M. 2006, S. 147–168.

André Brodocz und Hannes Schramm
Teilhabe am Politischen

Die Teilhabe der Bürger und Bürgerinnen am Politischen ist eine genuine Frage der politischen Ordnung. Sowohl der Vertrag über die Europäische Union (EUV) als auch der Vertrag über die Arbeitsweise der Europäischen Union (AEUV) benennen in ihrer gegenwärtigen Fassung das Europäische Parlament, den Europäischen Rat, den Rat, die Europäische Kommission, den Gerichtshof der Europäischen Union, die Europäische Zentralbank und den Rechnungshof als Organe der EU (EUV Art. 13 I; AEUV Art. 223ff.). Die beschlussfähigen Mitglieder dieser Organe werden bis auf zwei Ausnahmen von den Regierungen der EU-Mitgliedsstaaten entsandt. Eine direkte Bürgerbeteiligung ist in diesen Fällen nicht vorgesehen. So setzt sich der Europäische Rat im Kern aus den Staats- und Regierungschefs der Mitgliedsstaaten zusammen (EUV Art. 15 II), der Rat aus je einem Vertreter eines Mitgliedsstaates auf Ministerebene (EUV Art. 16 II), an den Europäischen Gerichtshof entsendet jede Regierung eines Mitgliedsstaats je einen Richter (EUV Art. 19 II), das Direktorium der Europäischen Zentralbank wird vom Europäischen Rat gewählt und der Rat der Europäischen Zentralbank setzt sich aus den Direktoren der Landesbanken der Mitgliedsstaaten zusammen (AEUV Art. 283 IIf.). Die Mitglieder des Rechnungshofs schließlich werden von den Mitgliedsstaaten vorgeschlagen und durch den Rat in der Regel so übernommen (AEUV Art. 286 II).

Die erste Ausnahme zu dieser Vergabepraxis per Entsendung betrifft demnächst die Europäische Kommission. Ab dem 1. November 2014 werden ihre Mitglieder durch ein Rotationsprinzip unter Beachtung des demographischen und geographischen Spektrums der Mitgliedsstaaten von den Mitgliedsstaaten gemeinsam gewählt. Gegenwärtig entsendet, als Folge der EU-Osterweiterung von 2004, jedes EU-Mitgliedsland noch ein Mitglied in die Kommission (EUV Art. 17 IV).

Die zweite Ausnahme betrifft die Verteilung der Sitze des Europäischen Parlaments. Seine Mitglieder werden in allgemeiner, unmittelbarer, freier und geheimer Wahl durch die Bürger der EU-Mitgliedsstaaten gewählt (EUV Art. 14 III). Von allen Organen der EU ist das Europäische Parlament damit das einzige Organ, an dem die Bürger der EU-Mitgliedsstaaten partizipieren können, wenn auch nur in indirekter Form durch Wahlen.

Im Folgenden werden wir uns deshalb bei der Frage nach der Erinnerung an die Teilhabe am Politischen in der EU auf das Europäische Parlament konzentrieren. Bei dieser Analyse des kulturellen Gedächtnisses Europas unterscheiden wir im Anschluss an Aleida und Jan Assmann zwischen dem Speicher- und dem Funktionsgedächtnis. Das Speichergedächtnis umfasst dabei alle vergangenen Ereignisse, die für die gegenwärtige Erinnerung potentiell relevant sind. Es archiviert nicht nur scheinbar neutrales, identitätsabstraktes Sachwissen, sondern ebenso eine unstrukturierte Summe des Obsoleten und fremd Gewordenen sowie der verpassten Möglichkeiten und der alternativen Optionen. Die europäischen Vertragswerke, aber auch gespeicherte Reden, Zeitungsartikel, mithin alles Archivierte sind Teil dieses Gedächtnisses. Das Funktionsgedächtnis zielt dagegen darauf ab, was aus diesem Potential in der Gegenwart aktualisiert wird. Die vom Funktionsgedächtnis erbrachte Leistung liegt darin, aus der Erinnerung des Vergangenen Sinn und Legitimität für die Gegenwart und Zukunft zu stiften. In diesem Sinn werden etwa vor den Wahlen zum Europäischen Parlament gezielt Elemente des Speichergedächtnisses in Form von Reden, Kampagnen, Zeitungsartikeln und Ähnlichem aufgerufen und in sinnhafter Form konstruiert. Außerdem werden durch die Teilnahme an Wahlen, also die Partizipation an den politischen Entscheidungsorganen der

EU, die Inhalte des Speichergedächtnisses im Funktionsgedächtnis der europäischen Gesellschaft abgerufen und erfahrbar. Sie können so zur „gefühlten" Legitimation der EU aus der Perspektive der Bürger beitragen. Vor dem Hintergrund dieser gedächtnistheoretischen Unterscheidung werden wir zunächst für die Teilhabe am Politischen kurz zusammenfassen, *was* davon von der Gründung der EWG bis zu den ersten Wahlen zum Europäischen Parlament ins Speichergedächtnis Europas Eingang gefunden hat, bevor wir dann wenigstens kurz – anhand der Wahlen zum Europäischen Parlament 1979 und 2009 – illustrieren, *wie* dieses Versprechen auf Teilhabe am Politischen im Funktionsgedächtnis erinnert wurde und ob die damit erhoffte Sinn- und Legitimitätsstiftung erreicht wird.

Das europäische Versprechen der Teilhabe am Politischen

Bis in die späten 1970er Jahre kann von einer Teilhabe der Bürger am Politischen in Europa keine Rede sein. Die Abgeordneten des Europäischen Parlaments (damals noch „Versammlung") wurden aus der Mitte der Parlamente der einzelnen Mitgliedsstaaten entsandt. Dieses Verfahren wurde im Vertrag zur Gründung der Europäischen Wirtschaftsgemeinschaft (EWG-Vertrag), Fassung vom 25. März 1957, festgelegt: „Die Versammlung besteht aus Abgeordneten, die nach einem von jedem Mitgliedstaat bestimmten Verfahren von den Parlamenten aus ihrer Mitte ernannt werden" (Art. 138 Abs. 1).

Die erste Direktwahl des Europäischen Parlaments fand erst 1979 statt, aufgrund unterschiedlicher traditioneller Wahltage an zwei getrennten Tagen, und zwar am 7. und 10. Juni. Den Regierungen der Mitgliedsstaaten der EWG als Vorläuferorganisation der Europäischen Union gelang es über 20 Jahre nach Unterzeichnung des EWG-Vertrags endlich, das schon in der ursprünglichen Fassung des Vertrags genannte Ziel einer Direktwahl der Versammlung umzusetzen. So regelte der oben erwähnte Artikel 138 des EWG-Vertrags nicht nur das Zustandekommen der Versammlung durch die Entsendung einzelner Parlamentarier der Mitgliedsstaaten, sondern er enthielt bereits in Absatz 3 explizit die Aufforderung, einen anderen Wahlmodus auszuarbeiten: „Die Versammlung arbeitet Entwürfe für allgemeine unmittelbare Wahlen nach einem einheitlichen Verfahren in allen Mitgliedsstaaten aus".

Die Idee einer gemeinsamen europäischen Versammlung, deren Abgeordnete direkt von den Bürgern Europas gewählt werden sollten, war natürlich nichts Neues. So waren parlamentarische Institutionen zumindest auf nationaler Ebene spätestens nach dem Ende des englischen Bürgerkriegs 1649 ein stetig an Bedeutung gewinnender Bestandteil der europäischen politischen Landschaft und Kultur. In steter Folge setzten sich in den europäischen Nationalstaaten parlamentarische Institutionen durch. In Frankreich wurde die Idee einer parlamentarischen Vertretung 1791 in dessen erste schriftliche Verfassung integriert. Im Königreich der Niederlande geschah dies 1815. Italien und Deutschland zogen 1848 nach. Zwar waren weder alle dieser parlamentarischen Versammlungen langfristig erfolgreich – insbesondere das schnelle und lange nachwirkende Scheitern der deutschen Verfassung 1848 muss hier genannt werden –, noch kann man die Versammlungen im heutigen Sinn als rundum demokratisch bezeichnen, war doch beispielsweise der Zugang zu Wahlen für Frauen eingeschränkt. Dennoch einte alle diese Parlamente ein mittlerweile in den europäischen Demokratien und konstitutionellen Monarchien verankerter Grundkonsens. Parlamente sind Zentren einer freiheitlichen kollektiven Selbstregierung, da sie Träger der legislativen Gewalt im Staate sind. Man kann soweit gehen, die historisch in Europa gewachsene Bedeutung der parlamentarisch organisierten Teilhabe am Politischen als ein durchgehendes europäisches Strukturelement zu bezeichnen.

Aber auch in die konkreten europäischen Verhandlungen und Vertragswerke hielt die Idee der Schaffung einer Europäischen Versammlung schon vor Einsetzung des Europäischen Parlaments 1957 Einzug. So hielt der ehemalige französische Premierminister Paul Reynaud während des für die Formierung der europäischen Idee wichtigen Kongresses in Den Haag 1948 ein flammendes Plädoyer dafür, dass eine europäische Versammlung, deren Mitglieder nicht direkt durch die Bürger Europas gewählt würden, Gefahr laufe, doch nur wieder Austragungsort nationaler Interessenkonflikte zu werden. Er forderte deshalb die schnellstmögliche Einsetzung einer direkt gewählten Versammlung. In der Abstimmung über die Schlussnote des Kongresses scheiterte Reynaud allerdings am starken britischen Widerstand. So forderte man in ihr zwar die Bildung einer Europäischen Versammlung, hielt aber aus Sorge um einen zu hohen Souveränitätsverlust der Nationalstaaten gleichzeitig fest, dass sie lediglich aus Delegierten der nationalen Parlamente zusammengesetzt sein solle.

Aber auch in die europäischen Vertragswerke fand die grundsätzliche Idee der Einrichtung einer direkt gewählten Versammlung schon einige Jahre vor Ratifizierung des EWG-Vertrags Eingang. So wird bereits im Vertrag über die Gründung der Europäischen Gemeinschaft für Kohle und Stahl (EGKS-Vertrag) aus dem Jahre 1951 die Gründung einer Versammlung beschlossen. Für deren Zusammensetzung wurden gleich zwei Möglichkeiten eröffnet: „Die Versammlung besteht aus Abgeordneten, die einmal jährlich nach dem von jedem Hohen Vertragschließenden Teil bestimmten Verfahren von den Parlamenten aus deren Mitte zu ernennen oder in allgemeiner direkter Wahl zu wählen sind" (Art. 21).

Dass es trotz dieses frühen Bekenntnisses zu einer direkt durch die Bürger der Mitgliedsstaaten gewählten Versammlung so lange bis zur konkreten Umsetzung brauchte, hatte verschiedene Gründe. Schon der erwähnte Artikel 138 des EWG-Vertrags gab hohe Hürden vor. Als Grundlage einer Änderung des Wahlmodus forderte er einen einstimmigen Beschluss des Rats, bestehend aus je einem Vertreter der Regierungen der Mitgliedstaaten, und die verfassungskonforme Annahme dieses Beschlusses in den Mitgliedsstaaten. Damit lag die Ausarbeitung eines einheitlichen und direkten Wahlverfahrens zwar bei der Versammlung, nicht aber die Einsetzung des neuen Verfahrens. Diese Konstellation sorgte in der Beziehung zwischen den Abgeordneten der Versammlung und den nationalen Regierungen für einige Spannung. Denn gerade die nur aus den nationalen Parlamenten entsandten Abgeordneten der Versammlung entwickelten früh ein eigenes Selbstverständnis als legitime demokratische Vertretung aller Bürger Europas. Lediglich ein Jahr nach Ratifizierung des EWG-Vertrags und dem Zustandekommen der Versammlung beschlossen die Abgeordneten am 19. März 1958, zumindest im offiziellen niederländischen und deutschen Sprachgebrauch in Zukunft nicht mehr von einer Versammlung, sondern vom „Europäischen Parlament" zu sprechen. Vier Jahre später erfolgte die Anerkennung dieses neuen Namens dann auch im offiziellen französischen und italienischem Sprachgebrauch. In den europäischen Vertragswerken findet sich die Bezeichnung indes erst ein Vierteljahrhundert später in der Einheitlichen Europäischen Akte, in der in Artikel 6 Absatz 2 fast unscheinbar folgende Änderung erwähnt wird: „In Artikel 7 Absatz 2 des EWG-Vertrages werden die Worte ‚nach Anhörung der Versammlung' durch die Worte ‚in Zusammenarbeit mit dem Europäischen Parlament' ersetzt".

So waren es dann auch die Abgeordneten des Europäischen Parlaments, die seit Beginn der 60er Jahre immer wieder dafür plädierten, die im EWG-Vertrag erwähnte Direktwahl endlich umzusetzen: Das Europäische Parlament „weist erneut und eindringlich darauf hin, dass die direkte Wahl der Abgeordneten des europäischen Parlaments ein unerläßliches Element für die Demokratisierung der Gemeinschaft darstellt, und fordert die Ministerräte und die Regierungen auf, die ihnen obliegende Verantwortung für ein alsbaldiges Inkrafttreten des Abkommensentwurfs des Europäischen Parlaments zu übernehmen" (Entschließung des Europäischen Parlaments vom 27. Juni 1963).

Insbesondere die großen Nationalstaaten wie Frankreich, Deutschland und nach seinem Beitritt zur EWG 1971 auch Großbritannien standen dieser Forderung lange sehr kritisch gegenüber und nutzten ihren im Artikel 138 verankerten Zustimmungsvorbehalt, um die Einführung einer Direktwahl wenn nicht zu verhindern, so doch wenigstens zu verschleppen. Die Gründe für diese Zurückhaltung waren vielschichtig. Zentral war die Sorge der nationalstaatlichen Legislativen und Exekutiven vor dem Verlust von Souveränität. Immerhin hätte eine nach demokratischen Spielregeln direkt gewählte Versammlung einen Grad an Legitimität erhalten, welcher der Legitimität der nationalen Parlamente und Regierungen gleichgestellt, gegebenenfalls sogar höhergestellt gewesen wäre. Insbesondere Frankreich fürchtete, dass damit die Forderung nach höherer Gesetzgebungsbefugnis von Seiten des Europäischen Parlaments einhergehen würde. Dieses Misstrauen führte unter den konservativen französischen Gaullisten bis zu Beginn der 70er Jahren immer wieder zu starkem Widerstand.

Zusätzlich bereitete den Nationalstaaten die Proporzfrage Probleme. Eine Vergabe der Parlamentssitze im Sinn des Verhältniswahlrechts, also nach der Bevölkerungsgröße des jeweiligen Landes, wie dies Reynaud 1948 gefordert hatte, war für die Mehrheit der EWG-Mitgliedsstaaten inakzeptabel. Zudem erschien es fragwürdig, dass das Europäische Parlament mit seiner im EWG-Vertrag von 1957 festgelegten geringen Zahl von 142 Sitzen eine ausreichende Bindung zwischen Repräsentant und Repräsentanten herstellen könne. Zusätzlich war die Frage nach der Anzahl der Sitze im zu wählenden Parlament insbesondere für Staaten mit extrem pluralistischen Parteiensystemen, wie Italien, von Bedeutung. Denn bei einer zu niedrigen Sitzanzahl schien die Wahrscheinlichkeit hoch, dass in den nationalen Parlamenten vertretene Kleinstparteien keinen Platz im Europäischen Parlament erhalten würden. Das wiederum hätte zu der paradoxen Situation führen können, dass diese Parteien zwar im Mitgliedsstaat Teil der Regierungskoalition hätten sein können, nicht aber Teil des legislativen Körpers des Europäischen Parlaments. Auch an weiteren Einwänden gegen ein starkes Europäisches Parlament herrschte kein Mangel. So fürchteten beispielsweise stimmenstarke linke sowie konservative Parteien, dass sie ihre auf nationaler Ebene starke Position im Europäischen Parlament verlieren könnten und damit auf Umwegen die heimische Opposition doch legislativ erfolgreich tätig werden könnte. Unklar war auch, wie ein einheitliches Wahlsystem für das Parlament gefunden werden sollte, nutzten doch von den 1973 neun Mitgliedern der Europäischen Gemeinschaft traditionell sechs ein Verhältniswahlsystem, zwei ein Mehrheitswahlsystem und ein Mitglied ein Mischsystem zur Besetzung der nationalen Parlamente.

Die Direktwahl zum Europäischen Parlament als institutionelle Einlösung des Versprechens

Dass es trotz all dieser Vorbehalte ab Mitte der 70er Jahre Fortschritte bei der Einführung der Direktwahl des Parlaments gab, lag an mehreren Entwicklungen. Zum einen erschütterte die EWG nach den Wirtschaftswunderjahren gegen Mitte der 60er Jahre eine ernstzunehmende Wirtschafts- und Währungskrise. Dazu kam eine Krise auf institutioneller Ebene aufgrund unauflösbarer Widersprüche bei der Gestaltung des gemeinsamen europäischen Agrarmarkts. Der Versuch der Kommission, sich bei den Neuverhandlungen zur Verteilung der Agrarsubventionen über Frankreichs Bedenken hinwegzusetzen, führte 1965/66 zu einer mehr als sechsmonatigen Blockade der Gemeinschaft, da Frankreich sich schlicht weigerte, weiterhin an den Verhandlungen teilzunehmen. Die Lösung des Konflikts durch den sogenannten Luxemburger Kompromiss ermöglichte es zwar, die Verhandlungen weiterzu-führen. Langfristig lähmte der Kompromiss allerdings die Entscheidungsfähigkeit Europas, beinhaltete er doch eine Veränderung des bis dahin geltenden Mehrheitswahlrechts im Rat: Sobald ein Mitgliedstaat geltend macht, dass eine Entscheidung ihn in sehr wichtigen Interessenfragen betrifft, muss der Rat die Verhandlungen solange weiterführen, bis Einstimmigkeit erzielt ist. Der schwammig formulierte Passus entwickelte sich allerdings schnell zum Veto- und Blockadeinstrument, was sich deutlich zeigte, als Frankreich den ersten Beitrittsantrag Großbritanniens zur EWG 1967 mit Berufung auf wichtige Eigeninteressen im Alleingang verhinderte.

Die Wirtschafts- und die Institutionenkrise trugen dazu bei, dass sich die Mitglieder der EWG wieder verstärkt nach Lösungen auf nationaler Ebene umsahen, anstatt die Konfliktlösungsmechanismen der Wirtschaftsgemeinschaft zu nutzen. Dieser neuen Ausprägung der europäischen Kleinstaaterei war aufgrund eines sich sowohl wirtschaftlich als auch politisch wandelnden internationalen Systems allerdings nur geringer Erfolg beschieden. Der prinzipielle Bedarf nach tragfähigen politischen Entscheidungsgremien zur Festlegung gemeinsamer wirtschaftlicher Spielregeln und politischer Entscheidungen war daher ungebrochen. Verschärft wurde diese Situation dadurch, dass die Aufnahme Großbritanniens, Irlands und Dänemarks in die EWG Anfang der 70er näher rückte und weitere Kandidaten wie Griechenland, Portugal und Spanien bereits Interesse signalisierten. Wegen der damit doppelten Mitgliederzahl wäre der Rat durch den Einstimmigkeitsvorbehalt endgültig blockiert worden. Die Bestrebungen, die Institutionen der EWG und EGKS auch als politische Entscheidungsgremien umzubauen, warfen zusätzlich die Frage nach der demokratischen Legitimation dieser Institutionen auf. Der Ausbau der Befugnisse des Europäischen Parlaments und die Umsetzung der lange geforderten Direktwahl der Abgeordneten schien daher eine wenn nicht attraktive, so doch zumindest praktikable Lösung zu sein. Zum einen sollte dadurch an die Seite des blockierten Rats ein entscheidungsfähiges Gremium gestellt werden, das durch fraktionelle statt durch nationale Interessen geleitet würde. Zum anderen erhoffte man sich dadurch eine stärkere Bindung der stetig wachsenden Zahl der Bürger der Europäischen Gemeinschaft an das Europäische Projekt. Wegweisend waren auf diesem Weg die Gipfeltreffen in Den Haag 1969 und in Paris 1974. Im Schlusskommuniqué zum Haager Gipfel wurde die Frage der Direktwahl zwar nur erneut an den Ministerrat zur genaueren Prüfung überwiesen, immerhin erweiterte man aber die Befugnisse des Europäischen Parlaments. Noch entscheidender war dann fünf Jahre später das Gipfeltreffen in Paris. Unter Punkt 12 der Schlusserklärung wurde zum ersten Mal ein konkreter Ablaufplan für die Einsetzung direkter Wahlen festgelegt: „Die Regierungschefs haben festgestellt, dass das im Vertrag festgelegte Ziel allgemeiner Wahlen zum Europäischen Parlament so bald wie möglich verwirklicht werden sollte. Hierzu erwarten sie mit Interesse die Vorschläge des Parlaments und wünschen, dass der Rat hierüber 1976 beschließt. In diesem Fall würde ab 1978 die allgemeine direkte Wahl erfolgen".

Und nur wenige Zeilen weiter findet sich dann auch die erneute Bekräftigung, die Kompetenzen des Parlaments zu erweitern: „Die Kompetenzen des Europäischen Parlaments werden, insbesondere durch die Übertragung bestimmter Befugnisse im Gesetzgebungsverfahren der Gemeinschaften, erweitert".

Nur drei Monate später legte der vom Parlament gebildete Ausschuss für politische Angelegenheiten den nach dem niederländischen Berichterstatter Schelto Patijn benannten Entwurf vor, der für das zukünftig direkt gewählte Parlament insgesamt 550 Sitze vorsah. Die Vergabe der Sitze sollte dabei nach einem Mischsystem erfolgen, das sich an den Einwohnerzahlen der Mitgliedstaaten orientierte. Für die erste Million Einwohner sollte jeder Staat sechs Sitze erhalten und je einen weiteren Sitz je 500 000 Einwohner. Als Begründung für diesen Vergabemechanismus wurden im Patijn-Enturf die angemessene Vertretung aller Völker, eine ausgewogene Vertretung der Bürger der Gemeinschaft, die Vertretung aller repräsentativen politischen Gruppierungen eines jeden Mitgliedsstaats, die Vertretung nationaler Minderheiten im Rahmen des Möglichen und das reibungslose Funktionieren des Europäischen Parlaments genannt. In einer abschließenden Plenardebatte wurde die Zahl der Parlamentssitze auf 355 reduziert, da so gewährleistet schien, dass weder die kleinen noch die großen Staaten übermäßig bevor- oder benachteiligt würden.

Nur einen Tag später, am 14. Januar 1975, verabschiedete das Europäische Parlament seinen „Entschluss über die Annahme des Entwurfs eines Vertrages zur Einführung allgemeiner unmittelbarer Wahlen der Mitglieder des Europäischen Parlamentes". Die besondere Schwierigkeit lag darin, die Vorbehalte der Einzelstaaten gegen die Direktwahl auszuräumen. Vor allem das gewählte Verteilungsverfahren konnte zum Problem werden, das für Deutschland 71, für Italien 66, für Frankreich 65, für das Vereinigte Königreich 57, die Niederlande 27, Belgien 23, Dänemark 17, Irland 13 und Luxemburg 6 Sitze vorsah. Die Abgeordneten des Europäischen Parlaments waren sich des zu erwartenden Widerstands anscheinend bewusst. So wird im Vertragsentwurf nur einen Absatz nach der Erläuterung der Sitzvergabe darauf hingewiesen, dass Änderungen an diesem Verteilungsverfahren jederzeit von der Kommission und den einzelnen Mitgliedsstaaten eingebracht werden könnten.

Von diesem Änderungsvorbehalt machten die europäischen Staaten ausgiebig Gebrauch. Für den zwischen den Einzelstaaten bestehenden Konflikt war dabei zentral, wie groß der „Pauschalsatz" an Parlamentssitzen pro Mitgliedsstaat sein sollte. Für die kleinen Staaten war das vom Parlament vorgeschlagene Verteilungsverfahren nicht akzeptabel. Es hätte bedeutet, dass es ihnen nicht möglich gewesen wäre, ihre eigenen Interessen im Parlament durchzusetzen. Ebenso hätte die Zahl der Sitze nicht ausgereicht, um die großen europäischen Staaten zu blockieren. Für die Interessen der Kleinstaaten machte sich vor allem Irland stark. So wurde von irischer Seite die Forderung vorgebracht, für die erste Million Einwohner pauschal neun Abgeordnetenplätze zu vergeben. Damit wäre die relative Bedeutung der kleinen Staaten im Parlament gestiegen. Insbesondere Frankreich lehnte diesen Vorschlag strikt ab und forderte stattdessen eine Annäherung an das schon lange von dort favorisierte Verhältniswahlrecht, also die Verteilung der Abgeordnetensitze pro Land direkt proportional zur Einwohnerzahl. Das stärkste und bis heute nicht entschärfte Argument der Franzosen war dabei, dass jeder Abgeordnete im Parlament die gleiche Anzahl an Bürgern repräsentieren solle, während der Vorschlag Irlands zu einer überproportional hohen Bedeutung der irischen Abgeordneten führen würde. Neben dem Interessenkonflikt zwischen den kleinen und großen Staaten Europas sorgte die Sitzzahl je Einzelstaat auch zwischen den großen europäischen Nationen für Konflikte.

Nach zähen, fast zweijährigen Verhandlungen verabschiedete der Rat am 20. September 1976 den „Akt zur Einführung allgemeiner unmittelbarer Wahlen der Abgeordneten der Versammlung", der die rechtliche Grundlage der ersten Direktwahlen 1979 bildete. Der Akt entfernte sich stellenweise allerdings weit von den Vorschlägen des Parlaments. So waren für die großen europäischen Staaten, namentlich Deutschland, Frankreich, Großbritannien und Italien, pauschal je 81 Sitze im Parlament vorgesehen. Für die kleinen Staaten blieb es im Wesentlichen bei den vom Parlament vorgeschlagenen Sitzzahlen. Für Deutschland und die kleinen Staaten ergab sich im relativen Vergleich daher ein Stimmverlust. Dass der Entwurf im Rat von den „Verhandlungsverlierern" trotzdem angenommen wurde, begründete der damalige deutsche Außenminister Hans-Dietrich Genscher später im Bundestag damit, dass der notwendige Verhandlungserfolg ansonsten nicht hätte sichergestellt werden können. Den ersten Direktwahlen zum Europäischen Parlament stand nun nichts mehr im Weg, oder, wie es der damalige Präsident des Europäischen Parlaments Georges Spénales ausdrückte: „This evening, the countdown has begun".

Europawahlen und die Erinnerung an das Versprechen

Die Beschlüsse der europäischen Institutionen und die Verträge zwischen den Mitgliedsstaaten, mit denen die Bürger in der EU sukzessive eine Teilhabe am Politischen durch Direktwahlen zum Europäischen Parlament erlangten, dokumentieren nicht nur die Etappen ihrer Durchsetzung. Zugleich sind sie die Dokumente, mit denen diese politischen Ereignisse im kulturellen Gedächtnis Europas gespeichert wurden. Wie diese so im Speichergedächtnis aufbewahrten Ereignisse erinnert wurden und ins das Funktionsgedächtnis gelangten, wird vor allem anlässlich der Wahlen zum Europäischen Parlament deutlich. Auffällig ist, dass diese Dokumente an sich in der Erinnerung keine große Rolle zu spielen scheinen. Implizit finden sich aber durchaus Erinnerungsspuren, wie etwa die Amtsantrittsreden der neu gewählten Präsidenten des Europäischen Parlaments zeigen.

In ihrer Amtsantrittsrede als Parlamentspräsidentin am 17. Juli 1979 prognostizierte die Französin Simone Veil als die zentrale Herausforderung für die Gemeinschaft der europäischen Staaten die Sicherung von Frieden, Freiheit und Wohlstand. Im gleichen Atemzug stellte sie fest, dass diesen Herausforderungen nur im gesamteuropäischen Rahmen begegnet werden könne. Der Sicherung des Friedens in Europa gab sie dabei Priorität. Das Europäische Parlament sei einzigartig, „denn zum ersten Mal in der Geschichte Europas, die so oft von Spaltungen, Feindseligkeiten und gegenseitiger Vernichtungswut geprägt war, haben die Europäer zusammen ihre Abgeordneten in eine gemeinsame Versammlung gewählt". Sie erinnerte an die Zeit der „Bruderkriege und mörderischen Schlachten", die einer neuen Epoche gewichen sind. Zudem sei dieses durch die Wahlen zum Parlament noch demokratischere Europa eine der wenigen „Inseln der Freiheit", eingekreist von Regimes, in denen Gewalt herrsche. Sie erinnert zudem an die Notwendigkeit der Weiterentwicklung des Europäischen Projekts, weil kein Mitglied für sich allein gegenüber den Supermächten über das erforderliche außenpolitische Gewicht verfüge. Das langfristige Ziel des Europäischen Projekts liege in Solidarität, Unabhängigkeit und Zusammenarbeit. Dem Parlament komme in diesem Prozess die zentrale Aufgabe zu, „alle Bürger der Gemeinschaft auf der europäischen Tribüne zu Wort kommen zu lassen". Die Wahlen zum Europäischen Parlament werden nicht nur zum Vollzug eines Vertragsbestandteils. Stattdessen werden sie in einem tieferen Sinn in den Bestand und die Zukunft Europas eingebettet.

Diese Werte griff auch der zuletzt gewählte Parlamentspräsident Jerzy Buzek in seiner Rede am 14. Juli 2009 auf. Für ihn stehe die Idee „Europa" in der Tradition der Französischen Revolution und deren Losung „Freiheit, Gleichheit, Brüderlichkeit". Jedes dieser Worte habe, so Buzek, „in der heutigen Europäischen Union einen festen und sicheren Klang". Europa sei es gelungen, die Grenzen der Vergangenheit aufzulösen, mithin die Dichotomie des „Wir" und „Ihr" aufzulösen, so dass die Europäer nun mit Überzeugung sagen könnten: „Dies ist unser gemeinsames Europa". Teilhabe an Europa bedeute Teilhabe an Freiheit und Demokratie. Explizit erinnert Buzek in seiner Antrittsrede an Simone Veil, deren Trias an Herausforderungen, also Frieden, Freiheit und Wohlstand, er auch noch 30 Jahre später als aktuell bezeichnete.

Beide Reden zeigen aber nur, was im institutionellen Funktionsgedächtnis des Europäischen Parlaments erinnert wird und wie das Europäische Parlament daraus Legitimität und Sinn schöpft. Allerdings muss man hinsichtlich des Funktionsgedächtnisses zwischen dem institutionellen Gedächtnis des Europäischen Parlaments und dem kulturellen Gedächtnis Europas unterscheiden. Beide gehen nicht notwendigerweise Hand in Hand. 1979 forderte etwa die „Frankfurter Allgemeine Zeitung" auf der Titelseite ihre Leser auf: „Unbedingt zur Wahl gehen". Im Leitartikel wurde daran erinnert, wie „lohnend und existenziell wichtig" die Stärkung des Parlaments sei. Die Gewährleistung von Schutz, Energieversorgung, und Offenhaltung des Handels seien elementare europäische Bedürfnisse. Das Scheitern der Europäischen Verteidigungsgemeinschaft habe gezeigt, dass es starke europäische Institutionen brauche, die politische Führung in Europa übernehmen und die Idee einer europäischen Solidargemeinschaft umsetzen können. Andernfalls könne die europäische Lebensweise und politische Gesittung nicht fortdauern. Um sich diesen Herausforderungen in Zukunft stellen zu können, „brauche dieses Parlament Rückenwind. Es braucht die Legitimation einer hohen Wahlbeteiligung". Auch wenn sich die Zeitung mit Pathos in diesem Artikel sehr zurückhält, versucht sie doch implizit, aus der Vergangenheit Europas Sinn und Legitimität für dessen Zukunft zu stiften. Das juristisch trockene Vertragsgerüst der Europäischen Gemeinschaft wird zur existenziellen Grundlage der Sicherung der eigenen Zukunft stilisiert.

30 Jahre später sieht dieselbe Zeitung am Tag der Europawahlen „Das Europaparlament auf Legitimationssuche". Es wird zwar festgestellt, dass das Europäische Parlament der demokratische Kern der Europäischen Union sei und mithin die Legitimation von EU-Rechtsakten steige. Aber der eigentliche Sinn der Wahlen zum Europäischen Parlament gehe im Wahlkampf der nationalen Parteien verloren. Diese zeichneten sich nur noch durch alberne Parolen, inhaltsfreie Sprüche und nahezu ironische Forderungen aus. Damit sei der Sinn der Wahlen für den Bürger unverständlich. Das liege auch an der räumlichen Distanz und der Komplexität der Themen, über die das Parlament verhandelt. Zumindest in der Berichterstattung dieser Zeitung zeigt sich damit, dass eine mit 1979 vergleichbare Sinnstiftung kaum noch stattfindet.

Während man bei den Antrittsreden der Präsidenten des Europäischen Parlaments kontinuierliche Sinn und Legitimitätsstiftung durch Erinnerung erkennen kann, zeigen die Beiträge der „Frankfurter Allgemeinen", wie jenseits des institutionellen Gedächtnisses des Europäischen Parlaments diese Form der Sinnstiftung erodiert. Dass es diese unterschiedlichen Sinnstiftungstendenzen zwischen den Repräsentanten einer Institution und den über diese Institution berichtenden Journalisten gibt, ist an sich nicht überraschend, haben doch beide ganz unterschiedliche Perspektiven. Für die Präsidenten des Parlaments ist es ungleich wichtiger, das Parlament in seiner historischen Kontinuität und Notwendigkeit darzustellen, gilt es doch auch für den europäischen Gesetzgebungsprozess, die Legitimität und den Einfluss des Hauses politisch geltend zu machen. Auch ist insbesondere während eines feierlichen Aktes wie der Wahl des neuen Parlamentspräsidenten Kritik an der Institution unüblich. Die Einbettung in den historischen Kontext ist für Journalisten nicht automatisch weniger wichtig, allerdings spielen auch andere Faktoren eine Rolle, wie die kritische Berichterstattung zum Funktionieren der demokratischen Institutionen.

Das Erinnern der politischen Teilhabe im institutionellen Funktionsgedächtnis des Europäischen Parlaments und im gesellschaftlichen Funktionsgedächtnis Europas driften anscheinend immer weiter auseinander. Dies deutet bereits an, dass die Sinn- und Legitimitätsstiftung für Gegenwart und Zukunft durch die Erinnerung der Vergangenheit noch nicht beziehungsweise nicht mehr in dem Maß funktioniert, wie es für eine als legitim anerkannte institutionelle Ordnung des Politischen nötig wäre. Dies zeigt sich dann auch bei der im Eurobarometer geäußerten Zustimmung und Ablehnung der Bürger zu den europäischen Institutionen im Allgemeinen und dem Europäischen Parlament im Besonderen.

Vor den ersten direkten Wahlen zum Europäischen Parlament 1979 antworteten auf die Frage, ob die Mitgliedschaft des eigenen Landes in der Europäischen Gemeinschaft eine gute

Sache sei, 59 Prozent der Befragten mit Ja, 8 Prozent empfanden die Mitgliedschaft als eine schlechte Sache. Die positive Zustimmung blieb nach der Wahl in der Herbstumfrage erhalten, als 58 Prozent die Mitgliedschaft bejahten. Gravierend gestiegen war mit 12 Prozent allerdings nach der Wahl der Anteil derjenigen, die die eigene Mitgliedschaft als schlecht oder sehr schlecht bezeichneten. 2009 bezeichneten in den Eurobarometer-Umfragen sowohl vor als auch nach den Wahlen 53 Prozent der Befragten die Mitgliedschaft in der EU als eine gute Sache. Nach dem Vertrauen in das Europäische Parlament gefragt, gaben vor den Wahlen 48 Prozent an, dem Parlament zu vertrauen, und nach den Wahlen 50 Prozent. Das 1979 eingelöste Versprechen der Direktwahlen zum Europäischen Parlament reicht offensichtlich nicht allein aus, um die Ansprüche der Bürger auf Teilhabe am Politischen zu erfüllen. Dies zeigt sich dann auch an der seit 1979 extrem gesunkenen Beteiligung der Bürger an den Europawahlen. Während 1979 noch 63 Prozent der Europäer an den Wahlen teilnahmen, sank die Wahlbeteiligung um mehr als 20 Prozent auf den bisher niedrigsten Stand von nur noch 42 Prozent im Jahr 2009.

Ausblick: Die Teilhabe am Politischen als Erinnerung an ein gebrochenes Versprechen?

Die Teilhabe am Politischen ist zwar im kulturellen Gedächtnis Europas gespeichert, doch ihre Erinnerung allein stiftet noch nicht Sinn und Legitimität für die institutionelle Ordnung des Politischen. Vielmehr wird deutlich, dass durch diese Speicherung das Versprechen auf politische Teilhabe nicht vergessen wurde. Jedoch zeigt sich so auch, dass dieses Versprechen allein durch die Einführung von Direktwahlen nicht als eingelöst betrachtet wird. Ein höherer Grad an Legitimation ist also erst dann zu erwarten, wenn das Europäische Parlament mit mehr legislativen Rechten ausgestattet wird, so dass erstens die Wahlen in der Lebenswelt der Bürger auch als Teilhabe am Politischen erfahrbar werden. Und so, dass zweitens die lange, historisch gewachsene und tief im Verständnis der europäischen Bürger verankerte idealtypische Verknüpfung der Ideen des „Parlaments" und der „Selbstregierung" im Europäischen Parlament Sinn erfährt. Ansonsten werden bei Europawahlen nationale Interessen für die meisten Bürger weiterhin Vorrang vor europäischen Interessen haben. Bereits 1979 hielten nur 41 Prozent der befragten Bürger die Wahlen zum Europäischen Parlament für bedeutend, 49 Prozent maßen den Wahlen nur geringe Bedeutung bei. 36 Prozent der befragten Bürger erwarteten von einem Mitglied des Europäischen Parlaments vor allem die Durchsetzung der Interessen des eigenen Landes. In der Frühjahrsumfrage 2009 gaben ebenfalls nur 13 Prozent der Europäer an, dass Europa einen „gefühlt" starken Einfluss auf ihr Leben habe. Diesen starken Einfluss gestanden aber immerhin 46 Prozent der Europäer den nationalen Behörden zu. In dieser Form werden die Europawahlen deshalb nicht zur Wahrnehmung des Projekts Europa beitragen, da sie von den Bürgern nur als nationale Wahlen nachrangiger Bedeutung wahrgenommen werden. Ohne ihre weitere Demokratisierung werden die Bürger sich hinsichtlich der politischen Teilhabe in der Europäischen Union nur noch an ein Versprechen erinnern, das nicht eingehalten wurde.

Literaturhinweise

Aleida ASSMANN/Jan ASSMANN, Das Gestern im Heute. Medien und soziales Gedächtnis, in: Klaus MERTEN u. a. (Hrsg.), Die Wirklichkeit der Medien. Eine Einführung in die Kommunikationswissenschaft. Opladen 1994, S. 114–140.

http://www.ena.lu.

Philip MANOW, Elektorale Effekte negativer Integration? Die Europäische Gemeinschaft und die Europawahlen, 1979 bis 2004, in: Jens BECKERT u. a. (Hrsg.), Transformationen des Kapitalismus. Frankfurt a.M. 2006, S. 337–357.

Julian PRIESTLEY, Six Battles that shaped Europe's Parliament. London 2008.

Schriftenreihe CARDOC, Nr. 4: Der Weg zu den Direktwahlen des Europäischen Parlaments. Luxemburg 2009.

4. Raum Europa

Georg Kreis

Himmelsrichtungen

Europa setzt sich auch aus Himmelsrichtungen zusammen. Diese sind nicht nur theoretisch und abstrakt, sondern konkret von bestimmten Erfahrungen geprägt und mit bestimmten Sehnsüchten und Ängsten verbunden. Von Himmelsrichtungen wird gesagt, dass sie locken und rufen, also Bewegungen auslösen oder rechtfertigen. Sie sind aber auch geographische Horizonte für Erwartungen aus stationärer Sicht in Form von ewigen Hoffnungen und anhaltenden Befürchtungen. Diese Himmelsrichtungen funktionieren nach Hauptkategorien. Es gibt nur *den* Süden, *den* Norden, *den* Westen, *den* Osten. Zwischengrößen wie Shakespeares *north-northwest* (Hamlet II, 2) gibt es da nicht. Hinduismus und Buddhismus sollen dagegen acht beziehungsweise zehn Himmelsrichtungen kennen. Dieter Richter bemerkt in seinem Buch über den Süden zu Recht, die Idee von den vier Himmelsrichtungen sei eine „Grundidee der europäischen Kultur".

In Europa liegt hinter jeder Himmelsrichtung ein Meer: das Mittelmeer, die Nord- und die Ostsee, der Atlantik, das Schwarze Meer. Sie alle werden von Flüssen gespeist, die ihrerseits *grosso modo* entlang von Himmelsrichtungen fließen und ihre Ursprünge in den europäischen Zentralräumen haben. Von diesen Flüssen – der Donau, dem Po, der Rhône, dem Rhein – heißt es, dass sie ebenfalls Erinnerungsorte sein können.

Was aber macht Himmelsrichtungen zu Erinnerungsorten? Gemäß dem Verständnis, wonach Erinnerungsorte dann gegeben sind, wenn sie wie bei den klassischen *lieux de mémoire* mit einer Geschichte versehene etablierte Bezugspunkte der kollektiven Verständigung sind, kann man auch den Himmelsrichtungen den Status von Erinnerungsorten geben – allerdings, wie wir noch sehen werden, nicht allen gleichermaßen. Dabei geht es vor allem um vorherrschende Vorstellungen (*imagined territories*), um „geistige Raumkonstruktionen" und um eine „Mythologie der Himmelsrichtungen" (Richter) und weniger um reale Gegebenheiten, und es geht nicht um diese Territorien an sich, sondern die Beziehungen zu ihnen. Belege für diese Vorstellungen finden sich natürlich vor allem in Reiseberichten, sodann in Liedern, aber auch, jedoch seltener, in Gemälden mit Landschaften und Ruinen (etwa Wilhelm Friedrich Gmelin) und in der Zeit des Massentourismus in Prospekten und Plakaten.

Auf jeden Süden folgt ein weiterer Süden, auf jeden Osten ein weiterer Osten. Die im Grunde unbegrenzten Himmelsrichtungen werden hier in ihrer Begrenzung auf Europa verstanden. Dabei ist speziell im Osten nicht klar, wie weit dessen Reichweite geht; nicht von ungefähr sprechen wir vom Nahen, Mittleren und Fernen Osten. Jedenfalls geht es nicht um Blicke auf andere Kontinente, wie sie auf barocken Deckengemälden dargestellt sind. Mit Süden ist also nicht Afrika gemeint. Der Westen hörte lange Zeit hinter den „Säulen des Herakles" auf. Dann kam entweder das Jenseits oder das Nichts. Kolumbus wollte bekanntlich nicht den Westen entdecken, sondern einen besseren Weg nach dem Osten finden. Und wo liegt Jerusalem? In der Literatur wird es eher dem Süden als dem Osten zugezählt.

Wenn Himmelsrichtungen Bezugspunkte von bestimmten Sehnsüchten und Befürchtungen sind, dann gelten die Sehnsüchte eher dem Süden und die Befürchtungen eher dem Osten, wobei in beiden Richtungen auch ambivalente Vorstellungen vorliegen können. Das Oszillierende des Südens und dessen Idealisierung rief sozusagen zwangsläufig auch Gegenstimmen auf den Plan, sei es wegen unerfüllter Erwartungen, sei es aus dem Bedürfnis, zu vorherrschenden Vorstellungen abweichende Auffassungen zu manifestieren. Himmelsrichtungen können auch wegen ihrer Umstrittenheit wichtig sein. Zudem wird der Süden oft nicht absolut idealisiert, sondern nur als temporäre Alternative gesehen. Der Süden wäre nichts, wenn man nicht aus dem Norden käme und dahin zurückkehren könnte. Die südlichen, zuweilen auch die östlichen Gefilde dienen auch dazu, sich im Norden und im Westen besser zu fühlen. Aus dem vermeintlichen oder zum Teil auch tatsächlichen Zentrum wird mit bewertendem Auge nach Problemzonen Ausschau gehalten. Eine derartige Zone gibt es immer oder braucht man immer. Der problematische Osten ist jetzt wieder einmal vom problematischen Süden abgelöst worden. Die Kombination von „Warmwasser- und Weichwährungsländern" gab es schon in den 1970er Jahren, jetzt hat man daraus gerne die PIGS – Schweine? – gemacht (Portugal, Italien, Griechenland, Spanien). Briten, die wahrlich, obwohl im Nordwesten liegend, auch ihre Probleme haben, sagen, wenn etwas schief geht, „something is going south".

Was wo liegt, hängt bekanntlich vom Standort ab. Ein wichtiger Standort, nicht nur dieser Publikation, ist das nördliche Europa. Gemäß Kluges Etymologischem Wörterbuch haben die schifffahrenden Germanen/Angelsachsen den Begriff des Südens erfunden: *sunthan* von Süden her und *sunth(r)a* südwärts. Üblich waren auch andere Bezeichnungen wie Mittag versus Mitternacht. Auf Sebastian Münsters Karte von 1536 sind die Himmelsrichtungen mit Tageszeiten angegeben: Osten als Aufgang, Westen als Niedergang, Süden als Mittag und Norden als Mitternacht. Von der betenden Blickrichtung nach Osten ausgehend, wurde der Süden auch als rechts und der Norden als links bezeichnet, wie bekanntlich Osten auch mit Morgen und Westen mit Abend beziehungsweise und – geläufiger – mit Orient und Okzident bezeichnet werden. Mit dem Beten nach Osten nimmt man eine Orientierung nach dem Orient ein („Ex oriente lux"). Darum liegt der Osten zuweilen vorne, der Westen folglich hinten, wie der Süden (unter Umständen tief) unten und der Norden (unter Umständen hoch) oben liegen.

Besteht unter den Himmelrichtungen so etwas wie eine Rangordnung nach Wichtigkeit und Wertschätzung? Wichtigkeit gemessen an Häufigkeit und Gewicht der geistigen Blickrichtung, und Wertschätzung abgelesen an der unterschiedlichen Aufladung der Horizonte. Es ist kein Zufall, dass sich das einzige im deutschen Sprachraum einer Himmelsrichtung gewidmete Buch mit dem Süden befasst. Und es ist auch kein Zufall, dass in Europa „ostwärts" und nicht wie in den USA „westwärts" ein häufig erörterter Erschließungsraum ist.

Himmelsrichtungen werden auch als Pole bezeichnet, obwohl sich diese Bezeichnung in erster Linie auf die Drehachse der Erde bezieht. Den Himmelsrichtungen wohnt aber in jedem Fall eine Bipolarität inne. Man kann das Eine, wie bereits angedeutet, schlecht ohne das Andere denken. Darum sollen sie auch paarweise erörtert werden. Der Süden wird vom Norden in eher individuellen Reisen angegangen, obwohl die Summe aller Einzelnen auch ein Massenphänomen wird. Der kollektive Blick bewegt sich jedoch stärker auf der West-Ost-Achse oder – umgekehrt – der Ost-West-Achse. Und dies nicht nur in der Konstellation des Kalten Krieges. Es erstaunt letztlich nicht, dass Osten und Norden, weil beide als fern gedacht, zuweilen sogar eine gemeinsame Richtung bilden.

Es entspricht dem aktuellen Interesse der Geschichtswissenschaft, wenn man den Himmelsrichtungen vermehrt Beachtung schenkt. Der *spacial turn* hat zu einer Wiederbelebung der „Raumfragen" geführt, allerdings, wie gerne betont wird, nicht in der Absicht, bestimmten territorialen Größen eine vorgegebene (naturräumliche, vorhistorische, geodeterminierte) Bedeutung zu geben, sondern die jeweils aktive Bedeutungsherstellung durch soziales Handeln zu erforschen. Da passen die Himmelsrichtungen nicht nur ideal hinein, man kommt nicht umhin, die Beziehungen zwischen einem Standort und den imaginierten Nachbarräumen auch über die Bedeutungszuschreibung von Himmelsrichtungen zu berücksichtigen. Es geht nicht einfach um Räume, sondern um Beziehungen zu Räumen. Bei Montesquieus oft zitierten Klimatheorien („Esprit des Lois", 1748) findet sich die Beziehungsfrage nicht wirklich. Er macht zwar gestützt auf klimatische Gegebenheiten

geographische Räume zu kulturellen Räumen, er stellt die These auf, wonach es beispielsweise in kalten Ländern nur ein geringes Interesse am Vergnügen gebe, dieses im gemäßigten
Klima schon größer und in den heißen Ländern extrem sei. Er überlässt es jedoch gänzlich
seiner Leserschaft, daraus auf die Beziehung zwischen Ländern zu schließen.

Die an sich fragwürdigen Klimatheorien geben uns ein Problem auf, das man anhand
der Ausführungen diskutieren kann, die man im Buch „L'homme du midi et l'homme du
nord ou l'influence du clima" finden kann. Es handelt sich um ein Spätwerk von Karl Viktor
von Bonstetten, das 1824 auf Französisch in Genf und im folgenden Jahr in deutscher Übersetzung in Leipzig erschienen ist. Der Berner Patrizier war bereits in Leiden, Cambridge und
Paris gewesen, bevor er 1774 zum *Grand Tour* nach Italien aufbrach. Das Problem besteht in
der Frage, ob klimatische Verhältnisse gesellschaftliches Verhalten und damit bis zu einem
gewissen Grad auch gesellschaftliches Sein bestimmen und inwiefern die Hinzugereisten nun
ebenfalls durch das Klima (die oft besprochene Luft, die Sonne und Wärme etc.) oder nur
durch die dort vorgefundene soziale Kultur geprägt beziehungsweise angesteckt würden. Die
Zuschreibungen waren sicher zu einem großen Teil Projektionen dessen, was man in der
eigenen Ausnahmesituation erlebte. Bonstetten stellt selbst verwundert fest: „Ich weiss nicht,
warum man in Italien ein Gefühl von persönlicher Unabhängigkeit geniesst, wie man es nie
so vollständig im Norden hat".

Trotzdem begünstigte Bonstetten die zwar von seiner nördlichen Herkunft bestimmte,
letztlich aber essentialistisch gemeinte Vorstellung vom Süden und vom Südmenschen, vom
Südling. Die von ihm wahrgenommene „Sorglosigkeit in Betreff der Zukunft" erklärte er damit, dass die üppige Natur alles jederzeit reichlich zur Verfügung stelle und man sich darum
nicht auf den Winter vorbereiten müsse. Sein Buch ermunterte andere zu ähnlichen Publikationen, zum Beispiel Friedrich de la Motte-Fouqué, der wenige Jahre später (1829) das Buch
„Der Mensch des Südens und der Mensch des Nordens" auf der Markt brachte. Damals –
1828 – schuf der Maler Johann Friedrich Overbeck das Gemälde „Italia und Germania".

Süden und Norden

Obwohl die Entwicklung des Richtsystems, das sich am Himmel orientiert, der Fahrt auf
hoher See entsprungen ist, werden Himmelsrichtungen vor allem im Zusammenhang mit
Mobilität zu Lande gedacht. Es dürfte dem nordischen Ethnozentrismus entspringen, dass
die Züge über die Alpen fast ausschließlich als Bewegungen nach dem Süden gesehen werden, derweil es durchaus, obwohl wenig beachtet, auch Bewegungen nach Norden gegeben
hat. Die Bewegung nach Süden kann offenbar so wichtig sein, dass nicht nur vom Norden
nach Süden gewandert wird, sondern auch der Süden weiter südwärts zieht. Für die Züge
gegen Süden stehen etwa die Wanderungen der aus Jütland aufgebrochenen Kimbern über
den Brenner in die Poebene und nach Spanien sowie der Auszugsversuch der Helvetier nach
Südgallien. Einen mythologisch aufgeladenen Zug gegen Süden unternahm auch Karl der
Große im 8. Jahrhundert – über die Pyrenäen gegen die Mauren –, von ihm berichtet über
200 Jahre später auch das Rolandslied.

Der Norden besteht beinahe nur als Gegenteil des Südens und als Reich der Kälte und
der Dunkelheit. Von ihm selbst ist kaum die Rede. Wertschätzung des Nordens kam um die
Mitte des 18. Jahrhunderts offenbar in der englischen Vorromantik auf und galt zunächst den
schottischen Highlands, später den Ossian-Liedern. Der deutsche Gelehrte Johann Gottfried
Herder, der 1788/89 die damals obligate Italienreise unternommen, sich zuvor aber auch für
Ossian begeistert hatte (1773), pries in seiner Menschheitsgeschichte den Norden als „Gebär-

mutter des Lebens", doch machte dies in der breiten Wahrnehmung die „Nordvölker" nicht viel sympathischer und etablierte keine stärkere Perspektive gegen Norden. Und die Tatsache, dass die Karten allgemein gegen Norden gerichtet sind, blieb ein abstraktes Prinzip.

Im 16. Jahrhundert gab es mit einer gewissen Selbstverständlichkeit auch „gesüdete" Europakarten, auf denen der Stiefel Italiens noch oben schaute. Auch bei Dieter Richter ist eine abgebildet, sie ist Erhart Etzlaub (Nürnberg, um 1500) zugeschrieben, die sonderbare Ausrichtung auf den Süden ist da aber keinen Kommentar wert. Diese Karten wurden offenbar für Pilgerreisen nach Rom hergestellt. Solche Darstellungen finden sich allerdings auch auf Weltkarten, etwa auf der „Mappemonde" des französischen Kartographen Nicolas Desliens von 1566.

Mit der Aufwertung der außereuropäischen Räume und damit der südlichen Hemisphäre hat die etablierte Nordausrichtung eine Infragestellung durch bewusst angefertigte *Upsidedown Maps* erfahren. Die erste *south-up* oder *rotated* Karte soll 1979 vom Australier Stuart McArthur von der Universität Melbourne hergestellt worden sein, und zwar, weil dieser persönlich genug davon hatte, stets als „from the bottom of the world" vorgestellt zu werden. Inzwischen sind weitere Karten dieser Art entstanden. Sie werden auch als Postkarten und Kühlschrankmagnete über das Internet vertrieben.

„Südwärts" ziehen wurde gegen Ende des 18. Jahrhunderts zu einer modischen Massenerscheinung – wenigstens der Oberschicht. Goethes Bildungs- und Vergnügungsreise vom Sommer 1775 führte zum Gotthard. Am 22. Juli stand er ein erstes Mal auf der Passhöhe und schaute nach Süden. Er fertigte sogar eine Zeichnung an und gab ihr den bezeichnenden Titel „Scheideblick nach Italien". Dann kehrte er um und zog heim nach Frankfurt. Später erinnerte er sich in „Dichtung und Wahrheit": „Die Lombardei lag als ein ganz Fremdes vor mir". Immerhin wusste Goethe, was vor ihm lag. Vom Gotthard, aber auch vom verheißungsvollen Süden angezogen, stieg Goethe im Spätherbst 1779 ein zweites Mal zum Hospiz hinauf, wiederum ohne die Absicht, weiter nach Süden zu gelangen. Als er 1797 zum dritten Mal auf dem Gotthard stand, hätte er eigentlich nach Italien weiterreisen wollen, wegen der Kriegswirren in Oberitalien wagte er es aber nicht und kehrte wieder um.

Kurz zuvor, 1795/96, kam Goethes Bildungsroman „Wilhelm Meisters Lehrjahre" heraus; er enthält die kleine Episode, in der das Mädchen Mignon dem Protagonisten Wilhelm in fremder Sprache ein Lied mit dem Refrain vorträgt, von dem der Autor sagt: „In dem Dahin! Dahin! lag eine unwiderstehliche Sehnsucht, und ihr (Mignons, d. Vf.) Lass uns ziehn! wusste sie bei jeder Wiederholung dergestalt zu modifizieren, dass es bald bittend und dringend, bald treibend und vielversprechend war".

Das Mädchen, das im Roman gelegentlich sterben wird, wünschte mitgenommen zu werden: „Gehst Du nach Italien, so nimm mich mit, es friert mich hier". Ob sie schon einmal dort war, verrät sie dem danach fragenden Wilhelm nicht. „Kennst du das Land, wo die Zitronen blühn, / Im dunkeln Laub die Goldorangen glühn, / Ein sanfter Wind vom blauen Himmel weht, / die Myrte still und hoch der Lorbeer steht, / Kennst du es wohl? / Dahin! Dahin / Möchte' ich mit dir, o mein Geliebter, ziehn!"

Dieser Text darf in einer Abhandlung über Himmelsrichtungen nicht fehlen, er erlangte (mindestens mit seiner ersten Zeile) sonderbare, „geflügelte" Berühmtheit, die sich aus der literarischen Qualität alleine nicht erklären lässt. Die an sich eher gewöhnliche Schilderung lebte in allererster Linie von der angesprochenen Sache selbst: in der Sehnsucht nach dem Süden.

Zuvor war der deutsche Text in viele andere Sprachen übersetzt worden (zum Beispiel ins Polnische von Adam Mickiewicz), und zahlreiche bekannte Komponisten hatten sich des Stoffs angenommen und damit auf die Popularität reagiert und diese weiter gesteigert. Im Internet finden sich zu „Where the Lemons Blossom" alle Angaben. Zu nennen sind etwa die erste Vertonung von Ludwig Abeille (1761–1838), dann von Ludwig van Beethoven (1809), gefolgt von vielen anderen: Hans Georg Nägeli, Othmar Schoeck, Franz Schubert, Charles Gounod, Schumann, Liszt, Tschaikowsky. Johann Strauss II widmet ihm 1874 einen seiner Walzer (op. 364). Bei der Uraufführung in Turin hieß die Komposition allerdings „Bella Italia", erst zurück im deutschsprachigen Raum erhielt sie dann den Titel „Wo die Zitronen blühn".

Das Gedicht erlebte im Lauf des 19. Jahrhunderts eine erstaunliche Karriere. Und erlebte wie viele klassische Erinnerungsorte gegen Ende des 20. Jahrhunderts einen rasanten Absturz ins Nichtmehrbekannte, dies obwohl es dann und wann noch in den elektronischen Massenmedien auftaucht. Auf Google gibt der Spruch gegen 170 000 Nennungen.

Weniger klassisch, aber für eine Weile nicht weniger volkstümlich war das 1825 gedichtete Wanderlied der Prager Studenten des deutschen Romantikers Josef Freiherr von Eichendorff „Nach Süden nun sich lenken, die Vöglein allzumal…"

Der Germanist Gunter E. Grimm betont die „Zweckhaftigkeit" der Reisen nach dem italienischen Süden. Entweder sei es um das Seelenheil (wie etwa bei Tannhäuser) oder den beruflichen Aufstieg, die wissenschaftliche Laufbahn oder die Beamtenkarriere gegangen. Von den vielen Erinnerungen an Italienreisen sind vor allem die Aufzeichnungen Winckelmanns und Goethes in Erinnerung geblieben, in der Zeit selbst waren aber die Reiseberichte etwa eines Karl Philipp Moritz („Reisen eines Deutschen in Italien in den Jahren 1786 bis 1788") sehr populär. Die Himmelrichtungen beginnen in den Büchern und in Bildern, bevor man sie auf konkreten Reisen unter die Füße nimmt. Doch wie es den Süden zu entdecken gab, gibt es, zum Beispiel mit der vom Bremer Kulturhistoriker Dieter Richter zusammengetragenen Dokumentation, die Entdeckung des Südens zu entdecken.

Westen und Osten

Die Gegenüberstellung von Westen und Osten hat eine lange Tradition. Uns ist aus naheliegenden Gründen die westliche Sicht bekannt. Die östliche Sicht nach dem Westen und auf den Westen gibt es zwar ebenfalls, ist aber im Westen wenig bekannt. Die Rekapitulationen der Geschichte dieses Beziehungspaars setzen meistens mit der Feststellung ein, dass sich schon die Griechen in der Abwehr der aus dem Orient vordringenden Perser als eine Art Westen verstanden hätten. Dem stand der später aufgekommene und bereits zitierte Slogan „Ex oriente lux" entgegen, der mit einer Anspielung auf den Sonnenaufgang des Morgenlandes festhalten wollte, dass die Anfänge des Geistes beziehungsweise der Hochkulturen und des monotheistischen Glaubens aus dem Osten stammten. Wladimir Solowjowas Gedicht „Ex oriente lux" von 1890 inspirierte unter anderem die Eurasierbewegung um Fürst Nikolai Sergejewitsch Trubetzkoy. In der russischen Kulturgeschichte war der Slogan im Zusammenhang mit der Frage wichtig, ob Russland zu Europa oder zu Asien gehöre, dies in der großen Auseinandersetzung zwischen „Westlern" und Slawophilen. Später entstand der von Vorbehalten geprägte Begriff der „Teilverwestlichung".

Während des Kalten Krieges portierten die Anhänger der Sowjetunion das Wort vom Licht aus dem Osten in abgewandelter Form: „Ex oriente pax". „Westen" und „Europäismus" (evropeizm) waren in der Ära der Sowjetherrschaft pejorativ und antisowjetisch, bourgeois, imperialistisch, monopolistisch konnotiert; ihnen stand positiv gegenüber der Eurasianismus.

Es ist bekannt, dass die Himmelsrichtungen in der Ära des Kalten Krieges eine starke politische Bewertung erfuhren. Weniger bekannt ist, inwiefern bereits in den vorangehenden

Zeiten ähnliche Bewertungen abgegeben worden waren. Bekannt ist Leopold von Rankes pointierte Aussage von 1824 zu Nähe und Distanz der aus mitteleuropäischer Position benachbarten Räume: „In der Tat gehen uns Neu York und Lima näher an als Kiew und Smolensk".

Nähe und Distanz werden hier auf Grund angenommener Übereinstimmung und stipulierter Andersartigkeit definiert. Diese Grundtendenz besteht noch immer, wie etwa die *mental map* des ehemaligen deutschen Bundeskanzlers zeigt: Der Hamburger Helmut Schmidt erklärte, dass die Tschechen „ohne Zweifel" zum europäischen Kulturkreis zählten, im Fall der Slowakei diesbezüglich aber „einige Zweifel" bestünden. Darauf musste er sich belehren lassen, dass dieses Land über Jahrhunderte integraler Bestandteil der österreichisch-ungarischen Monarchie und die Hauptstadt Bratislava (Pressburg) die Krönungsstadt der ungarischen Könige waren. Hier kann auch an die Redeweise erinnert werden, dass der Osten gleich hinter Wiens Westbahnhof beginne.

Ein eindrückliches Beispiel für die – im Westen – gängige Bewertung der West-Ost-Aufteilung innerhalb Europas geben die Ausführungen von Thomas Achelis in der vor 1914 erschienenen „Weltgeschichte" von Hans F. Helmolt. Einem sonderbaren topographischen pseudowissenschaftlichen Determinismus verpflichtet, wird hier angenommen, dass der Mensch als Kind von der ihn umgebenden Natur dazu gezwungen sei, „so (zu) leben, wie sie es gestattet, so (zu) denken, wie sie ihn lehrt". Mithin ein ähnlicher Naturdeterminismus wie im Fall der Südorientierung. Während Westeuropa von langen, hie und da gewaltigen Gebirgszügen fast überall durchquert sei, scheine im Osten „der Natur die Kraft versagt zu haben, solche Alpenhöhen aufzutürmen". Es herrsche „unübersehbares Tiefland", „nirgends unterbrochene kontinentale Festlandmasse". Und in der Konsequenz heißt es vom Osten, er sei auf unermesslichen Strecken gleiches Land zu gleicher Kultur, alles imponiere durch Dimension, durch Quantum, aber nicht durch Varietät. „Alles trägt hier den Stempel der Masse, der Beharrung und Umwandelbarkeit des Geistes, der Starrheit der geistigen Welt". Im Westen dagegen würde ein Gedanke den anderen jagen, ein System würde vom andern abgelöst, und die Menschen seien in verschiedener Richtung tätig gewesen. Und später: „Die steigende Verästelung der Arbeit, auch der geistigen, schafft immer neue Werte und Probleme; immer feiner verästeln sich die mannigfachen Beziehungen zwischen materiellem, körperlichem und intellektuellem, geistigen Leben: Wir verspüren etwas vom sausenden Webstuhl der Zeit, an dem uns die tiefere psychologische Begründung Zusammenhang und Hergang geschichtlicher Ereignisse als Bruchteil unseres eigenen seelischen Lebens kennen lehrt, nur in unendlicher Verstärkung und Vergrösserung". Um dann noch hinzuzufügen: „Gerade in unseren Tagen scheint sich der Siegeszug dieser überlegenen westeuropäischen Gesittung über den Erdball, vielleicht unter bedenklichen Erregungen, vorzubereiten".

Etwa zur gleichen Zeit, in den 1890er Jahren, thematisierte der bekannte britische Schriftsteller Rudyard Kipling in einer bemerkenswert schnell sehr populär gewordenen Ballade den säkularen Gegensatz zwischen Osten und Westen, allerdings bezogen auf den Mittleren Osten (Afghanistan): „Oh, East is East, and West is West, and never the twain shall meet, / Till Earth and Sky stand presently at God's great Judgment Seat; / But there is neither East nor West, Border, nor Breed, nor Birth, / When two strong men stand face to face, tho' they come from the ends of the earth!"

Die Unterscheidung von West und Ost erfuhr im Ersten Weltkrieg eine weitere Akzentuierung und eine kompliziertere Aufteilung: Der Westen, das war aus der Sicht der Zentralmächte die Entente plus das 1917 ebenfalls in den Krieg eingetretene Amerika. Der Titel des bekannten, in über 50 Sprachen übersetzten Kriegsromans von Erich Maria Remarque „Im Westen nichts Neues" (1928/29) sagt nichts über den Westen aus, sondern erinnert lediglich daran, dass es für die Deutschen 1918 noch eine Westfront gegeben hat. Während aus dieser mittleren Position der Westen in Ansätzen schon damals als dekadent eingestuft wurde, wurde der Osten pathologisiert und mit einem Bollwerk von Quarantänelagern ausgegrenzt – und zugleich als militärischer und wirtschaftlicher Expansionsraum angegangen. Im Zweiten Weltkrieg wiederholte sich das Szenario.

Auch das friedliche (West-)Europa der Nachkriegszeit sah sich in einer gefährlichen Nachbarschaft beider Seiten, wobei die Gefahren sehr unterschiedlicher Natur waren. Paul Henri Spaak formulierte dies Ende 1951 so: „Das Europa, von dem wir hier sprechen, ist ein Europa, das seit fünf Jahren in der Angst vor den Russen und von der Wohltätigkeit der Amerikaner lebt." Amerika wurde aus europäischer Sicht jedoch weniger als Westen gesehen, Amerika war einfach sich selbst. Der Westen begann in Amerika sozusagen von neuem als „far west".

Die Jahre nach 1945 bildeten die Zeit, da das Abendland ohne das entsprechende Morgenland zu einem wichtigen Begriff wurde, Inbegriff für christlich, aufgeklärt, demokratisch und als neue Variante die im Jahre 292 n. Chr. durch Kaiser Diokletian vorgenommene Aufteilung in ein Ostrom und ein Westrom perpetuierend.

Nach dem Muster der starken Zweiheit in der schwachen Einheit war der Osten im Westen eine Zone der „getrennten Brüder und Schwestern", denen zum Teil zwar real geholfen wurde, beispielsweise mit privaten Medikamentensendungen, die aber – alles in allem – umso mehr bemitleidet wurden, je sicherer sie hinter dem Eisernen Vorhang auf Distanz gehalten waren. War dieser Vorhang einmal beseitigt, wurden sie zu einer Bedrohungsgröße. Dem trugen etwa die dem ehemaligen deutschen Außenminister Hans-Dietrich Genscher zugeschriebene und sicher gut gemeinte Redewendungen Rechnung, die sich für Transformationshilfe mit dem Argument einsetzten, dass man die westliche Stabilität nach dem Osten exportieren müsse, damit der Osten nicht seine Instabilität nach dem Westen bringe.

Das Bild vom West-Ost-Gefälle bestätigt und relativiert zugleich das gegebene Begriffspaar. Es relativiert, indem es von einem gleitenden Übergang ausgeht. Und es bestätigt, weil es impliziert, dass es auch im Westen eine östliche Hälfte und im Osten eine westliche Hälfte gibt. Der ukrainische Schriftsteller Andrej Kurkow bekräftigte im Jahr 2003 diese Wahrnehmung mit der folgenden Beobachtung während einer Zugsreise von Kiew zu seiner Frau nach London: „Der Osten eines jeden Landes war weniger entwickelt als der Westen. In mindestens drei Ländern, durch die ich reiste, fand ich meine Theorie bestätigt: Die schmutzigen, halb zerfallenen Häuser im Osten wichen im Westen allmählich gepflegten, frisch gestrichenen Fassaden." Das sei ihm in der Ukraine, in Polen und in Deutschland aufgefallen. Nur jenseits der westdeutschen Grenze sei „einfach nur noch Westen" gewesen.

Beschreibungen des gleichen Gefälles in der Gegenrichtung berücksichtigen den Industrialisierungs- und den Demokratisierungsgrad. Im „wilden Osten" von Vasarosbec wollten nach Darstellung des Holländers Geert Mak (2004) die Dorfbewohner zum „Wohlstand des Westens" aufschließen, aber die Güter des Ostens nicht aufgeben: „Freundschaft, die Fähigkeit, von wenig Geld zu leben, die Fertigkeit, kaputte Sachen zu reparieren, die Möglichkeit, Schweine zu halten und sie zu Hause zu schlachten, die Freiheit, so viel Reisig zu verbrennen, wie man wolle, in der Kneipe zu rauchen etc."

Mit dem Wegfall der Mauer 1989 und dem partiellen Wegfall der Gegenüberstellung von West- und Osteuropa kam für Heinrich August Winkler der Moment, eine große „Geschichte des Westens" zu schreiben. Neu ist, entgegen der Verlagsanzeige, dieses Unterfangen allerdings nicht. Es hat sie immer wieder gegeben, diese Art von Darstellungen abendländischer Geschichte seit der Antike. Vielleicht ist sie neu in der Machart: Einerseits will Winkler den Westen als transatlantische Einheit verstehen, anderseits unterscheidet er zwischen dem alten Westen (vor allem England) und dem neue Westen (vor allem USA), wobei er auch der Französischen Revolution von 1789 attestiert, „westliche Ideen" generiert zu haben. Und vom östlichen Westen der vormaligen sowjetischen Satellitenstaaten sagt er, dass dieser Westen – nachholend – „verwestlichen" musste oder noch muss.

1987 nahm Hans Magnus Enzensberger in seiner Publikation „Ach Europa" in einer ins Jahr 2006 projizierten Fiktion die deutsche Wiedervereinigung vorweg und ging davon aus, dass „Wessies" und „Ossies" einander spinnefeind sein würden. Mit dem Fall der Mauer und dem Zusammenkommen dessen, was zusammenkommen muss (Willy Brandt), gewannen die Bezeichnungen „Wessi" und „Ossi" an Bedeutung. Die Wessis gab es bereits zuvor als ambivalente, halb positive, halb negative Bezeichnung derjenigen, die zu DDR-Zeiten „nach drüben" gegangen sind. Manche Westberliner bezeichneten die „provinzielle" Bundesrepublik im abschätzigen Sinn als „Wessiland" und zeigten, dass es, gegen den Trend in die entgegengesetzte Richtung, innerhalb dieses Westens die Vorstellung eines Ost-West-Gefälles geben konnte.

Literaturhinweise

Hans F. HELMOLT, Weltgeschichte. Leipzig 1899–1907, [2]1913–1922.

Italiam! Italiam! Ein neuentdeckter Karl Viktor von Bonstetten. Erstveröffentlichungen. Herausgegeben, übersetzt und erläutert von Doris WALSER-WILHELM/Peter WALSER-WILHELM. Bern 1995.

Georg KREIS (Hrsg.), Antiamerikanismus. Zum europäisch-amerikanischen Verhältnis zwischen Ablehnung und Faszination. Basel 2007.

Geert MAK, In Europa. Eine Reise durch das 20. Jahrhundert. München 2004.

Marie-Louise VON PLESSEN (Hrsg.), Idee Europa. Entwürfe zum „Ewigen Frieden". Ordnungen und Utopien für die Gestaltung Europas. Berlin 2003.

Dieter RICHTER, Der Süden. Geschichte einer Himmelsrichtung. Berlin 2009.

Frithjof Benjamin SCHENK, Mental Maps. Die Konstruktion von geographischen Räumen in Europa seit der Aufklärung, in: Geschichte und Gesellschaft 28 (2002), S. 493–514.

Karl SCHLÖGEL, Die Mitte liegt ostwärts. München 2002.

Ludwig SCHUDT, Italienreisen im 17. und 18. Jahrhundert. Wien/München 1959.

Heinrich August WINKLER, Geschichte des Westens. Bd. 1: Von den Anfängen in der Antike bis zum 20. Jahrhundert. München 2009.

Achim Landwehr
Zeitrechnung

Zeit und Erinnerung – dieses Begriffspaar ist aufs Engste miteinander verknüpft, wie uns nicht erst vor Augen steht, seit der Ich-Erzähler in Marcel Prousts „Auf der Suche nach der verlorenen Zeit" ein Stückchen Madeleine in eine Tasse Tee tunkte. Wir gehen in unserer Alltagsvorstellung davon aus, dass man Erinnerungsstücke aus vergangenen Tagen mit sich trägt und diese zurückliegenden Erlebnisse – gewollt oder ungewollt – wieder aufrufen könnte.

Ich möchte mich jedoch an dieser Stelle nicht auf eine Diskussion des viel zu weiten Feldes von Zeit und Erinnerung einlassen, sondern diesen Ausgangspunkt nutzen, um auf ein weit weniger offensichtliches Thema hinzuweisen, nämlich den Zusammenhang von Erinnerung und Zeitrechnung. Man kann wohl kaum behaupten, dass die Zeitrechnung im alltäglichen Umgang für uns ein Ort der Erinnerung wäre. Zeitrechnung benutzen wir, aber wir erinnern uns nicht an sie. Sie ist ein praktisches Hilfsmittel, das eine allgemeine temporale Orientierung bietet, nicht zuletzt bei der Erinnerungsarbeit, insofern sie uns mit ihren wichtigsten Medien, der Uhr und dem Kalender, eine Gedächtnisstütze liefert und Erinnertes mit einem Datum oder einer Uhrzeit versieht.

Wenn aber diese Zeitrechnung in eher seltenen Fällen etwas ist, das der Erinnerung wert scheint, was hat ein solcher Beitrag dann in einem Buch über Europäische Erinnerungsorte zu suchen? Eine Antwort auf diese Frage erfordert ein genaueres Hinsehen – bei dem sich offenbart, dass in die Zeitrechnung tatsächlich sehr vieles eingelagert ist, was das europäische Selbstverständnis ausmacht.

Die Macht der Zeitrechnung

Die unterschiedlichen Zeitrechnungen, welche die europäische, aber selbstredend auch die außereuropäische Kulturgeschichte kennen, stellen Orientierung im unausweichlichen Nacheinander der Geschehnisse zur Verfügung. Zeitrechnungen sind Referenzsysteme, mit deren Hilfe Gleichzeitiges, Vorheriges und Nachfolgendes bestimmt und voneinander unterschieden werden kann. Über diesen rein funktionalen Aspekt hinaus sind in Zeitrechnungsmodellen aber auch kulturelle Erfahrungen eingelagert, und sie sind selbst in der Lage, zur Hervorbringung kultureller Sinnformationen beizutragen.

Es gibt wohl nur wenige Phänomene, die so gut wie die Zeit zeigen können, dass das Selbstverständnis Europas Ergebnis recht aufwändiger Konstruktionsverfahren ist. Es muss schon ein wenig seltsam anmuten, das etwas zur Grundlage eines ganzen Kontinents werden kann, das keine eigene Existenzweise besitzt. Wie nicht großartig bewiesen werden muss, gibt es „die Zeit" nicht. Was wir als gegeben voraussetzen können, ist das Entstehen und Vergehen von Leben, ist der zweite Hauptsatz der Thermodynamik, ist die Unumkehrbarkeit von Ereignissen – aber all das ist noch nicht „die Zeit". Nicht selten behandeln wir die Zeit aber so, als käme ihr eine eigene, von den Menschen unabhängige Daseinsweise zu, als würde hoch über uns eine riesige Uhr ticken, die uns die absolute Zeit vorgibt, nach der wir uns zu richten hätten. Tatsächlich ist Zeit jedoch ein kulturelles und historisches Produkt. Kollektive bedienen sich bestimmter Techniken, durch die sie etwas hervorbringen, das temporal-organisatorische Funktionen erfüllt und „Zeit" genannt werden kann. Medien wie Kalender oder Uhren kehren diesen Effekt aber nicht selten um, denn sie erwecken den Eindruck, als würden sie nur etwas neutral registrieren – nämlich „die Zeit" –, das unabhängig von unserem Wollen und Wirken existierte.

Diese alle Lebensbereiche betreffende und durch alle Lebensbereiche beeinflusste Zeitrechnung kann in ihrer Wirkmächtigkeit kaum überschätzt werden – und die Tatsache, dass wir davon im Alltag kaum mehr etwas bemerken, ist kein Argument gegen, sondern ein Beleg für die Macht von Zeitrechnung. Die Uhren- und Kalenderzeit, wie man diese ihrem Ursprung nach europäische Form der Zeitrechnung nennen kann, ist einer der erfolgreichsten Exportschlager der westlichen Welt. Das Beeindruckende an dieser Uhren- und Kalenderzeit ist ihre Simplizität und Ubiquität. Ihre Symbole und Präsentationsformen sind verhältnismäßig leicht zu verstehen und können schon von Kleinkindern erlernt werden, und die technischen Apparaturen zur Übertragung dieser Symbole finden sich tatsächlich überall: öffentliche Uhren, Armbanduhren, Computer, Radio, Fernsehen, Mobiltelefone, Kalender, Tagebücher...

Und obwohl die technischen Möglichkeiten, die Uhren- und Kalenderzeit zu verbreiten und verfügbar zu halten, beständig anwachsen, ist das Prinzip der Zeitrechnung, das sich dahinter verbirgt, unverändert geblieben. Ein Tagesdatum oder eine Uhrzeit erscheinen uns üblicherweise als die mehr oder minder technische Repräsentation basaler und daher auch neutraler Informationen von Sekunden, Minuten, Stunden, Tagen, Wochen, Monaten und Jahren. Tatsächlich führt uns aber jeder Blick in den Kalender oder auf die digitale Armbanduhr in die Untiefen der europäischen Kulturgeschichte.

Die Kalenderzeit

Die größere Ordnung des Kalenders dabei an erster Stelle zu betrachten, hat durchaus seinen historischen Sinn, denn die Erfassung des Jahres und seiner Untergliederung ist geschichtlich deutlich älter als die Messung von Stunde, Minute und Sekunde. Nun könnte man berechtigter Weise einwenden, dass es sich gerade beim Kalender keineswegs um ein Konstrukt, um etwas vom Menschen Geschaffenes handelt, schließlich sind Sonnen- und Mondumlauf, Tag- und Nachtwechsel, Jahreszeiten oder planetarische Konstellationen sehr konkrete und in der gegebenen Außenwelt anzutreffende Phänomene. Tatsächlich hat insofern jede Form der Zeiterfassung ihre gewissermaßen natürliche Grundlage. Keineswegs gegeben ist jedoch, was ein Kollektiv aus diesen Phänomenen macht und welche Bedeutungen es ihnen zuschreibt.

Beginnen wir bei der Monatseinteilung. Die Grundlagen des europäischen Kalenders lassen sich bis zu den Babyloniern zurückführen und fanden von hier ihren Weg unter anderem in das Judentum und das antike Rom. Insbesondere anhand des Julianischen Kalenders, der unmittelbaren Vorgängerversion unseres heute noch gültigen Gregorianischen Kalenders, lässt sich zeigen, dass Fragen der Zeiteinteilung nahezu zwangsläufig eine enge Verbindung mit Aspekten der politischen Macht und der soziokulturellen Verhältnisse eingehen.

Unter Julius Cäsar, nach dem dieser Kalender auch benannt wurde, ging man das Problem an, dass sich zwischen dem Sonnenjahr und dem bis dahin geltenden römischen Kalender eine Differenz von nicht weniger als 90 Tagen herausgebildet hatte. Eine Reform stellte also einerseits ein praktisches Problem dar, war aber zugleich Ausdruck des Bewusstseins, dass ein Weltreich eine klare zeitliche Ordnung benötigte. Cäsar beauftragte den Mathematiker und Astronomen Sosigenes von Alexandrien mit der Kalenderreform, die 46 v. Chr. vom Senat angenommen wurde. Zu den Prinzipien dieses Kalenders gehörte nicht nur, das Jahr am 1. Januar beginnen zu lassen, sondern es auch in 12 Monate mit jeweils 30 Tagen einzuteilen.

Blieb ein Rest von fünf Tagen (mit einem weiteren Schalttag in jedem vierten Jahr), der nach dem Willen Cäsars nicht herrenlos und dem Nichtstun überlassen bleiben sollte. Also wurde dem Februar als dem bisherigen letzten Monat des Jahres ein weiterer Tag weggenommen, so dass die nun zur Verfügung stehenden sechs Tage auf jeden zweiten Monat verteilt werden konnten. Die Monate Januar, März, Mai, Juli, September und November erhielten 31 Tage, die anderen (abgesehen vom Februar) 30. Auch erhielten die Monate ihre bis heute (weitgehend) gültigen Bezeichnungen: *Januarius, Februarius, Mars, Aprilis, Maia, Juno, Quintilis, Sixtilis, September, October, November, December.* Zwei Jahre nach der Reform beschloss der Senat auf Vorschlag Marc Antons, den Schöpfer des neuen Kalenders durch eine Umbenennung seines Geburtsmonats *Quintilis* in *Julius* zu ehren. Cäsars späterer Erbe wollte dem nicht nachstehen: Kaiser Augustus benannte den Monat *Sixtilis* im Jahr 8 n. Chr. nach sich selbst. Um jedoch zu vermeiden, dass „sein" Monat einen Tag weniger hatte als Cäsars Monat Juli, wurde dem Februar ein weiterer Tag genommen und dem August zugeschlagen, so dass auch dieser 31 Tage umfasste. Dies erklärt die heute noch gültige, ungleichgewichtige Verteilung der Tage auf die jeweiligen Monate.

Auch wenn der Julianische Kalender über Jahrhunderte hinweg im europäischen Kulturraum gültig blieb, erfuhr er doch erhebliche Umdeutungen, vor allem durch das Judentum und das Christentum. Allein schon die Idee, sich das Werden der Menschheit als einen Zeitpfeil vorzustellen, ist zutiefst jüdisch-christlich. In christlichen Gesellschaften wurde das persönliche Schicksal des Religionsstifters als Präfiguration und Erfüllung des Schicksals der Menschheit gedeutet, folgerichtig musste auch die Geschichte dieser Menschheit als eine Biographie mit ihren Altersstufen, ihrem Wachstum und Niedergang gedacht werden.

Von Zeittheorien im spezifisch europäischen Kontext kann man daher kaum sinnvoll sprechen, wenn man nicht zumindest in groben Zügen ihre christlich-jüdischen Wurzeln im Auge behält, denn sie sind geprägt durch eine charakteristische Hoffnung auf Erlösung. Der Kreuzigung Christi kam in diesem Zusammenhang der Status eines einmaligen und unwiederholbaren Ereignisses zu – ein Umstand, aus dem sich nahezu zwangsläufig ein lineares, nicht ein zyklisches Zeitmodell entwickeln musste. In zeitorganisatorischer Hinsicht wurde darüber hinaus die Geburt Christi als chronologischer Nullpunkt markiert, nach dem sich die gesamte welthistorische Jahreszählung ausrichtete. Während die meisten Kalendersysteme von einem Ursprungsereignis ausgehen, rotieren christlich geprägte Kalender gleichsam um das Achsenereignis der Geburt Jesu. Das hat für chronologische Berechnungen den großen Vorteil, dass historische Tiefendimensionen sowohl „vor Christus" wie auch „nach Christus" ins Unendliche verlängert werden können.

Die nächste entscheidende kalendarische Reorganisation verbindet sich mit dem Namen Papst Gregors XIII. Es waren einmal mehr drängende, tatsächlich bereits über Jahrhunderte herangewachsene Probleme, welche diese Kalenderreform nötig machten. Der Julianische Kalender umfasste exakt 365 Tage und sechs Stunden, war also etwas zu lang, da das tropische Jahr nur 365 Tage, fünf Stunden, 48 Minuten und 46 Sekunden beträgt. Etwas mehr als elf Minuten pro Jahr standen also zur Debatte – nicht viel angesichts der Weltgeschichte, sollte man meinen. Immerhin differierten die Gestirne und der Julianische Kalender damit nur alle 128 Jahre um einen Tag.

Den mittelalterlichen Zeitgenossen bereitete dieser Umstand aber erhebliche Schwierigkeiten, so dass es immer wieder vergebliche Versuche zur Reform gab. Im späten 16. Jahrhundert belief sich die Differenz zwischen Kalender- und Sonnenjahr bereits auf zehn Tage. Das Papsttum schien die einzige länderübergreifende Institution zu sein, die dieses alle betreffende Problem angehen konnte. Papst Gregor XIII. berief also eine Kommission ein, deren Arbeit die Grundlage für die Bulle „Inter Gravissimas" vom 24. Februar 1582 war. Diese Bulle bestimmte vor allem die Beseitigung der aufgelaufenen Differenz von zehn Tagen sowie eine Neuregelung der Schalttage: In größeren Teilen Europas ging man direkt vom 4. auf den 15. Oktober 1582 über, und die Abweichung vom Sonnenjahr wurde dadurch erheblich abgemildert, dass man zwar wie bisher jedes vierte Jahr ein Schaltjahr einlegte, davon allerdings diejenigen Säkularjahre ausnahm, die nicht durch 400 teilbar sind. In vier Jahrhunderten umfasst daher der Gregorianische Kalender drei Tage weniger als der Julianische, wodurch die Abweichung zwischen tropischem Jahr und Kalenderjahr auf 26 Sekunden reduziert wird. Eine Abweichung von insgesamt einem Tag kommt demnach erst nach Ablauf von 3323 Jahren zustande.

Mathematisch und kalendertechnisch handelte es sich um eine geniale, weil einfache und elegante Lösung. In politischer und religiöser Hinsicht sah die Sache jedoch ganz anders aus. Denn dass sich Fragen der Zeitrechnung nicht von Fragen der Macht und Kultur trennen lassen, belegt die Rezeption des Gregorianischen Kalenders. In Frankreich, Spanien, Portugal und größeren Teilen Italiens wurde er 1582 eingeführt, die katholischen Territorien des Heiligen Römischen Reichs Deutscher Nation folgten 1583, Böhmen 1584 und Ungarn 1587. Die protestantischen Territorien verweigerten sich dem Kalender jedoch, da sie ihn für das Werk des Antichristen hielten.

Innerhalb des Heiligen Römischen Reichs Deutscher Nation existierten daher zwischen 1582 und 1700 zwei um zehn Tage voneinander abweichende Kalendersysteme. Und wie der deutschsprachige Raum, so war auch ganz Europa kalendarisch getrennt zwischen einem Julianischen (mehrheitlich protestantischen) und einem Gregorianischen (mehrheitlich katholischen) Bereich. Weitgehend aufgehoben wurde diese Trennung erst im Verlauf des 18. Jahrhunderts. Die deutschen protestantischen Territorien rangen sich im Rahmen einer so genannten Kalendervergleichung im Jahr 1700 zu einer Reform ihres Julianischen Kalenders durch, die nur noch wenige Unterschiede zum Gregorianischen Konkurrenzmodell zurückließ. Im selben Jahr vollzogen diesen Schritt Dänemark, Teile der Schweiz und die niederländischen Generalstaaten. Im Jahr 1752 folgten Großbritannien und die nordamerikanischen Kolonien, 1753 schließlich Schweden.

Man muss sich die Tragweite und historische Tiefenwirkung des Gregorianischen Kalenders vor Augen halten. Seit seiner Etablierung im Oktober 1582 scheiterten alle weiteren europäisch-westlichen Versuche, die Zeitrechnung zu verbessern. Weder der französische Revolutionskalender aus dem Jahr 1793 noch das sowjetische Kalenderexperiment zwischen 1929 und 1940 oder Reformversuche der UNO konnten sich gegen das frühneuzeitlich-päpstliche Modell durchsetzen, obwohl diese jüngeren Vorschläge rationaler und insgesamt einfacher waren. Damit wurde langfristig einem europäischen Kalendersystem zu globaler Macht verholfen, das seinen christlichen Hintergrund schwerlich verbergen kann.

Die Uhrzeit

Während sich am Beispiel der Kalenderrechnung besonders gut zeigen lässt, wie kulturelle Verhältnisse die Zeitorganisation prägen, kann anhand der Uhrzeit im umgekehrten Sinn deutlich gemacht werden, wie sich technische Innovationen auf die Kultur auswirken. Die Uhrzeit zeichnet sich in ihrer spezifisch europäisch-westlichen Variante dadurch aus, dass sie die Zeit in Intervalle zergliedert. Eine häufig verwendete Metapher spricht zwar davon, dass die Zeit fließt – im Fall der europäischen Uhrzeit ist diese Beschreibung jedoch nicht zutreffend. Zeit wird vielmehr durch Uhren (und auch durch Kalender) rhythmisiert, ja zerhackt, und zwar mit ganz spezifischen Effekten.

Die Räderuhr mit Gewicht und Hemmung, die für die Entwicklung des Zeitverständnisses in Europa und dann schließlich auch im Rest der Welt von so einschneidender Bedeutung sein sollte, lässt sich hierfür als Beispiel anführen. Sie vollführt zunächst einmal eine Bewegung im Raum, legt mit ihren Drehungen eine bestimmte Strecke zurück, um auf diese Weise Zeit sichtbar und messbar zu machen. Durch ein Gewicht wird dieser Bewegung angetrieben, durch die Hemmung wird das Räderwerk – um nicht zum Opfer der Beschleunigung zu werden – immer wieder gebremst und losgelassen. Ihr Gang war im Gegensatz zu Sonnen-, Wasser-, Räder- oder Sanduhren um ein Vielfaches gleichmäßiger und zuverlässiger, sie war von äußeren Umständen weitgehend unabhängig (was man von Sonnenuhren beispielsweise nicht behaupten kann), und sie bot wartungsmäßig relativ einfache Lösungen an. Das sind zunächst einmal technische Argumente, die per se noch nicht begründen können, warum die Bedeutung dieser Uhr so hoch zu veranschlagen ist. Bemerkenswert ist die Räderuhr mit Gewicht und Hemmung jedoch, weil sie Zeit nicht als etwas Fließendes misst, sondern weil sie Zeit in möglichst gleichmäßige Intervalle stückelt. Durch diesen Takt wird Zeit fassbar und beherrschbar – und erfasst und beherrscht damit auch ihre Benutzer. Die Konstruktion der Räderuhr brachte es aber nicht nur mit sich, dass Zeit immer präziser und in immer kleineren Einheiten erfasst werden konnte, sondern ständige Verbesserungen, Vereinfachungen und Verbilligungen ermöglichten es, dass diese Uhren sich in relativ kurzer Zeit immer weiter ausbreiten konnten und dass gleichmäßig gemessene Zeit im Leben der Menschen selbstverständlich werden konnte.

Entwickelt wurde die Räderuhr mit Gewicht und Hemmung irgendwann im späten 13. Jahrhundert, in den Jahren zwischen 1270 und 1300. Diese Innovation hatte sehr weitgehende soziale, politische, kulturelle und wirtschaftliche Auswirkungen, unter anderem die Verbreitung öffentlicher, kommunaler Uhren. Die Einrichtung von Uhren, die mit einem Stundenschlagwerk versehen und an allgemein zugänglichen, das heißt vor allem an von möglichst vielen sicht- und hörbaren Orten errichtet wurden, war für die Etablierung von Stundenrechnung und Zeitdisziplin von großer Bedeutung. Es handelte sich daher bei der Errichtung solcher öffentlicher Uhren nicht nur um eine technische, sondern auch um eine soziale Innovation. Die öffentliche Uhr war damit nicht mehr nur ein Element praktischer Nützlichkeit, sondern verwies auf ein geordnetes politisches Leben. Für Regierungen war die Uhr zu einem Sinnbild für die Qualität von Herrschaft geworden.

Nach Entwicklung der Räderuhr bewegten sich die Verbesserungen in der Genauigkeit von Uhren über Jahrhunderte hinweg in sehr groben Bereichen. Ein echter Quantensprung gelang dann erst wieder mit der Entwicklung der Pendeluhr im Verlauf des 17. Jahrhunderts. Nachdem Galilei im späten 16. Jahrhundert den Eigenschaften der Pendelbewegung auf den Grund gegangen war, also dem Zusammenhang zwischen der Amplitude und der Dauer der Pendelschwingung, wurden vor allem durch Christian Huygens (1657) und Richard Hooke (1676) die entscheidenden mechanischen und technischen Innovationen auf dem Weg zur Pendeluhr entworfen.

Die Bedeutung dieser Uhr kann gar nicht hoch genug eingeschätzt werden. Nicht nur dass die Verbesserung der Ganggenauigkeit dazu führte, dass die präzise Zeitmessung in der Wissenschaft Einzug hielt und allgemeine Anerkennung fand, auch auf die allgemeinen Vorstellungen von Zeit hatte sie tief greifenden Einfluss. Im Gegensatz zu unzuverlässigen Vorgängermodellen konnten die Pendeluhren nun teils über Jahre hinweg gleichmäßig und stetig vor sich hinlaufen. Auf diese Weise wurde die Vorstellung von der Homogenität und Kontinuität der Zeit fraglos befördert. Die Pendeluhr wurde sowohl zum Sinnbild eines mechanisch konzipierten Weltbildes wie auch der modernen Zeitauffassung. Die Genauigkeit von Uhren verbesserte sich zwischen der Mitte des 17. Jahrhunderts und dem frühen 18. Jahrhundert von etwa 500 Sekunden auf etwa 0,3 Sekunden Abweichung pro Tag! Und erst mit der Exaktheit dieser Uhren wurden die technischen Voraussetzungen dafür geschaffen, nicht nur genau nach der Stunde, sondern auch nach der Minute und sogar der Sekunde zu leben.

Man kann damit den Jahrzehnten um 1700 eine Scharnierfunktion in der europäischen Geschichte der Zeitrechnungen zuschreiben. Kalenderdrucke wurden in diesem Zeitraum endgültig zu einem Massenmedium, die Trennung von Julianischem und Gregorianischem Kalender löste sich allmählich auf und die Ganggenauigkeit von Uhren erfuhr eine deutliche Verbesserung. Doch noch wichtiger ist eine diskurs- und kulturhistorische Verschiebung, die diesen medialen und technischen Veränderungen an die Seite trat: Um 1700 haben wir es mit Blick auf herrschende Zeitkonzepte mit einer Umstellung zu tun, die Zeit nicht mehr ausschließlich als bereits gegebenes Sinnsystem verstand. Vielmehr wurde es möglich, Zeit als Ressource zu nutzen, und zwar als eine per se sinnentleerte Ressource, die überhaupt erst mit Sinn gefüllt werden musste.

Die europäische Zeit als globale Zeit

Der Zeitraum um 1700 darf für sich in Anspruch nehmen, für die Geschichte der Zeitrechnungsmodelle und Zeitkonzepte von besonderer Bedeutung zu sein, weil erstmals abendländisch-christliche Zeitvorstellungen ihren engeren Ursprungsbereich verließen, um einen Siegeszug um die Welt anzutreten. Sicherlich waren europäische Modelle der Zeitrechnung zuvor bereits den kolonisierten Gebieten aufoktroyiert worden – um 1700 geschah jedoch etwas qualitativ Neues.

Beispielhaft lässt sich dies am russischen Zarenreich zeigen, denn es hat wohl nur selten eine rabiatere Reform der Zeitrechnung gegeben als im frühen 18. Jahrhundert unter Zar Peter I. in Russland. Als Pjotr Alexejewitsch kehrte er in der letzten Augustwoche, kurz vor der Jahreswende des Jahres 7207 nach byzantinischem Kalender, aus dem Westen Europas nach Moskau zurück, machte sich unverzüglich an den Umbau der Moskauer Rus, nannte sich nun bürgerlich-niederländisch Piter und erneuerte unter anderem die Zeitrechnung. Der Jahresbeginn wurde von September auf den 1. Januar verlegt, und der byzantinische Kalender wurde abgeschafft. Somit folgte auf den 31. Dezember des Jahres 7208 nach Erschaffung der Welt, das gerade einmal vier Monate gedauert hatte, der 1. Januar des Jahres 1700 nach Christi Geburt. Diese Umstellung war – gemeinsam mit den weiteren grundlegenden Reformen Peters I. – für die Untertanen des Zaren ein Kulturschock. Der Zar wurde in der Folge als Antichrist bezeichnet und mit Aufständen konfrontiert, Gruppen orthodoxer Altgläubiger sahen das Ende der Welt nahen und begingen teilweise sogar kollektiven Selbstmord.

Auch für andere Kulturen außerhalb des lateinisch-christlichen Abendlandes mag die Konfrontation mit dieser spezifischen Form der Zeitrechnung als Schock gewirkt haben – wenn es auch üblicherweise nicht zu so heftigen Reaktionen kam wie in Russland. Die Auflistung einiger Daten mag an dieser Stelle genügen, um die Ausbreitung des Gregorianischen Kalenders um die Welt zu dokumentieren: Nachdem ab 1582 das katholische Europa diesen Kalender weitgehend übernommen hatte und sich seit 1700 das protestantische Europa allmählich anschloss, folgten Mitte des 18. Jahrhunderts die britischen Inseln und Schweden, sodann Japan 1873, Bulgarien 1916, Russland 1918 beziehungsweise 1922, Griechenland 1923, die Türkei 1926 und China 1912 beziehungsweise 1929.

Der Kalender wurde natürlich auch in den jeweiligen Kolonien der Länder eingeführt, so dass man davon sprechen kann, dass seit dem 18. Jahrhundert europäische Zeitrechnungsmodelle tatsächlich zu einem globalen Phänomen wurden. Wesentlich subtiler verlief die

Ausbreitung der Uhr nach europäischem Maßstab und damit auch die Einteilung des Tages nach diesem Modell. Was sich jedoch mit Blick auf die Tageseinteilung und Stundenzählung sehr markant herausstellen und vor allem auch als europäisch-westliches Modell beschreiben lässt, ist die Einführung der Weltzeit. Der Anlass dafür war ein vordergründig praktisches Problem: Mit Ausbreitung der Eisenbahnen wurde offenbar, wie zersplittert Europa in zeitlicher Hinsicht war, da jede Eisenbahngesellschaft für ihre Fahrpläne die Ortszeit ihres jeweiligen Hauptsitzes verwendete. Innerhalb des deutschen Kaiserreichs wurde noch in den 1870er Jahren nach zahlreichen, regional unterschiedlichen Ortszeiten gerechnet, und in den USA gab es 1873 nicht weniger als 71 verschiedene Eisenbahnzeiten. Der Kanadier Sandford Fleming machte den Vorschlag, die 360 Längengrade des Erdumfangs in 24 Zeitzonen einzuteilen, die jeweils eine Stunde Zeitunterschied voneinander aufweisen, aber die identischen Minuten und Sekunden haben sollten. Auf der Washingtoner Meridian-Konferenz von 1884 konnte sich dieser Vorschlag durchsetzen, und die englische Sternwarte in Greenwich wurde zum Meridian erhoben. Die Uhrzeit der gesamten Welt wurde damit kaum zufällig nach der größten Kolonialmacht des 19. Jahrhunderts ausgerichtet.

Die Uhren- und Kalenderzeit hat also von ihrem Ursprungsort Europa aus einen epidemischen Weg durch sämtliche Kulturen angetreten. Und es scheint keine Möglichkeit des Widerstandes dagegen zu geben, ja, man hat auch nicht den Eindruck, dass es überhaupt ernsthafte Versuche der Gegenwehr gibt, dass sich beispielsweise so etwas wie eine Bewegung des Chronoklasmus ausbilden würde. Diese tendenzielle Unaufmerksamkeit gegenüber der Allmacht der Uhren- und Kalenderzeit hängt wohl nicht zuletzt mit ihrem ephemeren Charakter zusammen. Die Zeit erscheint nur in sehr abstrahierten Symbolisierungen, deren kultureller Gehalt nicht unmittelbar zu erschließen ist. Das kennzeichnet die Macht dieser spezifischen Form der Zeitrechnung: Sie ist immer und überall präsent, aber niemand scheint sie zu bemerken.

Der große Vorteil, den die europäische Uhren- und Kalenderzeit hinsichtlich weltweiter Verbreitungsmöglichkeiten bietet, besteht in ihrer Autonomie. Als Zeiterfassungssystem ist sie nicht an bestimmte, genaue festgelegte Ereignisse gebunden. Sie ist von spezifischen Erfahrungen des Menschen und lokalen Gebundenheiten unabhängig, kann also auf beliebige Ereignisse, Systeme, Zeitspannen etc. angewendet werden. Dieser Umstand war (und ist) sicherlich nicht unwichtig für die Ermöglichung der massiven Veränderungen, die die Gesellschaften Europas und des atlantischen Westens sowie der gesamten Welt seit dem 18. Jahrhundert und insbesondere seit der Industrialisierung durchlaufen haben. Denn mit umfassenden wirtschaftlichen, politischen, gesellschaftlichen und kulturellen Transformationen geht üblicherweise auch ein Wandel der Zeitkonzepte und der Zeitmessungssysteme einher. Das war im Kontext europäischer Industriegesellschaften nicht nötig, da sie bereits ein abstraktes und autonomes System der Zeitrechnung zur Verfügung hatten, das sich problemlos den neuen Gegebenheiten anpassen ließ. Während Zeitsysteme ansonsten relativ zählebige, schwer wandelbare Bestandteile von Kulturen sind und somit in ihrer Traditionalität durchaus eine Gegenkraft zu Impulsen des Wandels darstellen können, war und ist dies bei der europäisch-westlichen Uhren- und Kalenderzeit nicht der Fall. Durch ihre Flexibilität lässt sie sich entsprechenden Transformationen nicht nur problemlos anpassen, sondern befördert diese Veränderungen dadurch auch.

Dass sich das Modell der Siebentagewoche oder die Bezeichnung der Monate spezifisch europäischen kulturellen Vorgaben verdanken, wird in der alltäglichen Praxis kaum noch zur Kenntnis genommen. Die europäische Uhren- und Kalenderzeit wird samt ihrer Datierungsweise – nicht zuletzt auch innerhalb Europas – vor allem als eine abstrakte Ansammlung von Zahlen (und wahlweise Monatsnamen) angesehen. Trotzdem sollte man nicht der Illusion erliegen, dass es vor allem die Qualität oder Abstraktionsfähigkeit der europäischen

Uhren- und Kalenderzeit war, die zu ihrer weltweiten Ausbreitung geführt hat. Diese Qualitäten haben den Zeit-Export unterstützt, maßgeblich dafür verantwortlich war jedoch die europäische Kolonisierung der Welt.

Die eine Zeit und die vielen Zeiten

Mit der Etablierung der Weltzeit und der globalen Ausbreitung des Gregorianischen Kalenders scheinen wir einen Punkt erreicht zu haben, an dem Zeitrechnung sich nur noch als technisches und administratives Problem darstellt. Man kann möglicherweise ältere oder kulturell-alternative Modelle der Zeiterfassung in einem quasi musealen Sinn zur Kenntnis nehmen – aber spielen sie nach der Fixierung der einen globalen Zeit überhaupt noch eine Rolle? Die Grundlagen der Zeitrechnung, die ihre Wurzeln in Europa hat, sind inzwischen vielfach abgesichert. Die Dauer einer Sekunde ist exakt festgelegt auf die 9 192 631 770 Schwingungen eines Cäsiumatoms und wird in Deutschland überwacht von der Physikalisch-Technischen Bundesanstalt in Braunschweig. Die Genauigkeit von Atomuhren übertrifft sogar die Regelmäßigkeit der Planetenumlaufbahnen, so dass die künstlich erzeugte und gemessene Uhren- und Kalenderzeit genauer ist als Erdumdrehung: Atomuhren sind inzwischen so exakt, dass sie eine Gangabweichung von weniger als einer Sekunde in 300 000 Jahren aufweisen. Weil sie damit zuverlässiger als das Weltall sind, muss der Lauf von Atomuhren nach einigen Jahren durch Einfügen einer so genannten Himmelssekunde nachjustiert werden.

Auch juristisch lassen die Zeitregelungen keine Fragen mehr offen: Seit 1893 gab es im deutschen Kaiserreich das „Gesetz betreffend die Einführung einer einheitlichen Zeitbestimmung", mit dem die Weltzeit in Deutschland etabliert wurde; von 1978 bis 2008 regelte ein bundesrepublikanisches „Gesetz über die Zeitbestimmung" die Festlegungen für die gesetzliche Zeit; und mit dem 12. Juli 2008 wurden die Normen in das neue „Gesetz über die Einheiten im Messwesen und die Zeitbestimmung" übertragen. Europaweit bestimmt aktuell die Richtlinie 2000/84/EG des Europäischen Parlaments vom 19. Januar 2001, wie der Wechsel von Sommer- und Winterzeit innerhalb der Europäischen Union zu handhaben ist.

Der kulturhistorische Blick sollte jedoch gezeigt haben, dass Zeitrechnung keineswegs in diesen technisch-administrativen Fragen aufgeht – weder in der Vergangenheit noch in Gegenwart und Zukunft. Natürlich lässt sich im Zuge der europäischen Geschichte seit dem Mittelalter ein deutlicher Zug zur Synchronisierung unterschiedlicher sozialer Verzeitungen mittels Medien der Zeitrechnung erkennen. Uhren und Kalender führten mit ihren Normierungen langfristig zu einer Einebnung und Übermächtigung anderer Formen der Zeiterfassung und -wahrnehmung. Diese Vereinheitlichung hat sich schließlich auch global ausgebreitet. Zugleich darf jedoch nicht übersehen werden, dass dieser Zug zur Synchronisierung aufgrund einer weitgehend vereinheitlichten Zeitrechnung andere Formen der Verzeitung keineswegs unterbindet, im Gegenteil vielleicht sogar befördert. Gerade weil man der Uhren- und Kalenderzeit (vermeintlich) nicht entkommen kann, ist es reizvoll, in andere Zeitmodelle zu wechseln.

Das lässt sich bereits auf einer eher oberflächlichen Ebene feststellen. Denn bedenkenlos den Triumph der europäischen Uhren- und Kalenderzeit zu feiern, führt ein wenig in die Irre. Will man dem Phänomen der Zeitrechnung gerecht werden, muss man zumindest einen kursorischen Blick nach links und rechts wagen. Wenn ich vom „Siegeszug" des Gregorianischen Kalenders gesprochen habe, dann darf es nicht unterbleiben, auch die Varianten und Anpassungen anzuführen. Zwar gilt in Japan seit 1873 der Gregorianische Kalender, gleichzeitig wird jedoch die Jahreszählung seit Antritt des jeweils regierenden Kaisers beibehalten. Auch diejenigen Länder Ost- und Südosteuropas, in denen die orthodoxe Kirche eine tragende Rolle spielt, übernahmen im frühen 20. Jahrhundert den Gregorianischen Kalender, das Kirchenjahr orientiert sich jedoch immer noch an der Julianischen Konkurrenz. Und auch wenn der Gregorianische Kalender in den meisten muslimischen Ländern Beachtung findet, so wird der islamische Kalender insbesondere bei religiösen Festen und Feiertagen weiterhin verwendet.

Doch das ist noch nicht wirklich gemeint, wenn hier entgegen der Auffassung von der Herrschaft der „einen Zeit" die soziokulturelle Wirklichkeit der vielen Zeiten stark gemacht werden soll. Gerade im Zuge der so genannten Globalisierung wäre es beispielsweise verkürzend, einzig den Blick darauf zu richten, wie es durch die Vernetzung der Wirtschafts- und Kommunikationsströme zu einer Vereinheitlichung der Zeit kommt. Neben den Glaspalästen der Banken liegen die Slums der Ärmsten, die noch nicht einmal eine Uhr besitzen, geschweige denn an globalen Zeitmustern teilnehmen.

Diese erzwungenermaßen erlittenen oder freiwillig gesuchten alternativen Möglichkeiten der Verzeitung finden sich überall in unserem Alltag. Unabhängig davon, ob es sich um die Rede von der „Auszeit" handelt oder um die Flucht vor „Hektik" und „Termindruck", ob man mit der alten Dampflokomotive oder dem Segelboot einen Ausflug macht, um der Rationalität von Uhr und Kalender zu entkommen, oder ob man zwischen Arbeitszeiten und Freizeiten wechselt – ständig sind wir damit beschäftigt, in unterschiedlichen Zeitmodellen zu leben, die nicht alle dem standardisierten Zeitrechnungsmodell unterworfen sein müssen. Wir haben es mit einer Gleichzeitigkeit von Zeiten zu tun.

Vielleicht kann man mit Blick auf die europäische Uhren- und Kalenderzeit nicht nur lernen, aus welchen Gründen und mit welchen Mitteln sich diese Form der Zeitrechnung zu einer global dominierenden entwickelt hat; und vielleicht lässt sich nicht nur das Genie der vielen „Zeitkonstrukteure" bewundern, die sich so vielfach Gedanken zum Wesen der Zeit und ihrer adäquaten Erfassung gemacht haben; und vielleicht lässt sich nicht nur mit Staunen betrachten, wie eng Zeitrechnung und politische Interessen in vielfacher Form miteinander verknüpft sind. Vielleicht lädt dieser Streifzug durch die europäische Zeitrechnung mitsamt den in ihr eingelagerten Erinnerungselementen dazu ein, unseren Umgang mit Zeit generell zu überdenken. Dann wäre nicht nur anzuerkennen, dass sich die Zeiten beständig ändern, dass es also nicht nur Ereignisse sind, die „in der Zeit" stattfinden, sondern dass es auch die Zeiten sind, die sich jeweils anders ereignen.

Literaturhinweise

Anna-Dorothee von den Brincken, Historische Chronologie des Abendlandes. Kalenderreformen und Jahrtausendrechnungen. Eine Einführung. Stuttgart/Berlin/Köln 2000.

Gerhard Dohrn-van Rossum, Die Geschichte der Stunde. Uhren und moderne Zeitordnung. München/Wien 1992.

Norbert Elias, Über die Zeit. Arbeiten zur Wissenssoziologie Bd. 2. Frankfurt a.M. 1988.

Leofranc Holford-Strevens, Kleine Geschichte der Zeitrechnung und des Kalenders. Stuttgart 2008.

Hans Meier, Die christliche Zeitrechnung. Freiburg 2000.

Arnim Nassehi, Die Zeit der Gesellschaft. Auf dem Weg zu einer soziologischen Theorie der Zeit. Wiesbaden 2008.

Gerhard SCHMIED, Soziale Zeit, Umfang, „Geschwindigkeit" und Evolution. Berlin 1985.

Rudolf WENDORFF, Zeit und Kultur. Geschichte des Zeitbewußtseins in Europa. Opladen 1985.

Gerald J WHITROW, Die Erfindung der Zeit. Wiesbaden 1999.

Jan Kusber
Die Erschließung des Raums

Europa ist ein gedankliches Konstrukt. Man kann es als eine Idee bezeichnen, die spätestens seit der Neuzeit in der Politik ebenso an Wirkmächtigkeit gewonnen hat wie im Raum, auf den sie bezogen wird. Der Weg von der mythologischen Figur der Antike, die immerhin den Weg auf die 2-Euro-Münze Griechenlands gefunden hat, bis zu dem Europa am Beginn des 21. Jahrhunderts, dessen Politiker und Bevölkerung sich fragen, was Europa für sie bedeutet und wo seine Grenzen verlaufen, ist lang.

Sehr viel kürzer und an Intensität gewinnend ist die Diskussion der Eliten in Europa darüber, ob es einen europäischen Raum gibt. In dem Moment, in dem es mit der Europäischen Union einen politischen Raum, mit den Schengen-Staaten eine gemeinsame Sicherung von Außengrenzen, mit der Europäischen Währungsunion und dem Euro Kriterien für einen Wirtschaftsraum gibt, scheinen diese Grenzen jeweils in anderer Weise die Zugehörigkeit zu Europa zu definieren: Europa auf dem Stier auf der griechischen Münze, gestaltet nach einem Mosaik aus Sparta aus dem 3. Jahrhundert n. Chr., den europäischen Währungsraum, der nach politischen Kriterien festgelegt wurde. Die räumliche Festlegung, was Europa sei, war in der antiken griechischen Mythologie einfacher, weil unbestimmter. Die mythische Europa wurde von Zeus (als Stier) nach Kreta gebracht, nach heutigem Verständnis also von Kleinasien nach Europa, und nach einer Verheißung der Aphrodite wurde der neue Erdteil, Landschaften in Griechenland und im südlichen Balkan, als Europa bezeichnet. Antik ist auch die Bezeichnung von Europa als etwas anderem als Asien oder Libyen (Afrika). Jedoch fehlt diesen geographischen Bezeichnungen die Vorstellung, dass dort jeweils eine Gruppe von Menschen lebe, die übergreifend Gemeinsamkeiten habe.

Der Zusammenhag zwischen dem Klima einer Region und dem Menschenschlag – der Wissenschaftler würde sagen: dem lebensweltlichen und kulturellen Kontext – wurde nicht nur in der Antike gesehen, sondern bestimmte auch spätere Vorstellungen, dass etwa bestimmten Regionen jeweils besonders angemessene Herrschaftsformen zuzuordnen seien. Das berühmte Diktum Katharinas II. in ihrer „Großen Instruktion" 1767, dass Russland eine europäische Macht sei, dass ihm aber aufgrund des Klimas und der Weitläufigkeit des Raums die Autokratie, also die Selbstherrschaft, die angemessene Herrschaftsform sei, steht etwa in dieser Tradition.

Wenn jedoch über den Raum „Europa" nachgedacht wurde, geschah dies nicht selten unter dem Aspekt seiner Grenzen. Mithilfe der Grenzen, dem scheinbar Eindeutigen, konnte man sagen, wer „drinnen" und „draußen" war – und zwar nicht nur in einem geographischen, sondern vor allem kulturellen Sinn. Gerade bei letzterem fiel der Raum in dem Dreieck Raum/Mensch/Zeit aus der Betrachtung heraus. Dabei war und ist ein Nachdenken über eine europäische Ordnung, gar auf Identitäten, die auf Europa bezogen wurden und werden, ohne den Raum schwerlich möglich. Debatten über „abendländische" oder „okzidentale Kultur", was immer sie auch bedeutet, über europäische Friedensordnungen, christliche oder universalmenschliche Werte, die Menschen prägen sollten und geprägt haben, sind ohne die Rückkoppelung an den Raum und die Interpretation seiner Geographie kaum denkbar. Auch bei der vielfältigen Analyse von Gedächtnisorten ist die Rückkoppelung an den Raum im Sinn des physisch-geographischen Orts aus dem Blick geraten.

Wenn es aber so etwas wie europäische Erinnerungsorte gibt, die nicht nur transregional, sondern auch transnational von einer Gemeinschaft der Erinnernden auf Europa bezogen werden, ist zumindest eine Diskussion nötig, wie diese Orte auf den Raum bezogen sind.

Seit Francesco Petrarca im Jahr 1366 den Mont Ventoux bestieg und seine Gedanken über seine individuelle Gefühlswelt beim Erleben von Raum, Landschaft und Natur formulierte, ist verschriftlicht, welche Wirkungen sie auf den Menschen ganz unmittelbar haben können. Seit Menschen über Gebäude, Artefakte, Landschaften mit Blick auf ihre Situierung im Raum von Generationen neu nachdenken, aber immer wieder als für die eigene Erinnerung bedeutend ansehen, lassen sich überzeitliche Erinnerungsorte ausmachen, die nicht immer, aber doch oft auch an einen räumlichen Ort gebunden sind.

Wo aber findet man Europa im Raum? Die verschiedenen Dokumente des europäischen Einigungsprozess nach dem Zweiten Weltkrieg von den Römischen Verträgen bis hin zu den Übereinkünften von Maastricht und Lissabon diskutierten Kriterien werteorientierter, politischer und ökonomischer Art, den Raum Europa thematisieren sie nicht. Dies war 1957 auch nicht notwendig: Dass es sich bei den sechs Unterzeichnerstaaten nicht um den europäischen Raum insgesamt handelte und eine Erweiterung insbesondere vor dem Hintergrund des Systemkonflikts ganz unbestimmt war, verwies auf die Offenheit des Prozesses. Zudem schien der national organisierte Staat nicht zur Diskussion zu stehen.

Karl Schlögel, der die Rückkehr des Raums als Paradigma in den Geistes- und Gesellschaftswissenschaften wesentlich beflügelt hat, hat darauf hingewiesen, dass Karten wie keine andere Quelle geeignet sind, Raumwahrnehmungen der Zeitgenossen zu erschließen. Jeder Wandel und jede veränderte Sicht schlage sich in ihnen nieder. Europa erscheint so in Karten als Spiegelung des jeweiligen Raumverständnisses. Dies beschränkt sich natürlich nicht auf Europa allein. An der Wende vom 15. zum 16. Jahrhundert, als die Europäer aus ganz unterschiedlichen Motiven begannen, die Welt zu entdecken, wurde nach Norman J. W. Thrower in einem wahren Zeitalter der Atlanten nichts weniger versucht, als die ganze Welt in Kartenwerken zu erfassen. Sie gaben nicht nur dem Reisenden Informationen, sondern sie konstruierten zugleich Macht, Expansion, Ansprüche und Herrschaft. Indem man der Welt sein geographisches Modell in spezifischer Darstellung überwarf, ging von Europa auch der Anspruch aus, sich Weltregionen zu unterwerfen. Es kam zu einer Renaissance der Imperien, die desto stärker mit nationalstaatlichem Anspruch kombiniert wurden, je mehr wir uns der Gegenwart nähern. In diesem Zeitalter wurde Europa in politischen Karten zu einer Ansammlung monochrom eingefärbter Flächen. Schlögel formuliert das Ende der Imperien als die große Stunde der Nationalatlanten. Jede Gesellschaft als imaginierte Gemeinschaft habe sich ihre Topographie konstruiert, die oft nur Anspruch war, an dessen Einlösung aber gearbeitet wurde. Und in der Tat: Das geteilte Polen verschwand so von den politischen Karten Europas, seine Orte wechselten ihren Namen. Grenzen wurden auf Karten nun scharf markiert, fließende Grenzen wurden kaum noch gekennzeichnet, und dort, wo sie auftauchten, als Störung wahrgenommen.

Die europazentrierten Kartenbilder verraten viel über das Verhältnis der Europäer zur Welt. Andere Kontinente und Länder blieben, wie Leibniz es einst über das Russland Peters I. bemerkte, ein „Weiß Blatt Papier": Sie schienen gleichsam darauf zu warten, erobert zu werden. Solcherlei Ausblendungen beziehungsweise „Sehepunkte", die zunächst vom eigenen Standpunkt ausgehen, wird man für eine allgemeine anthropologische Konstante halten dürfen, die aber Wirkmächtigkeit in ihren kulturellen Kontexten erhält. Sie prägt einerseits die nationalen Topographien, nimmt aber nur jene ernst, die gleichsam über „Farben" auf dem Kartenbild verfügen. Dies waren in den europäischen Kartenbildern zuvorderst die europäischen Mächte mit ihren Expansionsbestrebungen und kolonial-imperialen Besitzungen in der Welt. Man meint in aktuellen Debatten Europas noch manches davon spüren zu können. Wenn Hans-Ulrich Wehler provozierend vereinfachend anmerkt, dass die räumlichen Grenzen Europas – auch aus der Geschichte erklärbar – am Beginn des 21. Jahrhunderts nach drei Seiten einfach zu beschreiben seien, nämlich durch den Atlantik im Westen, im

Norden das Eismeer, im Süden das Mittelmeer, und dann konstatiert: „das offene Problem ist die Ost- und vor allem die Südostgrenze", vereinfacht er in tagespolitischer Absicht die kulturellen Grundannahmen, die auch einem solchen Holzschnitt einer okzidental geprägten Europazentriertheit zugrunde liegen.

Dabei hat man sich, seit die Geographie in den Status einer eigenen Wissenschaft strebte, darum bemüht, morphologisch-physische Grenzen Europas zu finden, um den Raum zu beschreiben. Abraham Ortelius (1527–1598) sah 1570 die Ostgrenze Europas in einer Linie vom Schwarzen zum Weißen Meer. Sie verlief nur wenig östlich von Moskau. Der französische Kartograph André Thevet (1502–1590) legte 1575 die Ostgrenze ab der Höhe Moskau nach Norden teilweise ein Stück weiter östlich als Ortelius, um sie dann an derselben Stelle wie jener ins Weiße Meer münden zu lassen. Philippus Cluverius (1580–1622) zog Europas Ostgrenze 1616 über die Flüsse Don, Wolga, Kama und Ob. Der schwedische Offizier Philip Johan Stralenberg (eigentlich: Philip Johan Tabbert, 1676–1747) propagierte aufgrund empirischer Beobachtungen den Ural als Grenze zwischen Europa und Asien. Es war nicht das Gebirge als solches, sondern die Veränderung der Vegetation und anderes, das ihn veranlasste, eine in der „Natur" sichtbare Grenze zu sehen. Der russische Staatsmann und Gelehrte Vasilij Tatiščev argumentierte zeitgleich ähnlich. Diese Grenze überzeugte jedoch nicht alle. Katharina II. beispielsweise setzte auf die kulturelle Bedeutung, als sie Voltaire 1767 aus Kazan schrieb, sie sei „nun also in Asien", das sie schon immer einmal habe sehen wollen.

Schon in den 1890er Jahren konnten Geographen wie Alfred Hettner eine methodisch überprüfbare Grenze hinsichtlich Morphologie, Klima und Vegetationsgeographie nicht (mehr) erkennen. Konsequenterweise sprach er nur noch von einem Kontinent Eurasien, dessen Westflügel Europa und dessen größerer Ostflügel eben Asien sei. Zahlreiche Fachkollegen schlossen sich dieser Lehrmeinung an. Und in Russland kam im 19. und prononcierter im beginnenden 20. Jahrhundert die Idee vom Eurasiertum als einem kulturellen Typus auf.

Jürgen Osterhammel hat denn auch in seiner Globalgeschichte des 19. Jahrhunderts dazu geraten, eher nach geographisch sinnvollen Binnengliederungen und nicht so sehr nach den Außengrenzen Europas zu fragen. Dies mag sinnvoll sein, waren die Gravitationszentren europäischer Geschichte doch ganz unterschiedlich. Im Zeitalter der Hanse, jener ökonomisch-politischen Macht, die monarchische Herrschaftsbildungen herausforderte, und in der Epoche der Nordischen Kriege vollzog sich die Dynamik europäischer Entwicklung im Ostseeraum als europäischem Binnenmeer, während der Mittelmeerraum, gleichsam auf der Grundlage der mediterran-antiken Welt, auch Ausgangspunkt für die globalisierte Welt war. Fernand Braudel, wirkmächtiger Kronzeuge der Raumberücksichtigung der *Annales*-Schule, hat den Mittelmeerraum als einen Raum beschrieben, der Wirtschaft und Kultur gleichermaßen in der *longue durée* prägt.

Es ist ein Grundtopos europäischer Selbstbeschreibung, der auch in der Europäischen Union, aber nicht nur dort bemüht wird, dass Europa wie kein anderer Teil der Welt Einheit in der Vielfalt biete. Was aber ist der Gehalt dieses Topos? Die Vielfalt ist sicher umstandslos naturräumlich wie kulturell feststellbar. Mensch und Raum haben sich jenseits des Polarkreises sicher anders aufeinander zu bewegt als auf Sizilien oder in den Karpaten. Eine räumliche Ordnung in die Vielfalt zu bringen, erweist sich jedoch als schwierig. Enea Silvio Piccolomini (1405–1464), der spätere Papst Pius II., prägte die langlebige Metapher vom „Haus Europa". Europa wurde schon hier als ein umbauter Raum gesehen, der jedoch, nach den Gesetzen der Statik, umbaufähig und erweiterbar erschien.

Auf Johann Gottfried Herder und das frühe 19. Jahrhundert hingegen geht die Trias „romanisch – slawisch – germanisch" zurück. Sprache, Völker und Räume strebten aus dieser romantischen Idee hervorgehend danach, in Übereinstimmung gebracht zu werden, ließen, je mehr das 19. Jahrhundert voranschritt, immer weniger „Zwischenräume" im Wortsinn zu und konnten in je übersteigerter Form Ausgangspunkte von Kriegspropaganda wie im Ersten Weltkrieg werden, zu geopolitischen Raumkonzepten geraten oder gar rassisch motiviert in die größte Katastrophe des 20. Jahrhunderts zu führen.

Am Beginn des 20. Jahrhunderts stand das von der internationalen Gemeinschaft sanktionierte *Ethnic Cleansing*, das sich der Vorstellung eines ethnisch homogenen Nationalstaats verdankte, die Menschen zu verschiebbaren Objekten im Raum machte, die diesem Staat nachgeordnet waren. Die Türkische Republik, über deren EU-Beitritt nicht nur in Deutschland am Beginn des 21. Jahrhunderts heftig diskutiert wird, war wie die territoriale Gliederung des südlichen Balkan auch das Ergebnis einer mit Mitteln der Gewalt durchgeführten Bevölkerungsverschiebung nach und von Anatolien: Zwischen den Balkankriegen 1912/13 und 1924 wurden über zwei Millionen Christen aus Anatolien vertrieben, vornehmlich Griechen und Armenier. Viele kamen dabei ums Leben. Umgekehrt strömten circa 1,2 Millionen Türken aus allen Teilen des Balkans, der zum Osmanischen Reich gehört hatte, nach Anatolien. Diese Bevölkerungsverschiebung stärkte das „europäische" Segment in der türkischen Bevölkerung und insbesondere unter der Elite, die den neuen Staat, die Republik, gründete. Diese erzwungenen Migrationsbewegungen zeigen, dass die Regionen an Dardanellen und Bosporus zwar geopolitisch bedeutsam waren, aber keinesfalls die Außengrenzen eines Kontinents.

Der Zweite Weltkrieg mit dem Ziel Deutschlands, Lebensraum im Osten zu gewinnen, hatte auch eine wissenschaftliche Basis, die aus dem Nachdenken über Mensch und Raum resultierte. Einflussreiche Forscher fanden in den 1920er Jahren im interdisziplinären Forschungsverbund der Ostforschung zusammen. In ihm wurde als Grundkonsens angenommen, dass einem Volk ein Volks- und Kulturboden zukäme, über dessen Behauptung und Ausdehnung die völkische Qualität einer Nation bestimmt werden könne. Mit unterschiedlichen, methodisch innovativen Formen der Siedlungs-, Sprachinsel- und Verfassungsgeschichte, die dem Endzweck einer die Überlegenheit des Germanentums nachweisenden Volksgeschichte zu dienen hatten, wurde nicht nur der Revision der Grenzen von Versailles, sondern auch einem Kultur- als Lebensraum das Wort geredet. Damit erwies sich in diesem von völkischen Ideen beeinflussten Netzwerk auch der Übergang zu nationalsozialistischem Gedankengut als zunehmend fließend. Aus der Erforschung der Ostsiedlung zum Nachweis deutscher Ansprüche konnte nach 1933 schnell eine Zuarbeit für das Dritte Reich werden. Die Ostsiedlung erwies sich als Feld, das sich für methodische Innovation, die Inanspruchnahme durch die Nationalsozialisten wie für die Sicherung von Karriereoptionen von Wissenschaftlern gleichermaßen eignete und zu dem berüchtigten Generalplan Ost führte. Die Idee des Bevölkerungstransfers wie die dahinter stehende Vertreibung war die Kehrseite solcher im Nationalsozialismus endenden Raum(wahn)vorstellungen. Sie führte nach 1945 die Breslauer Deutschen nach Westen und die Lemberger Polen nach Breslau. Dies mag ein Grund dafür sein, dass die Beschäftigung mit dem Raum, zumal in Bezug auf Nationen und Europa, in deutschen wissenschaftlichen Kontexten lange diskreditiert war.

Das Neulesen des Geographen Friedrich Ratzel, der im ausgehenden 19. Jahrhundert den Begriff „Lebensraum" in jener Weise benutzte wie die Nationalsozialisten, durch Karl Schlögel zum Beispiel traf daher durchaus auf Kritik. Dies bedeutet nicht, und damit sei dieser nur vermeintliche Seitenarm einer Betrachtung des Raums Europa verlassen, dass die Kategorie Raum für Europa keine Relevanz besitzt. Die Schule der *Annales* ging immer von der Wirkmächtigkeit des Raums auf den Menschen und umgekehrt aus – eben von einem reziproken Verhältnis. Geopolitische Erwägungen sind zudem eine politische Realität. Was aber bedeutet dies für die Frage der Binnendifferenzierung eines europäischen Raums?

Die regionale Gliederung des Raums entlang politischer Einheiten bleibt schwierig. Es war erst an der Wende vom 18. zum 19. Jahrhundert, dass Russland von einer „nordischen" zu einer „östlichen" Macht wurde. Für Leopold von Ranke waren Karl XII. und Peter I. Helden aus dem Norden. Heute bezeichnen sich Norwegen, Island, Dänemark Schweden und Finnland als Nordische Länder, die Bezeichnung Skandinavien wird ihnen von außen auferlegt, die Sammelbezeichnung wird von den Ländern in der Region ganz unterschiedlich verstanden. Dieser regionalen Gliederung unterliegt immer aber auch eine Zuschreibung kultureller Gemeinsamkeiten, die nicht – oder nicht in erster Linie – an den Raum gebunden ist.

Ostmitteleuropa oder Mitteleuropa, das Gebiet zwischen Deutschland und Russland, ist in den definitorischen Bemühungen im ersten Drittel des 20. Jahrhunderts und nach dem Zusammenbruch des Kommunismus politisch gefasst worden. Dies gilt auch für die Gliederungsvorschläge Oskar Haleckis mit seinen Überlegungen zur geographisch-kulturellen Binnengliederung auf der West-Ost-Achse.

Zu diesen politisch-räumlichen Gliederungsversuchen in Europa gesellt sich die starke administrative Gliederung der Staaten durch deren verstärkten Zugriff auf Mensch und Raum. Zu den seit der Frühen Neuzeit zunehmenden Verdichtungen von Territorialisierungen über Länder, Provinzen und administrative Einheiten führt der Weg bis hin zum Kataster, das den individuellen Besitz von Privatpersonen auf einer Raumkarte festhielt. Die europäische Integration führt im ausgehenden 20. und frühen 21. Jahrhundert dazu, dass diese räumlichen Gliederungsprinzipien *idealiter* überwunden werden sollen. Es gibt eine neue Form von „Raumengineering" im Zusammenspiel von regionaler und europäischer Ebene: Euroregionen als Förderinstrumente einer zugleich transregionalen wie regionalen Gemeinschaftsbildung zergliedern den politischen und ökonomischen Raum der Europäischen Union neu und werden zugleich Begegnungsräume neuer Art. Oft orientieren sich diese Regionen, wie die Euroregionen Neiße, Maas-Rhein, Donau-Moldau an Flussläufen oder anderen naturräumlich signifikanten Merkmalen. Sie setzten nicht immer auf bereits existierende ökonomische Kraftfelder auf, sondern waren Mittel der Förderung von teils strukturschwachen Regionen.

Schließlich lassen sich mit den Kategorien räumlich-politischer Gliederung in Europa jene Räume nicht erfassen, die man als soziale temporäre Räume bezeichnen könnte und die wesentlich mit der Migration von Individuen, vor allem aber auch Gruppen ganz unterschiedlicher Größe verbunden sein können. Hollandgänger und Sachsengänger migrierten temporär, manchmal auf Dauer; Menschen wanderten durch Europa aus religiösen Gründen, Juden und Hugenotten mögen hier als Beispiele aus Mittelalter und früher Neuzeit dienen. Deutsche Siedler machten sich im 18. und 19. Jahrhundert auf den Weg ins Zarenreich; nach dem Zusammenbruch der Sowjetunion setzte ein Exodus ihrer Nachfahren ins wiedervereinigte Deutschland ein. Migration durch den Raum und in raumverändernder Qualität ist wohl eine Grundkonstante europäischer Geschichte, lokal, regional, transnational und – dies soll nicht vergessen werden – global: Aus der Massenauswanderung aus Europa nach Übersee ist am Beginn des 21. Jahrhundert das Phänomen der Masseneinwanderung nach Europa geworden, mit der Forderung nach und Kritik an der Festung „Europa". Der Raum Europa am Beginn des 21. Jahrhunderts zeichnet sich aus durch einen ständigen Abbau von Mobilitätshemmnissen nach Innen und durch seine Abschottung nach Außen. Der frühneuzeitliche Schlagbaum ist verschwunden, der gesicherte Grenzzaun der Europäischen Union hat als Aktualisierung des antiken Limes als Bestandteil Abschiebelager.

Dabei waren Hindernisse jedweder Art keine Verhinderungen von Mobilität. Der reisende Händler, das Heer auf Eroberungszug, der Ritter auf Kavalierstour durch Europa, der Bildungsreisende, der Individual- und schließlich der Massentourist bewegen sich durch den Raum; während territoriale Flickenteppiche und Binnenzölle, Passsysteme und Aufenthaltsgenehmigungen Mobilität und Migration begrenzen sollten, gab es seit jeher ein elaboriertes

Wegenetz durch Europa, das den Raum in je unterschiedlicher Art und Weise erschloss, Verdichtung und Kommunikation ermöglichte.

Seit der Antike existierte ein Wegenetz von ausgebauten Römerstraßen, deren Verlauf noch heute manche Wege durch Europa vorgibt. Sie waren dank ihres straßentechnischen Aufbaus im Gegensatz zu den Naturwegen germanischen und keltischen Ursprungs nicht nur weitgehend wetterunabhängig passierbar, sondern bahnten sich, wenn immer möglich geradlinig, bei nur mäßigen Steigungen ihren Weg durch Ebenen und mit Kunstbauten wie Stützmauern und Brücken durchs Gebirge. Die Befestigung erfolgte durch einen genauen Schichtaufbau der Straßen, der sich allenfalls durch die regionale Verfügbarkeit bestimmter Baumaterialien unterschied. Auf der *Via Augusta* reiste man bequem aus dem Veneto nach Augsburg. Die „Tabula Peutingeriana", jene berühmte Karte Konrad Peutingers (1465–1547), bietet eine kartographische Darstellung, die das römische Straßennetz der *Viae Publicae* im spätrömischen Reich von den britischen Inseln über den Mittelmeerraum und den Nahen Osten bis nach Indien und Zentralasien zeigt. Das spätantike Original dieser Straßenkarte enthielt eine graphische Darstellung der damals bekannten Welt, in der die Straßen als Verbindungslinien zwischen einzelnen Etappenorten eingetragen waren. Der bis heute nicht ermittelte Autor wollte nach dem Vorbild antiker Weltkarten eine einheitliche Darstellung der *Terra habitabilis* geben. Schon die Geschichte dieser Kartendarstellung verweist darauf, welche überzeitliche Bedeutung der Gliederung des Raums durch die römische Antike zukommt.

Entlang der alten, in Verfall geratenen Römerstraßen verliefen auch manche der Pilgerwege ins Heilige Land, die ein weiterer Grund für überregionales Reisen waren. Heute sind nicht nur der Jakobsweg im engeren Sinn, sondern auch seine über ganz Europa verzweigten Zubringer als Wanderwege ungeheuer populär Der Pilgerweg zum angeblichen Grab des Apostels Jakobus in Santiago de Compostela in Galicien war zunächst jene hochmittelalterliche Hauptverkehrsachse Nordspaniens, die von den Pyrenäen zum Jakobsgrab reichte und dabei die Königsstädte Jaca, Pamplona, Estella, Burgos und León miteinander verband. Die Entstehung dieser Route fällt in ihrem auch heute begangenen Verlauf in die erste Hälfte des 11. Jahrhunderts.

Ein Pilgerführer des 12. Jahrhunderts, der im Jakobsbuch (Liber Sancti Jacobi), der Hauptquelle zur Jakobusverehrung im Hochmittelalter, enthalten ist, nennt für den französischen Raum vier weitere Wege, die sich im Umfeld der Pyrenäen zu einem Strang vereinigten. Nach der Wiederbelebung der Pilgerfahrt nach Santiago seit den 1970er Jahren wurde der spanische Hauptweg 1993 in das UNESCO-Welterbe aufgenommen. Zuvor schon hatte der Europarat 1987 die Wege der Jakobspilger in ganz Europa zur europäischen Kulturroute erhoben und ihre Identifizierung empfohlen.

Ein wesentliches Movens neben der Religion für Bewegung durch den Raum war natürlich der ökonomische Nutzen. Dem Bevölkerungsanstieg des Hochmittelalters war es geschuldet, dass sich Kolonisten auf den Weg in für sie unbekannte Gegenden machten, sich Lokatoren anschlossen, Wälder rodeten und in Agrarflächen verwandelten und die Landschaft damit ebenso nachhaltig veränderten wie mit Dorf- und Städtebau und den sie verbindenden Wegenetzen. Manche dieser Wege wiesen eine erstaunliche Langlebigkeit auf. Der so genannte Ochsenweg beispielsweise diente seit dem Mittelalter zum Viehhandel: Bis in das 19. Jahrhundert hinein wurden Rinder aus Jütland und den dänischen Inseln zu den Mastgebieten in den Nordseemarschen der Westküste Schleswig-Holsteins, Ost- und Westfrieslands getrieben. Dort wurden sie bis zum Verkauf als Schlachtvieh „fett geweidet".

Unter den Bedingungen vorindustrieller Verkehrstechnik waren große Entfernungen zu Wasser rascher und bequemer, wenngleich nicht unbedingt sicherer zu bewältigen als zu Lande. Dank seiner stark gegliederten, an natürlichen Häfen reichen Küstenformen und der zahlreichen gut schiffbaren Flüsse spielen Küsten und Binnenschifffahrt seit jeher eine bedeutende Rolle für die Wege durch Europa. Der schon in der altrussischen Nestorchronik des 12. Jahrhunderts beschriebene „Weg von den Warägern zu den Griechen" war eine von mittelalterlichen Kaufleuten und Kriegern genutzte Route über die Wasserwege Osteuropas. Sie verband über die Flüsse, auf denen die Waräger tragbare Langboote einsetzen und umsetzen konnten, Skandinavien mit dem Byzantinischen Reich. Der Weg spielte eine bedeutende Rolle bei der Ausbreitung der warägischen Herrschaft und der Gründung der Kiewer Rus und ist ein Beispiel für eine jahrhundertelang funktionierende Verkehrsachse von Norden nach Süden, die die Binnengewässer nutzte.

Die Hanse, jene faszinierende mittelalterliche und frühneuzeitliche Handelsgemeinschaft zunächst von Kaufleuten, dann von Städten befuhr See-, Fluss- und Landwege. Man reiste und handelte von London und Brügge aus in den Ostseeraum gleichsam in West-Ost-Richtung, zunächst vor allem nach Skandinavien. Der Handel wurde belebt durch die Christianisierung Skandinaviens und des südlichen Ostseeraums. Pelze und Wachs aus dem nordöstlichen Ostseeraum sowie Lebensmittel aus Nordwesteuropa (Butter, Getreide, Vieh und Fisch) wurden auf dieser Route unter Umfahrung von Jütland gehandelt. Auch friesische Händler waren aktiv und brachten die Ware häufig über Eider und Schlei aus dem Nord- in den Ostseeraum und umgekehrt. Nach der (Wieder-)Gründung Lübecks intensivierte sich der Warenaustausch über Elbe, Alster und Trave. Die steigende Nachfrage nach Waren durch die im Rahmen der Ostkolonisation neu gegründeten und schnell wachsenden Städte beziehungsweise Herrschaftsbildungen (Preußen und Livland) im Ostseeraum belebte den Handel auf diesem Weg zusätzlich. Jahreszeitlich wechselnd auf einem Wasser- oder Landweg wurde auch das reiche Novgorod an diese West-Ost-achse angebunden, während eine Nord-Südroute von Magdeburg nach Bergen führte. Sie verband die Harzer Bergwerke und die Salinen Lüneburgs mit den Fischvorkommen in Südschweden und Norwegen. Die Hanse ist ein Bezugspunkt auch für Erinnerung, wie die so genannte Neue Hanse der 80er Jahres des vorigen Jahrhunderts oder die europäische Lobbyarbeit betreibenden Hanse-Büros in Brüssel zeigen. Das Label wird mit positiver Erinnerung verbunden, konkurriert aber durchaus mit Raumkonzeptualisierungen wie Skandinavien.

Denkt man die erwähnte Nord-Südachse durch Europa weiter nach Süden, war das größte naturräumliche Hindernis die Gebirgskette der Alpen. Ihre Überquerung machte die Verbindung zur mediterranen Welt möglich und stellte je nach verkehrstechnischen Möglichkeiten der Zeit eine Herausforderung für die Überwindung des Raumes dar. Handelswege über den Alpenhauptkamm sind seit der Bronzezeit nachgewiesen, wobei einzelne Funde den Warenaustausch zwischen Nord- und Südeuropa bereits in der ausgehenden Jungsteinzeit belegen. Wichtige Verbindungswege waren unter anderem der Große Sankt Bernhard, der Spülgenpass, der Reschenpass und die Bernsteinstraße von der Ostsee über die Julischen Alpen zur Adria. Etwa ab dem 12. Jahrhundert gewannen zunehmend (meist schon aus vorrömischer Zeit bekannte) sogenannte Salzstraßen als wichtige Handelsrouten im alpenquerenden Nord-Süd- und West-Ost-Transitverkehr an Bedeutung. Auf ihnen wurde Salz zum Beispiel aus Salinen im Rhônedelta in die oberitalienischen Metropolen und von dort weiter in die Schweiz befördert. Durch die Hoheit über wichtige Pässe entlang dieser Salzstraßen vergrößerte sich der Einfluss kleinerer Herrschaftsbildungen und Kleinstaaten an ihrem Weg. So ließ der Markgraf Ludwig II. von Saluzzo bereits zwischen 1475 und 1480 den ältesten Tunnel der Alpen, den Buco di Viso, bauen, um die Strecke zwischen der Provence und der Poebene besser passierbar zu machen. Steigendes Verkehrsaufkommen, auch im Postdienst, führte zum Ausbau weiterer Pässe. Der Gotthardpass (durch Bau der Teufelsbrücke) und der Brennerpass (durch Bau des Kunterwegs) gewannen zunehmend an Bedeutung. Dabei folgte die

Art der Fortbewegung wegen der schwierigen topographischen Bedingungen dem jeweiligen technischen Fortschritt.

Je schneller technischer Fortschritt voranschritt, je besser Wege- und Straßennetz ausgebaut waren, desto mehr stellte sich das Gefühl einer Beschleunigung nicht nur der Raumüberwindung, sondern auch der Zeit ein: „Unaussprechlich, unsterblich hat sich der Mann um das Menschengeschlecht verdient gemacht, der uns mit der ietzigen Postanstalt beglücket hat. Unter den in der That einfachen und wenigen Ursachen, durch deren Zusammenfluss unser kleines Europa zum herrschenden Welttheil und zum ausschließenden Size aller Cultur und Politik geworden ist, stehet seine Erfindung oben an. Ohne sie würde der Deutsche in seinem Deutschland ein Fremder seyn, als nun mittels desselben in Spanien oder Russland ist" (Ernst Ludwig Posselt).

In der Aufklärung wurde der Fortschritt in Gestalt eines Europa strukturierenden Postverbindungswesens gefeiert. Dies steigerte sich noch mit dem Auf- und Ausbau eines Eisenbahnnetzes, das zunächst Großbritannien und Mitteleuropa verkehrsgeographisch neu vermaß (hier wurde das Kursbuch zum Handbuch der Raumüberwindung), dann aber auch Süd- und Osteuropa.

Mit der Eisenbahn wurde das Reisen für viele möglich, die Reisenden wurden in Klassen mit unterschiedlichem beziehungsweise gar keinem Komfort eingeteilt; die Eisenbahngesellschaften machten ihren Gewinn jedoch vor allem mit den „billigen Plätzen". Die Eisenbahn erhöhte nicht nur die Mobilität von Arbeitskräften transregional und transnational, sondern brachte auch die Massentouristen in die Seebäder oder die Berge. Man konnte um die Jahrhundertwende in wenigen Tagen von Paris nach Moskau oder nach Konstantinopel reisen. Was sollte Europa von Asien noch trennen, wenn man am Beginn des 20. Jahrhunderts in zehn Tagen von Warschau nach Wladiwostok fahren konnte?

Die Explosion des Individualverkehrs durch das Auto und die Autobahnen, die Strukturierung eines Luftraums von den Propellerflugzeugen bis zu den Billigfliegern in Europa und darüber hinaus waren da nicht mehr Zukunftsvisionen eines Jules Vernes, sondern führten zu Entgrenzung und Verdichtung zugleich. So wurde „Europa" auch zum Namen einer Serie europäischer Trägerraketen der 1960er und 1970er Jahre, die freilich nie kommerziell eingesetzt wurden. Diese hier nur anzureißenden Phänomene der sich beschleunigenden Veränderungen der Beziehungen von Mensch und Raum sind freilich keine auf Europa begrenzten, sondern globale Phänomene, die aber doch auch in gewisser Weise das Verhältnis der Europäer zur Welt und in der Welt bestimmen.

Die Internetrevolution ermöglicht es am Beginn des 21. Jahrhunderts, im Netz scheinbar grenzenlos zu kommunizieren und sich in virtuellen Räumen zu bewegen. Damit scheinen naturräumliche Gegebenheiten überwindbar und zweitrangig, die Frage nach identitätsbildenden europäischen Erinnerungsorten stellt sich noch einmal neu. Wenn man mit Google Earth an der „Vermessung der Welt" virtuell teilnehmen kann, wie steht es da mit Raumerfahrung – einer Fahrt auf dem Rhein, der Donau oder Wolga?

Mit gutem Grund haben sich die Akteure des europäischen Einigungsprozesses nicht auf eine Raumdiskussion eingelassen, die im Licht der Geschichte von der Antike bis zu Gegenwart beliebig schwierig ist. Eine geographische Definition Europas entbehrt wissenschaftlicher Grundlage, Raumkonstruktionen politischer kultureller Art sind ebenso wie soziale und kommunikative Räume von vornherein zeitlich begrenzt. So war es sicher sinnvoll, wenn die Mitglieder des Europäischen Konvents in dem nicht in Kraft getretenen Vertrag über eine Verfassung für Europa nur an einer Stelle vom Raum Europa redeten. In der Präambel heißt es, dass Europa „in Vielfalt geeint, ihnen (den Völkern Europas, J. K.) die besten Möglichkeiten bietet, unter Wahrung der Rechte des Einzelnen und im Bewusstsein ihrer Verantwortung gegenüber den künftigen Generationen und der Erde dieses große Unterfangen fortzusetzen, das einen Raum eröffnet, in dem sich die Hoffnung der Menschen entfalten kann". Europa wird hier visionär als Handlungs-, vor allem aber als Zukunfts- und Möglichkeitsraum beschrieben. Das ist sicher keine empirische Kategorie, aber eine Raumvorstellung, die trotz wiederkehrender Krisen Europa innerhalb und außerhalb seiner variablen Grenzen so attraktiv macht. Sie impliziert vielleicht, dass die transregionalen und transnationalen Erinnerungsorte in der Summe eine europäische Erinnerungslandschaft bilden, auf die sich seine Bewohnerinnen und Bewohner beziehen können, weil sie Distanz, Nähe und gemeinsamen Bezug gleichermaßen ermöglichen.

Literaturhinweise

Jörg DÖRING/Tristan THIELMANN (Hrsg.), Spatial Turn. Das Raumparadigma in den Kultur- und Sozialwissenschaften. Bielefeld 2008.

Holger Th. GRÄF/Ralf PRÖVE, Wege ins Ungewisse. Reisen in der Frühen Neuzeit. Frankfurt a.M. 1997.

Robert HETTLAGE/Petra DEGER (Hrsg.), Der europäische Raum. Die Konstruktion europäischer Grenzen. Wiesbaden 2007.

Hans LEMBERG, Zur Entstehung des Osteuropabegriffs im 19. Jahrhundert. Vom „Norden" zum „Osten" Europas, in: Jahrbücher für Geschichte Osteuropas N.F. 33 (1985), S. 48–91.

Hartmut LEPPIN, Das Erbe der Antike. München 2010.

Ralf ROTH (Hrsg.), Städte im Europäischen Raum. Verkehr, Kommunikation und Urbanität im 19. und 20. Jahrhundert. Stuttgart 2009.

Jürgen OSTERHAMMEL, Die Verwandlung der Welt. Eine Geschichte des 19. Jahrhunderts. München 2009.

Saskia SASSEN, Migranten, Siedler, Flüchtlinge. Von der Massenauswanderung zur Festung Europa. Frankfurt a.M. 1996.

Karl SCHLÖGEL, Im Raume lesen wir die Zeit. Über Zivilisationsgeschichte und Geopolitik. Frankfurt a.M. [3]2009.

Wolfgang SCHMALE, Geschichte Europas. Köln u. a. 2000.

Norman J. W. THROWER, Maps and Civilisation. Cartography in Culture and Society. Chicago/London [3]2008.

Petra Deger
Grenzen

Die Grenzen Europas, insbesondere der Europäischen Union, scheinen immer noch verhandelbar. Die Frage nach der Finalität Europas ist noch offen. Die Diskussion um den Beitritt der Türkei zur Europäischen Union dauert nach wie vor an. Die Verhandlungen waren 2005 aufgenommen worden – nachdem die Türkei bereits seit 1963 assoziiertes Mitglied war. Seit dieser Zeit hat die Türkei erhebliche Anstrengungen unternommen, die Beitrittskriterien zu erfüllen und gerade in den Bereichen Minderheitenschutz, Meinungsfreiheit und der Einhaltung der Menschenrechte den Anforderungen gerecht zu werden. Die Kommission konstatierte zwar Fortschritte in diesen Bereichen, aber noch kein Erfüllen der Aufnahmekriterien.

Die Verhandlungen spalten sowohl die Europäische Union insgesamt als auch einige Mitgliedsstaaten. Insbesondere in der Bundesrepublik geht ein Riss durch die Parteienlandschaft. Bei aller Unschärfe dieser Kategorisierung lässt sich sagen, dass tendenziell die christlichen Parteien einem Vollbeitritt ablehnend gegenüber stehen und eine „privilegierte Partnerschaft" anstreben. Demgegenüber sind die Sozialdemokraten, Grünen und Linken eher für eine Vollmitgliedschaft. Der EU-Beitritt der Türkei ist aus verschiedenen Gründen eine zentrale Frage: Vordergründig geht es beispielsweise um den Minderheitenschutz oder die finanzielle Leistungsfähigkeit der EU angesichts der Größe des Landes und der erwartbaren Ansprüche gegenüber dem Strukturfonds. Daneben stehen aber unausgesprochen noch weitere offene Fragen, denen sich die EU stellen muss: (1) Kann/soll die Grenze des „christlichen Abendlandes" überschritten werden? (2) Inwieweit ist die Selbstbeschreibung der europäischen Moderne auf den Kontinent begrenzt? (3) Welche Bedeutung haben die Außengrenzen der EU?

Auch die Bevölkerung in den jetzigen Mitgliedsstaaten steht einem Beitritt der Türkei reserviert gegenüber. In einer Eurobarometerbefragung aus dem Jahr 2006 in allen aktuellen EU-Mitgliedsstaaten zeigt sich eine insgesamt nur geringe Zustimmungsquote zum Beitritt. Über alle Länder wünscht sich circa ein Drittel der Bürger den Beitritt. An der letzten Stelle der Zustimmungsquote aller 27 EU-Mitgliedsstaaten steht Österreich (5,6 %), an vorletzter Stelle rangiert Deutschland (17,1 %).

Die Beitrittskandidaten auf dem Balkan und in Osteuropa konnten unmittelbar nach dem Fall des Eisernen Vorhangs auf Wohlwollen ob ihrer (unverschuldeten?) politischen Vergangenheit hoffen. Demgegenüber stellt der Türkeibeitritt viel fundamentalere Fragen. An der Geschichte des ewigen Kandidatenstatus der Türkei verdeutlicht sich die Veränderung der Bedeutung von Grenzen in Europa und die aufkommende Frage nach den Grenzen Europas und deren Beziehung zu den Grenzen der EU.

Ausgehend von dieser aktuellen Diskussion legt der Essay das Augenmerk insbesondere auf die Grenzziehungsprozesse und deren Legitimationsgrundlagen. In zeitlicher Hinsicht wird vor allem die Entwicklung der letzten 50 Jahre betrachtet. Damit liegt der Fokus naturgemäß auf dem sogenannten europäischen Integrationsprozess. In erster Linie werde ich mich mit den veränderlichen Legitimationsgrundlagen von Grenzziehungsprozessen befassen. Mein Hauptargument ist, dass die offene Frage nach der Gestalt Europas aus dem Fehlen einer scheinbar natürlich oder zumindest scheinbar fraglos und dauerhaft gültigen Außengrenze erwächst. Meine Perspektive ist insofern konstruktivistisch, als sie vom grundsätzlichen Konstruktionscharakter von Grenzen ausgeht, aber darauf verweist, dass manche Begründungszusammenhänge der Konstruktion von Grenzen „geeigneter" sind, weil sie nach ihrer Durchsetzung scheinbar zeitlose Gültigkeit zugesprochen bekommen. Die Fokussierung auf die jüngere Entwicklung erfolgt auch, weil sich Europa nach Meinung vieler in einem Prozess tiefgreifender historischer Neustrukturierung befindet, an dessen (vorläufigem?) Ende möglicherweise ein politisches Gebilde steht, das in ähnlicher Weise stilbildend und historisch weitreichend sein könnte, wie es der Nationalstaat in den letzten Jahrhunderten war. Angesichts der verschiedenen Grenzformen und -linien, die es aktuell in Europa gibt, stellt sich indirekt auch die Frage, ob man mit der Konstitution der Europäischen Union vom Beginn eines postnationalen Zeitalters sprechen kann.

Begriff der Grenze

In der Bedeutung, in der wir heute vornehmlich von Grenzen sprechen, nämlich als Trennungslinien zwischen Staaten, wurde der Terminus „Grenze" durchgängig seit dem 19. Jahrhundert verwendet. Mit dem Beginn der Neuzeit hat sich langsam eine eher lineare Auffassung der Scheidelinie zwischen zwei politischen Gebilden durchgesetzt, im Mittelalter wurden Herrschaftsgebiete eher durch Säume getrennt. In Europa waren jenseits der Grenze immer andere Völker oder Gebiete. Der deutsche Grenzbegriff ist, wie der in Kontinentaleuropa insgesamt, als Festlegung und Abschließung zu lesen. Die Grenzziehungen im Europa der Moderne sind insgesamt solche, die auf Eindeutigkeit ausgerichtet sind. Dies ist die basale Logik der Nationalstaaten.

Grenzen können trennen und verbinden, je nach Ausgestaltung. Formal stellen sie Barrieren und Hindernisse dar. Grenzen zwischen Nationalstaaten können nicht folgenlos überschritten werden. So hat man beispielsweise, wenn man die Grenzen der Bundesrepublik in Richtung Österreich verlässt, dort keinen Anspruch auf Sozialleistungen. Vielfach sind Grenzen mit strengen Einreiseauflagen verbunden, so kann man bekanntermaßen in manche Staaten nur mit einem entsprechenden Visum einreisen. Grenzen können hermetisch abgeschirmt sein (wie zwischen Nord- und Südkorea) oder fast unsichtbar (wie zwischen Deutschland und Österreich). Doch auch im Fall der geringen Sichtbarkeit steuern Grenzen Austauschmöglichkeiten von Menschen auf beiden Seiten der Grenze. Eine Heirat von zwei Menschen aus verschiedenen Mitgliedsstaaten der EU ist immer noch bürokratisch aufwendiger als eine von Angehörigen desselben Nationalstaats.

Typen von Grenzen: natürliche, konstruierte, unhinterfragte und verhandelbare

In der Literatur wird meist zwischen zwei Konzepten von Grenzen unterschieden: zum einen natürliche und zum anderen (sozial) konstruierte. Dabei ist aus sozialwissenschaftlicher Perspektive immer die Beziehung zwischen Grenze und Raum bedeutsam, also zwischen dem Diesseits und dem Jenseits der Grenze – die Frage nach dem, was innerhalb und was außerhalb der Grenze liegt.

Zunächst zum Konzept der natürlichen Grenze – Flüsse, Gebirge, Meere oder ähnliche eindeutige Markierungen eines Territoriums. Sie haben als besonderes Charakteristikum, dass sie tatsächlich Handlungschancen begrenzen. So müssen Flüsse überwunden werden, wenn man über das Territorium auf der anderen Seite des Flusses herrschen oder es auch nur betreten möchte. Das Konzept der natürlichen Grenze findet sich demgemäß vordringlich in der Geographie, ist eher deskriptiv ausgelegt und auf Naturräume bezogen. Es verlor für politische Grenzziehungsprozesse umso mehr an Bedeutung, als es leichter wurde, diese Grenzen zu überwinden. Die Schwierigkeiten der Überwindung natürlicher Grenzen im Mittealter zeigen sich an einem einfachen Beispiel. Die bauhistorisch wie auch handelsstrategisch bedeutsame Steinerne Brücke in Regensburg, die eine Verbindung über die Donau nach Osten eröffnete, wurde im Zeitraum von 1135 bis 1146 in für damalige Verhältnisse rasanter Geschwindigkeit gebaut. Bis ins 19. Jahrhundert hinein war sie die einzige Donaubrücke der Stadt und die einzige Verbindung der Region insgesamt nach Osten.

Das Konzept der konstruierten Grenze kommt insbesondere in der Forschung über die Gründung von Nationalstaaten zur Anwendung. Dabei wird hervorgehoben, dass Grenzen Produkte von Konstruktionsprozessen sind und damit prinzipiell Ergebnis von Aushandlungsprozessen und Diskursen. Daraus folgt, dass die Legitimationsgrundlage einer solchen Grenze produziert werden muss. Dies geschieht durch bedeutsame Akteure, zum Beispiel Intellektuelle. Seine Legitimität bezieht die Grenze auch aus der scheinbaren Selbstverständlichkeit ihrer (tatsächlich konstruierten) Legitimationsgrundlage – somit werden Nationalstaaten „erfunden". Diese Grenzen schaffen – im Unterschied zur natürlichen Grenze – einen geschlossenen Gesamtraum innerhalb der Grenze. Die Wirkung ist vor allem nach Innen gerichtet, beispielsweise im Hinblick auf die Reichweite von Rechtsvorschriften oder auch die Konstitution von Identitäten. Nach Außen charakterisiert die Grenze vordringlich eine Markierung von „Wir" vs. die „Anderen". Zwar gab und gibt es durchaus Auseinandersetzungen, zu welchem „Wir" einzelne Gebiete in Grenzregionen gehören (so zum Beispiel in Elsass-Lothringen), aber an der grundsätzlichen Legitimität der verschiedenen Gebilde diesseits und jenseits der Grenzen besteht in der Regel kein Zweifel.

Gerade für die Betrachtung des europäischen Einigungsprozesses sind aber zwei weitere Sichtweisen auf Grenzen bedeutsam, die Mischformen beziehungsweise Radikalisierungen der beiden eben vorgestellten Grundformen darstellen.

Da ist zum einen die unhinterfragte Grenze. Es handelt sich dabei um eine Grenze, die zwar konstruiert ist, aber durch die Konstruktionsgrundlage sozusagen unantastbar ist. Diese Unantastbarkeit führt dazu, dass die Grenze quasi natürlichen Charakter hat und damit in Diskursen über die Gestalt von politischen Gebilden stillschweigend ausgeklammert wird. Innerhalb Europas war dies nach dem Zweiten Weltkrieg der sogenannte Eiserne Vorhang.

Während die drei bisher vorgestellten Grenzkonzepte eine je aktuell zeitlich unbegrenzte Gültigkeit beanspruchen dürfen und sich daraus auch ihre Legitimität ableitet, ist Europa seit dem Zusammenbruch der unhinterfragten Grenze des Eisernen Vorhangs mit der Frage der stetigen Grenzdiskussion konfrontiert. Daher muss als viertes Konzept jenes der prinzipiell verhandelbaren Grenze in die Überlegungen einbezogen werden. Diesem Grenztypus fehlt jegliche scheinbare Dauerhaftigkeit. Offenheit und Ambivalenz werden zum Strukturprinzip.

Diese vier Konzepte werden im Zuge der Diskussion um die Gestalt und die Innenbeschreibung Europas unterschiedlich gewichtet. Eine kurze Zeitreise soll schlaglichtartig das sich verändernde Grenzverständnis und die Grenzkonzepte in Europa thematisieren.

Grenz- und Raumkonzepte in Europa: eine Entwicklungsgeschichte

Europa als räumliches Konzept ist zurückzuführen auf die griechische Antike. Dabei waren die europäischen Grenzen im Süden, Norden und Westen großenteils durch Küsten markiert. Die offene Frage war stets die Ostgrenze. Schon in der Antike ging man davon aus, dass die östliche Grenze Europas, die Scheidelinie zu Asien, mit dem Fluss Don identisch sei. Im Laufe der folgenden mehr als zwei Jahrtausende hat der Begriff Europa immer wieder andere Bedeutungen erhalten, und demgemäß wurden ihm auch andere Grenzen zugeschrieben, seit dem 18. Jahrhundert dann die Uralgrenze. Die heutige geographische Gestalt Europas liegt innerhalb der Grenzen, in denen sich im Mittelalter das Christentum ausgebreitet hatte. Als geographisches Konzept ist Europa also, wie viele andere Kontinente auch, durch „natürliche Grenzen" markiert. Natürliche Grenzen sind „gute" Grenzen, weil sie eben nicht verhandelt und argumentativ begründet werden müssen.

Insgesamt gewann der räumliche Begriff „Europa" erst nach dem Zweiten Weltkrieg, im Zuge des europäischen Einigungsprozesses, an Bedeutung. In den ersten Jahrzehnten dieses Prozesses stellte sich die Grenz- und Raumfrage insofern nicht, als die Begrenzung auf Westeuropa angesichts des Eisernen Vorhangs selbstverständlich – eine Form der unhinterfragten Grenze – war. Auch die Tatsache der Gründung der Europäischen Gemeinschaften auf der Basis von Nationalstaaten, die im Selbstverständnis ihre Souveränität nicht aufgeben sollten, war unstrittig. So schienen die Grenzen Europas bis 1989 ohne Diskussion klar definiert zu sein, theoretisch war auch jenseits des Eisernen Vorhangs Europa, praktisch stellte sich aber die Erweiterungsfrage mit all den damit verbundenen Problemen nicht. Die Erweiterungsgeschichte hat damit eine Zäsur: bis einschließlich der Aufnahme von Spanien und Portugal (1986) hatten nur westeuropäische Demokratien (in geringer Zahl) Interesse an einem Beitritt zur Europäischen Gemeinschaft. Danach zeigte sich die räumliche Offenheit umso drastischer durch andauernde Beitrittsverhandlungen. Bislang ist es nicht gelungen, eine klare Grenze für Europa als politische Gemeinschaft zu definieren. Ausgehend von der Situation im 19. Jahrhundert kann beobachtet werden, dass sich die Aushandlungs- und Sinnsetzungsprozesse in Europa grundlegend verändert haben.

Der Nationalstaat: die Logik der internen Homogenisierung

Die Geburt des modernen Nationalstaats liegt bekanntermaßen in Europa. Die meisten dieser zumindest in Westeuropa großenteils noch heute bestehenden Gebilde entstanden im 19. Jahrhundert. Nicht wenige Staatsgründungen waren Ergebnis oder Nebenfolgen von Kriegen. Zu denken ist hier beispielsweise an den italienischen Einigungskrieg (1859/60), an dem Österreich und Frankreich beteiligt waren, an den Preußisch-Österreichischen Krieg von 1866/67 (der zur sogenannten kleindeutschen Lösung, also einem deutschen Nationalstaat ohne Österreich führte) oder den Deutsch-Französischen Krieg von 1870/71.

An den zentralen Charakteristika des Nationalstaats als Akteur nach Innen wie auch auf der internationalen Bühne hat sich in den letzten 100 Jahren wenig geändert. Ein Staat definiere sich mit Staatsvolk, Staatsgebiet und Staatsgewalt, wie Georg Jellinek im Jahr 1900 in seiner „Allgemeinen Staatslehre" festgelegt hatte. Das Staatsgebiet wird als Containerraum verstanden, ein Herrschafts- und Handlungsraum, der eindeutig „begrenzt" ist. Um die Handlungsfähigkeit zu erhalten, ist die Begrenzung des Handlungsraums geradezu zwingend erforderlich. In der Systemtheorie nennt man das System-Umweltgrenzen

(Niklas Luhmann). Innerhalb des Systems bestehen Sinnzusammenhänge (zum Beispiel nationale Identität in der Moderne oder Zunftrechte im Mittelalter), die Handlungschancen und Handlungsgrenzen gleichzeitig bestimmen. Durch diese Sinnzuschreibungen wird Komplexität reduziert, das heißt Systemmitglieder kennen die Bedeutung der Zunftregeln oder wissen um die mit der Staatsbürgerschaft verbundenen Rechte (beispielsweise auf Unterstützung durch Botschaften, wenn man sich im Ausland befindet).

Grenzen sind nur schlüssig zu konzipieren in Relation zu Räumen. Besonders deutlich wird dies am Konzept des Nationalstaats, der als „Behälter- und Containerraum" verstanden wurde und wird. Ein Behälterraum zeichnet sich dadurch aus, dass er eine metrische Struktur besitzt und damit vermessen werden kann. Diese auf das Konzept des Nationalstaats übertragene Vorstellung geht zurück auf die Physik nach Isaac Newton.

Was hat das alles mit Europa zu tun? Im Modell der europäischen Nationalstaaten manifestiert sich diese Vorstellung mustergültig. Im Zuge der Nationalstaatsgründung des 19. Jahrhunderts wurde die faktisch stattfindende politische Konstruktion eines Raums in Form eines Nationalstaats überformt durch die Behauptung einer quasinatürlichen Zusammengehörigkeit des diesen Staat umfassenden Gebiets. Diese Zusammengehörigkeit gründete auf zwei unterschiedlichen Modellen: entweder bezog man sich auf eine Wertegemeinschaft oder auf eine Volksgemeinschaft. Beide Vorgehensweisen lassen sich in verschiedenen europäischen Staaten finden und sollen kurz an zwei Beispielen illustriert werden.

Das Konzept der Wertegemeinschaft findet sich beispielsweise in Frankreich. Ausgehend von den Errungenschaften der Französischen Revolution entwickelte sich die Legitimation der Zusammengehörigkeit aufgrund der dort vertretenen Werte. Franzose konnte damit sein, wer sich zu diesen Werten bekannte und innerhalb des Raums, in dem sie ihre Gültigkeit hatten, lebte. Dies führt beispielsweise dazu, dass die französische Staatsbürgerschaft besitzt, wer in Frankreich geboren ist – ein Konzept, das als *ius soli* (Bodenrecht) bezeichnet wird. Einer Wertegemeinschaft lässt sich vergleichsweise leicht beitreten. Allerdings ist wegen der Grundidee der eindeutigen Abgrenzbarkeit von Nationalstaaten das Gebiet der Gültigkeit der Wertegemeinschaft begrenzt. Grenzen haben in diesem Verständnis vor allem die funktionale Bedeutung der Abgrenzung eines Herrschaftsgebiets, grundsätzlich ließe sich die Wertegemeinschaft ausdehnen.

Das zweite Modell ist das der Volksgemeinschaft, das idealtypisch Deutschland verkörpert. Hier erfolgte die Staatsgründung auf der Basis des Glaubens an eine gemeinsame deutsche Abstammung. Diese Idee, die den Gründungsprozess des deutschen Nationalstaats in den Jahrzehnten zwischen den 1840er und 1870er Jahren begleitete, bringt mit sich, dass Deutscher ist, wer deutsche Wurzeln hat – selbst wenn die Familie seit Generationen in Siebenbürgen lebt. Dieses Prinzip trägt die Bezeichnung *ius sanguinis* (Blutrecht) und begründet den Anspruch aller ethnisch Deutschen weltweit, die deutsche Staatsbürgerschaft zu beantragen und sich in Deutschland niederzulassen.

Insgesamt ist also die konkrete, anhand von Grenzen darstellbare metrische Abbildbarkeit des Raums eines Nationalstaats sein wesentliches Kennzeichen. Die metrische Abbildbarkeit bedeutet nicht die objektive Gegebenheit eines Nationalstaats. Vielmehr ist die genaue Begrenzung von Nationalstaaten Ergebnis von Konstruktionsprozessen, die auf unterschiedliche Legitimationsgrundlagen der scheinbar natürlichen Bestimmung des jeweiligen Staatsgebiets hindeuten. Vor diesem Hintergrund sind nationalstaatliche Grenzen gleichzeitig konstruiert, aber auch großenteils unhinterfragt. Grenzstreitigkeiten sind also Auseinandersetzungen um die Frage, ob ein bestimmtes Territorium (zum Beispiel in der Vergangenheit Elsass-Lothringen) zu einem politischen Gebilde gehört (Frankreich) oder zu einem anderen (Deutschland). Außengrenzen markierten demzufolge Grenzen zwischen gleichrangigen politischen Gebilden – zwei Nationalstaaten. In der Entwicklung von Nationalstaaten hatten Grenzen in Europa insbesondere abschließende Funktion. Grenzen waren insgesamt ein zentrales Konstruktionsmerkmal des vorherrschenden politischen Ordnungsmodells, des westeuropäischen Nationalstaats.

Der Beginn des europäischen Einigungsprozesses in nationalstaatlichen Grenzen: die Logik der Wohlstandsmehrung

Blendet man die Zeit der europäischen Kriege bis zum Ende des Zweiten Weltkriegs aus, so wirkte die Grundidee der Nationalstaaten, die sich im 19. Jahrhundert durchgesetzt hatte, fort. Der europäische Einigungsprozess stellte diese sichere nationalstaatliche Grundlage in seinen Anfängen in den 1950er Jahren in keiner Weise in Frage. So war die (west)europäische Geschichte zwischen 1949 und 1989 insgesamt charakterisiert durch die weitgehende Gültigkeit eindeutiger und unstrittiger Grenzen (zu den wenigen Ausnahmen gehörten zum Beispiel die Auseinandersetzung um die Zugehörigkeit Südtirols zu Italien und Nordirlands zu Großbritannien). In diesem Sinn war der europäische Einigungsprozess bis 1989 eine einzige Erfolgsgeschichte. Ausgehend von der Idee des Wohlstandszuwachses durch wirtschaftliche Integration und Zusammenarbeit, konnten 1986 mit Spanien und Portugal zwei ehemalige Diktaturen in den Kreis der freien europäischen Staaten aufgenommen werden. Auch wenn die Schweiz sich dauerhaft der Aufnahme widersetzte, hatte Europa in Form der Europäischen Gemeinschaften eine eindeutige und kompakte Gestalt. Sie wurde von natürlichen Grenzen (den Meeren) und im Osten von einer unhinterfragten ideologischen (also quasinatürlichen) Grenze markiert. Unhinterfragt war die Grenze nicht wegen der Akzeptanz der Gleichrangigkeit zweier verschiedener politischer Systeme innerhalb Europas, sondern vielmehr wegen der Anerkennung dieser Grenze im politischen Handeln insbesondere von westlicher Seite. Gerade die Terminologie der Ostgrenze als Eiserner Vorhang markiert bedeutungsschwer die Trennung zwischen freier und unfreier Welt, zwischen Demokratie und Diktatur. Die östliche Außengrenze war ein zentraler Erinnerungsanker nach Innen und von kaum zu überschätzender Bedeutung für den westeuropäischen Integrationsprozess.

Die Ungleichzeitigkeit des Gleichzeitigen: die Logik des Siegs der Freiheit

Die aktuelle Frage nach der Finalität Europas und der Aufnahmefähigkeit der Union hätte sich wahrscheinlich so nicht gestellt, wenn nicht seit den 1970er Jahren (teilweise schleichend) eine Dynamik des Einigungsprozesses in Gang gesetzt worden wäre, die die Frage der europäischen Identität und des Gemeinsamen sukzessive auf der europäischen Agenda nach oben geschoben hat. Als Jacques Delors 1985 Kommissionspräsident wurde, war die Ost-West-Teilung der Welt noch stabil und die unhinterfragte Gültigkeit des Eisernen Vorhangs politisches Faktum. Delors' Visionen der voranschreitenden Integration Europas, die 1987 in die Einheitliche Europäische Akte (EEA) mündeten, stellten einen entscheidenden Meilenstein auf dem Weg zum Binnenmarkt dar.

Die Grenzthematik wurde nun durch zwei voneinander unabhängige Entwicklungen innerhalb Europas virulent. Zum einen von Innen heraus über die schrittweise Entwicklung des Binnenmarkts. Erst durch die Aufhebung der Grenzen nach Innen erwuchs aber der Grenze nach außen eine neue Bedeutung zu. Der Bedeutungszuwachs der östlichen Außengrenze trat fast zeitgleich ein mit der jenseits der Systemgrenzen initiierten Infragestellung der Legitimität genau dieser Grenze: dem Fall des Eisernen Vorhangs. Eine gleichzeitige Verstärkung und Infragestellung ein und derselben Grenze brachte die Notwendigkeit einer grundlegenden Neudefinition der Bedeutung von Grenzen in Europa und der Grenzen Europas mit sich. Ohne jegliche Beitrittsverhandlungen wurde die Ostgrenze der Europäischen Union durch die deutsche Wiedervereinigung verschoben. Kurz darauf war die Ostgrenze der Europäischen Union schnell zum Provisorium erklärt worden. Durch die unmittelbare Nähe der osteuropäischen Staaten zur EU sollte die Zusammenarbeit intensiviert werden im Hinblick auf einen späteren Beitritt. Mit dieser Umdefinition von der Grenze zum Übergangsszenario war das Tor zur dauernden Infragestellung der Grenze geöffnet.

Die Schwierigkeiten der Umdefinition einer europäischen Außengrenze zu einer innereuropäischen Grenze werden exemplarisch deutlich an der Diskussion über den Umgang mit der Oder-Neiße-Linie. Während die Deutsche Einheit einen Teil des Eisernen Vorhangs zum Verschwinden brachte, gewann gleichzeitig die Oder-Neiße-Grenze neue europäische Bedeutung. Zum einen stellte sie von 1990 bis 2004 die Ostgrenze der Europäischen Union dar. Zum anderen war diese Grenze aufgrund der traumatischen polnischen Erfahrungen ein Herd der Verunsicherung in Polen und Quelle verschiedener innereuropäischer Irritationen.

Grenzen in Europa und Grenzen der EU: die Logik der Zutrittschancen

Nach der ersten Beitrittswelle ehemaliger Ostblockstaaten 2004 sieht sich die Europäische Union mit zwei Arten von Anforderungen konfrontiert. Erstens scheint die Gruppe derjenigen, die eine Mitgliedschaft anstreben, zahlenmäßig groß zu sein. Zweitens wirkt die Europäische Union nicht nur auf kollektive Akteure (Staaten) anziehend, sondern auch auf individuelle Akteure (zum Beispiel Migranten und Flüchtlinge). Durch das Fehlen einer Legitimationsgrundlage für eine territoriale Begrenzung der Beitritte ist die räumliche Ausdehnung der EU grundsätzlich verhandelbar. Die Verlagerung dieser Grenzen bedeutet auch die Verlagerung der Integrationsfragen und -kosten nach Innen. In der Geschichte der EU waren es stets die Staaten an der Peripherie, die durch Fördergelder am Wohlstand und der Verbesserung der wirtschaftlichen Verhältnisse teilhaben durften. Was in den 1980er Jahren im Zuge der Aufnahme von Griechenland, Spanien und Portugal noch praktikabel und auch in den wohlhabenden Staaten vermittelbar war, ist es bei einer Erweiterung um zehn Staaten gleichzeitig im Jahr 2004 und zudem um Rumänien und Bulgarien nur drei Jahre später nicht mehr.

So wird es notwendig, die Grundlagen für die Grenzziehungen ständig neu zu definieren. Es gilt eine Balance zu schaffen zwischen an sich widerstreitenden Anforderungen: Einerseits gibt es offensichtlich das Bestreben einer weiteren Vertiefung der Zusammenarbeit – andererseits bringt die stetige Integration von Neumitgliedern immer neue Herausforderungen mit sich.

Dieser stetige Balanceakt resultiert auch aus dem politisch amorphen Charakter der EU – weder Bundesstaat noch Staatenbund. Einerseits sind ehemals nationalstaatliche Kompetenzen bereits auf die EU übergegangen (insbesondere die Ausgestaltung des Rechts), andererseits sind gerade jene Bereiche, die typischerweise die nationalstaatliche Binnenintegration befördert haben (sozialstaatliche Rechte), nach wie vor weitestgehend in nationaler Hand. So ist die EU in bestimmten Feldern ein Herrschafts- und Handlungsraum, dessen Grenzen allerdings stetig neu verhandelbar sind. So bestimmt – und dies ist ein Novum in der neuzeitlichen Geschichte möglicher Legitimationsgrundlagen der territorialen Grenzen eines politischen Gebildes – die institutionelle Ordnungsidee und deren Akzeptanz die Grenzen der EU.

Dies zeigt sich beispielsweise an den seitens der Beitrittsstaaten zu erfüllenden Kriterien (Kopenhagener Kriterien von 1993). Zunächst müssen die Kandidaten schon vor Beginn der Beitrittsverhandlungen über eine stabile demokratische und rechtsstaatliche Ordnung verfügen. Im Lauf der Beitrittsverhandlungen muss eine funktionsfähige Marktwirtschaft etabliert werden, die unter Bedingungen des Wettbewerbs bestehen kann. Schließlich ist zwingend, sich zu den Zielen der EU zu bekennen, insbesondere zur politischen Union, der Wirtschafts- und Währungsunion. Damit verbunden ist auch die Bereitschaft zur Übernahme des gesamten gemeinschaftlichen Besitzstandes (insbesondere des EU-Rechts). In diesem Sinn folgt die EU dem Legitimierungsgrundsatz Frankreichs (Wertegemeinschaft) als Basis der Zugehörigkeit. Allerdings gilt die Annahme der Wertegemeinschaft als Legitimationsgrundlage auf anderer Basis als im klassischen französischen Modell. Die französische Idee richtet sich an Bürger, die europäische Wertegemeinschaftsidee richtet sich an Staaten und ist damit in der Durchsetzung auch weitaus voraussetzungsreicher.

Die aktuelle Lösung: die Genese unterschiedlicher Integrationsräume

Wie dargestellt, fand gleichzeitig eine Verfestigung der Bedeutung der EU-Außengrenze durch den politischen Einigungsprozess und eine Infragestellung der äußeren territorialen Grenzen der Union statt. Seit 1990 trugen diese beiden entgegengesetzten Strömungen wahrscheinlich maßgeblich zur Entwicklung unterschiedlicher Räume und der Herausbildung unterschiedlicher Bedeutungen für die Grenzen sowohl innerhalb der EU als auch an deren jeweiligem Rand bei.

Es zeigen sich innerhalb Europas unterschiedliche institutionalisierte Grenzen, die nicht nur in (regionalen) Identitäten deutlich werden (beispielsweise das Schwäbische oder das Sächsische), sondern manifeste Handlungsfolgen haben. So hat der EU-Bürger das Recht auf Freizügigkeit innerhalb der Union, das seine Mobilität deutlich erhöht und vereinfacht. Gleichzeitig bleiben nationalstaatliche Residuen (vor allem die Sozialpolitik), die sich umso schwieriger in den Integrationsprozess einpassen lassen, je mehr EU-Mitglieder unterschiedlichen Wohlstandsniveaus angehören. Ein weiteres Merkmal der Grenzen in Europa ist, dass sie unterschiedlich sichtbar und bedeutsam sind für Menschen, die sie passieren wollen. So fallen die Grenzen innerhalb des Schengenraums für die Bewohner dieses Raums kaum noch auf. Allerdings verhalten sich Kontrollbehörden ganz anders gegenüber Menschen, die nicht im Schengenraum leben, und insbesondere stellt die „Schengengrenze" eine besonders scharf markierte Scheidelinie für jene dar, die keine EU-Bürger sind. Interessanterweise wird diese Grenze jetzt auch wieder umdefiniert von der Linie zum Saum. So steht nicht die Grenzlinie des Schengenraums unter besonderer Beobachtung, sondern eine Zone von circa zwei Kilometer Ausdehnung. Der Schlagbaum (häufig nicht mehr sichtbar) und der Grenzbeamte (als nationalstaatliche „Erfindung") sind nicht mehr einfach auf das Territorium bezogen, sondern wirken in unterschiedlicher Weise – je nachdem, wer ihnen gegenübertritt.

Zusammenfassung und Perspektiven

Innerhalb Europas und auch innerhalb der Europäischen Union könnte man viele Grenzgeschichten schreiben und viele Gemeinschaftsräume mit eher unklaren Grenzen finden. Man denke an die Euregio oder an Sprachsiedlungen. All diesen Erscheinungen habe ich keine Aufmerksamkeit gewidmet, obwohl man sicher auch hier Erinnerungsorte für den konstruierten Raum finden könnte.

Im Zentrum meiner Überlegungen stand vielmehr die Veränderung der Legitimationsgrundlage von Grenzziehungsprozessen und deren Folgen für die innere Gestalt und die äußere Form Europas. Schon aus dem aktuellen Anlass der verschiedenen Beitrittsverhandlungen und Interessenbekundungen zur Aufnahme solcher Verhandlungen schien mir die Frage der Außengrenze und der symbolischen Vermittlung dieser Grenzen interessanter. So befinden sich Ende 2010, neben der Türkei, Kroatien, Island, Mazedonien und Montenegro im Kandidatenstatus. Die übrigen Balkanstaaten (Albanien, Bosnien und Herzegowina, Kosovo und Serbien) gelten als potentielle Kandidaten.

In diesem Zusammenhang ging es mir darum zu zeigen, wie sich innerhalb weniger Jahrzehnte Grenzdefinitionen Europas (genauer: die Grenze der Europäischen Integration) verändert haben. Nach diesem Verständnis war das Zeitalter des Eisernen Vorhangs eine Zeit, in der das offensichtliche Problem der Offenheit Europas nach Osten „wegdefiniert" worden war. In der Folge fand und findet eine interessante Neudefinition und Umdefinition von verschieden gelagerten Außen- und Innengrenzen statt. Das Ergebnis ist eine Art geschichteter Raum in Europa, in dem sich manche Grenzen überlagern, andere Bedeutungsgewinne und -verluste erfahren und sich insgesamt die Zielrichtung des Definitionsprozesses von Grenzen, ob nach Innen oder nach Außen, wesentlich differenzierter darstellt als unter den Bedingungen der Herrschaft von Nationalstaaten. Nichts anderes als die Frage, ob die Grenze vornehmlich eine Botschaft nach Innen (Integration) oder eine nach Außen (bis hierher und nicht weiter) verkündet, steht also zur Diskussion. Es ist also nicht nur die Frage der ökonomischen Belastungsgrenze oder jene der Reichweite der christlichen Welt, die die Beitrittsverhandlungen mit der Türkei begleitet, sondern die Frage nach der Funktion und der Legitimationsgrundlage von Grenzen im Allgemeinen.

Literaturhinweise

Benedict ANDERSON/Thomas BENEDICT, Die Erfindung der Nation. Zur Karriere eines folgenreichen Konzepts. Frankfurt a.M. u. a. ²2005.

Zygmunt BAUMAN, Moderne und Ambivalenz. Das Ende der Eindeutigkeit. Hamburg 1992.

Mathias Bös, Ethnizität und Grenzen in Europa, in: Petra DEGER/Robert HETTLAGE (Hrsg.), Der europäische Raum. Die Konstruktion europäischer Grenzen. Wiesbaden 2007, S. 49–69.

Monika EIGMÜLLER/Steffen MAU (Hrsg.), Gesellschaftstheorie und Europapolitik. Sozialwissenschaftliche Ansätze zur Europaforschung. Wiesbaden 2010.

Monika EIGMÜLLER/Georg VOBRUBA (Hrsg.), Grenzsoziologie. Die politische Strukturierung des Raumes. Wiesbaden 2006.

Bernhard GIESEN, Die Intellektuellen und die Nation. Eine deutsche Achsenzeit. Frankfurt a.M. 1993.

Hans-Jürgen Karp, Grenzen in Ostmitteleuropa während des Mittelalters. Ein Beitrag zur Entstehungsgeschichte der Grenzlinie aus dem Grenzsaum. Köln 1972.

M. Rainer Lepsius, Die Europäische Union als Herrschaftsverband eigener Prägung, in: Christian Joerges u. a. (Hrsg.), What Kind of Constitution for What Kind of Polity? Responses to Joschka Fischer. Cambridge, Mass. 2000, S. 203–212.

Thorsten Möllenbeck, „Wir geben das Land unserer Väter nicht preis". Polens prekäre Grenzen und ihre Rolle bei der Konstruktion nationaler Identität im europäischen Einigungsprozess, in: Petra Deger/Robert Hettlage (Hrsg.), Der europäische Raum. Die Konstruktion europäischer Grenzen. Wiesbaden 2007, S. 87–107.

Jürgen Trabant
Sprachenvielfalt

Vielfalt der Sprachen in der Europäischen Union

Die Europäische Union hat die Vielfalt der Sprachen Europas als ein Kernelement ihres Selbstverständnisses in ihre fundierenden Texte eingeschrieben. Die Charta der Grundrechte der Europäischen Union aus dem Jahre 2000 stellt in Artikel 22 fest: „Die Union achtet die Vielfalt der Kulturen, Religionen und Sprachen". In einer Mitteilung aus dem Jahre 2005 entwirft die Kommission „eine neue Rahmenstrategie für Mehrsprachigkeit". Darin stellt sie dann fest: „Sprache ist der unmittelbarste Ausdruck von Kultur. Sie macht uns zu Menschen und ist Teil unserer Identität. In Artikel 22 der Charta der Grundrechte der Europäischen Union verpflichtet sich die Union, die Vielfalt der Kulturen, Religionen und Sprachen zu achten. Artikel 21 listet die Gründe auf, darunter auch die Sprache, für die ein Diskriminierungsverbot gilt. Achtung der Sprachenvielfalt ist ein Grundwert der Europäischen Union, genau wie Respekt der Person, Offenheit gegenüber anderen Kulturen, Toleranz und Akzeptanz anderer Menschen. Eine Mitteilung der Kommission zur Mehrsprachigkeit aus dem Jahre 2008 sieht die Mehrsprachigkeit sogar als „Trumpfkarte Europas": „Die harmonische Koexistenz vieler Sprachen in Europa ist ein kraftvolles Symbol für das Streben der Europäischen Union nach Einheit in der Vielfalt, einem der Eckpfeiler des europäischen Aufbauwerks. Sprachen sind Merkmal der persönlichen Identität, aber auch Teil des gemeinsamen Erbes". Der Vertrag von Lissabon von 2007 stellt schließlich in Artikel 2 (3) fest: „Sie [die Union] wahrt den Reichtum ihrer kulturellen und sprachlichen Vielfalt und sorgt für den Schutz und die Entwicklung des kulturellen Erbes Europas".

Die vielen Sprachen werden als konstitutiver Bestandteil der Identität Europas betrachtet, und jedem Europäer wird seine Sprache als Element seiner persönlichen Identität zugestanden. Europa hielt seine Mehrsprachigkeit sogar für so wichtig, dass es ihr einen eigenen Kommissar widmete. Vermutlich weil der Kommissar für Mehrsprachigkeit, ein Rumäne mit ungarischer Muttersprache, es aber mit der europäischen Mehrsprachigkeit allzu ernst nahm, ist das europäische Sprachkommissariat bei der letzten Neubesetzung der Kommission wieder abgeschafft worden und zu einer Unterabteilung eines unbedeutenden Kulturkommissariats degradiert worden. Womit hatte sich der Sprachkommissar unbeliebt gemacht? Es ist schon seit Langem offizielle sprachpolitische EU-Empfehlung, dass jeder Europäer drei Sprachen lernen soll: seine Muttersprache und zwei andere europäische Sprachen. Die Formel dafür ist M+2. Das funktionierte allerdings bisher nicht besonders gut, weil die Europäer immer weniger einsahen, warum sie denn eine zweite Fremdsprache lernen sollten, wenn sie doch mit einer – nämlich mit dem Englischen – alle kommunikativen Bedürfnisse befriedigen können. Faktisch lernten und lernen die Europäer also neben ihrer Muttersprache immer mehr nur noch Englisch (M+E), zweite Fremdsprachen wurden und werden immer weniger gelernt, und die Briten lernen gar keine Fremdsprache mehr (M=E). Der Sprachkommissar fand die Sprachen Europas aber so wichtig, dass er sich aktiv dafür einsetzte, dass jeder Europäer unbedingt noch eine dritte Sprache lernen sollte, die eine von ihm eingesetzte Beratergruppe „Adoptiv-Sprache" genannt hatte. Jeder Europäer solle sich – über das für die internationale, weltweite Kommunikation wichtige Englische hinaus – mit einer weiteren Sprache Europas anfreunden und diese – eben wie ein Adoptivkind – zu seiner Herzensangelegenheit machen und im Lauf seines Lebens hegen und pflegen. Und es solle darauf geachtet werden, dass es in jedem europäischen Land „Adoptiv-Sprecher" jeder anderen europäischen Sprache gebe, so dass die horizontalen kulturellen Beziehungen zwischen den europäischen Völkern belebt und gestärkt würden. Die nationalen Regierungen der Europäischen Union haben diese bildungs- und sprachtheoretisch tiefe Idee des Sprachkommissars unmittelbar gehasst: Sie befürchteten offensichtlich, nun in jeder Schule Lehrer für alle 23 europäischen Sprachen zur Verfügung stellen zu müssen, damit die Europäer auch alle Sprachen der Union adoptieren können. Das wäre in der Tat eine teure Angelegenheit geworden. Da wurde der Kommissar mit seinem bedrohlichen Sprach-Adoptions-Projekt lieber bei der nächsten Gelegenheit kaltgestellt (die aktuelle Kommissarin interessiert sich mehr für Gleichstellung und Jugend als für die Sprachen). So gern hat dann das offizielle Europa die Sprachen doch nicht.

Die Sprachen Europas sind tatsächlich eine ziemlich teure Angelegenheit. Es gibt 23 offizielle Sprache der Europäischen Union bei 27 Mitgliedsstaaten: Bulgarisch (9 Mio. Sprecher), Dänisch (5), Deutsch (92), Englisch (56), Estnisch (1), Finnisch (5), Französisch (58), Griechisch (10), Irisch (1), Italienisch (55), Lettisch (1,4), Litauisch (3), Maltesisch (0,4), Niederländisch (20), Polnisch (38), Portugiesisch (10), Rumänisch (24), Schwedisch (8), Slowakisch (5), Slowenisch (2), Spanisch (29), Tschechisch (10), Ungarisch (12). Und diese vielen Sprachen erzeugen schon einige Unkosten in Brüssel. Nicht nur gibt es den Dolmetscherdienst des Europäischen Parlaments, der alles dort Gesagte (prinzipiell, in Wirklichkeit nicht ganz) aus allen Sprachen der Europäischen Union in alle Sprachen der Union übersetzt, weil jeder Abgeordnete in seiner Sprache sprechen kann. Auch jeder europäische Bürger hat das Recht, in seiner Sprache mit den europäischen Institutionen zu verkehren – jedenfalls sofern diese eine offizielle Sprache Europas ist. Die Kosten für die Übersetzungs- und Dolmetschdienste aller Organe belaufen sich auf circa 1 Prozent des Gesamtbudgets der EU. Die Sprachen Europas kosteten 2,28 Euro pro Bürger im Jahr 2004. Man kann darüber streiten, ob das viel ist oder wenig. Jedenfalls hatten die europäischen Regierungen ganz offensichtlich keine Lust, noch mehr Geld für die Sprachen auszugeben, die sie in den poetischen Teilen der europäischen Verträge doch für so wichtig halten. Und vielleicht ist ja auch das Bekenntnis zur Vielfalt der Sprachen gar nicht so ernst gemeint?

Europäische Sprachen

Wenn der EU-Bürger auf Sorbisch schreibt oder auf Bretonisch, wird er keine Antwort in seiner Sprache aus Brüssel bekommen, da diese Sprachen zwar europäische Sprachen, aber keine Amtssprachen der Europäischen Union, sondern sogenannte Minderheitensprachen sind. Die Zahl der Amtssprachen erschöpft also keinesfalls die europäische Sprachenvielfalt. Es gibt in Europa noch viele weitere Sprachen, die keine offiziellen Sprachen der Union sind, weil sie nicht Staatssprachen der Mitgliedsstaaten sind, wie das erwähnte Sorbische oder das Bretonische. Der Europarat (nicht die Europäische Union!) hat zum Schutz und zur Förderung dieser „Regional- oder Minderheitensprachen" 1992 den europäischen Staaten eine Charta vorgeschlagen, der die europäischen Länder bisher in sehr verschiedenem Maß beigetreten sind. Diese sogenannten Minderheitensprachen sind mitnichten immer Sprachen kleiner Sprachgemeinschaften wie die der Sorben mit (nach den Angaben von Haarmann 1993) circa 60 000 Sprechern, sondern manche von ihnen haben mehr Sprecher als viele offizielle Staatssprachen. So liegt zum Beispiel das Katalanische mit circa 7 Mio. Sprechern weit vor dem Finnischen, Litauischen oder gar Maltesischen und eher auf der Höhe des Bulgarischen, Griechischen, Portugiesischen oder Schwedischen. Auch das Baskische mit 700 000

Sprechern liegt noch weit vor dem Maltesischen, etwa auf der Höhe des Irischen, ist aber als tatsächlich im Baskenland alltäglich gesprochene Sprache bedeutend lebendiger als dieses (wirklich täglich verwendet wird das Irische wohl nur von circa 50 000 Sprechern). Diese nicht offiziellen Sprachen müssen ebenfalls berücksichtigt werden, wenn wir von der Sprachenvielfalt Europas sprechen.

Sie erhöht sich noch einmal, wenn man bedenkt, dass auch die Amtssprachen nur Varianten – eben die offiziellen Standard-, Schrift- und Kulturvarianten – von Sprachen sind, die „unterhalb" der Standardsprache auch regionale Varietäten – die Dialekte – kennen (ganz abgesehen von den sozialen Dialekten, also den Sprachvarietäten verschiedener sozialer Schichten). Das offizielle Deutsch zum Beispiel ist ja nur die Hochsprache, die jenseits der verschiedenen regionalen Dialekte des Deutschen – Niederdeutsch, Fränkisch, Bairisch, Alemannisch etc. – als gemeinsame Sprache (*Koinè*) der Deutschsprachigen fungiert.

Und als neues Element kommen zur autochthon europäischen Sprachenvielfalt noch die Sprachen der Immigranten hinzu: Sprachen aus allen Erdteilen, die nicht zu beziffern sind. Türkisch, Kurdisch, Arabisch und Albanisch sind zum Beispiel Sprachen, die in Deutschland stark präsent sind. Die Menschen, die diese Sprachen sprechen, siedeln, anders als die autochthonen Minderheiten, nicht an einem bestimmten geographischen Ort, sondern verteilen sich zumeist über die gesamte Fläche eines Landes oder der EU. Die als „europäisch" zu bezeichnende Sprachgruppe, die ebenfalls verstreut über ganz Europa lebt, aber eben seit Jahrhunderten in Europa beheimatet ist, sind die Roma und Sinti, die teilweise ihre aus Indien mitgebrachte Sprache sprechen, zumeist aber auch die Sprachen der Völker, mit denen sie leben.

Und schließlich ist der Blick auch auf die Länder Europas zu weiten, die nicht Mitglieder der Europäischen Union sind. Europa endet ja nicht an den Grenzen der EU. Natürlich gehören auch die Länder des Balkans zu Europa, sind die Schweiz, Island und Norwegen Teile Europas, und man spricht traditionellerweise auch vom „europäischen Teil Russlands", der sich nun in mehrere Staaten fraktioniert hat. Dort sind die großen slawischen Sprachen, also Russisch, Weißrussisch und Ukrainisch, zu Hause. Und es ist darauf hinzuweisen, dass im „europäischen" Russland auch noch eine ganze Reihe von Minderheitensprachen (wie Baschkirisch, Kalmückisch, Tatarisch) gesprochen wird. An den Rändern franst Europa aus, eine richtige Grenze zu Asien existiert bekanntlich nicht.

Wie viele Sprachen?

Es ist nicht einfach zu sagen, wie viele Sprachen in Europa gesprochen werden, weil einerseits nicht klar ist, was alles – geographisch, politisch, kulturell – zu Europa gehört (ich habe hier zum Beispiel die Kaukasus-Region und die Türkei nicht berücksichtigt), und weil es andererseits ein unlösbares Problem ist, eindeutig festzustellen, welche Mundart als gesonderte Sprache anzusehen und folglich zu zählen ist. Ich habe zum Beispiel in Harald Haarmanns Büchern über die europäischen Sprachen die Zahl von 64 oder 75 Sprachen gefunden. Dabei waren alle kleinen Sprachen des „europäischen" Russland mitgezählt worden. Der in dieser Frage immer wieder zitierte amerikanische Sprachinformationsdienst „ethnologue" kommt sogar auf 234 Sprachen in Europa, vor allem wohl weil er ohne rechte wissenschaftliche Prüfung bzw. ohne klare Kriterien jeder sprachseparatistischen Lobby-Gruppe entgegenkommt und deren „Sprache" in seine Liste aufnimmt (so zählt „ethnologue" auch den Kölner Stadtdialekt „Kölsch" als Sprache). Was als Sprache zählt, hängt also nicht so sehr von linguistischen als vielmehr von wechselhaften politischen Kriterien ab: Das früher als eine Sprache zählende Serbokroatische würde heute nach dem politischen Willen der jugoslawischen Nachfolgestaaten in mindestens drei Sprachen zerfallen: in Serbisch, Kroatisch und Bosnisch. Linguistisch sind sie aber kaum zu unterscheiden (in Serbien wird diese Sprache mit kyrillischer Schrift geschrieben). Das Schweizerdeutsche dagegen, eine vom Standarddeutschen sich deutlich unterscheidende Gruppe alemannischer Dialekte, die anderen Deutschsprechenden nicht unmittelbar verständlich sind, wird dagegen traditionellerweise nicht als Sprache gezählt, weil es nicht geschrieben wird und nicht als offizielle Sprache der Schweiz gilt. Das Letzeburgische, ein moselfränkischer Dialekt, ist dagegen in Luxemburg in den Rang einer Nationalsprache erhoben worden und zählt daher als Sprache. Wie dem auch sei, selbst wenn man nur auf eine Zahl von circa 50 Sprachen in Europa kommt, scheint dies eine große Anzahl von Sprachen zu sein. Dabei ist die Sprachenvielfalt Europas vergleichsweise gering, wenn man sie mit Indien oder gar mit Südamerika oder Afrika vergleicht, wo wir es mit Tausenden von Sprachen zu tun haben.

Die meisten der europäischen Sprachen gehören außerdem derselben Sprachfamilie an, nämlich der indoeuropäischen, und sind sich daher auch sehr ähnlich. Mitglieder einer Sprachfamilie sind solche, die sich auf eine gemeinsame Ausgangssprache in der Vergangenheit zurückführen lassen und daher viele strukturelle Zügen gemeinsam haben, seien es dieselben Wörter oder dieselben grammatischen Verfahren: So gehen beispielsweise die Wörter für Vater – *pitar, pater, père, father, fadar* – aus verschiedenen indoeuropäischen Sprachen auf ein gemeinsames Wort zurück. Gemeinsam sind diesen Sprachen auch grammatisch-morphologische Verfahren, zum Beispiel in der Konjugation des Verbs. Diese Gemeinsamkeiten stammen von einer gemeinsamen Ursprache. Eine indoeuropäische Ursprache ist zwar nicht dokumentiert, aber eine plausible Annahme. Sie hat sich dann im Verlauf der Geschichte in verschiedene Zweige aufgespalten: in die (von West nach Ost) germanischen, keltischen, romanischen, slawischen, baltischen Sprachen, Albanisch und Griechisch. Strukturell deutlich anders als diese miteinander verwandten indoeuropäischen Sprachen sind dagegen die Sprachen, die zur finno-ugrischen Familie gehören: Ungarisch, Finnisch, Estnisch und Samisch (Lappisch). Das Maltesische ist eine semitische Sprache, gehört also einer eher im Vorderen Orient und Nordafrika beheimateten Sprachfamilie an. Baskisch schließlich ist völlig isoliert in der Welt und geht auf eine vor-indoeuropäische Sprache zurück, das heißt es ist das Überbleibsel einer Sprache, die schon vor der Ankunft der Indoeuropäer vor 3000 bis 4000 Jahren in Spanien existierte.

Wanderungen

Die Verteilung der Völker und Sprachen Europas, wie sie sich heute darstellt (Abb. 1), ist das Ergebnis verschiedener, Jahrhunderte andauernder Migrationswellen, die im Wesentlichen erst mit der Migration der Deutschen aus den europäischen Ostgebieten nach dem Zweiten Weltkrieg enden. In vorgeschichtlicher Zeit war Europa von Völkern besiedelt, von denen wir ziemlich wenig wissen und von denen heute nur noch die Basken als Rest aus der tiefen Vergangenheit bis in die Gegenwart hineinragen. Im zweiten Jahrtausend vor unserer Zeitrechnung wandern sprachlich und kulturell verwandte Völker aus den Gegenden nördlich des Schwarzen und Kaspischen Meers nach Westen beziehungsweise nach Osten bis nach Indien, daher die Bezeichnung „Indoeuropäer": Die Kelten besiedeln Zentraleuropa, Norditalien (*Gallia cisalpina*), Spanien und die Britischen Inseln. Die Italiker wandern auf die Apenninenhalbinsel, die Griechen nach Griechenland und Kleinasien, von wo aus sie Pflanzstädte im gesamten Mittelmeerraum gründen. In Italien werden die nicht indoeuropäischen

Abbildung 1: Die Sprachen Europas, nach: Janich/Greule, Sprachkulturen, 2010

Etrusker allmählich von den Italikern absorbiert. Der kleine italische Stamm der Latiner – Rom – erobert Italien, Sizilien, den westlichen Mittelmeerraum, fast das gesamte keltische Europa und die griechische Welt des östlichen Mittelmeers. Das Lateinische, die Sprache des so entstandenen riesigen Römischen Reiches, verbreitet sich im westlichen Mittelmeerraum, wo es allmählich alle anderen Sprachen ersetzt: Italien, Nordafrika, die Iberische Halbinsel, Gallien, die Alpenländer und die Länder östlich davon bis zum Schwarzen Meer sprechen nach einigen Jahrhunderten römischer Herrschaft lateinisch. Der griechischsprachige Osten der mittelmeerischen Welt widersteht dem Lateinischen, weil das Griechische – auch von den Römern selbst – als kulturell höherstehend betrachtet wird. Von den vor-indoeuropäischen Sprachen bleibt, wie gesagt, nur das Baskische erhalten.

Die nächste Migrationswelle ist die der Germanen, bei uns als Völkerwanderung, bei den Romanen als „Invasion der Barbaren" bekannt: Diese vermutlich zunächst von Südskandinavien bis zur Weichsel siedelnden indoeuropäischen Stämme drängen jahrhundertelang nach Westen und Süden: die Vandalen gelangen bis Nordafrika, die Westgoten bis nach Spanien,

261

die Ostgoten nach Italien, die Franken erobern den Norden Galliens. Die letzten wandernden Germanen sind die Wikinger, die im 8. und 9. Jahrhundert in England und in Frankreich einfallen und später als französierte Normannen (Nordmänner) noch einmal England und dann auch Sizilien erobern. Wo die Germanen auf eine große Bevölkerung mit lateinischer Kultur und Sprache stoßen, assimilieren sie sich rasch in die prestigeträchtigere römische Kultur und Sprache. Die Vandalen, Westgoten und Langobarden etwa gehen in der romanischsprachigen Bevölkerung auf. Das Ergebnis dieser Wanderungen entspricht im Wesentlichen der heutigen Ansiedelung der germanischen Sprachen im nördlichen und zentralen Europa. Hinter den Germanen wandern die Slawen, ebenfalls Indoeuropäer, aus der Gegend zwischen Weichsel, Dnjestr und Dnjepr in alle vier Himmelsrichtungen. Im Westen kommen sie bis an die Elbe, im Süden bis ans Mittelmeer und auf den Balkan. In Zentraleuropa werden sie dann im Mittelalter wieder von der deutschen Ost-Kolonisation überdeckt, die ihrerseits aber durch die Vertreibung der Deutschen nach dem Zweiten Weltkrieg zugunsten der slawische Sprachen sprechenden Völker wieder rückgängig gemacht wurde. Nach den Slawen sind die Magyaren, ein asiatisches Reitervolk, nach Zentraleuropa eingewandert, wo sie seit dem 11. Jahrhundert zwischen den Deutschen, Slawen und Romanen (Rumänen) sesshaft wurden.

Massive sprachliche Konsequenzen hatte auch die mittelalterliche Ansiedlung deutschsprachiger Juden in Polen und Litauen, deren aus dem mittelalterlichen Deutsch hervorgegangene jiddische Sprache durch den Völkermord an den europäischen Juden von den Deutschen allerdings weitgehend ausgelöscht wurde. Die Vertreibung der spanischen Juden aus Spanien am Ende des 15. Jahrhunderts schuf an verschiedenen Stellen Europas (zum Beispiel in Saloniki oder in Istanbul) spanischsprachige Gemeinschaften, die ebenfalls größtenteils durch den Holocaust zerstört worden sind. Schließlich sind noch die Wanderungen der französischsprachigen Hugenotten im 17. Jahrhundert zu erwähnen, die aber ihre Sprache weitgehend aufgegeben haben, sowie die deutschen Siedler in Ungarn und Russland im 18. Jahrhundert, die in ihren neuen Siedlungsgebieten deutsch gesprochen haben, bis sie in jüngster Zeit in Teilen wieder ins zentrale deutsche Sprachgebiet zurückgekehrt sind.

Entstehung der Nationalsprachen

Die Entstehung der europäischen Hochsprachen, die zu Staatssprachen und damit zu offiziellen Sprachen der Europäischen Union wurden, verlief – bei einigen Gemeinsamkeiten – durchaus verschieden in den europäischen Ländern. Die Staatsbildung war zwar tatsächlich oft, aber durchaus nicht immer, ein entscheidender Schritt bei der Ausbildung der offiziellen Sprache eines Landes. Gerade für die deutsche Sprache, die in fünf verschiedenen europäischen Ländern Staatssprache ist, gilt das aber nicht – wenn auch die Staatsbildung nicht ohne Einfluss auf die Sprache geblieben ist. Das Deutsche als gemeinsame Sprache der Deutschen existierte nämlich schon vor der Existenz eines deutschen Staates. Das alte Reich, das von Napoleon aufgelöst wurde, war nicht durch die Sprache definiert, sondern griff weit über das deutsche Sprachgebiet hinaus, auch wenn es „Heiliges Römisches Reich deutscher Nation" hieß. Die deutsche Nation war zwar ein Hinweis auf das das Reich tragende Volk und seine Sprache, im Osten war das Reich aber slawisches, im Westen französisches und im Süden italienisches Sprachgebiet. Nicht der Staat, sondern die Erneuerung der Religion zu Beginn des 16. Jahrhunderts, die damit zusammenhängende Ausbreitung der Bildung im Bürgertum und der Buchdruck schufen eine gemeinsame Sprache der in der Mitte Europas siedelnden deutschen (das heißt „die Sprache des Volkes sprechenden") Stämme, zunächst eine gemeinsame Lese- und Schreibsprache für alle höheren Diskurse, die Dichtung, die Religion, die Verwaltung, eine *Koinè* (wie man dies nach der „gemeinsamen" Sprache der antiken griechischen Sprache nennt), die alle nach wie vor weiterbestehenden gesprochenen Dialekte überdachte. Vor allem durch das Theater entwickelte sich seit dem 18. Jahrhundert auch eine Sprech-Norm, die aber erst im 20. Jahrhundert durch die Audio-Medien eine größere Verbreitung fand. Das im 19. Jahrhundert gegründete Deutsche Reich umfasste durchaus nicht alle Deutschsprechenden. Österreich und die Schweiz waren nicht Teil dieses Staates. Dennoch verblieben auch die nicht zu diesem deutschen Staat gehörigen Deutschsprachigen bis heute in einer Schriftsprachgemeinschaft. Die deutschsprachigen Staaten beerben also gleichsam die schon vorher bestehende Sprachgemeinschaft und machen deren Kultursprache zu ihrer Staatssprache.

Italienisch ist eine im Wesentlichen aus der toskanischen Dichtersprache des 14. Jahrhunderts hervorgegangene Standardsprache, die durch die Staatsbildung zur Sprache der Italiener geworden ist. Es ist nicht übertrieben zu sagen, dass diese Sprache bis zur italienischen Einheit 1860 ein fast ausschließlich geschriebenes – und allenfalls gesungenes – Register der Literatur und der Oper gewesen ist. Der Dichter Pietro Bembo hatte im 16. Jahrhundert die Sprache der toskanischen Dichter des 14. Jahrhunderts zum Modell für die literarische Produktion erklärt. Daran hielten sich die erste Sprachakademie Europas, die Accademia della Crusca, und die italienischen Literaten jahrhundertelang. Aber nur zwei Prozent der italienischen Bevölkerung beherrschten im 19. Jahrhundert, zur Zeit der italienischen Einigung, diese Sprache. Die große Mehrheit der Bevölkerung konnte nicht lesen und schreiben und sprach ausschließlich eine der zahlreichen lokalen Varianten des Italienischen. In 100 Jahren hat sich dann aber durch den Staat, also durch das Zusammenleben der Italiener in einem gemeinsamen politischen Gebilde, durch inneritalienischen Verkehr und Migration, durch die Medien, durch die Schule und die Industrialisierung eine moderne *Koinè* auf der Basis der alten Dichtersprache herausgebildet, die heute eine Mehrheit der Italiener in Wort und Schrift beherrscht. In Italien ist also die Staatsgründung ein ganz entscheidender Schritt bei der Herausbildung der Nationalsprache gewesen.

Auch in Frankreich hat, aber wieder anders und viel früher als in Italien, der Staat von Anfang an maßgeblichen Anteil an der Ausbildung der nationalen Hochsprache. Das Königreich Frankreich ist ein sehr altes politisches Gebilde, das im Wesentlichen auf die karolingische Reichsteilung im 9. Jahrhundert zurückgeht und sich im Lauf der Jahrhunderte sozusagen Teile Lotharingiens, also des karolingischen Mittelreichs, einverleibt hat. Dieses alte politische Gebilde ist aber bis zur Französischen Revolution und darüber hinaus ein sprachlich höchst uneinheitliches Land. Französisch wird nur im Norden, also etwa ab der Loire gesprochen, es ist die Sprache des Königs, der in Paris und damit in (der Île de) France sitzt. Schon im 16. Jahrhundert beschließt der König in der großen Reichsreform – der Ordonnance von Villers-Cotterêts – von 1539 die „Vervolkssprachlichung" seines Reiches – gegen das Lateinische. Nicht mehr die alte Sprache Europas, sondern Französisch soll nun die Verwaltungs- und Gerichtssprache Frankreichs sein. Dies verbreitet das Französische natürlich auch in den nicht-frankophonen Teilen des Königreichs. Dieser Einsetzung des Französischen als Staatssprache folgt dann der Aufstieg des Französischen in alle höheren Diskurse, in die Wissenschaften, die Technik (*arts et sciences*), die Philosophie. Die politische und kulturelle Vorherrschaft Frankreichs im 17. und 18. Jahrhundert verbreitet das Französische in Europa und in der Welt. Es wird für 200 Jahre die Nachfolgerin des Lateinischen als Sprache der internationalen Beziehungen. Es wird die Sprache Europas. Dennoch spricht zur Zeit der Französischen Revolution nur ein Fünftel der Franzosen Französisch. Die I. Republik plant die sprachliche Vereinheitlichung des Landes, da die Demokratie einer gemeinsamen Sprache bedürfe, mit der das Volk an seiner Herrschaft partizipieren könne.

Aber erst die III. Republik setzt mit der Einführung der Schulpflicht 1882 die sprachliche Vereinheitlichung tatsächlich in relativ kurzer Zeit durch. In der Mitte des 20. Jahrhunderts etwa können dann schließlich alle Franzosen Französisch.

Die Reconquista, die christliche Wiedereroberung der iberischen Halbinsel von Norden nach Süden, hat – grob gesprochen – drei romanische Sprachgebiete entstehen lassen, die sich wie drei Streifen von Norden nach Süden erstrecken und drei bedeutende romanische Kultursprachen hervorgebracht haben: Portugiesisch im Westen, Kastilisch im Zentrum und Katalanisch im Osten. Im Nordwesten der iberischen Halbinsel sitzen seit Jahrtausenden die Basken, die sich einer Romanisierung widersetzt haben und an ihrer alten Sprache festhalten. Alle drei iberischen Sprachen kennen eine Blüte im Mittelalter, entwickeln sich aber unabhängig und unterschiedlich kräftig zu großen modernen Literatursprachen. Die dauerhafte Vereinigung der Königreiche von Kastilien und Aragon (letzteres im Wesentlichen katalanisches Sprachgebiet) im 15. Jahrhundert wirkt sich allerdings negativ auf das Katalanische aus, weil die kulturelle und politische Dynamik an Kastilien übergeht. Das Kastilische wird auch ausdrücklich zum politischen Werkzeug, zum Mittel der imperialen Ausdehnung der Macht Spaniens, zur *compañera del imperio*, erklärt, sozusagen als Nachfolgerin des Lateinischen bei der Eroberung eines weltumspannenden Imperiums. Die Vereinigung der kastilischen und katalanischen Sprachgebiete in einem Staat macht aus dem Kastilischen die Staatssprache auf Kosten des Katalanischen (das in Spanien verbliebene portugiesische Sprachgebiet – Galizisch – und das Baskenland spielen kulturell und politisch keine wichtige Rolle). Erst im ausgehenden 20. Jahrhundert, nach der Befreiung von der franquistischen Unterdrückung, ist die katalanische Sprache in einer vehementen sprachnationalistischen Bewegung wieder eine der großen Sprachen Spaniens geworden, die in ihrem autonomen Gebiet mit dem Zentrum Barcelona die dominante Sprache ist. Allerdings gilt außerhalb Spaniens und auch in der Europäischen Union das Kastilische als die offizielle Sprache Spaniens; die großen Regionalsprachen, Baskisch, Galizisch, Katalanisch, genießen aber einen Sonderstatus. Portugiesisch ist – trotz einer vorübergehenden Union Portugals mit Spanien – seit dem Mittelalter die unumstrittene Kultur- und Staatssprache dieses Landes.

Ganz anders wieder das Schicksal der Nationalsprachen der baltischen Staaten: Das Estnische – keine baltische, also indoeuropäische, sondern eine finno-ugrische Sprache – ist seit der ersten Unabhängigkeit 1918 und dann wieder seit 1991 Staatssprache in Estland, das in den Jahrhunderten davor von Deutschen, Schweden und Russen beherrscht wurde. Bis zur Staatsgründung war es, wie auch einige andere Sprachen des europäischen Ostens, eher eine Sprache der ländlichen Bevölkerung ohne große literarische und kulturelle Bedeutung, die sich erst mit der Funktion einer Staatssprache entfaltet. Noch bis ins 20. Jahrhundert hinein war im Baltikum Deutsch die Sprache der Bildung und Russisch die Sprache der Macht. Estland hat heute eine große russische Minderheit, die in der sowjetischen Zeit bewusst dort angesiedelt wurde, um das Estnische zurückzudrängen.

Obwohl also die historischen Wege, die zu den offiziellen Sprachen der europäischen Staaten führen, sehr verschieden sind, ist strukturell das Ergebnis überall ziemlich ähnlich: Die offiziellen Sprachen fungieren als Bildungssprachen, Wissenschaftssprachen, als Verwaltungs- und Justizsprachen, als Sprachen der Medien (Zeitung, Radio, Fernsehen), als Sprachen der Politik. Sie sind, wie die Soziolinguistik das nennt, „voll ausgebaute", also in allen Diskursfeldern benutzte Sprachen, die daher ein hohes Prestige oder einen hohen Status genießen. Gerade diese Koexistenz zahlreicher voll ausgebauter Sprachen mit hohem Status ist das besondere Merkmal der europäischen Sprachenvielfalt.

Die Zukunft der europäischen Sprachen

Die nationalstaatliche Organisation Europas gibt derzeit – so scheint es – zumindest den offiziellen Sprachen Europas einen sicheren Ort: Die Verwaltung, die Presse, die Politik, das Gerichtswesen und die Schulbildung finden in den europäischen Ländern im Wesentlichen in diesen offiziellen Sprachen statt. Die Europäische Union erkennt die Existenz dieser Staatssprachen an, erhöht sie symbolisch sogar zu einem zentralen Moment ihrer Identität und widmet ihnen einen aufwendigen und teuren Sprachdienst an ihrem Sitz in Brüssel. Dem Fortbestand und der blühenden Fortentwicklung der europäischen Sprachen steht anscheinend nichts entgegen. Dort wo die Minderheitensprachen den Schutz der Charta der europäischen Regional- und Minderheitensprachen genießen, scheint sogar auch deren Existenz gesichert.

Wo keine offizielle Förderung dieser Sprachen besteht – wie zum Beispiel bei den Regionalsprachen in Frankreich (Frankreich hat die Charta der Minderheitensprachen nicht unterschrieben) –, befinden sich diese Sprachen allerdings in zunehmend lamentablen Schwindezuständen: Nachdem die Staatsschule der III. Republik sich gerade auch als Maschine zur Verbreitung der Staatssprache Französisch verstanden hat und die Bevölkerung Frankreichs mehrheitlich das Französische angenommen hat, haben sich Sprachen wie das Okzitanische und das Bretonische ins Private und ins bäurische Umfeld zurückgezogen. In den mehr als 100 Jahren seit der Einführung der Schulpflicht 1882 ist infolge der massiven Verbreitung der Nationalsprache in gedruckten, audiovisuellen und elektronischen Medien nicht mehr viel von diesen Regionalsprachen Frankreichs übrig geblieben: Man hört in der Bretagne oder in Südfrankreich kaum ein bretonisches oder okzitanisches Wort. Mühsam versuchen intellektuelle Sprach-Aktivisten, diesen Schrumpfungsprozess aufzuhalten. Es gibt auch tatsächlich einige private Grundschulen, die auch die Regionalsprachen unterrichten, sogar durch Immersionsunterricht. Es gibt Kulturveranstaltungen, bei denen in diesen Sprachen gedichtet und gesungen wird. Aber insgesamt lässt sich das Verschwinden dieser Sprachen – vielleicht bis auf einen kleinen folkloristischen Rest – nicht aufhalten. Die Modernisierung, die staatliche Vereinheitlichung, die wirtschaftlichen Zwänge geben im nationalstaatlichen Rahmen den kleinen Sprachen keine Chance, es sei denn, sie werden wie in den aggressiven nicht-kastilischen Sprachgemeinschaften Spaniens durch eine leidenschaftliche kulturelle und sprachliche Anhänglichkeit bewahrt, gepflegt und sogar als offizielle Sprachen dieser autonomen Gebiete durchgesetzt. Damit dies geschieht, muss die Sprachgemeinschaft aber vom Wert ihrer Sprache überzeugt sein, sie muss sich in dieser Sprache ausdrücken wollen, das heißt sie muss ihre Identität an diese Sprache binden. Die Erkenntnis muss sich Bahn gebrochen haben, dass es beim Sprechen nicht nur darum geht, effizient und möglichst weit-räumig zu kommunizieren, sondern dass Sprachen besondere Weisen sind, das Denken zu produzieren, kostbare vielfältige Möglichkeiten, die Welt zu erfassen und sich in einer bestimmten Gemeinschaft auf eine ihrer Geschichte entsprechenden Weise geistig-poetisch zu entfalten. Denn es ist ja höchst unökonomisch, beispielsweise auf Katalanisch, Baskisch oder Galizisch zu kommunizieren und damit nicht einmal die kommunikative Reichweite des eigenen Staates zu erreichen. Diesen Nachteil gleichen die Katalanen, Basken und Galizier aber ganz offensichtlich durch einen identitären und kulturellen Gewinn aus. Außerdem zwingt sie das Festhalten an der eigenen Sprache zur Erlernung der Sprache(n) mit größerer Reichweite, das heißt sie gewinnen eine Mehrsprachigkeit, die den inzwischen einsprachig gewordenen, jetzt französischsprachigen Bretonen zum Beispiel abgeht.

Der Prozess des Verschwindens der Regionalsprachen gibt einen Hinweis darauf, wie die

Zukunft der jetzt noch so sicher scheinenden offiziellen Sprachen Europas aussehen könnte, wenn die Entwicklung der europäischen Sprachsituation den jetzt schon erkennbaren Tendenzen folgt. Es kann nicht übersehen werden, dass in vielen Staaten Europas, vor allem in den Ländern Nordeuropas und in Deutschland, eine Politik der sprachlichen Vereinheitlichung des Kontinents betrieben wird, die erhebliche Folgen für die Sprachen Europas haben wird oder auch schon hat. Wie bei der sprachlichen Vereinheitlichung Frankreichs wird die Vereinheitlichung des Kontinents „von oben" massiv befördert, sie findet aber auch – etwa bei den sprachlichen Minderheiten Frankreichs – begeisterte Anhänger unter den Bürgern. Man muss also zumeist niemanden dazu zwingen, die eigene Sprache allmählich aufzugeben. Zwang – siehe Spanien – scheint sogar eher den Widerstand gegen die Uniformierung zu befördern.

Der Unterschied zur nationalsprachlichen Vereinheitlichung besteht darin, dass keine „national-europäische" Propaganda den europäischen Prozess begleitet. Niemand sagt im offiziellen Europa: Wir wollen eine Nation werden, deswegen brauchen wir eine gemeinsame Sprache (das wäre immerhin eine zündende politische Idee) und deswegen lernen wir jetzt alle Englisch. Stillschweigend und nachhaltig bedient sich das Brüsseler Personal allerdings trotz aller offiziellen Beteuerungen der europäischen Mehrsprachigkeit in seiner alltäglichen Sprach-Praxis zunehmend der Einheitssprache Englisch. Die den Vereinheitlichungsprozess befördernde Propaganda wird von den Einzelstaaten und der Wirtschaft betrieben und ist im Wesentlichen ökonomisch und global – nicht kulturell und europäisch – geprägt. Sie sagt gerade nicht, dass sie auf Uniformierung aus ist, sondern propagiert die Einheitssprache nicht ohne eine gewisse Heuchelei unter dem derzeit sakrosankten Etikett der „Mehrsprachigkeit". Dementsprechend denken auch die europäischen Bürger völlig ökonomisch und uneuropäisch bei der Übernahme des Englischen: Sie erhoffen sich einerseits berufliche Vorteile und erstreben andererseits die Möglichkeit weltweiter Kommunikation. Es geht um die Welt, nicht um Europa!

Englisch wird also bei der sprachlichen Vereinheitlichung des Kontinents kein Identifikationssymbol für Europa sein, so wie Französisch das entscheidende Identifikationsmerkmal für die Bürger der Französischen Republik oder wie das Deutsche jahrhundertelang das Kriterium für die Zugehörigkeit zu Deutschland war (es gab eigentlich kein anderes). Das globale Englische ist nicht politisch oder kulturell europäisch aufgeladen, sondern einzig praktisch und nützlich. Kulturell ist es allenfalls amerikanisch konnotiert (also cool, jung, dynamisch, Hollywood und NY).

Das globale Englisch weitet den kommunikativen Radius meiner Erkenntnisse ins Globale. Ein wissenschaftliches Werk heute auf Deutsch zu schreiben, ist sicher schön, nur in London und New York liest es keiner mehr. Also ist es besser, ich schreibe das Werk gleich auf Englisch. Der Universitätspräsident möchte das sowieso, damit seine Universität sich allmählich im internationalen Ranking der Universitäten emporarbeitet, denn dort werden nur englische Publikationen gezählt. Und selbstverständlich muss ich, wenn ich auf irgendeinem relevanten Posten in irgendeiner relevanten Firma arbeiten möchte, auf Englisch kommunizieren können. In den großen Firmen wird nicht nur schriftlich auf Englisch kommuniziert, sondern, jedenfalls am Standort Deutschland, auch mündlich. Und wenn ich an den wichtigen kulturellen Ereignissen teilnehmen möchte, ist es schon gut, wenn ich die Filme auf Englisch verstehen kann. Die wichtigsten Diskursdomänen – Wissenschaft, Wirtschaft, Kultur – werden in Deutschland zunehmend nicht mehr auf Deutsch bewältigt.

Natürlich bleiben noch ein paar Domänen für die alte Nationalsprache erhalten: Verwaltung. Justiz, Politik, Literatur. Dennoch sinkt das Ansehen der Sprache bei ihren Sprechern, wenn die prestigereichen Diskurse entfallen und wenn die Wörter nicht mehr zur Verfügung stehen, über diese hohen Gebiete zu sprechen. So ist beispielsweise der Druck auf deutsche

Philosophen stark, auf Englisch zu philosophieren. Der kommunikative und ökonomische Gewinn für die Sprecher und Schreiber ist unmittelbar evident. Die Folgen für die deutsche Sprache allerdings ebenfalls. Wenn die Deutschen diesem Druck nachgeben und keine philosophischen Werke mehr auf Deutsch verfassen, wird nicht nur die Verbindung zu einer großen Vergangenheit gekappt, es macht auch die Erlernung des Deutschen zunehmend uninteressant: Es gibt dann ja nichts Interessantes mehr auf Deutsch zu lesen. Die in der Vergangenheit auf Deutsch geschriebenen Texte – nicht nur der Philosophie – werden zunehmend unzugänglich, eine Wissensvernichtung gigantischen Ausmaßes. Und wenn die deutsche Wirtschaft insgesamt auf Englisch wirtschaftet, gibt es auch in diesem Bereich keinen Grund mehr für ausländische Geschäftspartner, diese Sprache zu erlernen. Das Deutsche fällt – wie auch die anderen europäischen Sprachen – zurück in den Zustand der Vernakularsprache, aus dem es sich seit dem 16. Jahrhundert so erfolgreich hervorgearbeitet hatte.

Ein Erinnerungsort verschwindet

Der Prozess der Re-Vernakularisierung der europäischen Sprachen macht die wichtigste sprachhistorische Entwicklung in der europäischen Geschichte wieder rückgängig und löscht damit die Europäizität der europäischen Sprachen. Denn Europa ist eine gemeinsame Kultur in verschiedenen Sprachen, die aufeinander hören und in der Verbindung mit der gemeinsamen Vergangenheit Europa weitergestalten. Nicht die Verbindung des Staatlichen und des Sprachlichen ist nämlich die Erfüllung und Vollendung der europäischen Sprachen, sondern die *kulturelle* Erbschaft, die sie angetreten haben, und ihre *kulturelle* Entfaltung. Dies ist der *lieu de mémoire*, den die aktuelle sprachliche Entwicklung Europas zu verlassen droht.

Die beiden großen kulturellen und politischen Dynamiken der Antike waren einerseits die Ausbreitung griechischer Kultur im östlichen Mittelmeer und andererseits die Entfaltung des Imperium Romanum in der gesamten mittelmeerischen Welt, in Gallien, Britannien, Germanien und im Osten bis ans Schwarze Meer. Die östliche, griechische Welt, die die Römer ihrem Reich eingliederten, blieb sprachlich griechisch, da auch die Römer die kulturelle Vorrangstellung der griechischen Kultur anerkannten. Die Völker des Westens des Reiches aber – Italien, Nordafrika, Hispanien, Gallien, die Alpenländer bis nach Dacien – übernahmen in einem jahrhundertelangen Prozess die lateinische Sprache, die ihnen als die höhere, staats- und kulturtragende galt. Auch die Germanen, die in das Reich einfallen und es zerstören, geben ihre Sprachen auf, wo sie auf eine bedeutende romanisierte Bevölkerung treffen. Ununterbrochen seit den römischen Eroberungen hat sich, zunächst durch das Reich und nach dessen Zusammenbruch durch die Kirche, die lateinische Sprache so verbreitet, dass ganz West- und Zentraleuropa lateinisches Land geworden ist.

„Nostra est Italia, nostra Gallia, nostra Germania, Pannonia, Dalmatia, Illyricum, multaeque aliae nationes", schwärmt noch im 15. Jahrhundert der Humanist Lorenzo Valla. Das bedeutete nicht unbedingt, dass das Volk überall in den genannten Ländern lateinisch gesprochen hätte, wohl aber, dass überall – auch in Germanien, in Ungarn und bei einigen slawischen Völkern – das Lateinische die Sprache der Kultur und der Bildung war. Die Sprachsituation stellte sich im Mittelalter in Europa als Diglossie, also als eine funktionale Zweisprachigkeit dar: „oben", das heißt in den prestigereichen Diskursen der Gelehrsamkeit, der Religion, der königlichen und kaiserlichen Verwaltungen, wurde lateinisch gesprochen und geschrieben, „unten", im Alltag der Menschen, wurden die Volkssprachen gesprochen (geschrieben wurden sie noch wenig, eine Ausnahme stellt die Dichtung dar, die als adelige Unterhaltung überall in Europa volkssprachig war – auch der Adel war ja nicht buchgelehrt).

Latinität der Kultur bedeutet, dass das Textkorpus, auf das diese europäische Hoch-Kultur zurückgriff, insgesamt in lateinischer Sprache gefasst ist, auch wenn es ursprünglich in anderen Sprachen entstanden ist: Die Bibel war bis zur Renaissance im europäischen Westen ein lateinischer Text, die Originalsprachen Hebräisch und Griechisch spielten keine Rolle. Die Philosophie, ursprünglich griechisch, war im Westen lateinisch. Aristoteles war im Mittelalter ein lateinischer Autor: er war der *Philosophus*. Das Recht war römisch, auch germanisches Recht wurde auf Lateinisch niedergeschrieben. Die Latinität Europas verstärkte sich noch einmal im Humanismus, weil sich zwar die Kenntnisse des Griechischen in Westeuropa verbreiteten, die alten griechischen Autoren, wie zum Beispiel Platon, aber weiterhin ins Lateinische übersetzt und in dieser sprachlichen Form in Europa gelesen wurden. Alles Wissenschaftliche – Juristische, Medizinische, Theologische, Philosophische – wurde bis ins 16. Jahrhundert und darüber hinaus ohnehin auf Lateinisch geschrieben.

Ab dem 16. Jahrhundert emanzipiert sich Europa aber von der lateinischen Sprache durch ein ganzes Bündel von sozialen und kulturellen Revolutionen: Die volkstümliche religiöse Erneuerungsbewegung, die Reformation, ist eine Bewegung, die Teilnahme der Gläubigen fordert und daher auf die Sprache des Volkes zurückgreift, in Deutschland ebenso wie in Frankreich und England. Auch die Modernisierung der Macht durch fürstliche Verwaltungen zielt auf Teilhabe und Verständnis der Untertanen – und damit auf Abschaffung unverständlicher lateinischer Verwaltung und Gerichtsbarkeit. Die italienischen Stadtrepubliken stellen als Zentren der ökonomischen und sozialen Modernisierung die Sprache der produktiven Stadt-Bürger, das *Volgare*, der alten lateinischen Kultur selbstbewusst zur Seite – und über sie (Dante). Die großen Königreiche – Spanien, Frankreich, England – setzen auf die „Nation". Die ökonomische Kraft liegt schon seit Langem in den Städten und beim produktiven Bürgertum, das sich nicht mit der lateinischen Kultur des Klerus identifiziert, sondern stolz seine eigene – volkssprachliche – Kultur voranbringt. Die volkssprachliche Dichtung, die durch den Lateinhumanismus im 14. und 15. Jahrhundert in ihrer Weiterentwicklung gehemmt wurde, nimmt – ausgehend von Italien – überall in Europa wieder an Bedeutung zu. Die „Frage nach der Sprache" (*questione della lingua*) – Latein oder Volkssprache – wird daher im 16. Jahrhundert in ganz Europa zugunsten der Volkssprachen entschieden.

Nach der Religion, der Macht, der Literatur erklimmen die Volkssprachen schließlich auch den höchsten Gipfel der Bildung, indem sie in die Domäne der Wissenschaft und der Philosophie eindringen. Als symbolisch wichtige Übertritte vom Lateinischen in die jeweilige Volkssprache sind hier zu nennen: Galilei lässt 1632 das Lateinische hinter sich, Descartes schreibt 1637 den „Discours de la méthode" auf Französisch, auch Bacon schreibt am Anfang des 17. Jahrhunderts lieber auf Englisch als Latein (er lässt die englischen Schriften dann ins Lateinische übersetzen), Christian Wolff und Kant gehen im 18. Jahrhundert vom Lateinischen ins Deutsche über.

Was hier geschieht, ist die Translation der lateinischen Kultur in die verschiedenen europäischen Volkssprachen: Die Volkssprachen erweisen sich als ebenso gut wie das Lateinische, sie können alle hohen Felder der Kultur genau so gut – und besser – bewältigen. Die Volkssprachen sind aber auch die Erbinnen der lateinischen Sprache. Alle europäischen Literaturen beziehen sich nach wie vor auf die (als lateinischer Text präsente) Bibel und auf – zumeist lateinisch vermittelte – antike Stoffe, die Philosophen beziehen sich auf das gemeinsame Korpus der antiken und mittelalterlichen (lateinisch gefassten) Philosophie, die Juristen auf lateinisches Recht. Die europäischen Volkssprachen erben die gemeinsame Kultur, geben ihr neue Stimmen, behalten aber gleichsam die gemeinsame, lateinische Grundstimmung. Und weil sie aus den gemeinsamen Quellen schöpfen, bleiben sie auch miteinander in Kontakt und innigster Berührung: Alle lesen, was die Italiener geschaffen haben, die Deutschen lesen die Franzosen, Italiener, Spanier, Engländer, die Italiener lesen die Franzosen, ganz Europa liest Shakespeare und später Tolstoi und Kafka. Europa übersetzt also nicht nur die Antike in seine Volkssprachen, es übersetzt auch – natürlich in ganz verschiedenem Ausmaß – aus den Volkssprachen in die Volkssprachen, gerade auch weil das Gefühl der europäischen Gemeinsamkeit niemals aufgehört hat. Nationalistische Anwandlungen der Verschließung vor dem europäischen Anderen haben keinen bleibenden Erfolg gehabt. In diesem Sinn ist, was kürzlich von Umberto Eco wieder betont worden ist, die Übersetzung die Sprache Europas. Das heißt natürlich, dass *alle* Sprachen Europas die Sprachen Europas sind, die jeweils eigene Sprache ebenso wie die Sprachen der anderen Europäer und des alten Europa, aus denen und in die übersetzt wird.

Die europäischen Sprachen und die in ihnen geschriebenen Texte sind also nichts weniger als die zentralen Erinnerungsorte, genauer: die Orte des Gedächtnisses Europas, die *lieux de la mémoire de l'Europe*. In ihnen sedimentiert sich sowohl das gemeinsame Erbe als auch die jeweilige Besonderheit der jeweiligen Stimme. Deswegen hat die EU, die Kulturelles höchst ungern und spärlich thematisiert, Recht, in den Sprachen ein tiefes Moment der europäischen Identität zu sehen und sich – zumindest offiziell – dafür einzusetzen, dass diese Sprachen erhalten bleiben und gepflegt werden.

Die neue *questione della lingua* oder: *the question of the language*

Die Frage, die sich Europa daher stellen muss, ist, ob die schon angesprochene aktuelle Tendenz seiner Sprachpolitik dieses Erbe bewahrt oder ob sie es zerstört. Europa ist auf dem Weg, sich eine neue gemeinsame Sprache zuzulegen. Die neue *questione della lingua* ist allerdings nicht, welche Sprache das sein soll, diese Frage ist längst entschieden, sondern im Wesentlichen, wie weit diese Entwicklung gehen soll.

Denkbar wäre in einem radikalen Szenario die völlige sprachliche Vereinheitlichung Europas – so wie sich Frankreich sprachlich vereinheitlicht hat: Die Sprachen werden aufgegeben, zunächst oben, in Wissenschaft, Wirtschaft und Kultur. Oben wird alles Wichtige auf Englisch besprochen und beschrieben. Die Volkssprachen unten sinken zu Vernakularsprachen hinab. Es entsteht also zunächst eine neue Diglossie mittelalterlichen Typs. Dann schließlich gibt auch das Volk seine Sprachen zugunsten der höheren Sprache auf. So wie die alten vor-indoeuropäischen und die keltischen Sprachen im Lateinischen verschwanden und das Bretonische oder das Okzitanische im Französischen versanken, versinken nun das Deutsche, das Italienische, das Estnische etc. im Englischen. Die verschiedenen „Weltansichten", die Sprachen ausmachen, die verschiedenen Kulturen, die sich in ihnen manifestieren, das heißt vor allem die in den Volkssprachen entfalteten reichen Textwelten und ungeheuren Wissensvorräte werden vernichtet, der kulturelle Reichtum, der nach offizieller europäischer Auffassung mit den Sprachen verbunden ist, verschwindet. Die Sprachen sind höchstens noch als Schwundstufen – als Akzent oder als Substrat, wie das die Linguistik nennt – im gemeinsamen Englisch enthalten – eine matte materielle Erinnerung an frühere Zeiten.

Die Alternative ist natürlich nicht, das Englische als europäische Verkehrssprache abzulehnen und in dieser Funktion wieder abzuschaffen. Die Frage ist vielmehr, ob eine funktionale Aufteilung zwischen dem Englischen und den anderen Sprachen gefunden werden kann, die die alte Europäizität nicht zerstört: Das ist der mühsamere Weg zu einer europäischen Mehrsprachigkeit, die diesen Namen verdient und die tatsächlich die europäische

Formel M+2 ernst nimmt: M, die „Muttersprache" (gemeint ist die nationale Kultursprache, die nicht notwendigerweise Muttersprache ist), bleibt das Gefäß der europäischen Tradition, das es zu pflegen und zu bewahren gilt, das heißt als voll ausgebaute Kultursprache in der Nation zu gebrauchen und weiterzuentwickeln ist. F1 – also Englisch – ist auf seine internationale Kommunikationsfunktion zu reduzieren, also als ein technisches Hilfsmittel anzusehen, das nützlich ist und das Europa auch noch mit dem Rest der Welt verbindet. Die funktionale Einschränkung des Englischen bei gleichzeitiger Pflege der alten Nationalsprachen ließe außerdem genügend Zeit, um sich auf eine weitere europäische Sprache – F2 – einzulassen, diesmal in der Absicht der Befreundung mit dem Anderen, ein notwendiger Schritt in der Bildung eines wahren Europäers. Ich kann natürlich mit allen Europäern und mit dem Rest der Welt auf Englisch kommunizieren. Ich kann mich verständigen, aber deswegen verstehe ich den Anderen noch lange nicht. Genau diese Übung im Verstehen ist aber die Befreundung mit der zweiten europäischen Sprache (Adoptivsprache) bzw. das Kennenlernen des anderen Europäers durch seine Sprache.

Einheit und Verschiedenheit

Der grundlegende Mythos der europäischen Kultur, die Bibel, denkt Sprachenvielfalt als eine Katastrophe: Sie ist ja das Resultat des Sündenfalls, eine Strafe für die Hybris der Menschen. Die Menschen in Babel, die eine gemeinsame Sprache sprachen, wollten sich durch ihren Turmbau auf eine Stufe mit Gott stellen. Das hat dieser durch die Sprachverwirrung verhindert. Seitdem sprechen die Menschen verschiedene Sprachen, sie können sich nicht mehr zu göttlicher Größe erheben. Die globale Kommunikation ist unmöglich geworden. Der Mythos von Babel ist also Ausdruck der leidenschaftlichen Sehnsucht nach einer einzigen Sprache, nach der unschuldigen und einzig wahren Sprache des Paradieses. Diese Sehnsucht ist der christlich-jüdischen Welt eingebrannt. Die europäische Tradition privilegiert eindeutig die sprachliche Einheit. Auch das christliche Sprach-Ereignis – Pfingsten – hat daran nicht wirklich etwas geändert: Pfingsten zeigt zwar einen Ausweg aus dem Fluch von Babel: Die Sprachverschiedenheit ist überwindbar durch den Einen Heiligen Geist, der in allen spricht – und darauf kommt es an. Die Botschaft – das Evangelium – ist dieselbe für alle Menschen. Die Vielfalt ist eigentlich nur eine oberflächliche. In der Pfingstgeschichte schlägt griechischer Sprachgeist durch, für den die Sprachen nur materiell verschieden sind, während der Inhalt (der Gedanke) universell derselbe ist.

Dass Sprachen sich aber eben auch in den Inhalten, in der Semantik, unterscheiden, ist eine spätere Einsicht, die Europa erst durch die Begegnung mit den Sprachen der eroberten außereuropäischen Länder gewinnt. Vor allem die christlichen Missionare bemerken, dass sich die Botschaft der Heiligen Schrift durchaus nicht so leicht in die Sprachen der eroberten Völker übersetzen lässt, weil diese Sprachen semantische Größen enthalten, die mit denen der europäischen Sprachen inkommensurabel sind. Die Sprachen sind nicht nur verschiedene Laute und Signifikanten, sondern sie gliedern die Welt auch in verschiedene Signifikate. Dies vertieft die Differenz zwischen den Sprachen erheblich. Aber gerade deswegen werden die Sprachen nun auch besonders kostbar. Leibniz ist der erste, der das in aller Deutlichkeit erkennt, wenn er in den Sprachen eine „wunderbare Vielfalt der Operationen des menschlichen Geistes" deponiert sieht und in der Erforschung dieser geistigen Vielfalt die eigentliche Bedeutung der Sprachforschung erkennt. Sprachen werden seit Bacon, Locke, Condillac, Herder und Humboldt zunehmend als verschiedene „Weltansichten" erkannt, als geistige Produkte, als kostbare Schöpfungen der Nationen, die sie sprechen. Diese philosophische Einsicht steht im Grunde hinter der Auffassung der Europäischen Union, dass die Vielfalt der Sprachen ihre Identität ausmacht: Sie sind eben nicht nur verschiedene Töne, sondern verschiedene geistige Schöpfungen.

Wenn Europa nun diese geistige Vielfalt, die ohne Zweifel kommunikativ störend ist, zugunsten einer einzigen Sprache aufgibt, verschenkt es seinen geistigen Reichtum zugunsten des – sicherlich nicht gering zu schätzenden – praktischen Vorteils rascher Kommunikation. Dies wäre eine Reduktion der verschiedenen Weltansichten auf eine einzige und das Ende des geistigen Europa. Bewahrung der europäischen Sprachenvielfalt als *lieu de la mémoire de l'Europe* ist daher nichts anderes als Bewahrung des kulturellen Herzens Europas.

Literaturhinweise

Eurobarometer Spezial 243 (2006): Die Europäer und ihre Sprachen; ec.europa.eu/education/languages/pdf/doc631_en.pdf.

Jürgen GERHARDS, Mehrsprachigkeit im vereinten Europa. Transnationales sprachliches Kapital als Ressource einer globalisierten Welt. Wiesbaden 2010.

Harald HAARMANN, Soziologie und Politik der Sprachen Europas. München 1975.

Harald HAARMANN, Die Sprachenwelt Europas. Geschichte und Zukunft der Sprachnationen zwischen Atlantik und Ural. Darmstadt 1993.

Bernd HEINE/Tania KUTEVA, The Changing Languages of Europe. New York/Oxford 2006.

Uwe HINRICHS (Hrsg.), Handbuch der Eurolinguistik. Wiesbaden 2010.

Nina JANICH/Albrecht GREULE (Hrsg.), Sprachkulturen in Europa. Ein internationales Handbuch. Tübingen 2010.

Miquel SIGUAN, Die Sprachen im vereinten Europa. Tübingen 2001.

Jürgen TRABANT, Europäisches Sprachdenken. Von Platon bis Wittgenstein. München 2006.

5. Kriegserfahrung und Friedenssehnsucht

Dieter Langewiesche
Das Europa der Kriege

Europa ist ein Kriegsgeschöpf. Auch die Europäische Union. Sie steht in einer langen Tradition, in der die Gestalt Europas immer wieder durch Kriege geformt worden ist. Doch zugleich antwortet das neue Europa auf die Katastrophen der beiden Weltkriege des 20. Jahrhunderts mit einem gänzlich neuen Zukunftsentwurf. Radikaler als dies jemals zuvor gewagt worden ist, unternimmt es die Europäische Union, auf den Krieg als einem Instrument staatlichen Handelns im europäischen Raum grundsätzlich zu verzichten. Damit bricht sie mit einer Hauptlinie europäischer Geschichte seit der Antike.

Kulturelle Gemeinsamkeit und Krieg zwischen Staaten sind in der Geschichte des alten Europa stets Hand in Hand gegangen. Das gemeinsame, historisch gewachsene kulturelle Wertegehäuse hatte es in der Vergangenheit zu keiner Zeit vermocht, das politische Europa der Kriege zu überwinden. Das Europa der gemeinsamen Kultur und das Europa der Kriege waren zwei Seiten einer einzigen Geschichte. Mit ihr will die Europäische Union brechen. Die neue institutionelle Ordnung, die bislang entstanden und weiter im Werden ist, schließt Krieg als eine Form der Konfliktregelung zwischen den Mitgliedsstaaten prinzipiell aus. Europa wird zu einem staatsähnlichen Raum, in dem für Konflikte jeglicher Art institutionelle Verfahren vorgesehen sind. Hier zeigt sich die Europäische Union als ein politisches Gebilde ohne historische Vorläufer.

Die Europäische Union als ein bewusster Bruch mit der kriegsmächtigen Hauptlinie der europäischen Geschichte: in dieser Perspektive wird nun die Gestaltungskraft „Krieg" skizziert – einige Aspekte, mehr ist nicht möglich. Denn das Thema „Europa der Kriege" ruft eine Geschichte auf, die bis in die Anfänge zurückführt und mit nur kurzen Zeiten friedlicher Ruhe bis zu jenen Kriegen der Gegenwart reicht, in denen Jugoslawien staatlich zerteilt wurde. Als Ausgangspunkt für den Blick zurück wird die Zeit um 1800 gewählt, als Europa erneut seine Gestalt auf dem Weg in die Moderne änderte. Und wieder war der Krieg das Hauptinstrument, um den Gestaltwandel zu erzwingen oder zu begrenzen. Diesmal verbanden sich Staaten- und Revolutionskriege, innereuropäische und globale Kriege, in denen die europäischen Staaten ihre Machtrivalität und ihre konkurrierenden Zukunftsvorstellungen austrugen.

Revolution und Krieg um 1800: die Geburt des modernen Europa

Die Kriege der Französischen Revolution und der napoleonischen Ära sind die Gründungskriege des modernen Europa. Die Revolution schuf mit der Idee der Volkssouveränität eine zukunftsweisende Form der Legitimität staatlich-gesellschaftlicher Ordnung. Sie in Frankreich durchzusetzen, forderte den Bürgerkrieg; sie als weltgeschichtlichen Missionsauftrag zum Wohle der Menschheit nach außen zu tragen, verlangte den Krieg zwischen Staaten und Völkern. Napoleon Bonaparte übernahm diese Missionsidee und stellte sie in den Dienst Frankreichs. Er zielte auf ein Kontinentaleuropa, das staatlich neu geordnet auf Frankreich als Zentralmacht ausgerichtet sein sollte. Dieses Europa der Zukunft, errichtet auf der Grundlage eines gemeinsamen politischen Wertefundaments mit Paris als Macht- und Kulturzentrum, hätte sich nur mit militärischen Mitteln erzwingen lassen.

Napoleons Europa-Vision suchte die globalen Entscheidungen, die in den Jahrzehnten zuvor im Kampf um Machtdominanz zwischen den europäischen Großmächten zugunsten Großbritanniens und auch Russlands bereits gefallen waren, rückgängig zu machen. Das misslang. Doch die staatliche Landkarte Kontinentaleuropas wurde gründlich verändert. Dessen Neugestaltung mündete 1815 auf dem Wiener Kongress in eine Ordnung, die zwar Kriege zwischen einzelnen Staaten nicht verhindern konnte, wohl aber den großen europäischen Krieg ein Jahrhundert lang vermied. Diese Fähigkeit Kongresseuropas zur Kriegsbegrenzung innerhalb Europas legte das Fundament für die globale Dominanz, die es im 19. Jahrhundert erreichte.

Ein Krieg zwischen den großen Staaten Europas ließ sich künftig nicht mehr auf Europa begrenzten. Das hatte schon der Siebenjährige Krieg (1756–1763) gezeigt, als Großbritannien die Machtkonkurrenz mit Frankreich auch in Kanada und Indien militärisch austrug und das spanische Kolonialreich angriff. Noch stärker erhielten in den Jahrzehnten danach die europäischen Konflikte eine globale Dimension. Großbritannien und Russland gingen als die Gewinner aus diesem Wettbewerb hervor, in dem die Großmächte ihre Ausgangsposition in einem Globalisierungsprozess absteckten, der das 19. Jahrhundert zum Jahrhundert Europas werden ließ. Die Gründe dafür waren vielfältig. Entschieden hat letztlich die militärische Überlegenheit, die europäische Staaten nun erreichten, und die Bereitschaft und Fähigkeit, sie weltweit in Kriegen einzusetzen. Die Grundlage für diese Expansionskraft hatte der europäische Frieden geschaffen, mit dem 1815 auf dem Wiener Kongress eine Ära der Revolutions- und Kriegsgewalt beendet wurde.

Das Kongresseuropa, das damals geformt wurde, entstand als ein gewaltreiches Gemeinschaftswerk von Fürsten und Revolution. Die Fürsten bekämpften die Revolution und beerbten sie; beides zugleich. Die territoriale Neuordnung des europäischen Kontinents um 1800 setzte zwar Fürsten ab, verließ aber nicht den Boden monarchischer Legitimität. Auf dieser traditionalen Grundlage zerstörte Napoleon das alte Europa, und auf ihr errichteten 1815 die Fürsten, die sich behauptet hatten, das Europa des Wiener Kongresses. Die Brücke zwischen der antimonarchischen Revolution, aus der Napoleon aufgestiegen war, und dem Machtwillen der europäischen Dynastien, die Brücke zwischen dem Alten und dem Neuen war der Krieg. Ihn anerkannten alle Beteiligten als den Schöpfer von legitimer Herrschaft, sofern sich Fürsten daran beteiligten. Und das taten sie.

Macht legitimiert, sie erschafft den Fürsten und den Staat. Diese historische Grundregel galt noch immer in Zeiten des Krieges. Kriegszeiten waren stets, und sind es immer noch, Zeiten der Staatsbildung und Staatsvernichtung. Staatsbildung und Staatsvernichtung gehören zusammen. Wenn neue Staaten entstehen, hören bestehende auf zu existieren, gehen in den neuen auf. Das geschah im 19. Jahrhundert in Europa in erheblichem Umfang, und noch stärker beteiligten sich europäische Staaten außerhalb Europas an diesem Werk der Staatsschöpfung und Staatsvernichtung. Ohne Gewalt war das nicht möglich, Revolutionsgewalt oder Kriegsgewalt, nicht selten beides.

Das neue Europa, das 1815 entstand und in seinen Grundlinien bis zum Ersten Weltkrieg überdauerte, war ein Europa der Machtkonzentration – im Staat und zwischen den Staaten. Nur die großen Staaten überlebten und diejenigen, die es schafften, sich zu Lasten anderer zu vergrößern. Europa wurde territorial umgebaut auf Kosten der Kleinen; sie gingen unter, als das Schutzdach des Heiligen Römischen Reichs Deutscher Nation fiel. Es gab Ausnahmen, doch die Hauptlinie hieß Machtkonzentration.

Die Französische Revolution, die napoleonische Expansion und dann, an Wirksamkeit stetig zunehmend, das große Leitbild des 19. und auch des 20. Jahrhunderts, der Nationalstaat – sie alle folgten jenen Bahnen zum zentralisierten großen Staat, die bereits der frühneuzeitliche Absolutismus eingeschlagen hatte. An *diesem* Punkt zielten Volksrevolution und Fürstenrevolution um 1800 in die gleiche Richtung: Zentralisierung staatlicher Macht und Ausschaltung der Mindermächtigen – eine „kleinstaatliche Massenkatastrophe", wie der Schweizer Historiker Werner Kaegi diese Machtverdichtung genannt hat. Jene Fürsten, die sie als Profiteure überlebten, legitimierten sie auf dem Wiener Kongress. Mit ihm endete eine Phase feindlicher Übernahmen unter den Staaten Europas.

Unter der Leitung des Fürsten Metternich entwickelte der Wiener Kongress einen europäischen Gegenentwurf zur Französischen Revolution und ihrem machtpolitischen Erben in der Gestalt Napoleons. Mit der Revolution hatte der erste Versuch der Moderne begonnen, Europa staatlich und auch politisch-gesellschaftlich neu zu ordnen. Die Revolution wirkte wie ein Laboratorium, in dem die Welt der Zukunft entworfen wurde. Sich ihr entgegenzustellen, ohne zu den vorrevolutionären Zuständen zurückzustreben, war eine Herausforderung ohne Vorbild. Der Wiener Kongress stellte sich ihr. Auch sein Zukunftsentwurf war europäisch. Darin unterschied er sich nicht von den Verfechtern der neuen revolutionären Leitbilder, durch die Europa zu einer Ordnungsidee wurde, die politisches Handeln legitimierte. Doch das Kongresseuropa war eine Schöpfung von Staaten ohne Beteiligung der Gesellschaft, begründet auf der Legitimität der Fürsten, nicht der Völker.

Dieses neue Europa der Staaten, beschlossen auf einem internationalen Kongress, war im Gegensatz zum Europa der Revolution verfassungs- und gesellschaftspolitisch offen. Es war angelegt als ein Europa der Vielfalt und des Friedens. Ermöglicht wurde die Friedensära, die nun begann, durch eine Konferenzpolitik, die dem Grundsatz des Gleichgewichts der europäischen Großmächte folgte und verhinderte, dass aus begrenzten militärischen Konflikten und aus Revolutionen der große europäische Krieg hervortrieb.

Diese Leistung wurde jedoch durch eine Politik erkauft, die sich dem gesellschaftlichen Willen zur Mitgestaltung im Staat verschloss. Eine zukunftsweisende Antwort auf die explosive Mischung aus Demokratisierung und Nationalisierung, die in der Revolutionsära freigesetzt worden war, fand der Wiener Kongress nicht. Er zielte auf ein Europa friedensbereiter Staaten auf politisch konservativem Fundament. Europa sollte politisch handlungsfähig sein, um revolutionäre Erschütterungen abzuwehren, jedoch ohne Hegemonie einzelner Staaten. Dieses dezentrale Europa mit gemeinsamen Handlungswillen unter Führung der Großmächte ließ sich im 19. Jahrhundert nicht dauerhaft verwirklichen, denn es stemmte sich gegen das Europa souveräner Nationalstaaten, das sich abzeichnete.

1848 und die Folgen: Revolution und Krieg bei der Gestaltung Europas

Welches Europa wurde 1848 sichtbar, als die Revolution nahezu den gesamten Kontinent erfasste und das Werk des Wiener Kongresses zu zerstören schien? Wie handelte das Europa der Revolution politisch?

1848 ließ sich erstmals in voller Schärfe ein Problem beobachten, das seit damals die europäische Geschichte rund ein Jahrhundert lang prägte und mit dem Zerfall des Sowjetimperiums zurückzukehren schien: Das neue Europa, aufbauend auf dem modernen Prinzip der Volkssouveränität, entstand als ein Europa der Nationen und Nationalstaaten. In den allermeisten Fällen waren diese sogenannten Nationalstaaten jedoch in Wirklichkeit Nationalitätenstaaten, denn der vermeintliche Nationalstaat umfasste mehrere Ethnien, die sich selber als Nationen verstanden. Dies erwies sich von Beginn an bis in die Gegenwart als eine Quelle blutiger Kämpfe.

Die beiden Legitimitätsarten politischer Herrschaft, die bereits das Europa des Wiener Kongresses gespalten hatten, standen sich 1848 erneut im Kampf gegenüber: Volkssouveränität oder monarchische Legitimität. Vor 1848 zerfiel Europa in zwei große Lager, die sich um diese beiden Pole im Streit um die staatliche Bauform der Zukunft gruppierten. Die Demarkationslinie verlief zwischen denen, die den Staat nach dem Prinzip der Volkssouveränität ordnen, und denen, die ihn weiterhin auf der Basis monarchischer Legitimität erhalten wollten. 1848 verwischte sich diese Trennlinie, weil der Streit zwischen den Nationen zu schiefen Fronten führte. Im Kampf für und gegen neue Nationalstaaten standen sich plötzlich Revolutionäre aus verschiedenen Nationen feindlich gegenüber, und andererseits kam es im Zeichen gemeinsamer nationalpolitischer Forderungen zu Bündnissen zwischen Revolutionären und revolutionsfeindlicher staatlicher Obrigkeit. An zwei Beispiele sei dies erläutert:

Die deutsche Nationalbewegung bejubelte die Siege der gegenrevolutionären Habsburgermonarchie in Böhmen und Oberitalien gegen die tschechische und die italienische Revolution, und kroatische Revolutionäre unterstützten die habsburgische Staatsleitung gegen die ungarische Revolution. In beiden Fällen, und viele andere ließen sich hinzufügen, siegte das Bekenntnis zur eigenen Nation über den Willen zur europäischen Revolutionssolidarität. Gleichwohl zeigte sich Europa auch in den Revolutionsjahren 1848/49 fähig, über die Grenzen der einzelnen Staaten hinweg zu handeln. Die Internationale der europäischen Revolutionäre zerfiel zwar, weil die Interessen der eigenen Nation alle anderen politischen Forderungen überlagerten. Doch die Internationale der Gegenrevolution funktionierte besser als je zuvor. Die Niederschlagung der Revolutionen in Italien und in Ungarn war ein habsburgisch-russisches Gemeinschaftswerk, an dem sich in Italien sogar Frankreich beteiligte.

Auf die Frage, welche Wege in die Zukunft im damaligen Europa beschritten wurden, geben die Revolutionen von 1848/49 zwei Antworten:

Erstens: Es wurde ein Gesamteuropa von Frankreich bis Russland sichtbar, das sich fähig erwies, gemeinsam politisch zu handeln. Diese Gemeinsamkeit erschöpfte sich jedoch darin, eine territoriale und verfassungspolitische Neuordnung Europas zu verhindern. Die Einigkeit europäischer Großmächte, an der die Revolutionen scheiterten, wirkte als Abwehreinheit. Deshalb war dieser Einheit keine Zukunft beschieden. Sich nur im Verhindern einig zu sein, reichte nicht, um dem gesellschaftlichem Druck nach Veränderungen zu widerstehen.

Zweitens: Die Zukunft wird dem Europa der Nationalstaaten gehören. In den Revolutionen Mitte des 19. Jahrhunderts kündigte sich dieses neue Europa an – ein Europa nationaler Konflikte und Kriege, Kriege neuer Art, nicht mehr Kabinettskriege alten Stils, die der Landesherr nach eigenem Kalkül beginnen und beenden konnte, sondern Volkskriege, die im Namen der Nation geführt wurden und deshalb auch andere Wirkungen hervorriefen als die Kriege früherer Zeiten. Der Kampf zwischen zwei Staaten um ein bestimmtes Gebiet wurde nun zu einem Kampf um die Nationalität dieses Gebiets. Es genügte nicht mehr, ein Territorium zu erobern und dem siegreichen Staat einzugliedern, nun musste der Sieger sich auch die Bevölkerung national einverleiben.

Das 19. Jahrhundert kannte nur zwei Wege zu diesem Ziel des national homogenen Staates: entweder nationalpolitische Umerziehung – in Elsass und Lothringen versuchten dies ab 1871 die Deutschen und ab 1919 wieder die Franzosen – oder Vertreibung und Umsiedlung derer, die nicht zur eigenen Nation gerechnet wurden. Die Gegenwart erfand dafür den Begriffseuphemismus „ethnische Säuberung". Auf dem Balkan ist sie schon vor dem Ersten Weltkrieg in breitem Ausmaß betrieben worden. Als die blutigen nationalen Kämpfe der 1870er Jahre ins Bewusstsein der europäischen Öffentlichkeit traten, schrieb Victor Hugo 1876: „Die Grausamkeiten in Serbien lassen zweifelsohne deutlich werden, daß Europa eine europäische Nationalität braucht, eine Regierung, eine große Institution des brüderlichen Ausgleichs [...], in einem Wort – die Vereinigten Staaten von Europa [...] Gestern war das nur eine schöne Wahrheit; dank den Henkern in Serbien ist es heute eine Wirklichkeit. Die Zukunft ist wie ein Gott, der von bösartigen Tigern herbeigezogen wird". In den Kriegen der 1870er Jahre wurden über 250 000 Muslime getötet und über 1,5 Millionen flohen aus ihrer Heimat. Auch danach ging der Exodus aus Bulgarien, Rumänien, Griechenland, Serbien und Montenegro weiter. Nach vorsichtigen Schätzungen flohen zwischen 1912 und 1914 fast 900 000 Menschen oder wurden umgesiedelt, und auch danach rissen diese Vertreibungen nicht ab.

Das Europa der Nationalstaaten: der Krieg als Fortschrittsmotor

Das Europa des 19. Jahrhunderts glaubte an die Kraft des Fortschritts. Deshalb respektierte es den Krieg. Er schien unentbehrlich, um jene Ziele zu erreichen, mit denen viele Menschen in Europa, und nicht nur dort, den Fortschritt identifizierten:

1. der Nationalstaat als das Gehäuse von Demokratie und Macht;
2. die Revolution als Instrument, um politische Fortschrittsblockaden auf dem Weg zur Demokratie und zum Nationalstaat zu durchbrechen;
3. die Europäisierung der Welt und der Anteil der eigenen Nation an dieser Form von Globalisierung.

Ohne Krieg keine erfolgreiche Revolution, ohne Krieg kein Nationalstaat, ohne Krieg keine Europäisierung der Welt im 19. Jahrhundert – dies ist der Erfahrungshintergrund für das Ja des 19. Jahrhunderts zum Krieg.

Kein Nationalstaat entstand bis 1914 ohne Krieg, mit einer glücklichen Ausnahme: Norwegens Trennung von Schweden. Ansonsten waren alle Nationalstaaten in Europa Kriegsgeburten. Und auch die Nationen kamen, wenn sie sich mythisch ihrer Ursprünge und ihrer Identität zu vergewissern suchten, ohne den Krieg als Ort nationaler Identifikation nicht aus. Der Mythenhimmel der Nationen Europas ist voller Kriege. Warum entfaltete die Idee „Nation" und „Nationalstaat" eine solche Faszination und wurde derart handlungsmächtig, dass alle Nationen Europas sich bereit fanden, für sie in den Krieg zu ziehen?

So unterschiedlich die Entwicklungswege der Nationen und Nationalstaaten auch verliefen, stets versprach die Idee „Nation" jedem, der als zugehörig anerkannt wird, faire Teilhabechancen an dem, was diese Nation kollektiv an politischen, sozialen, wirtschaftlichen und kulturellen Leistungen hervorbringt. Die Nation entfaltete ihre schlechthin konkurrenzlose Attraktivität als eine Ressourcengemeinschaft. Welche gemeinsam erzeugten Güter nach welchen Regeln allen zustehen, war historisch außerordentlich variabel und ist es auch heute noch. Die Nation fungierte als ein Gleichheitsvehikel, das sich immer weitere Anwendungsbereiche suchte, aufnahmebereit für neue Entwicklungen in der Gesellschaft und somit prinzipiell offen in die Zukunft hinein: Sicherheit und Macht, Recht und Politik, Geschlecht, Kultur und Soziales und schließlich Umwelt. Der Nationalstaat als eindeutig umgrenzter Raum ermöglichte diese Offenheit des Gleichheitsversprechens. Es durchzusetzen, war lange Zeit überall mit Gewalt verbunden. Der Krieg als Schöpfer des Nationalstaats und der Nation gehörte zu den empirischen Lektionen, welche die Geschichte bereithielt. In Europa lernte man sie im 19. und frühen 20. Jahrhundert – eine Ära der Nationalstaatsgründungen und deshalb durchzogen von Revolutionen und Kriegen, beides eng verknüpft.

Aus dieser Mischung von Zukunftshoffnung und Gewaltbereitschaft gingen zunächst der griechische und der belgische Nationalstaat hervor, mit revolutionärer und militärischer Gewalt herausgesprengt aus dem Osmanischen Reich und aus den Niederlanden. Dann folgten – Staatstrennung und Staatsvereinigung verbindend – der italienische und der deutsche Nationalstaat. Schließlich erreichte seit dem letzten Drittel des 19. Jahrhunderts die Welle an kriegerischen Staatsgründungen Südosteuropa. Der Erste Weltkrieg vollendete dieses Werk der Staatszerstörung, um aus den Trümmern die ersehnten Nationalstaaten zu schaffen. Es werde ein Schlusspunkt sein, hofften die Siegernationen, gesetzt mit gutem demokratischem Gewissen, denn man erfüllte das Recht bisher staatenloser Nationen auf nationale Selbstbestimmung. Und das hieß damals ganz fraglos: der eigene Nationalstaat.

Der Erste Weltkrieg wurde zu einem Höhepunkt der Symbiose von Nation und Krieg. Nie zuvor hatte es so viele Nationalstaaten in Europa gegeben. *Eine* Nation – *Ein* Nationalstaat: Diese Grundlinie des 19. Jahrhunderts wurde nun auch dort durchgesetzt, wo bislang multinationale Reiche dem Druck ihrer Nationen standgehalten hatten. Nur das russische Vielvölkerreich entging damals der Auflösung. Sein Nachfolger, die Sowjetunion, verstand sich als eine fundamentale Alternative zu allen Staats- und Gesellschaftsformen der Vergangenheit. Doch selbst sie akzeptiert die Nation als staatlich-gesellschaftliche Bauform.

Der Prozess der Nationalisierung Europas kulminierte im Ersten Weltkrieg, doch ein Schlusspunkt wurde er nicht. Die Nationalstaaten, die damals aus dem europäischen Neuordnungswerk im Gefolge des Großen Krieges, wie er bis heute in Großbritannien und Frankreich heißt, hervorgingen, vereinten immer noch Angehörige mehrerer Nationen. Angesichts der historisch gewachsenen nationalen Gemengelagen war das unvermeidbar. Die egalitäre Idee der Staatsbürgernation unterlag hier von Beginn an dem Behauptungs- und Herrschaftswillen der ethnischen Nationen. Gewalt gegen den national Fremden begleitete in diesen Mischgebieten die kriegerische Entstehung von Nationalstaaten. Keiner von ihnen zeigte sich mit den neuen Grenzen der Friedensverträge zufrieden. Deshalb entstand mit dem Ende der Habsburgermonarchie und des Osmanischen Reiches, das bis dahin auch eine europäische Macht gewesen war – die Zeitgenossen nannten seine Territorien auf dem Balkan die „europäische Türkei" –, ein Europa des Revisionismus. Es war trotz der bitteren Erfahrung des Ersten Weltkriegs bereit, erneut den Krieg als politisches Handlungsinstrument einzusetzen, um die staatliche Gestalt Kontinentaleuropas zu verändern.

Europa als kollektiver Akteur: der europäische Sonderweg des Krieges und sein Ende

Bis in die zweite Hälfte des 20. Jahrhunderts hinein entstanden weltweit nirgendwo Instrumentarien, die es ermöglichten, bestehende Staaten in eine dauerhafte Kooperation durch freiwillige Souveränitätsbegrenzung zu bringen. Wohl aber gab es seit Langem Formen kollektiver europäischer Konfliktregelung, vor allem die großen Staatenkonferenzen, auf denen völkerrechtliche Regelungen beschlossen wurden. In der ersten Hälfte des 19. Jahrhunderts kamen antirevolutionäre Interventionen hinzu, die der Klub der europäischen Großmächte beschloss und eine von ihnen exekutierte.

Auch in der zweiten Hälfte des 19. Jahrhunderts bis zum Vorabend des Ersten Weltkrieges gab es Europa als kollektiven Akteur. Doch sein Handlungsraum war nicht mehr Europa; hier dominierten nun die Bündnisse zwischen einem oder mehreren Staaten in einem komplizierten wechselnden Geflecht von Miteinander und Gegeneinander. Als kollektiver Akteur konnten die Großmächte Europas – die Kleinen spielten auf diesem Areopag der Staaten keine gewichtige Rolle – nur noch auftreten, wenn es um Konflikte an der osmanischen Peripherie Europas ging oder wenn sie Machtsphären außerhalb Europas absteckten, in jenem Teil der Welt, den Europa als Kolonialraum beanspruchte. Herausragende Beispiele für dieses kollektive Handeln Europas sind die Berliner Konferenzen von 1878 und 1884. Auf der ersten wurde der osmanische Balkan aufgeteilt; auf der zweiten legten die europäischen Mächte die Spielregeln fest, nach denen binnen weniger Jahr der gesamte afrikanische Kontinent erobert und von europäischen Kolonialmächten in Besitz genommen wurde.

Pointiert gesagt: Als kollektiver Akteur handelte Europa nur noch als globale Beutegemeinschaft und dort, wo innerhalb Europas durch ihr gemeinsames Eingreifen die Stabilität des europäischen Kontinents nicht gefährdet wurde. Als die europäischen Mächte diese Zurückhaltung in Europa aufgaben, lösten sie den Ersten Weltkrieg aus – das katastrophale Scheitern aller Versuche des 19. Jahrhunderts, Europa als kollektiven Akteur fähig zu machen, Konflikte einzudämmen.

Im Ersten Weltkrieg zeichnete sich eine Art der Kriegführung ab, die eine der großen kulturellen Leistungen Europas widerrief: die Hegung des Krieges. Seit Menschen Kriege führen – das taten sie immer, von den Anfängen bis heute –, richtet sich die Kriegsgewalt auch gegen die Zivilbevölkerung. Nach den Schrecken des Dreißigjährigen Krieges schienen die Mächtigen in den Staaten Europas jedoch umzudenken. Der Krieg wurde zum Staatsgeschäft, die Zivilbevölkerung sollte unter den Kämpfen der Armeen möglichst wenig leiden. So das Ideal. Verwirklicht wurde es nie, doch die Idee des gehegten Krieges begrenzte die Gewalt und wurde zur Grundlage des Völkerrechts.

Rückfälle in den ungehegten Krieg, der keine Regeln achtet und die Zivilbevölkerung als Opfer und Täter einschließt, gab es immer wieder. Ein dramatischer Rückfall ereignete sich zu Beginn des 19. Jahrhunderts im spanischen Aufstand gegen Napoleon. Damals entstand das Wort Guerilla für einen Krieg, in dem jeder und jede zum Feind wird. Diese Atmosphäre der allseitigen Gewalt hat Francisco de Goya zu bedrückenden Bildern gestaltet. Keine Wiederholung einer derart entgrenzten Kriegsgewalt – darauf zielten die Staaten und ihre Militärstrategien im Europa des 19. Jahrhunderts. Mit Erfolg. Die Idee des Volkskrieges, der keine Privatheit kennt und deshalb auch keine Nichtkombattanten, hatte in den nationalen Öffentlichkeiten Europas zwar Hochkonjunktur, doch die europäischen Kriege des 19. Jahrhunderts folgten dieser Idee nicht. Im Gegenteil, sie zielten darauf, kämpfende Truppe und Zivilbevölkerung voneinander zu trennen. Jedenfalls in Europa. In den Kolonialkriegen europäischer Staaten gab es diesen Willen zur Gewaltbegrenzung nie. Die Kulturgrenze wurde hier zur Grenze zwischen unterschiedlichen Dimensionen von Gewalt. Im eigenen Kulturraum entwickelte sich ein europäischer Sonderweg in der Weltgeschichte des Krieges. Doch auch in Europa überdauerte diese Hegungsära nur gut zweieinhalb Jahrhunderte – ein temporärer Sonderweg, spät beschritten, nach der Mitte des 17. Jahrhunderts, und im Zweiten Weltkrieg wurde er auch in Europa vollends verlassen.

Abgezeichnet hatte sich dies bereits im Ersten Weltkrieg, als die Europäer lernten, dass auch bei ihnen der Krieg nicht als Militärduell vor den Toren der Zivilgesellschaft ausgetragen wird. Ein neues Wort wurde für diese Erfahrung geprägt: Heimatfront, *home front, front de l'arrière*. Die Zivilgesellschaft musste tun, was das Militär für die Kriegführung verlangte. Heimatfront bedeutete aber auch, dass die Kriegsgewalt unmittelbar in das zivile Leben eindrang: Städte wurden beschossen und bombardiert, Zivilisten deportiert und exekutiert. Auch der Seekrieg unterschied nicht zwischen Kombattanten und Zivilisten, wenn die britische Marine eine Seeblockade durchführte und Deutschland U-Boote gegen Handelsschiffe einsetzte, um die wirtschaftliche Kriegsfähigkeit des Feindes zu lähmen. Die Front konnte überall sein, der Krieg drohte total zu werden.

„Totaler Krieg", dieser Begriff, der damals entstand, erfasst die neue Kriegserfahrung: Der

Krieg fordert jeden einzelnen, ob Soldat oder Zivilist, Mann oder Frau, alle haben ihm zu Diensten zu sein, auch die Wirtschaft – eine Gesellschaft im Ausnahmezustand.

Neu war das nicht, wenn man nur weit genug in die Geschichte zurückblickte oder in der eigenen Zeit über Europa hinausschaute. Diese Art von Krieg, die den Europäern auf eigenem Boden fremd geworden war, kehrte 1914 zurück nach Europa. Wozu totaler Krieg fähig ist, erfuhren die Menschen in voller Schrecklichkeit jedoch erstmals im Zweiten Weltkrieg.

Gewalt im Zweiten Weltkrieg hat viele Gesichter. Welche sie zeigte, hing vor allem von der Region ab, in der man lebte oder als Soldat eingesetzt war. Innerhalb des europäischen Kriegsraumes waren die Überlebenschancen für alle, Soldaten und Zivilisten, im Osten weitaus geringer als im Westen. Das östliche Europa wurde zum Hauptraum der Gewalt und des Todes. Alle Formen von Gewalt wurden dort ins Extrem getrieben.

Wer mit der Gegenwart radikal bricht, muss zu radikaler Gewalt greifen. Diese historische Grundregel bestätigt sich in dem unterschiedlichen Ausmaß der Gewalt, die im Zweiten Weltkrieg in den verschiedenen Regionen Europas verübt und erlitten wurde. Weil das nationalsozialistische Deutschland die staatliche und gesellschaftliche Ordnung in Polen und in der Sowjetunion gänzlich zerstören wollte, führte es gegen diese Staaten und die Menschen, die ihnen lebten, einen gnadenlosen Vernichtungskrieg. Er zielte von Beginn an darauf, Teile der einheimischen Bevölkerung auszurotten und die anderen zu Heloten im Dienste einer künftigen deutschen Herrenschicht herabzudrücken. Hitler verlangte diesen Lebensraum- und Ausrottungskrieg, die deutsche Militärführung ermöglichte und führte ihn.

Wer das Europa der Kriege und seine Rebarbarisierung im Zweiten Weltkrieg betrachtet, kann über den Völkermord an den Juden Europas nicht schweigen. Der Krieg ermöglichte ihn, und reguläre Truppen waren daran beteiligt. Von den mehr als sechs Millionen ermordeten Juden Europas – etwa drei Viertel von ihnen hatten in Polen und der Sowjetunion gelebt – wurden ca. 1,8 Millionen erschossen. Vor allem daran hatten Truppen Anteil; allen voran deutsche, aber nicht nur sie. Als Beispiel sei Rumänien erwähnt, ein Verbündeter des nationalsozialistischen Deutschland. Eine Internationale Kommission zur Erforschung des Holocaust in Rumänien unter der Leitung von Eli Wiesel, dem Friedensnobelpreisträger, hielt 2004 in ihrem Bericht fest, dass in den Gebieten, die während des Krieges unter der Kontrolle Rumäniens standen, bis zu 380 000 Juden und annähernd 11 000 Roma umgekommen sind. Der gesamte staatliche Apparat hatte mitgewirkt, einschließlich der Armee.

Die europäische Kriegsgeschichte als Identitätsfundament des Neuen Europa

Die Vernichtungsgeschichte des 20. Jahrhunderts, mit dem Genozid an den europäischen Juden als Zentrum, hat kürzlich Tony Judt in einem stimulierenden Essay das Identitätsfundament des Neuen Europa genannt. Zu diesem Fundament gehört die gemeinsame Verantwortung, die sich die Staaten der Europäischen Union für die Geschichte ihrer Mitglieder zusprechen. Politisch bedeutsam wird dieser Wille, die Geschichte der einzelnen Staaten und Nationen in eine gesamteuropäische Verantwortlichkeit zu überführen, wenn die Bereitschaft, das Massaker an den Armeniern im Osmanischen Reich während des Ersten Weltkriegs als Genozid anzuerkennen und darüber eine öffentliche Diskussion zuzulassen, zu einem der Kriterien für die Aufnahme der Türkei in die Europäische Union wird. Das Gebiet der Europäischen Union wird so zum Geschichtsraum, für den die Europäer eine gemeinsame Zuständigkeit beanspruchen. Staatenübergreifende Geschichtspolitik,

Erinnerungspolitik als europäische Gemeinschaftsaufgabe mit Sanktionen gegen Personen und Staaten, die sich dem widersetzen – das ist neu.

Auch daran zeigt sich: Die kriegsmächtige Vergangenheit, dieses schwere historische Erbe der europäischen Nationen und Nationalstaaten, muss nichts festlegen, denn zwischen Vergangenheit und Zukunft liegt der politische Wille der Gegenwart. Aber um dieses Erbe gestalten zu können, muss man es erst einmal kennen – alle Seiten, auch die dunklen. Die Weggefährtenschaft von Nation und Krieg gehört zu den dunkelsten. Nicht weil Nationalstaaten Kriege führten und in Kriegen entstanden. Staatsbildung durch Krieg ist so alt wie die Geschichte von Staaten überhaupt. Doch erst der moderne Nationalstaat, wie er Europa seit dem ausgehenden 18. Jahrhundert zu gestalten begann, verband demokratische Glücksverheißung für alle, die zur Nation gerechnet werden, mit der Bereitschaft, für diese Verheißung innere und äußere Kriege zu führen. Die Spuren dieser schweren historischen Hinterlassenschaft sind auch im heutigen Europa weiterhin sichtbar.

Im Europa der Gegenwart wird aber auch mit etwas gänzlich Neuem experimentiert: eine Staatenordnung, die den historisch gewachsenen Nationalstaat in eine neue politische Ordnung einfügt und ihn damit auch machtpolitisch zähmt. Freiwillig Souveränitätsrechte auf eine suprastaatliche Ebene übertragen und dort einen eigenen institutionellen Apparat aufbauen, der eigenständig staatlich handelt und darüber hinaus eine nicht mehr von den Einzelstaaten abgeleitete Legitimationsgrundlage in Gestalt eines gewählten Parlaments erhält – das ist weltgeschichtlich ohne Vorbild. Ob dies in Europa ein Ende des Nationalstaats und der Ordnungsidee „Nation" bedeuten wird, kann niemand wissen. Doch dass damit das historische Europa der Kriege endet, ist eindeutig. Das neue Europa in Gestalt der Europäischen Union ist auf Kriegsverzicht unter den Mitgliedern aufgebaut. Würde dieser Verzicht gebrochen, zerbräche die Europäische Union.

Die Europäische Union baut ideell auf der leidvollen historischen Erfahrung des Europa der Kriege auf, aber sie geht einen historisch gänzlich unerprobten Weg. Darin liegt ihre Originalität und die Hoffnung, die sich mit ihr verbindet. Wie auch immer man die heutige staatliche Qualität der Europäischen Union definiert – das ist unter den Experten strittig –, eindeutig ist: Die Verträge, auf denen die Europäische Union beruht, schließen den Krieg als Instrument der Konfliktlösung zwischen den Mitgliedsstaaten aus. Konflikte dürfen nur mit Instrumentarien gelöst werden, die innerhalb von Staaten zulässig sind: also institutionelle Lösungen auf der Grundlage von Rechtsordnungen. In diesem Sinn wird Europa zu einem Staatsraum. Das hat den Nationalstaaten erhebliche Befugnisse genommen, die traditionell zu den Kompetenzen des Staates gehörten, ja, den Staat ausmachten. In der gegenwärtigen Finanzkrise wurde das allen sichtbar. Der Nationalstaat wird substanziell entmachtet, aber die suprastaatlichen Beschlüsse müssen innerhalb des Nationalstaates umgesetzt und von seinen Institutionen vor der eigenen Bevölkerung verantwortet werden. Spätestens in den nächsten Wahlen. Es sind weiterhin nationale Wahlen, in denen innerhalb des Nationalstaats die Wähler Entscheidungen bewerten, die von Institutionen außerhalb des Nationalstaats gefällt worden sind.

In solchen Entscheidungsprozessen wird neu ausgehandelt, was der Nationalstaat ist und was er nicht mehr ist, gemessen an seiner früheren Gestalt, an die wir alle noch gewöhnt sind. Man kann auch es auch so sagen: Die Nation und der Nationalstaat werden zurzeit neu erfunden im Laboratorium „Europa". Und das war immer, wie die Geschichte zeigt, ein konfliktreicher Prozess. Abgeschlossen ist er nie. Aber es gibt Zeiten, in denen die „Erfindung" heftiger verläuft als in anderen. Früher waren das fast immer Kriegszeiten. Auch und gerade in Europa. Dass gegenwärtig in Europa Nation und Nationalstaat neu erfunden werden, ohne untereinander Krieg zu führen, wird man im Lichte der Geschichte des Europa der Kriege einen Fortschrittssprung nennen dürfen.

Literaturhinweise

Christopher Alan BAYLY, The Birth of the Modern World 1780–1914. Malden/Oxford 2004.

Dietrich BEYRAU u. a. (Hrsg.), Formen des Krieges. Von der Antike bis zur Gegenwart. Paderborn 2007.

Dieter DOWE u. a. (Hrsg.), Europa 1848. Revolution und Reform. Bonn 1998.

Tony JUDT, Postwar Europe. A History of Europe since 1945. New York 2005.

Dieter LANGEWIESCHE, Fortschrittsmotor Krieg. Krieg im politischen Handlungsarsenal Europas im 19. Jahrhundert und die Rückkehr der Idee des *bellum iustum* in der Gegenwart, in: Christina BENNINGHAUS u. a. (Hrsg.), Unterwegs in Europa. Beiträge zu einer vergleichen Sozial- und Kulturgeschichte. Frankfurt a.M. 2008, S. 23–40.

Dieter LANGEWIESCHE, Reich, Nation, Föderation. Deutschland und Europa. München 2008.

Dieter LANGEWIESCHE/Nikolaus BUSCHMANN (Hrsg.), Der Krieg in den Gründungsmythen europäischer Nationen und der USA. Frankfurt a.M. 2004.

Jürgen OSTERHAMMEL, Die Verwandlung der Welt. Eine Geschichte des 19. Jahrhunderts. München 2009.

Georg SCHILD/Anton SCHINDLING (Hrsg.), Kriegserfahrungen – Krieg und Gesellschaft in der Neuzeit. Neue Horizonte der Forschung. Paderborn 2009.

Stuart WOOLF, Napoleon's integration of Europe. Routledge 1991.

Jörg Fisch
Friedensherstellung und Friedenswahrung

Ein friedloser Kontinent?

Krieg und Frieden gehören zu den wichtigsten Erinnerungsorten der europäischen Geschichte. Die dominante Erinnerung ist dabei der Krieg. Kriege tragen Namen, vom Gallischen Krieg über die Türkenkriege bis zu den Napoleonischen Kriegen. Manche werden nummeriert, wie die Weltkriege, andere in ihrer Dauer gemessen, wie der Siebenjährige Krieg. Friedensperioden hingegen tragen nur in Ausnahmefällen einen Namen, und ihre Dauer wird nur selten angegeben. Zu den zentralen Erinnerungsorten überhaupt gehören Schlachten, zumal kriegsentscheidende, nicht selten als Schicksalsschlachten der Völker bezeichnet. Das gilt ganz besonders, wenn sie zum Ausgangspunkt für die Gründung neuer oder die Konsolidierung bestehender Staaten werden. Schlachtensiege und -niederlagen werden in der Regel nicht nur intensiver, sondern auch über längere Zeiten hinweg erinnert als Friedensschlüsse, von Marathon über die Katalaunischen Felder bis Sedan, Verdun, Stalingrad und selbst Dien Bien Phu. Das ist ohne weiteres verständlich angesichts der existenziellen Betroffenheit so vieler Beteiligter.

Das Übergewicht der kriegsbezogenen über die friedensbezogene Erinnerung scheint also außer Frage zu stehen. Wer wäre auf die Idee gekommen, dem Wiener Kongress ein Denkmal von ähnlichen Dimensionen zu errichten wie der Völkerschlacht bei Leipzig? Begibt man sich gar auf die Ebene der Erinnerung an Einzelne, so wird das Ungleichgewicht vollends erdrückend. Den Gefallenen werden individuelle Gräber und kollektive Denkmäler in unermesslicher Zahl errichtet. Die getöteten Zivilisten werden in weit geringerem Maße erinnert. Die Friedensstifter gar werden kaum je der Erinnerung für würdig gehalten, zumindest nicht in der Form von Denkmälern. Münster und Osnabrück haben Friedenssäle, aber keine Friedensdenkmäler; Hubertusburg ist nicht in gleicher Weise erinnerungs- und tourismusträchtig wie Waterloo oder Verdun.

Diese und viele andere Beispiele sprechen dafür, dass die europäische Erinnerung primär durch den Krieg geprägt ist und dass der Friede in Europa sowohl empirisch als auch normativ als eine dem Krieg nachgeordnete Größe zu gelten hat. In der Tat liefert die europäische Geschichte reichlich Argumente, um von einem Kontinent des Kriegs sprechen zu können.

Dem steht zunächst entgegen, dass auch der Friede durchaus seine Erinnerungsorte produziert hat, zumal für die Sieger. Die Erinnerung des Siegers an den Sieg wiederum provoziert beim Unterlegenen die gegenläufige Erinnerung an die Niederlage. So werden manche Friedensschlüsse für die Verlierer zu Denkmälern nationaler Schande, mit Versailles 1919 als Prototyp oder auch, für Ungarn bis heute nachwirkend, mit Trianon 1920. Manchmal überholt die Bedeutung der am Ende eines Krieges stehenden Friedensschlüsse diejenige der geschlagenen Schlachten. Keine Schlacht des Dreißigjährigen Krieges hat das historische Gewicht des Westfälischen Friedens. Um dies durch die Zusammenfügung der beiden Abschlussorte Münster und Osnabrück zu erreichen, hat man sogar die Geographie manipuliert und das Bistum Osnabrück zu einem Teil Westfalens gemacht.

Dennoch: Kriege und Schlachten sind gesamthaft gesehen symbol- und erinnerungsträchtiger als Friedensschlüsse. Nur sollte man daraus keine zu weit reichenden Schlüsse auf den kriegerischen Charakter einer Epoche oder eines Kontinents ziehen.

Der immerwährende Friede: Ewigkeit und Vergessen

Die europäische Geschichte, besonders die neuere, glänzt gewiss nicht durch ihren friedlichen Charakter, zumal die Europäer auch noch die meisten außereuropäischen Gebiete mit Krieg überzogen haben. Dennoch steht sie in einer Tradition, die den Frieden ohne jeden Zweifel und ohne Einschränkung höher stellt als den Krieg. Der Friede gilt als das höchste politische Gut. Am deutlichsten kommt das vielleicht darin zum Ausdruck, dass häufig Jahrestage von Friedensschlüssen – ob nun mit Siegen oder mit Niederlagen verbunden –, nicht aber Jahrestage von Kriegsausbrüchen gefeiert (und nicht nur erinnert) werden.

Die Priorität des Friedens im Sinn eines Prinzips ist unbestritten. Das wird weniger postuliert denn als selbstverständlich vorausgesetzt, und zwar auf zwei Ebenen.

Erstens: Mindestens bis zur Französischen Revolution, und teilweise auch darüber hinaus, präsentiert sich der jeweils geschlossene Friede selbst ausdrücklich als immerwährend, ewig. So steht es in den beide Seiten verpflichtenden Dokumenten, den Friedensschlüssen. Die Vertragspartner schließen einen dauernden, immerwährenden, ununterbrochenen, ewigen Frieden. Der lateinische Ausdruck *aeternus* und seine Entsprechungen in den Volkssprachen (*éternel, eternal, eterno*) sind zwar selten. Sie bleiben eher der Theologie vorbehalten, für die überirdische ewige Dauer Gottes oder des Himmels oder für das ewige Leben. Dennoch steht außer Frage, dass stets ununterbrochene und immerwährende Dauer gemeint ist, selbst wenn eine Zeitangabe fehlt. Am häufigsten wird in den vom Latein abgeleiteten Sprachen *perpetuus, perpétuel, perpetuo, perpetual* gebraucht. Die theologische Einschränkung bedeutet nicht, dass keine wirkliche Ewigkeit gemeint ist. Sie ist eher als Einschränkung in dem Sinn zu verstehen, dass der göttliche Friede dem menschlichen nicht erreichbar ist. Der Rückgang der Ewigkeitsterminologie schließlich, der seit dem späten 18. Jahrhundert festzustellen ist, ist als Säkularisierungsvorgang, nicht als Tendenz, die Ewigkeit des Friedens einzuschränken, zu sehen. Grundsätzlich bleibt der Friede ewig; befristet ist nur der Waffenstillstand.

Der Einwand gegen die angeblich ewige Dauer des Friedens liegt auf der Hand: Sie ist eine Fiktion, Spiegelfechterei; in Wirklichkeit ist der neue Krieg schon im Friedensschluss angelegt, wie auch noch Kant 1795 in seiner Schrift „Zum ewigen Frieden" betonte, als er forderte: „Es soll kein Friedensschluß für einen solchen gelten, der mit dem geheimen Vorbehalt des Stoffs zu einem künftigen Kriege gemacht worden". Dabei macht Kant indirekt deutlich, wie selbstverständlich für ihn die Ewigkeit des Friedensschlusses ist: „Denn alsdann wäre er ja ein bloßer Waffenstillstand, Aufschub der Feindseligkeiten, nicht *Friede,* der das Ende aller Hostilitäten bedeutet, und dem das Beiwort *ewig* anzuhängen ein schon verdächtiger Pleonasmus ist".

Die postulierte Ewigkeit des Friedens zeigt, dass der Friede über dem Krieg steht, dass der Krieg die Ausnahme und nicht die Regel ist, dass er um des Friedens willen geführt wird, nicht als Selbstzweck. Dieser Primat des Friedens ist zwar in Europa verbreitet. Aber er ist keineswegs auf Europa beschränkt, und Europa kann auch keine Priorität für sich beanspruchen. Der Primat des Friedens, beruhend auf dessen immerwährender Dauer, ist eine geradezu universale Erscheinung. Sie findet sich rund um den Erdball und wird nicht nur abstrakt, sondern vielfach auch metaphorisch zum Ausdruck gebracht, etwa mit der Forderung, der Friede solle bestehen, solange Sonne und Sterne am Himmel stünden oder ein Kamel in der Wüste schreie.

Die geforderte ewige Dauer ist universal verbreitet. Aber sie ist nicht exklusiv. In manchen Kulturen und noch mehr über große kulturelle oder religiöse Differenzen hinweg wird die ewige Dauer implizit oder explizit abgelehnt. Bekannt sind zwei höchst unterschiedlich gelagerte Fälle.

Im alten Griechenland waren ewige oder unbefristete Friedensschlüsse zwar nicht unbekannt, aber doch selten, und zumindest zeitweise waren befristete Abkommen die Regel. Hier war der Krieg so stark in das Leben bestimmter Schichten verwoben, dass jederzeit mit ihm gerechnet wurde, ohne dass er deswegen abgelehnt worden wäre.

Auch der islamischen Welt waren ewige Friedensschlüsse nicht unbekannt, noch aus vorislamischer Zeit. Aus bestimmten Passagen im Koran wurde nun aber ein Verbot von Friedensschlüssen mit Andersgläubigen abgeleitet. Das hieß konkret, dass keine ewigen Verträge erlaubt waren. Man behalf sich, unter Berufung auf einen von Mohammed geschaffenen Präzedenzfall, mit auf maximal zehn Jahre befristeten Verträgen und hielt sich einigermaßen daran. Explizit ewige Verträge mit Nichtmuslimen wurden ziemlich konsequent vermieden. Unbefristete waren sehr selten, und Befristung war üblich, auch wenn man bei der Festlegung der Dauer flexibel war – zehn Jahre waren zwar häufig, aber keineswegs die Regel.

Hier handelte es sich um eine vor allem religiös bedingte Ausnahme. Auch aus der Sicht islamischer Staaten galt aber der richtige Friede als ewig und immerwährend. Man konnte keineswegs vom Krieg als Normalzustand sprechen. Von einer Sonderstellung musste man vielmehr spezieller im Verhältnis der beiden Religionen zueinander sprechen. Hier kam dem Frieden aus islamischer Sicht keine Priorität zu. Das änderte sich, sobald sich die nichtislamische Seite bekehrt und die „richtige" Religion angenommen hatte.

Solche Einschränkungen bezüglich der Religion kannte das Christentum nicht. Dafür versuchten die Europäer, die Rechte außereuropäischer Staatswesen auf andere Weise zu begrenzen.

Selbst in Extremsituationen kultureller und religiöser Konkurrenz kann man also nicht von einer generellen Höherwertung des Kriegs gegenüber dem Frieden sprechen. Noch weniger galt das im Verkehr innerhalb Europas. Freilich bedeutete diese Höherschätzung des Friedens im Vergleich zum Krieg noch nicht automatisch, dass der Friede als Erinnerungsort über dem Krieg stand – der Krieg erforderte als besonders gravierendes Geschehen auch größere Erinnerungsanstrengungen, ohne dass er deswegen von seiner sonstigen Bedeutung und seinem Wert her über den Frieden zu stehen gekommen wäre.

Zweitens: Eine nur indirekte, letztlich aber ebenfalls eindeutige Höherstellung des Friedens gegenüber dem Krieg ist noch verbreiteter. Zum europäischen Friedensvertrag – und dies nicht erst in der Frühen Neuzeit – gehört mit großer Regelmäßigkeit die allgemeine Amnestie. Es ist ein gegenseitiges Vergeben und Vergessen dessen, was jede Seite der anderen im Krieg angetan hat. Da Vergessen und Erinnern nicht voll kontrollierbar sind, geht es letztlich darum, sich so zu verhalten, als hätte jede Seite der anderen alles vergeben und vergessen. Das wurde in den Friedensschlüssen teils nur kurz erwähnt, teils mit großem sprachlichen Aufwand festgelegt, und es galt selbst dann, wenn der Vertrag keine entsprechende Bestimmung enthielt. Die Notwendigkeit, gegenseitig auf Strafansprüche zu verzichten (das bezog sich freilich nur auf Strafansprüche gegenüber dem Gegner, nicht auf die Bestrafung der eigenen Angehörigen, also etwa von Personen, die Kriegsverbrechen gegen die Gegenseite begangen hatten), ergab sich aus der Höherwertung des Friedens. Ein Friedensschluss ohne Amnestie, ohne Vergeben und Vergessen hätte die Wertung umgekehrt: Die Erinnerung an den Krieg, die spontan in der Regel stärker ist als diejenige an den Frieden, hätte sich durchgesetzt, hätte die Erinnerung an den Frieden verdrängt. Das sollte vermieden werden, und daraus ergab sich eine besonders ausgeprägte Priorität des Friedens.

Doch auch dieser zweite Aspekt einer klaren Überordnung des Friedens über den Krieg, dieses Zeichen, dass die europäische Staatengemeinschaft letztlich auf den Frieden, nicht auf den Krieg ausgerichtet war, war keineswegs eine europäische Besonderheit. Ähnlich wie bei der (geforderten) ewigen Dauer, handelte es sich um ein universal verbreitetes Strukturmerkmal des Friedens, man konnte schon fast sagen: um eine conditio sine qua non für ihn.

Das Vergessen findet sich in allen Weltgegenden. Bestenfalls zeigt sich im frühneuzeitlichen Europa eine besonders elaborierte Form von Amnestieformeln. Anders als die Ewigkeitsbestimmungen hält sich die Amnestie in den Friedensschlüssen bis ins 20. Jahrhundert hinein. Dafür zeigen sich bei ihr deutlichere Grenzen. Zunächst ist zu ergänzen, dass die Amnestie sich kaum jemals in allen Friedensregelungen einer Epoche durchsetzt. Ist eine Seite sehr deutlich überlegen, so nutzt sie zuweilen ihre Überlegenheit aus, um anstelle der Amnestie, des gegenseitigen Vergessens einseitige Amnestie, was heißt: die Zuschreibung der Schuld am Krieg an den unterlegenen Gegner einzubringen. Angesichts seiner Schwäche muss der Beschuldigte die Einseitigkeit akzeptieren. Das ist aber keine Höherwertung des Krieges, sondern eine radikale Unterwerfung des Verlierers. Es ist eine große Versuchung für den Sieger, sich dank seiner Überlegenheit auf diese Weise durchzusetzen. In besonderem Maß Gelegenheit dazu bot sich in der europäischen Expansion, als die Kolonialmächte häufig in einer entschieden stärkeren Position waren als die einheimischen Staatswesen. Im 20. Jahrhundert erfolgte dann eine Übertragung dieser Methode auf die innereuropäischen Friedensschlüsse, mit gravierenden Folgen insbesondere im Versailler Vertrag, dessen Artikel 231 als Kriegsschuldparagraph bekannt wurde.

Ewige Dauer des Friedens und gegenseitiges Vergeben und Vergessen sind allgemeine Prinzipien, die den Frieden sichern oder wenigstens sicherer machen sollen. Es sind deklamatorische Haltungen und Einstellungen, keine Techniken zur Schaffung und Erhaltung von Frieden. Gerade ihre Verbreitung, ohne dass sie deswegen zum ewigen Frieden geführt haben, zeigt, wie prekär sie sind. Sie bilden eher die statischen Voraussetzungen für den Frieden als seine dynamischen Elemente. Die Einstellung der Beteiligten mag friedfertig sein – der Friede ist dadurch aber noch nicht gesichert.

Zum Zweck einer solchen Sicherung sind in der europäischen Tradition mindestens drei Einstellungen und Verfahren entwickelt worden, wobei ihre Wurzeln in größerem oder geringerem Maß über Europa hinausweisen. Sie ergänzen sich teilweise, teilweise stehen sie in Konkurrenz zueinander. Sie erheben den jetzt zu prüfenden Anspruch, Frieden zu schaffen und zu sichern.

Das Gleichgewicht: Der Friede als neutraler Reflex der Machtverhältnisse

Der Krieg ist der Machtkampf par excellence. Er zeigt die jeweils bestehenden Kräfteverhältnisse auf und kann dadurch zugleich zum Mittel für deren Verschiebung werden. Ein solches Verhältnis zeichnet sich durch Instabilität zwischen den Parteien aus, sofern man davon ausgehen kann, dass die Macht, über die ein Staatswesen verfügt, nicht konstant bleibt, sondern sich im Vergleich zu anderen Staatswesen immer wieder verschiebt, wobei der Krieg jeweils die Besiegelung eines Wandels bringt.

Stellt man sich einen solchen Zustand zwischen zwei Staaten vor, so ist ständig mit Krieg im Hinblick auf die Anpassung an die sich wandelnden Machtverhältnisse zu rechnen. Abhilfe lässt sich zumindest ein Stück weit schaffen durch die Vergrößerung der Zahl der beteiligten Staaten, wobei dies freilich ein zweischneidiges Mittel ist, das ebenso gut zur Vermehrung der Kriege führen kann. Nimmt ein Staatswesen an Stärke zu und gefährdet dadurch den Frieden, so können sich alle oder einige andere auf die Seite des Schwächeren schlagen. Die Folge ist möglicherweise, dass jener stärker gewordene einzelne Staat die Anderen nicht mehr anzugreifen wagt. Damit ist ein Gleichgewichtssystem entstanden. Dessen Besonderheit ist seine Flexibilität, die den Frieden zumindest ein Stück weit sichern kann. Je größer die Zahl der Beteiligten wird, umso größer wird die Flexibilität des Systems. Im Idealfall entsteht daraus ein sich laufend anpassendes vielpoliges Gleichgewicht, das letztlich allerdings doch auf dem Recht des Stärkeren aufbaut.

Die Schaffung und Festigung eines solchen Systems ist wohl keine spezifisch europäische Besonderheit. Man wird davon ausgehen können, dass überall dort, wo mehrere Staatswesen miteinander verkehren, solche Erscheinungen auftreten. Wohl aber dürfte im neuzeitlichen Europa ein besonders elaboriertes System entstanden sein, das bekannte Gleichgewicht der Kräfte. Es war zumindest zeitweise ein sehr fein austariertes und ausgesprochen anpassungsfähiges System, das sicherlich einen wichtigen Beitrag geleistet hat sowohl zur Schaffung als auch zur Sicherung des Friedens. Doch war das System nicht fähig, den Frieden permanent zu sichern. Es wurde schließlich, in einer Art nachholender Globalisierung, in mehreren Schritten vom europäischen zum Weltsystem. Am Anfang standen dabei allerdings keine friedlichen, sondern ausgesprochen kriegerische Vorgänge, die lange Schatten auf das System warfen. Hier zeigte sich die Ambivalenz des Systems, indem es sich durch Gewalt ausbreitete und erst auf der Grundlage der Gewalttätigkeit den Frieden sicherte. Immerhin führte das zu einer weltweiten Ausdehnung des Systems. Und dieses wurde nicht mehr von Europa dominiert, sondern von einer europäischen Randmacht, der Sowjetunion, und einer aus europäischer Sicht überseeischen Macht, den USA. Das weltweite System bestand seine Bewährungsprobe, im Sinn der Erhaltung des Friedens, unerwartet gut, indem ein weltweites Gleichgewicht entstand, im Kalten Krieg. Die schwierigste Probe bestand das System indessen bei seiner eigenen Auflösung. Es war imstande, den Schock des Wandels der Machtverhältnisse in der Form der weitgehenden Auflösung der Macht des kommunistischen Blocks aufzufangen und zumindest in Ansätzen ein neues System zu entwickeln.

Bei allen Vorteilen, die Diplomatie und Gleichgewichtssystem Europa und der Welt gebracht haben – von einem wirklich stabilen Ergebnis kann somit nicht die Rede sein. Ob Europa dadurch in irgendeiner Weise friedlicher geworden ist als die übrigen Kontinente, steht keineswegs fest.

Im System des Gleichgewichts werden die Beziehungen zwischen den verschiedenen Staatswesen als rein mechanischer Vorgang betrachtet. Es geht darum, ein Gleichgewicht kontinuierlich so auszugleichen, dass es nicht zusammenbricht. Das Bild verweist auf große Labilität. Die Beteiligten erscheinen als bloße Spieler, die lediglich ihre Position aufrechtzuerhalten oder zu verbessern versuchen. Die Frage, ob eine Seite im Recht ist oder nicht, wird nicht erörtert. Anders im zweiten System, das letztlich auf der Frage nach Recht und Unrecht und nach Gut und Böse aufgebaut ist. Darin ist Friede das Resultat der Gerechtigkeit.

Der gerechte Krieg: Wo bleibt der Friede?

Die Lehre vom gerechten Krieg ist eines der einflussreichsten und vielleicht das wichtigste Theorem, das in Europa im Zusammenhang von Krieg und Frieden, und insbesondere der Schaffung und Sicherung des Friedens, entwickelt worden ist. Es ist unwahrscheinlich, dass es sich dabei um eine genuin europäische Entwicklung handelt. Sicherlich ist der gerechte Krieg keine „Erfindung" der europäischen Neuzeit – sie steht dem Theorem eher skeptisch und teilweise sogar ablehnend gegenüber.

Die Frage nach Recht und Unrecht, sowohl in Bezug auf die Auslösung des Krieges und die Kriegsziele als auch in Bezug auf die Art und Weise der Kriegführung, stellt sich stets im Zusammenhang von Kriegen, und sie ist auch immer umstritten, solange beide Parteien sich frei äußern können.

Die intensive Auseinandersetzung mit der Frage, wann denn nun ein Krieg gerecht oder ungerecht sei, ist sicher keine europäische Exklusivität, könnte aber immerhin ein wichtiger Faktor der europäischen Geschichte sein. Aus römischen Wurzeln wurden die Ansätze vor allem vom Christentum aufgegriffen, und die Beschäftigung mit diesem Thema erreichte Höhepunkte bei Augustin im 4./5. und bei Thomas von Aquin im 13. Jahrhundert. Nach Rückschlägen in der Neuzeit hat sie im 20./21. Jahrhundert erneut große Bedeutung gewonnen; zum bekanntesten Buch zum Thema wurde das 1977 aus der Auseinandersetzung mit dem Vietnamkrieg heraus entstandene „Just and unjust wars" von Michael Walzer.

Nun erfordert eine Auseinandersetzung mit dem Krieg (statt mit dem Frieden) da, wo es um den Frieden geht, eine Begründung. Weshalb ist in Europa über zweitausend Jahre hinweg eine elaborierte Doktrin des gerechten Krieges entwickelt worden, nicht aber eine vergleichbare Theorie des gerechten Friedens? Weshalb steht im Mittelpunkt des Interesses der Krieg, nicht der Friede?

Hier zeigt sich eine Dominanz des Krieges über den Frieden. Der Friede wird als Abschaffung und Abwesenheit von Krieg verstanden. Beseitigt wird der Krieg nicht mittels Frieden, sondern mittels Krieg. Dieser muss gerecht sein. Der oberste Wert ist also Gerechtigkeit, nicht Friede. Der Friede ist in dieser Sicht nicht die Resultante der Machtverhältnisse, sondern des Rechts. Er sorgt dafür, dass zwischen den Beteiligten Recht besteht und gewahrt wird. Begeht einer von ihnen Unrecht, so haben die übrigen das Recht, zur Sicherung des Friedens unter Einhaltung bestimmter Bedingungen Krieg zu führen. Das ist ein zentrales Moment der europäischen Tradition.

Die Lehre vom gerechten Krieg fragt also nicht etwa, wie Friede in größtmöglichem Maß erreicht werden kann, sondern sie will wissen, unter welchen Bedingungen ein Krieg gerecht ist.

Es ist eigenartig, dass die europäische Friedenstradition zu guten Teilen durch eine derart stark auf den Krieg ausgerichtete Doktrin geprägt worden ist. Dabei blieben entscheidende Fragen offen. Angenommen, die Bedingungen für einen gerechten Krieg waren erfüllt, durfte dann zum Kriege geschritten werden? Denn es war ja trotzdem ein Angriffskrieg. Wenn ein Staatswesen, das Unrecht begangen, aber keinen Krieg geführt hatte, von einem anderen angegriffen wurde, durfte es sich dann verteidigen? Auf solche und ähnliche Fragen konnten höchst unterschiedliche Antworten gegeben werden. Es ging letztlich nicht um den Frieden als Abwesenheit von Krieg, sondern um den richtigen oder angemessenen Einsatz des Kriegs als Mittel zur Verwirklichung von Gerechtigkeit. Dem lag eine einleuchtende These zugrunde: dass zumindest längerfristig ein Friede ohne Gerechtigkeit nicht möglich war. Stimmte aber auch die Umkehrung des Satzes, dass sich durch Schaffung von Gerechtigkeit (mittels gerechtem Krieg) Frieden erreichen ließ? Denn zunächst einmal war ein gerechter Krieg Krieg und nicht Frieden.

Verlieh die Doktrin vom gerechten Krieg lediglich ein *Recht*, denjenigen, der Unrecht begangen hatte, zu bekriegen, oder war es eine *Pflicht*? Diese Frage ist im Zusammenhang bis heute nicht entschieden worden, obwohl sie von zentraler Bedeutung insbesondere für die Legitimität der Neutralität ist. Hinter ihr steckt nicht die Vorstellung des Krieges, sondern diejenige der Polizeiaktion, die dazu führt, dass die Unrecht begehende Seite mit fast absoluter Sicherheit von derjenigen, die im Recht ist, überwältigt werden wird. Der Krieg bekräftigt einfach, was das Recht schon zuvor verkündet hat. In Wirklichkeit aber lässt sich der Ausgang nie mit Sicherheit angeben. Immer ist damit zu rechnen, dass der Ungerechte, der zu Bestrafende sich unerwarteterweise als der Stärkere herausstellt.

In dieser grundlosen Annahme, dass Recht und Sieg stets zusammenfallen, steckt die eigentliche Schwäche der Lehre vom gerechten Krieg.

Mit der Lehre vom gerechten Krieg hat die abendländische Tradition ein wichtiges und fruchtbares Element für die Diskussion über Krieg und Frieden zur Verfügung gestellt. Aber das Schwergewicht liegt bei ihr eindeutig auf dem Krieg, in Verbindung mit der Gerechtigkeit, nicht auf dem Frieden. Hätte der gerechte Krieg, hätten die immer wieder als gerecht deklarierten Kriege tatsächlich in zunehmendem Maß zum Frieden geführt, dann hätte sich die Lehre wohl dennoch durchgesetzt. Doch es schien, dass die Lehre vom gerechten Krieg eher zum Krieg als zum Frieden führte.

In dieser Situation empfahl sich eine viel radikalere Auffassung, die in ganz anderer Weise auf den Frieden, nicht auf den Krieg ausgerichtet war, unabhängig von der Frage nach der Gerechtigkeit.

Der Pazifismus: Der Friede ohne Kompromiss

In der Lehre vom gerechten Krieg war der Friede nur ein indirektes Ziel, zu erreichen auf dem Umweg über den (gerechten) Krieg. Es musste nahe liegen, den Frieden zum unmittelbaren Ziel zu machen, indem ganz auf den Krieg und damit auf die gewalttätige, bewaffnete Auseinandersetzung verzichtet wurde. Die radikale Grundlage dafür war die Gewaltlosigkeit. Zu deren Durchsetzung musste nicht zuerst Gerechtigkeit geschaffen werden, möglichst noch mit Gewalt, sondern hier verzichtete zumindest eine Seite auf Gewalt. Dazu kam die Bereitschaft, Gewalt zu erdulden, die erst entschiedene Gewaltlosigkeit möglich machte. Diese Gewaltlosigkeit einer Seite bot allerdings noch keine Gewähr für Gewaltlosigkeit der Gegenseite. Der Schwerpunkt lag auf dem eigenen Tun, nicht auf dem (gerechten) Handeln der Gegenseite.

Vom gerechten Krieg führt kein direkter Weg zum Pazifismus. Das hängt mit den unterschiedlichen Zielen zusammen, die von den beiden damit verbundenen Haltungen angestrebt werden. Ziel des Pazifismus ist in letzter Konsequenz der vollständige Gewaltverzicht. Jede eigene Gewaltanwendung, selbst zur bloßen Gegenwehr, schränkt dieses Ziel beziehungsweise verletzt es. Bedeutet die Akzeptierung des gerechten Krieges demgegenüber die Befürwortung eines Maximums an Gewalt? Ziel des gerechten Krieges ist die Schaffung einer gerechten Welt, mit so wenig Gewalt wie möglich. Dennoch kann sich Gewalt als notwendig erweisen, weil oberstes Ziel nicht die Gewaltfreiheit, sondern die Gerechtigkeit ist.

Als Pazifismus wird aber nicht nur das Extrem der Gewaltlosigkeit bezeichnet. Der historisch geläufigste Inhalt des Begriffs ist die Verweigerung des Kriegsdienstes, also der Verzicht auf eigentliche Kriegsakte, nicht auf jede Form von Gewalt. Oft ist umstritten, wo die Grenzen des Pazifismus liegen, wer noch als Pazifist gilt und wer sich unberechtigterweise so nennt. Wichtig ist, dass das direkte Ziel des Pazifismus nicht die Gerechtigkeit ist, obwohl diese indirekt durch die Durchsetzung des Gewaltverzichts unter Umständen ebenfalls gefördert werden kann. In der Durchführung hingegen kann es zu Konflikten kommen, insbesondere dann, wenn ein Anhänger des gerechten Krieges zur Gewalt greift und ein Pazifist eher Unrecht duldet, als dass er selbst Gewalt anwendet.

Für den Status des Friedens in der europäischen Tradition ist die Geschichte des Pazifismus besonders aufschlussreich. Sie zeigt die begrenzte Bedeutung des Friedens in Europa. Die entscheidenden Traditionen sind asiatisch, zuerst in extrem radikaler Form im Jainismus und im Buddhismus. Die Frage, in welchem Umfang das Christentum auf indische Religionen zurückgegriffen hat, ist noch nicht abschließend geklärt. Jedenfalls hat es sich wohl eher als ein die Betonung des Friedens einschränkender denn als ausweitender Faktor erwiesen. Solange es im Römischen Reich außerhalb der staatlich anerkannten offiziellen Religionen stand und häufig verfolgt wurde, akzeptierte es den radikalen Gewaltverzicht der Bergpredigt, den es aber bald nach seiner Erhebung zur staatlich geduldeten und schließlich zur Staatsreligion aufgab. Das zeigt, dass der Pazifismus im Christentum überwiegend ein von außen einwirkendes Element war, weniger eine wirklich eigenständige Kraft.

In Europa hat also der Pazifismus seit der Spätantike nur eine begrenzte Rolle gespielt. Die europäischen Auffassungen waren nicht pazifistisch und weniger auf den Frieden als auf notfalls durch Gewalt erzwungene Gerechtigkeit gestützt. Der Pazifismus hat (und das gilt bis heute) nicht so sehr als Ferment im Hinblick auf konsequente Gewaltlosigkeit gewirkt und viel eher als Erinnerung daran, dass der Pazifismus doch immerhin auch zur europäischen Tradition gehört und dass der wirkliche Friede nach wie vor eine ungelöste Aufgabe ist. Dass der radikale Pazifismus in Europa keinen größeren Platz einnimmt, zeigt sich vollends im 20. Jahrhundert. Die eine Figur mit wirklich weltweiter Wirkung und Ausstrahlung auf den Pazifismus und die Gewaltlosigkeit, Gandhi, war Asiate, auch von der Religion her.

Die Abrüstung

Mit dem Friedensschluss ist seit jeher fast immer Abrüstung verbunden, die mehr oder weniger umfassende Auflösung der Truppen und die zumindest teilweise Vernichtung oder Umwidmung der Waffen, sprichwörtlich zusammengefasst unter dem Titel des Umschmiedens von Schwertern zu Pflugscharen. Es handelt sich um einen Vorgang, der – angeblich oder tatsächlich – der Sicherung und Festigung des Friedens dient. Doch liegt auf der Hand, dass der Hauptgrund für solche Abrüstungsvorgänge wirtschaftlicher Art ist: Kein Staat ist imstande, über längere Zeit hinweg das Mobilisierungs- und Rüstungsniveau zumal eines größeren Krieges aufrecht zu erhalten. In vorindustriellen Zeiten ist dies besonders deutlich, wenn beispielsweise zur Sicherung der nächsten Ernte ein Teil der mobilisierten Mannschaften entlassen werden muss. Gelingt es, einen umfassenderen Frieden zu schließen, dann wird erst recht in größerem Umfang abgerüstet, zumal eine Wiederaufrüstung (im Gegensatz zum Wiederaufbau der Infrastruktur) sowohl bezüglich der Mannschaften als auch der Waffen kurzfristig möglich ist. Auch wenn diese Form der Friedenssicherung in der europäischen Geschichte oft zu finden ist, so liegt mit der Abrüstung doch nichts spezifisch Europäisches vor, sondern lediglich eine allgemein verbreitete Überlebensstrategie politisch organisierter Gemeinwesen.

Anders als dieser oft weltweit verbreitete Wechsel zwischen Kriegs- und Friedensrüstungen (wobei letztere nicht mit vollständiger Abrüstung zu verwechseln sind), ist Abrüstung in Friedenszeiten eine sehr seltene Erscheinung, die erst seit dem 20. Jahrhundert in größerem Umfang zwar noch nicht wirklich durchgeführt, aber doch zumindest angestrebt worden ist. Bei ihr kann man wesentlich von einer Errungenschaft des aus europäischen Wurzeln entstandenen modernen Staatensystems sprechen. Doch hinter ihr steht primär der technische Fortschritt, der zu immer zerstörerischen Waffen geführt hat, und es geht nicht, oder nur am Rande, um die Ausbreitung größerer Friedfertigkeit. Wollten die Staaten nicht Gefahr laufen, sich gegenseitig zu vernichten, so mussten sie wenigstens ein Stück weit abrüsten.

Vom Prinzip her handelt es sich bei der Abrüstung in Friedenszeiten um eine große Errungenschaft, die auf eine Welt ohne Waffen hinausläuft. Schaut man sich die Geschichte nicht nur der Abrüstungsbemühungen, sondern mehr noch der tatsächlich zustandegekommenen Abrüstungsabkommen und erst recht der verwirklichten und eingehaltenen Abrüstungsverträge an, so reduzieren sich die Erfolge auf Fälle, in denen die Fähigkeit zur gegenseitigen vollständigen Vernichtung gegeben ist. Die wirklichen Abrüstungserfolge während und nach dem Kalten Krieg bedeuteten eine bloße Form der Rationalisierung, indem sie überschüssige Vernichtungskapazitäten zerstörten, nicht, indem sie die grundsätzliche Fähigkeit zur gegenseitigen Vernichtung in Frage stellten.

Freilich sind selbst diese eingeschränkten Erfolge klare Fortschritte. Ihnen gingen schon früher im 20. Jahrhundert gelegentliche Reduktionen der jeweils aufwendigsten Rüstungen voraus, der großen Schiffe. Doch da es sich nicht um wirklich überzählige Waffensysteme handelte wie später bei den Atomwaffen, wurden die Beschränkungen nur für kürzere Zeit von allen Beteiligten eingehalten.

Schließlich ist bei der Abrüstung auf Versuche zur Beseitigung oder wenigstens Beschränkung besonders heimtückischer Waffen hinzuweisen, wie etwa von Giftgas oder von vergifteten Geschossen. Dabei ist aber noch deutlicher, dass es letztlich um eine Beschränkung, teilweise auch eine bloße Rationalisierung des Krieges geht, nicht wirklich um eine Sicherung des Friedens. Von einer solchen (zumindest in Ansätzen) könnte man erst sprechen, wenn es gelänge, dem Ziel einer allgemeinen und universellen Abrüstung näher zu kommen.

Die kollektive Sicherheit

Die europäische Tradition der Schaffung und Wahrung des Friedens bezieht sich im 20./21. Jahrhundert weniger auf die Abrüstung als auf die kollektive Sicherheit. Auch bei ihr dürfte es sich kaum um eine europäische Erfindung handeln. Aber sie hat tiefe Wurzeln in der europäischen Tradition und wurde im Zuge der Ausweitung des europäischen Staatensystems auf die ganze Welt zum dominanten und, in gewisser Weise, über die internationalen Organisationen des Völkerbunds und der Vereinten Nationen, sogar zum effizientesten Instrument zur Sicherung des Weltfriedens. Wichtig ist dabei, dass die eigentliche Grundlage ausgesprochen gemäßigt ist. Es geht nicht um die radikale pazifistische Abschaffung des Krieges, sondern, jedenfalls vorläufig, um die Sicherung des Friedens in einer bewaffneten Welt, die allerdings in zunehmendem Maße abrüstet.

Die Grundidee der kollektiven Sicherheit ist einfach und geht in Europa bis auf mittelalterliche, in der Neuzeit vielfältig variierte Pläne für ewigen Frieden zurück. Sie besagt, dass, wenn ein Staat einen anderen angreift, alle anderen den Angegriffenen unterstützen und den Angreifer zurückschlagen. Ihre vereinte Macht erlaubt es ihnen, rasch Frieden zu erreichen und, wenn sich das System einmal bewährt hat, den Frieden zu wahren, da kein Staat es mehr wagen wird, den Frieden zu brechen.

Eine solche friedenssichernde Organisation entspricht strukturell einem Defensivbündnis, indem ein Angriff auf ein Mitglied des Bündnisses als Angriff auf alle anderen Mitglieder betrachtet und behandelt wird. Der entscheidende Unterschied liegt darin, dass beim Bündnis dem Bündnispartner, in einer Organisation kollektiver Sicherheit hingegen dem Angegriffenen zu helfen ist. In diesem Sinn wird kein Bündnis geschlossen, sondern eine funktionale Aufgabe übernommen.

Die Perspektive ist klar: Ziel ist eine die ganze Welt umfassende Organisation, obwohl auch regional begrenzte Lösungen, etwa kontinentale, denkbar sind. Äußerlich gesehen hat sich die Idee im 20. Jahrhundert zunehmend durchgesetzt, zuerst im Völkerbund, noch mit begrenztem räumlichen Umfang, danach in den Vereinten Nationen, die mittlerweile so gut wie die ganze Welt umfassen. Damit sind die Rahmenbedingungen für ein System der kollektiven Sicherheit weitgehend erfüllt. Die europäische Tradition kann einen Triumph feiern. Es ist nicht die radikale, überwiegend aus Asien stammende Tradition des Pazifismus und der entschiedenen Gewaltlosigkeit, sondern die zurückhaltendere, pragmatische Tradition der älteren europäischen Pläne für ewigen Frieden.

Was rein organisationstechnisch als großer Erfolg erscheint, ist indessen in der Praxis sehr viel problematischer. Der Völkerbund ging im Zweiten Weltkrieg unter, da der Mechanismus der kollektiven Aktion gegen Friedensbrecher nicht funktionierte. Die Vereinten Nationen sind bisher rein organisatorisch nicht gescheitert. Doch sie haben nur sehr selten im intendierten Sinn funktioniert. Die Zahl der gewaltsamen Angriffe auf Organisationsmitglieder war groß, und kaum je haben sich viele oder gar alle Mitglieder gegen einen Angreifer zusammengeschlossen. Das hat dazu geführt, dass die abschreckende Wirkung begrenzt blieb. Wer einen Angriff gut vorbereitet, vor allem indem er ihn unterstützende Staaten gewinnt, durch Bündnisse, Allianzen und Koalitionen oder ad hoc, hat gute Chancen, unbehelligt gelassen zu werden oder wenigsten nur symbolische Sanktionen auf sich zu ziehen. Dazu zeigt sich eine weitere Schwierigkeit. Sie liegt in der Annahme, dass irgendein einzelner Staat stets schwächer ist als alle anderen Staaten zusammengenommen. Das braucht keineswegs so zu sein. Das Militärbudget der Vereinigten Staaten ist derzeit ungefähr gleich hoch wie dasjenige des Rests der Welt. Berücksichtigt man noch die Reibungsverluste, die durch die Zusammenlegung einer Vielzahl nationaler Armeen entstehen, so ist der Grundsatz der kollektiven Sicherheit außer Kraft gesetzt: in Bezug auf die stärkste Macht können die übrigen Staaten bei einem Angriff nicht mit Unterstützung rechnen, sofern der Grundsatz gilt, dass niemand zu Hilfe verpflichtet ist, wenn diese von vornherein als wirkungslos zu gelten hat. Die Vereinten Nationen haben dadurch zwar äußerlich den Charakter einer kollektiven Sicherheitsorganisation. Deren Funktionieren ist aber nur in geringem Maß gesichert. Nicht nur kann sich der Hegemon einer kollektiven Aktion gegen sich selbst mit größter Wahrscheinlichkeit entziehen; er kann auch selber ohne Eingriffe seitens anderer Staaten Angriffe ausführen. All dies zerstört die UNO nicht; aber es verdammt sie zur Wirkungslosigkeit. Das ist kein Grund, die Organisation abzuschaffen. Aber es ist realistisch, sich ihrer Grenzen bewusst zu sein. Die UNO-Charta selber enthält wenigstens eine Teillösung, indem sie für die eigene Aktionsfähigkeit noch höhere Schranken setzt: Erforderlich für wirkliche Aktionen sind zwar nicht, wie es der Idee der kollektiven Sicherheit entsprechen würde, alle Staaten mit Ausnahme des Angreifers; es ist lediglich eine Mehrheit des Sicherheitsrats. Dazu aber müssen alle dessen ständigen Mitglieder gehören, und damit, wenigstens dem Ideal nach, die fünf mächtigsten Staaten. Dass diese fünf Staaten zusammen mit weiteren Sicherheitsratsmitgliedern schwächer als alle anderen sind, ist vollends unwahrscheinlich.

Die Kehrseite dieser Absicherung liegt auf der Hand. Was in der Grundidee der kollektiven Sicherheitsorganisation eine Art Automatismus ist, dass ein Angreifer stets von allen anderen Staaten bekämpft wird, das wird im System der Vetomächte zu einer Frage des Aushandelns und des vielfältigen Hin und Her mit Stoff zu Parteiungen. Das Ideal der kollektiven Sicherheit ist damit fern von seiner Verwirklichung.

Der Friede ist in der europäischen Tradition also eine ambivalente Angelegenheit. Er ist ohne Zweifel ein durch die ganze europäische Geschichte hindurch hochgehaltenes Ideal, das klar höher steht als der Krieg. Immer wieder wird daran erinnert. Europa ist aber nicht friedliebender gewesen als andere Kontinente. Auf der anderen Seite spielt der Krieg in der europäischen Erinnerungskultur eine wichtigere Rolle als der Frieden – eine Rolle, die freilich eher die Betroffenheit durch den Krieg als dessen Idealisierung zeigt. Man kann ganz grob zwei Typen der Erinnerung unterscheiden. Die pazifistisch- gewaltfreie lehnt Gewaltanwendung zwischen politisch-organisierten Einheiten grundsätzlich ab und setzt sich für Gewaltlosigkeit ganz allgemein ein. Sie hat ihre Wurzeln primär in Asien, hat aber immer wieder auch auf Europa übergegriffen. Doch hat sie nie vermocht, zur wirklich tonangebenden Strömung zu werden. Der europäische Zugriff war pragmatischer. Der Friede war stets ein wichtiges Ziel; aber nur selten war er ein Ziel um des Zieles willen. Am deutlichsten zeigt sich das wohl in der Tradition des gerechten Krieges, in der die Gerechtigkeit eindeutig über dem Frieden steht. Man mag dabei betonen, dass wirklicher Friede ohne Gerechtigkeit nicht möglich ist – in der Praxis tritt beides oft genug auseinander, und die beiden Größen werden immer wieder in einen Gegensatz zueinander geraten. Als Erinnerungsort ist der Friede in Europa jedenfalls keineswegs ungefährdet. Und da Europa seine Tradition in wesentlichen Teilen auf die ganze Welt ausgedehnt hat, ist der Weltfriede nach wie vor ein schwaches Pflänzchen.

Literaturhinweise

Raymond ARON, Krieg und Frieden: Eine Theorie der Staatenwelt. Frankfurt a.M. 1986 (frz. Originalausgabe Paris 1962).

Chrstine BELL, On the Law of Peace. Peace Agreements and the Lex Pacificatoria. Oxford 2008.

Jörg FISCH, Krieg und Frieden im Friedensvertrag. Eine universalgeschichtliche Studie über Grundlagen und Formelemente des Friedensschlusses. Stuttgart 1979.

Kalevi Jacque HOLSTI, Peace and War. Armed Conflicts and International Order, 1648–1989, Cambridge 2000 (zuerst 1991).

Randall LESAFFER (Hrsg.), Peace Treaties and International Law in European History. From the late Middle Ages to World War One. Cambridge 2004.

Andreas OSIANDER, The States System of Europe, 1640–1990. Peacemaking and the Conditions of International Stability. Oxford 1994.

Paul R. PILLAR, Negotiating Peace: War Termination as a Bargaining Process. Princeton 1983.

Robert F. RANDLE, The Origins of Peace. A Study of Peacemaking and the Structure of Peace Settlements. New York 1973.

Kurt VON RAUMER, Ewiger Friede: Friedensrufe und Friedenspläne seit der Renaissance. Freiburg u. a. 1953.

Quincy WRIGHT, A Study of War. Chicago 1967 (zuerst 1942).

Hans-Martin Kaulbach

Friedensvisionen

Der ortlose Friede

Zu Beginn der Neuzeit ist der Friede in Europa ortlos. Die Klage über den Zustand der Welt, in der die Tugenden und der Friede von ihrer Wirkungsstätte ausgeschlossen sind, gilt allgemein, so wie Erasmus von Rotterdam in seiner vielfach gedruckten und übersetzten Schrift „Querela Pacis" von 1517 die Friedenspersonifikation klagen lässt, dass sie „überall verworfen und niedergeschlagen wurde". Erasmus verfasste die Schrift im Auftrag des burgundischen Hofes für einen in Cambrai 1517 geplanten Friedenskongress, musste jedoch bald erfahren, dass er die Fürsten überschätzt hatte.

Der Nürnberger Dichter Hans Sachs popularisierte die Kritik des Erasmus an der friedlosen Gesellschaft in seiner 1534 gedruckten Schrift in Versen: „Des verjagtn Frids klagred uber alle stendt der Welt". Er schildert, wie der Dichter den vor einer Ruine sitzenden Frieden trauernd und klagend antrifft, ein „weiblich Bild", „Fraw Pax", die im Gespräch erzählt, wie sie, von allen Menschen verjagt, schließlich in die Einöde geflohen ist. Der Titelholzschnitt (Abb. 1) zeigt Pax allerdings nicht ohne jeglichen Ortsbezug: Sie sitzt, den mit einem

Abbildung 1: Anonym, Titelholzschnitt zu Hans Sachs, Nürnberg 1553. Bayerische Staatsbibliothek München (Res/4 P.o.germ. 176 h#Beibd.24).

297

Kranz von Ölbaumblättern geschmückten Kopf melancholisch in die Hand gestützt, vor einer Ruine, einem schon seit dem Altertum zerstörten „alt Haydnisch schlos". Sachs spielt damit an auf den „Friedenstempel" in Rom, der auf dem Höhepunkt der Verehrung von Pax unter Kaiser Vespasian 75 n. Chr. errichtet worden, bereits in der Antike einstürzte, doch aus literarischen Quellen bekannt war.

Die Erinnerung an diesen Friedenstempel – der nach christlicher Sage bei der Geburt Christi einstürzte – bot in der Frühen Neuzeit einen Bezug für die Vorstellung des universellen Friedens, wie er nach dem Ende der Bürgerkriege im Imperium Romanum seit Kaiser Augustus realisiert schien. Der Wunsch nach einer Wiederkehr des Friedens ließ sich an dieser Ruine verorten. Während des Dreißigjährigen Krieges erschien ein Flugblatt mit einer Kopie des Holzschnitts und aktualisiertem Text.

Visionen des Friedens

Welche Visionen boten nun die Vorstellung von der Überwindung der Friedlosigkeit?

Es ist bezeichnend für die frühe Neuzeit, dass alle Bilder dafür dem Alten Testament entstammen oder andere antike Quellen haben. Im griechischen Schöpfungsmythos, dem Versepos „Theogonie" des Dichters Hesiod, ist die Friedensgöttin Eirene eine der drei Horen: „Zweite Gemahlin des Zeus war Themis, die Mutter der Horen, / Sie gebar Eunomia und Dike, die zarte Eirene, / Die da sorgend die Werke der sterblichen Menschen betreuen".

Im Mythos der Zeitalterfolge – vom Goldenen bis zum gegenwärtig Eisernen – verlässt Dike, die Gerechtigkeit, als letzte der Götter die Erde, und kommt wieder, wenn das „Goldene Zeitalter" zurückkehrt. Die meistzitierte Quelle für die Vorstellung von der „Rückkehr des Goldenen Zeitalters" war die 4. Ekloge des römischen Dichters Vergil. Nach einer Prophezeiung der Sibylle von Cumae erneuert sich die Ordnung der Zeitalter, Saturns Herrschaft kommt wieder. Mit der Geburt eines Knaben endet das Eiserne Zeitalter, und eine neue goldene Menschheit entsteht. Innerhalb seiner Lebenszeit und Ämterkarriere wird die Welt befriedet, auch durch Kriege gegen die Völker, die der neuen Ordnung noch nicht angehören. Alle Vorstellungen des Goldenen Zeitalters realisieren sich: Die Feindschaft zwischen Menschen und Tieren hört auf; Schifffahrt, Handel und Landarbeit sind nicht mehr notwendig, weil die Natur wieder von sich aus Überfluss gewährt.

Dieses berühmte Gedicht bestimmte für alle späteren Jahrhunderte den Mythos der Wiederkehr des Goldenen Zeitalters in einem Weltreich. In der „Aeneis" benannte Vergil dann Kaiser Augustus als den prophezeiten Weltherrscher (Aeneis VI, 791–795). In der Renaissance schien sich das Goldene Zeitalter geradezu ständig zu erneuern; es war ein in ganz Europa geläufiger Topos der Verherrlichung zum Regierungsantritt eines Herrschers, einer Fürstenhochzeit oder einem Friedensschluss. Der Mythos der Zeitenwende, die Erfüllung der Verheißungen von der Überwindung des Krieges, der Rückkehr von Gerechtigkeit und Frieden und der Versöhnung von Mensch und Natur war also von Anfang an verbunden mit dem Mythos von Friedensherrscher und Weltreich, und das mit Auswirkungen auf imperiale Ideologien bis in die Gegenwart.

Auch Pax, die weibliche Personifikation des Friedens, geht auf Münzbilder der frühen römischen Kaiserzeit zurück: eine junge Frau mit den Attributen Ölzweig, Füllhorn und Ährenkranz für den Wohlstand als Folge des Friedens, oder dem Merkurstab Caduceus, der befriedend wirkt und als Symbol der Diplomatie dient. Als Handlung kann Pax Waffen verbrennen; ursprünglich Zeichen der *pax romana* für den Sieg über die Feinde und deren Unterwerfung unter die römische Ordnung, in der Neuzeit dann verstanden als Vernichtung der Waffen des Krieges selbst, als Zeichen für die allgemeine Abrüstung und damit den Beginn eines dauerhaften Friedens, in dem Krieg nicht mehr möglich ist. Die Fackel, „die den Haufen Waffen verbrennt, bedeutet die universelle und gegenseitige Liebe zwischen den Völkern", die alle Rückstände des Hasses beseitigt, schrieb Cesare Ripa in seiner „Iconologia" (1603), dem meistbenutzten Handbuch für Begriffspersonifikationen.

Zu den vielzitierten Topoi gehörten ebenfalls zwei Prophezeiungen aus dem Alten Testament:

Erstens der „Tierfriede" als Vision vom Ende der Feindschaft: „Da werden die Wölfe bei den Lämmern wohnen und die Panther bei den Böcken lagern. Ein kleiner Knabe wird Kälber und junge Löwen und Mastvieh miteinander treiben. Kühe und Bären werden zusammen weiden, daß ihre Jungen beieinander liegen, und Löwen werden Stroh fressen wie die Rinder. Und ein Säugling wird spielen am Loch der Otter, und ein entwöhntes Kind wird seine Hand stecken in die Höhle der Natter" (Jesaja 11, 6–8; vgl. 65, 17–25).

Zweitens das Umschmieden der Waffen in Ackergerät, „Schwerter zur Pflugscharen": „Da werden sie ihre Schwerter zu Pflugscharen und ihre Spieße zu Sicheln machen. Denn es wird kein Volk wider das andere das Schwert erheben, und sie werden hinfort nicht mehr lernen, Krieg zu führen" (Jesaja 2, 4; Micha 4, 3–4).

Pax und Justitia – Friede im Bild der Guten Regierung

Solche Quellen wurden auch in den Friedensentwürfen und -trakten der Frühen Neuzeit zitiert. Doch bestimmender für das Bild des Friedens waren die Personifikationen der Tugenden, vor allem nach Psalm 85, 11: „Gnade und Wahrheit sind sich begegnet / Gerechtigkeit und Friede küssen sich". Darstellungen des Kusses von Justitia, der Personifikation der Gerechtigkeit, und Pax waren seit dem Mittelalter verbreitet und galten in der Frühen Neuzeit als Allegorie auf den besten Zustand des Gemeinwesens und das höchste Ziel jeder Regierung. „Fac iustitiam et habebis pacem" (Schaffe Gerechtigkeit, und du wirst Frieden haben), konstatierte der Kirchenvater Augustinus in seinen Erläuterungen zu diesem Psalm. Damit benannte er auch die grundlegende Voraussetzung für den Frieden.

In der zweiten Hälfte des 16. Jahrhunderts entstanden Gemälde, auf denen Pax und Justitia in geradezu erotischer Annäherung zu sehen sind (Abb. 2). Pax schmiegt sich verführend an, hat bereits erreicht, dass Justitia ihr Schwert aus der Hand gelassen und dafür den Ölzweig genommen hat; der Kuss scheint unmittelbar bevorzustehen. Ein Engelchen hält einen Lorbeerkranz darüber, und die Taube erscheint als Zeichen der göttlichen Sendung. Im Ausblick in die Landschaft ist rechts eine antike Ruine zu sehen – wiederum Erinnerung an den „Friedenstempel" als Hoffnung auf die Wiederkehr universellen Friedens. Solche Bilder voll sinnlichem Reiz und exquisitem Kolorit wurden für adlige oder reiche Auftraggeber gemalt; in den als Kupferstiche für die Öffentlichkeit gedruckten Versionen sind die Figuren dezenter.

Der Text aus dem 85. Psalm steht auch auf der Allegorie der Res Publica (Abb. 3), Teil einer Folge heilsgeschichtlicher, religionspolitischer, Gerechtigkeits- und Tugend-Allegorien und Darstellungen der weltlichen Obrigkeit in der Großen Ratsstube im Rathaus von Lüneburg. Der Maler Daniel Frese, der auch als Kartograph tätig war, gehört nicht zu den führenden Künstlern seiner Epoche, doch stellte er unter Verwendung druckgraphischer Vorlagen ein anspruchsvolles Bildprogramm zusammen.

Im Zentrum thront Res Publica, die Verkörperung des Gemeinwesens, und hält die mit dem Ölzweig in der Hand friedlich schlummernde Pax in ihrem Schoß. Der Friede ruht im

Zentrum der Ordnung: hierarchisch vertikal unter Gottvater und der Taube des Heiligen Geistes, die oben aus den Wolken erscheinen. Daneben blasen Engelchen das Stadtmotto Lüneburgs aus, das damals auch stündlich von einem Glockenspiel im Rathausturm erklang: das mittelalterliche Kirchenlied „Da pacem Domine in diebus nostris", in Luthers Übertragung noch heute im evangelischen Kirchengesangbuch: „Verleih uns Frieden gnädiglich, Herr Gott, zu unsern Zeiten". In der horizontalen, irdischen Ordnung stehen zu den Seiten der thronenden Res Publica links Justitia, in einem prächtigen zeitgenössischen Gewand, ein Krönchen auf dem Haupt als Zeichen, dass sie die höchste der Regierungstugenden ist, mit ihren Attributen Schwert und Waage in den Händen. Ihr Wirken hat einen aktuellen Ort: links hinter ihr findet eine Gerichtsverhandlung statt in der Gerichtslaube des Lüneburger Rathauses, in der das Wandbild des Jüngsten Gerichts heute noch vorhanden ist. Eine Stadtansicht Lüneburgs bildet den Abschluss der Szenerie. Rechts sitzt Concordia, im für allegorische Figuren üblichen antikischen Gewand. Sie stützt den Arm auf einen Bienenkorb, Symbol für die süßen Früchte einträchtiger Arbeit in einem geordneten Gemeinwesen. In der anderen Hand hält sie ein Schüttelsieb als Zeichen, dass die Erträge der Arbeit gleichmäßig verteilt werden sollen. Hinter ihr realisiert sich kommunale Eintracht als „Burgsprake", der jährlichen Verlesung von Ratsverordnungen aus dem Rathauserker. Kompositorisch ausge-

Abbildung 2: Anonym, Der Kuss von Friede und Gerechtigkeit, um 1560–um 1580, Öl auf Holz, 96,5 × 112,4 cm, 2004 im Kunsthandel. Colnaghi, London.

300

wogen, abstrahierbar sogar in die Form einer Waage, vermittelt das Gemälde das Bild einer Ordnung im Gleichgewicht mit dem Frieden im Zentrum. Es entspricht damit dem bekannten Diktum des Augustinus: „pax est [...] tranquilitas ordinis". (So besteht denn [...] der Friede aller Dinge in der Ruhe der Ordnung.)

Hierin zeigt sich der eine wesentliche Kontext der Friedensvorstellung in der Frühen Neuzeit: das kommunale Ideal eines gerecht geordneten Gemeinwesens, dargestellt als Zusammenwirken der Tugendpersonifikationen in einer Allegorie der Guten Regierung. In seinem „Regentenbuch" von 1559, dem meistverbreiteten deutschen Regierungshandbuch des 16. Jahrhunderts, schrieb Georg Lauterbeck:

„Denn wo Fried ist / da wird die Religion gefördert / Gottes wort gepredigt / die Schulen auffgericht / gute Gesetze und Policey gemacht / die edlen Künste sampt allen guten Sitten und Tugenden / werden gepflanzt / Zucht unnd Erbarkeit geht im schwang / die frommen und Unterthanen werden geschützet / und die Bösen umb jrer laster willen gestraffet / Gemeiner nutz / sampt Land und Leuten nemen zu / und gehen alle ding zwischen der Oberkeit und den Unterthanen / fein in jrer ordnung / darzu auch jederman frölich und guter ding ist".

Die Bilder in den Rathäusern folgen der mittelalterlichen Auffassung des „gelobten" oder „verschworenen Friedens", der *pax iurata* als einer korporativen Einigung, die auf Konsens und *pactum* (Vertrag) über gemeinsame Normen und interne Konfliktregelung basierte. Sie stehen damit im Gegensatz zur *pax ordinata*, dem „gebotenen oder herrschaftlich von oben angeordneten Frieden".

Abbildung 3: Daniel Frese (1540?–1611), „Res Publica" (Allegorie des Guten Rates), 1578. Öl auf Leinwand, 170 × 233 cm. Lüneburg, Rathaus, Große Ratsstube. Archiv des Autors.

Herrscher als Friedensstifter

Das andere, „imperiale" Konzept dagegen steht in der Tradition der Vorstellung des universellen Friedens, der durch die Taten eines Herrschers nach dem Vorbild des Imperium Romanum entstehen kann. So schrieb Hartmann Schedel in seiner „Weltchronik" von 1493, dass alle Länder dem römischen (deutschen) Kaisertum untertan sein sollen, denn „von Anbeginn der Welt bis heute gab es nie einen allgemeinen Frieden, außer zu der Zeit, da der ganze Erdkreis dem einen Kaiser Augustus" unterstand. Dass dies der richtige Weg zum Frieden sei, habe Gott gezeigt, indem Christus der Erlöser genau damals menschliche Gestalt angenommen hat.

Seit dem Mittelalter beruhte dieses Konzept auf der allgemein verbreiteten Vorstellung einer *res publica christiana*, einer Einheit der Christen, in der die universellen Instanzen, Kaiser und Papst, als Richter über die Völker für die Einhaltung des Friedens zuständig sind und ihn durch Schiedsspruch wiederherstellen. Doch die Rolle des Friedensstifters und die Entscheidung über Krieg und Frieden waren schon im 16. Jahrhundert nicht auf Papst und Kaiser begrenzt; eigentlich jeder Souverän konnte in Lobgedicht und Bild ein „neuer Augustus" sein, der den Janustempel schließt und das Goldene Zeitalter zurückbringt. Auch nachdem sich mit dem Westfälischen Frieden die Auffassung durchgesetzt hatte, dass der Friede nicht mehr von einer obersten Instanz gestiftet, sondern zwischen gleichberechtigten Staaten ausgehandelt werden muss, konkurrierten die Monarchien weiterhin um das Bild des einzigen Friedensstifters. Seit dem 17. Jahrhundert wurde in Hauptwerken der barocken Deckenmalerei der Friede in die Apotheose eines Herrschers oder einer Dynastie eingepasst, etwa im Palazzo Barbarini in Rom, dem Palazzo Pitti in Florenz, dem Salon de la Paix im Schloss von Versailles oder im Thronsaal des Königlichen Schlosses zu Madrid.

Ein Beispiel für diese Zuordnung des erhofften Friedens zu einer Monarchie bietet das große allegorische Gemälde von Paolo de Matteis (Abb. 4), entstanden im Spanischen Erbfolgekrieg (1701–1714). Die gekrönte Personifikation des Königreichs Neapel, die Sirene Parthenope mit dem Fischschwanz aus der antiken Mythologie, kniet in leidvoll-duldender Haltung und blickt hilfesuchend nach oben. Über den Wolken erscheint der Göttervater Jupiter, flankiert links von dem Kriegsgott Mars mit gezücktem Schwert, der Jupiters Aufmerksamkeit oder Zustimmung sucht, rechts von Themis, Göttin der Gerechtigkeit. Auf deren Seite stützt Jupiter sein Szepter auf einen Globus, der mit goldenen Bourbonenlilien geschmückt ist, so identifiziert mit dem französischen König Ludwig XIV. Sein Entschluss ist eindeutig: gegen Krieg, für den Frieden. Pax fliegt herbei, um Neapel den Ölzweig zu bringen, während ein Putto mit Jupiters Donnerkeilen Neid und Zwietracht zu Boden wirft. Nur die Kriegspersonifikation Bellona versucht noch, Pax aufzuhalten. Während das irdische Geschehen noch nicht ganz entschieden scheint, bläst oben Fama, der Ruhm, mit ihrer Trompete schon den Erfolg aus. Zwei junge Frauen mit Musikinstrumenten am rechten Bild blicken gespannt nach Neapel, Motiv der Hoffnung, dass im Frieden die Künste wieder aufleben, übertragen auch: Harmonie herrschen wird.

Das Gemälde entstand in den ersten Jahren des Spanischen Erbfolgekrieges um die Nachfolge des letzten spanischen Königs aus dem Haus Habsburg. Frankreich erhob Anspruch auf die spanische Krone; gegen dessen drohende Hegemonie in Europa kämpfte eine Allianz der österreichischen Habsburger, Englands und Hollands. Der Krieg fand in vielen Teilen Europas und seiner Kolonien statt. Neapel war seit 1503 unter spanischer Herrschaft und wurde von einem spanischen Vizekönig regiert. 1701 wurde eine Erhebung von Teilen des neapolitanischen Adels gegen den spanischen Vizekönig niedergeschlagen, 1702 zog der neue spanische (bourbonische) König Philipp V. in Neapel ein. 1707 eroberten österreichische

Truppen Neapel, das in den Friedensschlüssen von Utrecht 1713 und Rastatt 1714 dann Österreich zugesprochen wurde.

Die Friedensvision, die in diesem Gemälde der Personifikation Neapels am Himmel vorgeführt wird, zeigt deutlich das absolutistische Konzept: nur ein oberster, gottgleicher Herrscher kann den Frieden senden. Sie propagiert den Anschluss eines umkämpften, innerlich uneinigen, leidenden Landes an diejenige Monarchie, die für sich in Anspruch nimmt, allein den Frieden bewirken zu können.

Das Gemälde hat für die Geschichte Europas bezeichnende Stationen durchlaufen. Auftraggeber war vermutlich der französische Vizeadmiral in Neapel, dem es der Maler Paolo de Matteis nach Frankreich brachte. Nach der Französischen Revolution wurde es aus dem Besitz eines 1794 hingerichteten Adligen beschlagnahmt. Unter dem Ersten Konsul Bonaparte beschloss die Republik 1801, außer dem Musée Central in Paris auch in Provinzstädten Museen aus den Beständen beschlagnahmter und erbeuteter Kunstwerke einzurichten, zur allgemeinen Bildung und natürlich auch als repräsentatives Schaufenster. Die damals französische Departement-Hauptstadt Mainz erhielt 1803 und 1805 eine Schenkung von 36 Gemälden, darunter auch dieses; sie bilden den Grundstock des heutigen Landesmuseums Mainz. Die hundert Jahre zuvor gemalte Botschaft, Friede durch Anschluss an Frankreich, erhielt gewissermaßen eine aktuelle Bedeutung, wenn auch nicht mehr im Zeichen der Bourbonenlilie.

Abbildung 4: Paolo de Matteis (1662–1728), Allegorie auf ein Bündnis zwischen Frankreich und Neapel, 1701/1702, Öl auf Leinwand, 258,5 cm × 365 cm, Landesmuseum Mainz. Foto: Landesmuseum Mainz, Ursula Rudischer.

Friedensschlüsse: Medien und Orte der Erinnerung

Seit den Friedensschlüssen von 1648 – dem „Friede von Münster" zwischen Spanien und der Republik der (nördlichen) Niederlande, der den Achtzigjährigen Krieg beendete, und dem Westfälischen Frieden von Münster und Osnabrück, der den Dreißigjährigen Krieg beendete – setzte sich in der Öffentlichkeit das Bedürfnis nach Bildberichten von den diplomatischen Ereignissen durch. Es genügte nicht mehr, die Friedenspersonifikation und die beteiligten Herrscher und Politiker in allegorische Kompositionen eingebunden zu sehen, sondern die Friedensdiplomaten in ihrem realen Handeln kamen in den Blick, auch als Nachweis für die Realität und Dauerhaftigkeit des Friedens. Damit entsteht ein neues Bild für den Friedensschluss: er ist nicht mehr von einer Instanz gestiftet, sondern diplomatisch ausgehandelt. Akteure sind nicht mehr nur die Souveräne, sondern die Diplomaten.

Der Nürnberger Friedens-Exekutions-Tag von 1649 bis 1650 diente der Klärung von Fragen, die im Westfälischen Frieden offen geblieben waren, etwa dem Finanzausgleich und der Demobilisierung. Erst durch ihn wurde der Friede gewissermaßen real. Über den Verlauf

Abbildung 5: Caspar Merian (zugeschrieben), Unterzeichnung des Nürnberger Exekutionsrezesses zum Westfälischen Frieden 1650, Radierung 1652. Staatsgalerie Stuttgart, Graphische Sammlung.

und die Ergebnisse wurde in Text und Bild ausführlich berichtet, sowohl in aktuellen Flugblättern als auch in ereignisnah erscheinenden Chroniken wie dem „Theatrum Europaeum" von 1652. Die Radierung, die noch in Johann Ludwig Gottfrieds „Historischer Chronik" von 1775 nachgedruckt wurde, schildert die Kollation, also den Abgleich der bereits fertig ausgehandelten Vertragstexte des schwedisch-kaiserlichen Hauptrezesses am 16./26. Juni 1650 in der Nürnberger Burg (Abb. 5). Sie bietet geradezu die Möglichkeit, den Diplomaten bei der Kontrolle der erfolgreichen „Übersetzungsleistung" zuzusehen. Sie haben die Urkundentexte vor sich: links an der Schmalseite des Tisches sitzen der kaiserliche Legationssekretär Erasmus Constantin Sattler, der den Text laut vorliest; neben ihm der schwedische Legationssekretär Bartholomäus von Wolfsberg. An der Längsseite (zum Fenster hin) sitzen die kaiserlichen Gesandten Isaak Volmar und Johann Krane, ihnen gegenüber, vom Rücken zu sehen, die schwedischen Alexander Erskein und Benedict Oxenstierna; auf Bänken und Stühlen an den Seiten die Vertreter der Reichsstände. Die beiden Stühle rechts am Tisch sind frei für die beiden Bevollmächtigen Octavio Piccolomini und Pfalzgraf Karl Gustav. Sie nahmen an der Verlesung nicht teil, erhielten die Verträge in ihre Quartiere gebracht und unterzeichneten dort. Anschließend wurden sie zur Burg zurückgebracht, wo abschließend die Vertreter der Stände unterschrieben.

Zum Zeremoniell eines Friedensschlusses gehörten auch öffentliche Veranstaltungen, über die im Text berichtet wird: Nach dem Salve-Schießen wurde von einem mit Teppichen geschmückten Gerüst vor dem Rathaus, von Trompeten-Musik eingerahmt, durch einen Nürnberger Kanzleimitarbeiter die Proklamation des Friedens vor Tausenden von Menschen verlesen; die Rathaus- und Kirchenglocken läuteten eine Stunde lang; die Proklamation wurde an 15 verschiedenen Plätzen der Stadt wiederholt, vor großen Menschenmengen, „deren viel vor Freuden geweinet". Abends um acht Uhr gab es Dankpredigten und -gebete in den Kirchen; Freudenfeuer brannten die ganze Nacht. Gegenstand der Berichterstattung in Text und Bild waren nicht nur die diplomatischen Vorgänge im modernen Sinn, sondern ebenso aufwendige, repräsentative Feste und Bankette, besonders die spektakulären Feuerwerksinszenierungen, die von den Gesandtschaften in Nürnberg ausgerichtet wurden.

Medien der Dokumentation von Friedensschlüssen waren im Wesentlichen Druckwerke, außer den Chroniken auch umfangreiche Publikationen der Akten. Johann Gottfried von Meiern gab ab 1736 in sechs Teilen die „Acta pacis Westphalicae publica oder Westphälische Friedens-Handlungen und Geschichte" heraus, denen er dann noch die „Acta pacis executionis publica oder Nürnbergische Friedens-Executionshandlungen" in zwei Bänden folgen ließ. Die bedeutendste Publikation über die Friedensdiplomaten ist das große Porträtstichwerk von Anselm van Hulle, Hofmaler des Prinzen Friedrich Heinrich von Oranien, der ab 1646 während des Friedenskongresses in Münster und Osnabrück Hunderte von Gesandtenporträts malte und danach auch 1649 in Nürnberg tätig war. Nach seinen Gemälden fertigten prominente Kupferstecher in Antwerpen die gedruckten Porträts. Die erste Ausgabe mit dem Titel „Pacis antesignani sive icones legatorum plena potestate instructorum" (Vorboten des Friedens) erschien bereits vor Abschluss des Westfälischen Friedens. Hulle erweiterte es danach um die Porträts von Gesandten späterer Kongresse, die zur Ausführung des Westfälischen Friedens beitrugen. Das Werk, das schließlich auf 132 Blatt anwuchs und ab 1696 den Titel „Pacificatores Orbis Christiani" (Die Friedensstifter der christlichen Welt) trug, erlebte bis 1717 insgesamt acht Auflagen.

Die gastgebenden Städte der langjährigen Verhandlungen des Westfälischen Friedens, Münster und Osnabrück, entschieden sich schon 1648, „zu einem stets währenden Gedächtnis" ihre Ratssäle mit Porträts der am Frieden beteiligten Herrscher, Vermittler und Gesandten auszustatten, die sie bei Mitarbeitern van Hulles bestellten (Abb. 6). Diese Bildergalerien blieben seither die wichtigsten Monumente des Westfälischen Friedens; sie erinnern bis heute an den Friedensschluss und erfüllen damit die Aufgabe, die ihre Urheber ihnen zugedacht haben. Diese „Friedenssäle" sind die einzigen „Erinnerungsorte" des Friedens im eigentlichen Sinn – und gehören zugleich zu den größten touristischen Attraktionen der beiden Städte (Abb. 7). Die zahlreichen Gedenkveranstaltungen zum 350-jährigen Jubiläum des Westfälischen Friedens 1998, darunter die große Europarats-Ausstellung „1648 – Krieg und Frieden in Europa" in beiden Städten, haben die Erinnerungskultur verstärkt.

Abbildung 6: Der Friedenssaal im Rathaus zu Münster mit der Galerie der Gesandtenporträts. Presseamt Münster/Münster View.

Abbildung 7: Hinweistafel an der Bundesautobahn. Autobahnmeisterei Osnabrück.

306

Der Friedenstempel: imaginärer Ort des institutionalisierten Friedens

Als wesentliche Folgen des Westfälischen Friedens gelten die Durchsetzung der Prinzipien staatlicher Souveränität, die Abkehr von Ansprüchen auf Universalherrschaft und der Wandel zu einem Europa gleichberechtigter Staaten und damit auch die Verlagerung des Friedensbegriffs vom Staatsfrieden, der *pax civilis*, auf das Verhältnis zwischen den Staaten. Sichtbar wurde diese Zwischenstaatlichkeit vor allem in den Flugblättern und Bildberichten zu Friedensschlüssen; geradezu bewusst vermieden wurde sie hingegen, wo die Repräsentation der Herrscher Aufgabe der Bildprogramme war. Zwar brachte der Westfälische Frieden keine dauerhafte Friedensordnung, doch er warf die Frage nach ihrer Institutionalisierbarkeit auf, die dann im 18. Jahrhundert in den Diskussionen über das Völkerrecht und den Weltfriedenstraktaten der Aufklärung erörtert wurde, bis zum Höhepunkt mit Immanuel Kants Schrift „Zum ewigen Frieden" von 1795.

Vor allem in der Zeit zwischen dem Frieden von Utrecht 1713/14 und der Französischen Revolution war in der Druckgraphik zu den auf europäischen Kongressen ausgehandelten Friedensschlüssen die Szene verbreitet, in der sich die Landespersonifikationen vor dem offenen Friedenstempel oder dem geschlossenen Janustempel zusammenfinden, um in diesem imaginären Ort ihre Pflicht zum Frieden zu erfüllen. Hierbei nahm auch die Friedenspersonifikation Pax eine neue Position ein: Der Friede tritt nicht mehr auf in Folge des politischen Handelns anderer Instanzen, sondern wird selbst zur übergeordneten Instanz, auf die diese ihr Handeln auszurichten haben. Der Friedenstempel bot das Bild eines institutionalisierten Friedens, der seit dem Westfälischen Frieden theoretisch möglich, aber politisch nicht realisierbar war.

Abbildung 8: Anonym, Temple de la Paix, 1783, Radierung. Paris, Bibliothèque nationale.

Besonders aufwendig inszeniert eine Radierung zum Frieden von Versailles von 1783 diese Szene (Abb. 8). Die am 3. September 1783 in Versailles unterzeichneten Verträge beendeten formal den Amerikanischen Unabhängigkeitskrieg zwischen dem Vereinigten Königreich und den 13 Kolonien, die sich 1776 unabhängig erklärt hatten. Separate Friedensverträge unterzeichnete Großbritannien mit Frankreich und Spanien. Am Tag zuvor hatte Großbritannien einen Vorfrieden mit der Republik der Vereinigten Niederlande geschlossen.

Das Bild stellt den Tempel des Friedens als weiten, prächtigen offenen Rundbau in einer Parkszenerie dar. Im Vordergrund vollziehen die Landespersonifikationen den Friedensschluss, indem sie auf dem Altar des Friedens die Hände ineinander legen. Sie sind kenntlich an den Wappenschilden; die Personifikationen der Monarchien tragen Kronen: Vorne links Frankreich, daneben Amerika mit einer Federkrone, traditionelles Kennzeichen dieses Erdteils, und dem Freiheitshut auf der Stange; hinter dem Altar Holland, als Republik mit einer Mauerkrone, vorne rechts das Königreich Großbritannien. Über ihnen schwebt Pax auf Wolken herab, in der einen Hand den Ölzweig, in der anderen den Merkurstab, Zeichen der Diplomatie. Weitere Staaten, die noch beiseite stehen, werden aufgefordert, diesem Friedensbund beizutreten: von links kommt Spanien hinzu, während ganz rechts das Deutsche Reich noch etwas zögerlich scheint. Eingefasst ist die Szenerie seitlich von Mauern mit Brunnenbecken; hinter dem Geländer stehen weitere Figuren mit den Attributen der Künste und Wissenschaften. Über allem strahlt die Sonne, und am Himmel verkündet Fama mit ihren Trompeten den Frieden.

Dieser Kult des Friedens mit dem Tempel als Ort, an dem sich die Staaten im Friedensschluss vereinen, blieb in verschiedenen Varianten durch das ganze 18. Jahrhundert aktuell. Etwa seit dem Frieden von Belgrad 1739 konnte auch das Osmanische Reich in dieses Bild einbezogen werden. Erst damit löste sich der säkularisierte Mächte-Frieden vollständig von den traditionellen Grenzen der *pax christiana*. Zum Frieden von Amiens 1802 wurden solche Szenen wieder aufgenommen, allerdings modifiziert: in die Rolle des zentralen Friedensvermittlers ist Napoleon gerückt. Mit der Rückbindung an die Figur eines *Pacificators* ging jedoch verloren, was die Besonderheit der Friedenstempel ausgemacht hatte: ein Ort, an dem im Sinn der Aufklärung allgemeine Prinzipien und das Völkerrecht wirksam werden.

Die Friedensvision als Alptraum

Die Französische Revolution, so folgenreich sie für Europa war, brachte keine neuen Modelle für die Darstellung des Friedens hervor. Zwar war ihre Devise „Liberté, Egalité, Fraternité" universell gemeint. Doch veränderte sie die Zuordnungen des Friedensbegriffs, der nun als Folge der Befreiung aufgefasst und mit den Menschenrechten verknüpft wurde, oder radikaler sozial definiert: „Friede den Hütten – Krieg den Palästen" oder „Krieg den Tyrannen – Friede den Völkern".

James Gillray, der größte Meister der Karikatur dieser Epoche, schilderte die Perspektive auf den Frieden von Amiens zwischen Großbritannien und Frankreich als Horror: Friedensvisionen als politischen Alptraum (Abb. 9). William Windham, der im Kabinett Pitt Secretary of War gewesen war, war der schärfste Widersacher gegen die Bemühungen des Premierministers Henry Addington um einen Frieden mit Frankreich. Am 1. Oktober 1801 hatte England seine moderaten Friedensbedingungen genannt, zu denen der Verzicht auf Besitzungen in Übersee gehörte. Am 27. März 1802 wurde schließlich der Friede von Amiens geschlossen.

Zwischen der Bekanntgabe der Friedensbedingungen und dem Friedensschluss veröffentlichte Gillray diese Karikatur. Windham hat im Bett die Traumvision, welche Folgen der Friede für England hätte: der Außenminister Lord Hawkesbury (Robert Jenkinson), dem der ehemalige Premierminister William Pitt die Hand führt, unterschreibt den Friedensvertrag, der sich allerdings als „Death Warrant" (Hinrichtungsbefehl) entrollt. Napoleon führt die gefesselte Britannia zur Guillotine; die Zeichen ihrer Herrschaft, Dreizack und Wappenschild, sind zerbrochen. Dahinter brennt St. Paul's Cathedral; ganz links weht die Trikolore auf dem Tower von London. Eine französische Invasionsflotte nähert sich im Hintergrund.

Am einen Fußende des Bettes steht der als kleiner schwarzer Teufel dargestellte Charles James Fox als Befürworter der Französischen Revolution (und Führer der Opposition), der zur Laute das französische Revolutionslied „Ça ira" singt, zu dem auch der Vers „Les aristocrates à la lanterne!" gehört. Am anderen Ende sitzt auf dem Nachttopf trauernd zusammengesunken Justitia, das zerbrochene Schwert vor sich liegend. Gegenüber dem Bett schreitet auf Stelzen riesengroß das rote Totengerippe mit der Freiheitsmütze und blau-weiß-roter Kokarde und zertritt dabei Symbole des britischen Selbstbewusstseins: Szepter der Monarchie, Mitra der anglikanischen Kirche, Roastbeef und Bier. Weitere Politiker machen sich als Ratten über Teller und Geldtruhe („Treasury") her. Hinter dem Kopfende stehen zahlreiche enthauptete Würdenträger. Als satirisch verkehrte „Friedenstaube" fliegt ein Geier direkt über dem Kopfende, der einen Hasen geschlagen hat, einen Zweig in den Klauen hält und „Peace!" krächzt. Statt Fama schwebt hier ein geflügelter Teufel mit der Doppeltrompete über allem.

Zwar bezog sich Gillrays Karikatur in erster Linie auf die politische Situation in Großbritannien, doch zeigt sie die tiefer liegende Schicht von Ängsten, die infolge der radikalen

Abbildung 9: James Gillray, Politische Träumereien! Friedensvisionen! Weitere Schrecken!, 9. November 1801. Kolorierte Radierung. Staatsgalerie Stuttgart, Graphische Sammlung.

Abbildung 10: Wilhelm Widemann (1856–1915), Tor mit Bronzemedaillons, 1812, Den Haag, Vredespaleis. Archiv des Verfassers.

Aufspaltung des Friedensbegriffs durch die Französische Revolution ausgelöst wurden. In seiner differenziert kolorierten Radierung sind alle bisher positiv besetzten Symbole und Motive geradezu sorgfältig satirisch verkehrt. Wenn die Friedensvisionen mit der Perspektive des Revolutionsimports, der Zerstörung bisheriger gesellschaftlicher Ordnung und staatlicher Macht einhergeht, ist keine allgemein verbindliche Vorstellung des Friedens mehr möglich.

Institutionen als Bilder des Friedens?

Die offizielle Auftragskunst – Denkmäler, Bildprogramme in Regierungsgebäuden – war im 19. Jahrhundert nicht mehr geeignet, verbindliche, allgemein verständliche Bilder der Friedens als einer positiven gesellschaftlichen und internationalen Perspektive zu vermitteln. Die traditionellen Komponenten wie die Friedenspersonifikation Pax und die Friedenstaube mit dem Ölzweig wurden weiterhin verwendet, besonders in der Pressekarikatur – dort allerdings nicht mehr zur Feier von gelungenen Friedensschlüssen, sondern im Gegenteil zum Problemhinweis auf politische Situationen, die Frieden verhindern.

Die Organisationen der Friedensbewegung, die sich im 19. Jahrhundert bildeten und seit 1843 internationale Friedenskongresse veranstalteten, forderten Institutionen der Friedenswahrung, vor allem ein internationales Schiedsgericht zur Vermeidung von Kriegen. Karikaturen formulierten das Spannungsverhältnis von Erwartung, dass der Friede gewahrt und international abgerüstet werde, und der tatsächlichen Politik der Staaten. Seit der Ersten

Das friedliche Deutschland

stiftete ein eisernes Tor für den Friedenspalast im Haag. (Norbd. Allg. Zeitung.) H. G. Jentzsch

Der Frieden: Wie soll ich denn da hineinkommen? Ich bin doch die Hauptsache im Friedenspalast.
v. Bethmann Hollweg: Gerade deshalb wirst du ausgesperrt, dummer Junge!

Haager Friedenskonferenz 1899 sind solche Ereignisse stets Anlass einer immensen Karikaturproduktion.

Ein erster Ort des Friedens, auf den sich die öffentlichen Erwartungen richteten, war der Friedenspalast in Den Haag, Sitz des auf der Haager Konferenz beschlossenen Ständigen Schiedshofs. Das Gebäude wurde mit einer Spende des amerikanischen Millionärs Andrew Carnegie zwischen 1907 und 1913 errichtet und mit Kunstwerken als Geschenken der beteiligten Staaten ausgestattet. Seit 1922 ist es Sitz des Internationalen Gerichtshofs. Das Motto des Gebäudes lautet „Friede durch Recht", doch zog es auch andere Motive aus der Bildtradition des Friedens an. Das Deutsche Reich etwa stiftete 1912 ein schmiedeeisernes Tor mit Bronzemedaillons (Abb. 10). Eines stellt in historisierendem, an der Renaissance orientiertem Stil die waffenverbrennende Pax dar; sie bildet zusammen mit den drei anderen Personifikationen – Freundschaft, Gerechtigkeit und Eintracht – eine Allegorie der internationalen Beziehungen in der Tradition der Bildprogramme von Regierungsgebäuden. Es handelt sich dabei um eine der letzten Verwendungen dieses Typus der Friedenspersonifikation, geradezu ein Beleg dafür, dass mit dem Scheitern einer Friedens- und Abrüstungskonzeption auch die entsprechende Bildformel abstirbt.

Die Karikatur aus der sozialdemokratischen Satirezeitschrift „Der Wahre Jacob" von 1912 (Abb. 11) spielt die Doppelfunktion dieses Tores aus. Als Träger einer Bild-Botschaft zeigt das Tor einen durch Embleme für Militarismus und Rüstung satirisch ergänzten Wappenadler des Deutschen Reichs. Für die Reichsregierung – rechts Reichskanzler Theobald von Bethmann Hollweg – dient es als Tor dazu, den Frieden von seiner Wirkungsstätte auszuschließen, Abrüstung nicht zuzulassen. Zur Kritik an der Rüstungspolitik des Reichs gehört

Abbildung 12: Jewgeni Wutschetitsch (1908–1974), „We shall beat our swords into plowshares", 1958, Bronze, ca. 274 cm × 64 × cm 205 cm, New York, UNO, North Rose Garden. J. Baal-Teshuva, Art Treasures of the United Nations, 1964.

auch die Skepsis über die Möglichkeiten der Institution, die zwar den Namen des Friedens trägt, ihn aber noch nicht beherbergt. Der Friedensengel selbst, ein lächerliches Figürchen im Nachthemd, nutzt seine Flügel nicht und hält auch die Friedenstaube brav im Käfig. Die Friedens*idee* erscheint so schwach, so wenig ‚beflügelnd', dass sie sich ihren Bewegungsraum von dem einschränken lassen muss, was die Mitgliedsstaaten in die neue Institution mitbringen.

Seit Ende des Zweiten Weltkriegs sind die Vereinten Nationen mit Sitz in New York die weltweite Instanz, zu deren Programm die Menschenrechte, Ernährung, Entwicklung und Friedenssicherung gehören. In ihr scheint die jahrhundertealte Vision einer überstaatlichen Institution Wirklichkeit geworden zu sein. Ihr Hauptsitz, unter Beteiligung internationaler Architekten 1952 fertiggestellt, ist mit Kunstwerken ausgestattet, die von den Mitgliedsländern gestiftet wurden. Auf einer Granitmauer am Platz vor dem Gebäude steht die programmatische Inschrift aus den Friedensprophezeiungen des Alten Testaments: „They shall beat their swords into plowshares, and their spears into pruning hooks. Nation shall not lift up sword against Nation, neither shall they learn war any more". (Sie werden ihre Schwerter zu Pflugscharen und ihre Spieße zu Sicheln machen. Kein Volk wird wider das anderer das Schwert erheben, und sie werden hinfort nicht mehr lernen, Krieg zu führen.)

Die Weltorganisation macht mit der Inschrift nach außen hin sichtbar, dass die Verwirklichung dieser historischen Prophezeiung zu ihrem Programm gehört. 1959 schenkte die

312

UdSSR ein Kunstwerk, das dieses Motto der UNO aufnimmt: eine etwas überlebensgroße Bronzeplastik des Bildhauers Jewgeni Wutschetitsch (Abb. 12). Sie zeigt einen muskulösen Mann, der durch wuchtige Schläge mit einem schweren Hammer ein großes Schwert zu Pflugscharen umtreibt. Die Nacktheit erhebt ihn zur Ideal-Figur, die einen allgemeinen Wert verkörpern soll. In der Haltung zeigen sich höchste Kraftanspannung und Konzentration; die weite Schrittstellung auf der leicht ansteigenden Bodenplatte gibt der Figur zugleich ein vorwärtstreibendes Moment. Dies wird noch unterstrichen durch den – im Vergleich zur genannten Inschrift – aktiver, in der ersten Person Plural und mit größerer Gewissheit for- mulierten Titel, der auf dem Sockel steht: „We shall beat our swords into plowshares".

Zur wohl weltweit bekanntesten Darstellung des Mottos „Schwerter zu Pflugscharen" wur- de die Plastik jedoch nicht primär, weil sie die Ziele der UNO überzeugend sinnfällig machte. Auch die Doktrin des Sozialistischen Realismus mit ihrem heroischen Menschenbild wird international seit Jahrzehnten kaum mehr akzeptiert. Die Bekanntheit entstand durch das Emblem der Friedensbewegung der 1980er Jahre in der DDR (Abb. 13), das als Aufnäher verbreitet war und sofort auch in der Bundesrepublik rezipiert wurde. In roter Rahmung an ein Verkehrsschild oder auch an den Button erinnernd, gibt es die Plastik in vereinfa- chender Schematisierung wieder, umgeben von dem Motto und der Zitatangabe „Micha 4". Der Verweis auf die mit Jesaja 2, 4 gleichlautende Stelle in Micha 4, 3 bindet die Allegorie sozialistischer Zukunftsgestaltung an ihre alttestamentarische Herkunft zurück. Bekannter- maßen schätzte die SED-Regierung in der DDR die Friedensbewegung als staatsgefährdend ein. Die Schärfe, mit der die Behörden die Verwendung des Aufnähers unterdrückten, re- sultierte gerade daraus, dass er den Widerspruch zwischen der Ideologie einer dynamischen Abrüstungspolitik und der Doktrin der militärischen Sicherung des Friedens und des So- zialismus, die keinen Einbruch in der Militarisierung der Gesellschaft zulassen konnte, zum Ausdruck brachte.

Das Kunstwerk, das Rüstungskonversion als Voraussetzung des Friedens darstellen soll, greift auf ein überliefertes Friedensideal zurück. Als öffentliches Denkmal entsteht es in staat- lichem Auftrag und wird aufgestellt bei der Institution, die für Friedenswahrung und Ab-

Abbildung 14: Per Krogh (1889–1965): Wandbild im Sitzungssaal des UNO-Sicherheitsrats, 1952. Öl auf Lein-
wand. United Nations, New York.

rüstung zuständig ist. Es soll deren Programm nach außen verdeutlichen; seine Aufstellung
jedoch sagt noch nichts über die tatsächliche Realisierung von Rüstungskonversion. Die dis-
sidente Bewegung, die eben diese Realisierung einforderte, berief sich auf dasselbe Ideal,
sogar auf dasselbe Kunstwerk, und stand damit im scharfen Widerspruch zur staatlichen Politik. Sie verwendete das Kunstwerk in Form eines transportablen Bildmediums, das beliebige
Vervielfältigung zulässt.

Abbildung 15: „Straße des Friedens":
Karte des Verlaufs, 2007. Verein Straße
des Friedens – Straße der Skulpturen in
Europa, St. Wendel.

Wenn in Krisensituationen in den Fernsehnachrichten der Sitzungssaal des Weltsicher-heitsrates im UNO-Hauptgebäude gezeigt wird, so ist im Hintergrund auch stets ein großes Wandbild zu sehen, ein Geschenk Norwegens von 1952 (Abb. 14). Der Maler Per Krogh versuchte, den Wiederaufbau nach dem Krieg und den Weg der Menschheit aus Elend und Unterdrückung zu Frieden, Freiheit, produktiver Arbeit und Lebensfreude darzustellen. Doch als Programmbild, an dem sich die aktuellen Maßnahmen der UNO zu messen hätten, wird es nicht verstanden. Das Bildbedürfnis nach Erhalt oder Wiederherstellung des Friedens richtet sich auf die Verhandlungen des Weltsicherheitsrats selbst, auf die vor dem Gemälde sitzenden und verhandelnden Diplomaten. An die Stelle bildlicher Friedens-vorstellungen sind Standardszenen der Diplomatie getreten. Unverzichtbar sind stets die Bilder, in denen die Staatsmänner sich begrüßen, am Verhandlungstisch sitzen, Verträge unterschreiben und sich zum Schluss die Hände drücken – die ganze Bildlichkeit der Diplo-matie, wie sie sich seit dem Westfälischen Frieden etabliert hat, auch wenn sie nicht mehr in Kupfer gestochen, sondern per Satellit übertragen wird und im Internet abrufbar ist. Diese Szenen der Diplomatie werden für die Medien inszeniert; die politischen Akteure bedienen sich einer öffentlichen Bilderwartung nach symbolischer Politik, oft genug auch, um sie real nicht erfüllen zu müssen.

Vom Bild zur „Straße des Friedens"

Seit den letzten Jahrzehnten des 20. Jahrhunderts versuchen Künstlerinnen und Künstler, die Vorstellung des Friedens von der Bindung an ein Bild zu lösen. An die Stelle von menschli-chen Figuren und Symbolen, die Frieden kaum mehr überzeugend darstellen können, treten Projekte, die den Begriff nicht mehr durch Abbildung, sondern als Prozess erfassen. Ein groß angelegtes Projekt ist die „Straße des Friedens", die Skulpturen in der Landschaft und in Städ-ten verbindet und sich quer durch Europa von Frankreich bis nach Moskau erstrecken soll (Abb. 15). Das Projekt „Straße der Skulpturen", eine Initiative der Bildhauers Leo Kornbrust und der Dichterin Felicitas Frischmuth, begann 1978, als Felsblöcke entlang des Saarland-Rundwanderwegs aufgestellt werden konnten, die seither von Bildhauern und Bildhauerin-nen aus verschiedenen Ländern jeweils am Ort bearbeitet wurden, bei freier Wahl von Form und Thema. Einbezogen wurden die Skulpturen, die seit 1971 bei Bildhauersymposien in St. Wendel entstanden waren.

Leo Kornbrust verband dieses Projekt mit einem programmatischen Anspruch: die „Straße der Skulpturen" soll an einen utopischen Entwurf des Malers und Bildhauers Otto Freundlich erinnern, der von den Nazis als „entartet" diffamiert worden war und 1943 im KZ Majdanek ermordet wurde. Otto Freundlich hatte 1936 in Paris in seiner Schrift „Sculptures-Montagnes" (Skulpturen-Hügel) das Projekt monumentaler, 20 bis 30 Meter hoher, begehbarer Skulpturen entworfen, moderne Menhire, die auf dem Land errichtet

sein sollten und mit nächtlichen Leuchtfeuern den Flugzeugen zur Orientierung dienen könnten. Veröffentlicht wurde die Schrift aus dem Nachlass 1959, mit der Erläuterung seiner Frau, Jeanne Kosnick-Kloss, dass diese Skulpturen zwei Achsen bilden sollten: einen „Weg der menschlichen Brüderlichkeit" von Holland nach Aix-en-Provence, und einen „Weg der menschlichen Solidarität in Erinnerung an die Befreiung" von Belgien, Frankreich durch Deutschland und Polen nach Russland. Am Kreuzungspunkt in Auvers-sur-Oise (wo Vincent van Gogh begraben liegt) sollte sich der „Leuchtturm der sieben Künste" erheben.

Zur „Straße des Friedens" in Europa ausgeweitet wurde das Projekt 2001, seither getragen von einem Verein. Neue Teilstrecken sind etwa die „Steine an der Grenze" bei Merzig im Saarland, Skulpturen in der Landschaft entlang der deutsch-französischen Grenze, der „Skulpturenweg Salzgitter-Bad", Skulpturengärten in Luxemburg, das Weltfriedenszentrum von Verdun, in Polen das Geburtshaus von Otto Freundlich in Słupsk (Stolp) und die Gedenkstätte des ehemaligen Konzentrationslagers in Lublin-Majdanek, wo ebenfalls Skulpturen entstanden. Der Umschlag der viersprachigen Broschüre für das Projekt zeigt das Modell des „Leuchtturms des Friedens durch die sieben Künste" nach Otto Freundlich (Abb. 16). Doch nicht in dieser Plastik, und auch nicht in den einzelnen Werken an der „Straße des Friedens", sondern im unvollendeten Projekt selbst wird die utopische Dimension seiner künstlerischen Vision wieder sichtbar.

Literaturhinweise

Wolfgang Augustyn (Hrsg.), PAX. Beiträge zu Idee und Darstellung des Friedens. München 2003.

Klaus Bussmann/Heinz Schilling (Hrsg.), 1648 – Krieg und Frieden in Europa. 26. Europaratsausstellung, Westfälisches Landesmuseum für Kunst und Kulturgeschichte, Münster, Kulturgeschichtliches Museum und Kunsthalle Dominikanerkirche, 3 Bde. Osnabrück 1998/99.

Norbert Götz (Hrsg.), Friedensengel. Bausteine zum Verständnis eines Denkmals der Prinzregentenzeit. Katalog zur Ausstellung im Münchner Stadtmuseum 1999/2000. Wolfratshausen 1999.

Heinz Duchhardt/Gerd Dethlefs u. a. (Hrsg.), „… zu einem stets währenden Gedächtnis". Die Friedenssäle in Münster und Osnabrück und ihre Gesandtenporträts. Bramsche 1996.

6. Wirtschaftsraum Europa

Johannes Burkhardt
Europas Wirtschaftsbegriff

Die europäische Erinnerungskultur hat der Wirtschaft keine Monumente errichtet, deren Schatten aus ferner Vergangenheit bis in die Gegenwart reicht. Während auf den Feldern von Religion, Geist und Kultur wie auch von Krieg und Frieden heute nicht zuletzt die Großtaten weit zurückliegender Jahrhunderte in ganz Europa ihre Jubiläen finden, hält sich die Wirtschaft, wenn nicht gar an das negative Memento von Pleiten, Inflationen und Krisen, eher an die Zeitgeschichte. So werden die Gedenktage der wirtschaftlichen Integration Europas von der Gründung der EWG bis zur Errichtung der Währungsunion gefeiert, an denen die Erinnerungsgemeinschaft der Politiker und Institutionen oft selbst noch Anteil hatte. Auch die Unternehmens- und Firmenjubiläen greifen – abgesehen von dem Sonderfall westeuropäischer Destillerien und mitteleuropäischer Brauereien – kaum weiter als ins 19. Jahrhundert zurück, ja die gegenwärtigen Geschäftsjubiläen werden immer kurzatmiger. Ganz ersichtlich findet nach dem drohenden Verlust der Geschichte in den Wirtschaftswissenschaften auch die Öffentlichkeit für diesen Erinnerungsort keine historische Langzeitperspektive.

Fuggerjubiläen – ein erinnerungswürdiger Praxisvorlauf

Die spektakuläre Ausnahme sind die Fugger. Das mit dem Beginn der Neuzeit unter dem Firmenchef Jakob Fugger „dem Reichen" europäische Bedeutung erlangende Augsburger Handels- und Bankhaus wurde schon im 16. Jahrhundert als etwas Außergewöhnliches wahrgenommen, gepriesen und getadelt und erreichte mythische Dimensionen, die bis heute anhalten und noch wachsen. Wer mit dem Intercity „Jakob Fugger" anreiste oder heute mit dem Fugger-Express, kann schon auf dem Bahnhof erfahren, dass er in der Fuggerstadt Augsburg angekommen ist, und die steinernen Renaissancemonumente ihres Wirkens besichtigen. Aber der Name ist auch in anderen Stätten ihrer Tätigkeit von Osteuropa über Tirol bis nach Spanien bekannt geblieben, wo im Umkreis des Fuggerpalastes von Almagro ein Wein den „Gran Fucares" gewidmet ist. Das bis heute bestehende und sukzessive geadelte Haus aber, mit einem Familienseniorat und einer Stiftungsadministration, unterhält Archiv und Museum, fördert Forschung und Publikationen und entwickelt mit Kommune, regionalen und wissenschaftlichen Trägern eine wohl einzigartig dichte Jubiläumskultur, an den bis zu 500 Jahren zurückliegenden Lebensdaten von Jakob (geb. 1459), Anton (geb. 1493) und Hans Fugger (gest. 1598) und markanten Ereignissen ihres Aufstieges, an einem halben Dutzend Terminen der Firma und ihres Ausgreifens auf das Land und in die Politik (1993, 1998, 2001, 2003, 2007 und 2009). Neben den wissenschaftlich begleiteten Gedenkveranstaltungen entwickeln Buchmarkt, Zeitschriften, Zeitungen und neue Medien bei solchen Gelegenheiten eine überbordende Jubiläumsrhetorik der Superlative. Nicht nur der „erste Kapitalist" soll Jakob Fugger gewesen sein, sondern „ein Finanzgenie, das Augsburg zur europaweit führenden Wirtschaftsmacht machte". Das ist nicht ganz falsch, denn in der Tat wanderte der wirtschaftliche Schwerpunkt Europas zwar von Italien und der Ostsee aus an den Atlantik, machte aber am zentralen Finanzplatz Augsburg erst einmal Station. Doch dazu gehörte auch eine ganze Reihe weiterer Augsburger Großfirmen, aus denen die oft in einem Atemzug mit den Fuggern genannten Welser hervorragen. Aber mehr noch, Jakob Fugger soll „der erfolgreichste Unternehmer der Welt" gewesen sein und seine Firma so groß wie heute viele zusammen oder gar „wie Deutschlands hundert größte Unternehmen", was denn doch der Zurückführung auf das rechte Maß bedurfte. Und wie jeder gute Mythos offen für die wechselnden Anliegen der Zeit, war Jakob Fugger denn auch der erste Global Player, obwohl sich gerade die europaorientierten Fugger in den ersten Überseeunternehmungen vorsichtig zurückhielten und am Pfefferhandel eher im Rahmen des Üblichen mit multilateralen Vermittlern beteiligten. Auf der anderen Seite warnt die Forschung, die einst gar mit dem Blick auf das Handelskapital als „Zeitalter der Fugger" ausgerufene Epoche überhaupt mit dem Etikett des Frühkapitalismus zu versehen, weil das alles erst Randerscheinungen einer kleinräumig agrarisch-gewerblichen vormodernen Wirtschaftsweise des 16. Jahrhundert darstelle.

Die wahre Bedeutung der Fugger für den Erinnerungsort Wirtschaft ist denn auch nicht rein quantitativ in der schieren Größe, sondern in einer neuen Qualität der Geschäftstätigkeit zu sehen: der Reichweite und Vernetzung ihrer Sparten. Auf der einen Seite sind die Fugger vor allem als Handels- und Bankleute bekannt geworden. Jakob Fugger hat nach den neuesten Forschungen eine exzellente handelskundliche Ausbildung absolviert, kaufmännisches Wissen in Venedig erworben und diese Fertigkeiten auf avanciertem Stand – zu Buchführung, zu den Banktechniken – vom führenden Finanzplatz Italien nach Augsburg transferiert und umgesetzt. Ein bekanntes Bild (Abb. 1) zeigt den Handelsherrn mit seinem selbst legendären Buchhalter Matthäus Schwarz in seinem Kontor, ein Bild kaufmännischer Kompetenz, vor einem wahrhaft europäischen Korrespondenzschrank, dessen Schubladen mit den Ortsbezeichnungen Rom, Venedig, Budapest, Krakau, Mailand, Innsbruck, Nürnberg, Antorff (Antwerpen) und Lissabon beschriftet sind, die noch keineswegs vollständig Handelspartner und Niederlassungen bezeichnen. Dabei überschneidet sich das Faktoreiennetz mit den neuen Verkehrswegen und Poststationen und führt so exemplarisch den durch die Taxis-Post und die Augsburger Kapitalgesellschaften erschlossenen Handels- und Verkehrsraum Europas vor Augen. Auf der anderen Seite kümmerten sich die Fugger auch selbst um Gewinnung und Herstellung der Güter, die sie verkauften. Denn auf der Produktionsseite haben sie mit einer Weberwerkstatt begonnen und diese Tätigkeit auch später noch in der Gewerbelandschaft des Augsburger Umlandes als Verleger wahrgenommen. Vor allem aber haben sie in den Montanbereichen im großen Stil nicht nur die Vermarktung, sondern den Abbau und die Verarbeitung des Tiroler Silbers, des ungarisch-slowakischen Kupfers und schließlich des Quecksilbers im spanischen Almadén selbst oder in Kooperationen organisiert. Und mit dem Erwerb von Herrschaften investierten sie auch in den Produktionsfaktor Boden und schöpften die grundherrlichen Gefälle der landwirtschaftlichen Urproduktion ab.

Die dritte, Handel und Produktion überwölbende Sparte aber war die Aufsehen erregende Kooperation mit dem werdenden Staat, und zwar mit den universaleuropäisch ausgreifenden Habsburgern, insbesondere mit Kaiser Maximilian I. und Karl V., wie auch sächsischen, bayerischen und anderen Herrschern. Denn im einzelnen verfeinert, beruhten die Geschäfte doch darauf, dass die Herrscher Kredit erhielten und als Gegenleistung den Fuggern Bergbaurechte, zu belehnende, zu verpfändende oder zu verkaufende Herrschaften abtraten sowie mit Handelsmonopolen und einer Handelsschutzpolitik unterstützten. Dafür investierte Jakob Fugger in die Kaiserwahl Karls V. 1519 und übernahm den Löwenanteil der üblichen, aber ungewöhnlich hohen Wahlkosten von 850 000 Gulden für die Dienste der sieben Kurfürsten und ihren Hof- und Landesausbau. Die frühen europäischen Staatsbildungen waren auf solche halbprivaten Finanzhelfer dringend angewiesen, und in einzigartiger Weise finanzierten die Fugger auch die beschlossenen Reichssteuern vor, was am Ende dazu führte, dass der Fuggerfaktor Geizkofler gleich selbst zum Reichspfennigmeister aufstieg. Die Fugger gehörten so nicht allein in die Vor- und Frühgeschichte der produzierenden Unternehmer sowie der marktorientierten Handels- und Bankhäuser, sondern auch des Finanzministeriums.

Abbildung 1: Das Fuggerkontor. Wikimedia Commons.

Damit deckten die Fugger schon zu Beginn der Neuzeit in einzigartiger Weise sehr viel von dem ab, was heute zur Agenda der Wirtschaft gehört. Niemals aber haben sie selbst von „Wirtschaft" gesprochen oder hätten das, was sie taten, einem Wissensfeld Wirtschaft zugeordnet. Denn einen solchen umfassenden Wirtschaftsbegriff, der Produktion und Markt, Staatsfinanz und Wirtschaftspolitik unter diesem oder einem anderem Etikett integrierte, gab es noch gar nicht. Die einzelnen Bereiche existierten zwar durchaus, natürlich Landwirtschaft, Gewerbe und Bergbau sowie Fernhandel und Geldwirtschaft, und auch eine spätmittelalterliche „Hochfinanz" an Fürstenhöfen – aber in diesen Dimensionen alles gleichzeitig und funktional miteinander vernetzt, das wies nach vorn und erst sehr viel späteren gesamtgesellschaftlichen Entwicklungen die Richtung. Die Fugger haben zu Beginn der Neuzeit in der Praxis vorweggenommen, was konzeptionell und theoretisch erst in vielen Jahrhunderten in und von ganz Europa erarbeitet werden musste. Insofern sind sie gleichsam Symbolgestalten für das, was nicht allein real weiterentwickelt, sondern auch als Wissensbereich erst begrifflich erfasst werden musste. Was Fuggerjubiläen zu einem Erinnerungsort macht, ist ihre praktische Vorwegnahme des sich zwischen Produktion, Markt und Staat herausbildenden europäischen Wirtschaftsbegriffs und des in diesem Dreieck bis heute diskutierten Wirtschaftswissens. Diese Ingredienzien haben je einzeln im wissenschaftlichen Gedächtnis ihren Platz. Noch kaum bekannt aber ist, wie es geschehen konnte, dass sie, zuerst streng geschieden, schließlich zusammen kamen und so das moderne und am Ende

323

alles vereinnahmende Wirtschaftsdenken in Wissenschaft und Praxis in die europäische Welt setzten.

Die Altökonomik – Platzhalterin der Produktion

Der Begriff des Ökonomischen ist an sich ein wahrhaft gemeineuropäisches Erbe des klassischen Altertums. Der griechische *Oikos*, der das Haus als räumliche und soziale Einheit fasste, war grundlegend, und das rechte Verhalten in dieser häuslichen Sphäre wurde auch auf lateinisch als *Oeconomia* bezeichnet. Im gelehrten Rückgriff auf Aristoteles, der dieser Hauslehre zwischen individueller Ethik und gemeinschaftsbezogener Politik eine eigene philosophische Rubrik eingeräumt hatte, und belebt durch humanistisch-reformatorische Impulse erweiterte sich der Ökonomiebegriff und verbreitete sich in den europäischen Sprachen. In der romanischen Sprachtradition geht bis heute *Economia, Economie, Economics* darauf zurück, aber auch germanische und slawische Sprachen übernahmen das lateinische Fremdwort, im Deutschen schon zu Beginn der Neuzeit als „Oeconomia", als „Ökonomica" wie auch „Oeconomey" oder „Ökonomie". Aber auch der deutsche Übersetzungs- und Parallelbegriff „Wirtschaft" entstammt dieser alteuropäischen Tradition. Denn der „Wirt" war ursprünglich schlicht der Hausherr, und was er in dieser Eigenschaft tat, war seine Wirtschaft. Ökonomie und Wirtschaft, mit Nebenformen wie der deutschen Variante des Haushaltens oder des englischen *Husbandry*, bilden einen terminologischen Verbund, der weitgehend austauschbar bis heute auf dem alteuropäischen Hausbegriff gründet. Neben der Sprache selbst können alte Bibliothekssystematiken als ein Wissensort der Zeit dienen. Die für die Frühe Neuzeit repräsentative Herzog August Bibliothek zu Wolfenbüttel wie auch andere Bibliotheken mit Altbeständen sammelten unter der Rubrik „Oeconomica" Bücher zu Ehe- und Familienfragen, zu Ackerbau und Viehzucht, zum Bierbrauen oder zur adeligen Hofhaltung, zur Gartenkunst oder Rossarzneikunde oder zum geeigneten Zaumzeug für Pferde. In dieser bunten Reihe, die sich beliebig verlängern ließe, fehlt nur eins: irgendetwas, das mit Geld, Finanzen und Handelskapital zu tun hätte, wie man es in der Vorgeschichte der Wirtschaft erwarten könnte. Niemand hätte ein solches Werk jedoch auf das gleiche Regal gestellt, denn „Geld mit Geld zu erwerben" war nach Aristoteles schändlich, als Zinsnahme sündenverdächtig und gehörte nicht in die Ökonomie.

Der alteuropäische Ökonomiebegriff erfasste vielmehr allein das, was man materiell und immateriell zur Führung eines Hauses brauchen konnte und wissen sollte. Dafür entstand sogar eine eigene Gattung von Großwerken, die gleichsam die bunten Einzelstudien integrierte und sortierte. Nach einer Titelmode ist sie als „Hausväterliteratur" in die Wissenschaftsgeschichte eingegangen, aber da auch die „Hausmutter" eine durchaus gesehene arbeitsteilige Rolle spielte, wird sie besser einfach als „Hausliteratur" bezeichnet. Der Urtyp ist Johannes Colers „Oekonomie oder Haußbuch", das seit 1600 in unendlich vielen Auflagen und Teilversionen die Gattung begründete, die 1682 mit dem literarisch anspruchsvolleren Werk von Wolf Helmhard von Hohberg einen zweiten Höhepunkt erreichte. Die Bücher erörtern zu Beginn, aber auch vielfach eingestreut, die Personalbeziehungen im Hause, Verhaltensregeln zwischen den Ehegatten und zu Kindern und Gesinde, häusliche Tugenden. Besonders anschaulich und detailreich gehen sie auf die Arbeiten nicht nur im Haus, sondern auch auf dem Feld ein, zur Gütererzeugung, Haus- und Nutztierhaltung wie auch Jagd und Fischfang sowie Verarbeitung und Konservierung, und geben oft noch in Anhängen medizinisch Rat und Hilfe. Der Anschauungshintergrund war hier zweifellos die bäuerliche oder gutsherrliche Landwirtschaft, die für die ganz überwiegende Zahl der Haushalte ja auch noch die

Existenzgrundlage bildete. So kommt die subsistenzsichernde Arbeit der Gütererzeugung zur Sprache, aber alles bleibt auf einer praktisch-technischen Ebene der Beschreibung und innerhalb der häuslichen Sphäre und führt nicht darüber hinaus. Das war jedoch nicht etwa ein deutsches Entwicklungsdefizit, sondern findet sich etwa auch in den französischen Landwirtschaftsbüchern oder der reichhaltigen englischen Literatur, die nach den Forschungen von Keith Tribe bis in die Mitte des 18. Jahrhunderts ohne einen Gedanken an Vermarktung oder gar betriebswirtschaftliche Rentabilität auskam.

Aus solchen Beobachtungen hat Otto Brunner eine vieldiskutierte These des „ganzen Hauses" als alteuropäische Lebensform abgeleitet. Danach waren die ethisch-sozialen Beziehungen und die subsistenzsichernde Erwerbsarbeit noch ungeschieden im Haus angesiedelt und aufeinander, nicht aber auf den Markt bezogen. Kritisch wird dazu oft angemerkt, dass Brunner die vorindustrielle Welt nostalgisch verklärt habe, sozial- und geschlechtsspezifisch einseitig auslege, ja die normative Hausliteratur schon damals die sozioökonomische Wirklichkeit nicht erfasst habe. Daran ist etwas, aber die Bücher wurden gekauft und mittlerweile nachgewiesenermaßen in ihren moralischen wie praktischen Teilen auch benutzt. Entscheidend aber ist, dass Brunner und seine Kritiker gleichermaßen das wirtschaftswissenschaftliche Entwicklungspotential der Hausliteratur unterschätzen. Denn in ihr wurde auf dem ganz überwiegenden Feld der Landwirtschaft die Produktion in ihren praktischen Einzelheiten und Varianten, aber auch mit zukunftsweisender Aufmerksamkeit etwa auf die Bodenerträge als Subsistenzgrundlage vorgeführt, innerhäuslich mit Verteilung und Konsumtion verknüpft und mit „häuslichen" Tugenden wie Arbeitsfleiß und Sparsamkeit überhöht. Die Altökonomik gewann für lange Zeit eine landwirtschaftliche Vorzugsbedeutung, aber sie signierte die Ökonomie auch als produktiv, ja gründete den europäischen Wirtschaftsbegriff de facto auf die Sphäre der Produktion. Die Urproduktion aus dem Boden, zu der auch Bodenschätze gerechnet werden konnten, bekam in diesem Wirtschaftswissen einen Stammsitz. Der Markt blieb erst einmal draußen. Aber die kommerzielle Sphäre brach nicht später über Europa herein, wie Brunner glaubte, sondern sie schuf sich gleichzeitig einen eigenen Platz in der Wissensordnung, mit anderen Begriffen, Gattungen und auch in anderen europäischen Regionen.

Kaufmannschaft, Kommerzien und Merkantilismus – Handelswissen vom Markt

Das Marktwissen mit der ganzen Tausch- und Geldsphäre hielt sich an den Kaufmann, musste aber Begriff und Agenda dafür erst finden und zusammenführen. In der Theologie wurden der gerechte Preis und das Zinsproblem als Fragen der Moral diskutiert. Unter „Arithmetica" wurden Rechenbücher wie die des deutsch-böhmischen Rechenmeisters Adam Riese gestellt, deren Umstellung von den römischen auf arabische Ziffern mit der Null vor allem „allen Kauffmannschafften" Nutzen bringen sollten, italienische Buchführungslehrbücher wie Luca Pacciolis „Scripttura doppia" und die münz- und wechselkurskundigen „Tariffa" Europas, während man sich unter „Geographica" über Handelsrouten und -plätze informieren konnte, manches aber auch ratlos unter „Quodlibetica" landete. Es war Martin Luther, der in einer weit verbreiteten Druckschrift und drei weiteren ein ganzes Panorama des „Kauffhandels" Kreditoperationen und Verkaufspraktiken entrollte – und sie mit der Bibel in der Hand verwarf. Karl Marx war später davon so begeistert, dass er Luther zum ersten Nationalökonomen ernannte, der sich als Apostel Paulus verkleidet habe. In der Tat radikalisierte der Reformator das biblische Zinsverbot und wetterte gegen Wucher, Monopole, Handelsgesellschaften und die „verdammte Fuckerey", aber dabei hat er auch die vordringende Geld- und Handelswelt als Einheit erfasst, die ihm die Stände- und Schöpfungsordnung zu bedrohen schien. Mit dieser und weiterer viel gedruckter Publizistik und einem auch am Reichstag ausgetragenen Monopolstreit um die zulässige Größenordnung von Handelsfirmen gewann die so definierte Handelswelt auch öffentliche Wahrnehmung, wenn auch anfangs vornehmlich negativ.

Nach dem ruinösen Dreißigjährigen Krieg aber wurde dieser Großkaufhandel nunmehr gerade in Mitteleuropa besonders gesucht, geschätzt und gefördert. Wenn nicht Handel oder *trade*, verhalfen nun die nationalsprachlichen Ableitungen von Commerzium, im Deutschen die Kommerzien, dem zum Gewerbe hin durchlässigen Handelssektor zur vollen Anerkennung. Parallel dazu wurde aus umfassenderen Kaufmannshandbüchern eine ganze Handelswissenschaft, die auch akademischen Anspruch erhob und im 18. Jahrhundert als Bibliotheksrubrik erscheinen konnte. Nach deutschen Anfängen wie Lorenz Meders Handelsbuch aus Nürnberg kam hier der entscheidende Entwicklungsbeitrag aus Frankreich, das mit Jean Savarys „Le parfait negociant" ein viel übersetztes und nachgedrucktes europäisches Modell setzte. Rein quantitativ wurde Savary überboten von Jacob Marperger, der vom aufsteigenden Messeplatz Leipzig aus zu Anfang des 18. Jahrhunderts in mehr als hundert Werken Handelswissen und Kommerzienkunde vom „Kaufmannsjung" bis zur Handelsgeschichte vermittelte. Auf diesem kaufmännisch-kommerzialen Feld formierte sich auch die erste noch heute bekannte Theorie, die den Kaufmann (*mercator*) schon im Begriff führte und von Adam Smith später als *mercantile system* zurückgewiesen wurde: der Merkantilismus.

Diese europaweit verbreitete Theorie rechnete noch mit einer statischen Welt, in der man den Reichtum nicht hervorbringen, sondern nur durch geschickte Umverteilung an sich bringen konnte. Am bekanntesten wurde die Lehre von der aktiven Handelsbilanz: Wenn ein Land mehr Güter verkauft als einkauft, wird es an Geld reicher. Das war kaufmännisches Bilanzdenken auf den ganzen Staat übertragen, wobei die umlaufende Geldmenge in Europa konstant gedacht wurde. Um die Inflation des 16. Jahrhunderts zu erklären, hatten hingegen spanische Monetaristen wie Molinar die Geldvermehrung durch die spanischen Silberflotten aus Amerika für diese sogenannte Preisrevolution verantwortlich gemacht, was einleuchtet, wenn man denn die Welt der Güter und Waren für konstant hielt. Und der deutsche Merkantilist Johann Joachim Becher war nach den Bevölkerungsverlusten des Dreißigjährigen Krieges an der Einwanderung interessiert und suchte die Kommerzien so zu proportionieren, dass keine der vorgegebenen Beschäftigungsmöglichkeiten verschenkt würde. Das heißt, der Merkantilismus sah den Reichtum der Welt, der je nach Land und Zeit in Gütern, Geld oder in Arbeitsplätzen gesehen wurde, als vorgegeben und begrenzt an. Das entsprach auch noch weitgehend den tatsächlichen Verhältnissen und steht einem heute wieder ressourcenschonenden Denken nicht ganz fern, aber das hieß auch, dass die Produktion in dieser merkantilen Theoriebildung nicht wirklich mitgedacht wurde. Haus oder Handel, Landwirtschaft oder Kommerzien, Produktion oder Markt – das war in den Anfängen des Wirtschaftswissens stets zweierlei. Wie konnte es zusammenkommen?

Unter dem Dach des Staates: Produktion trifft Kommerz

Die denkwürdige Fusion des ökonomischen und des kommerziellen Wissens zu einem integralen Wirtschaftsbegriff gelang unter der Regie der Politik und des Staates. Von der einen Seite her wurde der *Oikos* zunehmend auch auf die fürstliche Haus- und Hofhaltung bezogen, die mit den Kerneinnahmen der „Domäne" ebenfalls häuslich signiert war und auf die „Landes-Ökonomie" ausgeweitet werden konnte. Von der anderen Seite her war auch der Merkantilismus wissenschaftlich beratene Wirtschaftspolitik: Bechers Kommerzientraktat sprach im Haupttitel bereits von einem Politischen Diskurs, und „our trade" meinte in Thomas Muns merkantilistischer Programmschrift „England's Treasure" stets den Außenhandel von Großbritannien. Der Staat aber brauchte beides und integrierte Landwirtschaft und Handel. Am direktesten lässt sich das am deutschen Kameralismus beobachten, der Regierungs- und Verwaltungslehre deutscher Länder, zu der nicht zuletzt die Staatsfinanzen gehörten. Der Kameralist Johann Heinrich Gottlieb von Justi war erst in Österreich tätig, dann in Preußen, und das war geradezu symbolisch. Während er in Österreich die merkantilistische Publizistik beförderte und der Staat zur Förderung von Handel und Gewerbe Behörden wie den Universalkommerz schuf, errichtete das auf Domäneneinkünften und Landwirtschaft gründende Preußen in Halle und Frankfurt/Oder 1727 die ersten Lehrstühle für „Ökonomie, Policey und Cammer-Sachen". Justi brachte beides in einem großen Werk zusammen, das 1755 unter dem Titel „Staatswirthschaft" erschien. Damit war der Begriff gefunden, der die „große Wirtschaft des Staates" von der Hauswirtschaft unterschied und unter Einschluss von Handel und Gewerbe eine gesamtwirtschaftliche Perspektive ermöglichte.

Der Begriff ist mit Varianten bis ins 19. Jahrhundert gebraucht worden, während in Westeuropa weniger etatistische Wissenschaftsbezeichnungen bevorzugt wurden. Rousseau und der italienische Aufklärer Pietro Verri verwandten sich für *Économie publique* (1755) oder *Economia pubblica* (1763), aber Bestand hatte der Zusatz „politisch" – *Economie politique, Economia politica, political economy* –, der denselben makroökonomischen Perspektivenwechsel anzeigt. Nicht zuletzt durch die Übernahme der englischen Bezeichnungen durch Karl Marx erhielt die Bezeichnung „Politische Ökonomie" auch in Deutschland eine oft missverstandene Konjunktur. Eine nachhaltigere Bezeichnungstradition wechselte den Staat durch die Nation aus. Mit dem italienischem Vorlauf *Economia nazionale* und einer Stütze in Adam Smiths klassischem Titel „Wealth of Nations" wurde „Nationalökonomie" oder „Volkswirtschaftslehre" in Deutschland fast bis in die Gegenwart zur Standardbezeichnung. Die Art des Zusatzes ist ersichtlich von den politisch-gesellschaftlichen Vorlieben der Zeiten und Länder Europas mitbestimmt, aber ihr spezifisch ökonomischer Sinn war stets der gleiche: die Unterscheidung der heutigen gesamtwirtschaftlichen Perspektive von der haus- und landwirtschaftlichen, bis sich das in den Wirtschaftswissenschaften oder *Economics* von selbst verstand. Wie auch immer bezeichnet, etablierte sich so seit der Mitte des 18. Jahrhunderts in Europa eine Wissenschaft, die in ihrem Kern die Produktion für den Markt erfasste, begleitete und förderte. Und dieses Zusammenkommen der zuvor streng getrennt aufbewahrten Ingredienzien erwies sich als eine höchst explosive Mischung.

Warum aber ist diese Zusammenlegung zweier Wissensfelder in ganze Europa unter dem ökonomischen und nicht unter dem kommerzienwissenschaftlichen Etikett geschehen? Die bessere akademische Tradition mag hier eine Rolle gespielt haben und die leichte Übertragbarkeit des Hauses auf Hof und Staatshaushalt. Diese denkwürdige Begriffswahl erinnert jedoch auch an das eigentliche Spezifikum des modernen europäischen Wirtschaftsbegriffs: die Zentralstellung der Produktion.

Propheten der Produktions- und Wachstumsgesellschaft

Denn anders als im produktionsvergessenen Merkantilismus war in der agrarischen Ökonomie die Gütererzeugung das Hauptthema gewesen. Im 18. Jahrhundert aber begannen auch die Aufklärer den edlen Landmann zu preisen, und gestandene Intellektuelle darüber zu diskutieren, wie man die Bodenfruchtbarkeit durch verbessertes Umgraben, Düngung und Kleeanbau steigern könne, um die regelmäßigen Hungerkrisen zu vermeiden und mehr Menschen besser ernähren zu können. Diese Agromanie in ganz West- und Mitteleuropa gipfelte in der französischen Physiokratie, die unter dieser Bezeichnung als „Naturherrschaft" eine antimerkantilistische Schule bildete. Nur der Boden oder die auf dem Boden gewandte Arbeit, ist der Gedanke, könne mehr hervorbringen als aufgewendet worden ist, so dass ein *produit net*, ein Reinerzeugnis oder Mehrertrag, für die Gesellschaft übrig bleibe. Die Physiokraten haben in diesem Sinn nur die Landwirtschaft für produktiv gehalten, wobei die Erfahrung, dass man mehr Körner erntete als man gesät hatte, den Anschauungshintergrund bildete. Das historisch Relevante daran ist jedoch nicht, dass sie die Produktivität auf den agrarischen Sektor eingegrenzt haben, sondern dass sie auf diesem Sektor die Kategorie der Produktion entdeckt und theoretisch erfasst haben.

Die große Leistung Adam Smiths, der zu Recht, aber nicht immer mit den entwicklungsgeschichtlich relevanten Argumenten als Stammvater der klassischen Wirtschaftswissenschaft gilt, war nun, dass er die produktive Arbeit vom Acker geholt und verallgemeinert hat und vor allem in der heraufziehenden Industriegesellschaft gleich zu Beginn des Werks programmatisch ein „Improvement of the productive Powers of Labour" ausrief. Die physiokratisch-industrielle Akzentuierung der Produktion ging mit einer gesamtkulturellen Hinwendung zu Kreativität und der Hochschätzung etwa von künstlerischer und literarischer Produktivität zusammen und entsprach einem historisch-anthropologisch fundierten neuen europäischen Verhaltensleitbild „Produktivität". Das wurde auf dem neuen gesamtwirtschaftlichen Feld von einer teils kuriosen, teil folgenreichen Produktivitätsdebatten begleitet. Der Urphysiokrat François Quesnay hatte in seinem „Tableau Économique" 1758 einer landwirtschaftlichen *classe productive* eine „sterile" Klasse gegenübergestellt, unter der sich Handel, Gewerbe und der Rest der Gesellschaft wiederfinden konnten. Smith holte das industrielle Gewerbe und sogar den eigentlich nicht Güter erzeugenden Handel in die Klasse der Produktiven, schloss aber die Dienstleistungen dezidiert aus. Mit deutlicher Freude an diesem Effekt zählte er auf: Könige, Beamte, Künstler, Sänger und dergleichen seien sicher ehrenwerte Leute, aber produktiv seien sie eigentlich nicht. Das ließ nun freilich die um ihren Status besorgten Ausgegrenzten und ihre ökonomischen Anwälte nicht ruhen, und so zogen sich launige Paradoxien durch die englische, französische und deutsche Literatur, die diese Unterscheidung ad absurdum führen sollten. Wer Schweine aufziehe, soll produktiv sein, und wer Menschen erziehe nicht? Brauche es nicht für ein Feuer den, der die Kohlen aus dem Keller holt, genauso wie den, der sie aus dem Bergwerk holt? Am Ende waren alle produktiv, selbst die Rentner als „Exproduzenten", und sind bis heute an der Herstellung des Sozialprodukts beteiligt. Aber nun kehrte das Problem als Zurechnungsfrage der Grade und Formen der Produktivität wieder. Jean Baptiste Say revidierte sein eigenes Werk und stellte die Produktionsfaktoren akzentuierend voran, normalisierte sie aber auf drei: Boden, Arbeit und Kapital.

Über dieser neuen Lehrbuchtradition sollten zwei sehr viel originellere und wirkmächtigere Lösungen der Produktivitätsfrage nicht vergessen werden. Gerade der Propagandist des Eisenbahnbaus Friedrich List erklärte die bisher als unproduktiv verdächtigten Intellektuellen, Lehrer und Künstler mit der gesamten kulturell-politischen Infrastruktur zu den eigentlichen Produzenten, nämlich den „Produzenten der produktiven Kraft". Und der englische Ökonom aus Deutschland, Karl Marx, rechnete in seinem Gastland alles noch einmal nach und kam zu dem Schluss, dass der von den Physiokraten ausgeschilderte Mehrwert weder vom Boden noch den Unternehmern erzeugt werde, sondern von den Arbeitern selbst, die somit die eigentlich produktive Klasse seien. Über der gegensätzlichen sozialen Zuschreibung der Produktivität zwischen List und Marx eint jedoch beide und die englische Klassik die Grundvoraussetzung, dass die Produktion – Lists Nationalproduktivkraft, Marx' Produktionsweise – die übergeordnete und übergreifende ökonomische Kategorie überhaupt ist. Ob man wie die Smithianer für Freihandel oder mit List für Schutzzölle plädierte, hing von der Rücksicht auf den Entwicklungsstand der für alle maßgeblichen Produktivität der Gesellschaft ab. Selbst noch im Wettkampf der Systeme um Marktwirtschaft oder Planwirtschaft nach dem Zweiten Weltkrieg, den die Planwirtschaft nicht zuletzt durch die technische Unterlegenheit der Produktionsstätten verloren hat, ging es auf beiden Seiten um die Produktion, die Steigerung der Produktivität oder das höhere Sozialprodukt.

In diesem Kult der Produktion ist aber auch bereits das Wachstum angelegt. Im ersten Schritt war es den Physiokraten darum gegangen, wer alljährlich das Mehr erzeugt, von dem die anderen lebten, im zweiten aber, dass dieses Mehr auch bleibt und akkumuliert. Damit konnte der Kapitalbegriff, der als Hauptstock oder als *Cavedal* schon im 16. Jahrhundert seinen Ort im Kaufmannskontor hatte und in England als *Capital Stock or Fund* Bedeutung gewann, von der Produktion her neu durchdacht und in die Gesamtwirtschaft übertragen und dynamisiert werden: als nicht verbrauchter Mehrwert aus vergangener Produktion, der über Reinvestition immer weiter akkumulieren und die Gesellschaft in der Zeit immer reicher machen konnte. Flankiert von Lists Entdeckung des geistigen „Nationalkapitals" und des „Prinzips der Werkfortsetzung" sowie den produktionsorientierten Wirtschaftsstufenlehren endete der Ansatz an der Produktion für den Markt beim Wachstum als Zentrum des ganzen europäischen Wirtschaftsbegriffs. Nach allerlei Rückschlägen und Seitenwegen feierte dieser Wachstumspfad im Boom der Nachkriegswirtschaft in Rostows „Stadien des Wachstums", das auf ein Abheben zu einem sich selbst tragenden Wachstum (*sustained growth*) weltweit zielte, einen den Wirtschaftsbegriff Europas durchaus treffend explizierenden Triumph.

Die integrierende Wirtschaftsdynamik Europas

Diese produktionsgestützte Markt- und Wachstumswirtschaft hat im 19. und 20. Jahrhundert in Theorie und Praxis eine alles durchdringende Zentralstellung in Europa und darüber hinaus gewonnen. Während in den Anfängen dieses neuzeitlichen Weges nicht allein bei den Fuggern eher die Praxis voranging und der theoretischen Erfassung weit vorauseilte, begann sich das Verhältnis in Merkantilismus wie Physiokratie, vor allem aber mit Smiths in zahllosen Übersetzungen europaweit rezipiertem Industriesystem und mit der Etablierung einer ganzen Wissenschaft umzukehren. Selbst die Bezeichnungen wurden von der Wissenschaft her auf die Sache selbst übertragen – also zum Beispiel erst „Volkswirtschaftslehre", dann „Volkswirtschaft", dann „Wirtschaft" im volkswirtschaftlichen Sinn. Das geschah manchmal zögernd – das zweihundertjährige Jubiläum der Industrie- und Handelskammer kann daran erinnern, dass am Anfang nur „Handelstage" standen, und die Handelsministerien folgten erst im 20. Jahrhundert der Wissenschaftsbezeichnung und wurden „Wirtschaftsministerien". Aber die insgesamt rasante Übernahme der neuen Namen und Lehren hat sicher auch eine aktive Rolle auf dem europäischen Weg in die Industriegesellschaft gespielt. Denn wenn Wissenschaft insgesamt auch eine Produktivkraft ist, dann musste das für die Wissenschaft von Wirtschaft und Produktion potenziert gelten. So entwickelte sich der europäische Wirtschaftsbegriff aus einer eher randständigen, geteilten und in andere Lebensbereiche eingelagerten Position um 1800 mit einem gewaltigen, Produktion, Markt und Wachstum integrierenden Schub zu einem eigenständigen, dynamischen Wissens- und Praxisfeld der europäischen Gesamtkultur. Die Lexika verzeichnen heute weit über hundert feste Fügungen wie Wirtschaftssystem, Wirtschaftswunder oder Wirtschaftsweise, die sich durch andere Wortbildungsvarianten vervielfachen ließen. Digital erreicht allein das deutsche Wort „Wirtschaft" an die 50 Millionen Treffer und rückt damit schon den traditionsreichen und viel verwendbaren Hundertmillionenbegriffen „Politik" und „Kultur" nahe. Die Tageszeitungen pflegen Wirtschaftsteile, deren Informationswert so hoch geschätzt wird, dass er die Politik von der Titelseite verdrängen oder an die Spitze von Nachrichtensendungen rücken kann. Niemand würde mehr, wenn dort die Schlagzeilen vom „Wachstum" künden, auf den Einfall kommen, dass vielleicht Menschen oder Bäume größer würden – was dominiert, versteht sich auch ohne ökonomisches Vorzeichen von selbst. Denn die Dynamik einer so begriffenen Wirtschaft tendiert dazu, auch Kultur und Politik der ökonomischen Begründungslogik zu unterwerfen oder sie doch zu nötigen, sich vor ihr zu legitimieren.

Besonders die Politik wurde von dieser sich von lang her anbahnenden Dominanz der Wirtschaft entscheidend mitbestimmt. Im negativen Sinn verschärfte der Imperialismus des 19. Jahrhunderts um die Aufteilung der Welt und der Märkte die Konfrontation der europäischen Mächte bis hin zum Ersten Weltkrieg. Die Weltwirtschaftskrise von 1929 zeitigte politisch verhängnisvolle Folgen. In positiver Hinsicht aber konnte die Rücksicht auf eine ungestörte Wirtschaft auch die Abkehr von ruinösen Kriegen stützen und eigene politische Integrationskraft entwickeln. Die Zollunionen der deutschen Länder haben in der ersten Hälfte des 19. Jahrhunderts in Varianten das erprobt, was in der zweiten Hälfte bundespolitisch institutionalisiert wurde: ein preußisch-deutscher und ein österreichisch verbliebener Staat. Und ebendiese von der Integrationskraft der Wirtschaft ausgehende Entwicklung setzte auch die europäische Einigung in Gang und bestimmt sie entscheidend mit. Während eine politische Einheit Europas nach den Weltkriegen des 20. Jahrhunderts zunächst noch nicht erreichbar schien und der Plan einer spezifischen Europäischen Verteidigungsgemeinschaft (EVG) scheiterte, überwand als erstes das gemeinsame wirtschaftliche Interesse die politische Erbfeindschaft zwischen Frankreich und Deutschland.

Charakteristischerweise stand am Anfang der Kooperation die Montanunion, der beiderseitige und die Beneluxländer sowie Italien mitnehmende Ansatz an Kohle und Stahl, um die Produktion von der schwerindustriellen Basis her in Gang zu setzen, die, wiederum verbunden mit der Marktwirtschaft, den „Wirtschaftswunder" genannten Boom auslöste. Die Kohle und die hinzu optierte Atomenergie (EURATOM) erwiesen sich als problematischer oder als zu gefährlicher Irrweg, doch der auf dieser Grundlage errichtete gemeinsame Markt wurde von den sechs Ländern weiter zu einer Europäischen Wirtschaftsgemeinschaft (EWG) schrittweise ausgebaut zur größten europäischen Zollunion, zum gemeinsamen europäischen Arbeitsmarkt und schließlich zur Währungsunion mit dem symbolträchtigen Euro. Unter der Führung Englands schlossen sich hingegen die um ihre Selbständigkeit besorgten Nordländer und die neutralen Alpenländer zur lockerer gefügten Europäischen Freihandelsassoziation (EFTA) zusammen, aber als erstes Ziel schrieb sich diese Free Trade Association gleichwohl gemeinsame Produktivitätssteigerung und Wirtschaftswachstum als Punkt Eins ins Programm. Und auch die Systemkonkurrenten der planwirtschaftlichen Produktion in Ost- und Ostmitteleuropa organisierten ihre übernationale Kooperation (COMECON) und wiesen den einzelnen sozialistischen Staaten jeweils besondere Zweige der Güterfertigung für alle zu. Am Ende aber sammelte die erfolgreichste Wirtschaftsunion der sechs Länder erst fast alle Freihändler, dann die meisten Ex-Sozialisten ein und schuf so eine fast vollzählige europäische Wirtschaftsunion. Die Wirtschaftseinheit erforderte doch auch politische Koordination und Institutionen, die vielen schon das über die Wirtschaft hinausreichende Ziel gewesen war. Der Buchstabe „W" wurde darum in den Nachfolgeorganisationen Europäische Gemeinschaft (EG) und Europäische Union" (EU) programmatisch weggelassen. Das wird niemanden darüber täuschen, dass in der Europäischen Union die tragende Säule und Hauptagenda weiterhin die Wirtschaft ist. Aber das ist in den Einzelstaaten heute so anders auch nicht, und es gehört zu den eindrucksvollsten Leistungen der Wirtschaftsdominanz in der europäischen Gesamtkultur, dass sie diese zum Bundesstaat tendierende Einheit auf den Weg gebracht und durchgesetzt hat.

Delegitimierung des europäischen Wirtschaftsbegriffs?

Was aber nun, wenn heute der europäische Wirtschaftsbegriff immer stärker in Frage gestellt wird? Denn die grundlegende Produktions- und Wachstumsgewissheit dieses Wirtschaftsbegriffs wird immer stärker erschüttert, seit der Club of Rome 1971 gewarnt hat, dass es vielleicht „Grenzen des Wachstums" gebe. Der Ökonomie wird aus der gleichen sprachlichen Wurzel der Begriff „Ökologie" entgegengehalten, der den Naturhaushalt bezeichnet. Während die Natur für die Physiokraten der erste Garant für das produktive Mehr gewesen war, geht es nun nicht mehr um Vermehrbarkeit, sondern um nachhaltige Bestandserhaltung und Erneuerbarkeit. Die Produktions- und Wachstumsorientierung ist damit nicht allein durch die praktischen Konfliktzonen, sondern prinzipiell delegitimiert oder doch aus der Schlüsselposition entfernt. Seit den beschämend falschen Wachstumsprognosen der Experten ist zudem offenkundig geworden, dass hier die Wirtschaftsweisheit einer ganzen Wissenschaft am Ende angekommen ist.

Das Pendant der Marktwirtschaft wurde, erst sozial, dann liberalistischer, umso eifriger gepflegt und zur Legitimation oft auch einseitig auf die Wirtschaftsklassik zurückprojiziert, sofern die Wirtschaftsmathematik die historische Perspektive nicht ohnehin ausblendete. Aber an der Liste der antiliberalistischen, börsenkritischen und wohlfahrtsökonomischen Nobelpreisträger wie James Tobin, Amartya Sen oder Elinor Ostrom kann man das Abrücken vom Markt, wie ihn Milton Friedman propagiert hatte, ablesen. Die Globalisierung des Marktes wird gerade für den „gemeinsamen Markt" Europas zum Problem. Ob der „digitale Finanzmarktkapitalismus" (Doering-Manteuffel/Raphael), den Zeithistoriker nach dem Nachkriegsboom diagnostizieren, in ein neues Zeitalter führt oder mit der Bankenkrise von 2008/2009 nachhaltig desavouiert bleibt, ist noch offen, doch das Vertrauen in Bankwesen, Manager und manch alte Unternehmerkultur und -ethik ist gesunken.

In dieser Situation wird nach dem dritten Mann im Bunde, dem Staat, gerufen, der Banken, Unternehmen und ganze Länder retten soll und sich an seine Regelungskompetenz über die Wirtschaft erinnern soll. Die europäischen Nationalstaaten sind jedoch auf die Kooperationsbereitschaft einer globalisierten Wirtschaft angewiesen, die Forderungen an den Staat richtet und ihm das Programm schreiben will, und er hat einen Teil seiner politischen Kompetenzen an das vereinte Europa abgegeben. Darin aber liegt gerade auch ein Argument und eine Chance für den weiteren Ausbau politischer Regelungsgewalt, um eine aus dem Ruder laufende Wirtschaft zu steuern und mit bewährter föderaler Integrationskraft neue Wege zu finden und auch durchzusetzen. Gute Traditionen wie alternative Möglichkeiten aus der Vergangenheit könnten durchaus den Einfallsreichtum anregen. Denn in diesem Erinnerungsort ist auch Unabgegoltenes und Einlösungswürdiges enthalten, und das von Anfang an.

Im Dreieck von Produktion, Markt und Staat haben die Fugger in praktischen Anfängen vorweggenommen, was in die Arbeit der europäischen Nationen und in den Wirtschaftsbegriff der Wissenschaften eingegangen ist und nach beispiellosem Triumph in einer Krise, womöglich schon im Umbau steckt. Vielleicht ist es nützlich, an diese Anfänge zu erinnern und auch daran, dass die Fugger sich nicht vom Staat stipendieren ließen, sondern ihn bis an die Grenzen ihrer Leistungsfähigkeit stützten, dass sie soziale Aufgaben übernahmen und ein

Krankenhaus sowie mit der Fuggerei eine bis heute unterhaltene Wohnsiedlung für Bedürftige errichteten und in Kunst und Architektur die Renaissance nach Deutschland holten. Das taten sie und andere, um durch Stiftungen etwas von ihrem ethisch-religiös bedenklich erscheinenden Vermögen abzugeben. Weder ihr Reichtum noch diese Sozialleistungen waren schon so gesellschaftsrelevant wie der Mythos es will, aber sie sollten zusammen mit ihrer vertrauensbildenden Geschäfts- und Familienpolitik, kommunikativen Kompetenz und Verantwortung und einer die Wirtschaftslogik mit anderen Lebensbereichen austarierenden Ehr- und Lebensauffassung als ein Erinnerungsort dafür bewahrt werden, dass der von diesem Unternehmen praktisch vorweggenommene Wirtschaftsbegriff Europas auch für den Gedanken an das Gemeinwohl und die Gesamtkultur offen gehalten werden kann und muss.

Literaturhinweise

Johannes BURKHARDT, Artikel „Wirtschaft", in: Otto BRUNNER/Werner CONZE/Reinhart KOSELLECK (Hrsg.), Geschichtliche Grundbegriffe. Historisches Wörterbuch zur politisch-sozialen Sprache in Deutschland, Bd. 7. Stuttgart 1992, S. 511–513; 550–594.

Johannes BURKHARDT/Birger P. PRIDDAT (Hrsg.), Geschichte der Ökonomie. Vierhundert Jahre deutsche Wirtschaftstheorie in 21 klassischen Texten – aus den Quellen herausgegeben und kommentiert. Frankfurt a.M. [2]2009.

Johannes BURKHARDT (Hrsg.), Die Fugger und das Reich. Eine neue Forschungsperspektive zum 500jährigen Jubiläum der ersten Fuggerherrschaft Kirchberg-Weißenhorn. Augsburg 2008.

Regina DAUSER/Magnus U. FERBER, Die Fugger und Welser. Vom Mittelalter bis zur Gegenwart. Augsburg 2010.

Anselm DOERING-MANTEUFFEL/Lutz RAPHAEL, Nach dem Boom. Perspektiven auf die Zeitgeschichte seit 1970. Göttingen [2]2010.

Mark HÄBERLEIN, Die Fugger. Geschichte einer Augsburger Familie (1367–1650). Stuttgart 2006.

Maximilian KALUS, Pfeffer – Kupfer – Nachrichten. Kaufmannsnetzwerke und Handelsstrukturen im europäisch-asiatischen Handel am Ende des 16. Jahrhunderts. Augsburg 2010.

Martin KLUGER, Jakob Fugger (1459–1525). Sein Leben in Bildern. Augsburg 2009.

Paul MÜNCH, Lebensformen in der Frühen Neuzeit. Berlin 1998.

Michael NORTH, Kleine Geschichte des Geldes: Vom Mittelalter bis heute. München 2009.

Werner PLUMPE, Ökonomisches Denken und wirtschaftliche Entwicklung. Zum Zusammenhang von Wirtschaftsgeschichte und historischer Semantik der Ökonomie, in: Jahrbuch für Wirtschaftsgeschichte 50 (2009), S. 27–52.

Autorenverzeichnis

BOEKHOFF, Dr. Julie, Justizministerium des Freistaats Thüringen, Erfurt

DEN BOER, Prof. Dr. Pim, Universiteit van Amsterdam, Capaciteitsgroep Algemene Cultuurwetenschappen

BRODOCZ, Prof. Dr. André, Universität Erfurt, Staatswissenschaftliche Fakultät

BURKHARDT, Prof. em. Dr. Johannes, Universität Augsburg, Institut für Europäische Kulturgeschichte

CONERMANN, Prof. Dr. Stephan, Universität Bonn, Institut für Orient- und Asienwissenschaften

DEGER, Prof. Dr. Petra, Pädagogische Hochschule Heidelberg, Institut für Gesellschaftswissenschaften Demandt, Prof. em. Dr. Alexander, Friedrich-Meinecke-Institut, Berlin

FISCH, Prof. Dr. Jörg, Universität Zürich, Historisches Seminar

FRAYDENEGG-MONZELLO, Prof. Dr. Otto, Universität Graz, Institut für Österreichische Rechtsgeschichte und Europäische Rechtsentwicklung

HERZ, Prof. Dr. Dietmar, Universität Erfurt, Staatswissenschaftliche Fakultät, Staatssekretär im Justizministerium des Freistaats Thüringen

HROCH, Prof. em. Dr. Miroslav, Universität Prag, Historisches Seminar

KAULBACH, PD Dr. Hans-Martin, Staatsgalerie Stuttgart

KREIS, Prof. em. Dr. Georg, Universität Basel, Europa Institut

KUSBER, Prof. Dr. Jan, Universität Mainz, Historisches Seminar

LANDWEHR, Prof. Dr. Achim, Universität Düsseldorf ,Historisches Seminar

LANGEWIESCHE, Prof. em. Dr. Dieter, Universität Tübingen, Historisches Seminar

LOBKOWICZ, Prof. em. Dr. Nikolaus, Universität Eichstätt, Zentralinstitute für Mittel- und Osteuropastudien

MONDOT, Prof. Dr. Jean, Université de Bordeaux, UFR Humanités

OY-MARRA, Prof. Dr. Elisabeth, Universität Mainz, Institut für Kunstgeschichte

PAPIÓR, Prof. Dr. Jan, Uniwersytet Wrocławski, Wydział nauk historycznych

PICHLER, Prof. Dr. Johannes, Universität Graz, Institut für Österreichische Rechtsgeschichte und Europäische Rechtsentwicklung

SCHMALE, Prof. Dr. Wolfgang, Universität Wien, Institut für Geschichte

SCHRAMM, Hannes, M.A. Universität Erfurt, Staatswissenschaftliche Fakultät

TRABANT, Prof. Dr. Jürgen, Freie Universität Berlin, Institut für Romanische Philologie

VÖLKEL, Prof. Dr. Markus, Universität Rostock, Historisches Institut

WOLGAST, Prof. em. Dr. Eike, Universität Heidelberg, Historisches Seminar

ZIMMERMANN, Prof. Dr. Moshe, University Jerusalem, Richard-Koebner-Center for German History

www.ingramcontent.com/pod-product-compliance
Lightning Source LLC
Chambersburg PA
CBHW081423090426

42740CB00017B/3157